国家社科基金重点项目（编号：19AZX003）资助

谢永康 余玥 主编

冲突中的宽容

一个争议性概念的历史、内涵与当下境遇

〔德〕莱纳·福斯特 著

马飞 余玥 等 译

上海人民出版社

中文版序言：辩护的哲学[*]

我的部分著作将在中国出版，对我而言极具光荣与欣喜，我在此衷心感谢主编余玥先生和谢永康先生，以及他们的合作伙伴们——比如马飞先生等——为翻译所做的精心工作。为此我同样要特别感谢上海人民出版社。

与来自中国的同事们相遇，于我始终是重要的事情，此处仅举例来说的话，比如赵汀阳、白彤东、张双利、陈祖为和慈继伟。我曾与他们在北京、法兰克福的会议，或者在 zoom 会议上相会。我还没有提到许多年轻的中国学者同事，他们来到法兰克福，是为了追随我们的"规范秩序"研究中心。虽然出于不同的传统和视角，但我们却围绕共同的主题工作，正是这让我们的合作如此有趣且富于创造性。在此意义上，我希望这些中文翻译著作能够激发鲜活的兴趣，并为我开启全新的探讨。

我从事一种辩护哲学方面的工作，这深受德国哲学传统与盎格鲁-萨克逊哲学传统以及社会理论的影响。最重要的关联要点，是康德以及德国观念论，它通过马克思与批判理论，并且最终通过哈贝马斯得以嬗变，对我而言，后者从我的学生时代起，就扮演着对话伙伴的角色。人们可察觉到的，还有罗尔斯与斯坎伦的影响，但也包括诸如阿佩尔、霍耐特、弗雷泽以及本哈比的（不时）影响，我和他们一样致力于当代的、哲学奠基性的社会及规范秩序批判理论的工作。

在我的所有工作中，始终有一个想法在发挥着作用。我不仅把对义务性的道德或政治原则的辩护看成一个理论问题，而且更将之进行了实践转向。这是因为，这些提出上述问题的原则，必须是**由其自身**而彼此应答的，并且它们由此就与理性的和尊重的基本法则相关，这些诸如此类的法则构成了规范性的一种基础性层次。从这一层次中所产生的，不是"价值"甚或某种文化传统对实践问题的决定性，而是那些自身作为道德等值的、规范性的自主权威的诸当事者。为了能够自主地共同确定一种将他们都收摄其下并平等视之的规范性秩序，他们都必须成为主体，而只有在这个时候，才能够谈论正义与民主的进步。

我不仅将我的理论定位于理论性的讨论语境中，而且也定位在实践背景下，

---

* 本文为福斯特教授应邀为中文版"福斯特选集"专门撰写。

在其中，曾发生且正发生着为了平等、正义、自由与民主的斗争。这些斗争是千差万别的，关注它们的特别之处（正如我在我的关于宽容历史的书中，或者在我关于人权的那些论述中所做的那样）是有价值的，但在其中，还是稳定存在着一个内核，它区分开了解放性的斗争和非解放性的斗争：这就是**辩护的权利**，它是一种将一切其他权利都平等待之的规范性自主权威，是一切人权中最为基础性的一种。我在这里所说的，就是（在康德影响下）人的尊严概念所表达的。所有政治或法的自主权威都来源于此种道德的自主权威，并臻境于此。

在社会内部的一种正当或善的规范秩序意味着什么，以及此外还意味着什么，对此问题的那些既有观点表明了一个广阔的可变范围。重要的是确立这一范围的广度，并进入一种真正的，关于何谓正义、平等、民主或自由的对话之中。在此要避免一个错误，把不可理性反驳的基本原则与一种特定具体秩序观点的约束性联系在一起。只有当对话伙伴也能拥有权利的时候，这种对话才是真的。而法兰克福的商谈理论告诉我们，这已经预设了交流伙伴的平等论证权，因为不然这种商谈就只能缩减成一种不平等的权力关系。而对未得辩护的统治权的批判，始终是批判理论的任务，所以它必须逻辑一贯地为一切商谈反思性地设立一种基础，并将之视作无可争辩的。因此，一种跨民族的对话是重要的。在理解范式中，它必须被引入进来，并且在不同的传统和观点彼此遭遇的地方，首先就是要去理解这些分歧。而下一步的工作是，尝试去阐明这些分歧，并且把不能理解的东西与真正的分歧区分开来。那种基础原则——我们沿着它去追思正当的秩序——必须在背景性理解的光照中被检验，而这些背景性的理解又是属于对话的。在道德意义上主张普适性和不偏不倚性的那些基本法则，正如进行辩护的权利和义务一样，必须能以合理的方式兑现这一承诺。

对我而言，这就是要指明，请把我的著作看成是为此类商谈所作的邀请。然而这种商谈也要求着如下并非随意处之的处境：它牵涉对一种可分享的真理的寻求，并且正是在实践问题中所作的寻求。在此，一种交互理解是不可或缺的，但这种真理并非是要去找到相对立的立场之间的一种计量意义上的中间量。它必须被定位于有权与理性和道德发生关联的地方。

在我的工作中，我所孜孜以求的"辩护的哲学"，它所致力的任务是，将批判自身推到思想的中心处，或者，如果人们愿意这样说的话：批判将非教条主义当成教条。我们对于彼此的所有要求都必须得到辩护，但为此要为这种辩护权作辩护的话，就要让这种辩护权自行朝向理性所引领的路径。我要重建的正是这一路径，并且在我眼中，在一切自主权威之下的辩护原则——它牵涉那些规范，是它们提出了相互对立的有效性要求——就是一条不容反驳的合理性原则。由此出发，才能发展出国家内部以及国家之外的正当规范性秩序。当然，不同的社会走上了不同的道路，但这些道路必须都要是辩护之路。

　　我乐于见到关于辩护的讨论，我希望这些讨论会从对我的想法的中文呈现中产生出来，我将从中学到很多东西。如果我们不下决心拓展我们的视野，并且甚至跳出我们的视域，那我们就根本没有理解，什么叫作去成为一种进行辩护的存在者。

献给苏菲和约纳坦

目　录

第二部分　一种宽容理论

前　言

"宽容问题，您可不太能应对，工程师。"——当我进行眼前这本书的写作工 9
作时，托马斯·曼笔下的塞特布里尼（Settembrini）冲着汉斯·卡斯托普（Hans
Castorp）甩下的这句话屡屡萦绕在我耳边。这不仅是因为，二者之间的争论对象
对于宽容问题格外有意义：卡斯托普认为自己有权批评塞特布里尼关于一个由自
由思想家们统治的、启蒙了的世界的规划是不宽容的，而这些自由思想家据说会
"勾销"形而上学与上帝，从而克服不宽容。这也不是因为，工程师们本来就比
哲学家们更容易宽容：工程师们在预定标准值（Sollwerten）的允许偏差的意义
上使用这个概念，这种偏差与某种技术系统的运行是兼容的。在那里——与在哲
学中不同——不仅那些标准值非常确定，而且甚至那些需要某种"尺寸公差"
（Maßtoleranz）的测量仪器都被认为是可测量的。不，这句话萦绕我耳边的主要原
因是：我越是深入宽容这一主题，我为自己设定的目标有时却似乎被推得越远。
这一目标就是，以各种宽容论证和宽容实践的历史为背景，写作一部关于宽容的
系统性论文，它应能帮助我们在我们当下的冲突中辨别方向。不过，正是在我将
（几乎无止境的）关于历史的和当代的宽容话语的范围逐步分解框定之后的某个时
刻，我获得了一种印象，我可以提供一种对宽容话语的重建和一种独立的理论建
议——这就是我在这里所做的，但愿这一成果能够在某种程度上应对宽容问题。

假如没有一众人等的帮助，我既不可能开始这项工作，也不可能完成它。所
以，我在这里对他们致以衷心的谢意，当然这并不意味着，他们应该对此担负文
责。首先，我想感谢阿克塞尔·霍耐特，在柏林、纽约和法兰克福，我与他共同
工作了十余年，与他的合作对我而言极其美好、极富成效，如我所期。我们在这
段岁月中——包括每次在研讨会上——进行的那些讨论，都决定性地丰富了我的 10
想法，让我的想法得以成型。我也感谢尤尔根·哈贝马斯，从我的大学和博士生
涯以来，他一直是我的对话伙伴，他始终带着支持的兴趣关注本计划的进展，并
给予了我诸多有价值的建议。查尔斯·拉莫尔帮助我的方式则是经年累月地对我
的整个系列工作进行大量评论和——尤其重要的是——批评性的追问。除了以上
三位，我还要感谢马蒂亚斯·卢茨-巴赫曼（Matthias Lutz-Bachmann）和维尔纳·
普卢珀（Werner Plumpe）。本研究是我在 2002—2003 年冬季学期由美茵河畔法兰

克福的约翰·沃尔夫冈·歌德大学哲学与历史科学专业接受的教授资格论文的修订版,我特别感谢他们所有人对本书做的细致而富有教益的鉴定。

在写作此书的岁月里,我曾多次得到报告和探讨我的想法的机会。我由此从许多同事和朋友那里得到过价值非凡的激励,在这里我无法对之一一细数。那些牺牲自己的时间给我送来书面评论的人,以及那些通过启发性的对话帮助我变得更清晰的人——虽然很可能如他们某些人所认为的那样,还是不够清晰——我都在这里特别加以感谢:约尔·安德森(Joel Anderson)、理查德·伯恩斯坦(Richard J. Bernstein)、伯特·范·登·布林克(Bert van den Brink)、达里奥·卡斯蒂利奥内(Dario Castiglione)、英格丽·克雷贝尔(Ingrid Creppell)、理查德·蒂斯(Richard Dees)、君特·弗兰肯贝格(Günter Frankenberg)、伊莉莎贝塔·伽莱奥蒂(Elisabetta Galeotti)、斯特凡·戈泽帕特(Stefan Gosepath)、克劳斯·君特(Klaus Günther)、拉赫尔·耶吉(Rahel Jaeggi)、奥托·卡尔绍伊尔(Otto Kallscheuer)、安德里亚斯·库尔曼(Andreas Kuhlmann)、卡特里奥娜·麦金农(Catriona McKinnon)、斯蒂芬·马塞多(Stephen Macedo)、唐纳德·穆恩(Donald Moon)、格兰·纽维(Glen Newey)、彼得·尼森(Peter Niesen)、亨利·理查德森(Henry Richardson)、托马斯·施密特(Thomas M. Schmidt)、马库斯·维拉舍克(Marcus Willaschek)、梅丽莎·威廉姆斯(Melissa Williams)。马丁·萨尔(Martin Saar)曾批评性地通读全文并提出意见,因此,我要对他致以最深的谢意。我也要感谢苏尔坎普出版社的贝恩德·斯蒂格勒(Bernd Stiegeler)和亚历山大·罗伊斯勒(Alexander Roesler)的出色合作。

我还未及向梅希蒂尔德·格罗斯-福斯特(Mechthild Groß-Forst)表示莫大的谢意,我不仅感谢她第一时间的批判性阅读,而且感谢她的所有不遗余力的支持和鼓励,没有这一切,我不可能实现这项计划。我在这项计划上的工作伴随着我们的孩子苏菲和约纳坦生命的最初五年,他们必须容忍他们的父亲一再遁入书房,以便他能写"他的书"——虽然还有很多别的书,甚至带着图画,本可由他在这段时间来读给他们听。因此,我把这本书献给他们,并且很希望他们有朝一日会说,这一切都是值得的。

美茵河畔法兰克福,2003 年 4 月

莱纳·福斯特

导论：

冲突中的宽容

冲突中的宽容这个标题有四层含义。首先，由于宽容是只在某种冲突中才被 12
需要的一种态度或一种实践，因此宽容的概念已经是一种冲突概念。在这方面特
别的是，因纷争而被呼吁的宽容并**不**消弭纷争，而是仅仅限制与缓和它；各种信
念、旨趣和实践的对峙仍然保持着，但基于特定的考虑而不再是破坏性的了。"冲
突中的宽容"意味着：冲突中的诸方采取某种宽容的态度，这是因为他们看到，
互相反对的理由是相对于互相接受的理由而存在的，后者尽管主张宽容甚至要求
宽容，但并不取消前者。宽容的承诺因此就是：某种在分歧中的共存是可能的。

在这一背景下，可以提出一系列应在眼下的研究中得到解答的问题：那些要
求宽容或者允许宽容的冲突具有何种本性？谁是宽容的主体，而谁或什么是宽容
的客体？对被宽容者进行反对的理由是些什么形式的理由？我们又如何去理解与
这些反对理由相对的那些接受理由？宽容在各种情况下的界限何在？

研究宽容概念，对于一种意在社会现实之理解的哲学来说，曾是并且现在也
是一种必需。因为那些被证明为不可消弭者的冲突，与希望这些冲突最好不存在
的愿望一样，都属于人类的共同生活。而即使在宽容概念还未获得其影响至今的、
后宗教改革的形态的时候，问题就已经为人熟知了，比如我们可以想到希罗多德
关于文化差异的描述。用一个大词来说的话，宽容是一个人类课题，它不限于某
一特定历史阶段或特定文化。比如说，宗教的历史有多长，则关于信仰不同者、
关于异端以及关于不信者的问题史就有多长。更宽泛地说，只要在人群中有价值
信念成型的地方，就存在着其他与之对峙的信念的挑战，而这种挑战并不想直接 13
在那些被质疑的价值的基础上得到回应。因此，挑战导致某种宽容态度的形成，
这预设了一种对自身信念进行的复杂工作。可见，长久以来就存在着与那后来从
某个特定时刻起才被称为"不宽容"的东西的斗争。"不宽容"看上去是一种更源
始的现象，要求某种和平的、均衡的或者道德上的回应。

其次，"冲突中的宽容"还意味着，对宽容的需要并不处于社会中的纷争的彼
岸，而是产生于其间，这样一来，这种需要的具体形态就始终是受约束于情境的。
宽容自身处于冲突之中，它是**有私见的**（*Partei*），虽然根据其结构，为了让一种互

相宽容得以可能，它的规范性基础应该是尽可能公道的（unparteilich）。尽管宽容寻求着一种均衡化，但对宽容的需要并非"中立"意义上的，仿佛宽容并不同时是冲突诸方的一种实践需要似的——也就是说，对宽容的需要是以完全不同的方式来说的，有时是对公道的拥护，有时则是通过对自由的保障来捍卫固有权力关系的尝试。宽容的历史和当下境遇，正如将会表明的那样，也始终是一种社会斗争的历史和当下境遇。这一历史被镌刻在宽容概念上，为了在宽容概念的复杂性中理解宽容概念，这一历史必须得到重建。

与之相连的是第三层含义。因为宽容不仅是在一种特定类型的冲突中被需要的东西，也不仅是在社会纷争中表达斗争诸方的一种特殊需求，其自身还是冲突的**对象**。无论在概念的历史中，还是在当下境况中，宽容的含义都不仅是不清晰的，还是高度争议性的。比如有这样的情况，同一种政策或个别行动，在一些人看来是宽容的表达，在另一些人看来却是一种不宽容的行为。而更严重的则是：就连宽容**究竟**是不是**某种善的东西**，都是有争议的。对一些人来说，宽容是一种被上帝、道德、理性或者至少明智（Klugheit）所要求的德行（Tugend），而对另一些人来说，宽容则是一种傲慢的、家长制作风的、具有潜在压迫性的姿态；对一些人来说，宽容是自信和有骨气的表现，对另一些人来说，宽容则是不确信、悲观和孱弱的态度；对一些人来说，宽容是对他人尊重甚或对陌异者的价值赞赏的标志，对另一些人来说，宽容则是一种漠不关心、视若不见、闭目塞听的态度。这些对立见解的例子比比皆是，人们只需想想，伏尔泰和莱辛将宽容赞赏为真正人性和最高文化的标志，而康德却在谈论"宽容这一高傲的名称"[①]；最后在歌德那里，出现了可能最著名的对宽容进行批判的辞句："宽容只应是一种暂时的意向：它必须引向承认。忍耐意味着侮辱。"[②]

最后，"冲突中的宽容"的第四层含义意味着：对宽容概念的使用和评估的这些差异是由于，虽然存在一种宽容**构想**（Konzept），但存在不同的宽容**提法**（Konzeptionen），这些提法在历史中成型，并处于彼此争斗之中。由此，在宽容概念自身内部就产生了一种冲突，而我将把这一冲突置于"道德"和"权力"的上位概念之下。但不仅如此，各个不同的宽容提法非但彼此对立，且此一局面也还展现出了范围广阔的一系列各种完全不同的**宽容奠基方式**（Toleranzbegründungen），从宗教性的奠基到政治—实用性的奠基，从首要的认识理论上的奠基经过特别的伦理上的奠基，直到道德上的—义务论的奠基。它们处于彼此冲突之中，别无他法。下文将围绕对这些提法和奠基的系统性重建——以及哪种提法和奠基是最站得住脚的这一问题——来进行。

标题"冲突中的宽容"的上述四层含义构成了我对宽容概念进行哲学分析的出发点。我们的当下境遇在很大程度上深陷种种冲突之中，似乎只有宽容才能开辟出一条从中脱身的去路。宽容问题不仅存在于日益具备宗教、文化生活形式和局域性社群之多样性特征的社会内部，而且它也以多种方式存在于日常秩序中。③　15内战以赤裸裸的方式证实了这一点，在内战中的冲突诸方都以伦理的或宗教的方式定位自己；而在遵循民主秩序的社会内部也发生了关于"宽容界限应该何在"的严重纷争。在国际层面、全球层面，由于大量的冲突和联合行动的限制，尤其产生了对宽容的需要——这与"文明的冲突"的方案刚好相对。④鉴于以上情况，对宽容的呼求自然既是齐声的，又是多声部的，于是就产生了一种急切的解释需求：宽容概念的确切意义是什么？我们应该如何评估这个概念？

　　这些简短的思考所提示的是，一种对此概念的全面研究应该考虑到三个本质性的方面。首先，研究应明察此概念的历史，以便识别在历史中出现的彼此相关的冲突局势和意义内涵；只有一种对宽容历史复杂性的意识才能增强对宽容的当下境遇复杂性的意识。于是不仅对此历史的片面读解和关于宽容的特定之（先）见——比如关于基督教的、人文主义的、怀疑主义的、主权国家的、自由主义的以及启蒙的宽容——进行修正是可能的（和必要的），而且各种宽容奠基方式的光谱是如何的丰富多彩，它们产生于何种语境，又具有何种超越语境的系统性力量，也将得到展现。最终，投向历史的眼光就必将是一种谱系学的眼光，它表明宽容是如何在"当下的历史"中曾经具有（并且现在具有）一种与权力的矛盾关系。

　　其次，这一研究应考察标识着宽容概念的那些决定性的维度，特别是规范性维度和知识论维度。这样做的目的在于，从对可见的各种宽容奠基方式之多元性的分析出发，制定一种能够避开其他进路死胡同的系统性宽容理论。最后，这一研究应将得到如此阐明的宽容概念在当下的政治冲突中加以定位，并且具体地去检验这一概念的内涵。这就是说，不仅要去问，是什么构成一种宽容的人格，而且还要问，是什么构成一个宽容的社会。眼前的这项尝试性工作就是相应于这一　16要求而被提出的——这需要一个限定性的说明，因为一种真正"全面的"研究在这里无法完成，那种研究据说甚至要以历史的视角重构比如**一切**现存宗教的宽容潜能。既然对人类理性有限性的反思在我的论述中扮演着重要角色，那么在这里也应该意识到这种有限性。因此，下文的关键首先在于，从欧洲自斯多亚学派以来的宽容话语中发展起来的诸宽容论证各自的语境出发，系统地理解与讨论这些论证，以便在此背景下形成一种自己的系统性方案，这一方案必须能证明它在其他关联中的有效性要求。

　　关于这些问题的汗牛充栋的文献反映了上面提到的宽容概念在分析性上和规范性上的模糊不清与冲突龃龉，以至于有很多很好的理由把宽容概念称为一个"在哲学上难解的概念"⑤。我个人则说它是一个"争议性的"概念，但我的见解是，争执的理由必须得到历史上的说明和系统上的澄清。在屏蔽其他理解而对某种特定的宽容理解进行单一维度的辩护与对所有宽容理解的意义进行单纯的现状分析这两个选项之外，一种复杂的、规范性的宽容提法的道路仍然保持开放。但是，这种类型的研究论文不仅就此而言填补了研究文献上的空白，而且在方法论意义上也填补了空白，因为对宽容的探讨通常分布在历史领域、规范性领域（多半不包含知识论和心理学维度）或"应用伦理学"领域（比如具体的政治理论或法权理论）。而我所尝试的是，将这些视角共冶于一炉。

在这里简要地介绍这本书两个部分的核心思想，可能不无裨益。首先，我想反驳一下那种鉴于宽容理解和宽容评估在历史上和当下境遇中的丰富程度而难免产生的猜疑，即我们所处理的根本不是同一个宽容概念，而是大量不同的宽容概念。我的看法是，如已经论及的，应该从一个唯一的宽容概念（或构想）出发，并且从宽容观念（或提法）的多元性出发——我把宽容提法分为四种。这些提法又与不同的宽容奠基方式相关，但并非每种提法都只有一种唯一的奠基。发展一种关于诸宽容奠基方式的系统说明（Systematik），就是本研究第一部分的目标。

在第一章中展开的宽容概念的多重悖论结构已经先行给出了本书的目标，那就是解决这些悖论。由此而来的核心论题就是：我所提出的宽容提法和宽容奠基方式在这方面优于其他提法和奠基。

此外，第一部分将表明，历史地看，宽容话语是由两种一般性的视角来标明的：一种主要是国家理论的视角，它也可被称为"纵向"视角，另一种是"横向"的主体间性视角。在第一种视角下，宽容主要被理解为一种政治上的实践、一种国家政策的形式，这种政策的目的是对和平、公众秩序、稳定性、法律或宪法的——同时也总是包括对权力的——维护。从第二种视角出发，宽容被理解为人们在相互关系中的态度或德行。对于人们来说，宽容看上去是对他们之间因将彼此分开的伦理信念而产生的那些冲突的正确而适当的回应。这两种视角并非总是能够被清楚地区分，在一些作者那里，它们同时出现在著作中，但区分二者能使复杂的宽容话语在很大程度上清晰起来。

这一区分有助于在宽容话语内部确立一种既平行又对立的发展过程，即一方面是**政治权力的理性化**（Rationalisierung politischer Macht），另一方面是**道德的理性化**（Rationalisierung der Moral）。⑥前者意味着，在历史进程中，形成了国家权力与教会权威相对的一种日益增长的独立性和自律化，并且发生了从宗教合法化中的（逐渐）解放，从而国家理论的视角一方面导向对作为主权国家之措施的宽容的一种主要在政治上的奠基，而另一方面也被公民方面对合法性的批判性追问和对自由的要求所触动。因此，在权力理性化的语境下，说宽容政策始终也是权力政策意味着，不仅对宽容的诉求是对不宽容的统治的一种批判形式（且由此也是一种权力形式），而且政治统治权力自身也在努力利用宽容，并且视宽容政策为其他统治手段的理性化延续。这样一来，宽容的特征就改变了，从一种"压迫性"的权力变成了一种"照料式治理的"和"生产性的权力"，如人们可能会和米歇尔·福柯说的那样——变成了一种对"正常的"和"异常的"作出确定的权力，而"异常的"又被区分为可宽容的和不可宽容的。这种权力的统治不是通过直接限制自由，而是通过有针对性地并且范围有限地提供自由，不是通过排除活动，而是通过规训性的同时又是解放性的包含活动。⑦

与权力的理性化紧密相关而在规范性方面与之相冲突的，是宽容的规范性论证的理性化。在这里，一种日益独立的对宽容需要的道德奠基以正义之名——以当然首要地针对宗教的、国家的和文明的不宽容，但也针对那些单方面的、等级制的宽容实践的论战立场——破壳而出。此外，在道德哲学的视角中，有一种对宽容进行道德论证的自律化趋势，它不仅相对于宗教奠基，而且也相对于那些落实在关于构成"良善生活"的东西的特定见解上的宽容奠基方式。与宽容思想的发展相伴而行的，不仅有对诸善之见解的多样性意识，而且也有对这种多元性的合法性的意识。由此，关于"宽容话语"的说法就成为反思性的，并且标志着——借尤尔根·哈贝马斯的话语概念来说——宽容辩护的话语，规范性论证必须为宽容说话，这种论证相对于处在冲突中的各种信念和价值态度来说具有一种既**优越**又有**约束性**的规范特质。因此，宽容的历史也是对于道德的一种新理解的形成史，对于伦理上、法权上、政治上和道德上的人格认同的一种新看法的形成史——关于人的自我理解的种种规范性要求、各种冲突和不断的再定义的一部充满冲突的历史。⑧

第一部分对历史上的宽容话语的呈现遵循一种——如果可以冒险这么说的话——双重的辩证意图。首先，问题在于要把宽容话语定位在**权力与道德之间**的紧张关系领域中，以便在凸显宽容发展的社会性和规范化动力的同时指出，在权力与道德的此消彼长中，对宽容的要求由对现存宽容关系之合法性的持续质疑所驱动。双重理性化的历史揭开了对一种**辩护权利**的需求的逻辑，在历史生活形式中，这种权利作为对不宽容或虚假宽容的批判曾是解放性要求的基础，并且同时在规范性方面，它也呈现为在我看来最具一贯性的、反思—批判性的宽容提法的奠基的地基。由此，这种基础就既是一种"历史性的真理"，也是一种"理性的真理"。

其次，在第一部分的进程中，将形成对历史上可见的宽容提法和宽容奠基方式的系统说明（在第八章得到总结），这一系统说明构成对这些提法和奠基各自的优缺点进行探讨的基础，并且构成一种超出这些提法和奠基的理论的基础。这种理论的打造将是第二部分的任务。这里要表明的是，一种高阶的、在规范性上自律的宽容提法是必须的，这不仅是鉴于关于善的各种不兼容的伦理提法的多样性，而且也是因为宽容奠基方式的多样性，与其自身的诉求相反，这些奠基方式是个别的，并且在一种辩证的颠倒中包含着划界过窄的危险。这种高阶的宽容提法正是建立在那种激发着历史性宽容话语的基础-法权上。由此产生了一种反思性—道德性奠基的宽容理论的可能性，在其中，**除了辩护这一优先性原则本身，没有别的价值可以构成宽容的基础**。这里存在的就是我所提出的理论的系统性要点：辩护的原则，或者说辩护的权利，在历史性和体系性两方面都被证明为宽容概念的核心，因为宽容在本质上关乎对特定的自由或自由之限制进行辩护的理由。对此作出反思性的和递归性的澄清，就意味着向宽容基础之问题的答案迈出决定性的一步。

通过一种独立于诸有争议的伦理学说，但却又可与它们相协调的、在某种意义上"宽容的"宽容理论的观念，我承接了约翰·罗尔斯在其正义理论语境中发展出的一个核心想法。[⑨]但在这里，还存在着一个与罗尔斯的重大分歧，因为上述承接关系将我引向的不是一种"政治上的"宽容提法，这种提法不过表达了一种交叠共识伦理学说的交点，而是一种康德取向的宽容提法，这种提法有一个**自律的道德上的**基础，此基础最终建立在某种特定的**实践理性（进行辩护的理性）**和**道德自律**的概念中。

21　　在第二部分，我所提出的宽容提法的内核将首先在一种实践性的辩护理论中得到阐述。这一理论表明，那些在某个语境中要求交互的、普遍的有效性的规范必须能在该语境中以交互的和普遍的方式被奠基——更准确地说，不能以交互的和普遍的方式被拒斥。借助这种实践理性原则和交互性与普遍性的标准，作出一种区分的可能性就产生了，即区分在相应的意义上不可拒斥的、**道德上**有约束性的规范，与人们可以不依赖道德考量而在规范上加以赞成或反对（或者对之冷漠）的**伦理**价值。在此基础之上，形成了对宽容问题而言构成性的（konstitutiv）区别：（1）人们完全赞同的、对善的本己伦理提法，（2）普遍有效的道德规范，（3）关于善的其他提法，人们或批判或反对这些提法，但可以（并且必须）宽容它们，因为它们并非不道德，以及（4）那些人们首先不是根据伦理理由，而是根据道德理由谴责的主张，因为这些主张违背了交互性和普遍性的标准。当然，还将加以展现的是：尽管面临特定的宽容冲突时，在道德规范和伦理价值之间的区分**本身**就成为了冲突的对象并且必须被再定义，但是就其结构而言，只要相互地得到辩护的宽容是可能的，这种区分在根本上就是不能被质疑的。

这样一来，变得清楚的是，对他人之为道德上的自律人格的基本尊重，在何种程度上表现为宽容的基础，以及在何种程度上宽容是**正义**的一种道德上的德行——也是实践理性的一种话语式的德行。最后，这种提法必须在与那些可选择的、经典的以及同时代人的宽容观念和宽容奠基方式的争辩中得到衡量，并且表明在何种程度上它优于而非劣于它们，这就是说，在何种程度上它有权要求成为一种自律的和优先的理论。

在接下来的一步，我所偏重的宽容的"尊重提法"在认知理论上的意涵将得到专题讨论。在这里，前面所致力于的实践理性概念必须展露它的理论面向：何

种伦理上的"真理"的见解——涉及自己的信念和他人的信念——符合规范性的
理论？如果姑且提几种的话，是怀疑论的，相对主义的，可错论的，多元主义的，　22
抑或一元论的？与规范性方面的讨论类似，这里我作出的尝试是，主张一种高阶
的关于伦理上的真理要求之自身相对化的知识论见解，这种自身相对化并不导致
相对主义，也不依据任何其他个别的真理理论。只要理性在伦理上的真理追问中
认识到其本己的有限性，那么，各种"理性的"，而且非常深刻的差异的一个空间
就会打开，这个空间允许超出彼此理解的界限来互相理解。在此所预设的道德建
构主义（Konstruktivismus）是一种**实践上的**建构主义，而非**形而上学上的**。

　　最后必须追问的是，何种类型的自身关系、何种情感上和意志上的品质与能
力标志着一个宽容的人格。结果将会表明，宽容德行并不蕴含任何特定的伦理人
格理想，但是的确有一些特定的"坚定"信念和一定程度上能把自己与自己拉开
距离——从而能自己宽容自己——的能力属于它。

　　在本书最后一章中，我所提出的宽容提法将得到实践性—政治性的阐释，并
且表明，在这种提法之下，不只是一种为辩护原则赋予政治基底的民主提法，且
在该提法外，基于所提出的进路，还产生了一种**批判的宽容理论**的可能性，这种
理论不仅能批判地分析不宽容的形式，而且也能批判地分析**压迫性的**和**规训性的**
宽容形式。在此背景下，我们就可以提出关于"宽容社会"的问题，并且能借助
一些例子来对之加以讨论。所选择的例子有不同国家涉及宗教的和伦理—文化的
弱势群体状态的冲突，对同性关系的宽容问题，但也有与极端政治团体的关系。
在这些分析中将变得清晰的是，在当前境遇中，宽容概念如何一如既往地具有争
议性，因为不仅宽容的界限仍需讨论，而且对宽容的理解和奠基也普遍需要讨论。

　　这是一部关于宽容的论著，但由于概念的复杂性，又不止如此。这部论著同
时还处理权力与道德之间的复杂动态，宗教、伦理与政治之间的关系，面临深刻　23
伦理冲突的实践理性的能力与界限，以及最后，一种高于这些争执的道德提法的
无可回避性（Unumgänglichkeit），这种道德提法独立于（虽然没有完全脱离）争
议性的评估机制。也许，这就是从对问题的研究中得到的主要教诲：用宽容之眼
看待自身和世界意味着，能够区分人们在道德上可以彼此要求的东西和对人们来
说或许更有意义的东西，即关于使一种生活值得过并且成为良善生活的东西的见
解。而这就意味着要看到，关于后者存在无尽的争执，但这种争执既不必去质疑
道德的有效性，也不必去质疑本己信念的真理性或一个社会的一体化（Integra-
tion）。这一洞见是宽容概念所代表的理性的贡献。用一种更抽象的哲学语言来说，
宽容意味着正确地理解人们之间的同一与差异。

注释：

① Kant，»Was ist Aufklärung«，AK. VIII，40.

② Goethe，»Maximen und Reflexionen«，507.

③ 《宗教和信仰的自由：一份世界性报告》中所呈现的各大洲 60 个国家的情形，表明了宽容疑难的无所不在。［Boyle u. Sheen（Hg.），*Freedom of Religion and Belief. A World Report.*］

④ 参见关于亨廷顿同名著作的论争。

⑤ Heyd，»Introduction«，3（"philosophically elusive concept"）.

⑥ 在这里我因循了哈贝马斯在他的《交往行动理论》中展开的社会理性化的矛盾过程的论题。不过，我局限于权力与道德的关系，这是就该关系对于宽容的发展意义重大而言的。我没有采纳对于哈贝马斯的全面的社会分析来说核心性的概念组合"系统"与"生活世界"。关于对权力或道德的"理性化"，或者说"自律化"的理解，在上述关联中也存在重要区别。

⑦ 在《什么是批判?》中，福柯在主体化与"解除屈从状态"的此消彼长的理性化的历史语境中，提出了他对权力和治理以及批判本身的理解。然而，在对法制的或压制的权力模式的全部批判中，福柯总是诉诸规训的和控制的（生命）权力，以至于他很大程度上忽视了这种通过宽容和提供自由来实施权力的方式。这种方式也是一种特殊的权力实践，因为它在异常事物的空间内还进行了一次二分。

⑧ 在这个意义上，宽容的历史也是为承认而斗争（与不同的承认形式的形成）的历史——正如霍耐特的《为承认而斗争》——当然，我尝试借助辩护原则，来重构承认在权力与道德之间的基本的"规范性逻辑"。（A. Honneth，*Kampf um Anerkennung.*）

⑨ 罗尔斯在《政治自由主义》中说："政治自由主义将宽容原则运用于哲学本身。"（Rawls，*Politischer Liberalismus*，74.）

第一部分

在权力与道德之间：历史上的宽容话语

27　　　　一部关于宽容的历史可以是多种多样的：它可以是一部概念史，追踪概念运用的种种变化；它可以是一部观念史，将这些变化置入各自时代的精神境域；它可以是一部社会史，呈现那些与宽容要求有关的社会和政治冲突——所有这些处理方式都可以遵循完全不同的方法路径并且在规范上对这一历史作出非常不同的解释（比如解释为理性的进步史或权力的进阶史）。我在下文所尝试的是，吸收上述进路的角度，并将它们合并入一种可以被称为**批判的论述史**（*kritische Argumentationsgeschichte*）的东西。对它来说，关键是在相应的社会—历史语境和哲学语境中，分析那些为了某种宽容态度或某种宽容政策而提出的核心论证，并对之进行批判性的究问——首先关于这些论证的系统内涵，同时也顾及这些论证在其时代的冲突中所扮演的角色。

我们必须重建哲学上的**与**政治上的宽容话语，就此而言，与相应的论述语境一样，这些话语内部的社会斗争和权力关系也需要得到考虑；因而我总是把对宽容奠基的系统分析与对（作为权力实践的）宽容实践的谱系学分析结合在一起。与时常可见但平淡无味的在"历史的"和"系统的"研究方式之间的区分不同，我希望能够指出，正是要基于特殊的历史性论述处境和冲突处境来理解各种时期的宽容理论，这些理论那具备语境基础的系统性力量，以及它们的现实意义才会变得明晰起来：一种对历史上的宽容冲突的活生生的呈现应该表明，这种历史在何种程度上仍然活在当下，且我们并不是在进行一种非历史性的现实化尝试。

总体来看，应该被提出的，既不是一种在各种理论层叠构筑并且通向某种全
28　面综合的理论序列意义上的——甚至还诉诸历史必然性的——线性历史，也不是一种不乏英雄色彩的极度断裂与偶然的历史，或者一种关于那些需要在回忆中被唤醒的过去了的各种选项的历史。[①]但是，我所讲述的历史，应该有助于把宽容概念的复杂性澄清到这样一种程度，使我们关于宽容的某些牢固而惯常的判断（和先见）得到动摇。标志着宽容概念的那些矛盾不会因此而被消除，而毋宁说是增强了，但也变得更透彻可见了。由此得到的可能不是从片面历史的束缚中的大解放，但也许是关于下述问题的些许更多的清晰性：宽容概念和宽容实践的层次是何等丰富，通向宽容的路径是何等众多，而其中哪些道路是死胡同。

无论一部宽容历史如何展开，它都会设定一个前提：一个与其所关之事（worum es geht）对应的前—概念（Vor-Begriff）。这是一个必须牢记在心的解释学洞见[②]——特别是在对待一个其意义和评价都如此闪烁不定的概念时。因此，为了澄清将要谈论的东西，也为了避免误解，我会先行提供一种命名那些有待解决的

各种宽容悖论的初步概念规定。在初步的概念规定之后，是宽容的四种提法的区分，这种区分最初仅仅是非常一般地在启发法的（Heuristisch）意图上被引入的。这种区分将在历史的探讨进程中帮助我们理解，何以宽容概念可以代表双方：既代表反对权力与反对不宽容的斗争，而同时又代表某种权力实践活动，既代表某种对承认的要求，也代表对这种承认的限制，有时甚至代表（如歌德所说的）一种失敬（Missachtung）的形式。第一部分的目标就是，借助宽容的四种提法，拟定一种关于诸宽容奠基的系统说明。最后我将概述，当我把宽容理解为"规范性　29 上依存性的概念"时，我想说的是什么：这一概念依赖于某种特定方式的奠基活动。

注释：

①　So Skinner，*Liberty before Liberalism*，116f.

②　"谁想读懂一个文本，他就总是实行了某种筹划。文本中的某个最初的意义一闪现，他就为自己预想出了整体的意义。反过来，这种最初的意义之所以出现，只是因为我们已经带着某种对于特定意义的期待阅读文本。对处在这里的东西的理解，就存在于如此这般的先行筹划的展开过程中，这种先行筹划当然不断地随着在进一步深入意义时出现的东西而得到校正。"（Gadamer，*Wahrheit und Methode*，271.）

第一章

宽容：构想与提法

第一节　宽容概念及其悖论

30　　　鉴于在导论中得到勾勒的各种各样而且彼此矛盾的对宽容概念的理解和运用，可能会产生这样一种猜想，即存在的不是一种宽容概念，而是多种相互竞争的宽容概念——大约类似以赛亚·伯林所说的"两种自由概念"①。然而这是一种有误解的假想。因为，为了使得各种对宽容概念的运用能合理地被视为对宽容的理解，这些运用就必须有某种共同的意义内核：宽容概念。当然，它们也在对这种意义内核的进一步扩展中彼此区分开来，并且由此形成关于宽容的各种提法（或者说各种表象或见解）。②说宽容的"诸概念"有一种彼此分离，这是自相矛盾的，因为这种说法赖以成立的条件恰恰是并不存在一种这样的彼此分离。③所以我跟随罗尔斯（在论及正义概念的时候所提出）的建议，区分**构想**（*concept*）与**提法**（*conception*）：构想（Konzept）包含着一个概念的核心意义内涵，而各种提法（Konzep-
31　tionen）则是对其中所含成分的专门解释。④有六种成分会在接下来得到详细解释。

（1）重要的是，比较细致地规定**宽容的语境**。这里首先指的是宽容者与被宽容者的关系——比如说，在父母与孩子之间的宽容关系，在朋友之间、同事之间、宗教团体的成员之间、国家公民⑤之间乃至在不分享这些特定语境的"世界公民"之间的宽容关系。赞成或反对宽容的理由每每会随语境而变动，比如在某种语境中，可能因爱而宽容，而在另一种语境中，宽容则可能出自功利性的算计，或者是基于相互尊重。

此外，属于宽容语境的宽容的主体的问题：进行宽容的是个体，还是团体、"社会"，又或者是"国家"？以及宽容的客体是哪些的问题：被宽容的是某些信念，还是某些信念系统（Überzeugungssysteme）、世界观、人格的特征甚或人格本身、个别行为、实践活动等等？最后还有，宽容所允许的行为是哪些，宽容所禁止的行为是哪些：宽容要求的是某种单纯的消极忍耐，还是对他人的某种积极主动的承认甚至支持？放任和不干涉的何种形式是适宜的：好言相劝的尝试也算作不被允许的施加影响吗？

下面我将把自己限定在这样一个语境中，它在宽容问题的历史上扮演过主角，而在当下的讨论中也是最重要的语境：一种宗教和文化多元化的社会或政治共同体的语境。我将在这一范围内回答上述问题；于是，关于宽容的主体，至关重要的是，人们想到的是国家或政府，还是公民自己。至于宽容的客体的问题，我在本章中则只先普泛地谈谈各种"信念"与"实践"。

（2）对于宽容概念来说具有相当重要意义的是，一些被宽容的信念和实践在一种充满规范性内涵（normativ gehaltvoll）的意义上被视为错误的，或者被判定为坏的；借用普雷斯顿·金（Preston King）的说法[⑥]，这一点可标识为**反对性要件**（Ablenungs-Komponente）。没有这样一种反对性要件，人们就谈不上宽容，而只能要么冷漠（缺乏一种否定性的或肯定性的评价），要么赞同（存在一种单纯肯定性的评价）。虽然这两种态度与宽容常常被混为一谈，但事实上它们和宽容是不兼容的。[⑦]

为了有真正的契机去宽容，被宽容的客体方面就必定关乎这样一些信念或实践，它们被视作足够重要的信念和实践，以便形成关于它们的某种否定性的判断。如果人们把"充满规范性内涵的反对"仅仅理解为"道德上的"反对，那么在宽容构想的一般规定性层面上，这里所说的就不过是一种不必要的窄化，因为这排除了比如说审美上的批判。对特定实践行为作出反对的根据可以是非常多样化的，道德上的理由仅仅呈现了一种可能的类型。[⑧]

通过"充满规范性内涵"这个表达，在宽容被视为一种个体德行的情况下（且**只**在这种情况下，已经存在对普遍的宽容概念的一种特殊化），一个与可能的"反对性的要件"相关的非常重要的问题也被提出了。因为，即使要求反对的理由必须是"客观的"和"普遍共享的"可能是过分的，对于一种"理性的"反对行为来说，确定的标准也还是不可或缺的。这一点可以由此得到澄清，即我们自问，某人应该"宽容异族"这个表达，或宽容"异样的人"这个呼吁，何以是成问题的。原因在于，在宽容中，反对性的要件在何种程度上得到保持和支持，对于宽容来说，正如很快就会看到的，接受的肯定性理由就会被对置地提出，且同时那个否定性评价并未被取消。但假如现在反对仅仅是基于纯粹的**偏见**（Vor-Urteilen）而作出的，比如基于特定"种族"的劣等性（甚或基于盲目的仇恨），而没有某种基础意义上的主体间可辩护的理由，那么对宽容的呼吁似乎就会把这些反对和偏见接受为有根据的判断。如此一来就产生了**"宽容的种族主义者"**的悖论，按照这种说法，一个有极端种族主义倾向的人也可以（在一种德行的意义上）被称为是宽容的，只要他仅仅限制了自己的行为（而没有改变自己的想法）。并且，他的偏见越强，对他而言，宽容的可能性似乎就越大。[⑨]因此，要求一个种族主义者去宽容就是一个错误，应该做的毋宁是去拒斥他的偏见，并试着使他相信这种偏见

32

33

的无根据性。⑩否则，对宽容的要求就有以强行镇压的方式来得以实现这样一种危险，因为这种"要求宽容"会使社会性的歧视和无度的谴责永久化。

解决与宽容德行有关的这个悖论，当然不会导出下述总体要求，即通过争取"启蒙"和消除所有否定判断来清除宽容问题。但这必定意味着，要对反对性判断的最低限度的条件进行表述，以否定的方式来说，反对性判断显然要排除非理性的和不道德的偏见。反对的理由必须在下述限度内是可证明的，即仍然可理解的是，他人的信念和实践行为是在何种程度上被谴责的——单纯诉诸"不同的外貌"或"不同的出身"，无助于一种充满内涵的批判。进行反对的各种理由诚然将会从诸个别伦理信念系统中产生，然而即使在这些信念系统的理由并未被共享的地方，这些进行反对的理由也必定是可以作为理由被认知和被理解的。这里的关键是，这些反对理由已经达及了某特定的道德阈限（Schwelle），而在此阈限之下，作为德行的宽容就无从谈起了。要解决第一个悖论，也就是要首先指明，宽容这一德行要求一种能够由之确定这种阈限的道德上的奠基。

这表明，一方面，把宽容概念视为一种与偏见对立的概念是错误的，因为解除偏见就可能移除反对判断，同时也就移除了宽容的前提。而与偏见作斗争的人，诚然也在与不宽容作斗争，但只有当他或她确信在偏见之外仍然存在有意义的否定判断的时候，他或她也才是在为了宽容而斗争。但另一方面，在与诸偏见的冲突中看宽容的德行是正确的，因为正是在这些偏见被"纯化"为判断之际，宽容才登台亮相。

（3）如同已经略加提示过的一样，除了反对性要件，属于宽容概念的还有**接受性要件**（*Akzeptanz-Komponente*）。⑪根据这一要件，被宽容的信念或实践诚然被谴责为错误的或不好的，但却不至于说，没有别的肯定性理由支持对这些信念和实践进行宽容。在这里重要的是，肯定性的理由不能消除否定性的理由，而只能与之相对而立，这样一来，肯定性的理由诚然（就相应语境中的相关方面来看）压倒性地胜过那些否定性的理由，并且在此意义上是更高阶的理由⑫，但与此同时，反对仍然得以保存。进行宽容者的实践性反思就在于对这些理由的平衡——而各种不同宽容奠基方式的区别主要取决于它们如何重构这些理由的种类和相应的反思。

在普遍的概念规定层面上保持开放的问题是，反对的理由与接受的理由具有何种本性。因此，一个审美上的否定评价就可以与另一个伦理的或道德的肯定评价取得均势，而一种以宗教方式得到奠基的反对也可以与别的以宗教方式得到奠基的信念取得均势。而在反对性要件和接受性要件基于同样类型的理由而存在的情况下，就产生了以下直达宽容问题域中心的悖论：诸如此类的理由似乎既要求一种反对，又要求一种接受。这个悖论可以由此解决，即比如在某种宗教性的奠基框架内，各种理由的序列被如此建立，以至于我们会容忍并且尝试说服那些有错误信仰的人，而不是去镇压他们或者强迫他们接受真正的信仰，这被视为例如上帝的意志。⑬

　　但如果反对的理由与接受的理由都被标明为道德性的，那么悖论就升级为下述问题：**对道德上的错误或者败坏进行宽容，这在道德上如何可能是正确的甚或是应当的**。这一悖论被我称为**道德宽容的悖论**，它在新近关于宽容的文献中已经被详细讨论，也已经得到了极其不同的建议。普雷斯顿·金就建议，通过对反对进行一种优先化设置来解决这个悖论。根据这种优先化设置，在第一次反对之后的行动会导致一种人们更强烈地反对的结果。⑭拉斐尔（D. D. Raphael）则尝试用侵权的标准去详细说明第二次反对。⑮根据约翰·霍顿（John Horton），解决这一悖论的可能性则在于，要么说明宽容的实用性理由，要么就要基于原则性的考虑，指明错误的宽容会危害更高阶的价值，如自由或自律。⑯其他作者则对此类解决方案表示怀疑。⑰按照苏珊·曼德斯（Susan Mendus）的观点，这里必须超出自由主义的奠基方式，回到社群主义—社会主义的思想中去，依据这种思想，对人们所反对的，但又的确属于人格同一性的东西进行宽容是应当的，这样做是为了创建一个所有人在其中都能有归属感的包容性社会。⑱另一方面，格兰·纽维（Glen Newey）认为，反对的理由作为道德上的理由，必须能充分地在最大程度上拒斥某种信念或实践，从而不可能存在任何宽容的义务，由此得到的结论则是，宽容必须被规定为一种冗余的姿态（supererogatorische Haltung）。⑲

　　现在并非对这些（以及其他）建议进行考察的时候，因为这最终会意味着对宽容奠基方式的全部光谱作逐一观察。但清楚的是，对道德宽容悖论的解决需要更确切地说明，为了无矛盾地容纳某种在道德上得到奠基的、更高阶的接受性要件，否定的理由必须具有何种本性；由此一来，追溯**伦理性**理由与**道德性**理由之间——以及与之相应的各种关于"错误"或者"败坏"的信念和实践的判断之间——的差异就成为必须的（在这里，这些差异从一些宽容冲突来看本身就会是成问题的）。因此，对这第二种悖论的解决也就为对宽容进行某种特殊的道德奠基提供了第二种理由。

　　上述悖论有其在知识论层面的对应物。因为，如果人们是在对自己的价值观念之确信为真的背景下来理解对"错误"信念的反对，那么就会产生**真理相对化的悖论**。按照这种悖论，实施宽容的人似乎迫不得已地一方面将自己的信念认以为真，以便能作出某种否定判断，但另一方面又相信别人的那些被反对的信念也可能是真的，以便能作出某种接受判断。尤里乌斯·艾宾豪斯（Julius Ebbinghaus）对此作出了清晰地表述。⑳在这种悖论中，也存在着某种对于宽容概念而言沉重的负担，因为这一悖论提出了对自己信念的某种原则上并不质疑其真理的确信状态（Überzeugtsein）的相对化和限制的要求——可以说，这是一种**非相对主义的相对化**的要求。

　　（4）宽容概念包含着对**宽容的界限**，亦即对不可宽容的界限进行规定的必然

36
37

性。这一情况是出于概念上的理由，因为宽容由否定性理由与肯定性理由的某种微妙平衡构成，并且预先作好了准备，在被宽容的信念和实践被如此否定性地评价，以至于肯定性的理由不再充分的情况下放弃宽容。宽容的空间是一个原则上有限的空间。想要宽容"一切"，这是自相矛盾的，因为这样一来人们就必须同时既宽容某种实践，又宽容对之的不宽容。但是即便出于实践上的理由，无限的宽容也是不可能的，因为正如波普尔主张的那样，这种宽容会导致一种悖论，即所有的宽容都会由此消失不见：一旦宽容也延及宽容的敌人，它就通向了它的自行崩解（人们可称之为**自我毁灭的悖论**）。[21] 当宽容被合法地限制这件事变得明确，并且宽容被理解为一种交互性的事情，从而不宽容不必被宽容（甚或不应被宽容），这种悖论才会被解决。

但是，如何来标画宽容的界限呢？这里重要的是看到，除了反对的理由和接受的理由，必定还有第三类理由：对某些信念和实践进行拒斥的理由——这种拒斥不再能被接受性的理由抵消。于是人们可以提出一种**拒斥性要件**（*Zurückweisung-Komponente*）。[22] 拒斥理由的类型并不确定，这些理由可能具有与反对理由和接受理由同样的类型，但也可能具有自己独特的类型。[23] 这些可能性都保持开放，并且例如在以道德性的方式得到奠基的宽容的情况中，与最初的印象相反，某种同源性（Homologie）并不存在于反对的理由和拒斥的理由之间，而是毋宁说存在于那些要求某种有条件接受的（道德上的）理由和那些在其他状况下要求拒斥的（道德上的）理由之间。于是在接受的理由中，就已经包含某种对其界限的规定。

在这一背景下显而易见的是，我们应该合理地区分两种界限。第一种是在（a）规范性领域和（b）可宽容者领域之间的界限。前者是人们完全认同的领域，在其中存在的是主张而非反对——如果人们愿意，可称之为"本己"的领域。而在后者中，既存在规范性的反对，也存在某种导致宽容的接受。第二种界限——宽容的真正界限——是在（b）可宽容者领域与（c）被严格地反对和拒斥的不可宽容者领域之间的界限。据此，关于宽容就必须区分三个而非两个规范性领域。

然而，上面对自我毁灭悖论的解决方案似乎会在这里所说的背景下导致一个新的、这次并不容易克服的悖论：如果宽容的概念内含着划界的必然性，那么对此概念的每一次具体化都将导向一种界限规定，这种规定将宽容者与被此具体化行为称为"不可宽容的"和"不被宽容的"人相对，置于"善的"一方。然而如此一来，就完全不存在什么真正的宽容了，因为这样一种单方面的行为本身似乎就是一种不宽容的和任意地排斥的行为。自诩宽容者，所致力的却只是保护和巩固自己的价值信念和实践，并为这些东西索求更高的合法性。但双方中的任何一方都不能诉诸这种合法性要求。因而**划界的悖论**说的是，如果宽容在可宽容者和不可宽容者之间进行一种无可回避的界限规定，那么宽容就必定总是会被颠倒入其对立面即不宽容中。[24]

这一悖论指向了宽容概念的核心困难。因为这实际上表明，在"不要宽容不宽容者！"这一准则已经被填充了内容的地方，不宽容太容易混进来并且招摇过市，比如，当某种特定宗教的信徒曾被——或现在被——加以总体上的质疑和惩处的时候；这一点特别通过犹太人和无神论者被对待的方式得以体现。有很好的理由，不去信任历史上的和当前的那些将"宽容者"分离于"不宽容者"的划界。这里需要提醒的是，宽容问题也始终是一个权力问题。

诚然，那种无所不包的、解构性—怀疑性的修辞本身是需要怀疑的，只要它仍然将"不宽容"所具有的两种应该被区分开来的意义看成一样的。因为，把直截了当反对作为规范的宽容的人的态度和行径，与那些对这种反对不加忍耐的人的态度和行径，同样地称为"不宽容"，这种做法预设了某种价值怀疑主义和相对主义，这种怀疑主义和相对主义在根本上怀疑这样一种可能性，即不是任意地、而是**公道地**在某种高阶道德的光照下划定宽容的界限。不仅如此，它还使得下述事情也变得无法理解，即究竟如何可能持有一种不仅仅由那些纯粹偶然的、个别的和特定视角的理由所支持的，本己的伦理性或道德性的态度。[25]这样一来，宽容的问题自然也就消失了，因为反对性要件丢失了。 40

但是，所提到的悖论并不因这一回应而被解决。相反，悖论的解决所预设的是，存在一种关于宽容界限的、并非任意的而是相互的辩护形式的可能性，从而，对不宽容的认定和批判本身就不能被简单地标识为"不宽容"了。因而并非所有的拒斥都可以被批判为"不宽容"，而是只有那种没有好理由的拒斥才能被批判为"不宽容"。[26]只有当宽容概念被置于一种高阶的、可普遍地辩护的基础上的时候——这种基础不能被拆解为片面的和独断的基础，这一概念才是有救的。因此，在这里，在对上述悖论的某种解决和一种反思性的界限规定的要求中，出现了进一步的第三条线索，它是对于某种特定的道德上的宽容奠基之必然性而言的。

（5）此外，宽容概念要这样来被标明，即要**自愿地**（*aus freien Stücken*）进行宽容，而不能在被某一准绳逼迫的情况下去宽容，否则进行宽容的一方就完全没有可能去表达它的反对，或者去相应地行动。因为在被逼迫的情况下，人们就只能谈论对那些他们无力应对的做法的某种"忍耐"或者"承受"。[27]然而，如普遍习以为常的那样，由此推论说，进行宽容的一方必定处于一种权力的位置上，借由这种权力，这一方就能有效抑制相关的做法，这其实是没有根据的。[28]因为，即使不具备这种权力的少数派，也可以持一种宽容的态度，并且抱有这样一种（不因强制产生的）信念，即：就算在他们可以使用足够多的权力手段的情况下，他们也不会用这些手段施害于人。 41

（6）最后要注意的是在上文已经多次谈到的重要意思，即宽容概念既可以用来标明一种**实践**，也可以用来标明一种个体性的**态度**或（就相应的奠基而言的）德行，例如，它一方面可以标明一个国家内部的法律—政治实践，在其中，诸少数派也被保障了特定自由，而另一方面，它也可以标明人们对于其不赞同的做法进行宽容的个人态度。㉙前者无需借助后者就可以存在，因为下述情况是可能的，即在一个国家中，有一种"宽容政策"，并因此有针对少数派的特定权利，虽然多数公民对此表示反对，并且保障这些权利的政府也并非抱宽容态度，而是遵循一种完全不同的权力政治算计。因此，即使一种首先关注各文化团体的和平共存关系之建立的政治结构性和实践性层面的宽容分析，如迈克尔·沃尔泽（Michael Walzer）在他对各种不同的宽容制度（Regime）——从多族群国家到多元文化的移民国家——富于启发性的描述中所给出的分析㉚，对于下述问题而言在规范性上也仍然是不确定的，即何种宽容提法对于比如说下述这样一个国家（Land）是适当的，在这个国家中有争议的是，国家是符合一幅民族国家（Nationalstaat）的图景，还是符合一幅移民社会的图景。不仅如此，这种宽容分析也没有推进到以下关键问题，即一个宽容社会的公民总是能够彼此期待的宽容德行，究竟是何种宽容德行。

第二节　宽容的四种提法

42　　　在宽容概念的核心成分得到上述刻画的背景下，接下来我们应草草描述四种宽容提法，它们以专门方式解释了这些成分。它们全都与某种国家的政治语境相关，在这种国家中，公民（作为各个共同体的成员）表现出在规范性上意义重大的深刻差异。宽容的这些提法既不是在一种历史次序的意义上，也不是在沃尔泽的意义上被构造为不同的宽容制度的。因为正如当前对宽容问题的讨论所表明的那样，这四种提法在当今社会中是**同时**在场的。不仅如此，这些关于具体何谓宽容的激烈讨论，都可以被理解为这些提法之间的冲突。㉛这四种提法将首先通过一种对奠基问题广泛保持中立的关于各种承认关系的语言得到表达，这种语言允许对那些人际关系进行差异化的观察。㉜而我们虽然已经提到了特定的奠基性维度，但只有通过本书第一部分的进程才能展示出，与这四种提法兼容的到底是哪些奠基方式。

　　（1）依据我称之为**允许提法**（*Erlaubnis-Konzeption*）的第一种对宽容的把握方式，宽容表示的是一个权威或一个多数派与一个价值观念相异的少数派（或多个少数派）之间的关系。这种宽容意味着，这个权威（或多数派）允许少数派按照他们自己的信念生活，只要他们——这是关键前提——不质疑这个权威（或多数派）的优势地位。历史上的例子可举 1598 年的《南特敕令》（*Edikt von Nantes*），它要止息天主教徒与胡格诺派在法国的纷争，亨利四世在其中明确宣布："为了不再引起我们臣民间的动乱和争执，我们已经允许，并且现在也允许所谓革新宗教的信徒，在我们王国的所有城市和村庄，以及我们权力范围内的诸国生活和居住，而不在这些地方追捕、压迫、为难和强制他们，例如强制他们违背良知行事。"[33]在这个（于1685年撤销的）赦令与我们当今横亘着的超过四百年的岁月间当然不会掩盖的是，宽容的这一形式始终具有现实意义，并且经常作为受压迫的少数派的最低要求被提出，也在各个国家或居民多数派的利益算计（Interessenkalkül）中发挥着重要作用。[34]

　　只要少数派的异见保持在界限内，并且可以说始终是某种"私人事务"，从而不去要求一种公共的和政治的平等地位，他们就可按照上述宽容提法，首先基于实用性的理由，特定情形下也基于原则性的和规范性的理由，而得到宽容：基于实用性的理由，是因为被宽容的少数派不会扰乱公共的安宁与秩序，相形之下，他们的反抗却可能带来高昂的代价；而基于原则性的理由，是因为比如说——在一种特定的良知概念的背景下——强迫人们放弃他们最深沉的，尤其是宗教性的信念，是被视为不合法的（不仅在可能的情况下不合法，而且被视为不可能的），只要这些信念没有导致政治上或伦理上"不可接受的"后果。按照允许提法，宽容就意味着，本来有权力和机会去干预并且强迫少数派（至少在表面上）与之达成一致的权威或多数派，"忍耐"少数派的差异，并且放弃某种干涉，与此同时，少数派则被迫接受权威的强权地位。这种宽容处境因此是非交互的：一方允许另一方一定程度上的偏向，只要给予允许的一方的政治统治地位不被侵犯。[35]在这里，宽容就被理解为一种糟糕的允诺（permissio mali），被理解为一种忍耐，即对那些既不被认为是有价值的，也不被认为是平等的信念或实践的忍耐，而这些信念和实践没有超出"可忍受的界限"。这种观点正是歌德用他的（已经被引用过的）宽容之为侮辱的格言想表达的。[36]

　　（2）宽容的第二种提法即**共存提法**（*Koexistenz-Konzeption*）与第一种提法的相同之处在于，依据第二种提法，宽容也被认为是避免冲突和追求自己目标的适宜手段，并且自身并不体现某种价值或基于某些强价值：宽容首先是以实用性—工具性的方式被奠基的。而有所变化的则是宽容的主客体之间的局面。因为现在对立的不是权威或多数派与少数派，而是大致等强的诸群体，它们认识到，为了社会安宁和它们自己的利益，它们应该彼此宽容。相比冲突，它们更喜欢和平共处，并且以一种互相让步的形式同意一种临时协议（*Modus vivendi*）的规则。这样一来，宽容关系就不再像在允许提法中那样是纵向的，而是横向的：进行宽容者同时也是被宽容者。[37]当然，这种对宽容状态之优先性的认识在此并不具备规范性特征，它是一种对实践上的必要性的认识。因此，它也不带来某种稳定的社会状态，因为一旦社会权力关系变得偏向这个或那个群体，宽容的本质性理由对于该群体就不存在了。[38]

共存提法可以有一种较弱的解读和一种较强的解读。根据较弱的解读，宽容只不过是对激烈不休的冲突和斗争感到疲劳的一种后果，并且被视作一种停战状态，此状态会持续到诸方中的某一方已经率先恢复，并且相信它能以攻击性的方式来谋求自己一直以来的目标，即取得社会支配权。如此这般的宽容处境极不稳定，并且以相互不信任为标志。较强的解读则以霍布斯《利维坦》的一种修正版本为其取向，据此解读，是不同的诸方对一个尽可能中立并且（与霍布斯的论述相反）在世界观和宗教上也自制的主权者的从属，使共存甚或合作的持续性结构的发展得以可能，因为存在一种各方都接受的法权状态。[39]尽管对于诸参与方来说，在总体上主导行动的，一如既往是策略性的算计，但在这种算计中，共存状态的优点还是显得远比其他替代方案更具吸引力。这可能——按照"自由主义的忧虑"[40]——既受到了一种看到对立所要付出的过高代价的实用性观点的影响，也受到了那种认识到宗教冲突之可怕和无情的观点的影响[41]，并且因此在避免最大恶（summum malum）的原则上具有一种合理性的—规范性的内核。但此内核并不导出一种超出对他者的忍耐并且以更广泛的道德或伦理考量为基础的交互承认的形式。

（3）与之不同的是宽容的**尊重提法**（Respekt-Konzeption），它从彼此宽容的个体或群体的交互敬重（Achtung）的一种在道德上得到奠基的形式出发。那些宽容的团体尊重彼此的独立人格，或者尊重对方为有法制的政治共同体中的一个权利平等的成员。[42]尽管他们在伦理上对良善生活和有价值生活的信念以及在文化上的实践都极其不同，并且在某些重要方面无法兼容，但他们仍彼此承认对方——一个影响深远的选项在此开启——是他们各自生活的伦理上自主的主人[43]，**或者**在以下意义上是道德上和法律上平等的，即在他们的眼中，政治的—社会的生活对所有人来说都共有的基础结构——它涉及权利之赋予和社会资源之分配的基本问题[44]，都应该从被一切公民平等接受的，且不偏向任意某个"伦理共同体"（如宗教共同体）的规范出发而被导出。对此具有基础意义的是，对个人的道德自律的尊重，以及对他们关于那些具有交互—普遍有效性的规范的"辩护的权利"的尊重。尽管在一种——依循经典自由主义理论——把关于自律的生活形态的权利视为中心的理论与一种强调对正义的普遍性规范进行公道辩护的原则的进路之间，存在（重要的然而这里没有进一步展开的）[45]不同的辩护选择，尊重提法也并不要求，彼此宽容的团体必须把对方关于善的提法看成或评定为同等地（或部分地）真实和伦理上善的，而是要求，这些团体能够把对方视为独立选择的团体（当然这里就要有其他选项的存在），或者并非不道德或不合法的团体。**被尊重的**是他者的人格，**被宽容的**是他的信念和行动。

尊重提法可以区分为以下两种模式，即**形式平等**模式和**实质平等**模式。形式平等模式从私人空间与公共空间的严格分离出发，由此，公民间的伦理分歧就应该被限制在私人领域，而不应该导致公共政治领域内的冲突。作为公民人人平等，　47　而作为平等的人，他们就似乎"外在于"甚至"超越于"其私人信念。这种模式既有自由主义版本，也有共和主义版本，就看是将个人性—私人性的自由置于中心，还是将公民（Citoyen）的政治平等视为关键；关于后者的一个例子是，法国政府部门规定，不得在公立学校佩戴作为宗教标志的头巾。[46]因此，对于形式平等模式而言，核心性的东西就在于捍卫公民的古典自由权，并预防以伦理为理由的歧视。

与之相反，实质平等模式则对形式平等的那些特定的、严格的规则所冒风险作出反应，即形式平等模式偏向这样一些伦理的—文化的生活形式，它们的各种信念与实践更容易与这样一种"私人的"与"公共的"分离相协调，或者更容易符合到目前为止的对这种分离的理解。这样看来，对于那些要求一种与通常的实践和传统的习俗相悖的公共在场方式的生活形式，形式平等模式自身就潜在地是不宽容的和歧视性的。而根据实质平等模式这种替代模式，人们就尊重彼此为这样的人格，它们是法权—政治平等的，但具有不同的、政治上很重要的伦理—文化身份，这些身份必须以特别的方式得到重视和宽容，因为对于人格来说，构建这些身份的价值和信念具有一种特别的存在意义。最后，这一在公平（Fairness）意义上被要求的尊重，就要求惯常的规则和结构去容许特例，或作出修改。[47]按照这种理解，互相之间的宽容蕴含的是，承认他人对政治共同体中完全成员资格的诉求，并且不期望，人们必须为此而在一种在交互性意义上不可要求的准绳下，放弃他们的伦理—文化身份。

（4）在关于多元文化主义与宽容之关系的讨论中，有时能看到第四种提法，它可以被称为**价值赞赏提法**（*Wertschätzungs-Konzeption*）。这一提法包含着一种比尊重提法要求更高的互相承认的形式，因为根据这一提法，宽容不仅意味着尊重文化　48　共同体和宗教共同体的成员为法权—政治上的平等者，而且也意味着，赞赏他们的信念和实践活动为伦理上极具价值的。[48]当然，为了这一提法仍然保持为一种宽容提法，而不至丧失反对性要件，这种价值赞赏就必定是一种受限的或者说"有保留的"，在这种赞赏中，别的生活形式——起码在那些决定性的方面——就不会被认为和自己的生活形式同样好甚或更好。人们在赞赏一种生活形式的特定方面为善的同时，也在另一些方面反对它；当然，通过人们在某种伦理意义上赞同的那些价值，可宽容的领域毕竟确定下来了。于是，满足这种宽容提法的就是，比如说——在自由主义的视角下——价值多元主义的一种版本，按照这种版本，在一个社会内部存在着一种在各自有价值但不可通约的生活形式之间的角力[49]，或者——在社群主义的视角下——如下观点，即存在着对良善生活的特定的、可社会性共享的观念，这些观念的局部变异是可宽容的。[50]

第三节　宽容作为规范性上依存性的概念

　　着眼于以上四种宽容提法，自然会出现下述问题，即我们怎么才能够判断，在某一特定语境下——比如在某一伦理多元社会的语境下，它们中的哪一种才是合适的、有最佳理由的提法呢？用承认概念来表述这一问题则是：从允许提法或共存提法中的等级制的承认或策略性—交互性的承认，到尊重提法中的平等性的承认，再到价值赞赏提法中的伦理上的"厚的"承认，哪一种承认应该被优先加以考虑呢？是"最薄的"，还是毋宁说包含了互相承认的最高要求形式的？看起来，这种首先以描述性的方式引入的承认概念，如果没有进一步的补充条件，就不足以在这里对上述问题作出判断。

　　然而更重要的是，基于目前为止关于宽容概念所说的一切，宽容概念本身无法回答关于最佳提法的问题，因为确实所有这些提法都有权声称，它就是对概念的阐释。更进一步地，这甚至还表明以下一点，即对于"那些在各种提法中被提出的不同的宽容奠基的方式，哪一种才是正当的"这个问题，宽容概念其实是保持开放的。由此，为了获得一种规范性的内涵，并且导出一种得到奠基的提法，这个概念就需要其他原则或价值的充实。并且，尽管上文所言的宽容构想的六种标记（Charakteristika）给这里所说的充实问题设定了边界，宽容概念自身却仍是**一个规范性上依存性的概念**（ein *normativ abhängiger Begriff*）：没有别的规范性基础，这个概念就是不确定的和空洞的。

　　因此，宽容的历史也就被理解为诸奠基的历史，这些奠基被用来以内容去充实反对要件、接受要件和拒斥要件这三大要件。而这些奠基方式从宗教性的奠基方式，一直延伸到自由主义的、效用主义的和社群主义的奠基方式。对上述事情加以分析，就是本书第一部分的任务。此任务所关涉的内容，一方面是要去考察宽容概念在规范性上的依存性，另一方面也是要为规范性的奠基活动确立标准，而这些标准是从宽容概念自身中生长出来的。在前一方面中隐含了一个重要信息，即与一种广为流传的看法不同，宽容自身**并非价值**，而是只有通过相应的诸要件得到好的奠基，才成为某种有价值的东西——特别是成为一种德行。因此，也可能存在"错误的宽容"，尤其是当本不再增多的道德过失被容忍下来的时候；正如托马斯·曼笔下的塞特布里尼所说，"当对恶事宽容时"[51]，宽容也能变成过失。这样一来，当宽容服务于良善事务的时候，也就是说，当宽容是出于对较高阶原则或较高阶价值的现实化的意愿而被要求，并通过这些原则和价值得到辩护的时候，宽容才是一种积极的态度或实践。

当然，从宽容概念出发，就能得出我们想要寻找的、对规范性基础而言很重要的那些标准——因为，构想就是规范性的，而非概念上依存性的甚或无定形的。规范性的基础（原则或价值）首先必须自身就是**规范性上独立的**，不复依赖于其他基础，否则就可能导致概念上的不清晰，或者导致无穷推论的危险。其次，这些基础还必须具有某种**高阶**特性，如此一来，这些基础就能在实践冲突中发挥中介作用，并且特别使得宽容是以相互**有义务的方式**得以实行，也使得宽容的界限能够**以公道的方式**得以划定。指明对宽容概念而言的、在较高阶秩序下的奠基活动，这一点内在于宽容概念的逻辑之中，因为否则"接受性要件"和"拒斥性要件"就不能产生效力。而为了让拥有**不同世界观**的人们可以互相联结，也为了使彼此宽容得以可能，这些效力恰恰是宽容所需要的。就我所从事的研究而言，这一需要最终不仅允许将关于宽容的诸提法中的某一种视为在多元社会背景下更受偏爱的提法，而且还允许给予这种提法一种特殊奠基方式，这一奠基方式最符合规范性独立、道德性义务和不偏颇的态度的标准，从而对其他所有奠基方式而言具有优越性。而此奠基方式就要被确认为是能解决宽容概念之悖论的那种提法。

因此，宽容概念就不是——如同人们可能猜想的那样——一个**在其内核方面**有争议的概念〔"本质上有争议的概念"（essentially contested concept）〕。加利（W. B. Gallie）就是这样描述那些概念的——他提到艺术、民主和社会正义——它们不仅在其运用中深具争议性，而且对之也不能制定出概念运用上清晰无歧义的标准："几乎不可能找出一种普遍的原则，去判定在竞争双方中哪一方使用的本质上有争议的概念是在用法上最佳的。"[52]因此，在诸如此类——用新术语来表达就是"不可通约的"——使用方式之间，过渡仅仅存在于某些颠转（Konversionen）形式中，这就是说，在某种彻底的转变中获得全新的看问题方式。

在这里首先要看到，加利的论题并非意味着，一个诸如民主概念、正义概念或宽容概念之类的概念的内核完全是争议性的，因为如此一来我们就会完全看不出来，那些互相竞争的义项——加利称之为用法（uses）——是否真的都关乎同一个概念。争议性的东西只能是对概念的各种解释——各种提法，而不能是在其核心内涵中的概念自身。[53]且正如借宽容概念所看到的，这一核心内涵可以包含各种可能用法的特殊标准。由此才涌现出各类对正确运用而言的一般规则。[54]因而，宽容概念的争议性就不是在其"本质"或其运用标准上来说的，而毋宁是就其诸多解释而言的，因为与宽容概念相兼容的是一系列在具体问题上互相对抗的提法，这些提法由于宽容概念在规范性上具有依存性而与不同的奠基方式相关联。

然而接下来要以不同的方式回答下述问题——如加利所怀疑的：对概念的正确运用的诸原则，是否能如上所述地对判明"最佳"提法发挥作用。一方面，仅仅基于宽容的形式概念，我们并不能发掘出所有对表明"最佳"宽容提法而言所必须的资源，因为这与"规范上的依存性"这一论题相违背。另一方面，我们又必须从所谓宽容概念的悖论出发，去赢得判断某种宽容提法和宽容奠基方式的实质的标准：这就是要看这些提法和奠基方式能否以及如何解决这些悖论。即使尚需额外的规范性资源，这些标准也属于宽容概念自身，并在某种形式意义上点明了较佳提法的标志所在。

52　　当然，就加利所没有展开论述的那种宽容概念而言，可以补充的是，尚不清楚的是，是否由他自己来裁定这个概念是一个在其内核中有争议的概念。因为，在加利自问到，对概念的本质争议性之事实的高阶洞见（它作为逻辑上的可能性，以及人性上的或然性）有什么样的意义时，他也认为，这会导向那种对在公开的意见争斗中的竞争性主张进行评判的、宽容的精神。[55] 这样一来，宽容就归因于对一种高阶秩序的洞见，这种洞见可能会将宽容从无止境的意见争斗中解放出来。当然，加利自己也看到，这不仅是一种在实践上毫无指望的希望——因为这种对高阶秩序的洞见似乎不兼容于那种对理论来说构成性的设定，即如此这般冲突的参与方的确由于其视角而确信，他们对概念的运用是唯一正确的。也就是说，如果人们不从一个超然的**观察者视角**，而是从**参与者视角**来重建整个冲突，那么这条通往宽容的精致道路看来就只是胡乱搭建起来的。这样一种对争斗的"扬弃"——哪怕是对各种宽容提法与宽容奠基方式本身之间的争斗的"扬弃"——就是人们在宽容历史中一再试着去实施的，然而这些尝试也经常地表明，它们自身也被归因于某种特定的参与者视角。因此，下文中就不应进行这样一类"扬弃"的尝试——而毋宁要进行另一种尝试，这种尝试有意识地逗留在这些视角的紧张关系之中。

注释：

① Berlin，»Two Concepts of Liberty«.

② 我在《政治自由》中论证了，这也是伯林关于自由的讨论的真正主题。（Forst，»Politische Freiheit«，213—215.）

③ 在普特南的《理性、真理与历史》中可以看到这样一种先验论证：诸概念（concepts）的共同点是对某事物的不同见解（conceptions）的理解的可能性条件——这些不同见解因此并非根本不可通约的。这对于下述问题而言是非常重要的：在何种意义上我们可以——或者必须——谈论一种跨文化的宽容构想。（Putnam，*Reson*，*Truth and History*，116—119.）科尼夫卡富有教益的研究表明，（与研究的标题"论宽容构想的文化特殊性"相反）不仅有哲学的理由，而且有语言学的比较，来支持谈论跨文化的宽容构想。（Kniffka，*Zur Kulturspezifik von Toleranzkonzepten. Linguistische Perspektiven.*）关于一种"文化间的宽

容研究"的问题，总体上参见 Wierlacher（Hg.），*Kulturthema Toleranz*，特别是其中的 Wierlacher，"Zur Grundlegung einer interdisziplinären und interkulturellen Toleranzforschung"。

④　参见 Rawls，*A Theory of Justice*，5〔在德文翻译中，这被称为 Gerechtigkeitsbegriff（正义概念）和 Gerechtigkeitsvorstellungen（诸正义观念）。见 *Eine Theorie der Gerechtigkeit*，21〕。这种区分的理念在哈特的《法律的概念》中也能看到，只是没有形成术语。（Hart，*The Concept of Law*，156.）

⑤　我在下文根据风格学上的理由使用阳性形式的"公民"一词，但在系统性内涵上，如无其他说明，我用这个词意指的始终是女性公民与男性公民。

⑥　普雷斯顿·金在《宽容》中称之为"反对要件"（objection component）。（King，*Toleration*，44—51.）

⑦　沃尔泽在《论宽容》中使用了一种过于宽泛的宽容概念，因为他把这两种态度算进去了。（Walzer，*On Toleration*，10f.）

⑧　So Warnock，»The Limits of Toleration«.

⑨　关于这个悖论，参见霍顿的《宽容的三个明显悖论》（Horton，"Three（Apparent）Paradoxes of Toleration"，17f），以及（接着霍顿的）纽维的《美德、理性与宽容》（Newey，*Virtue*，*Reason and Toleration*，107f）。但是，在这两位作者那里都不完全清楚的是，悖论的产生是不是由于在没有相应行动的情况下，某个人作出的否定性判断越多，他或她就越宽容（因此首先是一个量的问题）；或者，悖论的产生是不是由于即使某个人以种族主义偏见支撑自己的反对，他或她也可能被称作是宽容的（因此首先是一个质的问题）。在我看来，只有后者才导致宽容悖论，与之相较，没有问题的是，说某个人被要求的宽容越多，他或她所作出的（在最低限度上有根据的）否定判断就越多。对此比较清晰的论述见霍顿的《宽容作为一种美德》（Horton，"Toleration as a Virtue"）。他也指出，这个问题正是尼克尔森在《宽容作为一种道德理想》（Nicholson，"Toleration as a Moral Ideal"，160）中要求反对进行道德奠基，并且不容许任何单纯的品位判断或者偏好（"tastes or inclinations"）的动机所在。虽然瓦诺克在《宽容的限度》（Warnock，"The Limits of Toleration"）中正确地批评了前一种导致宽容悖谬的说法，但对于什么时候一种基于反感（"dislike"）的反对是可以被充分奠基的，她自己还欠缺一个标准。

⑩　参见《理论与实践中的宽容与容忍》对此的清晰表述。（Crick，"Toleration and Tolerance in Theory and Practice".）

⑪　普雷斯顿·金在《宽容》中称之为"接受要件"（acceptance component）。（King，*Toleration*，51—54.）

⑫　海德在《导论》（Heyd，*Introduction*，13）中恰当地称之为"二阶理由"（second-order reasons），然而在其关于一种从被批判的信念和实践到被宽容的他者的人的人格性的形态变换（Gestalt-Switches）理论中，他却不恰当地从否定性理由被排挤来开始："宽容的美德存在于一种视角变换和态度转换之中，它的根据不是去评鉴什么样的理由是最高的，而是当聚焦一类理由时，同时就要忽略另一类理由。"（11）

⑬　加尔松·巴尔德斯在《对宽容概念的思考》中错误地作了个普遍陈述，说为否定评价提供基础的"规范系统"，在任何情况下都必定是与提供肯定性理由的"辩护性的规范系统"不同类型的，所以，"跨系统性（intra-systematische）宽容"是不可能存在的。（Garzón Valdés，"'Nimm deine dreckigen Pfoten von meinem Mozart!'Überlegungen zum Begriff der Toleranz'"，484.）

⑭　在普雷斯顿·金那里看不到别的内容性的、规范性的考量。（King，*Toleration*，31.）

⑮　Raphael，»The Intolerable«，147.

⑯　Horton，»Three（Apparent）Paradoxes of Toleration«，13. Ähnlich Raz，»Toleranz，Autonomie und das Schadenprinzip«.

⑰　包括 Halberstam，"The Paradox of Tolerance"，他只在对本己信念的限制中看到一种解决方案；以及以（温和方式的）Becker，"Toleranz：Grundwert der Demokratie?"，419，根据他，宽容所具有的"总是某种非理性的东西"，因为人对某个他明知有权反对的立场作出了妥协。

⑱　Mendus，*Toleration and the Limits of Liberalism*，161f.

⑲　Newey，*Virtue，Reason and Toleration*，73f.

⑳　"如果一个人出于必然性而将某些确定主张认以为真，此人如何可能……被说服去进行宽容？这难道不就意味着妄求他同时认可，人们可以认为，这些主张是假的？而且，对于那些关乎他的永恒幸福之条件的主张，如果他自己不能确定，所有那些与之对立的陈述都是错误的，那么这些主张对于这个人而言，也会完全失去价值。难道还有比这更大的悖论吗？"（Ebbinghaus，"Über die Idee der Toleranz"，1 f.）

㉑　Vgl. Popper，*Die offene Gesellschaft und ihre Feinde* I，256，Anm. 4；ders，»Toleration and Intellectual Responsibility«，17—20. 亦见霍顿对此的讨论。（Horton，»Three（Apparent）Paradoxes of Toleration«，14—16.）

㉒　普雷斯顿·金称之为"拒斥"（rejection），然而没有联系到反对与接受对之进行详细解释，并且因此只刻画了不宽容，而没有刻画宽容的合法界限。（King，*Toleration*，55.）

㉓　纽维正确地指出了这一点。（Newey，*Virtue，Reason and Toleration*，32—34.）

㉔　费什在他的自由主义批判（虽然没有这么说）中特别论述了这一点（Fish，

"Mission Impossible：Setting the Just Bounds Between Church and State"）；（较弱的论述）亦见米诺的《忍受与放下：再思宽容》。（Minow，"Putting Up and Putting Down：Tolerance Reconsidered".）

㉕　费什的文章怀疑平等的尊重这种高阶道德的存在，他在其文章结尾（"Mission Impossible"，2332）的建议——"弄清楚你认为什么是正确的，然后四处想办法去证实它。"——是难以理解的，因为这样的话，不仅什么还能叫作"正确的"是不清楚的，而且什么可以驱动一个人忠实于正确的事也是不清楚的。

㉖　相应地，一种偏见看来就是一种没有好理由的反对，而错误的宽容似乎就在于某种未经奠基的接受。

㉗　Vgl. Garzón Valdés，»› Nimm deine dreckigen Pfoten von meinem Mozart! ‹«，471. 这个词早期在斯多亚和基督教的意义中扮演了重要角色，参见第四节。

㉘　So z. B. Crick，» Toleration and Tolerance in Theory and Practice«，147；King，*Toleration*，21；Mendus，*Toleration and the Limits of Liberalism*，9. 尼克尔森表达了对这种主流立场的谨慎质疑，尽管没有一以贯之。（Nicholson，» Toleration as a Moral Ideal«，161.）突出的例外是威廉姆斯。（Williams，» Toleration：An Impossible Virtue？«，19.）

㉙　一些作者建议，把前一种宽容归为英语概念"toleration"，后一种归给"tolerance"。Vgl. Lukes，"Toleration and Recognition"，214，Fn. 2；Newey，*Virtue, Reason and Toleration*，5。德语中不存在这种（即使在英语中也有争议的）区分，虽然像 Tolerierung 这个词可以与 Toleranz 区别，不被用来表示德行，而是只用于实践方面。

㉚　Walzer，*On Toleration*，bes. Kap. 1 u. 2.

㉛　我在第三十八节会对此加以分析。

㉜　这也打开了一种可能性，在这些提法内部和提法之间，去定位各种承认冲突的一种规范性动力。霍耐特（Honneth，*Kampf um Anerkennung*）提到了这一点，但缺乏一种内在地从承认概念展开的目的论发展视角。

㉝　Edikt von Nantes，zit. in Herdtle u. Leeb（Hg.），*Toleranz*，69.

㉞　表明允许提法变化幅度的另一个富有启发意义的历史案例，是奥斯曼帝国的米利特制（Millet-System），参见金里卡《多元主义的两种模式与宽容》。（Kymlicka，"Two Models of Pluralism and Tolerance".）

㉟　约维尔（Yovel，"Tolerance as Grace and as Rightful Recognition"，897f.）称这种宽容形式为"作为恩惠的宽容"（tolerance as grace），由此，一方面，他固然能证明一种在片面和任意的意义上被提供出来的自由是合理的，但另一方面，他也假定了一种特定的"动机"，即仁慈动机，但这只是诸多动机中的一种。

㊱　Goethe，"Maximen und Reflexion"，507.

㊲　Vgl. Garzón Valdés，"Nimm deine dreckigen Pfoten von meinem Mozart！"，474—477。

㊳　Vgl. Rawls，"Der Gedanke eines übergreifenden Konsenses"，310；Fletcher，"The Instability of Tolerance"。

㊴　关于此类发展的观念，参见蒂斯《宽容的辩护》（Dees，"The Justification of Tolerance"）。

㊵　Vgl. Shklar，"The Liberalism of Fear"；Williams，"Toleranz-eine politische oder moralische Frage？"。

㊶　Vgl. Margailt，*Politik der Würde. Über Achtung und Verachtung*，208—212；以及Becker，"Nachdenken über Toleranz"。

㊷　参见斯坎伦、约维尔、博比奥那里（各种不同的）尊重观念。（Scanlon，"The Difficulty of Tolerance"；Yovel，Tolerance as Grace and as Rightful Recognition；Bobbio，Gründe für die Toleranz，95f.）

㊸　Weale，"Toleration，Individual Difference，and Respect for Persons"；一种特别的"至善论"版本见拉兹（Raz，"Autonomie，Toleranz und Schadensprinzip"）。

㊹　Vgl. Rawls，"Die Grundstruktur als Gegenstand".

㊺　在研究进程中将得到表明的是，在何种程度上，第二种辩护选项是更可选的，既然第一种辩护选项以关于良善生活和自律人格的不可普遍化的自由见解为基础，而且会在宽容奠基中导致矛盾——例如，只尊重"自主选择的"信念和生活形式，会导致非常狭窄的划界，而另一方面，如果人们总是宽容那些能够回溯到独立作出的决断的信念，界限又会变得非常宽泛。但是，在这一关联中重要的是，看到伦理上的尊重奠基的色谱是多么宽，这些奠基远不是以尊重"自由选择的"信念为唯一的中心。

㊻　Vgl. Galeotti，"Zu einer Neubegründung liberaler Toleranz. Eine Analyse der'Affaire du foulard'"。亦见下文第三十八节。

㊼　见下文第三十七节与第三十八节。

㊽　So etwa Bauman，*Moderne und Ambivalenz*，285—290. 鲍曼（Bauman）把这种相互联结归因为对偶然性的共同意识。Vgl. auch Kristeva，*Fremd sind wir uns selbst.* 阿佩尔提供了一种情况完全不同的例子。他在一个团结的、无所不包的辩论共同体的所有成员那里，看到一种"肯定的宽容"的义务，这种宽容伴随着对文化传统多元性的赞赏，并且包含着传统的积极支持。只有这样，重视所有讨论参与方利益这一原则才能得到考虑。（Apel，"Plurality of Good? The Problem of Affirmative Tolerance in a Multicultural Society from an Ethical Point of View".）门兴主张价值赞赏的"有内容的宽容"，其宗教—多元主义观点是另

一个例子。（Mensching，*Toleranz und Wahrheit in der Religion.*）

㊾ So Raz，"Autonomie，Toleranz und das Schadensprinzip".

㊿ Vgl. Sandel，"Moral Argument and Liberal Toleration：Abortion and Homosexuality".

○51 Mann，*Der Zauberberg*，713.

○52 Gallie，"Essentially Contested Concepts"，189.（前面提到的描述见169："有些概念本质上是有争议的，这些概念的恰当用法不可避免地涉及使用者方面关于它们的恰当用法的无尽争论。"）

○53 卢克斯亦持此见。（Luckes，"Relativism：Cognitive and Moral"，187.）不同的观点见斯万顿。（Swanton，"On the'Essential Contestedness'of Political Concepts"，816.）

○54 在加利强调竞争诸方的共同关联点——一种"exemplar"（范例）——的必要性时，他本身就作出了这个预设。

○55 Gallie，"Essentially Contested Concepts"，193. 对此的批评参见 Vernon u. LaSelva，"Justifying Tolerance"，17f.。

第二章

不止是前史：古典时代与中世纪

第四节 古典时代的宽容：斯多亚学派与早期基督教

　　1. 希腊和罗马古典时代对不宽容的现象有所了解，对一定的宽容事务也同样有所了解，但在西塞罗之前尚无相应的词语。宽容实践的历史在古代太丰富了，此处不及备载。这一历史包括了雅典人与持异见者打交道的历史，以及对下述事情的一种解释，即为什么即使在这里，在一种多神论文化框架内，为了保护那些保护着城邦的神，像苏格拉底那样"引诱青年"和引入异神的人要被宣判死刑。①此外，这一历史还包括亚历山大王朝、托勒密王朝、塞琉古王朝及最终以至罗马王朝中的帝国统治史——一部复杂的异域与异神的同化史②，但也是一部为了能更好地进行统治被征服民族而（总是经过算计和有所限制的）对他们的信仰和礼仪进行宽容的历史。在这里——尤其是在罗马帝国——宽容首先被归因于对帝国权力界限的洞察，同时也归因于对保卫帝国的策略上的可能性的洞察。③这种宽容不仅可以被随时撤销，而且会以不同的程度施于不同的宗教团体，就看这些团体是否被归为危险的团体，或者是否愿意为联盟效劳。在这种局面下，此事一方面表明，按照允许提法而提供的自由通常是基于策略上的考虑，但另一方面也表明，

在此类语境下，对一种更进一步的宽容的本质性论证得到了发展，这种宽容是对那些被迫害和被镇压的牺牲者与现存关系的反抗者的宽容。正是他们，给出了宽容的理由。这将会在早期基督教对国家宽容和宗教宽容的论证发展中变得清晰起来。

　　然而，这些论述不能回溯到"宽容"（tolerantia）一词在公元前 46 年第一次出现时的意义上去。西塞罗在其著作《斯多亚的悖论》（Paradoxa stoicorum）中使用了这个词，它在那里代表那种标志着智慧的的德行，即无论是痛苦、不幸，还是不公，都"忍受命运，蔑视人事"（tolerantia fortunae，rerum humanarum contemptione）的德行。④在《论至善和至恶》（De finibus bonorum et malorum）中，西塞罗特别强调了对痛苦的有尊严的忍受。⑤塞涅卡详细讨论了这些斯多亚式的德行。他把对酷刑的

"勇敢的忍受"（*fortis tolerantia*）称为比如说"刚毅的一支"，一种基本德行。⑥

> 伟大啊，小西庇阿，那包围努曼西亚并使之陷入窘境的人，那强令那些
> 未曾被征服过的手接受自己的灭亡并以之为庇护的人；伟大啊，被围困者的
> 勇气，他知道，不惧死亡之人，不会为任何事所困，并在自由的胸怀中吐出
> 生命的最后气息。此外同样伟大的是冷静、坦荡、慷慨、坚贞、镇定、隐忍
> （*tolerantia*），所有这些都是一种伦理的圆满性的基础，这种圆满性让灵魂变得
> 耿直不屈。⑦

根据这种理解，作为德行的宽容首先涉及的既不是与他人的关系，也不是与臣民与威权之间的关系，而是作为一种有尊严的行为之前提的、**与自身的**关系。宽容就是能忍受，就是坚持，就是从内在的坚毅中产生出的稳定性。如果人们愿意这样说的话，宽容德行预设了一种对自身的劳作，一种导向德行圆满的自我控制的伦理学。无论宽容话语有多远离概念的这个起源，这都是一个始终伴随宽容 55 话语的重点：在宽容中表现出来的对待自身的态度的问题。⑧

2. 在"对苦难的耐心忍受"的意义上，"宽容"一词寻觅到了进入古拉丁文《圣经》翻译传统的路径；与之对应的希腊词是 *hypo-moné*（承受）。由此，它就意味着信徒的忍耐，这些信徒们——正如《路加福音》（8:15）中所说的那样——在对上帝之国的虔信中"听了这道，持守在良善灵秀的心里，在忍耐中结实"。在《哥林多前书》中，保罗描述了那扎根于望之中的爱，它令信者坚强地去宽容不公义，并宽容他人的软弱。在这里，宽容的态度虽然始终还是意味着内在的坚强和**忍耐**（*Geduld*）［接近 *patientia*（耐性）］，但它也被用在与他人的关系上，作为**宽恕**（*Duldsamkeit*）而被理解："爱是恒久忍耐，又有恩慈；爱是不嫉妒，爱是不自夸，不张狂……不计算人的恶……凡事包容，凡事相信，凡事盼望，凡事忍耐。"（《哥林多前书》13:4—7）在初始的主体性意义之外，宽容态度包含了一种主体间的意义：出于爱而忍耐他人的错误。

在基督教辩护士和教父那里，同样能找到"宽容"的这种双重含义：在对上帝之国的虔信中忍耐着接受不可更改之事，对他人的宽恕。这种观念以一种复杂的方式反映了这个时代的社会现实。因为，在公元纪年头三百年里，基督教传播开来，教会成型并发展起来，但与其他宗教礼拜不同，这一时期基督教在罗马帝 56 国并没有得到容忍：他们的排他性特征和他们对于崇拜上帝般地崇拜皇帝的拒绝——在双方的眼中都⑨——与罗马的秩序格格不入。所以在教父学中，才出现了下述忍耐与宽恕之关联的维度。首先，在基督教对斯多亚学派的挪用过程中，德尔图良提到了宽容的德行（*virtus tolerantiae*），通过这一德行，上帝就赐予了信徒忍

受迫害和不幸的能力。[10]忍耐性的宽容是去练习谦卑，这一练习跟随着（不可企及的）耶稣的榜样，耶稣对在其痛苦历程中出现的侮辱和折磨的忍耐，被视为其神圣性的标志。去跟随耶稣，既是在尘世间进行自我克服的一种练习，同时在对上帝之国的虔信中也有其基础。忍受痛苦、压迫和蔑视被作为信徒的试炼来看待：要在一切绝望状态中坚守传道书所言，且如奥古斯丁所写到的，要**无条件地**去信与爱。[11]居普良提到忍受痛苦（*tolerantia passionis*）[12]，也提到忍受死亡（*tolerantia mortis*）[13]，在他那里这样说道："亲爱的弟兄们，去忍受和去坚持吧，这是为了让我们能达及真正的真理和自由，这真理和自由是我们被许去相信的，这是因为，我们是基督徒这一处境，就已是信与望的事实。然而为了信与望能结出实来，我们需忍耐。"[14]在斯多亚那里作为自我统治和内在刚强标志的、对痛苦和不公的容忍，现在就成了无条件的虔信的标志，也就是信之强大的标志。因此奥古斯丁在《上帝之城》中说到了"对时间中的罪责作欢愉地容忍"，而上帝已经许给这样的行为"永恒的嘉奖"。[15]在居普良那里，这就叫作：

> 在你们那里总归只有又吵又闹的、不耐烦的感受，在我们这里却有勇气十足、神光充沛的忍耐，它始终宁静安详，感领神恩。在此岸它并不许诺欢愉幸运，而是期待着上帝之荣耀时代的降临，温和、柔软，但也是在一切永不安宁地来回激荡着的世界的飓风猛浪中屹立不摇**地**期待。[16]

其次，那种在根基上作为**对待神**的态度的**对待自身**的态度，现在也转向**与他人**的关系，这一点（基于在第一节中所阐明的）就导向了真正的宽容难题和一些重要的宽容奠基方式。紧接着上一段，居普良继续说道："只要我们的这具肉身还与他人同在，那么，我们肉身的命运就还一起存留着。并且，除非我们从此岸的时间性中解脱出来，对于人类而言，就都不会有彼此间分离的状况的发生。我们居住在**同一所房屋**内，善人与恶人暂都得呆在一处。"[17]由此就有了两种类型的主体间的宽容："善人"在爱的精神中，在其柔弱处相互忍耐，形成和睦的纽带。居普良称之为相互宽容（*mutua tolerantia*）。[18]这给予他们力量去忍-让（Er-dulden）"恶人"，这些恶人是作为上帝对人容忍恶事之试炼的一部分而产生出来的，因为人无权在地上作评判。此外，同样勇气十足的宽恕——例如在"对犹太人的容忍"（*Iudaeis tolerandis*）中展现出来的[19]——也让真实的信仰在不信仰者或信仰不同者眼中积极地显现出来。

德尔图良为宽容引入了另一种论证。他回顾耶稣（在《马太福音》12:18—20）以和平的方式遵从的"将公理传给异教徒"的要求："他不争竞，不喧嚷。街上也没有人听见他的声音。压伤的芦苇，他不折断。将残的灯火，他不吹灭。等他施行公理，叫公理得胜。"这是《圣经》中经常被用来为宽容作论证的段落，它说明那些信仰异端的罪人（"压伤的芦苇"）同样可以分享基督的仁慈与恩典。[20]

　　附论： 此处适宜略为考察《圣经》中，特别是《新约》中[21]，各处重要说法的关联性，因为这不仅对于教父们，而且对全部的欧洲的宽容话语都有核心性的意义。直到现代，这种宽容话语都在特别的意义上是关于基督教的宽容（和基督教的不宽容）的话语，而且很多论证都有其《圣经》来源。[22]这种话语当然不是一清二楚的（eindeutig），很多支持宽容的立场与那些似乎说着相反事物的立场相对而立。在这里，有两点特别重要：良知的角色和两个王国的学说。

　　（1）**良知**。《新约》特别强调个人良知的意义。纯洁的良知或"纯净的心"（《马太福音》5∶8）作为"在你之内的光"（《马太福音》6∶23），恭穆肃敬地提供了"见证"（参见《哥林多后书》1∶12，《罗马书》2∶15，《提摩太前书》1∶5），人便以此心跟随上帝。"在洁净的人，凡物都洁净。在污秽不信的人，什么都不洁净，连理智和良知，也都污秽了。"（《提多书》1∶15）由此出发诚然还有一段长路，才能为"迷悟的"，但却善意的良知赋予一种义务性的力量，并且借此将良知之恭肃完全从其内容中剥落出来，但在保罗的《哥林多前书》中，已经可见对柔弱的、迷误的良知的推崇，这种良知由爱所锻炼，并可胜越真理（Wahrheit）。因为真理是：奉祭给神像的肉食并非罪恶的表现，因为神像并非就是诸神。然而，出于对那些听奉来自"柔弱良知"之信仰的人的爱，却不该指引他们甚或迫使他们去吃这样的肉食。 59

　　　　论到祭偶像之物，我们晓得我们都有知识。但知识是叫人自高自大，惟有爱能造就人。……但人不都有这等知识。有人到如今因拜惯了偶像，就以为所吃的是祭偶像之物。他们的良知既然软弱，也就污秽了。……只是你们要谨慎，恐怕你们这自由，竟成了那软弱人的绊脚石。若有人见你这有知识的，在偶像的庙里坐席，这人的良知若是软弱，岂不放胆去吃那祭偶像之物么。因此，基督为他死的那软弱弟兄，也就因你的知识沉沦了。你们这样得罪弟兄们，伤了他们软弱的良知，就是得罪基督（《哥林多前书》8∶1—12）。

　　而在《罗马书》中，我们可以找到一种更清晰的、对关于犹太教在纯净的和不纯净的饮食间所作区分加以尊敬的问题的回答（《罗马书》14∶1—23）：

　　　　信心软弱的，你们要接纳，但不要昧了他们的良知。……你是谁，竟论断别人的仆人呢？他或站住、或跌倒，自有他的主人在。……你这个人，为什么论断弟兄呢？又为什么轻看弟兄呢？因我们都要站在神的台前。……所以我们务要追求和睦的事与彼此建立德行的事。不可因食物毁坏神的工程。

> 凡物固然洁净，但有人因食物叫人跌倒，就是他的罪了。无论是吃肉、是喝酒，是什么别的事，叫弟兄跌倒，一概不做才好。你有信心，就当在神面前守着。人在自己以为可行的事上能不自责，就有福了。若有疑心而吃的，就必有罪。因为他吃，不是出于信心。凡不出于信心的都是罪。

特别是最后这句话表达了该论述的要点：因为每个人都将要带着自己的良知走到上帝面前，向上帝呈报他的所作所为，所以即使别人拥有真理，他们也不能做让他远离他良知之路的事情。弟兄之爱的精神禁止他们这样做，况且，向他人散布一种坏的良知是一项罪过，因为如果一个人做出有违自己良知的事情，那么他就是让自己负罪。然而，就这一论证来说，还有以下一层意思，即：这里涉及的毋宁说是在次要本性上的差异——涉及的是（人们后来会说的）次要事物（adiaphora），而不是核心信仰内容上的差异。[23]除此之外还要看到，对真理的信念是单义地确定下来的，但内心信仰并不因此就变成人们能深深信服的真信仰。从爱的精神出发，弱点也会得到呵护，这样做是为了不去强迫人的良知。但真理知识自身不会相对化。也就是说，当别人倾向于做基于"正义"或"侍奉"基督的事的时候，这种论证就会变得无力。承载着宽容之条件的爱是对弟兄而言的，于此有一种在神之中的基础统一性。因而，爱的普世主义是一种将他人包容**在本己的真理性之中**的普世主义："并不分犹太人、希利尼人、自主的、为奴的、或男或女；因为你们在基督耶稣那里都成为一了。"（《加拉太书》3:28）如果这种统摄性的真理被质疑，那么就会出现别的状况。

因此，在关于对圣殿之崇敬的地方，在耶稣驱逐将圣殿变为"盗窟"的那些人的地方（《马太福音》21:13），就没有宽容的位置。不仅如此，在《新约》中也不乏那些明显的谴责不信仰者、异端和教会分立论者（Schismatiker）的段落，而在后来数百年中实行的对异见人士的迫害和消灭就会征引这些段落。这里仅举几例："我是阿拉法、我是俄梅戛，我是首先的、我是末后的，我是初、我是终。那些洗净自己衣服的有福了，可得权柄能到生命树那里，也能从门进城。那些犬类、行邪术的、淫乱的、杀人的、拜偶像的、并一切喜好说谎言编造虚谎的人则留在城外。"（《启示录》22:13—15）伪先知们会被诅咒（《加拉太书》1:8），异端被最无情地责罚（《提摩太前书》1:20），而保罗要求："至于城外的人，有神审判他们。你们应当把那恶人从你们中间赶出去。"（《哥林多前书》5:13）。[24]

在关系到传播真信仰的地方，耶稣对他的追随者说：

> 凡不接待你们、不听你们话的人，你们离开那家或是那城的时候，就把脚上的尘土跺下去。我实在告诉你们，当审判的日子，所多玛和蛾摩拉所受的，比那城还容易受呢！……凡在人面前认我的，我在我天上的父面前，也

必认他；凡在人面前不认我的，我在我天上的父面前，也必不认他。（《马太福音》10:14—33）

这就进而进展到那有名的话："你们不要想我来，是叫地上太平。我来，并不是叫地上太平，乃是叫地上动剑。"（《马太福音》10:34）

（2）**两个王国**。这剑是如何的一把剑呢？尽管商人被拳脚相加地从圣殿中驱逐了出去，《圣经》中的许多段落却不是在说尘世之剑，而是围绕"拿来争斗的圣灵的宝剑，就是神的道说"（《以弗所书》6:17）来展开。"因为我们争战的剑、本不是属血气的，乃是在神面前有能力，可以攻破坚固的营垒。"（《哥林多后书》10:4）因而，只有道说（das Wort），而非尘世间的强制或暴力，才是上帝的武器。因为正如耶稣回应彼拉多的："我的国不属这世界。"（《约翰福音》18:36）他以同样的方式回答向他问询征税之合法性的法利赛人："这样，恺撒的物当归给恺撒，神的物当归给神。"（《马太福音》22:21）

这样一来，一种对于——与宗教相对的国家的——纵向宽容具有决定性的奠基就被赢得了：正如真正的宗教不能以世俗暴力和世俗权力行使的方式合法化，因为它只应通过"道说"使人信服，却并不寻求政治统治，同样，世间的权力也不具威权，去妄自要求与神之王国建立联系的权限，甚或以强迫和暴力来对这个王国施加影响。国家没有宗教性的强制权，而宗教没有政治性的强制权。但这一切不能被理解为是世间权力与神圣权力之间某种形式的"契约"，因为在基督教思想的内部，这仅仅是一种**内在于信仰**的真理，并且牢牢占据优先权。因而耶稣指点彼拉多说："若不是从上头赐给你的，你就毫无权柄办我。"（《约翰福音》19:11）由此还有："顺从神、不顺从人，是应当的。"（《使徒行传》5:29）与此相应，保罗给罗马人写道："在上有权柄的，人人当顺服他。因为没有权柄不是出于神的。凡掌权的都是神所命的。"（《罗马书》13:1）这句话可以有多种解释。一种解释指向基督教的王权理念，正如这一理念在从康斯坦丁到拉克坦提乌斯，再到凯撒利亚的优西比乌斯都一再被维护的那样。[25]另一种解释却指向优于皇帝之权柄的宗教之权柄——后来则是教皇之权柄。根据这两种解释，通向以下想法的道路就不远了，即在上帝的名义下，就连宗教的—政治的强制都是可得到辩护的。（**附论完**）

现在，在基督教教父眼中，这里（在与自身的关系和与他人的关系之外）达到了他们的宽容理解的第三个维度，这个维度涉及**政治权威**。上述关于宗教良知和两个王国的两种论证必须结合为一种对宗教自由的原则性奠基。这种被他们作为对罗马皇帝的要求而提出的自由，包含着现已很重要，而数百年后将被采纳的宽容理由。在一语境下得到使用的当然不是宽容（*tolerantia*）这个词，而是另一个词：宗教自由（*liberatas religionis*）。在德尔图良那里首先出现了一种关于公正（Fairness）的论证，他把这一论证用于罗马皇帝身上，并于其中公开指责那种与其他被罗马容忍的宗教和礼仪相比之下，基督教所受的不公平待遇："每个行省和城邦也都有他们的神……人们仅只阻止我们拥有我们特别的信仰。"[26]当然，他也提出了更根本的理由："你们毋宁要看清，如果一人从某人那里夺走宗教自由（*libertas religionis*），不允许他自由选择他的神（*optio divinitatis*），以至于我不能自由决定，去尊敬我意愿尊敬的人，而是被强迫去尊敬我不愿去尊敬的人，那么，这是否真的不会导致不虔诚的批评。没有人真想着愿被那些不愿尊敬人，也不曾真是人的人所尊敬。"[27]在公元 212 年写给非洲的波孔索·斯卡普拉（Prokonsul Scapula）的信中，他进一步展开论述了这一点：

> 然而，要尊敬人们认为好的东西，这就是人为法和自然法（*humani iuris et naturalis iuris est*），且一个人对神的敬重带给别人的，既非损害也非利益。在对神的敬重中，非本质性的是，去强行要求敬神。因为敬神必须出自自由的立场。而就算牺牲，也只是出于心甘情愿的立场才被需要。也就是说，假如你们确实想赶我们去牺牲，那么你们这样做，其实没有为你们的诸神作出什么侍奉。[28]

大约一百年后，在基督教受到皇帝戴克里先迫害的时期，拉克坦提乌斯也强调，被强迫的牺牲者不是真的牺牲者："如果牺牲者不是自愿地、全心全意地被带去的，那么他在这种情况下就只不过是一种亵渎，因为他是被暴力、监禁和折磨所威逼而来的。……相反，我们不要求人们违背他的意愿，向我们的神祷告，虽然这神是全人类的神，不管他们对此同意与否。"因为："没有别的什么如宗教这般依赖自由意志：如果牺牲者是以违背意愿的方式被奉祭的，那么宗教就消失了，被湮灭了。"[29]这一来，那些绝对核心性的、指引未来宽容话语之路的论证就此被言明了，它们在这里首先是作为一种允许性的宽容出现的，但也能被（和曾被）运用在以下这些进一步的宽容提法上。

其一：基于两个王国的学说，世间的权力在宗教问题上没有权威性。

其二：在宗教事务中，强制是非法的，因为它导致一种纯粹被迫使的和虚伪的信仰，而不能令神喜乐。上帝要求出于信念和内在良知的信仰，而不要求单纯外在的信仰。

其三：在宗教问题中，强制是无用的，因为信仰不能被迫使，而只能自由地生成和秉承。

其四：普遍宽容是可能的，因为满足于内在信念与礼仪的诸宗教不会互相戕害。

德尔图良令所有以上论证，统统基于自由而被人为法与自然法所主张。当然这里要注意到，前两个论证只能在一种特定宗教的背景下才可理解，相反，第三个与第四个论证在本质上具有经验性特征。

以上就是基督教辩护士与教父为了反对在罗马王朝的迫害和歧视，捍卫他们的信仰和教会，并因此支持一种由国家实施的**纵向的**宽容而提出的最重要的论据。与之相应，这里简单谈一谈最先探讨过的对"弟兄"和信仰不同者的、**横向的**、主体间的宽容的论证。

其一：如居普良所言（见上文），相互宽容（*mutua tolerantia*）是出于爱的精神，目的是在教团中造就"和睦的纽带"。诚然，这种爱也能延展到信仰不同者那里去，正如德尔图良在关于不要折断"压伤的芦苇"那里略加言之的那样。这爱还将推扩，只要这种宽容追随耶稣的榜样，耶稣他对罪人展现温柔（《马太福音》9：11—13），尤其在失掉的儿子的譬喻中（《路加福音》15：11—32）。此外，他还传授对邻人之爱（《约翰福音》15：12—17）与对敌人之爱（《马太福音》5：43—48）。

其二，除了爱的积极的宽容动机外，对他人进行宽容的另一个理由在于，冲突是一种上帝激发的试炼，此试炼将见证强大的内心信仰，这信仰远离世间的事功，学习着谦卑。在这里，宽容被理解为自我控制和自我克服的德行。

其三，对出于内心信念，也即跟随本己良知的信仰的指示，也支持横向的宽容。因为上帝不乐见错误的、遭迫使的信仰。

其四，上述要点是特别重要的，尤其是当诸如此类的强制被证明本就毫无成果的时候，因为这样一来，就没有真诚的信念发生了。

其五，最后，保罗不仅要求对内在的，哪怕是孱弱的良知的敬重，而且训诫了把自己当作别人准绳的行为，因为只在"神的台前"（见上文）才会进行功罪判定。耶稣也同样宣扬说："你们不要论断人，免得你们被论断。"（《马太福音》7：1）这是在基督教宽容思想里的一个关键点：在地上无人可妄下判断，唯上帝能行此权——其正义将首先是惩罚之正义。[30]在稗子的譬喻中大致展现了这一点，它或许是对于基督教的宽容辩护来说最杰出的段落：

> 天国好像人撒好种在田里。及至人睡觉的时候，有仇敌来，将稗子撒在麦子里，就走了。到长苗吐穗的时候，稗子也显出来。田主的仆人来告诉他说："主啊，你不是撒好种在田里吗？从哪里来的稗子呢？"主人说："这是仇敌做的。"仆人说："你要我们去薅出来么？"主人说："不必，恐怕薅稗子，连麦子也拔出来。容这两样一齐长，等着收割。当收割的时候，我要对收割的人说：先将稗子薅出来，捆成捆，留着烧。唯有麦子，要收在仓里。"（《马太福音》13：24—30）

耶稣向他的门人解释这个譬喻说：

66　　　　　　那撒好种的，就是人子。田地，就是世界。好种，就是天国之子。稗子，
　　　　　就是那恶者之子。撒稗子的仇敌，就是魔鬼。收割的时候，就是世界的末了。
　　　　　收割的人，就是天使。将稗子薅出来，用火焚烧。世界的末了，也要如此。
　　　　　人子要差遣使者，把一切叫人跌倒的和作恶的，从他国里挑出来，丢在火炉
　　　　　里。在那里必要哀哭切齿了。（《马太福音》13:37—42）

这一段落同时展现了宽容奠基方式的矛盾方面。因为所有列举出的横向宽容的理
据都预设了对于上帝之真理的知识、上帝的权威及对于其最终的、来临中的正义
的毫不怀疑。宽容取决于这种关于更高的真理和正义的知识：一种在地上的、愿
意要求宽容（在此一如既往地可能存在"弟兄"与"罪人"间的差别待遇）的正
义，但在"世界的末了"却不行使宽容。对有死者的宽容，是缘于他们对最终的、
正义的、神性的不宽容的信靠，缘于对神的"火炉"的信赖。这里已经显现出此
种宽容的雅努斯面容：因为，假如"稗子"在收割前就由于预先的分别而被判定
了，那么宽容本身似乎就是一种罪过了。

　　在（拒绝承认罗马人的仪式而付出了生命代价的）居普良那里，也表现出了
现世的宽容与神性的不宽容的关联。因为，正如他劝勉基督徒要忍耐，且这忍耐
"温和、柔软，且屹立不摇"（见上文）地容忍着恶，他也指明了这忍耐的力量从
何而来："因此我最终不能对此默不作声，我们虽在这摆荡不安的世界的飓风骇浪
中屹立，受制于犹太人、异教徒，甚至异端的迫害，但我们应该忍耐着等待复仇
的日子，而不该以不耐烦的抱怨之道，去图对我们的痛苦速加报复的一时之快。"[31]
正如上文提到的、在对国家的宽容所作的奠基中所表露出来的被压迫者的心声一
样，在这里，他们的心声也流露在他们争取自由的努力中——这种自由并不来自
此世，或者至少不立足于人的权力，而是由一种更高的正义携带，一种报复性的、
67　毁灭性的正义。"看哪，我必快来。赏罚在我，要照各人所行的报应他。"（《启示
录》22:12）而这种正义不仅作用在现世的镇压者身上[32]，而且也作用在那些否认
上帝真理，并且在这条道路上行某种——必遭惩罚的——不义之事的人身上。

　　居普良也是这样一个人，在他那里，首次出现了下述著名原则，"教会之外，
无人可得救"，当然，即使是他，也想要仅仅借助"神圣之剑"来透彻认识这条要
求把不信者排除在教会之外的真理。[33]然而，后来这会与《圣经》的一个著名段落
结合，导向一种危险的论证。这个段落是关于"勉强人进来"（*compelle intrare*）的
说法的段落：

　　　　　　有一人摆设大筵席，请了许多客。到了坐席的时候，打发仆人去对所请

的人说，请来吧。样样都齐备了。众人一口同音地推辞。头一个说："我买了一块地，必须去看看。请你准我辞了。"又有一个说："我买了五对牛，要去试一试。请你准我辞了。"又有一个说："我才娶了妻，所以不能去。"那仆人回来把这事都告诉了主人。家主就动怒，对仆人说："快出去，到城里大街小巷，领那贫穷的、残废的、瞎眼的、瘸腿的来。"仆人说："主啊，你所吩咐的已经办了，还有空座。"主人对仆人说："你出去到路上和篱笆那里，勉强人进来，坐满我的屋子。"（《路加福音》14:16—23）

我们将会看到，这个譬喻经常被用于强制信仰，特别是用于对异端的迫害。这样一来，可以初步确定为结论的是，早期基督教的宽容讯息是歧义的：宽容的种种理由同时也向宽容投下了一道阴影，这阴影来自对普世的和绝对的真理以及惩罚性的正义的要求。这种要求将在后来使对诸多不同团体的宽容变得前景暗淡。

在结构性的视野中，对早期基督教宽容话语的分析不仅说明，很多在后世非常重要的宽容奠基方式在这里已经出现，尽管还是以一种粗糙的形式；它也说明，关于宽容作为国家实践（首先是根据"允许提法"）和主体间态度的双重视角早已成型（并且，从斯多亚学派出发，还增加了第三个维度，即考验性的自我关系的维度）。

当然，这种支持宗教自由的基督教论证所要求的，会很快就成为现实——不仅如此，现实甚至超过了这种要求。在 313 年著名的《米兰赦令》中，君士坦丁（Konstantin）大帝和李锡尼（Licinius）大帝给予了基督徒和其他异教礼仪一种广泛的宗教自由：

> 我们颁布含以下规定的法令，它与对神的敬重和尊崇相关，是为了给予基督徒和所有人自由选择其所愿意跟随的宗教的权利（*libera potestas sequendi religionem quam quisque voluisset*）。实行此法令是希望，每种存在着的神和上天的权力，对我们以及生活在我们治下的所有人都能仁慈。[34]

这样一来，当然不仅是一条对基督徒加以容忍的道路被开辟了出来。因为君士坦丁最终公开转向基督教。特别是在他于 324 年打败李锡尼成为全权皇帝之后，基督教迅速升为国家宗教，政教合一体制也迅疾地发展起来（后来在他的儿子君士坦提乌斯和君士坦丁时代也是如此）。现在形势倒转了。在狄奥多西赦令（380 年）和君士坦丁堡赦令（392 年）中，《米兰赦令》被废除，基督教被宣布为国教，异教礼仪即使在家庭中也被禁止。[35]这时需要要求的宽容就是对这些礼仪的追随者的宽容了；384 年叙马库斯在罗马元老院为宽容作了一次重要论述（这在莱辛那里还会再现）："对于每个人以何种智慧寻找真理这一问题来说，重要的是什么？走在

69   唯一的一条路上，人们是不能企及如此伟大的秘密之所在的。"㊱这就是关于通往同一真理的不同道路的论证。㊲

第五节　基督教宽容的雅努斯面容

1. 基督教教会在相对短的时间内从一个被迫害的教会变为被宽容的教会，然后又变为被承认且被官方化的教会——最终甚至变成了一个实施迫害的教会，它不仅挥舞着"神圣之剑"，而且现在也有机会动用世俗之剑。㊳在一个基督教国家中，对上帝的忠顺与对皇帝的忠诚是彼此相应的。皇帝的权力来源于上帝，并且，在此权力反对不信仰者的同时，它也侍奉着真理。在公元4世纪期间，异端成为了叛国罪，除了囚禁或流放，异端也可能被处以极刑。

这种新形势表露出基督教宽容的历史上的一个决定性的关节点，它通过奥古斯丁的著作得以标识。这些著作的意义不仅在于对宽容的重要论证方式所进行的扩展，而且还在于，在某种特定形势下，这些论证转变成了对不宽容的辩护。一种改变了的、带有强烈制度化色彩的、权威化的教会理解，在这里扮演着某种角色，教会与国家的关系得到新的界定。这种关系界定具有一种错综复杂的本性，并经历了多个不同的发展阶段：如果说奥古斯丁首先以保守的方式，为了〔作为基督的身体（corpus Christi）〕的教会和真信仰之故而反对国家强权的干预，那么他（从395年开始）作为北非希波主教，在与多纳图斯教派进行的日益紧张激烈的论争中，却放弃了上述立场，将对教会分立论者的暴力运用合法化。当他在西

70   哥特人410年征服罗马后进行其著作《上帝之城》（De civitate dei）的写作的时候，情形又再度发生了转变。一方面，为了保持末世学说的纯粹性，并且将教会的命运从世俗领域中解放出来，他在永恒的上帝之国和尘世国家之间画下了一条清晰的分割线。同时，另一方面，尘世国家的存在不仅是为了建立和平与秩序，它也从属于天国。下文将展示那些本质性的奥古斯丁宽容论证（这些论证采纳并改变了上文提到过的那些宽容奠基方式），以便紧接着说明，这些论证在多大程度上可以转为自己的对立面（这首先可以在他那些偶尔也作长篇大论的书信中被描摹出来）。所提出的这些考虑，在本质上关乎宽容的**横**向层面，关乎在具有不同的信仰主张，特别是对基督教信仰有不同解释的人之间的宽容。而基于两点理由，这一切也与在权威和弱势群体（Minderheit）之间的一种**纵**向的关系纠缠在一起：其一是因为，奥古斯丁也从教会机构的视角出发而说话，其二是因为，教会也可以动用——如果可以预先使用后来的新词的话——作为"世俗之手"（weltlicher Arm）

的国家力量。

（1）在奥古斯丁那里，**从爱出发**的宽容论证也扮演着一个特别的角色。这意味着一种与自身、上帝和他人的复杂关系。与自身的关系在这里不应该被理解为自爱，除非是在下述意义上，即"没有一种自爱自怜不是基于上帝之爱而存在的"[39]。无条件的上帝之爱是与那作为上帝造物的自身和他人的关系的基础。作为与自身的关系的基础，是在上帝之爱导向信仰、谦卑和"自轻"（Selbstverachtung）[40]的意义上；作为与他人的关系的基础，是在上帝之爱导向对承负着其脆弱与罪恶的他人的爱的意义上。既然在这个带着原罪标记的人类世界中，无人是不脆弱无罪恶的，人就需要对他人进行忍耐性的宽容，并且彼此亏欠着对方宽容之情。[41]因此，在这里，与这个概念的古代用法一致，宽容的德行被理解为忍耐性的承受（Ertragen），不过现在还与关于人的本性有罪、幸福在此岸的不可通达和对一个仁慈上帝的希望的学说联系在一起。上帝通过使人承担不幸而考验信仰的坚毅；在忍耐和坚信中完成的尘世的朝圣所能得到的唯一报答是，上帝将在审判日让他的永恒国度降临人间："因为，既然忍耐只是在承受罪恶时是必要的，那么它自身当然不会永远持续，而是人们通过忍耐所达到的，会永远持续。"[42]

宽容因此奠基于爱这种最高德行中，它从对上帝的爱中吸取养料，并且在对他人过错的同情与忍耐中锻炼自己。在许多地方，耶稣都作为这种态度的例子被提到，他甚至忍耐和承受他最恶毒的对手。[43]宽容的锻炼呈现为一种考验，这种考验使信仰者坚强，如奥古斯丁所解释的：

> 因为教会的所有敌人，他们蒙蔽于错误，堕落于劣行——如果他们获得力量对教会做出外在伤害，他们就锻炼了教会的忍耐；如果他们仅凭虚假的学说意见来对抗教会，他们就锻炼了教会的智慧；如果他们现在用温和的教导或苛刻的纪律对待教会，他们就会锻炼教会的友善甚或教会的仁慈，从而教会甚至会爱作为敌人的他们。[44]

然而，在最后的评论中，已经可以看到这种爱可能颠倒为"纪律"（Zucht）的迹象（见下文）。

（2）对爱的论证形成补充的第二点是对**两个王国**学说的一种特定解释。就其有限的判断力来看，人不能也不应自居为他人及他人罪恶的最终审判者。因为在地上有两个"相互纠缠"并且"彼此乱作一团"的王国，而且甚至在"最明显的敌人"中，也有"注定了的朋友"。[45]只有上帝保有在最后的审判日解开这团乱麻的权力；他的审判不应被预先作出。奥古斯丁经常联系（上文引用过的）稗子的譬喻来澄清这种见解：稗子不应被过早清除，以免同时除掉麦子。只有到了收获时，"在尘世终结时"，才适合这样做。[46]这里可以看到一种也在其他宽容奠基方式中一再出现的思想：人类精神在知识论上的不完善性，不可能作出一种最终有效的判断——不过，在奥古斯丁眼中，信赖上帝的更高真理和正义，无疑能做到这一点。

（3）进一步的重要论证是通过宽容来**保护统一**。这针对的是异端与教会分立论者。基督徒在上帝中——与在教会中——统一的善是如此高的善，以至于被要求施加于叛教者的是和平的说服工作，而非强力。尽管不一定有成效，奥古斯丁在其任主教期间总是一再地竭力与多纳图斯派直接口头争辩，以使他们相信，他们犯下了何种罪恶，他们对《圣经》作出了多么错误的解释。为了避免加剧横贯家族的分裂与冲突[47]，需要"温和地批评他人的思想"[48]。在他们的错误中忍耐着"恶"的宽容者值得赞扬和尊敬，"因为他们出于对统一的爱而忍耐那些出于对正义的爱所厌恶的东西"[49]。

（4）在奥古斯丁那里也能看到**良知的自由**与**不可强制性**的论证。不仅唯有真正的、不作假的信仰能使上帝满意，而且，信仰必须作为自由的信仰、作为自愿的信仰存在，才是牢固的与持久的：一个人如果不愿意就不会信仰（*Credere non potest homo nisi volens*）[50]真正的信仰应该通过洞见，而非通过强制或出于其他动机而被接受，它应该是独立的。因此，奥古斯丁反对的是，"任何人被强制违背其意愿而加入天主教教会的社团。相反，应该对所有迷途者阐明公开的真理，以便这真理在上帝的帮助下通过我们的中介得到揭示，使之适合于每一个人去接受和理解"[51]。因此，这里不应存在任何"勉强人进来"。

（5）奥古斯丁的大多数探讨涉及对基督教信仰内部的异端的宽容问题，并且没有以同一尺度应用于非基督教的异教徒和犹太教徒。[52]特别是基督徒与犹太教徒的关系——后者在奥古斯丁的描述中"罪恶地杀死和驱逐了真正的荣耀与永恒的王国的给予者"[53]——呈现了一种从基督教兴起一直延续到今天的难题，即敌视与镇压的难题，这个难题总是一再引起为宽容奠基的专门尝试。与之相关，在奥古斯丁这里可以看到（后来影响广泛的）"非自愿作证"[54]的论证。从他们的土地上被驱逐之后就散居生活的犹太人"现在必须通过他们的经典为我们提供证明，证明我们没有编造基督的预言"[55]。由此，他们违背他们的意愿而证明了基督教信仰的真理，并且间接地帮助了这种信仰的传播。因而他们应该被忍耐；上帝将在末日亲自审判他们。

特别是与多纳图斯派旷日持久的紧张争论，促使奥古斯丁转变了他对异端和教会分立论者的宽容立场。多纳图斯派——以多纳图斯主教的名字命名，他在君士坦丁时代发展了一种从天主教学说变异而来的对圣礼的理解，并且尤其反对天主教教会与国家的联结——在北非得到了特别广泛的传播，在某些地区甚至成为多数派。在4世纪结束之际，冲突加剧，发生了强制洗礼、对教会的袭击和对神职人员的谋杀。此外，神学的冲突与社会的敌对联系在一起：在多纳图斯派方面，北非激进教团（Circumcellionen）与柏柏尔-古迦太基农民反对大地产者与受到天主教教会支持的国家。[56]奥古斯丁感到自己面对的不仅是一种现实的教会分裂，而且是一种伴随着革命倾向的全面的社会反抗："人们逃避统一，佃农因此受到鼓励自由地反对他们的地主，逃跑的奴隶不仅违背圣徒学说，远离他们的主人，而且还威胁他们的主人；甚至不是单纯的威胁，而是通过暴力袭击洗劫他们的主人。"[57]

鉴于这种形势，他的态度转变了。而正是那些此前支持宽容的理由，现在被重新解释，并且要求不宽容。

（1′）奠基于无条件的上帝之爱的博爱，现在不再要求对罪恶和错误的忍耐，而是要求对它们采取一种措施；现在，对它们的忍耐本身表现为一种罪：

> 因为当某人看到，比如说他的敌人，由于一种危险的狂热变得精神错乱，冲向深渊时，如果他任其冲过去，而不是拉住他并且把他绑起来，他岂不是以恶报恶了吗？而如果他想最大程度地证明自己是有用的，并且对他的敌人抱有同情，那么他恰恰会表现为他的最大的敌人和对手！但确定无疑的是，他的敌人会在恢复健康之后对他表达他以往不曾见过的感谢，感谢人家完全没有放纵他。[58]

奥古斯丁接着援引这样一种转变信仰者的例子，他从他的病中痊愈，对那防止了自我毁灭的束缚和强制措施心怀感激。"父亲般的关爱"，只关心她孩子得救的母亲的"治愈之爱"，是它们激发教会去把迷途者挽回到正途。[59]为此，如果一种暂时的"鞭笞"是必要的，那么它是出于爱而非出于恨——根据奥古斯丁，这是完全不同的。[60]对他人的爱植根于对上帝的爱，要求拯救他人的灵魂于永罚——哪怕违背其盲目的意志。如果不遵从这一命令，就是**糟糕的宽容**，"徒劳而无益的忍耐"[61]。 75

（2′）相应于这一命令，奥古斯丁发展了关于"好强制"的学说，按照这种学说，"重要的不是一个人究竟是否受到强制，而是他为何受到强制"[62]。然而，这预设了一种对于宽容的"两个王国论证"的双重撤销。首先，必须有可能在现世就已经厘清义人与罪人的界线，以便抵达一种得到充分奠基的审判；其次，这样一来，帮助真理发挥作用，就成了国家在现世的—在此岸的正义之事。因此，必须先重新解释稗子的譬喻。当主人告诫不要拔掉稗子时，他对此提供的理由是，这样可能会一并毁掉麦子。奥古斯丁继续道：

> 这样，他充分地显示了，如果这种担忧不存在，如果人们完全确定地辨别好的麦粒，也就是说，如果每个人的罪过都是众所周知的并且对所有人都如此无耻地暴露，以至于它不存在任何辩护者……那么纪律之严格就不能开

小差，因为对博爱的保护越小心谨慎，对堕落的惩罚就越有效果。[63]

于是，只要充分地把善与恶彼此区别开是可能的，稗子的譬喻就允许"好强制"。因此，奥古斯丁对多纳图斯派写道，他们通过他们对教会的拒绝表明，"你们是稗子，甚至更过分的是，你们提前与麦子分离了"[64]。

其次，奥古斯丁把异端与教会分立视为罪行，这种罪行依其本性，也就是说不仅由于他们带来的社会不安定，而受世俗司法权管辖的罪。援引保罗——他把偶像崇拜视为应该被谴责的"情欲的事"（《加拉太书》5：19）——奥古斯丁写道：

> 为什么现在多纳图斯派觉得用全然的法律之严格来对待投毒者是正义的，而觉得对待异端和不敬神的纷争是不正义的呢，既然后一种罪行被使徒列入了一系列其他的恶事？难道不应禁止人的权力做出这种罪行吗？[65]

既然世俗权力只因上帝而获得真正的权力，那么它就能够并且应当涉足真理："当皇帝指令某些善时，无非是基督通过他作出这种指令。"[66]这并不与两座城的学说矛盾，因为在两座城学说中，奥古斯丁也视"在为陛下效劳中建立其权力和尽可能广泛地传播对上帝的崇拜"为皇帝的义务，而"基督徒皇帝"君士坦丁被他当作光辉典范。[67]这样，作为宽容论证的"两个王国学说"就被取消了。

（3′）如果说对信仰不同者的宽容作为保持基督教统一的道路曾是必要的，那么这种统一在广泛的教会分立的情况下——奥古斯丁谈到"教会分立的疯狂"时[68]——就要求不宽容异端并且与之斗争。为了天主教的统一，多纳图斯派的圣礼固然得到了承认，但是他们必须被强制进入真正的教会。奥古斯丁在这里引用了《圣经》文本中的"勉强人进来"（*compelle intrare* 或 *cogite intrare*）并且合法化了对进来的强制：

> 当教会之所以依据它的上帝在既定的时间所转让的力量，在虔敬而笃信的国王的帮助下，强迫那些人——它在条条道路上和灌木丛那里发现的那些人，也就是说，在教会分立和异端邪说中发现的那些人——投入它的怀抱时，那些人不应抱怨别人强制了他们，而应看到别人把他们驱向何处。[69]

（4′）关于良知自由，奥古斯丁没有撤回关于信仰必须基于本己洞见和确信的那种理解，但他现在认为，强制可以决定这种洞见的实现。因此，良知的不可强制性被驳回了。异端由于被强制而遭受的"恐怖"（*terror*）把"他们灵魂的注意力"引导到"对真理的考虑上"，"亲切的劝告与父亲般的惩罚"为他们打开了朝向真理的眼睛，以至于他们紧接着就为从蒙蔽与疾病中得到解救而道谢。[70]

> 并非仿佛某人可能违背他自己的意愿而成为善好的，而是由于害怕他不愿承受的东西，他要么放弃使他中途而废的怨恨情绪，要么迫不得已去认识真理，其方式是，他由于害怕而拒绝早先的错误主张，并且寻求他所不了解的真理，从而自愿地接受他早先不愿理解的东西。用语词说出这一点或许是完全没有用处的，除非它通过许多例子得到证明。我们不仅看到这些或那些人，而且看到全城的人，那些曾是多纳图斯派但现在是天主教徒的人，他们不顾一切地憎恶可怕的教会分裂，而争先恐后地热爱教会之统一。[71]

奥古斯丁由此为公元 405 年以来对于多纳图斯派非常严苛的法律辩护，这些法律最终剥夺了多纳图斯派的教会和财产。他继而解释他立场的转变：

> 起初我的观点是，任何人都不应为了基督徒的统一而受到强制；我们必须让词语发挥作用，通过讨论来反对错误并通过理由克服之，这样我们才不会使得那些我们所认识的坦诚的异端成为勉强的天主教徒。但是，我的这种观点不是败在词语方面的反驳，而是败在实例方面的证明。[72]

他列举了多纳图斯派的各种誓言，他们由于害怕国家的镇压而放弃了他们的信仰，并且现在表现得幸福，脱离邪恶而踏上了真理之路。因此，"良知自由"在于接受真信仰的自由，涉及错误，则不存在自由："究竟有什么比错误的自由更糟糕的灵魂之死呢？"[73] 良知不是本己的、以自身为判准的法令机关；它自身处于对真理和拯救的效劳中。到头来，还是关照世间的牧人在为良心提供判准。

不过，与对于通过本己洞见而得到肯认信仰的必要性的强调相关的是，奥古斯丁拒绝对异端判处死刑。因此他请求护民官马尔塞林努斯（Marcellinus）不要处死哪怕是谋杀了天主教神职人员的多纳图斯派教徒，而是以"父亲般的关怀"对待他们，并且不剥夺他们忏悔和改宗的可能性。[74] 尽管如此，奥古斯丁的宽容奠基方式在中世纪时期还是一再被征引来支持暴力镇压信仰不同者；针对异端的暴力在《格拉提安教令》（Dekret Gratians）（1140 年）中得到合法化，作为普遍的规范被置入了教会法规。[75]

2. 以奥古斯丁为例对基督教宽容的雅努斯面容所作的简要展示，应该足以公开对不宽容的辩护的一些结构特征，这些特征不仅可以标明基督教的不忍耐性（Unduldsamkeit），而且同时还呈现这些辩护反复出现的要素。

（1）第一点涉及上面提到的爱的论证。这里的关键是，博爱（a）是**通过上帝**

中介的，并且（b）仅仅关乎他人的**拯救**。这种拯救是一种客观的可规定的尺度，并且无关他的"肉体的"偏好和愿望，也无关他的"错误的"信念。因此，他人"在上帝中"被爱，也就是说，为了使他的灵魂按照真正的宗教得到拯救而被爱。这表达了一种**伦理至善主义**的家长制形式，一种在对人类的那些可独立规定的、至高的善与目标的努力追求中进行自身完善的伦理学的家长制形式——它包含这样的命令，即在这种努力中促进他人，或者说，打开他们看这些善和目标的眼睛，在家长制的形式中也是如此，即使他们对于他们的善有一种不同的理解。[76]在基督教的理解中，这会意味着，即使**违背**其坚定的意志，个体的"灵魂得救"也必须得到确保，简言之，为了救人于错误并且达乎真理，必须实施强制。因此，在这样的论证中，存在着个体就现存的自己与"真正的"自己在结构上的分类，以及使后者对前者起作用的义务。极端地看，这甚至可能意味着，为了灵魂的拯救而摧残身体，让身体死去。虽然奥古斯丁明确拒绝后一种情况，但是他说到过死亡的两种类型，肉体的死亡与灵魂的死亡。第一种死亡是不可避免的，并且"对善人来说是善的"，因为随之而来的是——上帝恩赐的——永福；第二种死亡，即灵魂的死亡，发生于上帝把一个灵魂罚入地狱之际，这可能先于也可能后于肉体的死亡。[77]因此，灵魂的拯救之事不在人为，而是取决于仁慈；当然，拯救也不取决于人的身体及其感受。因而，这种分类的危险在于，由于"真正的自己"——例如灵魂——"非本真的"自己被忽视了，甚至被工具化和被毁灭。[78]危险也在于，这最终在感受上变成了当事人的伦理义务——当然也是对于上帝的义务。因为关键是，"真正的自己"必须证明自己配享上帝的仁慈。

以赛亚·伯林在其关于两种自由概念的文章中看到，积极自由理论的特征是，这种理论构建了一种"统治性的"或"真正的"自己，它相对于一种"低级的"自己而被主张，强制由此可以得到辩护，这时他无疑把这种自己—分类的危险纳入了眼帘。"真正的"自己处在与一种更广泛的尺度和权力的关联中，无论是教会还是"种族"，但"理性"也可能充当其统治要求的合法理由。

> 当我采取这种观点时，我的立场是，忽视人们或社会的实际愿望，以他们的"真实的"自己的名义，并且为了这种自己，来威逼、压迫、折磨他们，确信无论人们的真正目的是什么（幸福、义务的履行、智慧、一个公正的社会、实现自己），它们都必须与他们的自由——他们的"真正的"，虽然常常潜在的与未表达的自己的自由选择——相同一。[79]

伯林使我们注意到——这对于宽容问题具有普遍意义——这种论述结构绝不仅仅适用于宗教上的自己—定义（诚然在这里，特别是在涉及"肉身"的从属性的地方，这也发展出了一种对于"良善强制"和"良善"主体之形成的特别的合法化）。因此，反过来形成的问题是，当看上去在伦理上无可指摘的、"世俗的"自己—概念被用来为自由以及宽容奠基时，是否也会混进来一种这样的分类及其危险，例如在与一种"他律的"自己相对的"自律的"自己的理想中。

当然，爱的论证的翻转还有另一个维度。[80]因为，虽然出于爱的强制首先是为了应当放弃其错误信仰的人的得救，但当强制被证明是无效的，并且没有导致异端态度的任何改变时，强制仍然可能是合法的。因为，这样一来，防范异端**对他人**的不良影响就会成为对他人及其得救的一种义务。既然出于爱的强制要对所有个人的得救负责，那么对恶进行防范的义务就包含其中；博爱是普遍的。奥古斯丁把异端刻画为"投毒者"并非没有理由，而异端后来被视为危险的病原体，会传染其他人：如托马斯·阿奎那将会说，异端是传染病（ *haeresis est infectivum vitium* ）。[81]

因此，在这两个维度中显示出同一种爱的双刃性，这种爱只有作为对上帝的爱才是无条件的，并且从那里出发才推及于人。因此，爱以一种特别的方式**被授权**，它不适用于完全处在其纯粹"世俗的"自身规定中的人。

（2）奥古斯丁诸论证的转变也表明，当宽容依赖于诸如稗子与麦子的譬喻或者良知的不可强制性的假定时，它立足于多么脆弱的冰面上。一旦关于个人过失与罪行所宣称的判断之不确定性受到怀疑，并且没有**原则上**规范性的理由来反对对这样一种判断的要求，稗子与麦子的寓言就失效了。后来的一些宽容奠基方式将对此进行尝试。而当事实已经表明"温和的"与有效的强制会导致信念的转变，这种转变被当事人在事后看作并且内化为认识的进步，良知的不可强制性的假定——虽然它在现代的宽容话语中，例如在洛克那里，处于一个重要位置——就被证明在经验上并不可靠。奥古斯丁确信这是可能的；他因此把一种重要的怀疑种子播撒在了对良知自由最著名的奠基之一那里。

（3）最后，通过宽容促进统一的论证也是有矛盾的。因为，这一论证既然以目的论的方式构造，它最终也就依赖于所求目标的达成；因而宽容也只是有条件地被给予。如果所希望的统一不能这样形成，就必定走上其他道路。因此，这种宽容奠基方式既是包含性的，又是排斥性的；包含是由于它实施宽容只是为了在真理中把他人统一起来，而排斥是因为它把那些在他们那里没有达到目的的人（无可救药的异端），或者根本没有指望的人（固执的不信仰者）排除在这一宽容奠基方式之外。这里也显示了基督教宽容的脆弱性，它最终基于这一事实，即所有基督教的宽容奠基方式都不仅不言而喻地依赖于基督教信仰，而且具有唯一的目标，帮助贯彻真正的信仰——且是为了每个人的得救。基督教两面性的原因就在于此，因为在通达这一目标的道路上，宽容偶尔会是正确的手段，但有时毋宁说强制与暴力——用奥古斯丁的话说：恐怖（ *terror* ）——才是。

3. 在这里不可能追溯宽容——作为观念与作为实践——在中世纪的历史。限制在对接下来的讨论最重要的要点范围之内的一些评论应该足够了。关于诸宽容论证，要注意的是，它们并没有超出奥古斯丁所作出的论证，而仅仅是对它的运用和在细节上的补充。只有托马斯·阿奎那增加了新的观点——这对于不宽容和行使暴力的合法化同样适用。特别是在教会的政治统治力的巩固过程中，形成了贯彻真正信仰的制度与实践，这种信仰一方面追求的目标是使世俗权力从属于神圣权力，另一方面目的在于，在涵盖所有人和每个人的思想与行动的秩序中对人进行分类——为此人们被划分为不同的类别，从正统信仰者，到异教徒（穆斯林算作此类）、犹太教徒、迷途者（那些仍执着于迷信的人），乃至"异端"。这二者也是权力实施形式的两个方面，这种权力可以称为福柯的"牧领权力"或"牧羊人的权力"：统治根据牧羊人的方式实施，一个牧群被委托给这位牧羊人，因为他知道什么对牧群最好，并且单独对牧群负责。[82]因而需要一种"个体化的权力"，这种权力不能漏看任何一只羊，必须了解羊的所有罪恶，并且必须亲自在上帝面前为羊作解释。因此权力的实施最终包括牧羊人方面无条件地献身于他的任务，而羊群方面无条件地服从于牧羊人，向他进行自我省察、控制良知并且袒露心扉。所以奥古斯丁把那些被教会"父亲般的关怀"强制拉来的人说成"基督的迷途羔羊"，他们必须被赶回羊群。[83]

　　这种特别的基督教的统治形式的第一个要件，即世俗权力在教会统治之下的从属地位，进一步规定了中世纪的政治动态。教皇格拉修在 5 世纪末构思了他的"两种力量学说"，根据这种学说，有两种权力统治世界：主教的神圣权力（*auctoritas*）与世俗的主权（*potestas*）。[84]这二者虽然如奥古斯丁的两个王国一样，有其各自的任务，但它们并非同一等级，因为神职人员终将会为国王或皇帝的所作所为作出解释。神职人员因此也是国王或皇帝的牧羊人。虽然教会需要国家的"世俗之手"来保护此岸的和平，但是，国王或皇帝尽管是由上帝任命的，然而并没有任何高于教皇的权力，而是处于教皇神圣的上位权之下。王权（*regnum*）本身作为原罪的结果是必要的，以便防止人们犯罪，与之相反，神权（*sacerdotium*）是国家的（区别于现世的肉体的）真正的灵魂。[85]

　　按照这种学说，特别是在查理大帝的王国，不是教会被理解为政治整体内部的一个机构，而是世俗的统治与神圣的统治被视为无所不包的（作为"基督的身体"的）教会的（按照等级制度排序的）构成部分，基督则被视为教会的头。这种局面深远地规定了中世纪社会的政治秩序与社会秩序，并且也说明了为什么基督教的贯彻与教会的利益也是国家的利益。这导致，例如在查理大帝治下，被征服的民族，如斯拉夫或撒克逊，被强制基督教化。而这解释了为什么异端成了一种公开犯罪（*crimen publicum*），成了一种双重的亵渎。信仰的稳定性决定国家的稳定性，反过来：教权与主权是同一回事（*ecclesiam et imperium esse unum et idem*）。[86]

　　然而，这里也存在一种紧张因素，因为并不总是清楚，皇帝的合法权力范围与教会的合法权力范围如何在相互关系中被确定，一方或另一方的"剑"何时被需要。如果皇帝本身由上帝的仁慈所任命，并且在世俗的事情方面实施统治，那么他不就化身为国家了吗？教会不应该有促使臣民服从皇帝——他终究保护着基督教界——的功能吗？由此反映的冲突，随着在亨利四世与教皇格里高利七世之间的所谓"叙任权之争"——王权（*regnum*）与神权（*sacerdotium*）的相互分离的长期过程的开始——中的所有压力而爆发。格里高利七世不仅要求任命或免除主教（他们支配大量的"世俗"权力）的排他权利（当时属于国王），而且要求免除国王——其尊严当然只归因于神职——的权利。世俗权力相对于神圣权力的位置这一原则性的问题，是争执的关键所在，这场争执开始于 1075 年，过程激烈［只需要想想亨利四世 1077 年的卡诺莎之行，或者他在 1084 年由一位伪教皇（Gegenpapst）进行的加冕］，直到 1122 年，才通过沃尔姆斯宗教协定得到调解，这个协定达成了一种暂时的妥协。[87] 要抵达世俗权力与神圣权力的完全分离，还有很长的路要走，但是叙任权之争可以被视为这种分离以及一种要求以世俗方式奠基的"世俗"国家的发展之开始。[88]

上面提到的第二个要件，即在教会—国家权力这种宗教与制度的框架中的人的一体化，对于宽容问题具有特别的意义。因为，只要所谓的现世的—神圣的统一存在，宽容的问题——或不宽容的问题——始终就会从教会的角度提出；没有超出于此的、独立的国家宽容之维度。因此，甚至在遇到宽容论证或宽容实践的地方，也是允许提法在主导，根据允许提法，只有当干涉会导致更大的罪恶时，恶——不信仰、错误的信仰、不道德——才可被忍耐：宽容小恶，以免大恶（*minus malum toleratur ut maius tollatur*），当时的法律文献如此说道［特别是在约翰内斯·条顿尼库斯（Johannes Teutonicus）对格拉提安法令的评注中，*Glossa ordinaria*，1215］。[89] 在这里始终要强调，所涉及的是暂时提供的允许，而绝非对各自信念和实践的批准：教会不批准，但允许（*ecclesia non approbat, sed permittit*）。[90] 因此清楚的是，被宽容者是被判刑者，国家、社会与教会的被放逐者：一种被容忍的罪恶。因此，归属于这些团体是一种耻辱[91]，随之而来的是被驱逐——一种十分容易变得对暴力束手就擒的地位。成为被宽容者，不仅是一种"受辱"——让我们回忆一下歌德的说法——这还是一种危险的、脆弱的状态。不仅如此，这还是一种管制、控制与规训的特别形式。因为，这种允许宽容的形式既然随时可能被取消，它就必须用正当的行为来被"赚取"。因此，**排斥**与污名化只是作为实践的宽容的一个方面，另一方面是**包含**：通过宽容之提供，被宽容者变得不独立并且因禁于他的处境；他处在监视之下，并且依赖于更强者——王室——的保护来对抗其他人——民众中的攻击性团体。排斥与包含在这里同时存在——这种关系构成了宽容的权力形式的特点：它的不留余地（Ausweglosigkeit），因为被宽容的主体在这里已经既"在外"又"在内"，而看上去没有任何其他选项可供选择。[92] 在这里，人们可以说

85

86

到一种**借助宽容的规训**：权力通过允许与禁止的一种策略上的相互作用来进行规训。

借鉴福柯的权力提法，还可以确定这种规训的另一个维度。通过伴随着宽容的——在正统信仰者与追随错误信仰的不同团体之间作出的——"分类实践"，这些"主体"的社会形象被打上了"臣民"的烙印，这是属于他们的"治疗"的实践，无论这样的康复治疗是通过教导还是通过对得体举止的要求。不过，福柯的两分法图像也要有所区别，因为前面提到过的分类不仅是在"正常"与"不-正常"之间的划分，在正确的与错误的或者说不正确的之间的划分，而且也是在那些偏离正常者团体**内部**的划分，只要其中一些被认为是使得宽容与拯救成为可能的核心。这使权力作用下的主体这种"产物"的观念变得复杂了，因为虽然这些主体不合常规，尽管受到严格管制，但他们还是被承认了某种社会地位。[93] "产物"一词只是在这样一种语境下使用的，即一种社会性的话语，它与宗教上得到奠基的允许宽容一样，在"正确的"与"错误的"或"可宽容的"之间作出了强区分，并且为康复与管制创造了相应实践与制度，正是这种社会性话语生产了各种身份归属（Identitätszuschreibungen），这些身份归属发展了它们自己的动能，并且形成了主体的自身理解。当然，这里并没有假设某种**单一的**形成过程：各种社会与各种身份太过错综复杂，以至于不可能产生这样的单一维度的身份——中世纪的社会也是如此。尤其是因为被宽容者太容易感受到**这种**宽容是多么脆弱，并且多么有侮辱性。这种"感受"与这样一种意识，过去与现在都是社会反抗与社会斗争的原初动力，为了理解它们，我们需要知道在权力行使转变为管制（或被感觉到如此）的情形下主体的"反抗性"，也就是需要洞见到在特定的臣服处境下产生的这样一种要求，即"不能再被这样管理"，并且主动去追问当前权力的**基础**。[94]

犹太人在中世纪社会中的地位是借助宽容进行规训的最明显的例子。[95] 他们由于宗教上的原因，受到最深的歧视与憎恨，他们始终处在成为频繁的大屠杀或驱逐的牺牲者这种危险中，这些大屠杀或驱逐可以随便找个由头，如关于渎神或者人祭的谴责。他们被"忍耐"，仅仅是由于教会和王室提供的保护令，而这主要是出于实用的理由：他们是有用的恶。他们只被允许从事特定的、对提供允许的机关有好处的职业，特别是贸易与金融——这反过来又导致社会的偏见与越来越多的憎恨。[96] 在神学层面，奥古斯丁关于犹太人为基督教真理"非自愿作证"的论证是重要的，对他们将会得到他们最终应得的来自上帝本身的惩罚之坚信也是如此（我将在下一点基于托马斯·阿奎那的考虑来进入这一问题域）。在实践中（特别是在十字军东征时期），一再发生的强制洗礼通常被拒绝，而犹太教礼拜仪式的实行虽然受到限制，但经常得到宽容。但忍耐又绝不可以作为批准而出现，因此宽容在教会方面也总是棘手的（在 13 世纪，不仅教皇英诺森四世，而且亚历山大四世，都曾下令焚毁"亵渎上帝的"《塔木德》）。红衣主教，库萨的尼古拉，也为对犹太教进行宽容的矛盾提供了一个例子，他于 1451 年在希尔德斯海姆同意忍耐犹太人，前提是他们不放高利贷，不亵渎上帝，并且在胸前佩戴一个黄色圆环作为识别标志。[97]

除了"茨冈人"、乞讨者或麻风病人[98]，包含性宽容与排斥性宽容的关系所适用的另一个团体是妓女，[99]尽管是以不同的方式。奥古斯丁已经请求忍耐这些罪恶，以避免更大的恶——通奸、强奸与鸡奸偶尔被提到（尽管不是由奥古斯丁提及）。[100]一种罪被宽容，以避免更大的罪；妓院在中世纪晚期的法国被叫作"宽容之所"（maisons de tolérance）。不过，对"罪"人的宽容也有其原则性的（而非仅仅实用的）界限：例如同性恋，是无论如何不可宽容的；它被认为危及社会共同生活的基本规则。

然而，需要澄清的不仅是这些团体的内部关系，而且是对于"异教徒"、偶像崇拜者，特别是越来越被视为宗教上和政治上的挑战的穆斯林的外部关系。虽然良知的不可强制性的格言——在经验上与规范上来看：良知不仅是不可受到强制的，而且不应受到强制——在原则上也对他们有效，但特别是在紧急情况下，这是成问题的。因而被征服的民族常常被强制改变信仰：战争就是为这项任务所作的准备。例如，奎尔福特的布鲁诺主教在 1008 年要求亨利二世借助武力使卢蒂岑（Lutizen）的斯拉夫人"强制进来"[101]。因此，"勉强人进来"的说法也扩展到异教　89徒，而非如在奥古斯丁那里那样，仅仅适用于异端。

在这一语境中，十字军东征是基督教的自我主张与扩展的最具历史意义的现象——特别是在对伊斯兰教的斗争中。一开始登上前台的，并非传教的想法，而是要在塞尔柱人占领耶路撒冷之后（1071 年）重新夺回圣地。然而，在七次十字军东征过程中（直至 13 世纪），特别是在 1099 年夺得耶路撒冷之后，发生的不仅仅是对"不信仰者"的大屠杀。[102]在大屠杀之外，他们的军事征服也被视为他们的宗教传播的前提。克莱沃的伯纳德（Bernhard von Clairvaux），第二次十字军东征（1147—1149 年）背后的推动者，1128 年就已经在一本支持圣殿骑士团的宣传册中，把以基督名义进行杀戮刻画为"用好良知"[103]进行杀戮，在 1147 年致信教皇尤金三世："终有一天，全部异教徒也必将抵达它（基督教的真理）！我们坐等信仰本身偶遇他们吗？可曾有谁通过偶然事件抵达信仰？"[104]因此，并不是应该通过武力直接祛除错误的信仰，而是应该通过武力为转向正确的信仰创造政治上的条件；所以克莱沃才能同时拒绝通过暴力改变信仰而又支持通过暴力去征服。就连拉蒙德·柳利（Raimund Llull）这位宗教对话的拥护者，也支持这种双重策略。

然而，在所有团体中，有一个团体表现为对教会的世俗权力与神圣权力的最大挑战：异端，他们可以说从内部危及了信仰的真理。所以并不奇怪，对于他们，无论在理论上，还是在实践中——除了由于各方力量的平衡——都不存在宽容的　90

空间。[105]特别是他们的遭遇为中世纪社会带来了"迫害社会"（*persecuting society*）之名。[106]"异端"被视为稗子，在其能够被明确识别，并且在剩余果实即将腐烂的情况下，必须被除掉。随着格拉提安法令，死刑——特别是火刑——作为刑罚措施越来越多地被执行，并且在 1224 年被立法确立。当异端运动——一个例子是卡特里派（Katharer），亦即阿尔比派（Albigenser），他们在法国南部特别强势，并且以他们的禁欲主义与摩尼教式的基本取向攻击教会的学说和地位——表现为一种严重威胁时，针对他们的全部神圣的与世俗的镇压力量都被动员起来了，如反对阿尔比派的十字军东征（1209—1229 年）所显示的那样。[107]这些运动多次危及中世纪的社会，不仅涉及它的宗教基础，而且涉及社会秩序（特别是财产方面）与政治的和教会的统治。异端表现了一种双重的大不敬：不仅对皇帝，而且对上帝的教会。控制这些运动的义务也以多种方式被奠基：作为对上帝的义务，对皇帝或者王室的义务，对教会与其余信仰者——他们必须在不信仰这种危险的传染的"病毒"前受到保护——的义务，最后是对当事人自己的义务，他们的灵魂必须被拯救。这样，在 12 世纪末，出现了一种首先是分散的，然后是作为（主要）处在多明我会与方济各会掌控中的教皇制度的、与危险的错误学说进行斗争的机构：宗教裁判所。

91　　　宗教裁判所是一种"良知法庭"；因为它首先关涉的是对宗教罪行的揭露，一方面，它依靠这些常常只是由猜测和影射所构成的罪行的线索，另一方面，它必须找到能够渗透到灵魂生命深处的方法。讯问、欺骗和拷问被视为这样的方法，舍此则真理无法抵达光亮。[108]在那里，审讯官不仅是起诉人，而且是法官与告解神父：一旦被起诉，供认其罪恶并且悔改的人所能逃脱的，只是那些被证明有罪并且执意否认的异端所面临的刑罚，火刑。他们要遭受的，是各种赎罪刑罚（如公开的鞭笞）。诉讼的目的不是灭绝异端者（Ketzer），而是灭绝异端邪说（Ketzerei）；要力争被起诉者的灵魂得救，被起诉者必须被引回到正确的道路上。然而，如果除了杀死异端者就无法清除异端邪说，那么异端者就会失去教会的保护，并且被交付给世俗权力，由它执行相应的刑罚：活活烧死。好几个世纪之久——我们可以想到比如 15 世纪和 16 世纪的西班牙——宗教裁判所一直是镇压异端的有效手段。它是在"真正的"自己与"非本真的"自己之间进行区分的逻辑的极端表达，以至于为了拯救前者，不得不毁灭后者，首先通过悔改自新（在刑讯逼迫的情况下），但也可能通过肉体的消灭。甚至在火刑架上，临死之时，受刑者仍然可以拯救他的灵魂并且领受圣餐。[109]这是一种残酷无情的逻辑：为了免于永恒的死而承受肉身的死。

　　4. 在托马斯·阿奎那的《神学大全》（*Summa Theologiae*）中，可以看到对他的时代，即 13 世纪中期来说具有代表性的、最全面的、对于后世具有神学权威性的关于对上述团体宽容的讨论。⑩托马斯毫不怀疑，所有不信仰的形式都涉及罪恶，不信仰甚至是一种"死罪"（10，4；198f），因此宽容的问题始终必须这样来提，可能有哪些理由，来忍耐这样的罪恶。对此他区分了三种不信仰。异教徒违背了 92 他们还没有接受的真正信仰；犹太教徒违背了已经在他们之中被预示的信仰；最后是异端，他们违背了已经接受的信仰，并且扭曲了这种信仰（10，5；202f.）。最后一种是最重的罪，因为它相当于背信弃义；犹太教徒的罪是比较轻的，而异教徒的罪还要更轻，因为他们没有背信弃义（10，6；206）。

　　"人们是否应当强制不信仰者去信仰"（10，8）这一问题相应地得到了答案。异教徒与犹太教徒"不可被强迫信仰，以便他们自己去信仰（ut ipsi credant）；因为信仰是意志的事情"（10，8；212）。尽管如此，他们不应妨碍或中伤真正的信仰，因此一场"针对不信仰者的战争"是合理的，不是为了用暴力转变他们的信仰，而是为了防止他们阻塞别人通向真正信仰的道路。与犹太教徒和异教徒的交往并不被禁止，除非需要担心"单纯的人们"因此偏离了正确的信仰（10，9；217）。对于不信仰者的宗教仪式是否应当被禁止这一问题（10，11），托马斯回答，它们虽然没有本己的价值，并且表现为一种罪恶，但是它们可以出于实用的理由，为了避免更大的罪，而得到忍耐（10，11；225）。在这里托马斯引用了奥古斯丁对于宽容"娼妓"的论证。

　　我们可以看到一些关于对待犹太教徒的态度的特别规定："犹太人持守他们的宗教习俗，在其中，我们所坚持的信仰的真理曾经得到预兆，由此可以生出这样的善事，即从我们的敌人那边，我们得到我们信仰的见证，就好像我们自己看到我们的信仰的景象一样。"（同上）这样，托马斯接受了奥古斯丁关于非自愿作证的论证；但他同时明确，存在一种对犹太教徒的原则上的敌意，并且对他们的宽容在于教会的衡量，他们是"教会的奴仆"（10，10；222），教会可以支配他们的财产。

　　至此提到的诸宽容奠基方式（始终处于允许提法的框架中），并未超出奥古斯丁，但托马斯在关于是否可以强制为犹太教小孩洗礼这一问题的讨论中，提出了 93 新的论证，即"自然正义"（justitia naturalis）（10，12；229）的论证。这是说，一个孩子，只要他还不能控制自己的理性，就还处在父亲的监护之下，他自然属于父亲。强制洗礼违反这种自然秩序，这不合教会惯例，是不正当的（这里可以补充一个论证，即这也是不值得向往的，因为这样受洗的孩子很容易又背弃信仰）。

　　然而，这些宽容论证中没有一个适用于异端。因此，虽然接受信仰是一种自由意志的事情，"但是，不可避免的要求是，坚持曾经接受了的信仰"（10，8；214）；因此异端和叛教者"也必须受到身体方面的强迫，使他们履行他们所允诺的，使他们坚持他们一度已经接受了的"（10，8；213）。稗子的寓言也不与这种力量的使用相悖，因为托马斯在这里引证了晚期奥古斯丁，在属于稗子的人显而易见并且存在蔓延之险的情况下，晚期奥古斯丁没有看到任何宽容的位置。此外，托马斯援引了"勉强人进来"之辞，这一说法此时被解释为一种"强制停留"或"返回"。甚至与异端结盟也是一种要受惩罚的罪（10，9；217）；他们确实被逐出教会了。

托马斯在其对迫害异端的肯定态度中甚至走得更远：

> 在他们（异端）的方面存在一种罪，他们不仅罪应被逐出教会，而且应当通过死刑被排除出这个世界。因为，败坏灵魂由之获得生命的信仰，远比伪造维持现世生命的钱币更严重。既然伪造钱币者和其他作恶的人立即就由世俗的王室合法处死，那么异端一旦被证明是异端，就更有理由不仅可以被逐出共同体，而且可以被合法地处死。（11，3；241）

94　虽然教会是仁慈的，并且会两次警告当事人，但只要后者被证明是顽固不化的，他们就被移交世俗法庭并由之处死。根除异端是一种多重义务——对上帝，对当事人，对那些可能面临传染的人——因此在任何转变都不可能的情况下，没有任何仁慈可言。与之相反，悔改的罪人被重新接纳去赎罪，然而，这里不应产生那种印象，仿佛他们被免除了对他们的法定处罚（11，4；245）。对人的"永生至福"的爱之关切先于一切，相比"世俗幸福"，如"肉身的生命"（同上），永生至福更重要得多。在这里，对自己的分类也导致一种去毁灭挡在真正幸福道路上的东西的逻辑，哪怕挡在路上的是关涉其幸福的那个人自己。"相比处在肉身死亡之危险中的人，对于在永恒死亡危险中的人我们更有义务去进行帮助。"（10，12；227）根据这种想法，放弃那与灵魂的永生至福相关的人的灵魂的状态和未来，就不存在一个能得到尊重的"人"。这样的尊重，这样的宽容，按照这种基督教—至善论的思想，就是一种罪。

5. 与此同时，中世纪的神学已经提出了一个难题，这个难题将会对宽容思想的未来有一定意义：**错误良知**的难题。问题是这样的，如果一个人跟随他的良知，而且这种对良知的跟随——信以为真地听到对上帝的命令——在完全内在的信念中本身是一种命令和某种善，那么一个善意地相信了某种错误的人怎么会犯罪，既然他相信他做了正确的事，并且跟随了上帝？但是另一方面，没有跟随真正的上帝的命令，怎么会不是一种罪？

皮埃尔·阿伯拉尔（Pierre Abailard），这位不只是在这一问题上具有创造性的12世纪思想家，有力地支持前一种立场。虽然如上文（第四节附论）提到的，保罗已经传道宣扬了对错误的和软弱的良知的宽恕，但是这仍然局限于仪式中无足轻重的那些差异，局限于无关紧要之事（adiaphora）。在其关于道德的论文《认识你自己》（*Nosce te ipsum*）中，阿伯拉尔更加基本地处理了这个难题。既然罪不在于行动，而在于意志，那么一种在服从上帝的意识下的正直行为就不构成任何罪，即使它在关于人的真正规定方面犯了错——按照阿伯拉尔，在人的领域中错误终究难免。因此，确信上帝对之不满意而拒绝真正信仰的人没有犯罪：

> 那些因为认为基督与他们的上帝观念不合而不识基督并且鄙弃基督信仰的人，在他们为了上帝而行动，并且因而相信他们做得对的时候，怎么会轻视上帝？……当我们没有违背我们的良知而行事时，难道我们应该徒劳无益地担忧上帝降罪？[111]

对于有限的、行动着的人，毋宁说，不服从他所确信的为他指出正确道路的他的良知，才是一种罪；因此甚至基督的迫害者，也是跟随他们的最深的错误信念作出相应的行动。[112]阿伯拉尔由此反对关于犹太人"谋杀上帝"的命题，反对这个基督教反犹主义的本质基础。

阿伯拉尔的观点，尤其由于克莱沃的伯纳德的干涉，在 1140 年的桑斯宗教会议上被谴责为异端，然而他所处理的问题仍然存在，而且阿伯拉尔的理论通过他的一些学生得到流传。[113]与之相反的是另一学派，对于这种学派，良知不能要求与客观的神圣秩序相对的任何本己的力量和优先权，因此异端决不能诉诸他们的（错误的）良知。托马斯·阿奎那尝试综合这两种学说。首先，他反对后一个学派，并且赋予错误的良知一种受限制的力量，因为一种意志的行动如果与理性所说的东西相反，就是糟糕的。[114]良知必须听从"理性的支配"，理性可能处于错误之中——但是在这种错误的情况下，这根本没有被意识到，因此一种违背良知的行动，是违背了作为正确之事和上帝命令出现之事的行动。但是，对于托马斯来说，一种错误的良知是否以及在何种情况下可以为一种行动免责，这个问题仍然没有得到回答；而在处理这一问题时，他又关上了良知自由的大门，这扇门先前似乎敞开着。因为他只让一种无意的无知作为理由，但不让故意的无知成为理由。当无知是在特定的情况下被迷惑，无知就是无意的——托马斯举了一个男人为例，这个人不知道躺在他旁边的女人不是他的妻子。[115]相反，如果无知直接是存心的，或者如果某人由于疏忽而不知道他应该知道的——托马斯称之为一种非直接的（或间接的）故意无知——那么无知就被归于故意。后一种情况包括某人不尊重他或她必须了解的神圣法律的情况——例如通奸者。因此，事关神圣法律时，无知不构成任何原谅的理由，错误的良知在这种情况下，不能为宽容提供任何合理的理由。[116]只有当不与神圣真理冲突时，才允许人们跟随良知；人们有义务消除与之相关的错误良知。

这一直持续到 17 世纪末，直到皮埃尔·培尔（Pierre Bayle）着手研究这一问题，并且为错误的良知要求"权利"；不过，这也表明了这一由阿伯拉尔带入神学反思中的问题的隐秘影响。

第六节　话语中的真理：多元中的统一

1. 在 12 世纪经济与文化日新月异的社会中[117]，基督教信仰信念与日俱增的多元性不仅面临与其他一神论宗教的对抗，也需要一种基督教内部的原则上的自身理解。基督教经常采用宗教对话这种特定的文学形式，在其中，不同宗教或信仰派别的辩护者相遇，以论证的方式去发现，哪一方是通向真正信仰的正确道路。但距离莱辛式的、把宗教理解为（在地上）权利平等地接受上帝真理之恩惠的那种理论还远——为此，我们将要追溯到叙马库斯（Symmachus）早得多的、关于从许多道路通向独一的、神秘的真理的提示性说法（参见上文第四节）。因为，这些说法最初既没有用于对所寻找的真理的公开讨论，也没有用于对通向上帝的道路的公开讨论，它们不是**真理之发现**的话语，而是**真理之实现**的话语，在其中，通过与对手的争辩，显示出对手如何被那些论证压倒，并且必须承认这一点。特别是犹太人，在他们作为对话伙伴出现的时候，被用来为基督教的优越性作证明。[118]因此，这里的对话目的不在于对共同点和区别的相互理解，而是驳倒对方。[119]

又是阿伯拉尔标志着这一传统中的一个明确的断裂——尽管他因此在他的时代仍然处在受排挤的少数派位置，而和解主义，由宗教和解抵达统一的学说，要晚得多才在人文主义中成为一种富有影响的立场。随着阿伯拉尔，开始了更深刻的宗教的与伦理的统一的思想，这种统一是在信仰道路的多样性之中并且超出这种多样性的统一——但仍然是一种明显具有基督教本性的统一，一种奠基于基督教上帝的统一。在 1140 年受到谴责之后，阿伯拉尔在克鲁尼的修道院监狱中写作《哲学家、犹太人与基督徒之间的对话》（*Dialogus inter Philosophum, Judaeum et Christianum*），一部由于他在 1142 年去世因而并未完成的著作。因此无法明确断定的是，他作为审判者对这三个敌对者所保留的判断会有怎样的结果；然而，从对话的进程可以对之进行推断。对话的目标是，基于纯粹的理性思考——哲学家在对话一开始就预先规定了这个层面作为讨论层面——与犹太教的律法信仰和关于自然的道德法则的哲学学说相比较，证明基督教信仰是**真正的伦理学**。他拥护的是一种哲学式的基督教，同时他自己提出了他的时代的神学学说的自由，按照他的观点，这种自由要求自律的、为自身立法的理性。因此，阿伯拉尔在他的时代是一位启蒙者，当然，他还没有达到一种后来将会成为启蒙时代之标志的道德或宗教理解。

哲学规定了谈话的形式，基督教与一种独立的、以古代经典特别是亚里士多德和斯多亚派的经典为导向的伦理学提法一道规定了谈话的最重要的内容。

在对话开始的地方，就已经提出了无争议的前提，即全部三个人——哲学家、犹太教徒与基督徒——都自视为上帝的崇拜者，并且是同一位上帝的崇拜者；因此关于这一点不会存在争执。关于真正信仰的问题，哲学家不愿承认任何不能经受在宗教上无偏见的理性之考验的理由；根据哲学家，不宽容的本质性根源是这样一些人的不安全感，他们盲目跟随他们出身之信仰，并且因而害怕他们的信念受到挑战和质疑。在随后他与犹太教信仰的代表间的对话中，这一点成了针对后者的批评；后者的律法信仰被驳斥为未经充分奠基的信仰，并且更严重的是，被批判为严厉的、独裁的、最终非理性的伦理学形式，它低于自然的道德法则。因此，如其在阿伯拉尔那里被描述的那样，犹太人没有机会满足对话的要求；他绝不可能被给予与其他两位对手同样的地位。犹太人甚至自己抱怨"不堪承受律法的束缚"，并且因此已经作出了对其信仰的决定性批判。[120]

虽然基督教对犹太教的偏见由此潜入了对话，但是犹太人不仅被描述为理性的对话伙伴，而且其信仰也在实质上包含着自然道德法则，它指出了通向真正伦理学之道路。因此，他并不与真理泾渭分明地对立（此外，如上文已经提到的，阿伯拉尔并非"犹太人谋杀上帝"这一命题的支持者）。不仅如此，在前面的段落中，阿伯拉尔让犹太人对在基督教社会受到的不公正对待提出控诉，这对那个时代的基督教作品来说，是非常罕见的。他讲到基督徒方面的敌意与蔑视，讲到在王室保护下的受指使的生活，讲到职业的限制，这种限制反过来又导致民众方面的反感："我们把我们的生活交付给我们最大的敌人，我们被强制完全信任地依赖不信仰者。"[121]因此，犹太人在对话中并非平等者，但他也不是"敌人"；他是某个不完全地和颠倒地分有真理的人，但不因此就应受到压制。[122]

在哲学家与基督徒的对话中，情况变化了。现在是前者经常处在守势，并且最终不得不同意基督徒，即双方都涉及对至善的规定，至善存在于上帝的观照（Schau）中，这种观照意味着真正的幸福，而最终上帝就是至善。[123]核心的论证是，若无这种永生至福的充满希望的前景作为德行的回报，至善（summum bonum）的观念就仍然是不确定的，而德行以及道德法则——自然法（lex naturale）——就不起作用。理解上帝，实现至福与永生，被认作最高目的，有德行的生活是通向这一目的的道路。道德不是为其自身之故而被遵循，它不是自律的，相反，正当行为的目的是幸福，而幸福只存在于脱离了劳绩的来生。"因为像你们一样"，哲学家对基督徒表态，"我们在此岸也计划正义地生活，以使我们在彼岸有荣耀，我们在此岸与恶习斗争，以使我们因我们德行的回报在彼岸获得圆满，并且由此显然获得彼岸的至善作为奖励"[124]。

这样，阿伯拉尔尝试在某种程度上出于"纯粹的"理性来维护作为真正伦理

99

100 学的基督教信仰，这意味着，道德与理性之路，无论它最初在何种源始信仰中被
追寻，都将成为通向拯救的道路，如果不是出身、偏见或盲目相信权威偏离了道
路的话。这对于宽容是一条重要的，虽然仍是模棱两可的消息。一方面，它要求，
任何遵循自然的道德法则——"爱上帝与爱邻人"[125]——的人都不应被歧视，或被
要求改变信仰，因为这已经是真正信仰的核心。在这里，遵循他的良知，就是上
帝的意愿。宽容话语的一个决定性步伐在于：相互宽容的前提是自然的道德法则，
这一法则虽然奠基于上帝之中，但可以被所有知道正确运用自己理性的人所理解。
这是人们在全部差异中所持有的共同点。但是另一方面，道德仍然依赖于真正的
信仰，由此来完善自己，并通过对幸福的希望发展动机力量，从而形成了"得到
理性奠基的"要求，要坚定不移地继续走这条道路，并且不停留于某个较早阶段。
道德学说依然是在基督教拯救学说的框架中为人提供善的标准，宽容的基础也还
是系于上帝的真理，系于至善。不过，对宽容和对他人的尊重，而非仅仅在实用
层面对他人的忍耐，还是赢得了一个新的空间：道德法则是具有约束性的环节，
尽管那些通向真理和拯救的道路还是必须通向真正的信仰，但它们不再是教条地、
根据教会的学说被预先规定的。[126]

2. 拉蒙德·柳利（Raimund Llull）的《关于异教徒与三智者的书》（*Liber de
gentili et tribus sapientibus*）（约 1276 年）呈现了宗教间的宽容话语发展的又一阶段。
在这里，诸宗教——这次除了犹太教和基督教还有伊斯兰教——也走到了哲学认
101 识的审判席前，相应地，只有理性的理由支持这些拯救道路中的某条路的真理。
但是，就此而言，首要的事情并非构成考虑之基础的伦理学，而是上帝理解和世
界理解整体必须证明自己，并且表明自己优越于他者。

柳利［也被称为拉蒙·鲁尔（Ramon Lull）］深受其家乡马略卡岛基督徒、
犹太人与穆斯林共存的经验的影响，坚信自己掌握了一门科学——一种发现真理
的艺术（*Ars inveniendi veritatem*）——这门科学使他能够与其他两种宗教平和地展开
讨论性的争辩，证明基督教的三位一体学说和道成肉身学说的优越性。这门科学
的前提是共同分享的、以理性的方式无可争议的关于上帝的本质和被创造的自然
的真理，只有正确地结合这二者，才能抵达真正的认识。对于这种方法，《关于异
教徒与三智者的书》是个典型，虽然由此也进一步表明，与柳利的其他著作不同，
也与后来的更有力地辩护的宗教对话不同，他的这一对话的结局是开放的。这也
使得这部作品不容于柳利的时代。

这部对话由诸宗教的一系列比较长的自我描述构成，对话背景是，柳利描述
了一个"在哲学方面富有知识和经验"[127]的异教徒，他不知道上帝和复活，由于死
亡的想法而陷入了深深的绝望。在一片树林里——一个精心选择的"中立的"位
置，他遇到了三个智者——一个犹太人、一个基督徒、一个撒拉逊人——他们站

在一眼泉前，泉伴着五棵树，其意义由"理智"这个优雅形象解释给他们。第一棵树的花由上帝的七种德行两两结合构成，以同样的尺度和无矛盾的方式标识上帝。第二棵树开出的花结合了非被造的德行和被造的德行（伴随着相应的关系规定和秩序规定），第三棵是非被造的德行和七宗死罪的结合，第四棵是诸被造的德行的结合，最后的第五棵树联结了这些德行和死罪。在这三个智者中间，这些树 102 及其花本身并非争执的对象，因此他们中的一位为所有人袒露心愿说道：

> 如果我们——这个世界上的所有人——在这些树的科学的帮助下，能够联合在同一规范与同一信仰中，这该多么好啊！这样，人们之间由于不同的信仰信念和诸民族相矛盾的规范而产生的争执和敌意都会消失。正是因为只有一位上帝，即天父、天主、世界的创造者，也就有可能把诸民族的多样性统一到一个民族，从而使人们共同走上拯救之路；并且，如果我们只有一种信仰和一种宗教，我们就能因之共同赞颂我们的天主、上帝和所有善好的创造者！[128]

因此他们决定，为了找出他们的宗教中的**哪种**能够带来这样的统一，坐在树下展开一场讨论，在讨论中，他们比拼的是谁能按照自己的原则最好地解释这些花的意义。这时异教徒加入了，他们通过向他——反过来根据"理智女士"的理性方法，也就是说，在那些树的帮助下——"证明"上帝与复活的存在，共同把他从绝望中解救出来。他们成功了，异教徒开始赞颂上帝，然而，之后他们又用一个要求把他推入了新的绝望，即要求他现在皈依真正的信仰，而智者们每个都声称自己代表真正的信仰。因此，为了能够拯救异教徒的灵魂，大家达成一致，这样来推进已经决定的讨论，即所有三个人依次——按照各自宗教产生的时间顺序——借助这些树来阐述各自信仰的核心教义，并且只有异教徒有权利提问和质疑。

这里无法讨论接下来的那些阐述的细节。引人注目的是，尽管存在所有那些差异，但相互谴责和贬低很少且轻微，相反，一个发言者在自己的推论中常常同意他前面的发言人。这是由那些树与花的共同基础所得出的结果。然而，尽管没有明确地突出描写，异教徒偶尔还是会插话，对犹太人的和穆斯林的信仰提出了 103 批判性的问题，这些问题要么没有得到回答，要么回答得明显不充分。[129]在与基督教的争辩中，情形并非如此。此外，重要的是，虽然所有三位智者都为他们的宗教提出了排他性的拯救要求，但基督徒使异教徒觉得，他的宗教包含了其他两个宗教的真理内容，而且能最好地解释那些花，因为另外两种宗教不包含三位一体和上帝化身为人的观念。

尽管如此，这本书还是有一个开放的结局。在全部三个人发言之后，异教徒进行了一次祷告，其强度使三位智者深受感动，但祷告对他们是中立的。当他接下来想要告诉他们他的选择时，他们急忙向他告辞，并且指出，他们中的每一个都愿意臆想自己是优胜者，而且他们想要继续就谁提供了更好的论证来进行辩论。因此异教徒的选择不为人知。这本书结束于（在开始时就已经表达过的）对一种统一宗教的希望，这种宗教不仅会克服各民族的敌对，而且会显示通向拯救的真正道路。在他们相互为可能的激烈言辞请求原谅之后，三位智者随着这样的决议分道扬镳，即他们以明确真正信仰为目标的讨论要继续下去。

不仅由于这个——也是源于对话过程的——非同寻常的结尾，柳利的《关于异教徒与三智者的书》标志着宽容话语的一个重要节点，在这一点上宗教的真理问题得到了新的面向——直到我们的时代仍有重大意义的面向。因为，要记住的是柳利所预设的无争议的东西：对一个上帝的信仰，进行谈话的理性形式的共同点和良善的与道德生活的德行方面的一致。即使对五棵树的更细致的分析会显示，它们绝非具有一种中立内容，而是基于基督教的信仰信念，柳利在这里为一种宗教宽容提供了基础，这种宽容本身来自宗教的核心。然而，由此——回过头来看——出现了通向宽容的不同道路。

（1）**归约式统一**的道路，按照这条道路，唯有那种共同的核心堪当真正的宗教，所有超出其范围的东西都是次要之事（*adiaphora*），它们源于某些特定的传统。这将成为在基督教人文主义中得到辩护的，乃至对一种"理性宗教"的观念发挥进一步影响的立场。

（2）**通过融合而统一**的道路，按照这条道路，从各种不同的信仰教义的交流中形成一种宗教的新形式，这种宗教形式包含了那些旧的宗教。这也是人文主义式和解主义的一种变体。

（3）**竞争式统一**的道路，这条道路意味着，何种宗教是真正的宗教，将在言词与行为的竞赛中，当然最终要在末日审判时，得到显明。在那之前，在竞赛中存在着一种归因于共同起源的平等。莱辛的戒指寓言表达了这一点。

（4）**包容式统一**的道路，按照这条道路，一种宗教把其他宗教的真理纳入自身，那些宗教因而具有某种程度的合法性，但这种宗教自己表现为拯救的完美道路。[130]

（5）**多元主义的统一**的道路，根据这条道路，不同的宗教能够要求分有那单一的、无限的神圣实在性，并且代表一条可能的拯救道路。[131] 每种宗教以它们的方式解释这种实在性，并且从它们的视角出发，把它们自己的道路理解为最符合这种现实性的道路。

（6）最后，柳利自己走的这条道路，可以被称为**通过驳倒而统一**的道路。在被共享的信念的基础上，诸宗教中的一种成功地驳倒其他宗教，以使它们转向真理。这是忍耐它们的目的。主要事物方面的一致（*concordantia*）使讨论得以可能，导致诸信仰的统一（*unitas*）。

这六条道路将在现代的宽容话语中扮演重要角色。重要的是对它们进行区分，以避免过于普遍地谈论某种"承认"差异，并导致宽容的宗教统一思想；因为这 105 样的思想和这样的承认有许多形式。一些提到过的类型会不受限制地肯定自己的真理，其他类型则反过来对之预设了一种更大的认知距离。有些承认其他宗教的真理，有些则不。但是所有这些类型的共同点是，它们本身依赖于**宗教上的**基础，并且因此废除了对那些信念的宽容问题，即那些**不属于宗教统一的信念，不涉及**宗教统一的建立或肯定的信念。它们没有为宽容预先规定独立的道德基础。

在柳利自己的作品中，《关于异教徒与三智者的书》是个例外，因为尽管最后是通过驳倒而统一的道路得到了支持，但由于争执的开放结局，这种驳倒并没有明确地（但在有些地方潜在地）完成。[132] 与之相反，在《鞑靼人与基督徒之书》（*Liber Tartari et Christiani*）（1285 年）中，他自己在一场争执对话之后，采取了支持基督教的立场；这本书结束于鞑靼人的洗礼，三位博士关心他的得救。在《关于五位智者的书》（*Liber de quinque sapientibus*）（1294 年）中，拉蒙德面对伊斯兰教和东正教会为天主教信仰作了辩护；最后，在《基督徒拉蒙德与撒拉逊人哈默尔的谈话》（*Disputatio Raymundi christiani et Hamer sarraceni*）（1308 年）中——在具有自传色彩的背景下——拉蒙德，一位被监禁的基督徒，与想要使他改变信仰的博学的穆斯林哈默尔进行辩论。在这次对话中，拉蒙德言辞激烈地驳斥穆斯林信仰为"恶魔般的法"。[133] 在他的《重生》（*Vita coaetanea*）中，他强调，人们可以依据纯粹的理性理由，表明为什么基督教是真正的宗教。他对非暴力传教的辩护也从 1292年起变成对十字军东征的明确支持。[134] 在教会的"神圣之剑"不足以使真理获得效力的地方，需要世俗之剑。[135]

3. 中世纪宗教对话传统中对于宽容奠基具有重要意义的第三大著作是库萨的 106 尼古拉的《论信仰的和平》（*De pace fidei*）（1453 年），这部著作在结束了对话传统的同时，标志着向早期现代的人文主义思想的过渡。这一作品处在对宗教多元性的新旧理解之间，处在一种天主教教义的护教学与一种在其真正存在中不可知与不可说的（*incognitus et ineffabilis*）上帝的否定神学之间[136]，有限的精神只能在推测中接近上帝，如库萨在其主要作品《论有学问的无知》（*De docta ignorantia*）与《论推测》（*De coniecturis*）中所阐述的那样。阿伯拉尔认为，宗教的统一以道德法则为基础，并且把基督教辩护为真正的、以理性的方式不可反驳的伦理学，柳利想要通过对于总体上优越的宗教的理性洞见来建立宗教上的统一，而库萨则力求一种"信仰的和平"，它以关于一种真正的宗教的一致（*concordantia*）为基础，这种真正的宗教容许各种风俗与文化的多样性：不同礼仪中的同一种宗教（*una religio in rituum varietate*）。[137]

这一表达被认为应当有助于消除库萨终其一生不仅在神学—哲学上，而且在教会政治学上投身其间的那些宗教冲突，无论是作为巴塞尔会议的成员（从 1431 年起）处在会议与教皇之间的冲突中[138]并处在（与之交织的）罗马与东正教会之间的冲突中[139]，还是在与胡斯运动（1450—1452 年）[140]的争论中，抑或特别地面对伊斯兰教的挑战。正是最后这一点构成了和平作品写作的动机。[141]1453 年 5 月，君

107   士坦丁堡被土耳其军队攻陷的消息震惊了基督教欧洲——也震惊了布里克森主教区的红衣主教库萨的尼古拉，他立即在自己作品的一开始就讲述了他在可怕的消息的印象下所产生的幻象（Vision），"少数有洞见的人熟悉整个此岸的所有宗教差异，他们的协调一致能够建立容易实现的协议，而且以此方式通过一种合适的、奠基于真理的手段，持续的宗教和平当能实现"[142]。

在这一幻象中，作者重新回到上帝座前，听到他对人间宗教纷争的叹惜。对此有两种解释，一方面，（大天使指出的）由各种先知和教师所作出的同一真理的不同解释，这些解释由于上帝的不可理解性而具有无限性。另一方面，人们的自由意志被"魔鬼"引到迷误中。大天使请求上帝通过他的圣言向有理性的人现身，以使他们看到，

> 各种宗教习俗的多样性背后只存在一种宗教。但如果就多样性有利于提升虔敬而言，各种习俗的这种多样性不能被废除，或者对它们的清除显得不合目的，因为每一个国家都通过以您为王的宗教活动寻求点燃一种更大的激情，那么至少，正如您只是单一者那样，也只存在一种宗教和一种上帝崇拜。[143]

这一段已经表明，库萨首先关心的是通过宗教的统一和团结来建立宗教的和平，对各种习俗的多样性的忍耐，毋宁说是在实用主义考虑下，以此为目的的一种手段。因为，上帝也让他的"化为肉身"的话语召集各种民族和语言的最有头脑的代表，"以使诸宗教的全部多样性"化归为"唯一的真正的信仰"（*una fides orthodoxa*）。[144]

108   因此，不同民族和宗教的十七位代表被召集起来，首先由上帝的圣言，其次由圣徒彼得，最后由圣徒保罗，向他们传授真正的宗教。库萨从一开始就明确，只有天主教是这种真正的宗教，相应地，在接下来的十七人的短暂对话中，天主教的基督信仰的基本真理得到辩护，以至于最后连多神宗教的、犹太教的、伊斯兰教的和其他基督教信仰教义的代表都被这种真理说服了。无论是三位一体，上帝圣言化身为耶稣的学说，童贞女之子，耶稣被钉上十字架并且复活，洗礼，还是圣餐和其他圣礼：天主教信仰始终是在教义和礼仪方面对真理进行规定的基础，只有由此出发，可能的礼仪变化及其界限才能被议定。[145]因此，诸如圣餐、割礼或

礼拜形式等方面的礼仪差异被视为可宽容的，只要它们没有撼动真理之核心。即使在这里，实用方面的考虑也被库萨置于优先位置；无论在哪里，其他宗教所包含的真理都没有不存在于基督教之中的。不仅如此，毋宁说，可能的备选项表现为这样的宗教形式，它们起源于对真理的单一面传统解释，并且只有为了普遍的和平才被忍耐。[146]

　　不同于阿伯拉尔的对话和柳利的对话，在内容上与其他宗教的信仰内容的争辩几乎没有发生；他们同意得太快。例如犹太教的代表只说了几行台词，而且是这样说的，表明他相信，犹太人将"非常赞同"正确思考的三位一体学说。[147]在另一段落，犹太人因为他们把耶稣钉上了十字架而被标识为"可耻的人"；[148]而当波斯人指出犹太人的顽冥不化时，彼得回答道，尽管如此，他们并不会妨碍宗教上的一致，"因为他们只是一个少数派，并且，借助武力，整个世界恰恰不可能陷入混乱"[149]。 109

　　对话"在理性天堂中"（*in caelo rationis*）结束于所有宗教一致同意（*concordia religionum*）的决议，这种同意由那些族群中的智者们达成，他们受上帝的委托在他们的国家传播这一决议，并且负责"真正的上帝崇拜"[150]。之后，他们应在耶路撒冷再次相遇，并且宣布信仰的永久和平。

　　"信仰和平"的梦想因此是一种天主教的和平梦想，不过这种和平为礼仪的差异留下了空间。起初走上**归约式统一**的人文主义道路（见上文）的这种论证——通过追溯到与次要事物（adiaphora）相对的、对于所有人共同的宗教核心而达到统一——不知不觉走到了**包容式统一**的道路上，按照这条道路，基督教—天主教的宗教包括所有其他宗教的真理，并且因此是完美的宗教，虽然它也会忍耐其他礼仪。不仅如此，具体的对话甚至赋予了文章**通过驳倒而统一**的道路之特征，因为，由于在宗教的核心领域没有作出任何让步，这一领域之外的其他宗教的信仰学说显得是被（成功地）反驳了的错误学说。[151]这里显示出，库萨的尼古拉的思想距离一种"多元主义"的宗教理解有多么远，或者距离一种莱辛式的宗教理解有多么远，莱辛式的宗教理解至少预先设定了各种拯救道路在此岸的一种平等地位——一种对于基督教的中世纪来说的陌生的宗教理解。

　　以在《信仰的和平》中支持性的立场，库萨的思想比阿伯拉尔的更传统，他没有在对（基督教的）道德学说的理性审视中，为那使宗教和平得以可能的统一奠基，而是在更整全的基督教信仰本身中看到这种统一。同时，他因此对他自己的否定神学的彻底性感到畏惧，这种否定神学在宗教对话一开始就出现在对上帝的不可知性的说明中。因为，只要上帝只能在对他的无知之知中被思考（《有学问的无知》如是说），只要诸宗教归根到底是有限精神的推测而有一种宗教被"这个世界上各种各样的居民"分享，如《论推测》中所说[152]，那么就存在宗教表达形式的一种多元主义理解的可能性。当然，理性的有限性这种观念在库萨那里不构 110

成他的宽容提法的基础；[153]真正的宗教既不忍耐人的可认知性的狂妄要求，也不忍耐借助对人类理性的界限的洞见而对宗教效力的相对化。

4. 对中世纪宗教话语动力的这番简短考察，应该足以重构对宽容（及其界限）的宗教奠基在这一语境中最重要的发展进路。但是，到目前为止对基督教的关注不应造成这样的印象，即在其他宗教内部以及其他宗教之间，没有形成如此这般的对自我理解和宽容的讨论。[154]尽管无法详尽地探讨这些争论的丰富内容，但在这里要提到 12 世纪对犹太教和伊斯兰教进行哲学反思的两位最重要的代表，在他们那里，可以看到对宗教内和宗教间的宽容的重要论证：迈蒙尼德与阿维洛伊。

这两位同时代人都成长于伊斯兰教占统治地位的、具有诸宗教共存之特征的科尔多瓦（Córdoba），并且都受到阿拉伯地区对亚里士多德的接受的影响，这一接受导致了一种复杂的科学文化与哲学文化的形成，这对全部三大宗教的神学家都构成了一种巨大的挑战（甚至威胁）。因此并非偶然，阿伯拉尔把他的质疑宗教之真理的哲学家描述为这种伊斯兰文化的代表[155]，正如对阿伯拉尔、迈蒙尼德与阿维洛伊之间的一般比较所提示的那样。完全与前者一样的是，后两者也在理性与哲学（在迈蒙尼德与阿维洛伊那里主要是亚里士多德哲学）的光照中解释他们的信仰，并且克服对上帝圣言的矛盾解释——在这个意义上，三个人全都是"启蒙者"，而且，对于他们所有人来说，共同之处是，他们并没有抵达一种"理性信仰"。理性被用于把（自己的）信仰评判为真正的信仰，并且在其核心内进行确认；理性在其全部自由中仍然受约束于启示的先行真理。哲学不仅有自由，而且有义务为了促进真正的知识而对《圣经》作出理性的解释。

这是迈蒙尼德，亦即拉比·摩西·本·迈蒙（简称 RaMBaM）的一个核心思想，特别是在他的主要著作《迷途指津》（1190 年；原名 *Dalâlat al-Hâ'irin* 或 *Môreh Nebûkim*）中。这本书写给一位接受了哲学教育并且怀疑犹太教信仰的学生，在其中，迈蒙尼德，这位老开罗犹太教社团的领袖，以使亚里士多德哲学与犹太教的律法信仰协调一致为己任：律法不仅容许哲学问题，它甚至在通向人类完善性的道路上要求哲学问题，并且哲学反过来在其最高的完美中确认律法的真理——虽然是以一种超出了民众的（必要的和正确的）律法信仰的隐微形式。[156]在迈蒙尼德的最重要的作品中，有一些致力于直接解释律法，如著名的《密西拿托拉》（*Mishneh Torah*）（1180 年）；但是《迷途指津》用阿拉伯文写成，针对受过哲学教育的读者，他们能够理解《圣经》的"深奥的秘密"[157]，为避免律法信仰被弄乱，《圣经》不是也不应是所有人都能通达的。如果成功做到这一点，那么这部书就将"解决那些最重要的疑难，对于每个思想者来说在宗教方面都不免产生这些疑难"（Einleitung，18）。

摩西受到启示的律法是思想和行动无可置疑的、一再得到见证的前提。因此，按照迈蒙尼德，首先要使律法免于矛盾和荒谬，特别是关于上帝的有形肉身的表象。只有"关于上帝的否定陈述是真正的陈述"（I，58，S.196），并且必须避免一切神人同形论。迈蒙尼德始终尝试使《圣经》的世界图景与亚里士多德的世界图景统一起来，但是到了一个（对于那个时代的神学—哲学话语来说总体上处在中心的）地方，即在涉及世界的永恒或被创造的问题的地方，他就不再跟随亚里士多德。因为这个问题不可能由哲学的与科学的反思得到解决，迈蒙尼德提出，人们应该把世界被造的观念"作为通过先知流传下来的观念而接受，它可以澄清那样一些事物，这些事物是研究缺乏力量去认识的"（II，16，S.109）。在有怀疑的情况下，即在理性撞到其有限性之界限的地方（参见 I，31），以及其他内容的观点"从基础上颠覆宗教，否认《圣经》的所有奇迹，把《圣经》允许或禁止的东西解释为无意义之事"（II，25，S.170）的地方，被启示的真理必须被赋予优先性。因此，信仰必须经得住理性的考验，尽管所信仰的东西既非必须也不可能全都是理性可证明的。

　　律法的 613 条命令与禁令在迈蒙尼德看来有三个目的：在伦理上支持善的道德，在政治上安排正义的秩序，在哲学上获得真正的知识并且克服错误的学说 113（III，31，S.196）。前两个目的关乎身体的状况和完善性、身体的保护和安全，后一个目的涉及灵魂、精神以及信仰的最高完善性。这才是律法的真正意义（III，27，S.175）。最后一条道路并没有对每个人都开放，而伦理上—政治上的命令具有普遍约束力，并且呈现为通达哲学生活的道路上的一个阶段（III，28）。迈蒙尼德借助一个寓言来说明他的良善生活的学说：一个国王处在由一座城市围绕的一座宫殿中。乡下居民没有进城的路，而在城里一些人背对宫殿，一些人面向宫殿。一些人到了宫墙之外，有一些人登堂，另有一些人入室。而其中只有非常少的人才被允许与国王交谈。迈蒙尼德这样解释这个寓言，身处城市之外的那些人是没有宗教的人，"如同无理性的动物"（III，51，S.341）。那些转过身面朝错误学说的人是异端，"这些人必须在一定的时间被处死，以便抹掉对他们信仰观点的记忆，从而他们不再误导别人"[159]（S.342）。那些还没有看到房屋但是努力靠近它的人是遵守律法的"无知者，他们严守诫命"（S.342），而那些到达宫殿外墙的人是律法学者。那些登堂的人是这样一些人，他们沿着真知的道路一直前行到自然科学和形而上学。最后，超出这些智者的，是那些进入国王之室的人，他们抵达了完善性的最高阶段，并且他们的全部思想依据于上帝。对上帝的最高崇拜是得到上帝启示的先知们的与众不同之处。在先知们与上帝之间，从上帝流溢到先知们的理性形成了纽带；先知们完全被上帝充满（S.346）。唯有在这种冥想的沉思的生命中，才存在只有少数人可抵达的背向世界、面向上帝的完善性，它使一种对于上 114 帝的作用性质，对于神圣的仁慈、公正和德行的洞见得以可能。因此，神圣的律法在一种洞见中得到确认，这种洞见本身处在一个高于单纯的律法服从的阶段：

律法指向超出它本身之外的它的来源（III，54，S.367）。并且从那里传来对有知者的召唤，让它们自己践行仁慈、公正和德行并且因此在此岸"变得与上帝类似"（S.368）。这是人的最高阶段，活的生命与沉思的生命在上帝中结为一体。

对于宗教内和宗教间的宽容问题，迈蒙尼德的学说是矛盾的。一方面，信仰与理性协调一致的观念为发散性的解释创造了空间，并且背离了一种扎根传统的《圣经》理解，另一方面，这种自由被约束于律法的优先地位，因而对律法的偏离会被判为最严苛的罪，对于异端甚至是处死。可仍然不清楚的是，如何令人满意地在理性解释的多样性与异端之间作出判别。然而，比这更重要的是哲学—宗教的生命学说，它构成了《迷途指津》一书的核心。在这本书中可以看到一种宽容奠基的端倪，哲学的存在与对上帝的模仿（*imitatio dei*）在双重意义上超越了实证的律法信仰：作为存在状态，高于在国王的宫殿外面服从律法的单纯的伦理生命；作为行为，合乎仁慈、公正和德行的命令——这三个命令具有一种对于犹太教、基督教和伊斯兰教来说**共同**的规范内容。然而，只有联系于这样的思想，即能够通达这种最高状态的，不仅是对犹太教律法的服从，而且是宗教生活的不同道路，才呈现出一种**多元主义统一**的论证，据此，这三种一神论宗教能够同样地要求成115 为通向上帝的道路。[159]但是，与这种解释相反，迈蒙尼德强调《摩西五经》的戒律对于攀登真理和抵达至善的决定性作用；摩西乃是唯一一个真正深入到宫殿内部亲近上帝的人（III，51，S.343）。但毋庸置疑的是，在迈蒙尼德那里，存在一种宗教的统一思想，既然他把弥撒亚王国描述为一个在其中各种信仰观点之间的争执都会由于对真理的认识而停止的王国，正如《以赛亚书》11:6 所说："豺狼必与羊羔同居。"（III，12，S.50f.）如果从对真理的最高洞见中，产生了一种诸实证宗教共同的观点，那么迈蒙尼德就可以因此被视为**一种包容式统一**的论证的支持者。据此，犹太教信仰包含完满的真理，不过它容纳其他两种宗教的真理于自身，这两种宗教因此获得一定的合法性，尽管偏离了正确的道路，但不必修正（例如基督教有变成一种偶像崇拜和跟随虚假先知的危险）。[160]然而，律法的超越预设了律法本身这种思想，已经蕴含着律法这条唯一道路的排他性要求，由此，上述包容式统一论点也就难以成立。因为按照以上想法，那些不严格合法的道路与其说通向宫殿的外墙，毋宁说背离了宫殿（仍然用比喻的画面来说）。于是，对于信仰的统一（*unitas*）的建立来说，只剩下了**通过驳倒错误学说而统一**的道路了。迈蒙尼德的文本在这三种解释方面是不明确的，然而多少是支持最后一种解释的——比如他关于耶稣、保罗和穆罕默德的评论。[161]

迈蒙尼德的《迷途指津》可以被读解为对阿伯拉尔的宗教对话的回应，尽管116 其本身并无此意图。在阿伯拉尔那里，理性证明基督教的信仰是优越的伦理学，并且反对一种传统主义式的信仰理解，而犹太教的律法信仰则被批判为专制的。与之相反，迈蒙尼德试图证明这种律法信仰是优越的、由理性确证的通向真正生命和上帝观照（Schau Gottes）（如阿伯拉尔会说的那样）的道路。然而，真正的信仰首先不是在伦理上突出；毋宁说，在迈蒙尼德那里更加有力地占据前台的，是被启示的律法。律法本身使追求至善成为责任，而并没有把至善允诺为对有德行的行动的奖赏。

与迈蒙尼德一样，伊本·路西德（Ibn Rušd），拉丁语名为阿维洛伊（Averroes），其时代的伊斯兰教哲学家中最重要的亚里士多德主义者，也关心信仰与理性的一致性，并且与前者一样，阿维洛伊支持这种观点，即——这次是伊斯兰教的——律法，沙里亚法（die Šari'a），不仅容许，而且甚至要求在哲学上的真理探索——当然这只是对那些自己能够攀登到问题的那种高度的人来说的。因此，在这里也能看到在一种哲学—隐微的研究与一种对经典和律法信仰的显白的注释之间的区别，这使得阿维洛伊甚至比迈蒙尼德更坚定地一方面为哲学（与对经典的理性探究）的自由辩护，另一方面理性地支持宗教律法。前一方面为某种"向内的"，即伊斯兰教神学争论内部的宽容奠基方式，后一方面则为某种"向外的"，即对于其他宗教的宽容奠基方式。但是，在前一种情况下，当哲学上未经训练和没有资质的人对神圣真理提出怀疑时，在后一种情况下，当宗教的基本原理被质疑时，两方面都遇到了自己的界限。

阿维洛伊相关思想的主要出处，与其说在其对亚里士多德与柏拉图的著名评注中，毋宁说在他的（1180 年前后的两部）作品中，即《决定性的论文》（*Kitab fasl al-maqal*）和《矛盾的矛盾》（*Tahafut al-Tahafut*）。两部著作——特别是后一部——都是对哲学家们（即 *falasifa*）的挑战的直接回应，这一挑战来自正统伊斯兰教神学家阿尔加扎里（al-Gazali），他在他的《哲学家们的矛盾》（*Tahafut al-falasifa*）中，提出了一种对他那个时代的各种哲学观点——特别是对阿维森纳的哲学观点——的详尽反驳，以在诸如世界的被造性和永恒生命这样的本质性的问题方面证明他们是异端。因此，在阿维洛伊的辩护中，涉及的是对哲学怀疑的宽容，更准确地说，涉及哲学怀疑的必要性。 117

在《决定性的论文》中，阿维洛伊的任务是，把在亚里士多德方面受过训练的哲学问题的合法性展示为"对存在物进行研究并且反思它们如何指向创造者"[162]。因为，如他在对相关《古兰经》段落的解释中试图说明的那样，这种研究是被神圣律法所要求的，并且因为这种研究必须按照推理论证方法的最佳规则来推进，所以，无论是谁发展了这种思想工具，"局限于教条"（3）而在以哲学的方式寻求真理时看到一种对于信仰的危险，都是一种错误，"因为真理不会与真理矛盾"（7）。然而，哲学——它在确定的基础上寻求证明性的知识，并且不以单纯辩证的甚或修辞的方式通达信仰——只为少数一些人保留，他们被允许前进到这样一个领域，在其中宗教的律法是需要解释的。相对而言，其他人只能停留在字面意义上的"外在领域"（8），如果让这些领域中的人陷入迷惑，就是在煽动他们成为不信仰者（15—18），并且应该因此而受到惩罚。关于宗教的基本真理（"承认神、先知的使命、来生幸福和不幸"；15）不存在任何解释余地；在这里没有任何错误可宽恕。然而，在"内在"领域，在那需要解释的地方，要期待的不是学者们的严格一致，而是一种合理的意见多样性（9），因此人们"不需要因诸解释的一致性的破裂，就谴责任何人为不信仰者"（10）。在这里犯错误的人，是在好的信仰和良知中犯错，因此在其错误中不存在任何罪。然而，阿维洛伊把这种在阿伯拉尔那里也能看到的论证，仅仅用在思考诸如世界的永恒性或被创造性的问题的哲学家身上：

118   似乎是这样，在这些困难问题上意见不同的人，要么猜对了，并且因而受到神的奖赏，要么错了，然后是可宽恕的。因为，因灵魂中出现的某种指示而赞同一事是不可避免的，是非自愿的，也就是说，赞同或不赞同并不像我们决定站着或不站着那样由我们决定。而既然自由意志是责任的条件，那么，由于一种偶然降临在他身上的思想而赞同某种错误的人就是可宽恕的，如果他是一位学者的话。（14）

阿维洛伊把那些对他们没有资格怀疑的东西进行怀疑的非学者剔除于这种可被宽恕的错误之外。被允许的各种解释差异的领域在双重意义上受到限制：受限于不可怀疑的东西，以及针对非学者的门禁。阿维洛伊甚至在其反击中走得如此之远，把对不适合于证明的人进行引诱的这种过错归罪于神学家们，如阿尔加扎里，而非哲学家们，因为在他眼中，是神学家们把各种解释差异带入他们的文本，而这些文本对于信仰者大众未加限定（22）。他们因此是真正的不信仰者，他们把人们诱导向不信仰（23）。

凭借这样的论证，阿维洛伊为核心的形而上学问题的不同解释创造了空间——在这个意义上为不受权威引导的理性的自治创造了空间——尽管只是在一种隐微的—限制性的意义上，而在《矛盾的矛盾》的最后二十节中，则可以看到一种对于纯粹在宗教上奠基的真理其至更彻底的相对化。对于阿尔加扎里的论断，即哲学家们在复活问题上站在了异端立场上，阿维洛伊提出反对，认为他们与其他宗教而非仅仅伊斯兰教共有（某种特定形式的）肉身复活的学说。单是阿维洛伊对此给出的理由就很重要。因为这种学说不能通过理性被证明，尽管它看上去也不是反理性的。毋宁说，它是出于理性的动机与道德的动机而被要求的，因为若没有这样一种对至善的信仰，守法的有德之人的繁荣的社会秩序就不可能。换119 句话说，宗教在伦理—政治方面是**有用的**，而出于这一理由，上面提到的学说不得不被肯定。[163]但不仅如此，在这方面，伊斯兰教、基督教和犹太教这些宗教在阿维洛伊看来是同等价值的。因此，在它们各自被教给大众的形式中，它们对于大众是有约束力的，无论具体是哪种宗教，只要它们（a）带来一种伦理—政治的秩序并且（b）为哲学研究提供地基和空间。于是，学者是这样的，他把他的宗教的独特性留在背后，不去否认它，并且寻找"他的时代"[164]的最佳宗教，这对于阿维洛伊来说就是伊斯兰教。因此，像在迈蒙尼德那里一样，学者们是先知们的继承者；他们承认他们受到启示的律法的真理，能够不把它们视为纯然理性奠基的。与之相反，在对一种"更高秩序"的怀疑的形式中，异端是在宗教上和德行方面有破坏性的，不可能被忍耐。如果任何一个公布这样学说的人都意味着一种真实的危险，那么无论神学家们还是哲学家们都必定要求处死他们，如果不是，则只要求单纯驳倒他们。[165]

因此，虽然阿维洛伊的宽容有其显而易见的界限，但是，他凭借他的论证在如下方面超出了阿伯拉尔和迈蒙尼德，即他比后两者更明确地把其他宗教的合法性归为既对伦理生活也对哲学生活有助益，并且就此差异化地理解宗教的真理内容本身：将之理解为在他所审视的所有三种宗教那里都存在的伦理内容，理解为可以从不同的宗教中发展出来的理性内容，理解为那种诚然如人们会说的那样，具有一种"时代本质"（Zeitkern）的超越内容。这样，研究重又被置于其正确的位置上了，而在伦理方面，则存在一种等价性。因此在阿维洛伊那里可以看到这样一些思想，它们能够指向上面提到的通向宗教统一的不同道路，并且以这种方式奠基宽容：一种与伦理的和研究的共同性相关的归约式统一的思想，一种与一个时代最进步的宗教相关的竞争式统一的思想。正是这样一些思想，特别是对每种宗教的正统观念提出挑战的那种宗教真理之外的哲学真理的观念，奠定了阿维洛伊作为"阿维洛伊主义"在现代，特别是在文艺复兴时期的持续影响的基础。[166]此间阿维洛伊经常被误解为激进的宗教批判者；例如曾长期存在的错误意见认为，阿维洛伊是关于摩西、耶稣和穆罕默德这"三个骗子"的作品的作者，这部作品大概出现于 10 世纪的伊斯兰文化圈，并且在中世纪通过许多途径（经过西西里岛的霍亨施陶芬王朝国王弗里德里希二世）一直流传到薄伽丘的《十日谈》，并且最终流传于 18 世纪。[167]它就好像是"戒指寓言"的负面变体。

这些简短的评论只能如前面所说的那样，微微地在细节上描述晚期中世纪那些对不同宗教内部和之间的宽容话语作出了贡献的复杂的哲学理论和神学理论。但这应当足以在结构上展示出宽容论证的重要。当然，在这方面，基督教的思考的优势地位是不可避免的，因为现代的讨论明显打上了基督教的烙印：在对宽容的奠基中与对不宽容的奠基中都一样。然而，如果对其他宗教（这里也只能简单提到犹太教和伊斯兰教）的宽容话语及其对后来的、无论是基督教的还是非宗教的思想家的影响认识不清，将会是一种错误。而特别如阿维洛伊的例子所显示的，这里可以看到创新的和勇敢的思想，这些思想在一些方面超出了基督教的异见者如阿伯拉尔。当然，在所有这些尝试中，必须明确指出结构上的一个核心特征：

120

121 对信仰、话语性的理性和普遍道德的一种超越于争执的形式的寻求。现代的宽容奠基将以不同的方式接续这一点。

第七节 和平的保卫者

1. 此前讨论过的文本表明了，特别是从 12 世纪起，宗教的自我理解的种种变化是如何呈现的，这些变化质疑了（在第五节第 3 点概述过的）中世纪典型的在一个全面的、宗教规定的社会形式中对个体的分类，并且展示了一种横向的、主体间的宽容的新的可能性，类似的情况也适用于国家理论层面的宽容话语。这种宽容话语的发展在叙任权之争之后，受到与教会权力，特别是教皇的普遍统治要求相对立的世俗权力的与日俱增的自治化的影响。[168] 在这方面的一部主要著作是帕多瓦的马西利乌斯（Marsilius von Padua）的《和平的保卫者》（*Defensor pacis*）（1324 年），它铺设了通向一个世俗奠基的国家的道路。

马西利乌斯的思想受到其时代的阿维洛伊式的亚里士多德接受的影响，这种接受在马西利乌斯曾短暂担任校长的巴黎大学特别流行，后来他在宗教迫害下逃跑，去寻求路易四世的保护，他曾在路易四世与教皇在阿维尼翁（Avignon）的争执中支持前者。马西利乌斯完全反对王权（*regnum*）在神权（*sacerdotium*）之下的从属地位，支持对国家职责的一种纯粹此岸的理性奠基。国家的职责是公民的“生活和好的生活”（*vivere et bene vivere*）[169]，公民们只是为了这一目标才进入一个国家共同体。国家作为完善的共同体（*perfecta communitas*）是一个自足的机构，它首先为一种好的生活确保条件——首要的是安定与和平。按照马西利乌斯，有一个主要原因危及这种和平，这个原因需要被对抗：教皇或者教会的，既没有在政治上也没有在神学上得到奠基的世俗统治要求。天主教教会在马西利乌斯的等级制国

122 家中扮演的角色是永恒生命和极乐生活方面的真理的宣示者，然而，不仅在全部世俗事务方面，而且在主要的教会事务方面，它都明确低于政治权力。国家在宗教方面不“中立”，因为马西利乌斯毫不怀疑政体具有一个宗教的基础——尽管是借助于一种让我们再次想起阿维洛伊的实用主义辩护，按照这种辩护，宗教促进对法律的服从，这对于国家的稳定是必要的（I，5，10f.）。

好的政府是为“公共福祉”建立的，并且只能“凭借臣民们的意愿或同意”来统治（I，8，3）；通过选举而被确定的统治者受法律约束，法律由立法者颁布，立法者由“全体公民”（I，12，3）构成，全体公民通过多数（“着重考虑人的数量和质量”）决定法律。因此，马西利乌斯支持一种超前于他的时代的、对法律原

则的解释，涉及所有人的事情，必须被所有人认可（*Quod omnes similiter tangit, ab omnibus comprobetur*），其结果是一种早期的，仍具有等级结构的人民主权和民主自我立法的形式。正是公民本身规定了公共利益，"因为没有人故意伤害自己"（I，12，5）并且没有法律会像自由的公民施加在自己身上的法律那样好的得到遵守（I，12，6）；全体公民不仅可以责备政府，而且可以废除政府（I，15，2）。

从这种自治国家的逻辑中可以得出，国家在宗教方面具有广泛的权限。国家任命持有上帝学说和管理圣事的神职人员，所有神职人员包括教皇都处在国家司法权之下。教会或者教皇不支配任何世俗权力，也不支配神职人员；神职人员只是能够确诊灵魂之迷失和疾病的医生，但是不允许通过强制手段介入治疗（II，9，3）。在神圣律法的问题方面，只有基督是最高审判者，而既然他的王国"不在此岸世界"，如马西利乌斯在《和平的保卫者》第二部分详细解释的那样，这种审判就不可能是世俗的审判。逐出教会的问题只能由一个宗教会议（Konzil）来决定，这个会议又是由"有信仰的人的立法者"（II，18，8）召开的，逐出教会的决议需要立法者的同意，因为在一个打上基督教烙印的社会里，如马西利乌斯所注意到的那样，逐出教会意味着一种全面的社会的排除（II，6，12；III，16）——更不用说统治者被逐出教会的意义了。凭借所有这些——以及别的关于教会内部组织的——预防措施（Vorkehrungen），马西利乌斯尝试消除在他看来国家的政治动荡和软弱（先于马基雅维利，他经常提到意大利国家的软弱）的最重要的原因，"国家制度中的瘟疫"（I，1，5）：教皇对权力的篡夺，这不仅是在政治上有害的，而且也是对源始的基督教诉求的背离。 123

与宽容问题直接相关，在马西利乌斯这里可以看到反对信仰强制的各种不同的、非常重要的论证。首先，教会没有任何权限以合法的手段进行这样的强制，因为这是一种世俗权力的实施形式，而教会不具有这种权力。教会的手段被限制于言词，而它的判决并非现世的判决（II，1，4；II，4；II，9）。其次，宗教的强制没有意义，因为被强迫的信仰不会让上帝满意，不是真正的信仰（II，5，6；II，9，5 u.7）。但是这两个论证还允许宗教强制的一种特定形式：世俗的立法者施加于异端的那种强制，尽管不是为了改变他们的信仰，而是出于政治原因压迫他们。因此，有一段重要的话这样说道："但我们用这些也不是想说，惩罚异端或者不信者是不合法的，而是想说，如果这样的事应当被允许，那么只有人的立法者有此职权。"（II，5，7）并不容易判断对被允许的限制——如果这被许可（*si liceat hoc fieri*）——在这里有多强，但是可以从其他论证中推断出，惩罚异端或不信仰者的合法理由不能从神的律法中得到（这落入了基督的权限领域；II，10，2），而是只能具有政治本性，例如煽动叛乱——这既适用于一个宗教上的少数派，也同样适用于受到世俗司法审判的教皇。这样就提出了反对信仰压迫的第三个论证，一个重要的，尽管在马西利乌斯所表达的形式中有矛盾的论证：在一个受到由公民自 124

身立法的人的法律约束的国家，法律之强制的实施必须**在政治上普遍地得到论证**，也就是说，具有表明一种政治上的、与公民安康有关的罪行的那些理由。这一论证的矛盾在于，它提供了使一个宗教上的少数派因微弱的政治上的论证而被压迫的可能；然而，这是一个先前指出过的重要论证，因为它既忽略了政治强制的辩护必要性，还让这种辩护与宗教律法分离。在马西利乌斯那里可以清楚地看到这种矛盾：

> 与之相反，如果人的法律禁止一个异端或一个别的不信仰者留在某地，而这个人在那里被发现，那么他作为对人的法律的违反者，必须在这个世界上受到由这同一个法律规定的一种惩罚或处罚，并且是受到由人的法律的立法者权威授权的审判者的审判。但是，如果人的法律没有禁止一个异端或者一个别的不信仰者像有信仰者一样停留在这同一个地方，如异端和犹太民族即使是在基督教的民族统治者和教皇的时代也常常被人的法律所允许的那样，那么我就会说，没有人被允许审判或者在财产或人格方面为了现在的生活而惩罚一个异端或一个别的不信仰者；对此，一般的原因是：无论一个人在理论学说或实践学说上犯了多大的错，在他违反这样的规则的意义上，他都不应在此世被惩罚或处分，除非他违背人的法律的规定。（II，10，3）

因此，被确定为异端（这是神职人员的事）并不足以招致世俗的判决——必须表明在何种程度上存在一种法律上的罪行，因为"对于神的律法有许多罪，甚至死罪，例如奸淫，人的立法者甚至有意允许之而没有以强制力量禁止之"（II，10，7）。虽然马西利乌斯的论证在形式上是矛盾的，但是，意味深长的是，人的法律与神的律法的严格分离限制了宗教压迫的合法理由的空间，并且因此与中世纪辨别世俗罪行与宗教罪行的实践有很大区别。由此，全部三个论证，即（a）对宗教权力实施的限制，（b）信仰的自愿性，（c）政治强制的辩护必要性，合并起来就得到一个在他的时代走得非常远的、对宽容和宗教自由的论证。但另一方面，不应掩饰的是，按照马西利乌斯，国家是这样一种国家，在其中，天主教教会的神职人员从立法者那里得到任务，宣传真正的教义，并且因此巩固政治共同体。虽然距离一个"世俗的"国家还远，但在这部著作中已经可以看到决定性的端倪。正如还有待表明的那样，从这部著作中引出一条直接的线索，通向后来的现代尝试，即把国家确立为在宗教冲突中中立的和解者，并且由此确保人的福祉的尝试。

2. 关于古代和中世纪的这一章应该以它的成果的简短回顾作结。成果首先在于驳斥一种流传甚广的意见，即宽容是现代的一个孩子，其在古代和中世纪不过呈现为意义甚微的前史。[70]虽然在现代，特别是在宗教改革之后，宽容思想得到了新的解释和彻底化，并且诸宽容奠基方式的光谱显著地扩展了，但仍然有非常多的、那时就已提出的奠基与已存在的论证紧密相关——如之前看到的那样，这些论证始终**在冲突中**、在特殊的社会性争执中得到发展：

世俗权力与宗教权力的分离，

对不带专断区别的公平对待的诉求，

对世俗的—政治上的强制之实施要求一种专门的"人的"、政治上的辩护，

不可强制的良知与出于自由信念的信仰的观念，

真正的罪人对于人眼的不可识别性的思想（如在稗子譬喻中），

自然权利的考量，

实用主义的与策略上的思考，

爱与仁慈的基督教动机，

一种深层的宗教统一的观念

126

——这里只提了一些最重要的论点。此外，对这些论点的审视应当已经显明，即使在人还没有被思考为自律的道德存在者的地方，他就已经是冲突的参与者，在冲突中，当事人非常明确地意识到，他们**没有**被给予充分的理由，去实施权力或统治。因为这涉及宽容冲突的最内在的核心：冲突的派别为他们对尊重和自由的要求，或者反之对统治的要求所能提供的理由。对进行辩护的理由的要求，首先是一种政治实践的现象，规范性理论必须包括这一点。

因此，对基督教的宽容论证之颠倒为不宽容论证的分析，不仅表明了宗教的宽容奠基的这样一种辩证危险，它也表明了权力的代表们总是需要对他们的支配地位进行合法化。不过，在所有向着这种目标被给出的论证中，会遇到一种从其结构来看最复杂并且将经常再现的论证：至善主义论证，它不仅诉诸内部和平、对神和可能受到影响的他人的义务来奠定对异教徒的压迫，而且诉诸被压迫者**本身**的利益——乃至他必须为了他的灵魂得救而死。对于所有宽容奠基，特别是对于想要在一种"良善生活"的理论中为宽容本身奠基的尝试，这构成了一种巨大的挑战。

最后，同样变得明显的是，"权力对宽容"的对抗太单调了，因为提供宽容本身太过经常地曾是（和现在是）一种权力的实践。只要说到政治的或教会的宽容，亦即说到纵向的、制度化的宽容，允许提法就是占优势地位的形式，而在这种形式中，宽容的空间同样是规训与污名化的空间。

此外，宗教宽容问题的复杂性也表现了出来。一方面，明确的是，宗教真理的排斥性要求与对犯错者和"渎神者"的不忍耐之间的关系多么密切，但另一方面，那些只能把宽容与宗教的真理要求的任务联系在一起的人需要付出多么高的代价。倘若人们想要视宽容为通向这一目标的学习过程，人们就误解了宽容的历史——也许还有宽容的概念。因为，非常多的作家曾为之殚精竭虑的宽容之困

127

难——就在于，奠基宽容，而同时**无需**放弃伦理的与宗教的真理要求。宽容的历史也是这些尝试的历史。

这些努力最终在不同的层面上启动。在神学—哲学的层面上，曾经与现在涉及的是，思考上面提到的统一道路，并且寻求宗教基础上的宽容；在道德层面上，事情在于，自主地为对人之自律本身的尊重进行奠基；在伦理层面上，事关发展一种善的学说，这种学说排除了不宽容；在知识理论层面上，需要澄清对真理的必要的相对化的问题；在国家理论层面上，要通过宽容确保和平。许多近代和现代的作家在他们的宽容奠基方式中结合了这些层面，但是，把他们的区别保持在眼帘内是有帮助的——这有助于理解他们成功或失败的原因。

注释：

① So Nestle，"Asebieprozesse". 关于从外在视野对希腊进行的界定参见德特尔的《希腊人和野蛮人》。（Detel，"Griechen und Barbaren. Zu den Anfängen des abendländischen Rassismus".）

② 在这方面，多神论与神性事物之可转译性的可能性扮演了重要角色；参见 Assmann，"Praktiken des Übersetzens und Konzepte von Toleranz im Alten Orient und in der hellenistisch-römischen Antike"。Cancik 与 Cancik-Lindemaier，"Moralische *tolerantia*-wissenschaftliche Wahrnehmung des Fremden-religiöse Freiheit und Repression"，273，把罗马人所做的对诸神的同化，称为"量增的普遍化"。此外，他也提到了罗马时期的不宽容现象并不比希腊时期少，参见同前，275—279。亦见 Kötting, *Religiosfreiheit und Toleranz im Althertum*，20—28。

③ Vgl. Garnsey, Religious Toleration in Classical Antiquity, 9.

④ Cicero，*Paradoxa stoicorum*，IV，278. 特别参见古代词语历史，Besier u. Schreiner，*Toleranz*，450f。

⑤ Cicero，*Vom höchsten Gut und größten Übel*，2，94.

⑥ Seneca，*Ad Lucilium*，67，5 u.10.［"当然，还有刚毅，其分支是耐力，耐心和容忍"（ceterum illic est fortitude，cuius patientia et perpessio et tolerantia rami sunt）。］

⑦ Ebd.，66，13.

⑧ 这在不同方面具有重要性。一方面，这总是能回溯到"宽容的性格"是何种类型的性格，以及与之相应的是何种自身关系的问题。另一方面，由此开启了一种批判性的关于"自身实践"的视角，相应的是不同的宽容理解。福柯挑明了这一伦理维度。Foucault, *Sexualität und Wahrheit II* (*Der Gebrauch der Lüste*, bes. 36—45) und *III* (*Die Sorge um sich*, bes. 55—94 关于斯多亚派伦理学

的论述）——狄尔泰特别强调了斯多亚派在现代哲学中的境遇。（Dilthey, "Auffassung und Analyse des Menschen im 15. Und 16. Jahrhundert" und "Das natürliche System der Geisteswissenschaften im 17 Jahrhundert".）关于从斯多亚式的温和精神出发的宽容奠基，参见努斯鲍姆（Nussbaum, "Toleranz, Mitleid und Gnade"）。

⑨ Vgl. Garnsey, "Religious Toleration", 9f.; Speyer, "Toleranz und Intoleranz in der alten Kirche", 92.

⑩ Tertullian, De fuga in persecutione 2, 7.

⑪ "你出于自由意志这样做：满怀热爱地去赞美，不是迫不得已，而是因为这是如此喜悦。因此，上帝对义人和圣徒还是感到喜悦，即使是在他惩罚他们的时候。当他对所有恶人感到不悦，这时他仍然对他们感到喜悦，并且他们在他的鞭笞下，在艰难困苦中，在伤痕累累、走投无路之际，他们赞美上帝，不对拷打他们的人感到不悦。这就叫作'不计代价地'爱，不为获得奖赏而有所保留，因为你不计代价地爱着的上帝本身就是你的最高奖赏。" Augustinus, *Über die Psalmen*, Ps.134（11）.

⑫ Cyprian, *De mortalitate*, 10, 17.

⑬ Cyprian, *De lapsis*, 2.

⑭ Cyprian, *De bono patientiae*, 13（dt. *Von dem Segen der Geduld*, 300f.）。

⑮ Augustinus, *De civitate dei*, I, 29.

⑯ Cyprian, *Ad Demetrianum*, 19（dt. *An Demetrianus*, 220）。

⑰ Ebd.

⑱ Cyprian, *De bono patientiae*, 15.

⑲ Ebd., 6.

⑳ Vgl. Kamen, *Intoleranz und Toleranz zwischen Reformation und Aufklärung*, 12.

㉑ 关于《旧约》部分参见 Fabry, "Toleranz im Alten Testament?"。

㉒ 下文内容特别参见 Lecler, *Geschichte der Religionsfreiheit* I, Kap.2。（虽然有护教倾向的）富有教益的呈现，此外，特别是关于保罗（Paulus），参见 Broer, "Toleranz im Neuen Testment?"。

㉓ "因为神的国不在乎吃喝，只在乎公义、和平、并圣灵中的喜乐。这几样上服事基督的，就为神所喜悦，又为人所称许。"（《罗马书》14:17f.）

㉔ 参见在这个意义上他对加拉太人的告诫："若有人传福音给你们、与你们所领受的不同、他就应当被咒诅。我现在是要得人的心呢、还是要得神的心呢?"（《加拉太书》1:9f.）

㉕ 关于优西比乌斯，参见 Rilinger, "Das politische Denken der Römer：Vom Prinzipat zum Dominat", 565—568。

㉖ Tertullian, *Apologetikum*, 24. 雅典那哥拉（Athenagoras）那里同样说道："特洛伊人说赫克托是一位神，并且崇拜海伦娜。……斯巴达人尊崇阿伽门农（仿佛他是宙斯）。……雅典人供奉厄瑞克透斯、波塞冬……埃及人认为猫、鳄、蛇、狗是神。你们为所有这些礼拜方式提供自由，你们和律法，因为按照你们的意见，什么神都不信，这是邪恶的和堕落的；必须让每一个人选择他的神，以免因害怕神性而不义。……但至于我们这些被称为基督徒的人，你们不必担心，我们不会行不义。"（zit. Lecler, *Geschichte* I, 94.）

㉗ Tertullian, *Apologetikum*, 24.

㉘ Tertullian, *An Scapula*, 2（Übers. geänd.）.

㉙ Laktanz, *De institutionibus divinis*, V, 21 u. 20（dt. nach Lecler, *Geschichte* I, 96f.）.

㉚ 这也是在宽容语境中非常重要的另一段落的教诲。当使徒在公会面前被控诉的时候，律法教师迦玛列站起来说："我劝你们不要管这些人，任凭他们吧！他们所谋所为若是出于人，必要败坏；若是出于上帝，你们就不能败坏他们，恐怕你们倒是攻击上帝了。"（《使徒行传》5:38f.）

㉛ Cyprian, *De bono patientiae*, 21（dt. *Von dem Segen der Geduld*, 307）.

㉜ 居普良看到了这些人的恐怖的结局。Vgl. Cyprian, *De mortibus persecutorum*.

㉝ Cyprian, *Vierter Brief*, Abschnitt 4.

㉞ *Edikt von Mailand*, zit. Herdtle u. Leeb（Hg.）, *Toleranz*, 63.

㉟ Vgl. Lecler, *Geschichte* 1, 107；Cancik u. Canik-Lindemaier, *Moralische tolerantia*, 275f.；Kötting, *Religionsfreiheit und Toleranz im Altertum*, 29—33.

㊱ Symmachus, zit. bei Speyer, Toleranz und Intoleranz in der alten Kirch, 99.

㊲ 参见下文第六节第二点及第二十节第四点。

㊳ 黑格尔在考虑这种发展时，也视之为经过历史充分验证的规律是，"每个教会都不记得它过去所遭受的苦难，这些苦难的回忆本可使它忍耐，而一旦它变得占据优势，它也会由此变得不宽容"。（Hegel, *Die Positivität der christlichen Religion*, 153 f.）

㊴ Augustinus, Brief Nr. 155, 15. Ebenso *De civitate dei*, XIV, 14.

㊵ Augustinus, *De civitate dei*, XIV, 28："两种爱造就了两个城。爱自己而轻视上帝，造就了地上之城，爱上帝而轻视自己，造就了上帝之城。"

㊶ "sive patientia, sive sustinentia, sive tolerantia nominetur, pluribus vocabulis eadem rem significant"（"要么以忍耐的名，要么以忍受的名，要么以宽容的名，这复多的名都标记着同一的事。"），Augustinus, *Sermo Lambot*, 4。

㊷ Augustinus, *De civitate dei*, XIV, 9. Auch ebd. XIX, 4："因此，我们如何通过希望而得救，我们也就如何通过希望而成就和保持幸福，因此幸福也并非当下在手中的，而是要等待将来的幸福，亦即在忍耐中等待幸福。因为我们现在

被我们必须忍耐性地忍受的罪恶包围，直到我们获得每一个人的善，在那里我们所有人都是不可言说地喜悦，而且我们不再需要忍耐。”

㊸ Vgl. Brief Nr. 43, 23 u. Nr.44, 11.

㊹ Augustinus, *De civitate dei*, XVIII, 51.

㊺ Augustinus, *De civitate dei*, I, 35.

㊻ Augustinus, Brief Nr.53, 6; Vgl. auch Nr.43, 21; auch *De civitate dei*, XX, 5.

㊼ Vgl. Augustinus, Brief Nr. 33.

㊽ Augustinus, Brief Nr. 43, 1.

㊾ Augustinus, Brief Nr. 43, 21.

㊿ Augustinus, *In Johannis*, 26, 2.

(51) Augustinus, Brief Nr. 34.1.

(52) 按照奥古斯丁，传教也应该是不用暴力的。不过，在 *De civitate dei*, V, 26 中，他称赞皇帝迪奥多西（Theodosius）摧毁了异教徒的偶像。在 Brief, Nr.93, 10 中，他同意对蔑视国家献祭禁令判处死刑。

(53) Augustinus, *De civitate dei*, V, 18.

(54) 对于这个论证及其效果史，参见 Schreiner, “‘Tolerantia’. Begriffs- und wirkungsgeschichtliche Studien zur Toleranzauffassung des Kirchenvaters Augustinus”, 367—381。

(55) Augustinus, *De civitate dei*, XVIII, 46.

(56) Vgl. dazu Grasmück, Coercitio. Staat und Kirche im Donatistenstreit.

(57) Augustinus, Brief Nr. 108, 18.

(58) Brief Nr. 93, 2.

(59) Brief Nr. 93, 6.

(60) Brief Nr. 93, 3.

(61) Brief Nr. 93, 1.

(62) Brief Nr. 93, 16.

(63) Augustinus, *Contra epsitulam Parmeniani*, III, II, 13 (dt. nach Lecler, *Geschichte* I, 120).

(64) Augustinus, Brief, Nr.76.2.

(65) Augustinus, *Contra epsitulam Parmeniani*, I, X, 16 (dt. nach Lecler, *Geschichte* I, 119).

(66) Augustinus, Brief Nr.105, 11; Vgl. auch Brief Nr. 93, 20.

(67) Augustinus, *De civitate dei*, V, 24 u. 25 (S. 275f.); vgl. auch ebd. XIX, 17.

(68) Augustinus, Brief Nr. 43, 21.

(69) Augustinus, Brief Nr. 185, 24 (zit. bei Lecler, *Geschichte* I, 123f.); vgl. auch Brief

Nr. 93, 5, Brief Nr.173, 10, Brief Nr. 208, 7.

(70) Brief Nr.93, 1 u. 2; vgl. auch Brief Nr.105, 5.

(71) Brief Nr. 93, 16.

(72) Brief Nr. 93, 17.

(73) Brief Nr.105, 10.

(74) Brief Nr.133, 1 u. 2.

(75) Vgl. dazu Schreiner, " 'Duldsamkeit' (tolerantia) oder 'Schrecken' (terror) ".

(76) 关于至善主义的理论，参见罗尔斯的《正义论》 (Rawls, *Eine Theorie der Gerechtigkeit*, Abschnitt 50)；亦见拉兹的《自由的道德性》(Raz, *The Morality of Freedom*) 以及胡尔卡和谢尔的新进路。(Hurka, *Perfectionism*; Sher, *Beyond Neutrality*.) 我将会反复回到伦理的与政治的至善主义的不同形式。

(77) Augustinus, *De civitate dei*, XIII, 2.

(78) 布朗以一种故意犯下的年代错误称奥古斯丁为"第一位宗教法庭理论家"(Brown, *Augustinus von Hippo*, 209)。对此参见下一点。

(79) Berlin, "Two Concepts of Liberty", 133.

(80) 施密特-洛伊克详细分析了这两个维度。(Schmidt-Leukel, "Ist das Christentum notwendig intolerant?", 182f.)

(81) Thomas von Aquin, *Commentum in quartum librum sententiarum*, dist. 13, q. 2, a. 3, S.330.

(82) Vgl. Foucault, "Omnes et singulatim", bes. 75—78. 不过，福柯假定，基督教产生的权力的这种形式在中世纪的政治意义不大，直到早期现代才随着知识、权力与控制的新形式而形成一种牧领—政治合理性 (Rationalität) 的新形式。虽然这是对的，但在这里不应忽视中世纪的牧领权力在政治上的形式。

(83) Augustinus, Brief Nr. 93, 10.

(84) Gelasius, Brief I, 12, 2—3 (zit. bei Lecler, *Geschichte* I, 132).

(85) Vgl. Struve, "Regnum und Sacerdotium", 189—192.

(86) 13 世纪早期的一份德国文献如是说，引自 Lecler, *Geschichte* I, 137.

(87) Vgl. dazu Struve, "Regnum und Sacerdotium" 232—235. 哈特曼 (Hartmann, "Toleranz im Investiturstreit") 显示了这场冲突中如何产生了共存提法意义上的暂时的宽容局面。

(88) So Böckenförde, "Die Entstehung des Staates als Vorgang der Säkularisation", 194—199. 伯尔曼 (Berman, *Recht und Revolution*) 强调这场冲突对于教会法权与世俗法权的独立体系——它们奠基了西方法权传统——的形成的意义。

(89) Vgl. Bejczy, "Tolerantia: A Medieval Concept", 370.

(90) Ebd.

㉑ 关于污名化的政治，参见 Graus，"Randgruppen der städtischen Gesellschaft im Spätmittelalter"。

㉒ 福柯以中世纪对疯癫的处理为例，描述了这种包含与排斥的一种特殊局面。（Foucault, *Wahnsinn und Gesellschaft*, 29.）

㉓ 关于牧师权力，参见 Foucault，"Warum ich Macht untersuche：Die Frage des Subjekts"，bes. 248—250。因为福柯在其材料的研究中，首要地着眼于规训机构，如疯人院、学校或刑事审判，它们以制造"臣服的主体"为直接目标（尽管以"人道"的手段），所以他忽视了允许宽容这种特别的权力形式（尽管这种分析处在他晚期对"治理"的研究的逻辑中）。我将在下面尝试展示，这种权力形式如何在历史上延续和变化。

㉔ So auch Foucault, *Was ist Kritik?*, 12 u. 14.

㉕ 关于下面内容的全面讨论，参见 Stow, *Alienated Minority：The Jews of Medieval Latin Europe*；以及 Lohrmann，"Fürstenschutz als Grundlage jüdischer Existenz im Mittelalter"与 Besier u. Schreiner，"Toleranz"462—465。

㉖ Vgl. Stow, *Alienated Minority* Kap. 10.

㉗ Besier u. Schreiner，"Toleranz"，464.

㉘ Vgl. ebd.，471f.

㉙ Vgl. Schuster, *Das Frauenhaus. Städtische Bordelle in Deutschland, 1350 bis 1600*, bes. 212. Daneben Graus，"Randgruppen der städtischen Gesellschaft im Spätmittelalter"，bes. 404—411.

⑩⑩ Augustinus, *De ordine*, 2, 4, 12.

⑩① Bruno von Querfurt, zit. bei Lecler, *Geschichte* I, 142.

⑩② Vgl. Möhring，"Die Kreuzfahrer, ihre muslimischen Untertanen und die heiligen Stätten des Islam".

⑩③ "一个基督徒骑士，要我说，用好良知杀戮，而他死得更安详。当他死去的时候，他利于自己；当他杀戮的时候，他利于基督。"（Clairvaux, zit. bei Dinzelbacher，"Toleranz bei Bernhard von Clairvaux?"，106.）

⑩④ Ebd.，109.

⑩⑤ 在详细的研究中还是可以看到对异端宽容的理由，参见 Besier u. Schreiner，"Toleranz"，466—469。

⑩⑥ Morre, The Formation of a Persecuting Society, bes. 11—27.

⑩⑦ Vgl. Bosl，"Reformorden, Ketzer and religiöse Bewegungen in der hochmittelalterlichen Gesellschaft"，S.282—289.

⑩⑧ 李（Lea）对此有全面呈现。（Vgl. Lea, *Die Inquisition*, bes. Kap. 5 u. 6.）

⑩⑨ Ebd.，373.

⑩　Thomas von Aquin, Summa Theologica, II. Buch, II Teil, bes. Fragen 10 u. 11. 下面的引用注明问题和条目，以及德文托马斯著作第 15 卷的页码。

⑪　Abailard, *Nosce te ipsum*, 94f.

⑫　Ebd., 103.

⑬　Vgl. Lecler, *Geschichte* I, 167—174.

⑭　Thomas von Aquin, *Summa Theologiae*, I/II, 19, 5.

⑮　Ebd., 19, 6（S.113）. 这个例子也出现于 Abeilard, *Nosce te ipsum*, 71。

⑯　他在另一作品（*Quaestiones Quodlibetales* I, Art. 19）中走得如此之远，以至于说对教皇法令的不了解也是不可原谅的，因为存在一种普遍知识的义务。

⑰　博斯尔（Bosl）与登普夫（A. Dempf）谈到"第一次欧洲启蒙"。（Bosl, "Reformorden, Ketzer und religiöse Bewegungen in der hochmittelalterlichen Gesellschaft", 245.）

⑱　魏兰德（Wieland）提出达米安（Petrus Damiani）、阿尔方西（Petrus Alfonis）、坎布雷的奥多（Odo von Cambrai）、克里斯平（Gilbertus Crispinus）与道依茨的鲁珀特（Rupert von Deutz）之间的对话作为例子。（Wieland, "Das Eigene und das Andere", 13.）

⑲　Vgl. dazu nach Nederman, *Worlds of Difference*, Kap. 2.

⑳　Abailard, Gespräch eines Philosophen, eines Juden und eines Christen, 33.

㉑　Ebd., 31.

㉒　Vgl. Wieland, "Das Eigene und das Andere", 15—18.

㉓　Abailard, *Gespräch*, 195, 207, 219, 247.

㉔　Vgl. ebd., 143.

㉕　Ebd., 37.

㉖　哈韦尔贝格的安瑟尔谟写下的作品《论信仰的一致性与生活的多样性》（*De uniformitate fidei et multiformitate vivendi*）（1149 年）可以进一步表明，当时的学者越发想要基于使徒学说而承认信仰道路的多元性，这篇作品的多元性诉求尤其表现在基督教内部对古希腊教派的探讨和解释中。（Eberhard, "Ansätze zur Bewältigung ideologischer Pluralität im 12. Jahrhundert：Pierre Abelard und Anselm von Havelberg".）

㉗　Llull, Das Buch vom Heiden und den drei Weisen, 6.

㉘　Ebd., 16f.

㉙　关于犹太教，参见 Ebd., 85, 89, 91；这在"撒拉逊人的信仰"那里更明显，特别是 197f., 200, 202, 211, 219。

㉚　参见施密特-洛伊克（Schmidt-Leukel, "Zur Klassifikation religionstheologischer Modelle"）那里的"包容主义"概念。

⑬ 这接近于以下两者的理解：Hick，"Gotteserkenntnis in der Vielfalt der Reli-gionen"；Mensching，*Toleranz und Wahrheit in der Religion*。

⑬ 关于柳利的作品，参见 Colomer，"Die Vorgeschichte des Motivs vom Frieden im Glauben bei Raimund Llull"。

⑬ *Disputatio*，12（442）.

⑬ Colomer，"Die Vorgeschichte"，103.

⑬ So in der *Disputatio clerici et Raymundi phantastici*（1311），zit. bei Lecler，*Geschichte I*，145.

⑬ Nikolaus von Kues，*Über den Frieden im Glauben*，92（lat.710）.

⑬ Ebd.，93（lat.710）.

⑬ Vgl. dazu Meuthen，"Nikolaus von Kues in der Entscheidung zwischen Konzil und Papst"。

⑬ Vgl. Krämer，"Der Beitrag des Nikolaus von Kues zum Unionskonzil mit der Ost-kirche"。

⑭ Vgl. Hallauer，"Das Glaubensgespräch mit den Hussiten"。

⑭ Vgl. Meuthen，"Der Fall von Konstantinopel und der lateinische Westen"。

⑭ Nikolaus von Kues，Über den Frieden im Glauben，89.

⑭ Ebd.，93.

⑭ Ebd.，95f.（lat.714）.

⑭ So auch de Gandillac，"Das Ziel der una religio in varietate rituum"，bes. 202，und Wieland，"Das Eigene und das Andere"。

⑭ 保罗在最后的对话中说道："通常我们不得不为人的脆弱买单，只要不与永生至福相违背。因为，在所有方面追求一种精确的平均性，毋宁意味着对和平的扰乱。"（*Über den Frieden*，154.）

⑭ Ebd.，113.

⑭ Ebd.，134（lat.768）.

⑭ Ebd.，128.

⑮ Ebd.，155（lat.796）.

⑮ 参见《〈古兰经〉筛选》（*Cribratio Alchorani*）中库萨对伊斯兰教的批评。

⑮ Nikolaus von Kues，*De coniecturis*，165.

⑮ 波普（Popper）错误地把库萨的尼古拉分类到一种用对人的无知的强调构成全面的宽容之基础的"怀疑主义传统"（Popper，"Duldsamkeit und intellektuelle Verantwortlichkeit"，117.）。也参见迈哈特（Meinhardt，"Konjekturale Erkenntnis und religiöse Toleranz"）在库萨的知识理论的背景下对和平著作（走得过远的）解释。关于库萨神学的过渡位置，参见 Weischedel，*Der Gott der Philosophie*

I，157—164。

⑮ 除了基督教，关于犹太教与伊斯兰教，参见《中世纪的宗教对话》［Lewis und Niewöhner（Hg.）*Religionsgespräche im Mittelalter.*］以及尼沃纳（Niewöhner，"Dialoge，die nicht stattgefunden haben：Judah ha-Levi und Peter Abailard"）富有教益的比较。

⑯ 在阿伯拉尔那里（Abailard，*Gespräch*，63.）可以看到明显的证据。

⑯ 施特劳斯强调这两个要件，即在迈蒙尼德那里"哲学在律法上的基础"和（对于列奥·施特劳斯自己的思想非常重要的）隐微的解释与显白的解释之间的区分（Strauss，*Philosophie und Gesetz*，67—78 und 89）。

⑯ Maimonides，*Führer der Unschlüssigen*，Einleitung，9，亦参见对词语的两种意义的评论，即一种为银，另一种为金，14："先知的比喻也是这样的。表面看来，它们包含对许多事物都有用的智慧，此外也有利于使人类社会完善，如人们从《箴言》的文本中或者从类似的书本中能够看到的；但是，在其深处，它们包含一种学问，用来显示真理的真正形态。"（下面的引文将注明卷数、章数和页码。）

⑯ 关于对偶像崇拜者的死刑，亦参见 III，29，S.184；III，33，S.208；III，37，S.223f.；III，40，S.245。在 *Mischneh Torah*，89f.，迈蒙尼德也支持对一种自愿的和有意识的违背律法行为处以死刑，只要它们能够被证明，并且有预先的警告。关于对亵渎上帝与偶像崇拜的死刑，也参见 229 和 311f.。

⑯ 尼沃纳支持这种解释。（Niewöhner，*Maimonides. Aufklärung und Toleranz im Mittelalter*，34—36.）Vgl. auch Niewöhner，*Veritas sive varietas*，120—123，他强调迈蒙尼德学说与莱辛的戒指寓言的弥赛亚消息之间的近似。

⑯ 在《密西拿托拉》（*Mischneh Torah*）的第一卷（"Buch der Erkenntnis"，529.），迈蒙尼德把基督徒标识为偶像崇拜者［这段在 1850 年彼得堡（Petersburger）译本中被删掉了］。

⑯ 参见他的《也门书信》（"Brief an den Jemen"）中的说法，引文见 Niewöhner，*Veritas sive varietas*，179f. 和 183，在那里他提到耶稣、保罗和穆罕默德是三个虚假先知，他们试图用武力或论证或者双管齐下压迫犹太人。关于《密西拿托拉》中的一个以耶稣为虚假弥撒亚的段落，也参见 Niewöhner，*Veritas sive varietas*，104f.。

⑯ Averroes，"Die entscheidende Abhandlung"，1. 下面对此文的引用在文中注明页码。

⑯ Averroes，*Tahafut al-Tahafut*，in der englischen Übersetzung，359："但特别是哲学家们，就像只是自然而然地，认为这种学说最重要并且最相信它，而理由是，由它可以得到人们之间的一种秩序，人之为人的存在就基于这种秩序，并且

通过这种秩序人可以获得他所配享的最大幸福，因为它对于人的道德德性和研究德性与实践科学之实际存在是必要的。……通过由不同宗教的律法所规定的关于上帝的知识和以服侍的方式对上帝的崇拜，实践德性只会变强……"

⑯④　Ebd., 360（"of his period"）.

⑯⑤　Ebd., 362.

⑯⑥　Vgl. dazu Leaman，Averroes and his Philosophy，163—178，以及经典的研究 Renan，Averroés et l'Averroïsme。

⑯⑦　Vgl. Minois，*Geschichte des Atheismus*，74f.；dazu Niewoöhner，*Veritas sive varietas* und Bartsch（Hg.），*De Tribus Impostoribus Anno MDIIC*.

⑯⑧　Vgl. dazu Mietheke，"Der Weltanspruch des Papstes im späteren Mittelalter".

⑯⑨　Marsilius von Padua，*Der Verteidiger des Friedens*，Teil I，Kapitel 3，§ 5（下面对此书的引用在文中标注）。

⑰⓪　亦参见 Nederman，*Worlds of Difference*，他指明了中世纪诸宽容论证的意义。但是，必须比内德曼（Nederman）更着重注意到这些论证的可传递性和对现代诸奠基的竞争的种种局限。

第三章

和解，分裂，和平：人文主义与宗教改革

第八节　人的尊严与信仰的和睦：人文主义的宽容奠基方式

128　　1. 凭借人文主义，并且最终凭借宗教改革，"新时代"根本地改变了宽容话语的文化条件，它的本质特征是，对中世纪的精神—政治秩序就其两个主要要件提出质疑，并且逐渐解决，一个是在深受宗教—教会影响的思想结构和行为结构之中对人的分类，另一个是世俗权力在宗教权力之下的从属地位（见上文第五节第3点）。自叙任权之争和12世纪的社会变化以来，在这种秩序内部产生了一系列冲突和开放倾向，但是，只有随着首先在意大利的文艺复兴中，而后逐渐在欧洲其他地区实现的文化上的剧变，才形成了一种新的关于主体性，并且也关于政治的意识，这种意识使宽容问题变得更为急迫，而且同时也提供了新的答案。用雅各布·布克哈特（Jacob Burckhardt）的话来说，在中世纪末期意大利的城市国家，"对国家和一般而言这个世界上的全部事物的一种**客观的**观察和对待觉醒了；但是同时**主观的东西**也全力兴起了，人变成了精神性的**个体**，并且也如此来认识自己"①。

　　人的生活和思想中的这种全面变化的种种维度非常多样，以至于在这里不可能对它们——和它们的原因——进行详细讨论；然而，引人注目的，是一种新的个体性理解的发展，不过，这种个体性沿着两个非常不同的方向展开：在人文主义的方向上，以不仅作为任务而且作为机会的、出自本己力量的自我完善之理念为主导（复归古代的德性理想与教育理想），与之相反，后来在新教教义的方向

129　上，在信仰的主观化与面对上帝自我负责的激进理念的方向上——批判地反对那种自我创造的、自由的人的人文主义理想观念，（在路德眼里）这种人否认了他自己的界限和罪过。尽管有这些区别，两种运动在宗教领域都导致了对个体化的推动——前者通过一种关于人的自由和尊严的新意识，后者通过对宗教的直接性与内在性的强调。相应地，在15世纪与16世纪这一时代，以宗教生活形式的多元化，以及围绕正确信仰的内容与制度而产生的宗教冲突的增加为标志，在宗教改

革的分裂之后，这些冲突导致长期而血腥的信仰战争，而这些战争决定性地规定了现代历史。宽容问题因此成为了这一时期的一个核心问题，即使它不是**唯一的**核心问题。

一种关于历史可塑性和政治可塑性的新意识越来越普遍：历史和政治制度一样，被当成人的作品，社会生活被视为原则上可预测和可计划的，并且被视为对技术思想的挑战性任务。一种新的经济秩序和动力逐渐产生，随着帝国的日薄西山，诸民族国家（英国、法国、西班牙）以及（在德国和意大利的）小的政治统一体形成，并且提出了新的政治任务。虽然为了完成这些任务，按照"公民人文主义"，需要那些有德行的人，他们有能力为机运（*fortuna*）服务；但是从政治的这种独立观念到马基雅维利的道路并不远，后者在国家保存的命令的优先性下，把运用一切对这一目的有必要的手段视为最高的贵族德行，哪怕这与古典的德行观念相悖。[2] 由此反映的对政治自主的理解——铭刻于 16 世纪的"国家理性"（Staatsräson）[3]概念对于这种理解来说是标志性的——只容许宗教留下一种工具意义。对于布鲁门贝格（Blumenberg）解释为现代之标志的**自我主张**的优先地位，这是一个明摆着的例子，当然，自我主张不仅意味着物质上和政治上的自我保存，而且意味着一种新的自我理解和世界理解，这种理解通过一种全面的"失序"而变得必要：宗教—形而上学的信赖在一种为它所创造的、全面的关于时间、世界、社会和本己生活的秩序中被剥夺，自我负责的人类思想和行动在许多领域——从经济到政治再到科学——通过本己的理性能力承担了自我奠基的新任务。[4]

对于宽容话语，上面提到的"失序"现象具有双重重要意义，它们导致下述问题：首先，在一种"横向的"层面上，宗教日渐增长的多元化和主观化在何种程度上已经导致新的宽容奠基方式；其次，在"纵向的"、国家理论的方面，在王权（*regnum*）与神权（*sacerdotium*）之间的关联无可挽回地破裂之后，宗教与政治的关系如何得到思考。简言之：对于宽容的奠基来说，宗教主体日渐增长的自主化与政治统治领域的自主化意味着什么？

为了从前者开始，人文主义思想被标识为已经提到的（见上文第六节第 2 点）**归约式统一**的论证：它突出一种普遍的、涵盖所有人的宗教的尝试，在这种宗教的基础上，关于本质性的信仰内容的相互理解才是可能的。这种理解在不同的实证宗教之间形成了一种交集共识，并且把它们的差异排除到合法性领域，但这也是非本质的领域，亦即无关紧要之事（*adiaphora*）的领域。这种和解的努力——也是（尽管在较少程度上）库萨的和平著作的标志——出现在意大利人文主义的重要代表那里，如在费奇诺与皮科那里，但最突出的是在鹿特丹的伊拉斯谟那里，随之在托马斯·莫尔（Thomas Morus）那里有了一种特别的在政治上的转变。就此而言，本质性的人文主义宽容奠基方式首要的结果，并不在于为了建立一种信仰的统一而要求宽容，而是在于，宽容被提为一种统一性的表达，这种在人们之

130

131

间已通过上帝的意志而**存在**的统一性，高于一切区别。

在意大利的文艺复兴的文化中，宗教生活的去教会化与去教条化的倾向，在当时的时代得到了长足发展；不仅如在薄伽丘那里可以看到的，戒指寓言⑤是一种与其他宗教，特别是伊斯兰教的打上了和平共处烙印的关系的表达，而且摩西、基督与穆罕默德"三个骗子"的故事——其作者不知名——也已经在宗教批判的圈子里流传⑥（与对教会要职担任者的行为的无处不在的批判并行）。在人文主义者那里，虽然不存在如此广泛的宗教批判，但有一种普遍的人的宗教的观念，一种如狄尔泰所说的"宗教的—普遍主义的有神论"⑦。在"佛罗伦萨柏拉图学园"领袖马尔西利奥·费奇诺那里，可以看到这样一种宗教的新柏拉图主义版本，特别是在其最重要的著作《柏拉图神学》（*Theologia platonica*）与《论基督宗教》（*De Christiana religione*）（均为 1474 年）中。通过对"太一与太初"（Einen und Ersten）的思想、理念论和灵魂不朽的观点的神学注解，费奇诺意在表明一种真正的哲学与真实的宗教之一致性的"哲学的宗教"。宗教在此被理解为灵魂向着上帝的一种天生的、人的自然追求；它拥有对上帝的主观关系的核心的所有不同形式，并且呈现爱的最高形式："任何一个在此生把自己在爱中完全献给上帝的人，将会在来生中，在上帝中重新获得自己；因为他将重返他的理念，他曾经正是通过这一理念被创造的。"⑧基于这种普遍的人的、在某种程度上"自然的"宗教，费奇诺超出这种核心内容，而为宗教差异的合法性作出论证：

132

> 没有什么如蔑视上帝一样使上帝不满；没有什么如崇拜上帝一样使上帝满意。……因此上帝的意旨不允许在世界上存在任何一个没有宗教的区域；然而这意旨允许在不同的地点和不同的时间，在崇拜的仪式方面存在某种不同。或许一种这样的不同——因为上帝如此安排——会在宇宙中产生神奇的美。比起通过这样或那样的姿势的崇拜来说，更重要的是在一切真理中崇拜至高者。……他宁愿受到任何一种即使是不合时宜的，但是是人的方式的崇拜，而不愿由于高傲的影响而无人崇拜。⑨

这段引文清楚地表明，宗教形式的多样性对于费奇诺（甚于对库萨）不仅是可接受的恶，而且本身就是被上帝意愿并且具有价值的。然而这并不意味着——如在一种多元主义的宗教理解中——那些崇拜方式全部具有同等价值：其中少数是"不合时宜的"。因此，通过那些确定自己的信仰，亦即基督教的信仰之优越性的人，它们才变成了宽容的对象。因此，在 1473 年被授予神职的费奇诺确信，真正的宗教的核心是一种基督教的核心；而且，他把他自己的工作视为神意的工具，即借助哲学的反思来显示神意。⑩

最终是佛罗伦萨学园的一位杰出的年轻成员，费奇诺的学生，吉奥瓦尼·皮科·德拉·米兰多拉（Giovanni Pico della Mirandola），把关于一种建立在人的尊严之基础上的、保留了他的时代所有的哲学与宗教差异的、无所不包的体系的人文主义梦想转化为行动。皮科接续了基督教的新柏拉图主义，但更多地接受了亚里士多德哲学、经院哲学⑪、阿维森纳和阿维洛伊，他在1485/86年写下900个论题，范围从伦理学、自然哲学直到神学，并且为了辩论这些论题，邀请全欧洲的博学之士来罗马。他希望展示，所有哲学学说与神学学说都会在核心方面就这些论题达成一致：从教父到奥卡姆的基督教学说、基督教神学家与哲学家，柏拉图与亚里士多德之前和之后的希腊哲学以及他们的见解本身，《古兰经》的学说与中世纪的阿拉伯哲学家，包括卡巴拉（Kabbala）在内的犹太信仰的学说，最后是古代神话学、赫尔墨斯主义与查拉图斯特拉的学说。然而，皮科力图促成的对话并未发生；他的13个论题（如关于魔术作为完美自然哲学的论题）被教皇伊诺森八世拒绝，接着皮科为它们辩护，结果教皇最终判决全部900个论题为异端邪说，并且把皮科逐出教会，皮科因而不得不逃往他乡。

皮科的无所不包的哲学—宗教的综合尝试的最重要的文献是（后来人们所说的）《论人的尊严》（*Oratio de hominis dignitate*）（1486年），它曾被考虑作为他的论题讨论的开场白。在它的第一部分，皮科表达了他对人的尊严的理解，在它的第二部分则表达了他的普遍的和解规划（及其源泉）。根据皮科的说法，当人们把人理解为上帝与自然之间的中间人，并且因此在永恒的秩序中分配给人一个固定位置时，人在宇宙中的位置就被错误地描绘了。相反，人把自己归因于上帝的希望，即希望在创世之后，为他的创造找到一位观察者和赞扬者——因而后者甚至不可能在这一创造中被固定。相反，上帝说道：

> 我们没有给你固定的居所，亚当，也没有给你专属的外形，更没有给你任何特别的禀赋，这些你为你自己选择、相应于你的希望和决断而拥有和占据。其他造物的本性被固定地规定并且受到我们写下的规则的约束。你不应受任何限制和拘束，而应按照自己的判断，这是我已经赋予你的，去规定自己。我已将你置于世界中心，以使你能从那里出发游刃有余地环顾世间万物。我们把你创造为既不属天，亦不属地，既非终有一死，亦非永生不朽，从而你就是如你自己的尊贵而自由决断的雕塑家，把你自己塑造成你所偏爱的形象。你可以堕落成更低等的野兽，但你也可以重生为更高的神圣者，只要你的灵魂决定如此。⑫

人是无规定的（unbestimmt），是一种"变色龙"，他不仅可以变成植物或者动物，也可以变成"神性的存在者"（9），而且是出于自己的能力：一个他自身的雕塑家。然而，另一方面，除了这种可塑性和近乎浮士德式的自我完善力量之外，皮科毫不怀疑还有一种对人的规定，所有哲学与宗教都对此达成一致（正如他通过各种各样的援引上面所说的来源试图强调的）：人的"神圣抱负"必定在于，渴望"至高者"，从而抛弃"一切属于世间的东西"并且追求上帝（11），更准确地说，通过对上帝的爱，而变得与之共在（"不再是我们自己，而是我们的创造者"；25）。灵魂应该借助哲学——它越过伦理学、辩证法和自然哲学，通向神学——成为"神殿"（21）："在灵魂借助伦理学和辩证法清除了它的不洁、用各种各样的哲学就如用宫廷的富丽堂皇装饰自己并且用神学的花环冠其门楣之后，荣耀的君王就会降临，与他的父一起到来，在灵魂中筑其居所。"（21）然后人就能够实现他的无规定的规定，亦即成为造物的"爱人（Liebhaber）"（25）。

皮科的《论人的尊严》因此不仅对于人的尊严之为本身具有现实与自我完善之形成力量的"造物的中心"这一人文主义理解来说是典型的；[13]而且对于基督教的人文主义来说也是典型的，这种人文主义把上述自由和（用尼采的话来说）"未固定状态（Unfestgestelltheit）"重新系于一种对上帝的最高的灵魂追求（这意味着一种以克服"多余的兴趣"和"傲慢的毒刺"为己任的伦理学；29）。"对人的神化"没有膨胀到那样一种程度，以至于人会俨然以宇宙的统治者自居，这就不再具有上帝意志的标志了；他的目的仍然在于，"通过神学的幸福"来通达"至高的完善"（17）。

因此皮科的宽容奠基方式也是矛盾的：一方面，他以一种独特的方式走上了归约式统一的道路——结合通过融合而统一的道路——并且宣称由他提出的诸学说，无论它们在当时基督教界的眼中仍然多么具有异教性（heidnisch），都为所有教义的全面综合作出了一种**本己的**真理贡献，由此得出的是，为了**整体**的真理之故，宽容需要施于对真理有贡献的全部**个别的**学说。另一方面，他毫不怀疑，真理的最高形式是一种（尽管是归约了的）基督教—新柏拉图主义的神学，由之出发，其他学说的贡献才得到评价。这在处理犹太教的那个即使在这里也富有启发的段落中得到显明。尽管皮科相对于他的时代的一项伟大功绩是，把犹太教的经典，特别是卡巴拉，引证为神圣真理的独立来源，然而他视之为"针对希伯来人的无耻丑化而为我们的宗教辩护的"（57）必要，因为更准确的阅读表明"在他们中——上帝是我的见证者——并没有如基督教那么多的摩西宗教"（63），而且他还提到三位一体学说、道成肉身、原罪等。因此，对于犹太教方面对基督教的怀疑来说，"不会剩下任何一个它们藏身其中的角落"[14]（65）。这不仅显示了在一个基督教占统治地位的社会里，为犹太教的真理进行辩护而不被视为异端的界限；这里还显示了基督教—人文主义的归约论证的一个内在难题：即使"他者"对和解的真理的贡献得到了估量，但在涉及完美真理本身时，他们仍然是下等的。对于宽容来说，这可以有两种意味：要么——如在皮科那里——把这些学说作为对真理的贡献而宽容之，要么——这是批评者的态度——由于他们顽固地坚持"不彻底的"真理，因而也就是坚持非真理，而不宽容之。没有更多的假设——如在伊拉斯谟那里将会显示的，人文主义完全包含这些假设，如言辞的优先地位和信念先于强制的观点——就无法确定哪种考虑起决定性作用；能够赋予其他信仰实践以特有权利的某种更强的宽容奠基方式，在此还付诸阙如。

2. 鹿特丹的德西德里乌斯·伊拉斯谟（Desiderius Erasmus von Rotterdam）是他的时代最有声望的学者——狄尔泰称之为"16 世纪的伏尔泰"[15]——在他的著作中可以看到对于基督教的人文主义来说总体上最典型的宽容奠基方式，尽管多散见于他的著作。如所有全面的宽容奠基方式一样，这一奠基具有双重进攻方向，一方面是与基督教的真正形式进行争执的基督徒之间的宽容，另一方面是基督徒与非基督徒（的不同类型）之间的宽容，但两条战线殊途同归于一种共同的、统一在基督中的核心思想。因此在为"基督教骑士"装备关于生命作为基督的言语与真理之武器的《手册》（*Enchiridion*）（1503）中，他这样说道：

> 在一个如此大的统一的地方，分裂的话语何为？并非碰巧是基督教使得一般的官廷人员对于小市民、乡下人对于城里人、贵族对于庶民、公务员对于个体户、富人对于穷人、德高望重者对于不入流的人、当权者对于弱势者、意大利人对于德意志人、法兰西人对于英格兰人、英格兰人对于苏格兰人、文法学家对于神学家、辩证学家对于文法学家、医生对于法学家、鸿儒对于白丁、能言善辩者对于不善言辞者、单身汉对于已婚者、青年对于长者、神职人员对于普通教众、神父对于僧侣、小兄弟会（Minorit）对于柯莱特会（Coletaner）、加尔默罗会（Karmelit）对于雅各布派（Jakobiter）以及——不必逐一列举所有不同——在细微事情上的不相似者对于不相似者，是敌对的。如果一个不同的姓氏、略微不同的法衣颜色、腰带或鞋子，以及类似的那些人的荒谬把戏就使我被你憎恨，那么对敌人也爱的那种爱在哪里？为什么我们不愿放弃任何一种荒谬事物，而使自己习惯于把本质之事纳入眼帘？……因为通过一种精神，我们全都受洗为一个身体，无论我们是犹太人还是异教徒，是奴隶还是自由人；我们全都沉醉于一种精神。因为身体也不是一个成员，而是由许多成员构成。[16]

在这段引文中可以看到伊拉斯谟宽容思想的最重要的要素：

（a）这样一种观点，即所有基督徒共享一种核心的信仰学说，一种基督教哲学（*Christiana philosophia*），尽管他们随着时代变迁——特别是在伊拉斯谟的时代，他被深深卷入了围绕宗教改革的冲突——对非本质的事物争执不休，非本质的事物现在被当作如此重要的东西，以至于异端的嫌疑变得无处不在。与此相对，对于

137

克服信仰冲突来说，必要的是，重返福音的来源，以及本质上关乎**伦理的**生活引导的基督的源初教义。[17]

（b）随着这种向本质事物的归约而来的，是一种对于他的时代来说宽泛的非本质事物（adiaphora）——上面引文中的"荒谬事物"——的观念。伊拉斯谟不仅把只会导致分裂的"仪式"或安息日规则算作非本质事物，而且也把在他那个时代导致频繁的神学争论的一些重要的天主教信条，如关于三位一体的观点，算作非本质事物：

> 关于什么能够没有危险地为了我们的无知之福或疑惑而被交托，我们定义了很多。如果人们没能以哲学的方式澄清圣父、圣子和圣灵之间的区别，以及圣子的出生与圣灵的产生之间的区别，一个与圣父、圣子和圣灵同在的共同体竟然就不可能了？……如果你不知道从圣父与圣子而来的圣灵有一个来源还是两个来源，你不会被谴责，但如果你不带着圣灵的果实，即爱、喜乐、和平、忍耐、友好、和善、耐心、温和、信仰、谦逊、节制与贞洁，你将不能逃脱谴责。……我们宗教的总和，是和平与一致；但如果我们不尽可能少地去进行定义，并且在许多事物方面，去交付给个人，让他们跟随自己的判断的话，那么这种和平与一致几乎不可能存在，因为许多事物是非常模糊的，人在这些方面几乎生来就患有疾病，一旦开始一场争论，就不让步，而当他陷入激动之后，他就把他在一开始只是完全顺带地提出的东西，视为绝对的真理。……现在许多难题被搁置到一场宗教大会上。更好的做法应该是，把这样的问题一直延迟，直到我们不再通过镜子模糊地看上帝，而是直面上帝时。[18]

伊拉斯谟以毫不含糊的态度，以及——特别是在他的著名作品《愚人颂》（*Das Lob der Torheit*）（1511）[19]中的——辛辣的嘲讽，来谴责关于这些问题的经院哲学式论争；按照伊拉斯谟的意见，藏在这些论争背后的要么是愚蠢，要么是统治欲，在任何情况下，它们都越来越远离基督的真正教义，而通向了不必要的纷争与分裂。

（c）这种宽泛的非本质事物解释的一个决定性结果，是异端定义的窄化。根据伊拉斯谟，伴随着神学论争和正确信仰之定义的扩散而来的，是一种荒谬而危险的对异端的追捕："曾经被视为异端的，是偏离了福音、信条或者同等重要的权威的人。如今则是以某种方式偏离了托马斯·阿奎那的人，甚至当他偏离一种昨天某个智者在学院里虚构的论点时，就被称为异端。"[20]

这种立场在路德与教会的争论语境中具有特别重要的意义。[21]伊拉斯谟把核心的信仰内容追溯到基督的一种根本的伦理教义上，在这种光照之下，路德看上去并不像异端。最初伊拉斯谟同情路德，因为后者不仅像他一样批判赎罪券买卖，而且也批判教会与教皇的权力滥用（伊拉斯谟在对话《被逐的尤里乌斯》中对此进行了最尖锐的公开嘲讽，在其中，彼得拒绝教皇尤里乌斯二世进入天堂）和神学辩论的独立化，然而，他还是很谨慎，没有在所有对路德的辩护中都认同后者及其观点。他总是告诫争执的双方，要克制与平和地解决冲突，并且忍耐不同的《圣经》解释，然而随着争论的激化，双方都要求他表明自己的忠诚。伊拉斯谟赞成一种基本宗教形式，但是反对宗教改革，因为宗教改革在其基督徒协和（concordia）的理想和一种统一的教会方面——他也相信，（遵循旧教会的普遍的）教会之外无拯救[22]——无法统一并且不断激进化，最后，他放弃了他的中立，并且在其著作《论自由意志》（De libero arbitrio）（1524 年）中，与路德保持了距离。在其中，他阐明了路德对自由意志拒不接受的矛盾之处，但与此同时辩护了通过上帝的仁慈得救的观点。路德在其著作《论意志的束缚》（De servo arbitrio）中，回应了对伊拉斯谟的猛烈攻击，二者的关系由此完全破裂。[23]在这一分歧中明显地出现了人文主义的与宗教改革的不同的人的形象：一边是自由的与负责任的，尽管还需要上帝支持的存在者，一边是有罪的、在其自由观念中狂妄自大的存在者。

（d）爱与和平处在伊拉斯谟"基督哲学"的中心；他对无论是信仰相同还是信仰不同的人们之间的武装冲突的批判最为猛烈，特别是在《和平之控诉》（1516年）中。博爱是超过一切的命令，它要求温和地对待其他信仰；博爱忍耐它们的异己性，并且同时尝试用忍耐与慷慨把它们带向真理。

> 病越重，纯粹的爱就给予越多关怀。一个人是通奸者，不信神的人，土耳其人：人们诅咒的是通奸者，而不是人；人们驳斥的是不信神的人，而不是人；人们处死的是土耳其人，而不是人。人们殚精竭虑的是，让不虔敬者死掉，这是他自己造成的，但是让人得救，人是上帝所创造的。人们应该是满心善意，为他们祈祷、行善。[24]

伊拉斯谟的爱所具有的目标是，克服人们之间导致他们不合的那些区别，并把他们引向上帝之真理中的统一：这份爱针对的是作为上帝创造物的"人"，而非如其所是并且自己创造自己的人。他不是作为"自主的个体"而被尊重，而是作为在基督之中的共同体的成员而被尊重。只有爱与慷慨，而非战争或强制，才能使"弱者"悔改。[25]

（e）伊拉斯谟宽容奠基方式的另一个重要要素是良知自由，传统上从"出于纯粹内心、好良知和真诚信仰的爱"[26]的目的而来得到理解的良知自由。基督传布真正的不虚伪的信仰，因此排除了作为转宗手段的强制。在伊拉斯谟这里，这与人文主义对修辞学、词语的力量的强调相结合，词语必须能够不借用强制或武力

而进行说服。㉗

　　这些要素结合起来，就形成了伊拉斯谟的宽容学说：归约的神学实质上为忍耐基督徒们不同的《圣经》解释提供了基础，爱与通过词语进行说服的学说要求宽容异己信仰者。这些论证同时也刻画了伊拉斯谟的宽容**界限**。因为，即使他使得异端定义的空间如此狭窄，但还是剩下了这样一个空间：任何一个否认基督教基本教义和质疑建立基督教和谐之可能性的人，都应被判决为异端。他们会被驱逐出教会，不仅如此，世俗统治者有权用武力对付引起分裂和动乱的异端。在极端情况下，他们甚至可能被施以死刑。㉘这里又一次显示出通过诉诸基本的统一而进行宽容奠基的一种矛盾：既然宽容是建立和巩固这种统一的手段，当异端在根本上威胁到这些必须在完全的忍耐中开始的措施时，宽容就遇到了它的界限。伊拉斯谟本人支持一种非常宽泛的划界；但是原则上仍然需要判断，教会分裂或者动乱的危险什么时候变得过大了。㉙

　　在基督徒与信仰不同者的关系中，宽容论证的一种界限也显示了出来：最高的义务在于，用基督提供的手段，用爱与温和，把他们引向真理；但神学上的归约绝对没有走得那么远，以至于把真理的一部分归给他们。相反，他们被号召，把自己理解为他们总是已经属于其身体的肢体。实现这一点，是基督徒的义务。另一方面，在对犹太人的关系中，显示出这一论证的困难。他们受到特别猛烈的、绝无基督教温和态度的攻击：他们——弥赛亚曾被预言给他们，他们后来又转而反对弥赛亚——被"排除于预言"，是一个"极其算计的种族"，"贪婪"，一个"不守规矩、顽固不化、犯上作乱的民族"。㉚虽然他们不应该被强制进来，但他们仍然——与异教徒不同——理所当然地被排除于主的团契之外。㉛

　　因此，尽管有很大程度上的非教条宗教性的理想，伊拉斯谟的基督教—人文主义的宽容奠基方式仍然保留了一种固然它并不依赖的"教条核心"。因为，一方面，虽然通过神学上的归约，许多冲突得以弱化，但另一方面，仍然有一种越来越强的核心内容保留下来，它会导致新的排斥和任意划界的危险。况且还有另一个难题，在宗教改革的冲突中十分尖锐地凸显着。因为，把信仰核心归约为少数（首要地是伦理内容的）陈述的尝试，在围绕伊拉斯谟算作非本质事物的信仰内容进行激烈争执时，只能寄希望于这种认识，即人们迄今为止所争执的是"非本质事物"。然而，这样一种立场，恰恰必将在宽容被最强烈要求的地方，因更全面的信仰解释的坚固性而反弹回来。于是，这种立场的被归约的宗教不再可中和它所希望调和的诸立场。所以人文主义的宽容处于一种**进退两难**：它要么在宗教—教义的内容方面包含太多，并且产生了新的划界，要么在这些内容方面包含太少，并且在宗教的争议问题上仍然不起作用和模糊不清。这就是人文主义宽容在宗教改革时代的命运；这个时代谴责那种要形成和解乌托邦的和平主义。反过来，这并不意味着，把信仰追溯到一种非教条的、普遍分享的基础上的人文主义尝试是没有影响力的；它作为对不宽容的抗议在宗教改革时代许多作家那里一再出现，如卡斯特利奥（Castellio）那里，并且引导着从后宗教改革的和解思想直到当今的力图在核心的信仰问题方面形成统一的尝试。

　　3. 对于伊拉斯谟的政治哲学来说，标志性的是，他还没有把政治领域视为一个有自身规律的领域；这完全与他的同时代人马基雅维利相反，并且借鉴了柏拉图的《理想国》，政治统治者应该同时是基督徒与哲学家，他的政治上的合法性在于他的有德行的生活作风、他对于公共福祉的无私奉献以及他对共同体的基督教特征的关心。为了"纠正人民的道德行为"，伊拉斯谟在其《基督君主的教育》（*Institutio Principis Christiani*）（1515 年）中如此写道，需要一种基督君主的"无瑕的生活方式"㉛。只有这样，而非借助通过恐惧的统治，统治者才能与公民的灵魂达成约定；他的法律应当合乎"正义与善的典范"㉝。政治的任务是朝向善的教育，[144] 创造有德行的和信奉基督教的人民；其最重要的前提是对君主的正确培养与教育。正是在基督的教义方面对君主的培养，使得在人民与统治者之间建立合法关系成为可能。㉞

　　关于有德社会的良好统治者的想法是一种乌托邦，这样的认识并非出现在伊拉斯谟那里，而是出现在他的朋友托马斯·莫尔（Thomas Morus）那里。莫尔的《乌托邦》（*Utopia*）（1516 年）在其两部分中——对英格兰社会状况的批判，以及航海家希斯拉德（Hythlodeus）对乌托邦社会的描述——把出自（献给莫尔的）《愚人颂》（*Moriae Encomium*）的伊拉斯谟的尖刻的社会批判与《教育》（*Institutio*）的愿景聚集到一起。当然，与伊拉斯谟不同，在社会批判与对乌托邦生活的描述这两方面，莫尔都掺杂着精妙的反讽；他意识到了现实与"乌有之乡"的理想间不可弥合的裂隙，由此获得了疏离二者的力量（这导致了对这本书非常有争议的种种解读）。㉟人文主义精神使得莫尔能够彻底地与他的时代保持距离，并且设想一个作为整体的不同世界——伴随着美洲大陆的发现，一个"新世界"的观念成为那个时代的主题——这个世界被认为是值得人们努力实现的目标；此外，这也使得他能够对实现这一目标的可行性表示怀疑。㊱在这里，现代意识表现为创造性的、乌托邦的意识，同时也是批判的—现实的意识；正是在这本书的开诚布公与悬而未决中，存在着其革新力量。

　　莫尔的著作在不同的方面具有一种中间位置。一方面，它包含一种把社会视为可由人建立和形成的制度结构的新颖眼光。哈贝马斯曾在这一语境中提到一种[145] 把马基雅维利与莫尔联系起来的"思想方式的革命"：对政治思想来说，要紧的不是**好的生活**，而是**活下去**，要寻求的是一种有效而稳定的社会秩序的技术上的可能性，在莫尔那里，难点在于经济结构，在马基雅维利那里，难点在于统治术。㊲另一方面，与这种读法相反，需要考虑的是，社会的"技术"新秩序是由传统的德行观念和一种全面的正义理念——它导致莫尔所呈现的柏拉图《理想国》的准—共产主义版本——规范地框定的。此外，可建立的社会的前景仍然在两个方面是断裂的：首先，除了从头到尾积极描述的、在乌托邦内对物质上不平等的和逐利的克服，那里的因循守旧的统治也得到了不加掩饰的描述，这引起的不仅是自己语境的异化，而且也是这种乌托邦的异化。其次，如已经提到过的，要说的是这样一种"乌托邦"，一种柏拉图式的理想图景，它必须首先通过现实性的中介，而不能简单地被摹绘而已。

　　莫尔的宽容提法也显露出同样的中间位置。他在第一部分像伊拉斯谟一样，批判了受到经院哲学消极影响的教会，而在第二部分，他描绘了乌托邦人的宽容。在乌托邦中，可以看到许多关于真正神性的不同的宗教理解，但是，在对（每每被不同地理解的）一神崇拜的原则问题上，所有乌托邦人都是一致的。这种"殊途同归"[38]使得一种共同的礼拜仪式和公共的神职人员得以可能。此外，还可以看到一种宗教一体化的倾向：倾向于一种异教的宗教形式，这种宗教基于自然理性而接近基督教，因此，在初次与基督徒联系时，后者就带乌托邦人靠近了这种宗教——而且，根据莫尔，基督的教义合乎乌托邦的强平均主义的、以反物质主义为方向的社会秩序。对于乌托邦内的政治—立宪的层面与社会—主体间层面的宽容，莫尔从根本上提出了三个理由：

　　（a）乌托邦的建国者之所以获得权力，是由于乌托邦内导致无力御外的宗教分裂，结果，诸宗教的和平共存在一种宽容的政权下没有削弱，而是增强了国家［他由此预先提出了法国政略派（*Politiques*）的论证］。因而，不宽容，即对其他信仰的贬低和在宗教事务中的武力运用，受到最严重的惩罚——这是基督教的狂热分子也可能遭遇的。当然，无神论者是不可忍耐的，因为对于一个公民来说，"所有的公共惯例和道德原则将毫无作用，如果不是纯粹的恐惧使得他安分守己的话"，即对于他因对国家的罪行而受到上帝的惩罚的恐惧。[39]

　　（b）除了这种"着眼于和平的"国家实用主义的宽容奠基方式，莫尔还看到了另外两种横向层面上的奠基。根据第一种，有限的存在者不可能判断的是，上帝崇拜之不同方式的存在，是否不太合乎上帝的意志，并且因而为自己主张唯一的真理是否是狂妄的。

　　（c）第二种是这样一种情况，只有一种信仰是真正的信仰，在这种情况下，"真理的权力"自行实现，而不需要任何其他帮助。[40]

　　后两个论证已经在库萨那里的戒指寓言中先行描绘过了，并且表现为已经提到过的（第六节第2点）一种宗教的宽容奠基方式的变体。此外，必须在乌托邦人之间就宗教问题达成高度一致的背景下来看这两个论证。当然，值得注意并且对于现代的宽容理解具有重大意义的是：第一，莫尔明确地作出了纵向的、国家实用主义视角与横向的、主体间的—宗教的奠基之间的区别；第二，前者是以纯

粹政治的方式被引入的。这是对马西利乌斯——他在制度上与（有限度的）规范 147
性上为国家相对于教会的自主性辩护——的态度的彻底化，并且形成了通向马基
雅维利思想的重要桥梁。当然，这种政治上的自主性还没有如在马基雅维利那里
那样，发达到国家可以完全自由地利用宗教的地步。就国家的与社会的秩序仍被
认为奠基于宗教而言，莫尔在这里还是占据着一种中间位置。宗教仍然是人的思
想[41]与行动中，与国家制度相对的支撑性的独立力量；它并不顾及后者的感
受。——对于政治家莫尔来说更是如此，他在 1523 年成为下议院议长，在 1529 年
成为大法官，并且坚决反对宗教改革。在他的《关于异教徒的对话》（Dialogue con-
cerning heretics）（1528 年）中，他强调，审判与处死那些不准备皈依并且引起暴力
公开叛乱的异教徒，虽然不是教会的权力，但是是国家的权力。[42]他自己为他拒绝
承认宗教领域内王权的统治地位，并且拒绝为亨利八世的主权宣誓而付出了生命
的代价；他于 1535 年死于断头台。

4. 正如已经提到过的，在马基雅维利那里显示出政治人文主义的另一副面孔。
国家被理解为人造物，需要相应的技艺与德行，然而这些德行（virtù）完全脱离于
基督教人文主义的宗教伦理，并且以本己的、政治的概念方式得到规范性的理解。
保存国家以及为了保存国家而保存权力，是政治行为的最高原则。不同于伊拉斯
谟和莫尔，马基雅维利在其《君主论》（Principe）（1513 年）中强调冷静思考在理
论上与实践上的必要性与对政治的自身规律的运用：

> 因为生活是如何与生活应当如何之间的区别如此之大，以至于谁为了人
> 们应当做的而置人们实际上做的于不顾，结果与其说是保存自己毋宁说是毁
> 灭自己；一个总是意愿只做善事的人，必定会毁于那么多不善之人。所以， 148
> 一个君主若要维持自己的地位就必须能够在情况需要时行不善或者做善事。[43]

一个努力追随伊拉斯谟的良好统治者理想的君主，根据马基雅维利，会做出最不
负责任的行动：他的各种德行在政治领域将不可避免地变成恶行；明智的政治家
会被迫把不同的恶行化为己有，如果他想要在政治上有德行，而不把共同体交给
他的敌人的话。因为最终只有稳定的国家才能镇压人们中间的恶，并且强制他们
向善。[44]这个目标表明，忽略道德的与宗教的戒律是正确的，不仅如此，它允许并
且要求把宗教用作政治工具。如果必要的话，君主可以违背"忠诚、仁慈、人性
与宗教"，但与此同时，他必须保持敬神的外表，以免失去国民的追随。[45]在《论
李维》（Discorsi）（1522 年）中，马基雅维利甚至更加强调在政治上对宗教的利用：
他在《君主论》中支持这样一种观点，即由于人的卑劣与不可靠，对于君主来说，
被害怕比被爱戴更好[46]，而在他的后期著作中，关于自由的共和国，他的补充是，

它太不安全，因而对违法犯罪的必要恐惧必须是一种对上帝的恐惧。以罗马共和国为例，他试图表明，宗教是"文明最不可或缺的支柱"[47]，因为无论在军队中，还是在全体国民中，它都带来服从与和谐。因此，他继续说道：

> 自由国或王国的统治者们因而必须保护他们的人民所信奉宗教的基础；这样就易于保持他们国家对上帝的恐惧和由此而来的善与和谐。他们必须支持和要求一切有利于宗教的东西，**即使他们认为这是虚假的**。[48]

149　　然而，根据马基雅维利，基督教因其在天主教教会内部的发展，以及对其源头的疏离而并不适合上述目标。且不说神职人员表现出的卑劣的、道德败坏的形象，以及教宗政治为意大利分裂作出的决定性贡献，基督教与古代宗教不同，它是超脱尘世的与无力的。它包含的只是"没用的柔弱原则，而非英雄的勇敢原则"，而马基雅维利把容忍算作前者。[49]

　　在这些反思中，马基雅维利政治哲学特别的现代精神明显地显露出来：政治领域是一个独特的行动领域，不仅在制度方面，而且在规范性上也是如此；它有其自身的法则，并且从直到那时仍然有效的宗教基础中被解放出来。同时，这一领域并非伦理真空，相反，它有自己的伦理、自己的价值和德行，它们可追溯到古代的共和理想，并且"现实主义地"解释这种理想。[50]它是自治的，但并没有放空价值。因此，马基雅维利为政治统治和政治行动的**本己**奠基提供了政治空间，保存国家的明智，即（后来所说的）"国家理性"[51]，占据着这一空间。如果君主首先从对内和对外保卫国家的要求出发，为他的行动提供辩护，在马基雅维利那里，这还包括，从臣民的视角出发，一如既往地使国家得到宗教的合法化，那么，这种国家行动的"理性化"在其自身也就包含着另一种相反的"理性化"的倾向，

150　这在马基雅维利那里虽然已经被提到，但却被他忽视了：政治上的辩护空间为臣民本身的合法化问题而打开，这些问题的形成，无论是借助公共利益的概念，还是借助关涉全体之事（*Quad omnes tangit*）的法则，都会激发辩护的动力，"合理的"权力运用最终不再服从于君主的明智，而是服从于更广泛的合法化——如后来在契约理论中那样。随着这种动力的发挥，政治权力的问题总是又与宗教真理或道德规范的问题联系在一起，然而，这只有在中世纪的神学—政治秩序衰落之后，在全面的、独立的政治合法化尝试的形式中才是可能的。

　　因此，在宽容问题方面，政治权力在现代初期的自治化与理性化具有一种复杂的、多层次的意义。首先，宗教变成了保存权力的工具，并且按照"国家理性"被合理地运用。在某种情况下，这可以**支持**根据**允许提法**的（有限度的）宽容（如在莫尔那里，以及在马基雅维利为了确保权力而保存既有宗教观念的例子中），但在另一些情况下，则可能**反对**这种宽容（当政治统治或公民的和谐不能因此得

以建立时；例如当存在深刻的分裂和导致动乱的异端邪说时）。[52]宽容首先在策略上得到论证和运用，它是权谋的一部分、治术的一部分。因此，在国家理性中，显示出一种特别的"合理的"政治形式，用福柯的话来说，一种独特的现代的"国家合理性"（Rationalität des Staates），它关乎对公民的全面治理和引导——同时，这种理性也归因于国家相对于宗教的自治，尽管它也准备接受"牧师权力"的遗产，以便寻求对臣民社会生活的控制。[53]在方法方面，为了达乎这种控制，福柯看到一种权力的"理性化"——在这种意义上，宽容之赋予（福柯没有对此专题讨论）可以出于策略的理由而成为这样一种"忍耐的"治理方法。[54]权力的任务是，全面保护生命并且防止罪恶；为此它需要必要的知识和高级的技术手段。马基雅维利与（至少部分的）莫尔支持这种新的政治理解，如哈贝马斯所强调的：马基雅维利看重追求权力和"牧民术"[55]的技艺，莫尔看重最理想的社会—经济条件下"社会的法律技术组织"[56]，这种组织工作关乎工作日、服饰、婚姻和子女教育的规定。[57]

　　因此，随着现代早期政治从宗教中的逐渐解放，国家权力的新技术与策略得到了发展，然而，这同时也唤起了这种发展的另一面，即政治上逐渐增长的奠基需要。由此就提出了权力理性化的第二个但并非次要的方面：对权力行使的规范性论证的理性化。[58]因为统治合法化的空间不可能长期仅由权力技术填充：它需要全面的和可接受的合法化，这种合法化在统治者与臣民之间建立一种联系。在宽容问题的语境中，这意味着，无论不宽容的政治还是宽容的政治，都需要公开地得到辩护；一种反思的强制侵入政治领域，它带来围绕宽容实践与宽容奠基的社会冲突的一种新动力。因为对权力的规范性论证、合法化与对权力的质疑一样，走出了传统的政治—神学框架；权力的（首先在制度—策略上的）理性化伴随着规范性的"理由空间"的理性化，如果愿意，可以简单地说：伴随着政治道德的理性化，而这又与一种全面的道德上的理性化联系在一起。因为在人们之间——他们面对与他人的差异——的横向关系也遇到反思压力和论证压力。成为公开难题的，不仅是"如何处理国家层面的深刻的（首要的是宗教的）差异"这一问题，而且还是"人们如何可以在社会中与其他宗教信仰者共同生活"的问题。[59]围绕宗教改革的冲突，将把这两个层面上的挑战带到光天化日之下。它们不仅需要政治上的纵向的宽容的新的策略和辩护，而且也需要主体间的横向的宽容的新的策略和辩护——就此必须强调的是，随之到来的尝试，即为相互的承认与宽容寻找一种可共享的道德基础的尝试，直到启蒙运动之前，还将继续依赖宗教的前提。[60]在这里要牢牢把握的是，现代的宽容话语被打上了国家理论视角和社会—主体间视角这两种视角的有意识的分离的烙印，以及，开始于这一时期的对宽容的现代讨论，在教会—政治秩序破裂之后，被打上了上述两个领域相对于传统的—宗教的既有规定逐渐增加的自主性的烙印，以及它们之间张力的烙印。

第九节　信徒的良知及神圣王国与世俗王国的分离：宗教改革

1. 宗教改革，用黑格尔兴奋的话来说，是“照亮一切的太阳”，它在“中世纪阴森可怕、漫漫悠长的黑夜”结束之际伴着人文主义的“朝霞”升起，在这一阶段，“精神通过意愿真的东西、永恒的东西，意愿自在自为的普遍的东西而知道自己是自由的”[61]。在向着与教会—教义的权威针锋相对的一种宗教个体性的现代发展中，在向着一种世俗国家观的形成的现代发展中，更准确地说，在向着世俗权威与神圣权威或教会权威相分离的国家观的形成的现代发展中，宗教改革表现为决定性的一步。不过，无论宗教改革如何提升了人文主义中蕴含的这些倾向，一种关于人的人文主义视角与一种关于人的路德派视角之间的鸿沟似乎也不能更大了：一方强调人的尊严与自由，而另一方强调人在上帝面前的微不足道（Nichtswürdigkeit）、人的罪过、沉沦以及对上帝仁慈的依赖。在伊拉斯谟那里，世俗统治者被要求以基督教德行进行统治，而就其国家观而言，路德更接近马基雅维利，后者把世俗权力奠基于对人性之恶进行抑制的必要性。在已经提到的伊拉斯谟与路德之间的争论中，人文主义与宗教改革之间的这种差异，以及路德式称义学说（Rechtfertigungslehre），路德神学的核心，完全得到了表达。尽管当路德把“少数东西”系于关乎得救的自由意志，而把“大多数东西”系于上帝之仁慈时，
154 伊拉斯谟对路德作出了妥协，但是伊拉斯谟坚持，如果自由意志微不足道，那么由上帝对德行进行奖赏和对恶行进行惩罚的教义就失效了，并且上帝本身要对恶行负责，其结果是人的彻底绝望。[62]与之相反，正是在这种绝望中，在对于人不可能经受住上帝的考验并且被视为正义的这一洞见中，路德看到了真信仰的必要条件，这种真信仰只能希望因上帝之仁慈而得以称义（Gerechtfertigtwerden），而不能希望通过意志的作用。正如路德回顾性地把他对上帝的正义之认识的决定性的“高塔经验”（Turmerlebnis）描述为认识到其自身之亏欠的信徒受之有愧的礼物，一个人只有通过对主体方面的不配享（Unwürdigkeit）的洞见，才获得了真正的信仰与劳作以及身外之物的自由。[63]

因此，就算宗教改革可以被视为迈向宗教主体性的自立和良知自由之形成的步伐，那么也只是以间接的方式，借助一种近乎悖论的辩证法，在其中，对主体意志及其独立性的彻底的、反人文主义的质疑把人直接置于上帝面前，并且因此使人不再依赖教会及其权威的传统中介作用：主体性本身来自对主体性的批判。这一辩证法对于宽容的问题域来说意味着什么，观察一下路德对于《新约》的两

个核心宽容论题［即对良知的敬重和两个王国学说（参见第四节附论）］的接受和解释方式，就会变得清楚。在这两方面，他都表明自己是奥古斯丁彻头彻尾的学生。路德远没有在他所说的"良知自由"的意义上，把自由理解为跟随其主体伦理信念的自由；对他来说，良知自由毋宁是以消极的方式，被视为免于虚假的教义和权威的自由，它们——极端情形是赎罪券买卖——在原则上平等的信徒中间建立了虚假的等级制度，并且假装以外在的事功（Werke）称义。[64] 只有在罗马教会领袖的形象中，剥离这种"反基督"的教义，才能使良知的真正自由在它当然是完全听命于上帝的那种**约束性**中得以可能。良知是无条件的信仰、对自己的罪和不完善性的洞见，以及对圣言——这里只有它的权威才算数——的消息的敞开之位置。良知由此从教会的"囚禁"中解放出来，从而自视受约束于上帝，并且由上帝引导——收回自己（Selbstaneignung）之后，在信仰中转让自己（Selbstübereignung）。在沃尔姆斯帝国会议上——1521年路德在这次会议上拒绝撤销自己受到谴责的作品——路德在他讲话的最后如是说："由于我的良知受上帝之言约束，我不能也不愿撤销任何东西，因为违背良知行事既是危险的，也是不可能的。"[65] 因此，良知并非宗教主体主义的表达，它甚至根本不会为个人本身效劳，而是**上帝的作品**。由此产生了路德主要的宽容论证，这一论证同时也通向两个王国学说的核心：

> 每个人都得自己冒险去决定如何信仰，并且为了自己而认为自己信得正确。正如另外一个人并不会为了我而下地狱或上天堂，不会为了我而信仰或不信仰，他亦不会为了我而打开或者关上天堂或地狱之门，不会迫使我去信仰或不信仰。因为一个人如何信仰或如何不信仰，在于他的良知，而世俗权力并不因此受损，所以它应该满足于管好自己的事情，让人们以他们能够和愿意的方式去信仰，不用暴力强迫任何人。信仰是一件自由的事情，没有人可以被强制。事实上它是一件神圣的事情，关乎灵魂，因此外在力量的强制和造作应该消停。奥古斯丁曾经说过的话，在此已是老生常谈。没有人可以和应当在信仰方面受到强制。[66]

通过圣言，上帝在个人的信仰中向他启示，因此接受这种真理既是个人的自由，同时也是个人的使命。良知的自由是对于这种福音的自由。[67] 因此，路德不仅（与奥古斯丁一样）支持良知不可受强制的观点，而且也支持良知不**应**受强制的观点，除非有人妄自行上帝之事，即意求引导某个人通向真理和极乐。

这里紧接着的是路德对两个王国学说的吸收，正如他在其作品《论世俗权威：服从世俗权威的限度》（*Von weltlicher Obrigkeit, wie weit man ihr Gehorsam schuldig sei*）（1523年）中特别陈述的那样。所有正统的信徒都属于上帝的王国，这是一个纯粹神圣的王国；这里不需要任何世俗法律或世俗之剑，因为只有上帝之言进行统治。这个王国的成员，真正的基督徒，因其信仰而是虔诚的，因上帝之仁慈而得救。如路德在《论基督徒的自由》（*Von der Freiheit eines Christenmenschen*）（1520 年）中强调的那样，他们免于世俗的需求，一如就极乐至福而言，他们不缺乏任何东西；毋宁说，信徒成了会为他人而向上帝祈祷的神甫。反过来，作为血肉之躯和世俗王国的成员，人有义务出于信仰而行善举——虽然不是为了变得虔诚——而这首先意味着"抑制肉身"并且克制意志。⑥⑧因此，基督徒出于爱而自发地成为他人的仆人——"全然无私"⑥⑨。这包括了加入世俗王国并且为权威效劳。当然，真正的基督徒们是自愿这样做的，因为他们没有落在世俗王国的法律之下——世俗王国包含所有那些不作为基督徒而生活的人，目标是防止他们的恶行。既然根据路德，"全世界都是恶的，并且千万人中也没有一个真正的基督徒"，因而用福音去治理一个民族是不可能的，"上帝就规定了两种统治，通过基督圣灵而成就基督徒和虔诚之人的神圣的统治，与约束非基督徒和恶人，使他们在表面上不得不保持和平与安宁的世俗的统治……"⑦⑩（少数的）真基督徒虽然不需要世俗王国，但仍然看到，那是上帝为了抑制罪恶与保护脆弱的缘故而规定的，如保罗所说："在上有权柄的，人人当顺服他，因为没有权柄不是出于神的，凡掌权的都是神所命的。所以抗拒掌权的，就是抗拒神的命；……"（《罗马书》，13:1 f.）按照路德的解释，这里意味深长的，是两个王国以及两种"统治"之间的关系：在神圣王国进行统治的唯有圣言，因为这里的关键在于，不用强制与勉强，仅仅出于内在的良知信念，而造就基督的"自由自愿的人民"⑦①。除了在其自己王国内的这种"神圣统治"，上帝还为世俗的王国规定了"剑的统治"，他并不直接行使这种统治，而是由世俗权威进行统治，世俗权威因此把上帝的作品做成外在的作品——不是以使人虔诚为目的，而是以保护表面的和平为目的。这一结构对于宽容问题域具有显著后果：一方面，必须服从世俗权威，因为它也做上帝在地上的作品，另一方面，必须极其重视的是，世俗权威不妄自插手神圣统治的事情。路德重点强调了这一点：

> 世俗统治有法律，其适用范围不超出身体、财产以及此岸的外在事物。至于灵魂，上帝不会也不愿让任何人统治，唯有他自己统治。因此，如果世俗权力把心思放在为灵魂立法上，那么它就侵犯了上帝的统治，并且只会诱惑和毁灭灵魂。⑦②

因此，世俗权威之所以必须敬重"良知的自由"，不是因为在伦理问题上有一种自己良知决断的"主体性权利"；毋宁说，对良知自由的尊重之所以是必须的，是由于对上帝统治灵魂的尊重，只有通过圣言而建立的信仰，才是上帝所满意的。

必须得到敬重的，不是良知的主体性自由，而是良知之**受约束**于上帝。只有上帝能够为灵魂指出通向天堂之路，只有上帝，而非国王，能够统治灵魂。只要国王尝试统治灵魂，并且如在迈森、巴伐利亚和勃兰登堡的情况那样，禁止传播路德的《新约》翻译，那么非暴力反抗就是必然的：这并非叛乱，而是一种对于渎神的法律的不遵守，忍受暂时的惩罚。[73]

反过来，教会作为机构，其任务只是宣布上帝之言和管理圣事，按照路德，它隶属于世俗权力，并且应该在内部民主地组织；它并不具有超出上帝所规定的权威。[74]如果它妄图对圣言作出权威解释，并且——如在赎罪券买卖中那样——行上帝之事，因而伪造信仰，那么，它就必须受到批判，正如它相信自己有权行使世俗权力，并且质疑当局的情况一样。它应该用圣言与异端斗争，因为"异端是神圣方面的事物，不可能被人们用铁打倒，用火烧毁或者用水淹没"[75]。福音本身的真理会被玷污，如果人们意欲借助暴力实现它的话。同时，启示真理也不允许任何教义上的宽容，任何对圣言的相对化："福音不能忍受别的教义在侧；它只愿成为基督的工具，把人们引向基督之光。"[76]

因此，两个王国的学说与特别的良知理解相结合，把路德导向了一种宽容奠基，这种宽容不包括对于福音的绝对真理的任何偏离，而且其核心在于，信仰的作品是上帝的作品（而非个体的作品），相应地，必须划下清晰的界限：世俗权力方面，事关对灵魂的统治；教会方面，事关它的神圣权力和世俗权力；最后是信徒方面，事关对世俗权威的服从。这种宽容奠基方式在现代讨论中一再被捡起，如在约翰·洛克那里显示的那样（尽管结合了一种不同的政治合法性的理解）。它基于一种对两个王国学说的吸收，特别是在上帝之城与地上之城之间的、奥古斯丁区分的形式，主要区别在于：奥古斯丁更加地把生于罪恶的地上王国置于天国之下，这后来被用于中世纪神权政治体系的合法化。路德抵制这种对世俗权力与神圣权力的结合，在两个王国或者说两种"统治"之间，划下了一条更加分明的界限，虽然他完全不怀疑世俗统治也是上帝的统治。[77]"对于全部两种正义来说，上帝自己在神圣方面与肉身方面都是创始人、主人、大师、守护者与奖赏者，这里面没有任何人的秩序或力量，完完全全是上帝的事情。"[78]这蕴含了两方面的意思，亦即一方面，国家仍然处于全面的神圣秩序中（并且在那里发现它的界限），但是另一方面，国家变成了一个独立的和（在其领域内）间接地装备了上帝权威的机构。

这显示在宗教改革反对教会特权所导致的反对现存封建秩序的社会暴动之结果中，特别是在 1524/25 年的农民战争期间，再洗礼派如托马斯·闵采尔（Thomas Müntzer）对基督教信仰进行了社会革命式的解释，并且尝试建立地上的上帝之国。[79]对于路德来说，这表现了一种对两个王国的非法结合，而且总体上带来了贵族对于宗教改革的一种更强硬的反应之危险，因此他日益严厉地反对这些

159

160

暴动。他先是劝告贵族和农民要克制，但最后毅然决然地指出，权威是"由上帝规定的"："忍受苦难，画十字，对于基督徒来说是正当的，再没有什么其他的了。"[80]就农民要求废除农奴制度的第三条款，路德回应道：

> 不应存在任何农奴制，因为基督使我们所有人自由。这是什么意思？这是说，基督教的自由完全以肉身的方式实现。……因而，这一条款是直接违背福音的，是掠夺性的，因为这样一个人如此具有自己的身体，以至于他脱离主人。因为一个农奴完全可以是基督徒并享有基督教的自由，正如一个被囚的基督徒或生病的基督徒并不自由一样。[81]

　　鉴于越来越多的斗争和自己呼吁的无果，路德最后极其猛烈地谴责"杀人越货的农民团伙"，并且敦促当局采取一切手段终结暴动。"应该在这里结束之，无论是谁，无论秘密地还是公开地扼杀与刺杀，还要记得，没有什么比一个叛逆的人更有毒、更有害、更邪恶。"[82]对宽容问题域来说，路德对于这些暴动的严厉态度具有特别的意义，因为暴动借着基督教—改革的论证本身得到了合法化。为了把他的态度与此划分开来，路德强调，暴动者不仅违反了敬重世俗权力的命令，而且是应当受到惩罚的异端，因为他们传播危险而错误的观念。因此，他在 1531 年支持墨兰顿（Melanchthon），后者不仅要求对叛乱的再洗礼派判处死刑，而且也要
161　　求处死那些虽然表现得和平但却扰乱"教会秩序"的人。[83]这样一来，原先对作为"神圣方面事物"的异端邪说的宽容成问题了，世俗秩序与神圣秩序——更准确地说：教会秩序——被更紧密地拉得更近了：如早先那般，异端邪说与暴动几乎被视为一回事，一种世俗的惩罚从而得以合法化。
　　这更是显示在路德借助王公贵族的帮助对改革进行制度化的进一步努力中——在这一过程中，他相对化了他的宽容学说的一些核心陈述。这里也呈现出自教父们以来，特别是自奥古斯丁以来众所周知的景象：只要自己的教义占据了统治地位，严肃的挑战就不再关乎宽容，也就是不再关乎那种以前从少数派立场出发而被认为必须的宽容。信徒从前不可见的、隐秘的教会，现在变成了一种制度，为了达成这个目标，路德需要王公贵族，根据他的观点，他们的任务是为了上帝之言传播的可能而劳作。虽然他先前反对在路德派国家压制天主教群众，但到了 1525 年，他赞成进行压制。[84]关于——按照他自己的学说——对这一做法的异议，即世俗权威无权涉及礼拜与宗教，他反驳道："我们的王室并不强制信仰和福音，相反，他们压制外在的暴行。"[85]既然**良知自由**被解释为免于直接的信仰强制的自由，那么**礼拜自由**（Kultfreiheit）就不再包括良知自由；宗教方面的差异最多在私下是可宽容的。在另一处，路德强调，"在一个地方只应进行一样的布道"[86]。这个原则预先表述了 1555 年《奥格斯堡宗教和约》的基本准则，即"教随国定"

（*cuius regio*，*eius religio*），它也在路德派教会的建立中，成为了指导性的，而路德派教会被置于国家王侯之下，后者定期进行"视察"。国家王侯的宗教关怀（*cura religionis*）应该负责使臣民听到上帝之言——包括参加礼拜的义务："哪怕他们并不信仰，他们也应当为了十诫的缘故而被迫参与布道，这样他们至少可以学会外在的服从。"[87] 因此需要建立一个国家教会体系，它融合了世俗权力和神圣权力之间的界限，以至于王侯应该"维护上帝的荣誉，防止渎神和偶像崇拜"[88]。因此，正是通过路德，1541 年，"宽容"（tollerantz）一词在一个消极的意义语境中进入了德语，在对宗教改革的教义与天主教教义持续共存意义上的一种"永久宽容"（ewigen tollerantz）进行拒斥的语境中，这个词进入了德语。[89] 另外，他还支持驱逐信仰不同者，无论是宗教改革的其他方向的拥护者，还是比如犹太人，由于他们对其信仰的坚持，路德对他们敌意日增——直到著作《论犹太人及其谎言》（*Von den Juden und ihren Lügen*）（1543 年），在其中，他要求压制犹太教信仰并且驱逐犹太人。[90]

2. 然而，当路德——以及还要更明显的茨温利（Zwingli）和加尔文[91]——为了教会的制度化和真理的传播，从而走上把世俗权力逐渐工具化（Indienstnahme）的道路时，其他人却以把良知从教会及其教条的"奴役"中路德式地"解放"出来为出发点，以一种非教条的、精神的—个体主义的、几近神秘主义的方式解释基督教信仰。[92] 因此，"唯灵主义者"（Spiritualisten）如汉斯·登克（Hans Denck）（他属于再洗礼派的一支，这一派不愿通过武装手段在地上实现"纯粹的"基督教）[93]、塞巴斯蒂安·弗兰克（Sebastian Franck）或卡斯帕尔·施温克菲尔德（Caspar Schwenckfeld）发展了对宽容和良知自由的奠基，与路德不同，他们的奠基强调教义宽容的要素。在此需要强调的，是弗兰克原创性的重要作品。[94] 弗兰克除了受路德影响，还明显受到登克的一种内在的、非教条的基督教学说[95]和伊拉斯谟和平主义的影响，按照狄尔泰的说法，他是"一位真正天才的思想家与作家"[96]，他持有一种对于他的时代来说走得非常远的、全面的宽容立场。这一立场基于一种宗教个体主义，这种个体主义对信仰的理解完全脱离任何实定权威——无论是教会的权威还是《圣经》的权威——并且只把信仰归因于圣灵的"内在之光"。[97] 根据弗兰克，宗教的一切实定性不仅偏离了这种内在的纯洁性与真理，还导致了诸宗教、团体、派别之间的无尽争执——他有一次这么说，这是围绕"鸽子屎一样的事情"[98]的争执；在他的重要著作《诸悖论》（*Paradoxa*）（1534 年）中，他同样清晰地表达道："《圣经》致死。……而圣灵创生。"[99] 真正的教会，是不可见的教会——"全世界所有真正笃信上帝并且心地善良的新人的集会和社团"[100]，而它的成员，按照弗兰克的观点，正如历史表明的那样，总是被那些把信仰逼入规则、法律、秩序等非真正的基督教事物中的人迫害为异端。因此弗兰克抵达了对异端

164　概念的一种最极端的相对化："异端所神圣化的，并非世界所神圣化和正当化的同一种东西；但世界把它的黑暗和谎言凸显为光明，称赞它，颂扬它，而不支持这种惨状的，就是异端，任何时候都是这样，如基督、使徒以及之前的先知们见证的那样。"[101]在他的异端编年史《历代志、时间表与历史圣经》（*Chronica*, *Zeitbuch und Geschychtbybell*）（1531 年）中，弗兰克尝试用许多例子来显示，多少"可贵的、上帝喜爱的"人成为了（特别是罗马教会的）异端迫害的牺牲。因此，弗兰克的基督教所蕴含的教义上的宽容走得非常之远：既然"《新约》无非是圣灵，一种好良知，纯洁的爱，一种纯粹的情感，一种无邪的生活，出自真实信仰的内心之正义"，上帝只注意这种纯洁性，并且是超越一切实定内容的"公平的上帝"，他"同样地爱一切人"——"不考虑人格、姓名和民族"[102]；那么对于主体间的、横向的宽容来说，这意味着，所有严肃地寻找上帝的人都是兄弟，并且彼此以兄弟相待；上帝的公平性辐射到——作为不可见的教会的成员的——人们的关系上。此外，在弗兰克那里值得注意的是，他普遍地解释这一点：

> 对我来说，一个天主教徒、路德派、茨温利派、再洗礼派，甚或一个土耳其人，都是好兄弟，只要他对我好并且能够忍受我，即使我们感受不同，直到上帝有一天把我们聚集到他的学校，并且使我们具有同一种感觉……因此，但愿没有任何一个人是我信仰的导师，并且强迫我唯其首是瞻，但愿他是我的邻人，是我亲爱的兄弟，即使他是犹太人或者撒玛利亚人，我也愿意爱他，尽我所能对他好。我不抛弃任何不抛弃我的人。对每个人我都是一个公平的人。[103]

按照这种人文主义—唯灵主义的观点，在不同特征的信仰者中间，可以找到一种普遍的"内在真理"，并且那些因其有限性而不公平的人，不应妄自作出上帝关于错误或正统信仰的判断；公平的上帝同样地要求个体的虔诚，正如要求他的
165　信徒们相互的、公平的宽容。本身从未完全处于真理之中的人，应该在爱中忍受他人以及他人的脆弱。[104]

对于国家的、纵向的宽容，这意味着，没有任何人的权威可以合法地规定或禁止某种实定的信仰方式；上帝的民族是一个"自由的民族"，上帝既不想要一种在规则中受逼迫的信仰，也不想要一种被迫的、虚伪的信仰。[105]正如在路德那里，信仰是上帝的作品，世俗权力在这个领域没有任何特权："因为思想是免税的，所以没有人能强迫、逮捕或者阻碍意志。"[106]最后，对于判断异端来说，一种世俗的或者神圣的权威也没有充分的教义上的根据。这里显示出，教义方面的宽容提法如何强化了国家方面的宽容要求，并且抽掉了异端迫害的基础；人们不仅不得不担心随着稗子把麦子一起除掉，甚至难以确定什么属于稗子，什么属于麦子。于是，

信仰之强制不再仅仅是一种神圣权力与世俗权力的混淆，它本身就是对信仰进行伪造的最高形式。因此，一种宗教—个体主义的立场，在这里与一种很大程度上世俗的国家理解联系起来了。[107]

当然，这样一种"普遍宽容"的立场也有特定的界限。因为，正如反对那些"外在地和俗世地（fleischlich）"解释圣言的人，他同样倾向于不容忍那些认为宗教的实定性绝对必要的人[108]，特别是像那些造反的再洗礼派——例如"明斯特的先知们"，他们于1534/35年在明斯特建立了一个基督教—共产主义式的、神权政治的政权，其失败引发了一场对再洗礼派的迫害浪潮——一样，意欲在地上建立上帝之国的那些人。根据弗兰克，他们是真正有害的教派，必须与之进行暴力斗争。[109]

尽管存在上述界限，但仍然要牢牢把握的是，在弗兰克那里，可以发现一种 166 对于他的时代来说走得很远的论证，它包含了对于随后的宽容话语非常重要的要件：首先是真正的、个体的宗教性与教会的秩序甚或《圣经》的权威之间的分离；其次，更重要的是教义上的宽容，即使非基督徒也被这种宽容视为公平的上帝的"孩子"，他们由于在他们的另类存在中的本己的有限性而必须被忍耐——这是一种知识论的论证，它导致异端概念的一种相对化，即使这不是完全告别异端概念的话，而且这种相对化并**没有**以一种宗教怀疑主义为基础。因此，弗兰克承继了宗教的统一思想的一条线索，这种思想已经在中世纪的宗教对话（参见上文第六节）中就可以看到，并将持续到莱辛。最后，在弗兰克那里，还能看到人文主义的一种和平主义之外的重要土壤，这种土壤之后在宽容话语中变得越来越重要：在信徒之外，出现了作为人，而非仅仅作为宗教存在者的"人"——用弗兰克的话来说，"对每一个人我都是一个公平的人"[110]。这就开创了一种（在这里还没有完全成熟的）区分法，在必须"作为人"而被尊重的人和作为特定信仰观念支持者的人之间的区分，这些信仰观念被人们拒绝，但同时也被宽容，因为人们把他人视为邻人，视为应当受到一定尊重的邻人。所以，这里也出现了一种对人的划分，但并不意味着，现世的人的生命可以为了灵魂的得救而牺牲，甚至在某些情况下必须牺牲（参见第五节第2点）。现在，单纯的人性就保持着一种本己应得的尊严。当然，在弗兰克那里，一如在基督教的人文主义那里，这种区分仍然完全处于宗教框架中，对人的尊重就是把人视为"上帝的孩子"。

3. 这些要件也出现在塞巴斯蒂安·卡斯特利奥（Sebastian Castellio）的宽容论证中，跟随着他，现代的宽容话语抵达了一个新的阶段：这里，人文主义的与宗教改革的思想资源联系于一种远远超出他的时代的、具有"现代"特征的宽容 167 提法。

对于许多宽容著作来说是特征性的东西，对于卡斯特利奥的论证也适用：它起因于一个直接的契机。[111]1553 年 10 月，在一些著作中拒绝三一学说的医生米歇尔・塞尔维特（Michel Servet），由于加尔文的推动，而在后者统治下的日内瓦被判处死刑。塞尔维特是为了逃避法国的宗教审判才来到日内瓦的，他在这里被捕，受审判，在火刑架上被烧死。在这一事件的过程中，发生了一场广泛的争论，其高潮是卡斯特利奥与加尔文之间的争辩。后者在其著作《为正统信仰辩》（*Declaratio orthodoxae fidei*）（1554 年）中为审判辩护，认为审判对于维护上帝的名誉和避免由塞尔维特而来的"异端流毒"的扩散是必要的。卡斯特利奥在日内瓦起初是加尔文的同事，但后来与加尔文疏远，并且移居巴塞尔，他在其（身后才出版的）著作《驳加尔文书》（*Contra libellum Calvini*）（1554 年）中直接回应加尔文，而在这之前，他已经以假名马丁努斯・比利斯（Martinus Bellius）出版了关于对异端宽容的文集，即《论异端》（*De Haereticis, an sint persequendi*）（1554 年）。这部著作追随塞巴斯蒂安・弗兰克这位榜样，后者同样为了攻击异端定义与异端迫害的任性，在其《历代志》（*Chronica*）的附录中，引证了《圣经》、教父和宗教改革者的支持宽容的文本。在卡斯特利奥那里，也可以看到同时代作家如伊拉斯谟、路德、弗兰克、布伦茨（Brenz）甚至加尔文的章节；他自己用其他假名写了两个文本。当然，最重要的章节是致符腾堡公爵的前言。在其中，卡斯特利奥阐述了他的核心思想。

（a）首先，对于卡斯特利奥来说，关键是在道德与教义上的宗教问题之领域间的分离；一方面是生活方式和对待他人的态度的一种（基督教的）普遍有效的和可见的——在一部较晚的作品中以自然权利的方式去理解的——道德，另一方面是教义上的宗教问题之领域，这些宗教问题引发争执，但所争执的是非本质事物，即这样的事物，"对于通过信仰得到拯救来说根本不必知晓的事物"[112]。对形成基督教核心但同时也"自创世以来就写在所有人灵魂之中"[113]的——无论是基督徒、土耳其人，还是犹太人——普遍道德之原则的违背，通常容易判断和谴责，而对神圣事物方面的违背，则是无尽的争执的对象。"评判教义并不像评判道德那样容易。"[114]

（b）相应地，卡斯特利奥区分了两种异端：第一种是那些"顽固地"违反普遍道德规范的人，"懒人"和"迫害者"或无神论者一样同属此列，第二种是偏离神圣事物的人。关于后一种，卡斯特利奥像弗兰克一样指出，存在大量彼此出于纯粹任性的异端指责和迫害："我经常研究谁是异端，但我发现的无非是，被认为是异端的人，就是与我们的意见不一致的人。"[115]因此，不仅出现了关于非本质事物的不必要的争执，而且出现了一种危险，即敬畏上帝的人被宣布为异端的危险；最后，甚至基督也可能被迫害为异端。

（c）继而，规范性领域中的这种分离现在迈出更远的、决定性的一步：为了批判人的异端规定的任性，并且与此同时保持基督教道德观的核心内容，卡斯特利奥必须接受一种知识论的区分，即显而易见的和普遍可通达的真理与即使在《圣经》中也仅仅"幽暗地"和"神秘地"流传的真理之间的区分（卡斯特利奥以此继承了第六节讨论过的、从阿伯拉尔经过阿维洛伊直到库萨的、合法的宗教差异的问题域）。因此，这里主导性的区别，并非本质事物与非本质事物之间的人文主义区别，而是"显而易见的"首先在伦理—道德方面的真理与下述这样一些真理之间的区别，基于人的**有限的**认识能力，这些真理是**合法的**、但是是在地上**不可解决**的各种争论和分歧的对象："争执的唯一与全部来源，在于对真理的无知；因为，如果这些事物像只存在一个上帝这件事一样显而易见的话，那么所有基督徒都会是一致的，正如所有民族都见证的那样，只存在一个独一无二的上帝。"[116]核心的宗教真理是一枚"金币"，在任何地方都具有价值，并且通行无阻，与之相反，许多宗教和教派所形成的，只是不同的"花纹和图案"，应该得到容忍而被观赏。

在许多方面，卡斯特利奥都并非如通常认为的那样，是一个宗教怀疑主义者。[117]这首先是因为，对于他而言，信仰和道德的核心内容——这对于获得拯救来说十分必要——对人们可以清楚地启示出来，这又是因为它们已经被上帝"写在了人的灵魂里"。其次，借助于稗子譬喻，他的出发点是，即使在微不足道的、有着如此激烈争论的事物中，也有一种终极真理，但是只有上帝才能认识它。因此，在"真正的判决者"判决之前，妄自对此作出判断是人类的自负；但同时，他并没有由此得出任何一种对于自己宗教的原则上的怀疑。再次，在相互交往中，谦逊与温和是基督提出的命令，人们必须模仿他的宽容。尽管如此，各自的宗教态度并没有相对化：

> 犹太人或土耳其人不应诅咒基督徒，基督徒这边也不应蔑视土耳其人或犹太人，相反，应该劝导他们，并且通过真实的虔敬和正义赢得他们。同样，我们基督徒也不应互相评判。如果我们比那些人聪明，那么让我们更加善良和仁慈。因为确凿无疑的是：一个人越是认识真理，就越不倾向于审判他人。[118]

在卡斯特利奥那里，在宗教的争执问题中，不仅决定性的道德，而且认识论上的不确定性，都被**宗教地**奠基，而不是在自律的理性中或通过怀疑论的方式被奠基。尚无一种独立的、分离于宗教的道德来形成相互宽容的基础，这里的道德还是宗教性的，并且与伦理的道德规则结合在一起（"迫害者"和"贪婪者"同时被列入第一类异端），因而"不信神"仍然构成卡斯特利奥的宽容的无条件的界限，如他在他的反加尔文著作中所解释的：

> 我认为我们必须区分不信神的人与那些错了的人。……如果他们否认上

帝，如果他们诽谤上帝，如果他们公开冒犯基督教教义，如果他们厌恶虔敬之人的圣洁生活，那么我就同意，把他们交由地方官处罚，不是因为宗教对他们无效，而是因为他们不信宗教。[119]

在他的区分中，显示出双重规范性区域——（1）**普遍有效的道德**的领域。先于一切实定宗教，这种道德是人类理性（作为"上帝的女儿"）[120]就可达及的，并且可以被还原到**交互性**的公式，即己所不欲，勿施于人。按照卡斯特利奥，这公式"是如此真实、如此合理、如此自然，正是由上帝之手写进了所有人的心里，以至于只要提出这一规则，没有人会无耻得离规训与觉悟远到不把这一规则视为正当的和理性的"[121]；（2）**宗教的意见多样性**的领域，由于人类有限的认识能力，这种多样性既合法，又不可避免和不可解决。——在两种规范性"真理"之间，存在着一种对于宽容话语来说决定性的差异：一方面是**道德的**真理，另一方面是**宗教的—伦理的**真理。尽管如此，正如已经说过的，在卡斯特利奥那里，这还只是在结构上的预示，道德上的正当、伦理上的善与宗教上的真理这些问题，尚未分离到能够区分出一种自律的道德和一种理性的、伦理—宗教的意见多样性的区域。不过，向着这种规范性的与知识论的区分的方向，卡斯特利奥迈出了一大步。

171 在他那里，理性已经扮演了一种核心角色：在第一个领域，它有助于道德上的清晰性和判断力，在第二个领域，它因其有限性而不足以解决宗教上的争执问题。

因此，尽管存在所有这些局限，卡斯特利奥的论证表现了主体间的宽容话语内部的"道德理性化"进程的重要一步。与在弗兰克那里一样，这里出现了教义上的宽容的因素，但卡斯特利奥没有像弗兰克那样，反对性地与每一种实定宗教相对立；特别是，这里还出现了**超越于各种教义的、教派的规定和身份**的作为道德人格的人。在卡斯特利奥对加尔文的论述"事关为了（上帝的）荣誉而斗争，全人类都应该被忘记"[122]的回应中，这一点变得完全清楚了。卡斯特利奥以最简明扼要的方式反驳道："杀死一个人并不意味着捍卫一种教义，而就是杀死一个人。"[123]这句话以其质朴和简短，代表了人文主义的和宗教改革的宽容话语的最重要的成果之一：人表现为超越教义之争和宗教权威的、受尊重的人格——诚然，是作为上帝的直接的臣民。

因此，可以确定的是，虽然在卡斯特利奥那里，也能看到通过还原到世俗的信仰内容而解决宗教争执的**人文主义论证**[124]，以及上帝面前良知自由和两个王国的**宗教改革论证**，但是，这里开辟了另一条**第三道路**，即宽容的尊重提法的奠基道路，这条后来经过博丹、科恩赫特（Coornhert）直到培尔的道路，代表了一个重要选项：涉及一种普遍的人类道德，即相互尊重和对于限制他人自由之行动的辩护必要性的道德，并且同时涉及宗教争执的不可避免性和合法性，因而有争议的

172 教义不可能为限制自由提供任何论证理由。就此而言，卡斯特利奥可以追溯到不

同的论证路线，其中一种高于诸种宗教差异的道德和理性可以被找到（如在阿伯拉尔和阿维洛伊以及伊拉斯谟那里），而普遍规范的辩护必要性被强调（如在帕多瓦的马西利乌斯那里）；同时，在这些观念的联结中，他为一种在道德上（对他来说也就是在自然权利上）得到奠基的，同时使教义上的宽容而非使宗教怀疑主义得以可能的宽容提法的可能性确定了方向。

第十节　教随国定：宽容作为临时协议与作为社会规训工具

1. 只要我们的分析没有把政治上的宽容现实纳入眼帘（例如在 1555 年《奥格斯堡宗教和约》中特别呈现出的宽容现实），那么对宗教改革时代的宽容话语，以及与之相伴的冲突的分析仍然是不充分的。在这里，我们不可能对这一复杂的历史事件进行一种全面讨论[125]，而是要照亮一个特别的宽容局势，其中出现了宽容的共存提法与允许提法之间的一种十分有益的联结。此外，在这里，教派化（Konfessionalisierung）时期政治权力理性化的另一方面变得明显了：通过对外和对内不同的宽容和不宽容政策，来加强政治统治。

广为传播的路德学说伴随着国家教会的形成，按照改革权利（*ius reformandi*），这些教会直接隶属于王侯，鉴于此，"德意志民族神圣罗马帝国"皇帝查理五世（Karl V）的政策具有这样一种特征，它试图不仅在政治领域，而且在宗教领域，建立王国的"统一"（ainigkeit）——协和（*concordia*）——并且确保天主教信仰的 173 统治地位。[126]特别是查理五世，他试图在 1521 年《沃尔姆斯宗教协定》中，实施对路德及其追随者进行惩罚的剥夺法律保护令，这导致了在施佩耶尔（1529 年）和奥格斯堡（1530 年）的国会上的冲突；在奥格斯堡国会上，路德派在《奥格斯堡信纲》中表达了他们的信仰声明，然而被驳回。之后，诸福音派帝国政治体（die evangelischen Reichsstände）——现在被称为"新教"——联合为"施马尔卡尔登联盟"，开始了一段激烈的军事冲突时期。由于没有哪一方能够获得明显而持久的胜利，查理五世（他在 1556 年退位）的弟弟费迪南（Ferdinand）在 1555 年召集了奥格斯堡国会，这次会议在"旧教"与《奥格斯堡信纲》之间，达成了所谓的《奥格斯堡宗教和约》。和约要点如下：

（1）出于帝国的"紧急"和为了面临"宗教分裂"的和平之故，和约明确表示，良知自由受到承认——虽然**只是**选帝侯的良知自由，而非其臣民的良知自由。[127]根据教随国定（*cuius regio, eius religio*）原则，王侯在其领地内部规定宗教的权利被承认。帝国由此失去的宗教—政治的统一在各个领地上被建立起来，并且巩固了王侯们的地位。

（2）和约只在天主教信仰的信奉者和《奥格斯堡路德信纲》的信奉者之间有效。其他教派（如加尔文派）或团体（如再洗礼派）被明确排除，并且会继续被当作异端来对待和受到惩罚。

（3）不愿追随国家统治者之信仰的臣民所具有的，只是移居的可能性，这种可能性在协议中得到了规定——移居权益（beneficium emigrandi）。

（4）领地内部的政教统一的唯一例外，是混杂教派聚居的帝国自由城市。在这里，在帝国层面导致分裂的临时协议（Modus vivendi），在城墙内和平共存的意义上得到解释。

174　（5）为了防止诸宗教侯国的世俗化，《宗教保留条款》说，宗教要职人员如果转宗新的教派，就失去他们的职务和收入，失去他们的管区。

随着宗教和约的订立，变得清楚的是，宗教—政治的风貌改变得多么剧烈：帝国成为了不同教派的马赛克拼图，宗教一致之目标转移到了各个领地，而帝国只是一个法律—政治的统一体，虽然和约之订立坚持建立教派统一这一目标。[128]因此，为了结束军事冲突，实际上恰恰是一种紧密的教会—政治统一的观念，即基督教共和国（respublica christiana）的观念，被放弃了。在各个侯国之间，一种出于策略—实用主义动机的、共存提法意义上的宽容在发挥统治作用，而在统一体内部，最多只可能有一种根据允许提法的宽容〔一种对于差异的忍耐，只要它保持安静：异端沉默（haereticus quietus）〕——在此，一个国家一种信仰的原则正式进行统治了。

双方都视和约的妥协与公开冲突相比为较小的恶，并且妥协被认为不过是暂时的（ad tempus）。[129]虽然旧教更喜欢诸如《宗教保留条款》这样的成分，并且福音派帝国政治体对个体的良知自由的要求没有得到承认，因而没有说出任何关于诸教派的真正"平等"的东西[130]，但是新教徒怀抱希望同意缔约，希望不仅能够巩固他们的位置，而且能够创造进一步传播的可能性。[131]双方都继续视自己为基督教
175　的真正代表，并且远不愿给对方教派——更不必说其他教派[132]——一种内在的权利。因此，和平的共存，以及宽容的处境，接着就表明自己是不稳定的；《宗教保留条款》受到新教徒攻击，在帝国会议上的争辩打上了他们愿望的烙印，他们力图反对天主教内多数派的优先权，从而改善他们自己的地位，而在反改革的过程中，天主教徒则尝试压制福音派的信仰。最后，加尔文主义的变强，也在德意志诸领地扮演了重要角色。[133]各种冲突加剧，并且最终演变为三十年战争；直到1648年《威斯特法利亚和约》，才带来了一种对诸教派的法律调节，这一和约虽然基于奥格斯堡的妥协，但是（a）提高了被容忍的其他宗教信仰者——关于私人宗教事务（exercitium religionis privatum）——的法律地位，（b）赋予了改革派（加尔文派）与《奥格斯堡信纲》平等的地位，并且（c）拟定了一种对于"宗教保留条款"

的公平解决。[134]这就向着诸（主流）教派的平等迈出了重要步伐，而没有放弃"一个领地，一种信仰"的原则。

2. 当然，与《奥格斯堡宗教和约》中诸领地之间依循共存提法的宽容的产生和命运同样重要的，是领地内部的结构：对外宽容的另一面是对内的不宽容，这一面致力于内部长治久安的目标。[135]对外的宗教和平（Religionsfriede）与对内的宗教稳定（Religionsbefriedung）携手，教派间的忍耐与教派内的团结并驾，与对宗教异见的排除齐驱——这不仅涉及大的相互竞争的教派，而且也关乎其他信仰方向。逐渐增长的"教派化"与政治统治通过结合宗教与王权而得到加强，这之间的这种联系，已被分析为"社会规训"的过程。[136]这样一来，对按照教派规定之行动的全面的政治—法律调节，就在国家和教会的监管下得到了说明，这种监管不仅在天主教的帝国政治体中形成，而且也在路德派和改革了的帝国政治体中形成。从（一种日益在行业分工中组织起来的社会的）经济生活到教会生活，从教育系统到军事系统，从公共管理到家庭生活和性生活，形成了一种政治—教派的秩序，这种秩序关乎对作为"良"（gewissenhafte）[137]民、作为"顺民"的人的组织——被宣布的有警察条例、行业条例、乞讨条例、医院条例、婚姻条例等等。[138]这里可以看到"牧师权力"的一种形式，在其中，传统的神权政治因素和现代早期的专制主义因素在不断变化的社会中相互交错。[139]在这方面，一个富有启发的现象是这一时期逐渐增多的对女巫的追捕，这种追捕一直延续到 17 世纪甚至 18 世纪。这里汇集了不同的动机，但总体上，这些官僚主义地—形式地进行的社会规训过程，有利于通过与社会中"魔鬼般的"恶作斗争来巩固政治统治，那些恶源自边缘的个体，特别是女性，是与教会分裂相对的敌人，在与这个敌人的斗争中，好的牧师政治秩序才能证明自己。[140]

然而，如果仅仅把内在的不宽容视为领土间宽容和教派化的另一面，就看得太短浅了。因为宽容政策也被用来作为提升权力的更长远的策略：正如已经多次提到的那样，宽容也可以成为权力和规训的有效手段。而且，在这里，在现代的开端，正是在中世纪的社会中的同一些团体，暴露于忍耐与迫害的相互作用之下，这属于他们的统治的全貌（见上文第五节第 3 点）。[141]首先还是犹太人。[142]他们不仅在伊拉斯谟的人文主义著作中，而且在路德那里都受到敌视，只有非常少的说情者，如弗兰克或卡斯特利奥，这是已经指出了的。[143]在实践中，对他们的忍耐在——无论是天主教的还是新教的——国家统治者的"犹太人条例"中得到规定，其目的在于，把"基督教的自由"与"犹太人的顺从（Dienstbarkeit）"区别开来[144]，该条例一路延伸到政治、经济、宗教乃至私人生活的诸多细节中。例如，在法兰克福市的犹太人条例中规定，犹太人礼拜日不许上街，不许碰那些摆出来是为了卖给基督徒的水果和蔬菜。[145]此外，在这些条例中，例如在黑森州的犹太人条例中，规定了不许建立新的犹太教堂，犹太人应该克制宗教表达，允许他们和谁在什么时间从事贸易——以及最后，以死刑来禁止与基督徒女性私通。[146]

不过，这些犹太人条例也是"宽容条例"：通过它们，犹太人被允许了一种受到严格规定的社会经济生活，为此他们不得不支付"保护费"，并且付出被歧视和污名化（在许多地方，他们必须佩戴明显的标志，如黄色的戒指、星星或者特别的帽子）的代价。他们由此获得的，是对于总是一再出现的攻击和驱逐在一定程度上的、时刻可能撤销的保护。诸如此类的侵犯总是有很多借口，人们口口相传着一份关于犹太人过错的传统清单，这些过错包括人祭基督教少年，以及亵渎圣餐和井水投毒，直到高利贷。[147]为了在这些集体迫害面前受到保护，犹太人依赖于国家统治者和城市高层分配给他们的受限但安全的社会空间，他们在其中居住和工作。犹太社区（Judenghettos）在中世纪已经形成，在现代早期得到保留，并且迁移到城墙下，或者城市外面的村庄。国家统治者反过来因此确保犹太人的忠诚和效劳，在变得商品化的社会中，统治者可以利用犹太人。[148]一些犹太人因此能够在王侯的恩惠中爬升，并且以他们的直接效劳而被接纳为"宫廷犹太人"。

在这里只是简单提及的例子不仅表明，中世纪的排除倾向和污名化实践如何延续到现代早期（这在诸如"流浪者""麻风病人"或者"妓女"等其他团体那里也是明显的）；而且也显示了在包含和排斥之间、承认和歧视之间、允许和禁止之间、宽容和规训之间的复杂关系：犹太人被污名化为一个隔离团体，并且受到社会的排除，但与此同时，他们也部分地被包含（在"包含"一词的双重意义上）和"忍耐"在社会中——这样一种忍耐，如在歌德那里读到的，实际上是一种"侮辱"。在此显示出宽容的允许提法的一种形式，忍耐被用来作为权力行使和臣民"生产"的理性化形式。

3. 宽容露出了对于现代的话语来说典型的双重面孔，由此可以用一个简短的评论结束关于人文主义和宗教改革的这一章：一方面，宽容的政治（根据允许提法或共存提法）是权力之理性化，以及相对于教会的权力要求而对政治权力进行巩固的现象，就此而言，对于教派化时期来说标志性的是，二者在这里达成了一种紧密的结合，但是重心已经明显转移到世俗权威的利益和维护和平之优先性上。另一方面，对于国家的宽容政策的辩护压力由此增加，并且——以道德理性化的方式——逐渐形成一种主体间的宽容思想，这种思想也在国家宽容方面，而不仅仅在人与人之间的—公民宽容方面，引向一种尊重提法意义上的更广泛的要求。与此相关，形成了三种决定性的论证路线：把宗教争执回溯到一种处处分有的宗教基础的人文主义道路；结合两个王国学说而强调个人对上帝负责，以及作为"上帝作品"的良知的不可侵犯性的宗教改革道路；最后，鉴于有限的理性存在者之间不可消除的宗教差异，从而强调一种决定性的交互性道德的道路。虽然所有这些进路都朝着信仰的"主体化"，以及对教条主义的—教会的权威的摆脱迈出了重要步伐，但它们仍然活动在基督教的—神学的地面上；下文将会表明，它们如何在这一背景下发生了转变，并且部分地从这种背景下解放出来——但是否完全解放了出来，以至于针对非基督徒或者非宗教的思想者的特殊划界被取消，这仍然有待追问。

随着按照允许提法的国家的让步式宽容，以及依据尊重提法的主体间的宽容这两种主要视角的逐渐形成，尽管两种视角的视向具有内在区别，但接下来的现代宽容话语，将以这两种视角内部的，特别是这两种视角之间的动力和冲突为标志——有时甚至是在一个单一的理论家的思想中，例如在博丹的思想中。政治权力的自主化作为从宗教权威中的解放，对立于道德的自主化，这些视角从此分化，并且相互对抗：宽容处在权力与道德之间的冲突中。

注释：

① Bruckhardt, *Die Kultur der Renaissance in Italien*, 123（Herv. i. O.）.

② Vgl. Skinner, The Foundation of Modern Political Thought I, Kap.5；Münkler, Machiavelli, 3. Teil.

③ Vgl. Meinecke, Die Idee der Staatsräson in der neueren Geschichte；Münkler, Im Namen des Staates.

④ Vgl. besonders Blumenberg, *Säkularisierung und Selbstbehauptung*, 158—166；此外，以不同方式强调"自我保存"概念的文本有 Horkheimer,"Vernunft und Selbsterhaltung"；Henrich,"Die Grundstruktur der modernen Philosophie. Mit einer Nachschrift：Über Selbstbewußtsein und Selbsterhaltung"和"Selbsterhaltung und Geschichtlichkeit"；Spaemann,"Bürgerliche Ethik und nichtteleologische Ontologie"；Blumenberg,"Selbsterhaltung und Beharrung. Zur Konstitution der neuzeitlichen Rationalität"。

⑤ 薄伽丘：《十日谈》（Boccaccio, *Das Dekameron*），第一日，第三个故事。当然，这个故事的出现可以一直回溯到 13 世纪。

⑥ Vgl. Burckhardt, *Die Kultur der Renaissance in Italien*, 468；Bartsch（Hg.），De Tribus Impostoribus.

⑦ Dilthey,"Auffassung und Analyse des Menschen im 15. und 16. Jahrhundert", 45.

⑧ Ficino, *Über die Liebe*, 190.

⑨ Ficino, *De Christiana religione*, Kap. 4（dt. nach Lecler, *Geschichte* I, 186）。在这个意义上也参见 *Theologia platonica*, 14, 9 u. 10。

⑩ Vgl. Kristeller, Die Philosophie des Marsilio Ficino, 304f.

⑪　关于他对经院哲学的评价，参见致埃尔莫罗·巴尔巴罗（Hermolao Barbaro）的信（1485 年 6 月 3 日），载于 *Ausgewählte Schriften*，96—110。

⑫　Pico della Mirandola，*Über die Würde des Menschen*，5f. 下面文中的引用标注这个版本。

⑬　Vgl. Gerhardt，*Selbstbestimmung*，131—135.

⑭　对犹太人的人文主义宽容的一种类似的矛盾，也可以在受到皮科严重影响的德国人文主义者和第一位希伯来语学者约翰内斯·罗伊希林（Johannes Reuchlin）那里看到。1510 年，罗伊希林以一篇鉴定，驳斥转宗基督教的犹太人普费弗科恩（Pfefferkorn）的观点，后者要求烧掉所有反对基督信仰的犹太著作，由此发生了这两位以及其他经院主义的或人文主义的思想家之间的一场大争论。罗伊希林支持这样的观点，即只有明显的"诽谤作品"应该被烧掉，而非如《塔木德》那样的其他作品，其理由是：（a）即使那里存在许多坏东西和不真实的东西，为了对它们形成一种自己的判断，并且为了能够明确反对它们，认识它们也是有好处的。（b）那里也有许多好的东西，虽然不是在纯粹的形式中，而智者是能变"废"为宝的。（c）人们不应冒随着稗子除掉麦子之险。（d）对作品的禁止只会导致观点的强化；与之相反，宽容提供了通过真理的语言说服犹太人的可能性："人们不应烧毁犹太书籍，人们应该晓之以理、动之以情，在上帝的帮助下说服他们接受我们的信仰。"Reuchlin，*Augenspiegel*，XX.

⑮　Dilthey，"Aufffassung und Analyse des Menschen im 15. und 16. Jahrhundert"，42.

⑯　Erasmus，Handbüchlein eines christlichen Streiters，273f.

⑰　Vgl. besonders Erasmus，Brief an Paul Volz，13f.；Vorreden zum Neuen Testament，59f.；Theologische Methodenlehre，303—343.

⑱　Erasmus，*Vorwort zur Hilarius-Ausgabe*，Brief an J. Carondiletus，5. Januar 1523（zit. nach Bainton，*Erasmus*，174）.

⑲　Erasmus，*Lob der Torheit*，besonders 131—143. "如果不是一个精明的思想家指明，谁会觉得一个断言说'夜壶啊，你臭气熏天'和说'夜壶臭气熏天'同样正确，或者说'锅里的水开了'和说'锅开了'同样正确的人不能是一个基督徒呢？此外，谁能够把教会从这样的错误学说的迷雾中解救出来呢？没有人会注意那些东西；除非由那些学者作出的严肃的谴责把它们带到这个没有疑心的世界上。难道那些哗众取宠的人在他们的勾当中不是十分快乐吗？他们以同样的愉悦细致入微地描绘地狱的生活，仿佛他们曾在那里呆过几年似的，或者凭着兴趣和心情在旧的天体上面分出新的天体，直到一个最大最美的天界，在那里受到祝福的精神可以逍遥游走，或者举办宴会，或者打打球。"（141f.）

⑳ Erasmus, Brief an Albrecht von Mainz, 19. Oktober 1519, in *Briefe*, 267. Vgl. auch *Lob der Torheit*, 191f.：“最近我像往常一样，亲自出席一场神学辩论会，并且在那里听到下面这些内容。会上有人问，在《圣经》中究竟哪里可以看到进行规定的段落，说要通过火刑，而非通过反驳，使一个异端皈依。于是，一个板着脸的老者带着怒气为他引证——老者的傲气凌人已经表明他是个神学家——‘使徒保罗对此作出了规定，因为他说：“分门结党的人，警戒过一两次，就要弃绝他。”’（“Haereticum hominem post unam et alteram correptionem devita!”），没人理解；因为这句话的意思是：‘在你谴责过一个异端之人一两次之后，就应避开他。’此间老者大声地用雷鸣般的声音一再重复这句话，以至于人们感到疑惑，这人是否出了什么毛病，直到最后谜底才揭开：‘devita’——德语即‘要避开’（meide）——被这个聪明的脑袋拆成了两个词语，于是自然意味着‘灭’（aus der Welt），而且他立即补充说‘人们必须要消灭他’（muß man ihn schaffen）。”在这个意义上也参见 *De amabili ecclesiae concordia*（1533）。

㉑ Vgl. dazu Bainton, *Erasmus*, 144—187.

㉒ Erasmus, Concio in Psalmum LXXXV, 507f.

㉓ Vgl. Erasmus, Brief an Luther, 11. April 1526, in *Briefe*, 371—373.

㉔ Erasmus, *Handbüchlein*, 271.

㉕ Vgl. besonders Erasmus, *Theologische Methodenlehre*, bes. 257—343. “当耶稣基督向所有人传教时，他从不用恭维或者允诺来吸引任何人，他也不用强力去限制任何人，虽然他是无所不能的。他通过行善来招募，他通过以身作则来招募，使徒们也同样如此。因而人们必须看到，任何一个想要仅仅通过战争机器就使土耳其人变成基督徒的人，他是否拥有正确的观念。在这件事上，神学家们毋宁应该采取与使徒类似的态度。他们生命的正直之光闪耀，然后才可能成为真正的基督徒。”（343）

㉖ Ebd., 317. 亦参见《希拉里乌斯集前言》（*Hilarius-Ausgabe*）的前言（zit. nach Bainton, *Erasmus*, 175）：“被强制的不可能坦诚，不是自由选择的不可能令基督满意。”在另一处（*Ecclesiastes, sive De ratione concionandi*, 822B）也可以看到与之相反的论点，即良知（不同于身体）不**可能**被强制。

㉗ Vgl. Remer, Humanism and the Rhetoric of Toleration, bes. Kap.1.

㉘ Vgl. Erasmus, Supputatio errorum in censuris Beddae, 581. Vgl. auch Theologische Methodenlehre, 451.

㉙ 鉴于由一开始他所同情的再洗礼派引起的动乱，伊拉斯谟视此为既成的。Vgl. Lecler, *Geschichte*, I, 202.

㉚ Erasmus, Theologische Methodenlehre, 237—253.

㉛ Ebd., 245.

㉜ Erasmus, Die Erziehung des christlichen Fürsten, 149.

㉝ Ebd., 201, 281.

㉞ 对此也可参考以基督为中心而围绕着教会、世俗统治者以及最后人民的同心圆图像。就此而言，基督对于所有其他圆圈来说仍然是准则："每一环节都有其位置，但是占据着第一位的火，逐渐地把一切吸引向它自己并且使它们变成它自己。" Erasmus, *Brief an Paul Volz*, 27.

㉟ Vgl. Nipperdey, "Thomas Morus"; Jäckel, "Nachwort"; Skinner, *The Foundations of Modern Political Thought* I, 255—262.

㊱ Vgl. die Schlussbemerkung in Morus, *Utopia*, 147f.

㊲ Habermas, "Die klassische Lehre von der Politik in ihrem Verhältnis zur Sozialphilosophie", 48—67. Vgl. ebd., 60："正如在马基雅维利那里获取权力的技术一样，在莫尔那里，社会秩序的组织在道德上是中立的。二者都不关心实践上的问题，而是关心技术上的问题。"

㊳ Morus, *Utopia*, 138.

㊴ Ebd., 131.

㊵ Ebd., 130.

㊶ 参见对宗教的评论，Ebd., 89f.。

㊷ Morus, Dialogue concerning heretics, 13, 14.

㊸ Machiavelli, *Der Fürst*, Kapitel XV.

㊹ Ebd., XXIII.

㊺ Ebd., XVIII.

㊻ Ebd., XVII.

㊼ Machiavelli, *Discorsi*, Buch I, Kap. 11.

㊽ Ebd., I, 12（Herv. R. F.）

㊾ Ebd., II, 2.

㊿ Berlin, "The Originality of Machiavelli"（承继 Meinecke, *Die Idee der Staatsräson in der neueren Geschichte*, 38—48，并且不同于如 Münkler, Machiavelli, 281—99）特别强调这一点。然而，他夸大了共和主义—政治的伦理与基督教伦理之间的矛盾，他（按照他的伦理多元主义）把它们标画为不兼容的和不可通约的价值体系，以至于马基雅维利最后（S.78f.）勉强成为了这些错综复杂的价值之间宽容的先驱。

(51) Vgl. dazudie Klassische Studie von Meinecke, *Die Idee der Staatsräson in der neueren Gescbicbte*, und besonders Münkler, *Im Namen des Staates*.

(52) Vgl. dazu die materialreiche Studie von Scheuner, »Staatsräson und religiöse Einheit

des Staates«. Daneben Münkler, *Im Namen des Staates*, 109—126, 217—232.

㊼ Foucault, "Omnes et singulatim", bes. 81—93. 不过，在这里要强调以下限制。首先，福柯把马基雅维利排除于这种国家理性思想的思潮，因为后者只关心君主权力的巩固，而君主仍然外在于国家整体（Foucault, "Die Gouvernementalität", 45）——由此，马基雅维利的思想被过于片面地解释，这不仅表现在他对宗教的一体化力量的评论，而且表现在他对德行的意义和需要，以及对人口政策的大量评论（如 *Discorsi* II, 3）。其次，福柯在 16 世纪与 17 世纪看到的，只是这种政治形式的开端，根据他的理解，这种政治形式在 18 世纪才得以实现（Vgl. Foucault, "Die Gouvernementalität", 60）。

㊽ 关于治理与忍耐，Vgl. Foucault, "Die Gouvernementalität", 55。

㊾ Habermas, "Die klassische Lehre von der Politik in ihrem Verhältnis zur Sozialphilosophie", 65.

㊿ Ebd., 56. 在第 59 页，哈贝马斯着重强调了这两种理论的权力方面："马基雅维利所倡导的法律的规范性意义在对死亡和杀戮之决心的保持中得到证明；因为只有通过武力，由敌人的威胁而来的本性之恶才能被克服。莫尔所倡导的法律的规范性意义在对劳动的强制中得到证明；因为只有这样，由饥饿而来的本性之恶才能被克制。"

57 Vgl. Morus, *Utopia*, 60—80. Blumenberg, *Säkularisierung und Selbstbehauptung*, 260, 也把早期现代面临的人口过多难题——以及相应的措施——强调为政治哲学的主题。

58 下面对政治权力在策略—技术方面与合法化方面的理性化的语境的说明继承了哈贝马斯的理性化理论（in *Theorie des kommunikativen Handelns*, bes. II, 229—293），但并不同意"系统"与"生活世界"的分离结构，而是在政治权力的领域内定位一种在内部充满活力和冲突的理性化形式（参见哈贝马斯对法律理性化的讨论及其对韦伯的批评，ebd., I, 332—366，以及 *Faktizität und Geltung*, 90—108）。

59 罗尔斯认为由宗教改革抛出的这个问题标志着现代道德哲学的开始。（Rawls, Lectures on the History of Moral Philosophy, 7f.）

60 Vgl. Schneewind, The Invention of Autonomy, 6—9.

61 Hegel, Vorlesungen über die Philosophie der Geschichte, 491.

62 Erasmus, Über den freien Willen, 189f.

63 Luther, "Vorrede zum ersten Band der Wittenberger Ausgabe der lateinischen Schriften（1545）", 23 [关于对这种经验的讨论，参见 Lohse（Hg.）, *Der Durchbruch der reformatorischen Erkenntnis bei Luther*]。以及 Luther, *Von der Freiheit eines Christenmenschen*, 14；*De servo arbitrio*, bes. 271—293。显然也涉及《海德堡论辩》

（ *Heidelberg Disputation*，43）："可以肯定地说，人必须首先对自己的能力完全绝望，然后才有条件去准备接受基督的恩典。"

㉔ Luther，Von der babylonischen Gefangenschaft der Kirche，73.

㉕ Luther，"Rede auf dem Reichstag zu Worms，18. April 1521"，269.

㉖ Luther，Von weltlicher Obrigkeit，379.

㉗ Vgl. Kühn，*Toleranz und Offenbarung*，74f. 根据沃尔夫，路德派宽容理解的核心在于："不是以人文主义—自然权利的方式所误解上帝的著名形象，也不是自主的人所要求的相应的良知权利，而是在神圣行为中表明自身的听命于信仰，才是这样一个位置，由此出发，按照路德派的见解，对宽容的一种神学奠基作为对基督教行为的信仰要求、对在人与人之间的服侍的信仰要求而出现。"（Wolf，"Toleranz nach evangelischem Verständnis"，151.）

㉘ Luther，"Von der Freiheit eines Christenmenschen"，20.

㉙ Ebd.，25.

㉚ Von weltlicher Obrigkeit，366.

㉛ Ebd.，368.

㉜ Ebd.，377.

㉝ Ebd.，381f.

㉞ Luther，An den christlichen Adel deutscher Nation，368.

㉟ Luther，Von weltlicher Obrigkeit，383.

㊱ Luther，Kirchenpostille，219. Vgl. Kühn，Toleranz und Offenbarung，Kap.2.

㊲ 关于奥古斯丁-路德关系，Vgl. Kinder，"Gottesreich und Weltreich bei Augustin und bei Luther" 和 Bornkamm，"Luthers Lehre von den zwei Reichen im Zusammenhang seiner Theologie"。

㊳ Luther，Ob Kriegsleute auch im seligen Stande sein können，323.

㊴ Vgl. Müntzer，"Politisches Denken in der Zeit der Reformation"，648—655；Skinner，The foundations of Modern Political Thought 2，73—80；Kamen，Intoleranz und Toleranz zwischen Reformation und Aufklärung，29—42.

㊵ Luther，Vermahnung zum Frieden auf die zwölf Artikel der Bauernschaft in Schwaben，56.

㊶ Ebd.，64f.

㊷ Luther，Wider die räuberischen und mörderischen Rotten der Bauern，70.

㊸ 路德对他的辩词（Placet）补充道："如果说人们用剑惩罚他们很无情，那么同样无情的是，他们损害牧师联盟，不践行任何特定教义，压制正直的教师，此外还意欲破坏统治的和谐。"引自 Hoffmann（Hg.），*Toleranz und Reformation*，43。

㊴ Luther, Vom Greuel der Stillmesse.

㊺ Luther, Brief an Spalatin（11. November 1525），616.

㊻ Luther, Brief an Johann von Sachsen（9. Februar 1526），28.

㊼ Luther, Brief an J. L. Metzsch（26. August 1529），136f.

㊽ Luther et al., Ob Christliche Fürsten schuldig sind, der Widerteuffer unchristlichen Sect mit leiblicher straffe, und mit dem schwert zu wehren, 13.

㊾ Luther, Brief an die Fürsten Johann und Georg von Anhalt（12. Juni 1541）. 441.

㊿ Vgl. Bienert, Martin Luther und die Juden.

⑨① Vgl. Calvin, *Unterricht in der christlichen Religion*（*Instituio Christianae Religionis*），Buch IV, Kap.20.3：“（公民秩序）不仅有利于人们呼吸、吃、喝、保暖；当然，当它作用于人的共同生活时，它无疑包括这一切，尽管如此，我说，它不仅有利于此，不，它的目标还在于，阻止偶像崇拜、亵渎上帝之名、亵渎上帝之真理以及宗教方面其他大不韪的公开发生和在人民中间的传播……”Vgl. dazu auch Walzer, *The Revolution of the Saint*，Kap.2.

⑨② Vgl. Troeltsch, Die Soziallehren der christlichen Kirchen und Gruppen, 848—940, bes. 872.

⑨③ 在为宽容而辩论的“激进改革”的代表中，要特别提到巴尔塔萨·胡伯迈尔（Balthasar Hubmaier），他在《论异端及其火刑》（*Von Ketzern und ihren Verbrennern*）中猛烈抨击火烧异端的行为，并且基于稗子寓言，把关于正统信仰的最终判决仅仅保留给上帝，主张两个王国的严格分离。

⑨④ 详见 Barbers, *Toleranz bei Sebastian Franck*；以及 Blaschke, “Der Toleranzgedanke bei Sebastian Franck”；Furcha, “‘Turks and Heathen Are Our Kin’: The Notion of Toleration in the Works of Hans Denck and Sebastian Franck”。

⑨⑤ Vgl. besonders Denck, “Wer die Wahrheit wahrlich lieb hat”（1526）und “Ordnung Gottes”（1527）.

⑨⑥ Dilthey, “Auffassung und Analyse des Menschen im 15. und 16. Jahrhundert”，80.

⑨⑦ 在这一语境中参见 Weber, *Wirtschaft und Gesellschaft*，725，关于对不同于教会派别的教派的宽容。

⑨⑧ Zit. bei Blaschke, “Der Toleranzgedanke bei Sebastian Franck”，55.

⑨⑨ Franck, *Paradoxa*，8.

⑩⑩ Ebd., 12.

⑩① Franck, *Chronica* 2, LXXXII，《罗马异端编年史》的前言，转录自 Guggisberg（Hg.），Toleranz, 83，Vgl. auch *Chronica* 2, CCIff。

⑩② Franck, *Paradoxa*，148，124，126.

⑩③ Franck, Das verbüthschiert mit siben Sigeln verschlossen Buch（1539），zit. bei Lecler, Geschichte I, 265.

⑩ Franck, *Paradoxa*, 13.

⑩ Ebd., 153, 446.

⑩ Ebd., 69.

⑩ 这也标明了施温克菲尔德（Schwenckfeld）的开端，特别是在 Ein Bedenken: von der Freiheit des Glaubens, christlicher Leere, Urteils und Gewissens（1935）；Vgl. Lecler, Geschichte I, 267—278。

⑩ Vgl. etw Franck, *Chronica* 2, CCf.

⑩ Franck, *Chronica* 1, CCXCIf.

⑩ Vgl. auch Hubmaier, *Von Ketzern und ihren Verbrennern*, 78, 关于稗子譬喻他说："这些话带给我们的不是袖手旁观，而是争执，因为我们不停与之斗争的不是那些人，而是他们的不信神的学说。"

⑪ 关于时代状况，Vgl. Lecler, *Geschichte* I, 447—490；Guggisberg, *Sebastian Castellio*, Kap. 5 u. 6。

⑫ Castellio, *Über die Ketzer*, Vorrede, 90.

⑬ Ebd., 96.

⑭ Ebd.

⑮ Ebd., 95.

⑯ Ebd., 97.

⑰ 例如持此观点的：Skinner, The Foundations of Modern Political Thought 2, 248。

⑱ Castellio, *Über die Ketzer*, 97.

⑲ Castellio, Contra libellum Calvini, zit. bei Lecler, Geschichte I, 483.

⑳ So im dem Text von 1563 *De arte dubitandi et confitendi, ignorandi et sciendi*, zit. bei Lecler, Geschichte I, 488.

㉑ Castellio, *Conseil à la France désolée*（1562）, 28（Übersetzung R. F.）

㉒ Calvin, Declaratio orthodoxae fidei, zit. bei Lecler, Geschichte I, 456.

㉓ Castellio, Contra libellum Calvini, zit. bei Guggisberg, Sebastian Castellio, 121.

㉔ 关于这种论证的另一个有趣的例子，是雅各布·阿孔提乌斯（Jacobus Acontius）的著作《撒旦的计谋》（*Stratagemata Satanae*, 1565）。通过把诸信仰回溯到一种核心的、理性可通达的基本真理——它在诸意见的自由争执中得以实现，他相信，结合博爱这种基督教道德，就可以抗衡到处扩散宗教纷争与仇恨的魔鬼的活动。Vgl. Kühn, *Toleranz und Offenbarung*, 344—362；Lecler, *Geschichte* I, 502—510；Remer, *Humanism and the Rhetoric of Toleration*, Kap. 2.

㉕ 对此事件的描述参见 Heckel, Deutschland im konfessionellen Zeitalter；Schulze, Deutsche Geschichte im 16 Jahrhundert, bes. Kap.2。

⑫⑥　Vgl. Schulze，"Concordia, Discordia, Tolerantia. Deutsche Politik im konfessionellen Zeitalter".

⑫⑦　Augsburger Religionsfriede, in Herdtle u. Leeb（Hg.），*Toleranz*, 66f.

⑫⑧　参见赫克尔《国家与教会》（Heckel, *Staat und Kirche*）对此的详细说明。

⑫⑨　Vgl. Besier u. Schreiner，"Toleranz"，482；Heckel, *Deutschland im konfessionellen Zeitalter*, 45—63.

⑬⓪　Vgl. Conrad，"Religionsbann, Toleranz und Parität am Ende des alten Reiches"；Dickmann，"Das Problem der Gleichberechtigung der Konfessionen im Reich im 16. und 17. Jahrhundert".

⑬①　Vgl. Paulus，"Religionsfreiheit und Augsburger Religionsfriede".

⑬②　16 世纪下半叶的波兰形成了一种对比，特别是在斯蒂芬·巴托利（Stepfan Barthory）统治下（1576—1586 年），在那里，极其不同的教派和派别，如一位论的"索齐尼派"，都得到容忍。Vgl. Lecler, *Geschichte* 1，519—567.

⑬③　关于这一时期，见：Vgl. Heckel, Deutschland im konfessionellen Zeitalter，67—127。

⑬④　Vgl. Conrad，"Religionsbann, Toleranz und Parität am Ende des alten Reiches"，164—196；Dickmann，"Das Problem der Gleichberechtigung der Konfessionen"，243—251；Heckel, *Deutschland im konfessionellen Zeitalter*，198—207.

⑬⑤　奥斯曼帝国的米利特制度——固然内在于一种允许提法——构成了这种宽容与不宽容的制度的一个历史平行版本。帝国的穆斯林统治者允许了特定的基督徒共同体和犹太人共同体在其宗教生活和社会生活中的一种有限的自主形态，而米利特内部则没有被给予个体的宗教自由，（神权政治统治下的）米利特本身也没有对穆斯林统治者有平等的权利的要求。Vgl. Kymlicka，"Two Models of Pluralism and Tolerance"；Walzer, *On Tolerance*, 17f.

⑬⑥　格哈德·奥斯特莱西（Gerhard Oestreich）在他的研究《欧洲专制主义的结构问题》中打造了这个概念，不过，他更多地着眼于行政系统、军事系统、教育系统以及（借鉴韦伯）经济方面专制主义统治的形成与变化，而较少关注教派化的过程。当然，他在另一个地方强调了宗教规训与社会规训的相互交错；关于这一点，Vgl. Schulze，"Gerhard Oestreichs Begriff'Sozialdisziplinierung in der frühen Neuzeit'"，bes. 279。在莱因哈特（Reinhard，"Zwang zur Konfessionalisierung? Prolegomena zu einer Theorie des konfessionellen Zeitalters"）和希林（Schilling，"Die Konfessionalisierung im Reich. Religiöser und gesellschaftlicher Wandel in Deutschland zwischen 1555 und 1620"）那里也能看到对教派化之为国家教化语境中的社会规训过程的分析。夏伯嘉（Hsia, *Social discipline in the Reformation：Cetral Europe 1550—1750*）给出了一个全面的描述。

⑬⑦ 对良知教化的角色之为"内在传教"的分析，见 Kittsteiner, *Die Entstehung des modernen Gewissens*, bes. Teil C，尽管在那里作出了"内在传教"与"社会规训"之间的一种（过强的）区分。Vgl. auch Tully, "Governing Conduct".

⑬⑧ Oestreich, "Strukturprobleme des europäischen Absolutismus", 193，讲到一种"警察国家和秩序国家"，这种国家特别地教育底层过一种"规训的生活"。Vgl. auch Dühmen, *Entstehung des frühneuzeitlichen Europa*, 360—367.

⑬⑨ 关于政府思想在 16 世纪的形成，参见：Folcault, "Die 'Gouvernementalität'"，虽然他另一方面忽视了宗教要件。

⑭⓪ Vgl. Honegger（Hg.），Die Hexen der Neuzeit.

⑭① 对这些团体的概览参见 Roeck, *Außenseiter, Randgruppen, Minderheiten, Fremde im Deutschland der frühen Neuzeit*。以及 Scribner, "Preconditions of Tolerance and Intolerance in Sixteenth-Century Germany"。

⑭② Vgl. Haverkamp（Hg.），Zur Geschichte der Juden im Deutschland des späten Mittelalters und der frühen Neuzeit; Battenberg, Das europäische Zeitalter der Juden I; Hsia u. Lehmann（Hg.），In and Out of the Ghetto.

⑭③ Vgl. Oberman, *Wurzeln des Antisemitismus*，特别是关于罗伊希林、伊拉斯谟、路德。

⑭④ Battenberg, "Jews in Ecclesiastical Territories", 249，引用了科隆的一份犹太人条例。

⑭⑤ Friedrichs, "Jews in Imperial Cities", 286.

⑭⑥ Besier u. Schreiner, "Toleranz", 487.

⑭⑦ Vgl. Schöndorf, "Judenhaß und Toleranz im Spiegel von Flugschriften und Einblattdrucken des 16. Jahrhunderts"; Roeck, Außenseiter, Randgruppen, Minderheiten, 24—36; Hisa, "The Usurious Jew". 在 1519 年犹太人被驱逐出雷根斯堡时，后来作为再洗礼派为宽容争辩（见上文脚注 110）的巴尔塔萨·胡伯迈尔作为主诉和煽动者大出风头。

⑭⑧ Vgl. Ries, "German Territorial Princes and the Jews".

第四章

宽容与主权：政治的与个体的

第十一节　政治对于宗教真理的优先性

1. 随着与宗教权威相对的国家思想和国家行为的独立性的逐渐增长，宽容话 181 语有了决定性的进展———一种由激烈的教派战争引发的、向着一种世俗的国家观的发展，这种国家观同时也与对于个体独立的一种自主化和新规定相一致。为这一进展提供舞台的是 16 世纪的法国。在此，"主权"是决定性的关键词，其在政治层面上的代表是让·博丹（Jean Bodin）的著作，在个体—伦理层面上的代表，则是米歇尔·德·蒙田（Michel de Montaigne）的著作。

首先来看政治语境。这里延续了在讲到马基雅维利对政治的独立考察时，以及在讲到《奥格斯堡宗教和约》时，关于政治统一对于宗教统一的优先地位已经强调过的情况：随着宗教多元性的生长，以及教派分裂和相继而来的各种冲突，传统的教会国家秩序崩溃了，并且出现了对于维持国家统一与首要地维护国家和平的**政治**问题，而国家，或者更好地说法：主权，作为越来越中立的、超越于诸教派的机构，被请出来回应此问题。因此，从教派战争的危机中发展出了一种对主权与宽容的话语，在其中，宽容表现为带来和平的唯一理性的可能性———在这种话语中，形成了一种对国家的"世俗的"合法化，主权者的统治高于宗教争执诸方[①]（尽管他也仍然继续与支配性的教派有联系）。这种思想首先由政略派（*Politiques*），一个由思考政治的法学家们构成的异质性团体，在 16 世纪下半叶的 182 法国发展起来，特别是由博丹发展起来，并且在 17 世纪霍布斯的政治哲学中，可以找到一种专门的表达。当然，需要考虑的是———例如在博丹那里，甚至在霍布斯那里，主权者的高阶位置的合法性仍然受到宗教论证的支撑，并且对上帝的敬畏仍然被视为服从法律的主要根据———因此，即使现代的主权国家也仍然受到一种高阶的、超越的规范性的约束，在后来王室与民主力量的斗争中，双方都不满意这种规范性。[②] 在 1598 年的《南特赦令》中，这种主权观念和宽容观念获得了一种范例性的实践形式，《南特赦令》尝试在一个国家容忍两种宗教，这要按照允许提法的模式来理解：在其自己确定的条件下，天主教方面赋予新教方面一定的自由。

　　然而，对这种发展的历史报告式的分析应该相对化这一论题，即从内战中产生的主权的、在某些方面是专制主义的国家，本就是使得政治层面上的宗教宽容得以可能的、毫无疑义的仲裁机关。③这首先涉及的仅仅是一种按照允许提法的宽容，这种宽容提法首要地归因于一种策略上的计算，在一种变化了的情境中，这种计算同样可能转变为不宽容，如截至 1685 年路易十四取消《南特赦令》的 16 和 17 世纪历史进程所表明的那样。出于国家利益的理由，主权统治者可以给予宽容，同样可以撤回宽容；④更准确地说：主权者，在危急关头实施宽容的主权者，也会在由此巩固了统治之后，重又收回宽容。当他允许宽容时，宽容必被他——作为在他眼中的次好解决——**扭曲**。因此，激进的、以自然权利为基础的反抗学说，如胡格诺派的反暴君派发展出的反抗学说，作为硬币的另一面，属于这样一种政治局势，这种局势使得宽容成为合时宜的政策：主要作为权力的政策，这种权力事关保护统治和和平，并且反对对于平等的进一步要求——因此，即使在这里，在少数派眼中，也是一种次好的解决。这样，对宽容讨论的一种全面分析揭示出共时性与冲突性这双重视角：作为主权者的允许和作为镇压策略的国家理论层面上的宽容提法，和与之相对的寻求各种不同的、相互间可辩护的共存道路的主体间、宗教间层面上的提法。在政治解释中，这第二种视角又会表现为对第一种视角的挑战，特别是在尼德兰的政治冲突的例子中所显示的那样，在那里，出现了一种可供选择的政治上的宽容提法的可能性。于是，在国家理论层面的宽容话语内部，开启了一种核心的冲突，宽容难题被推进到了政治上的**正义**问题的全面语境中，这一问题超出了主权理论上的解决。

　　2. 为了恰当地考虑法国宽容冲突的语境，1560 年必须被视为一个分水岭，它处在两个时代之间：在前一个时代，王权决定用一切手段反对那些（特别是在南部）终究变得越来越强的新教主义，亦即，反对所谓的加尔文主义胡格诺派，贯彻"一位国王，一种信仰，一部法律"（une foi, une loi, un roi）的原则；在后一个时代，新教已经形成政治党派，提出反抗，并且最终争得对宽容的赋予。⑤在弗朗西斯一世（1520—1547 年）与亨利二世（1547—1559 年）的统治下，胡格诺派被迫害为异教徒，以便保护和重建不受限制的信仰统一，在这一方面，世俗权力和神圣权力互相补充，但前者才是决定性的力量。在作出了"根除"新教"异端"⑥这一计划的亨利二世去世那一年，即 1559 年，危机爆发了，当时胡格诺派在贵族的重要代表的领导下转而反攻。未成年的新王弗朗西斯二世的母亲，卡特琳娜·德·美第奇（Katharina von Medici），在他去世后同年接管统治，是她发起了昂布瓦斯《仁慈赦令》（Genadenedikt）（1560 年 3 月），这一赦令同意结束对胡格诺派的暴力迫害，只要他们"从此作为好天主教徒"生活。⑦同时，具有深远意义

183

184

的计划被作出，即为了消除诸教派的纷争而召开一次国家会议——重建政治统一与宗教统一的尝试开始分崩离析。

同年，新掌玺大臣（Kanzler）米歇尔·德·洛必达（Michel de L'Hôpital）就职。虽然在 1560 年 12 月他对议会的讲话中，明确承认"一位国王，一种信仰，一部法律"原则，但是他把宗教统一的努力交付一个"神圣议会"，它将——在天主教教会的意义上——"建立秩序"。[8]无论他多么坚持把迷路者带回到正路上来是正统信仰者的义务，他在政治上的宽容奠基方式还是除了利用所有基督徒——"路德派，胡格诺派，教皇制信奉者：只要我们不放弃'基督徒'这个名称"[9]——以外的、在更深层面上的统一的人文主义论证，也利用了良知与非暴力转宗的不可强制性的经典论证。然而，他立即补充了实用主义论证，即暴力只会带来对立的暴力和暴动，因此危及国家长治久安，并且导致万恶之首的内战。议会决定了一项容忍胡格诺派的政策，同时严禁传播新教教义以及宗教问题中的争执。[10]

当一方面诸教派的争辩激化，内战以及因此出现的对外的软弱随之而来，而另一方面，当计划中的宗教和解的尝试——1561 年普瓦西会谈——失败时，德·洛必达的态度变了。他现在理解了，同一年在天主教法学家埃蒂安·帕斯奎尔（Etienne Pasquier）署名的一本小册子中得到辩护并且首次预示了后来（被低估了的）所谓的政略派这一派别的立场的论证。[11]这位作者并不怀疑存在一种真正的宗教，但把对此的判断归之于上帝的审判席。上帝的意志并不是要在地上通过暴力实现真理。因此，在政治层面上，赋予宽容是合法的；不仅如此，在政治层面上，这位作者只看到这样一种可能性，即通过在一个国家内接受两个教会来实现和平。所有其他可能性的结局都是一种自我毁灭；必须看到：

> 我们不可能摧毁新教徒而自己毫发无损：他们的人数和密度如此之大。如果人身上的一个肢体病坏了，那么人们必须在正确的时间截除它，在病生长并且造成更大伤害之前。但是，如果病已经扩散到身体的重要部位，还想要截除就意味着，用标准的法语来说，目的是截除已经病坏的部位，却使其他尚未被感染的部位死掉和坏死。[12]

在 1562 年 1 月他的议会讲话中，洛必达采用了这一自身内部冲突的身体的象征，并且采取了"政略派"的立场，"政略派"通过忍受教派分裂，来保持和实现国家的政治统一与和平。这个（主要是天主教的）法学家的团体直到七十年代才形成党派[13]，但其论证在这里已经初具规模。考虑到内战是最大的政治罪恶，必须由尽可能超越于诸教派——虽然并非不属任何教派，但他也并不表现为党派——的君主来确保和平。因此，如果他武力攻击新教教派，他就是与他自己身体的一部分斗争。现在，德·洛必达在宗教事务（*constituenda religione*）与国家事务（*constituenda republica*）之间作出了区分：政治统治和国家作为政治统一体的存在，成为了有其自身规律的问题，并且它的命运——在世俗领域方面——高于宗教真理。相应于这种区别，德·洛必达刻画了作为法权人格有其权利的公民与在某种程度上作为伦理—宗教人格的某个教派或某种宗教的成员之间的差异，并且得出结论，即使一个被驱逐出教会的人，也没有失去他的公民权利。[14]这样，在政治上国家的身体中，共同的成员身份获得了一种对于教派共同性的独立性——尽管共同的基督徒身份仍然是基础。[15]

当然，在实践中，这并不意味着，新教宗教的活动作为公民权利而被赋予了自由。在1562年的《一月赦令》中，胡格诺派只能在城外举办礼拜仪式——与早先的统治相比已是很大程度的允许。然而，诸教派之间的暴力冲突在继续，在同一年开始了一连串战争，通过松散的和约和许可令才得以中断。1572年8月24日，"圣巴托洛缪之夜"（Bartholomäusnacht）的日期，标志着暴力最猛烈的爆发，当时卡特琳娜·德·美第奇阻止了一个策略上的宽容政策，借她女儿和新教徒纳瓦拉的亨利（Heinrich von Navarra）的婚礼之机，谋杀了胡格诺派的领袖，导致一场大屠杀，在巴黎，有3 000名胡格诺派教徒被杀，在外省有20 000名。继而又开始了一连串的军事冲突和暂时的和解，特别是由政略派要求的和解，在亨利三世统治下，于1576年随着《枫丹白露赦令》而得以实现和解，这一赦令允许了新教徒在巴黎以外所有城市的礼拜自由。

3. 在同一年，让·博丹的《国家六书》（*Six livres de la République*）出版，这部著作对于"政略派"的思想来说是范例性的，并且形成了新的政治主权学说。在前言中，博丹写道，他把他的书理解为对克服那晃动法国的"国家之船"的"狂风暴雨"的贡献[16]，并且处心积虑地使他的主权学说脱离马基雅维利的主权学说。后者的名字变成了"羞辱之词"，也被用来批评政略派，他们被指责把宗教在政治上工具化——这个指责被该团体回赠给了打着宗教旗号要求权力的那些人。

博丹对宽容问题的处理完全受国家理论视角的引导，也就是说，受这一问题的引导：主权者，即"国家所独有的绝对的、在时间上不受限制的力量"[17]，在面对需要干涉的"内乱"时可以如何得到保存。"每种分裂与党派分化"对于国家都表现为一种他必须防范的危险[18]，而宗教是"君主和遵循法律的统治之权力的最重要的基础"[19]——这排除了对无神论者的宽容。从这些前提出发，博丹支持这样一种观点，主权者——根据博丹，他是上帝在地上的代表[20]——必须防止在一个国家内建立起来的宗教受到怀疑。为此他提出一个与宗教本身的本质相联系的理由：既然宗教的本质以一种不能通过证明被保证的信仰为基础，那么同样无意义而且危险的是，质疑它并要求理性论证和证据。[21]为了避免这种危险，他认为正当的是，不允许那些引发怀疑的新的信仰取向，并且通过法律来禁止关于宗教的讨论。[22]

如果在一个国家内已经存在多种信仰取向，则情况不同。在这种情况下，主权者就不应为了使臣民转向真正的宗教——博丹毫不怀疑其存在——而使用任何暴力。既然良知不能被强制，那么强制要么导致宗教的混乱和对神的敬畏的丧失，要么导致动乱——两者对于国家来说都是巨大的危险。唯有忍耐可以成为一条通向转宗的道路。博丹最后强调了在他的时代的政治语境中的核心观念：为了调停冲突，主权者必须努力在这样的处境中，获得超越于诸党派的权力地位；在任何情况下，他都必须防止自己加入某种结局不定的斗争。[23]

因此，博丹在国家理论层面的宽容论证结合了不同种类的考虑，然而，起决定作用的是政治—实用主义的计算，在这种计算中，宗教更多地成为了明智行动的对象，而非一种影响政治的变量。在这个意义上，他也在这一年作为议会代表支持一种对胡格诺派的宽容。

4. 同样是 1576 年，在对摇摆于宽容与迫害之间的国王的反对中，形成了"法兰西天主教神圣联盟"，借西班牙的帮助与胡格诺派展开激烈斗争。随着 1584 年（在亨利三世之兄死后）新教徒纳瓦拉的亨利根据萨利克法（*loi salique*）成为王储，斗争愈演愈烈。联盟在 1585 年推行了一项法令，使得胡格诺派只能在改宗与放逐之间选择，接着又是数年的武装冲突。1589 年，亨利三世被谋杀，纳瓦拉的亨利成为国王亨利四世。面对持续不断的反对，甚至包括来自教皇方面的反对——教皇于 1591 年宣布了一项罢黜声明——亨利四世在 1593 年宣誓放弃新教信仰，转宗天主教："巴黎值得一次弥撒。"这一转宗同时表明，一位有着"错误"信仰的国王仍然是不可"忍"的，而宗教在这里还是被用为政治上统治要求的工具。

最后，亨利四世在 1589 年宣布《南特赦令》，这一赦令甚至在语言方面都是宽容的允许提法的一个经典文献，赋予了胡格诺派良知自由和有限的礼拜自由。它如是说道：

> 为了不再引起我们臣民间的动乱和争执，我们已经允许，并且现在也允许所谓革新宗教的信徒，在我们王国的所有城市和村庄，以及我们权力范围内的诸国生活和居住，而不在这些地方追捕、压迫、为难和强制他们，例如强制他们违背良知行事。[24]

在严格的规矩下，礼拜自由在特定的地点得到允许，而在巴黎以及首都周围五英里范围内，新教活动仍然被禁止。在礼拜仪式得到允许的地方，也允许建立教堂；胡格诺派教徒可以担任官职，他们可以建立学校和大学，并且他们——尽管只是在 95 条主要条款和 56 条次要条款的一个附录中——被赋予了带有加强卫戍

189

的"安全场所"。因此，在许多方面，对胡格诺派的迫害结束了，但他们的只是"被忍耐的"少数派宗教的地位尚未结束，虽然现在面对的是这样一位国王，他愿190 意在这种状况下承认他们，但是他同时也在许多细节方面规定了天主教的支配地位，并且以对新教进行抑制和"去政治化"为目标，因为胡格诺派的既存政治组织形式已经解散了。㉕

赦令具有允许提法的典型特征。它有实用主义的—策略上的动机，并且服务于内部的稳定，以保证主权者的统治和主流教派的支配性地位。同时，它拟定了对于少数派地位的防御措施，后者因此继续依附于权威的善意，并且由于自己的利益而被强制有纪律的行为。因此，这里也表明了允许与界限、宽容与控制的一种复杂关系，它完全如政略派曾认为的那样，导致主权权力的强化和冲突的缓和。然而，在接下来到 1685 年赦令撤销为止的——那时赦令早已被削弱为一纸空文——17 世纪的发展表明，一旦时异势殊，主权权力绝不会保留它在特定处境下所赋予的宽容。因此，依据允许提法的宽容不仅仍然是不稳定的，并且自身带有撤回的危险；它甚至也是理性的权力之运用的一种特别形式，是通过有限制的自由进行规训的一种特定实践。在这种意义上，又一次呼应了歌德的名言，宽容意味着一种"侮辱"——这并不是说，在某种特定情境下，宽容会不表现为相对于暴力性不宽容的一种重要进步：自由的进步，也是权力的进步。

第十二节   话语中的真理：多元与和谐而不统一

1. 对于国家理论层面上的宽容的一种新的看法和实践来说——它从诸教派的内战中吸取了一定的教训，16 世纪晚期的法国语境具有深远意义，然而不仅如此，新的回应也出现在宽容话语的另一维度中，出现在横向的—主体间的层面上，在这个层面上，人作为公民和信徒——正如已经看到的那样，这两种角色不断地分191 离——必须问：在什么样的基础上，他们能够和那些拥有不同信仰的人共同生活。与此相关，在宗教和解的希望终结之后醒悟的两部文献具有重要意义：让·博丹的《七人对话录》（ Colloquium heptaplomeres ）和米歇尔·德·蒙田的《随笔》（ Essais ）（见下文第十三节），在这两部文献中，形成了在一种新的超出传统束缚和表象的主体性理解背景下的宽容难题。

在完全束缚于国家理论视角的《国家六书》中，博丹抵达了一种归功于主权的保存要求的宽容提法，而在《七人对话录》（ Colloquium heptaplomeres de rerum sublimium arcanis abditis ）——大约在 1588 年作为手稿完成，后来非公开地流传，直到

1857 年才完整出版㉖——中，他改变了看法："国家"，亦即主权统治者，如何与宗教差异打交道，这一问题尽管继续得到专题化，但首先要问的不再是它，而是个人，作为宗教的思考者，如何对诸宗教的多元性作出反应，以及在何种程度上，他们必须检查他们自己的信念。博丹在这里抵达了一种比在其国家理论中彻底得多、全面得多的宽容提法，尽管二者都联系于宗教本质的一种特别理解。只有把两部著作放在一起，一部关于国家的单向度宽容，另一部关于个人的相互宽容，才能呈现博丹的宽容学说——并且显明一种张力，一种主权理论的宽容观和一种以主体间的交互性为取向的宽容观之间存在的张力。对于这两种特殊视角在一般的政治哲学，特别是在宽容讨论中的分道扬镳来说，博丹的著作是一个早期的、非常明显的例子；其他人（如蒙田和卢梭）将会跟随之。　192

通过《对话录》，博丹采取了宗教讨论的传统形式，如在阿伯拉尔、柳利和库萨（参见上文第六节）那里曾遇到的，但也以激进的方式打断了这一传统。这一传统共享的初始场景是一个中立的位置，不同宗教的代表聚集于此——然而，在博丹这里，初始场景是一座开明天主教徒保罗·科洛尼斯（Paulus Coronaeus）的房子，这座房子位于威尼斯，一座许多宗教共存其中的城市，而不再位于一个不受干扰的、哲学上的自然空间，如在柳利那里，更不是如库萨那里的"理性的天堂"。并且，即使阿伯拉尔、柳利和库萨的讨论，也已经不再仅仅是为了真理之实现的讨论，把对话者仅仅视为为了某个特定立场获得讨论胜利的挑起话题者（Stichwortgeber）的那种讨论，而是尝试在著作中置入对话式真理发现的某种形式，因此尽管有所有那些区别，他们的共同之处仍在于，基督教以不同的方式——阿伯拉尔通过伦理反思，柳利通过发现真理的艺术（ars inveniendi veritatem），库萨通过核心信仰问题中的协和一致（concordantia）——被证明在理性的裁判席面前是优越的。就这种证明的目标而言，尽管有宗教宽容的附加条款，但仍然毋庸置疑的是：真理必须能够以话语的方式得到显示，并且必须指出所有差异和多元性的宗教统一的道路。博丹力图证明其不再站得住脚的，正是这种目标：所有人共享的那些一如既往的前提，不再能够证明**一种**信仰是优越的；考虑到广泛而深刻的神学差异，基督教人文主义所预期的和解没有任何前景。㉗对于一种宽容思想来说，**这种**基础瓦解了。因此，博丹的宗教对话的意义是一种不同的意义，因为显示了这样一些对话的**无意义**（Sinnlosigkeit）：和解的希望**和**围绕真宗教的争执一样无意义。这就是《七人对话录》的重要的宽容通告。㉘　193

来自各个国家的极其不同的宗教和教派的代表，在天主教徒科洛尼斯的房子里会面：路德派的弗里德里库斯·普达米库斯（Fridericus Podamicus），加尔文派的安东尼乌斯·库尔修斯（Antonius Curtius），犹太教徒所罗门·巴卡西乌斯（Salomon Barcassius），皈依了伊斯兰教的奥克塔维厄斯·法尼奥拉（Octavius Fagnola），调和论者（有时也是怀疑论者的）希罗尼穆斯·塞纳姆斯（Hieronymus

Senamus），以及一位自然宗教观的代表迭戈·特尔阿尔巴（Diego Toralba）。在《对话录》中，博丹展示了，尽管存在关于伦理学问题、自然哲学问题和形而上学问题的宗教差异，这七位饱学之士如何在前三卷中成功地公开讨论，而在另外三卷中，情况变化了，当宗教的争论变得不容回避时，房主提出了前置问题：对于一个"好人"来说，讨论宗教究竟是否"得体"或者"可以允许"。㉙在接下来的讨论中，这个问题是主导性的，并且最终得到了否定性的回答。

　　第四卷以一个主题开始——这一主题在博丹的其他作品中也扮演了一个重要角色——并且预先指向第六卷的结尾：在矛盾中的和出于矛盾的和谐的主题。正如在《国家六书》的第六卷中，博丹已经解释过，在一个以主权者为中心的国家制度中的"和谐的正义"的观念㉚，在《对话录》中，音乐的和谐学说也被用来把诸宗教的多元性与差异表达为不和谐的和谐（concordia discors），表达为由**不可消除的矛盾**而来的和谐。㉛在真正的宗教争执开始的时候，所有与会者在这方面——这种见解的影响还没有被意识到——是意见一致的，甚至一致认为，如库萨在诗中所表达的那样，是上帝自己通过把诸矛盾结合在一起创造了宇宙的和谐（115）。与会者们最后回到的正是这一信条，然而也正是据此，他们才强调他们的不同立场是不可和解的。因此，错误的是，在博丹的"和谐学说"中看到一种宗教和睦的人文主义论证，根据这种宗教和睦，相互的宽容由此奠基，即任何一种立场，作为无所不包的神圣的—宇宙的真理的"部分"，都是合理的，并且因此必须被承认，甚至被赞赏。㉜因为，这种和谐恰恰没有呈现在个人的眼中，而是首先出于一种神圣视角，这种视角不是信徒在其有限的认知能力中的视角。他们确信，他们的**独特的**信仰是真正的信仰——并且恰恰**不独特**；但是，他们看到别人拥有别的、同样不那么非理性或不道德的信仰确信，并且看到相互理解的界限以及可能说服的界限已经达到。因此，经常被提出的问题，在这场对话中哪个视角是博丹的视角（在他生活的时代，属于天主教信仰，然而他被怀疑是一个隐秘的新教徒、犹太教的支持者，或者怀疑论者），必须这样来回答，他的立场——虽然离所罗门和特尔阿尔巴比离其他人更近——在这些人中间变动，但也还不是上帝的视角：他的视角正如与会者的视角一样，即考虑到不可取消的不一致，合乎逻辑的是，自己的真理也在对别人的真理的宽容中保留和存活，但并不试图"证明"自己是优越的。㉝

　　通向与会者诸方这一见解的道路漫长而曲折。他们首先经历了对一些经典宽容论证的支持和反对，确切地说，是在宗教的与国家理论的层面上的宽容论证。后者并不占据支配地位，但即使这里也被提请考虑的是，无神论在任何情况下都要被避免，主权者不应质疑已经建立的宗教，宗教多元性会导致争执和斗争，但随着一个国家内相互中和的派别越来越多，这种危险会越来越小。奥斯曼帝国的例子被用来表明对大量宗教的忍耐是可能的（117—119）。不过，比这些常常达不到终点的考虑更具决定性的，是主体间的、宗教间的宽容层面上的考虑。奥克塔维尼斯（依据托马斯·阿奎那——如已经提到过的，他相对于阿伯拉尔弱化了这一点）提出的对良知自由以及错误良知的论证在这个方面受到非难：把所有源自良知的确信或行为都视为好的，是讲不通的（121）。而考虑到无论如何不能被视为纯然的无关紧要之事的仪式与礼仪的意义，特尔阿尔巴的人文主义论证，即人们应该满足于一种简化的自然宗教，与赛纳姆斯把所有宗教作为真理之部分来拥抱的尝试一样都受到驳斥。对此，所罗门的回应指出，他更希望每个人都"或热或冷"地对待宗教，而非"不温不火"：赛纳姆斯啊，我更希望你在宗教中是热的或冷的，而非不冷不热的（*Mallem ego*，*Sename*，*Calidus esse aut frigidus*，*quam in religione tepidus*）（354）。这样，主要的宽容奠基方式，无论是在人文主义中提出的，还是在宗教改革中提出的，都受到了质疑。那么宽容可以建立在哪里呢？

　　问题的解决在于对宗教本身之本质的特别见解，这种见解标明了宗教的自我理解的一种意义深远的转变。博丹在对科洛尼斯重新提出的问题——讨论宗教，究竟是否可以允许并且是好的——的回应中表达了这一见解（125）。不仅特尔阿尔巴，而且所罗门，也包括弗里德里库斯和库尔修斯，都表达了否定的态度。一个理由是，"普通的"人们，大众（*vulgus*），并不理解这样复杂的事情，因此通过此类讨论得到的与其说是信仰的进步，毋宁说是怀疑和不安——在《国家六书》中也能看到的一种立场；在这里也指出了在《奥格斯堡宗教和约》的德国的或者在"波斯人和土耳其人"那里的讨论禁令（128）。赛纳姆斯甚至补充说，为了避免造成不安，即使一种新的信仰比旧的更好或者更真，也不应被引进。最多只有一种饱学之士之间的私下讨论可能是恰当的和有好处的，弗里德里库斯如是说（126）——这是一种在迈蒙尼德和阿维洛伊那里也能看到的思想。特尔阿尔巴和所罗门甚至提出了更加基本的考虑，究竟为什么这是成问题的。真正的原因在于宗教本身的本质，它既不是一种单纯的意见（*opinio*），也不是建立在知识（*scientia*）之上，而是唯独基于一种信仰（*fides*），这种信仰并不依赖于证明和论证，因而当人们意欲根据证明和确定的知识审判它时，它也不被摧毁（129）。信仰是"无需证明的纯粹同意"（*fidem in assensione pura*，*sine demostratione*）（130），它在对正确教义的信任中获得和习得，它本身就是一种信任，其唯一的"证据"是上帝本身——一份"上帝的礼物"，不能像一个证据那样被展示，并且也不带来确定的"知识"。因此，按照特尔阿尔巴，既然信仰奠基于这样一种自由的同意，那么通过人的论证或要求而质疑信仰，就是一种无神论的行为；因而不应讨论宗教（131）。这样，博丹补充了他在国家理论上的思考，在其中，不依赖于证明的信仰的本质被视为一种受承认的宗教之不被质疑的理由。[34]但是，在《对话录》中，由此形成了一个基本点，因为这里主导性的不是政治上的考虑，而是彼此间宗教信仰理解的问题；宗教的争辩现在不仅被视为危险的争辩，而且被视为无意义的与错误的争辩。

赛纳姆斯的表达甚至加强了这一点，他认为在这样的争执中，不会存在任何中立的裁判，也没有任何公正的作证——因为争执所围绕的，恰恰是**谁**能在这里做裁判和作证（131）。为了表明这一点，博丹在随后的七人对话中展示了，所有的统一尝试如何落空，各种立场在诸如上帝的本质、拯救、永生、斋戒等问题方面表现得多么不同——这些问题不能被当作次要之事而置于一旁。就所有这些争执而言，博丹进一步表明，对话者中没有任何人对其他人处于劣势：无论指控多么严厉，总是已经有了回应，总是有新的质疑。通过解释和反击，每个人都可以使他的立场尽可能地可信。然而，除了全部差异，还形成了一个共同点：在对话中得到确定的道德法则——也被视为自然的法则（如特尔阿尔巴；148）——被所有人共享。并且所有人也都一致拒绝无神论（236—239）。

因此，并不意外的是，在最后一卷的结尾处，个人的信仰告白使得不可桥接的宗教区别显而易见了（351—354）。"勉强人进来"之词因良知的不可被强制性、对虚伪信仰的避免和稗子譬喻而被拒绝（356），科洛尼斯吟诵的最后的唱词（Schlusschor）——看啊，多么美好，多么愉快，兄弟们团结生活，不是被安排在共同的音阶或色彩学之中，而是在一种伴随着确定的、更加神圣的协调的异名同音中（*Ecce，quam bonum et quam jucundum，cohabitare fratres in unum，non diatonicis vulgaribus aut chromaticis，sed enharmonicis rationibus，diviniori quadam modulatione compositum*）（358）——所表达的是，面对着区别的共同生活所抵达的异名同音形式，被视为好的和愉快的，在某种程度上可以说是统一的更高形式——当然，这是一种必须放弃宗教和解的统一的形式。因此，对话的参与者们达成一致，认为他们的差异是——用一种那个时代还陌生，但恰当的罗尔斯式表达[35]来说——合理的分歧（*reasonable disagreement*）：通过人的认知能力，无法在发现终极真理的意义上消除的区别，但这种区别既不能回溯到显而易见的非理性或他人的缺陷（这是博丹通过争辩的水平和诸立场的没有被驳倒澄清了的），也不能表达为一种道德上的缺陷（因为这方面不存在争执）。因此，他们在兄弟般的爱中相互拥抱并且保持相互联系，每个人都保持对其宗教的忠诚并且为之辩护，不过，他们不再推进关于宗教的对话。[36]他们相互把对方作为他们与之分享重要事物的人来尊重，并且在这个基础上，在他们的信仰的区别方面——确信自己的信仰之真理和他人的信仰之虚假中——互相宽容。

凭借这一宽容奠基方式，博丹推进了在卡斯特利奥那里已经表明的，不仅超越于基于良知自由的奠基进路，而且超越于人文主义—归约式进路的进路，并且没有退回到宗教怀疑主义：对博丹建立的那些信仰事物中的统一与证明（Beweisführung）的界限的洞见，并不质疑一个人自己的信仰。[37]这种洞见强调的只是，那是一种**信仰**。这样，这种宽容提法的知识论要件被突出了，而在卡斯特利奥那里首要的是规范性要件。因此，对于人格的自我理解来说决定性的更新是，一个人格虽然继续自视为对一种宗教真理有义务，但是他可以把他人当作道德人格或公民来尊敬，而不分享或赞赏他们的伦理的—宗教的身份。这样，博丹向着相互宽容的尊重提法迈出了重要的一步，这种宽容接下来对于国家理论层面的思考也将大有关系——虽然博丹还没有引出这一结论；如已经提到过的，这并非关于他转换到政治层面上的宽容处境的相互性与相等性的洞见，而是这样一种担忧，即宗教的争执导致不安和内战。因此，涉及政治视角时，他仍然囿于允许提法：作为他的时代政治上可能的和必要的东西。

　　2. 然而，这并非博丹思想中的唯一裂隙。因为，在宽容话语的一种分析框架中，博丹不仅被视为《国家六书》和《七人对话录》的作者，在其中，他为他的时代打造了决定性的新的论证和概念；此外，他还作为另一部影响极大的法学—哲学—神学著作的作者而受到关注：《巫师的魔鬼狂热》（*Démonomanie des sorciers*），发表于 1580 年并且于 1590 年由约翰·费沙尔特（Johann Fischart）翻译为德文，以 199 《论各种魔法师、女巫、巫师的狂热恶魔》（*Außgelaßnen Wütigen Teuffelsheer Allerhand Zauberern，Hexen，unnd Hexenmeistern*）为题出版。这部作品在雅各布·施普伦格（Jacob Sprenger）和海因里希·因什蒂托里斯（Heinrich Institoris）的臭名昭著的《女巫之锤》（*Malleus Maleficarum*）（1486 年）之后，呈现了 16 世纪加强实行的女巫迫害在神学方面、哲学方面、历史方面以及首要地在法律方面的基础在那个时代最广泛而系统地现实化。甚至博丹也参与其中，正如他在书一开始所写的那样：这也发生在 1578 年对女巫尤汉娜·哈维乐琳（Johanna Harwilerin）的审判中，她被控诉已经把自己的身体和灵魂献给魔鬼，由此在"她的交易"中获得幸福，而她的敌对者则遭遇不幸。按照博丹，她最终通过活的肉身遭受火刑而达到她应得的结局，而上述事情则因她在宣判之后描述了与魔鬼交流的全部细节而得到证实。[38]

　　对寻找、追捕、审判女巫的实践的怀疑，如医生约翰·维尔（Johann Weyer）在《论魔鬼的诡计》（*De praestigiis daemonum*）（1563 年）中所表达的怀疑，是博丹为这种实践进行辩护的原因。维尔在书中并没有否认魔鬼在世界上的活动，而是仅仅持有这样一种观点，即在女巫这件事上涉及的是精神错乱、不稳定，以及忧郁症的女性，魔鬼侵占了她们，并且为她们注入幻觉，她们所做的不过是些存在于言谈之中的事情。因此，她们其实是生病了，神志不清，发疯失心。[39]博丹极其激烈地反驳维尔的女巫"病理学化"的尝试，以及对她们在法律上的免责，而且是用医学的、神学的和法学的论证：那些相关女性既不是生病，也不是任由摆布的工具，她们的活动的结果处在光天化日之下。维尔本人最后都被博丹怀疑是魔鬼的附庸。[40]

200 这场争论标志着在（a）关于魔鬼活动以及相应的为了灵魂得救而与恶作斗争的解救之道的传统的神学的—宗教裁判所的理解、（b）对女巫的医学—病理学的思考和"治疗"与（c）由国王的主权权力和他的裁判权推进的女巫审判的世俗化[41]之间的一个交点。撇开这场争论，这里可以更进一步来探讨的是，必须看到，博丹如何把他的因对立而和谐的学说运用于这一语境。因为，在神圣宇宙的所有"异名同音的"对立方中，人作为"天使与魔鬼之间的"[42]中间存在者，能够为善为恶，为此被呼吁的是，防止魔鬼"混合与扰乱善的灵魂与恶的灵魂"，以免神圣的力量被削弱。[43]否认上帝，甚至为了获得高于人的力量而与魔鬼结盟，是对神圣的不和谐的和谐（concordia discors）的干扰，不可被宽容。相应地，博丹在他的书中发挥他的时代的全部神学的、哲学的、历史的、法学的智慧，澄清灵魂的活动——女巫集会、魔法种类、人变动物、有原因的疾病和自然灾害等等——并且介绍了相应的解救之道，从审问到刑讯，从驱邪术到火刑。

因此，就博丹的所有作品来看，虽然这些作品远远超出他的时代，他仍然是一位16世纪的思想家：从他的主权作为高于争执不下的诸党派的权力并且也作为上帝在地上的代表的理论来看，从他的宗教间与教派间的宽容——这种宽容严格排除了无神论，并且主张由对立而来的宇宙和谐，这种和谐面对恶的活动必须武装自己——的提法来看；他是一位复杂的思想家，在他那里，国家理论的视角同时处在与主体间的—宗教间视角的紧张以及与一种关于女巫和恶灵的形而上学的紧张中。这又一次表明，一种宽容思想如何产生于特定的语境，尽管超出该语境，但另一方面仍然停留其中，以至于有时产生令人惊讶的宽容划界。

第十三节　价值与自身的多元性与局部性，或：怀疑主义与宽容

201 1. 米歇尔·德·蒙田的《随笔》（Essais）（1580—1588年）是一部在形式上和内容上都独一无二的文献，关于在一个巨大变革时期，一个社会、宗教、政治不确定和混乱的时代的主体性自我理解的新形式之形成的文献。[44]蒙田不只是从他积极的政治生活以及波尔多市长的职务中退回到他的农庄，而且还是退回和退入自身之中，意欲彻底地在伦理的—生存的层面追问自身、寻找自身、暴露自身。因此，他尝试获得一个支点，以便"用自己的眼睛"观察"我们国家灭亡的重要场面"，并且同时保持"安宁和灵魂和平"———种内在的主权。[45]在他的思想中，不同的、对于宽容问题来说主要的因素交互影响：理论上的与实践上的怀疑，一种（依据斯多亚派的）伦理德行学说，一种关于宗教本质以及国家本质的特别见解。

就此而言，蒙田在好些方面继承了博丹，但也彻底化了博丹的理论。在蒙田那里也能看到一种从对立和"不同音调"而来的和谐（III/13，550），虽然在他那里这伴随着关于人类理性之有限性和局限性的怀疑主义结论（而且蒙田与博丹的不同也延及巫术问题；III/11，515）。完全像博丹一样，蒙田强调了受理性引导的人们之间在宗教领域的不一致的不可避免性，并且因此非常反对关于"真信仰"的讨论。不过，在他那里并没有由此导致一种宗教敌对或漠不关心的态度，相反，基于信仰与知识之间的、一种比我们在《七人对话录》中所看到的更加明显的区别，蒙田觉得对传统的信仰、在他的情况下即天主教信仰（**之为信仰**）的肯定是合乎逻辑的，并且不仅拒绝宗教争执，而且也拒绝宗教革新。最后一个与博丹的相似之处是，这种拒绝与内战背景下对于如此这般争执的政治后果的明确警告相联系：服从国王与遵循既存的政治—宗教框架，对于蒙田来说是最高命令。 202

下面将简要呈现蒙田思想的这些因素，因为它们一方面，特别是涉及宽容的知识论要件时，包括非常重要的论证，另一方面，揭示了在宗教—政治主张中怀疑主义与（新）斯多亚主义的翻转的一种值得注意的动力，这在那个时代的其他著作中也能看到。然而，要预先说明的是，蒙田的哲学在不止一个方面可以被称为**一种多义性哲学**（*Philosophie der Vieldeutigkeit*）：不仅因为他强调现象的多义性和这个世界上我们视角的局限性，而且因为他——原因之一是那些单篇随笔产生于不同时期——自身就是多义的，在他那里可以发现非常不同的、有时难以协调一致的矛盾陈述，如他自己所说（III/2，398）。因此，不可能明确地规定蒙田的全部思想，而只能探究其思想对于宽容问题的相关意义。

首先，对于这里的探究来说基础性的是，他的视角主义和对于达成一致意见和判断的可能性的怀疑——简言之，他的合理的分歧（*reasonable disagreement*）的学说。"世界上还从未有过两个相同的意见——就像没有两根相同的头发或者两颗相同的种子。所有事物最大的相同之处是它们处在不同之中。"（II/37，390）人不可能从一种客观的、中立的视角，去得到或者作出任何思想、感性经验或知觉、判断；始终是那些视情况而定的经历，以及情绪或兴趣，让人达到这个或那个立场：事物并不"自在地"向人们呈现自己。"我关于一事的判断，绝不可能推动像我一样的人作出他的判断——这表明，我并非通过一种之前说过的、不得不和所有其他人共享的自然能力来把握事情。"（II/12，280f.）但不仅在人们之间存在这些区别，按照蒙田，人自己也经常改变起初曾坚如磐石地确信其为真理的那些观点 203（281）。所有这些都是人类精神的有限性的证据，无力获得确定知识的证据。因此，跟随怀疑论者皮浪，蒙田认为恰当的是，克制对真理的判断，并且力求一种安宁（Ataraxie）的形式，

> 一种和平而淡定的生活方式，免于我们的意见和我们关于事物拥有的知

识所臆想的那种激动，这种激动在我们之内发生，产生恐惧和贪婪，嫉妒与不加节制的欲望，虚荣与傲慢，迷信与骛新，逆反与骚动，固执以及大多数身体疾病。（II/12, 249f.）

认识的视角主义的知识论论题，以两种方式联系于伦理学：一方面，对于怀疑者来说，一种确定的安宁态度作为生活方式得到提倡；另一方面，意见和判断的多样性也导致价值的多样性，导致一种伦理多元主义。蒙田以一种对于他的时代来说非常激进的形式为之辩护：

> 一个人说，我们的至善的位置在德行中，另一个说，在肉欲中，另一个说，在与自然的一致中，另一个说，在知识中；对于一个人来说，在于没有痛苦，对于另一个人来说，在于不受外部假象的诱骗……世界在任何方面都没有在道德和法律方面这般多样。同一件事，在此处被厌恶，到了彼处却受到赞扬和敬重——例如在斯巴达偷窃时的灵敏。（II/12, 288f.）

蒙田如此清楚地意识到诸价值的多元性——在其根据"习惯"而被接受的语境中，这些价值被视为"良知之法则"（I/23, 64）——以至于他会"设想成千上万种相互对抗的生活形式，并且觉得这是好的"（I/37, 121；也参见 I/14）。根据蒙田，不仅共时，而且历时，不仅在一个社会内部，而且在诸社会与时代之间，都是诸伦理信念的一种令人困惑的多样性占据统治地位，这些伦理信念甚至让蒙田说到一种"诸价值的多元性"（II/12, 262）。[46]

204　　　　除了**意见的多样性**与**价值的多样性**，最后还有另一种多样性需要注意：**自身的多样性**。因为，已经提到过的人与人之间的差异——更不必说不同的社会或文化之间的差异——在主体内部也可以看到："从未有过两个人对同一件事作出相同的判断，并且不可能找到两个完全一致的意见——不仅在不同的人那里，而且在同一个人的不同时刻那里。"（III/13, 538）蒙田甚至把这提升到一个关于人类本性的反复性与不稳定性的人类学原理的高度；对他来说，自身充满了内在的矛盾，灵魂具有许多面相（II/1, 167），人们没有任何固定的生活计划："我们全都由模糊不清的碎片组成，这些碎片如此松散而随意地连接在一起，以至于它们每一块在每一瞬间都如其所意愿那般摇摆不定；因而在我们和我们自身之间同样存在许多区别，正如在我们和其他人之间。"（168）

　　　　这样，知识论的、伦理的和主体内的多元性与差异这三个要件都被提到了，它们可以作为一种走得很远的宽容思想的基础，但只是部分地，因为必须考虑蒙田哲学的另外三个要件，它们形成了平衡：上面已经提到的伦理的要件、一种宗教理论的要件，以及一种政治的要件。

　　首先看伦理学：显而易见，蒙田多样性学说的两个伦理蕴含，即安宁和对价值多元主义的重视，只有当在价值的全部多元性那里洞见到这种真理的人——按照蒙田，普通大众不属于这种情况——由此自身作出一种德行时，才能协调一致。特别是克制判断的德行，它具有两个方面："我认为，智慧的人应该从人群熙攘退回到自己内部，并且为他的精神保护无成见地判断事物的自由和能力；但在外部完全和整个地遵守流行的礼仪和规范。"（Ⅰ/23，65）因此，蒙田的伦理学有三个维度：第一，关于价值观念与生活形式的历史相对性与文化相对性的意识；第二，对无成见状态与克制判断的追求导致的个体的—伦理的结果，虽然这始终仍然是一种追求，并且（基于内部分裂的倾向）不可能完全实现；第三，外部的一致性，205 避免提出自己的怀疑并且与道德和法律相冲突。第二个维度指向一种对于蒙田来说典型的——如大家会说的那样——"清醒的斯多亚主义"：考虑到反复性与不稳定性，尤其是自制的可能性在身体方面有条件的局限性，生命的最高目标就在于，获得一种稳定（Ⅰ/12，27）与自主的状态，这种自主对死亡泰然视之（Ⅰ/20），无畏地接受自己的"无意义"（Ⅱ/7，188），力图从生命的变动不居中，获得一种自足的、不再依赖社会承认的、并且与"自然"协调一致的自由（Ⅲ/3，565），如在整个随笔的最后所说的那样。又如在前面对孤独的品尝中（Ⅰ/39，126）："世界上最伟大的事情是，人知道自己属于自身。"在此，关于一种优越的生活方式的思想毛遂自荐，它不仅意味着伦理上的许多选择可能性中的一种，而且自身由一种更高阶的、对于价值多元性与人的不可靠性和反复性之真理的洞见承载：一种哲学的生活方式，虽然蒙田以其对哲学家们的批判，以及多次指出纯粹由理性引导来控制自身及其身体感觉的斯多亚式理想之不可实现，从而相对化了这一点（vgl. Ⅱ/37，377；Ⅲ/3，407）。他的斯多亚主义保持了一种清醒，意识到了人的可错性和易错性。

　　因此，蒙田克服了他自己经常说的，那种在价值的多样性中迷失方向的危险；但更重要的是，他由此把对宽容问题的反思重新系在宽容问题的斯多亚学派的出发点上了（参见第四节第1点）：重新系于宽容者**与他自身**的关系，系于对内在力度的意识，这种力度在于承认自己的可错性和弱点，并且将之转化为宽容。这因此也包括对自身的宽容。[47]在蒙田那里，不仅承认自己的易错性为有限的、身体的与不完善的本质[48]会通向宽容，亦即通向对自己成见的检查和对无偏见性的追求，206 而且就在这种无偏见性和作为"判断悬置状态"的安宁中，完善自身的尝试也会通向宽容（Ⅱ/288，251）。对内部差异的意识通向对外部差异的宽容；自己的局部性与不完善性则通向作为皮浪式至善主义伦理学之部分的、对他人的局部性与不完善性的宽容。对于蒙田来说，奠基宽容的，不只是对理性的意见多样性与价值的多元性的洞见，而且是对他自身与他人在一种自身完善的伦理学的框架中的关系的一种特定眼光。

但是，如何面对到目前为止尚未成为主题的宗教？宗教不也像其他价值和良知的法则一样，仅仅奠基于单纯的习惯，并且因而从诸宗教与教派的一种多样性——按照克制判断之安宁，这种多样性必须得到宽容——出发吗？对于这个问题的回答，可以在《随笔》最长的一篇《为雷蒙德·塞朋德辩护》（II/12）中找到，并且回答是复杂的。因为，一方面，蒙田毫不怀疑，在宗教那里遇到的许多形式——上帝的观念，仪式，等等——都是在历史中产生的、通过习惯而熟练的生活形式（266，287），是人类精神和偶然状况的产物。然而，他给了**这种**对于人类精神及其生产的有限性的洞见一种特别的翻转：因为，他的怀疑只针对那些人的尝试，他们用理性的工具去证明和相信真正的宗教，仿佛他们可以认识上帝（甚至连蒙田在该文中试图为之"辩护"的赛朋德最后都相信了这一点，他驳回了那些怀疑者对进一步证据的要求）。信仰只是——如已经提到过的，蒙田在这里继承了博丹那里信仰与知识的非常重要的区分——一种信仰：一种基于"非凡的感召"（218）、最终基于**上帝的恩惠**的礼物，对它的接受超出一切理性论证。

207

> 那应该把知性与意志系于我们创造者之上、完全围绕着我们的灵魂并且拉着灵魂的纽带，为了保持稳定性和张力，不应和我们的考虑、理性和感情联结在一起，而应与它的超自然的、神圣的馈赠连在一起，这种馈赠作为上帝的全能与恩惠，以向来相同的形式和形态被赐予我们。（221）

对于蒙田来说，在个人把宗教理解为信仰的情况下，宗教被个人按照习惯的方式接受，这并非提出这种信仰是不是"真"信仰这个怀疑论问题的理由：如此提问而让人们寻找证明或证据，这已经是一种无神论，一种"不自然的、反常的观点"（220）。凭借一种无论在形式上还是在内容上都不亚于路德的敏锐，蒙田不仅批评人类的人文主义狂妄，例如在皮科那里要成为创造的"观察者"，而且也批判新教的自以为拥有一种对于上帝的更好理解的高傲。按照奥古斯丁，信仰被视为不可再探究的上帝作品，被视为神秘，被视为上帝之仁慈的标记："我们的信仰不是我们的功劳，它是上帝之慷慨的纯粹礼物。我们不把我们的宗教归因于我们的理解力和洞见，而是归因于一个他者的要求和命令。"（248）因此，皮浪式的怀疑论者——他们质疑一种由人制造的（或更新的）宗教与关于真正宗教的争执的意义——是最反对"迷信与骛新"（250）的人，是抑制知识并且因此恰恰为信仰打开了空间的人，这种空间是必要的："我们越是把自己充满信任地交付给上帝，我们越是否认自己，我们就与自己相处得越好。"（251）随着这种对知识的怀疑与对信仰的信任之混合，即一种"皮浪主义的信仰主义"[49]，蒙田的思想出人意料地转

208   向了对宗教的肯定。因为，在这一方面，宗教—教义的争论在何种程度上被抽去了基础，对已经建立的基督教宗教作为"由上帝之手清楚地分配给我们的"（258）

宗教之怀疑也就在何种程度上被收回了。诚然，这种信仰主义没有极端到使得理性推理不能支援信仰的地步（221），但是理性推理的结果既不支持也不反对信仰。决定性的是，不要意求把上帝"束缚"于人类理性，并且认为"我们的宗教……通过一种似乎是人类普遍的超自然的灵感"也在不信神的人民那里传播；而最重要的是，不要妄自质疑现存的宗教，因为这从来就超出了人的精神：

> 上帝给人类的第一条律令，是无条件服从的律令：一条简单而清晰的命令，接受命令者对之没有什么可挑剔和解释的；因为，服从是一个由理性引导的灵魂的最重要任务，这种灵魂承认天上的主和施恩者。……人的灾祸在于误以为自己能知。（242；I/23，66）

相应地，蒙田批评任何一种宗教革新（II/12，284），甚至批评对一种新宗教之优越性进行证明的尝试（299）：恰恰由于人的可错性和有限性，想要探究"真正的信仰"是狂妄的和渎神的。在这里，蒙田把博丹对宽容基于"理性的不一致"的论证彻底化为一种（更容易让人想起《国家六书》之博丹的）思想，这种思想携带着不宽容的危险：因为关于真正宗教的争执不仅是不可判定的，而且超出了一切人类能力，根本不**允许**进行这种争执。因此，他建议天主教徒，不要参与神学讨论甚或作出妥协："人们要么必须完完全全听命于我们的教会统治，要么完完全全脱离教会统治。"（I/27，98）——而后一种情况在他眼中是严重的不服从。关于宗教问题的争论，只会导致分裂与"异端邪说"（I/56，161）；蒙田甚至走得如此之远，考虑禁止关于宗教事物的写作（I/56，162），并且"在监护"中竖起精神的"危险的剑"（II/12，279）。

这样，皮浪主义的至善主义伦理学以意义深远的方式得到扩展，而且，现在外部的顺应时势——智者与怀疑论者被号召如此——不仅是由于为了能够和平生活，而且也是由于一种完全的怀疑、一种纯粹的克制判断不可能存活。[50]因此，皮浪主义者也跟随他们的激情，特别是道德和法则（II/12，251），而虽然皮浪本人广泛实践他的"不判断"，并且因而当他任性地穿过马路时，不得不由他的朋友来保护以免发生事故，但他偶尔也停止他的镇定（II/29，349）。现在，在信仰上生出了又一个理由，表明在宗教领域，怀疑得不到任何东西：在这个领域，怀疑甚至根本不相干，因为它只对人类精神构造的东西刨根问底。上帝的创造只是**信仰**的事情，既不是**知识**的，也不是**怀疑**的。

另一方面，这种论证也反对一种教条的**信仰确定性**，即人们确信拥有每个人都必须按照理性推理的方式理解的唯一真正的宗教。蒙田在许多地方批判这样一种信仰热情，不仅在天主教方面，也在新教方面（II/12，219；III/8，472）——正是这种无派别性，让蒙田尊敬他所认识的纳瓦拉的亨利，而这同样属于蒙田的气质。[51]当然，它并没有让蒙田去怀疑，他的时代的"比较好的和比较守法的派别"，就是那种"坚持旧的宗教和我们国家的统治方式"的派别（II/19，333）。

最后一个需要考虑的方面，政治方面，使得这种宗教论证最终特别倾向于成为一种不宽容的论证，因为，现在是政治的理由而非宗教的理由反对信仰讨论和信仰革新——并且相应地有一种政治干涉由此得到合法化。在内战——蒙田经常提到它的恐怖——的背景下，蒙田不仅要求天主教徒的宗教上的服从，而且要求所有公民对国王和现有体制的无条件服从。而既然宗教上的革新要求与政治上的革新要求不可分地联系在一起，由此得到的是，"一位国王，一种信仰，一部法律"（*une foi, une loi, un roi*）原则的不可侵犯。在这里也有一个让人回想起路德的对服从的劝勉，不过这里是针对新教徒的：

> 我厌恶革新，无论它以何种面目出现，对此我有理由，因为我曾不得不经历了由革新而来的最大的灾难性后果。……因此，坦率地说，对我而言，这显得是巨大的自负和狂妄相交织，如果人们如此重视自己的私人确信，以至于为了它们的实现，而不怕中断公共和平，并且打开罪恶与可怕的道德沦丧之门，内战和政治上的变革不可避免地带来如此沉重的事情——并且是给自己的国家带来！……基督教的宗教具有正义与实用的所有标志；没有什么比关于服从当局和不侵犯当前的统治形式之劝勉更为清楚明确的了。（I/23，66）

一种允许之宽容，如赦令所拟定的，最多是用来防止更坏情况的一种权宜之计（68），甚至不确定的是，政略派的策略是否通向成功，抑或通向了更多的纷争，按照蒙田，后一种情况有历史上的例子（II/20，335）。[52]

总结对蒙田的分析，这里再次表明了一种宽容提法的高度矛盾性：一方面，在《随笔》之前，没有任何理论像《随笔》一样推进到一种基本的、在有限理性的框架内不可避免的诸视角与诸价值的差异。另一方面，知识的这种有限性被如此解释，以至于不仅表明了宗教讨论的无意义，而且表明了宗教讨论的非法性和危险性。当然，这不仅会导致信徒对于"革新者"的不宽容，而且会导致国家对如此这般的"煽动性学说"的不宽容——如果它们没有局限于一种纯粹的私人活动（*exercitium privatum*）的话。这样一来，知识与信仰之间的如此重要的区别——这一区别包含着对于宽容特有的"真理相对化的悖谬"（参见第一节）之难题如此重要的资源——就颠倒为潜在的不宽容。

2. 一种个体主权的新斯多亚主义伦理学与一种政治主权——它在国家理论层面上仅仅准许宽容按照允许提法作为次好的解决方式——的理论的联系，对于蒙田来说是典型的，这种联系在16世纪晚期的其他重要作家那里也能看到。其中首要的，是尤斯图斯·利普修斯（Justus Lipsius），但也需要提到纪尧姆·杜·瓦尔（Guillaume du Vair）。后者在其著作《论恒常》（*De la Constance*）（1594 年）中，把一种面对命运无常而安宁坚定的斯多亚主义伦理学与一种将服从已经建立的宗教—政治秩序置于首位的政治保守主义的混合转送到了法国语境，利普修斯则在他的两本书《论公共恶时期的恒常》（*De constantia in publicis malis*）（1584 年）和《政治六书》（*Politicorum sive civilis doctrinae libri sex*）（1589 年）中，在尼德兰内战与解放斗争（我将在第十四节讨论它）的背景下，依据蒙田发展了这一混合。[53]利普修斯出身于天主教，曾在耶拿的路德教派大学担任修辞学与历史学教授，后来在莱顿的加尔文教派大学，最后到鲁汶天主教大学，这使得他（在 1591 年）重新皈依天主教，凭借他的比他同时代的博丹和阿尔特胡修斯（Althusius）的著作流传得广得多的两部书，他在他的时代的欧洲产生了非常大的影响。如同蒙田一样，他之所以退回到斯多亚伦理学，与一种对于在科学与道德方面的人类认知能力的怀疑有关；为了内在的善和外在的和平，他同样主张维持宗教领域与政治领域的习俗和规则。因此，在《政治六书》中，他明确表示支持通过维持**一种**主流宗教而保障和平，以至于一种其他宗教最多只能**在私下**（*privatim*）被容忍——这里可以看到后来对于霍布斯非常重要的、公开的告白（confessio）与私人的信仰（fides）的区别的先声。与之相反，如果不同信仰者公开地为他们的信仰辩护，并且因此招致叛乱的危险——宗教方面的公开犯罪（*publice peccare in religione*）——那么必须毫不留情地与他们斗争："在此任何网开一面都是不合适的。烧毁吧，切掉吧，这样毁灭一肢好过毁灭整个身体。"[54]只有在疾病已经扩散到截肢都不再可能的情况下，利普修斯才（像在他之前也用了同一种象征的洛必达一样）主张一种有条件的、实用主义的宽容。

这个例子进一步表明，一种怀疑主义立场并不像经常假定的那样，自动地导致一种宽容立场。[55]因为，为了个体的与政治的和平，怀疑会不仅变成一种不讨论的政策，而且会变成对一般讨论和不一致的压制。这是通过对一种特定的信仰理论和政治统一的理论的专门联结发生的，以至于怀疑恰恰**不针对**宗教领域，这在蒙田那里变得特别清楚。[56]不过，即使在怀疑扩展到宗教领域的情况下，也不意味着通向宽容的皇家大道（Königsweg）：因为，除了由此导致的漠不关心，以及可能因此失去对于宽容来说构成性的反对性要件，同样会导致的是对于所有那些怀疑主义者的不宽容。

3. 上文引用过的利普修斯的话，即为了和平而"烧毁"那些危险的其他宗教信仰者，引起了对一个人的猛烈的、导致一场白热化争论的反对意见，这个人提出的宽容提法首次包括了无神论者：迪尔克·福尔克特松·科恩赫特（Dirck Volckertszoon Coornhert）。他虽然是天主教徒，但持有一种受到了塞巴斯蒂安·弗兰

212

克的强烈影响的个体主义—唯灵主义的信仰观，这种信仰观使他有可能要求尼德兰的冲突双方进行宽容——这为他带来了双方的敌视。[57]他在《良知自由的会议》（*Synodus van der Conscientien vryheyt*）（1582 年）和对利普修斯进行批判的《处死异端的审判》（*Proces van' Ketter-dooden*）（1590 年）这两部著作中，解释了他的宽容理解，在这种理解中，他联结了人们熟知的不同论证：信仰——它是上帝的一份礼物——自由的论证，在没有人能够判断真正信仰的地上的教义不确定性的论证，道德相互性的论证和两个王国严格分离的论证时——他对这一论证的解释已经接近洛克，因为科恩赫特也不再愿意把保护宗教的任务交给国家。应该交给国家的，最多是在信仰问题方面保护公民免于暴力。

在其作为对话录写成的、关于《处死异端的审判》的书中，科恩赫特反对利普修斯只有宗教统一才能保证国家统一的论题，认为这意味着完全忽视关于真正宗教的问题，并且他承认国家可以强加一种"虚假的和平"[58]给公民。这样看的话，压制基督教的流行就也是正当的了。这里显示出，科恩赫特利用宗教真理的论点反对利普修斯，但同时鉴于人的有限性，为上帝（而非国家）保留了关于真理的裁判权：这是一种非怀疑的宽容论证，尽管也混杂着怀疑主义。随之而来的是其他论证，例如关于现实的叛乱与异见的表达之间的必要区分的论证——它是被利普修斯磨平了的一种差异。

对此——以及紧接着的争论——这里不可能再进一步探讨；不过值得注意的是，科恩赫特是第一位把宽容扩展到无神论者的人，并且像蒙田和路德依据奥古斯丁一样，用的正是信仰作为上帝仁慈之证明这个论证。科恩赫特提请人们考虑，一个无神论者应该因此被视为这样一个人，他还没有收到上帝的这份礼物，而且对这一点进行弥补，或者为此惩罚不信神的人、没有为上帝睁开双眼的人——如果他跟随了他的良知——不可能是人的工作。[59]这个在他的时代不寻常的大胆论证澄清了，一种道德冲动如何可能导致一种对于传统信仰原则的彻底的重新解释。

第十四节　反抗与宽容

1. 我们把目光落在尼德兰的信仰冲突上，不仅是由于利普修斯和科恩赫特之间的争论。因为在尼德兰诸省反叛西班牙统治的过程中，显示出一种宗教宽容问题与政治反抗的合法性、与国家统一和解放的问题，以及与经济论证的联系，这一联系在不同的方面扩展了政治上的宽容讨论。此外，在这里还能看到一种最初的现代自然权利—个体的宽容奠基方式，并且出现了国家的—纵向的宽容思想与主体间的—横向的宽容思想联结的可能性。所有这些观点都非常明显地标志着向 17 世纪宽容讨论的过渡。

作为查理五世帝国的西班牙分支（Linie）的一部分，尼德兰十七省在 16 世纪处在一种异族统治之下，这一统治基于一种"大宪章"——布拉班特（Brabant）的"迎驾剧"（*Blijde Inkomst*）——赋予诸省相对的政治上和经济上的自主地位，并且赋予各阶层代表政治上的参与决定权利，而这一再引起国王或他的行政官与诸省代表之间的冲突。同时，特别是在北方诸省，首要地是在荷兰和西兰（Seeland），新教、越来越强的加尔文教派得到传播。菲利普二世（1555 年）在继承西班牙王位后，加强尝试对这种传播的禁止，并通过宗教法庭介入对异端的压制。[60] 这不仅招致了加尔文派教徒的激烈反抗（他们在 1566 年圣像破坏运动中爆发了），而且招致上层贵族中温和的天主教支持者如（后来将转而信奉加尔文主义的）奥兰治的威廉（Wilhelm von Oranien）的激烈反抗。对他们来说，关键在于保护尼德兰诸省的自由和统一，哪怕要付出宽容其他教派的代价（但除了被双方都迫害为宗教极端分子和社会极端分子的再洗礼派）。经济论证在此扮演了一个不可忽视的角色，如威廉 1566 年的备忘录（Denkschrift）所显示的，在其中，他表示支持宗教平衡作为维护和平、国家统一和经济发展的手段。宗教暴力不仅徒劳无益，而且把异地的和本地的商人赶出了尼德兰的"整个基督教市场"[61]，并且最后只会导致暴动和国家的毁灭。奥拉宁强调，他视之为己任的是，向国王指出，其政策必须避开这条邪路。因此，他已经确立了对于后世非常重要的联结，即民族的自决、相互间宗教的宽容与经济的稳定之间的联结。

然而，菲利普二世的回应是完全拒绝这一建议；在他的委任下，阿尔瓦公爵（der Herzog von Alba）在 1567—1573 年建立了军事独裁，其目的是清除宗教差异和政治动乱，但结果南辕北辙。威廉·冯·奥拉宁成为了对西班牙异族统治起义的领袖，通过"根特和解"（1576 年），议会就敌对诸省的停战达成一致，以在对西班牙军队的斗争中相互提供帮助，但并不质疑国王的主权。良知自由得到普遍保护，但新教徒的礼拜自由只在荷兰省和西兰省。这一协定为 1578 年的更广泛的"宗教和平"（Religionsfrid）提供了基础，后者的核心是一个诸省相互间的协定，它赋予天主教徒和加尔文派教徒在全部省份的良知自由和礼拜自由。在威廉·冯·奥拉宁眼中，只有这样一种诸教派之间的横向宽容——按照共存提法的方式——才能建立民族独立所需的支撑：这是相互宽容的一种形式，这种宽容以**反对**异族统治为指向（亦在各自省内反对天主教极端分子和加尔文派极端分子）。因此加尔文派的反暴君派，如杜普莱西斯-莫尔奈（Duplessis-Mornay），把宽容的问题最紧密地与反抗的问题相联系。在为"宗教和平"的一次辩护中，他——跟随卡斯特利奥——指出一种相互宽容的必要性：人们为自己要求的自由，也必须给予对方。[62] 最后，在 1579 年的一份匿名的小册子中[63]，（加尔文派眼中）最重要的支持宗教和平的论证汇集起来了：宽容对于获得并维护政治自主的重要性，良知自由与礼拜自由的不可分性，教会与国家因确保永生至福和确保公共安定的不同任务而导致的分离，以及——这是一项决定性的革新——为作为**个体自然权利**的宗教自由而辩护：

> 良知自由由两个环节构成，亦即内在的上帝崇拜与外在的上帝崇拜：内在环节在于内心，外在环节在于行为并且同样具有两个环节，口头的信仰告白和对仪式的践行……对自由的恢复为我们带来的主要福祉在于，每个人都可以安于他的良知，享有宗教自由，并且可以侍奉上帝，如他觉得自己对此负有义务那样。这种自由属于我们的自然权利！没有人可以把它从我们这里夺走，也不能强制我们信奉某种宗教，它不同于我们的良知为我们规定的那种宗教。如果有人还是企图这样做，那么他就是一个暴君，我们就不需要服从他。㉔

在这里，良知自由在宽容历史上第一次作为个体的**基本权利**而被要求，这个论证显然预先指向了 17 世纪的自然权利的宽容讨论，那时它特别通过洛克而获得其典型形态——小册子的作者十分简明扼要地强调了，类似的事情在合法反抗的问题方面的重大意义这种意义。这也适用于杜普莱西斯-莫尔奈，他支持宗教和平，并且［与休伯特·朗格特（Hubert Languet）一道］被认为是 1579 年［以假名斯特凡努斯·朱尼厄斯·布鲁图斯（Stephanus Junius Brutus）发表的］反暴君派的主要著作《反抗暴君宣言》（*Vindiciae contra tyrannos*）的作者。在这部著作中，可以在传统的封建权利的论证与现代的自然权利的论证的结合中看到对"人民"——当然还是传统地理解为由阶层代表的有机统一体——相对于国王的反抗权利的一种全面奠基，国王之变成暴君，是由于他不仅破坏与上帝的约定（foedus），即遵守神律之约定，而且也破坏与人民的契约（pactum），即关心人民福利之契约。根据这种观念，国王是由人民任命的；"本性自由"㉕的人只是为了特定的好处——特别是财产之保护——才同意服从他。

因此，反暴君派诉诸不同的基础来支持对国王的反抗：国王对上帝的义务、诸省和诸阶层的传统契约和祖传"自由"，以及个人的优先于统治关系的自然权利。㉖反抗因此也具有一种"保守的"要件，即回转向那些旧的自由，并且反抗只应由人民的合法代表实施，不能"无组织"地实施（以防止某种"庶民的"革命）。不过，个别的政治统一体也可以作出合法的反抗，而非只有——如在加尔文那里——最高级官员的多数。这种反抗学说把一种宗教的奠基修改为一种自然权利的—政治的奠基，最后在宗教和平失败和南方诸省在"阿拉斯同盟"中屈服于西班牙统治之后，形成了对北方诸省脱离为"乌得勒支同盟"（1579 年）的合法

化。1581 年，北方"联省"宣布独立于西班牙"暴君"（直到漫长斗争之后的
1648 年，它才被承认为共和国）。这样，尼德兰的分裂无可挽回。在诸省内部发展
出了不同的宽容关系；天主教方面不愿承认支持良知自由的论证，而北方诸省则 218
以否弃宗教迫害为己任。当然，知名叛变者的例子巩固了这种观点，即基于天主
教徒与教皇和政治对手的联系，从而不能信任天主教徒。[67]不过，在通向一个共同
体的时代进程中，仍然逐渐形成了一个新的共和国，这个共同体在 17 世纪经常作
为宽容的光辉案例被提起。

　　随着这一分裂，那个产生了相互宽容（虽然还是按照共存提法的模式）与对
不正义和不宽容的统治的反抗之联合的短暂时期过去了——这种宽容首先作为社
会性的宽容而形成，然后成为一种对政治正义的要求。[68]横向宽容与纵向宽容的某
种联结的可能性，正如自然权利的—契约论的奠基以及良知自由和礼拜自由共属
一体的论证——固然还是经济上的观点——一样，将在接下来，特别是在 17 世纪
的英格兰，扮演一种重要角色。在这方面决定性的是，随着这一进路，国家理论
的宽容视角内部的一种冲突开始引人注目：在政治层面上，一种个体的—自然权
利的论证遭遇了直到当时还占据统治地位的、由新的主权概念而来的允许提法，
并且因此发挥了在帕多瓦的马西利乌斯那里已经提到的东西，即辩护的要求向政
治领域的入侵——这是政治"合理化"的另一方面。

　　2. 在就此分裂了的尼德兰，相互宽容的问题仍然在扩散，不仅在分离开的阵
营之间，而且也在阵营内部。随着阿民念主义（Arminianismus）的兴起和围绕预
定论教义的争执的形成，加尔文派自身内部产生了分裂，阵营内部的问题加剧。
在辩论过程中，"抗议宗"——阿民念的追随者——呼吁世俗政府催促加尔文派教
会进行宽容，后者偶尔也这么做了，例如 1614 年在荷兰和西弗里斯兰地区，双方
都因决议而被迫进行宽容。文本起草者是法学家雨果·格老秀斯（Hugo Grotius），219
其本人是阿民念派，在为博丹传统中的禁止讨论进行辩护时，他一方面强调国家
权力高于教会事务，另一方面特别指出改革了的诸教会的教义共同点。[69]这样，在
这一语境中又出现了政治主权的优先性，只是这次具有明显的"伊拉斯图主义"[70]
的结果是：世俗权力也具有了宗教上的统治权。在这一点上，批判地对立于阿民
念主义的加尔文主义者约翰内斯·阿尔特胡修斯与格老秀斯意见一致。在《政治
方法论汇编》（*Politica methodice digesta*）（1603 年，1614 年修订）中，阿尔特胡修斯
结合了上帝与人民立约的思想，以及一种关于人民的不可转让的主权的学说，人
民通过订立契约来任命当局，这契约约束双方。以基于上帝的命令实现良善生活
为目标的政治秩序，由一种永恒的自然权利来框定，这种自然权利同时具有神圣
起源和人类理性的起源。在这种秩序的内部，世俗的最高权力（*majestas*）也有确
保宗教秩序和教会秩序的任务；宽容因此不被赋予那些质疑信仰基础的异端。[71]最

多只有那些保持了信仰基础的人——例如温和的天主教徒，可以被赋予良知自由（但并非礼拜自由）；然而，在没有别的办法可以保持和平的情况下，一种对于其他教派和它们的礼拜方式的忍耐也是可能的。当然的是，世俗权力终结神学争论的权利仍然不受触动，阿尔特胡修斯对此寄予了特别重要价值。

格老秀斯在其（形成于1614—1617年的）著作《论主权者在神圣事务方面的权责》（*De imperio summarum potestatum circa sacra*）中同意这一点，不过伴随着一种不同的、宗教的非教义的转变：世俗统治者虽然有权利在宗教领域规定宗教，"通过柔和的手段或暴力压制错误的"[72]宗教，并且终结神学上的纷争，但是他将会明智地行使这一权利，因而不会激起诸教会之间的不宽容。他将会关注对基本真理的持守，除此之外，他的官方的国家宗教将不强制个人的良知。[73]

在其主要著作《战争与和平法》（*De iure belli ac pacis*）（1625年）中，格老秀斯——他在1619年通过逃跑才得以逃脱在尼德兰的终身监禁，抗议宗教在那里受到站在对立面的世俗权力的迫害——回到了宽容问题上。一般而言，他的著作表达了这样一种尝试，即将一种关于内在与外在主权的现代学说建立在自然法基础之上，并且通过一种半是继承了亚里士多德式前提，半是有着基督教和近代的一个体主义的前提的自然法概念，来将这一学说同时置于规范性的界限之内。[74]按照格老秀斯，自然权利起源于"对于共同体的合乎人的理性的关切"[75]，而且它关于道德正义的诸命令"应该流传开来，即使人们会作出那若非罪大恶极就不会发生的设想，即设想上帝不存在，或者上帝不关心人类的事务"[76]。由此，理性足以自主地进行道德的洞见，虽然它因此同时听命于上帝的意志。根据格老秀斯，自然权利不仅是公民权利的基础，而且也是民族权利的基础，它是"理性的一种命令"，并且本身被视为上帝的命令，虽然它有自己的价值："自然权利是如此地不可改变，即使上帝也不能改变它。"[77]

在这一背景下，格老秀斯在"论惩罚"一章中转向这个问题，"违背上帝"在何种程度上是可惩罚的。在他看来，存在一种"真正的、所有时代共有的宗教"，它依据四个原则：有且只有一个上帝；上帝是一种灵的存在；上帝引导人类事务；上帝是万物的创造者。[78]这些原则反映在十诫中。其中第一条原则和第三条原则具有一种绝对基础的意义，并且是对于每一个宗教而言的：因此，对它们的否认就必须在国家的名义下、同样在人类社会全体的名义下受到惩罚。[79]相反，另外两个原则是更有争议的，"不那么明显"，因此，在这方面误入迷途的人不应受惩罚，因为上帝没有把他们引向真理。他们像那些由于缺乏"上帝的帮助"，并且因此缺乏正确的洞见，从而没有接受基督教教义的民族一样，误会了好良知。[80]按照基督教的教义，他们不应被强制信仰，因为信仰应该自愿发生（因此，格老秀斯也批判了那种有利于信仰强制的合法化的、对于"勉强人进来"的解释）。因此在这里，一种自然权利的论证与一种人文主义的论证联系起来了：根据前者，这是

"违背理性"并且不合乎（基督教的）信仰事物之本性，根据后者，具有普遍要求的宗教性被还原到少数基本原则。最后再加上关于人的宗教方面的认识能力的有限性的思想，从而相互之间禁止把自己的真理强加于人。㉛

这样，格老秀斯结合了不同的宽容论证，它们限制了主权者对国家的宗教基础进行保护和保卫的权利，尽管没有在原则上否认它。这里显示出自然权利的矛盾：恰恰以自然权利之名，国家的宽容**同时**得到奠基与限制，因为对这种权利的基础本身的质疑是不被容忍的。并且无论这种矛盾在 17 世纪的诸多自然权利理论家那里如何复现，在支持良知自由的个体的—自然权利的论证中仍然存在一种批判性力量，这种力量——如在尼德兰革命期间的讨论中已经变得明显的——将导致国家与教会之间的一种彻底分离以及国家的进一步世俗化。

在这里要记住的是，随着向一种自然权利的宽容讨论的过渡，又一次打开了一种更广阔的话语空间，这一空间把一种新的动力带入宽容辩论，虽然同时也被追溯到传统的论证（例如改革式理解中的良知自由的论证）。因此，在国家理论的话语内部——个体的—自然权利的宽容被奠基于主权的优先性，以及宽容的允许提法这方面与宽容的一种强的横向—交互提法之间的两极分化——形成了争论的一个重要位置，在争论中，政治层面上针对主权者的支配地位不断增加的辩护要求，现在产生了效果，并且宽容问题嵌入了政治**正义**之基本问题的语境中。尝试通过宽容来中和教派冲突的主权者，其本身对于那些在教派争辩中达成了对其自身、宗教和国家的一种改变了的理解的人们来说，就成了问题。关于政治主权**与**个体主权的讨论，急需引入社会生活和政治生活的新形式。这将成为 17 世纪的核心问题域，从霍布斯那里严格的主权理论层面的解决，到斯宾诺莎的继续发展，到洛克的提法，最后到培尔反过来超出了洛克思想界限的提法，各种宽容奠基方式的色谱（Palette）逐渐成形，直到今天，还影响着关于宽容的思想。当然，16 世纪仍然是宽容讨论中的一个决定性的关节：在政治的层面，主权国家从宗教中解放（这还没有导致一种完全的世俗化）与自然权利的论证开始和两个王国的学说相联系，在主体间的层面，形成了三种实用主义宽容奠基方式：人文主义的奠基、宗教改革的奠基，以及一种相互性的道德与对理性有限性的洞见的联结，特别是在卡斯特利奥和博丹那里。

注释：

① Böckenförde，"Die Entstehung des Staates als Vorgang der Säkularisation"，100—104，特别是在把目光投到法国的发展，看到在以叙任权之争为标志的第一阶段之后，决定性的"世俗化的第二阶段"。在这个意义上也参见 Scheuner，"Staatsräson und religiöse Einheit des Staates"。

② 因此，像施米特（Schmitt, *Politische Theologie*, 49.）那样说在现代国家学说的主权概念中"全能的上帝变成了无限权力的立法者"是不正确的；正确的说法毋宁是，存在着把高阶的宗教规范性与政治主权相结合的努力——尽管始终处在与那些把这二者置入相互矛盾的人的争执中。主权概念仍然无解地与对其自然法权界限的专题化——以及对权力行使的辩护——结合在一起（参见下文第十四节）。

③ So Schnur, Die französischen Juristen im konfessionellen Bürgerkrieg des 16. Jahr-underts, 9—11, 67, und Koselleck, Kritik und Krise, Kap. 1, im Anschluss an Schmitt, Der Leviathan in der Staatslehre des Thomas Hobbes, Kap. 4 u. 5. 然而，根据施米特（Schmitt），其中也存在着利维坦的"死因"（ebd., 86）（参见下文第十六节第 1 点）。

④ Vgl. Scheuner, "Staatsräson und religiöse Einheit des Staates", 394f.; Münkler, *Im Namen des Staates*, 228; Dreitzel, "Gewissensfreiheit und soziale Ordnung", 6f.

⑤ 关于历史的—观念史的语境，特别见 Vgl. Lecler, *Geschichte* 2, Teil 6; Bermbach, "Widerstandsrecht, Souveränität, Kirche und Staat：Frankreich und Spanien im 16. Jahrhundert"。

⑥ Lecler, *Geschichte* 2, 44f.

⑦ Ebd., 58.

⑧ De L'Hôpital, Rede vor den Generalständen in Orléans, 13. Dez. 1560, 106.

⑨ Ebd., 107.

⑩ Lecler, *Geschichte* 2, 64.

⑪ 作品题为：Exhortation aux Princes et Seigneurs du Conseil privé du Roy, pour ob-vier aux seditions qui semblent nous menacer pour le fait de la Religion, 其德文翻译选段可参见 Guggisberg（Hg.）, Religiöse Toleranz, 107—111。

⑫ Ebd., 111.

⑬ Vgl. besonders Schnur, Die französischen Juristen im konfessionellen Bürgerkrieg des 16. Jahrhunderts.

⑭ De L'Hôpital, Rede vor der Versammlung der Parlamentsdelegierten zu Saint-Germa-in, 3. Jan. 1562, 112.

⑮ 不过，在洛必达那里也出现了（在弗兰克与卡斯特利奥那里讨论过的）在作为"基督徒"的人格与作为"人"的人格之间的区别，指出了人的一种更深层的共性。Vgl. Schnur, *Die französischen Juristen*, 20.

⑯ Bodin, Sechs Bücher über den Staat, I, 93.

⑰ Ebd., Buch I, Kap. 8, S.205.

⑱ Ebd., IV, 7, 135.

⑲　Ebd., 151.

⑳　Ebd., I, 10, 284.

㉑　我将在第十二节回到这一点。

㉒　Vgl. Bodin, *Sechs Bücher*, III, 7, 541; IV, 7, 150f. 在这方面特别明确的是《国家六书》（*Six livres*）1586 年拉丁文版本中的一个边注："讨论宗教是危险的。"Sechs Bücher 2, 531. 关于不讨论的政策也参见 Holmes, "Jean Bodin：The Paradox of Sovereignty and the Privatization of Religion"。

㉓　Vgl. Ebd., III, 7, 542; IV, 7, 153f.

㉔　Edikt von Nantes 1598, in Herdtle u. Leeb（Hg.）, *Toleranz*, 69.

㉕　Vgl. Hinrichs, Fürstenlehre und politisches Handeln im Frankreich Heinrichs IV., 258f. u. 299—308，对敕令的分析。

㉖　因为没有对于拉丁文文本的可靠而完整的德语翻译，所以引用依据拉丁文本；1975 年出版了一个完整的英译本（*Colloquium of the Seven about Secret of the Sublime*）。译者昆茨（M. L. Kuntz）基于一份在马萨林图书馆发现的手稿，把流行的 1593 年的说法改为了 1588 年。Vgl. ders, "The Concept of Toleration in the Colloquium Heptaplomeres of Jean Bodin", 143, Fn.9.

　　i. 在这里需要注意的是，把博丹视为《七人对话录》的作者并非没有争议；vgl. dazu Faltenbacher, *Das Colloquium Heptaplomeres*, und ders.（Hg.）*Magie, Religion und Wissenschaft im Colloquium Heptaplomeres*, gegenüber Häfner（Hg.）, *Bodinus Polymeres*。这里不可能更详尽地探讨历史细节问题，我在下面——同意多数意见——的出发点是，一个对于宗教对话与他的其他著作的对比，支持把博丹视为对话录的作者——而那些重要的区别（部分地）产生于所处理的事情的本性，并且在这些事情上投下了一道有趣的光。

㉗　对于法国语境来说，一个例子是和平主义者吉拉姆·波斯特（Guillaume Postel），他在《论世界的和谐》（*De orbis terrae concordia*, 1544）中尝试在简化了的基督教的基础上，证明一种普遍的宗教和睦是可能的。Vgl. Lecler, *Geschichte* 2, 48—56.

㉘　Vgl. Roellenbleck, "Der Schluss des 'Heptaplomeres' und die Begründung der Toleranz bei Bodin".

㉙　［D］ie crastino decernendum nobis, an viro bono de religione disserere liceat（我们必须考虑昨天提出的问题，对于一个好人来说，讨论宗教是否恰当）；Bodin, Colloquium heptaplomeres, 111（下面按照拉丁文文本标注页码；莱纳·福斯特译）。

㉚　Bodin, *Sechs Bücher*, VI, 6, 501："正如相反的音调和声音合成了一种柔和的、自然的和谐，恶习与德行，在其本质上不同的因素，相反的运动，同情与反

感，通过一种每每位于两个极端中间的不可分解的连环相互连接，形成世界的和谐及其诸部分的和谐。"

㉛ Vgl. Kuntz，"The Concept of Toleration in the Colloquium Heptaplomeres of Jean Bodin"。

㉜ 但是雷默这样看。（Remer，Humanism and the Rhetoric of Toleration，233.）

㉝ 因此，我不同意狄尔泰的对话录解释（Dilthey，"Das natürliche System der Geisteswissenschaften im 17. Jahrhundert"，145—153.），他在其中把博丹视为一种进行宽容的"自然宗教"的代表。Vgl. dazu Gawlick，"Der Deismus im *Colloquium Heptaplomeres*"。

㉞ Vgl. Bodin，*Sechs Bücher*，IV，7，150f.

㉟ 参见下文第三十三节。

㊱ Deinceps mirabili concordia pietatem ac vitae integritatem communibus studiis ac convictu coluerunt, sed nullam postea de religionibus disputationem habuerunt, tametsi suam quisque religionem summa vitae sanctitate tueretur. （在奇妙的和谐之后，他们通过共同的追求和友谊培养了生命的虔敬和正直，但后来他们不再讨论宗教，尽管每个人都以至高的生命神圣性维护各自的宗教。）（358）

㊲ 在这里我也不同意斯金纳（Skinner，*The Foundations of Modern Political Thought* 2，248.），他把一种怀疑主义论证归诸博丹，一如归诸卡斯特利奥。

㊳ Vgl. Bodin，Vom Außgelaßnen Wütigen Teuffelsheer，Vorrede.

㊴ Vgl. Foucault，"Ärzte，Richter und Hexer im 17. Jahrhundert"，960f. und Honegger，"Die Hexen der Neuzeit"，96—103.

㊵ Vgl. Bodin，Vom Außgelaßnen Wütigen Teuffelsheer，Vorrede und 5. Buch.

㊶ 对此的分析见：Vgl. Foucault，"Ärzte，Richter und Hexer im 17. Jahrhundert"。

㊷ Bodin，Vom Außgelaßnen Wütigen Teuffelsheer，8f. 亦参见《七人对话录》第二卷（*Colloquium heptaplomeres*，2. Buch）中对魔鬼问题的处理。

㊸ Bodin，Vom Außgelaßnen Wütigen Teuffelsheer，23.

㊹ Vgl. Horkheimer，"Montaigne und die Funktion der Skepsis"；Starobinski，*Montaigne：Denken und Existenz*，Kap.1.

㊺ Montaigne，*Essais*，III. Buch 12. Kapitel，S.528.（下面在文中按照德文版的卷、章、页码注明引用）

㊻ Vgl. Stierle，"Montaigne und die Erfahrung der Vielfalt"，Abschnitt 2.

㊼ 对此也参见努斯鲍姆（Nussbaum，"Toleranz，Mitleid und Gnade"，156—161.），在她关于塞涅卡（Seneca）的解释中，她将之与同情的动机联系在一起。

㊽ Creppell，"Montaigne：The Embodiment of Identity as Grounds for Toleration"，

指出了关于自己的局部性和身体性的意识对于蒙田宽容思想的意义，然而认为他的宽容思想是基于他对"局部性的价值"的确信，这如果是对的，那就提出了问题，即是否这里涉及的是宽容，而不涉及对他人的赞赏。

㊾ 这一准确表达见 Brush，*Montaigne und Bayle*，109，不同于例如 Gessmann，*Montaigne und die Moderne*，53—56，与 Levine，"Skepticism, Self, und Toleration in Montaigne's Political Thought"，他们把一种宗教怀疑主义也归于蒙田。

㊿ 施耐温德（Schneewind，*The invention of Autonomy*，47.）称这种道德生活可能性的检测为"蒙田测试"（Montaigne's test）。

51 Vgl. Schultz, Die Erfindung der Toleranz：Michel de Montaigne und Henri Quatre.

52 也参见 Skinner，*The Foundations of Modern Political Thought* 2，280f.，关于蒙田对1562 年 1 月赦令的批判以及他对反对该赦令的议会的支持。

53 关于利普修斯和杜·瓦尔的政治新斯多亚主义，参见 Schnur，*Die französischen Juristen im konfessionellen Bürgerkrieg des 16. Jahrhunderts*；关于利普修斯、杜·瓦尔和蒙田的保守主义，参见 Skinner，*The Foundations of Modern Political Thought* 2，277—283；关于利普修斯和蒙田的怀疑主义，参见 Tuck，"Scepticism and Toleration in the Seventeenth Century"；关于利普修斯的生平、著作和影响的全面研究，参见 Oestreich，*Antiker Geist und moderner Staat bei Justus Lipsius*（1547—1606）及其论文 "Justus Lipsius als Theoretiker des neuzeitlichen Machtstaates"。

54 Lipsius，*Politicorum*，IV. 3，引证西塞罗（莱纳·福斯特译）。

55 Tuck，"Scepticism and Toleration in the Seventeenth Century"，指明了这一点。

56 塔克（Tuck）忽视了这个重要方面。

57 Vgl. Lecker, *Geschichte* 2，335—353.

58 Coornhert, Der Prozeß des Ketzertötens und des Gewissenszwangs, 132.

59 "他们非常没有信仰，没有收到信仰上帝的馈赠。" Zit. in Hassinger，*Religiöse Toleranz im 16. Jahrhundert*，33，Fn. 26.

60 关于这一时期尼德兰总体的政治—宗教语境，参见 Saage，*Herrschaft*，*Toleranz*，*Widerstand*，Teil 1，和 Lecler，*Geschichte* 2，siebter Teil。

61 W. v. Oranien，"Denkschrift über den kritischen Zustand der Niederlande und über die Maßnahmen zu seiner Verbesserung"，127. Hassinger，"Wirtschaftliche Motive und Argumente für religiöse Duldsamkeit im 16. und 17. Jahrhundert"，强调特别在尼德兰语境中经济论证对于宽容的意义。

62 Duplessis-Mornay，"Discours sur la permission de liberté de religion dicte Religionsvrede au Pais-Bas"（1578），zit. bei Lecler，*Geschichte* 2，264f.

63 "Discours contenant le vray entendement de la pacification de Gand"，zit. bei Lecler，*Geschichte* 2，267—270.

㉔ Ebd., zit. bei Lecler, "Die Gewissensfreiheit", 363.

㉕ Brutus, "Strafgericht gegen die Tyrannen oder Die legitime Macht des Fürsten über das Volk und des Volks über den Fürsten", 129.

㉖ Vgl. Saage, Herrschaft, Toleranz, Widerstand, Kap. 1; Skinner, The Foundations of Modern Political Thought 2, Teil 3, bes. Kap. 9.

㉗ Vgl. Lecler, *Geschichte* 2, 303—306.

㉘ Saage, *Herrschaft*, *Toleranz*, *Widerstand*, 252, 与霍布斯的主权者权力对于宽容是构成性的这一论题相对, 强调这一点。

㉙ Vgl. Lecler, *Geschichte* 2, 376.

㉚ 这指的是托马斯·伊拉斯图 (Thomas Erastus) 的著名观点, 世俗裁判权对于教会裁判权的优先性, 甚至在维护教会秩序的问题方面。

㉛ Vgl. Althusius, *Politica methodice digesta*, Kap. 28, bes. Abschnitt 56.

㉜ Grotius, De imperio summarum potestatum circa sacra, zit. bei Lecler, Geschichte 2, 385.

㉝ Vgl. Kühn, Toleranz und Offenbarung, 374—389.

㉞ Vgl. Tuck, Natural Rights Theories, Kap. 3.

㉟ Grotius, Über das Recht des Krieges und des Friedens, Einleitung, Abschnitt 8, S.24f.

㊱ Ebd., Abschnitt 11, S.31.

㊲ Ebd., Buch I, Kap. 1, Abschnitt 10.5, S.74.

㊳ Ebd., Buch II, Kap. 20, Abschnitt 45.1, S.95f.

㊴ Ebd., Abschnitt 46.4, S.100.

㊵ Ebd., Abschnitt 48.1, S.102.

㊶ Ebd., Abschnitt 50.3, S.105.

第五章

自然权利、宽容与革命：自由主义的兴起与良知自由的诸疑难

第十五节　政治自由与宗教自由作为与生俱来的权利

1. 17 世纪宗教与政治的冲突，激化了关于宽容的现代讨论，并且在斯宾诺莎、223 洛克和培尔的著作中，抵达了现代讨论在政治—哲学上的高峰。为了重建通向那里的各不相同的论证道路，有必要首先将历史的眼光转向英国语境。因为那里，产生了一种特别的冲突形势，这种形势致使宽容与全面的政治—社会的解放需求相联结。随之而来的，是一种新的——并且如我们将要展示那样的——革命性的对政治的看法。因为那些在法国的辩论与尼德兰的辩论中已经预示了的东西，现在被明确地要求，即一种对于宗教自由（良知自由与礼拜自由）的个体的自然权利，它优先于国家，并且作为最私人性的所有物（persönlichstes Eigentum），作为**与生俱来的权利**（*birthright*），不能被转让。不仅如此，它属于这样一些权利，由于这些权利的保证，国家才通过单个的人们（Einzelnen）被建立起来。由上帝赋予的个体权利是自然的（与"神圣的"），国家的统治则是人为的；宗教自由的权利——在此意义上也是一种宽容的权利，这种宽容可以不再根据允许的模式而被理解——伴随着民主式的自身规定的权利。这种思想在 40 年代革命的语境中扮演了重要角色，并且在**光荣革命**（1689 年）时代，由洛克提炼出一种典型的形态，虽然这种形态并非在所有方面都像之前 40 年代一些宽容理论家的思想那样彻底。

因此，在宽容讨论中浮现出来的，或者说处在最前线的，是**自由主义**，一种关于先于国家的个体权利的学说，以及按照契约有条件地建立政治统治机构的学说。这种学说（当时还没有被标识为"自由主义"这一概念）以一种如此富于创造的方式，汲取了一系列当时的宽容论证，特别是新教的宽容论证——关于两个 224 王国的学说以及关于（只与上帝相关的）良知之自由的理解——以至于形成了后来直到今天都流传甚远的印象，即宽容是自由主义的孩子——这是一种不仅被自

由主义的许多拥护者，也被它的批判者所分享的理解。[①]然而，这幅图像需要修正——它与它所批评的对立面同样片面，而它的对立面认为，正是现代的绝对主权者，通过终止内战而使宽容得以可能——因为当时关于宽容的讨论和许多"自由主义的"论证明显早已存在。尽管通过自由主义形成了创造性的、在理论上与政治上具有极大影响的宽容论证，当时甚至许多重要的论证尚未被自由主义采纳。毋宁说，自由主义——它同时有许多父亲，只要人们考虑一下它的政治—经济要件——应被视为宽容的孩子[②]：作为宽容讨论稍晚但重要的阶段，在这一阶段宽容讨论的诸决定性要素被聚拢并被激进表达。在宽容讨论中，自由主义是一个非常成功的后来居上者。但它呈现的，绝不是这一讨论的顶点，因为它的宽容奠基方式，例如洛克提供的那种形式，既非独一无二的，亦非最融贯的。

225   这同时还表明，恰恰在早期自由主义论证宗教宽容时，它在很大程度上依赖宗教方面的前提，人们只需要考虑一下之前已经提到的良知概念以及良知的自由，其反面正是束缚于上帝。这里还不是要谈论一种完全的伦理上的自律，不是要去发现它那向来本己的"良善生活的提法"并据之生活。相反，正是作为"上帝作品"的良知的不自由，奠定了对当局在政治上的自由姿态的要求——如在许多作者那里显示的那样，由此形成了这种宽容奠基方式的重要边界。

个体的自然权利也被这样理解，它们是由上帝的权威赋予了作为上帝的自由和平等的造物的个体，并且，按照反暴君派的说法，正是诉诸上帝的律令和要求，政治反抗的权利以及义务才得以奠基。政治上的自由与对上帝的顺从在这里携手并进。因此，国家被限制于世俗任务，并不意味着它首先要被世俗地奠基。然而，像霍布斯的《利维坦》（1651 年）这样一部属于这一语境的作品，却指向了相反的方向，这一方向同样标识着 17 世纪，例如标识着兴起中的新科学之精神，在霍布斯那里，也可以看到这种精神试图用"自然理性"的力量，以及通过这种力量建立的政治上的主权，来取代对神圣的自然权利的诉求——在这个意义上，格老秀斯的论证走得更远，即就算是离开神，自然的法律也是可知的和有效的（参见上文第十四节第 2 点）。此外，霍布斯，以及跟随他的斯宾诺莎，还是这样一个例子，它表明自由主义的个体主义—契约论的国家理论可以导致非常不同的种种宽容论证，因此需要对关于"自由主义的"奠基的谈论有一种更加精确的眼光。

最后要考虑的是那种流传甚广的理解，即自由主义的个体主义前提实际上呈现了"人民"的有机统一性的断裂，基于这种前提，自由主义的社会哲学与法权
226 哲学仍然受困于一种"原子主义"[③]，这种理解在这方面已经需要修正，即在这里，尽管个人的良知自由得到了辩护，但这应为了宗教礼拜的**普遍**活动和大量的教会组织形式而敞开社会空间。这也是良知自由与礼拜自由之相互共属的一项重要内涵。这又进一步证明，关于"自由主义标识着什么"的历史探寻眼光是值得

的，并且可能在问题中建立积极的和消极的成见。

2. 17 世纪英国冲突形势的特别之处在于，在这一语境中，与早期资本主义经济方式的实现息息相关的社会—经济争论，王权与议会之间的政治斗争，圣公会国家教会、天主教与不同的新教团体（特别是加尔文主义清教徒）之间的宗教紧张关系，以一种复杂的方式联结在一起。所有这些方面对于宽容问题都有意义，然而这里无法充分讨论这种复杂性，只能刻画政治—宗教领域的本质性的冲突线索。④

对于理解英国的宽容冲突来说，关键是圣公会国家教会的存在。亨利八世（Heinrich VIII）在 1533 年取代教皇成为教会首脑，因而与罗马决裂，并且要求他的世俗官员与神职人员向最高统治权宣誓（莫尔等人拒绝这么做，于是被砍了头）。这次教会分立开始了与天主教旷日持久的冲突，因为从那以后，天主教信徒首先不是被怀疑为异端，而是被怀疑为叛国者。在玛丽·都铎统治下短暂的天主教复辟（以及高压政治与对新教的迫害）之后，冲突在伊丽莎白一世统治期间（1558—1603 年）加剧，当时圣公会国家教会得到恢复，并通过 1562 年法令得以巩固，该法令表现了新教神学与天主教的宗教仪式和教会秩序之间的妥协。在 ₂₂₇ 1570 年的一封教谕中，教皇庇护五世（Pius V.）将伊丽莎白逐出教会，宣布废黜伊丽莎白，解除了她的臣民效忠这个女异端的义务，在英国，这反过来导致天主教信徒从那时起被视为谋逆叛国者，并且受到迫害。冲突的又一次激化，是在玛丽·斯图亚特被处决（1587 年）之后，天主教的西班牙试图征服英国（但未成功）而谋杀女王的各种密谋被揭发。从那以后，天主教徒就被怀疑勾结外国势力——这种怀疑导致洛克将天主教徒排除在宽容之外。反过来，在天主教这边，我们可以发现在大约 16 世纪末的不同论证，而在法国的新教方面，能找到这些论证的镜像：一方面是反对无神论统治者的反抗理论，另一方面是反对国家教会而支持教会与国家分离的论证。⑤

不过，不仅天主教反对圣公会国家教会，而且新教团体也是如此，对于他们来说，国家教会在改革的道路上走得不够远，并且有大量的教派受到迫害，比如贵格会（Quäker）、再洗礼派（Wiedertäufer）和反三一论者（Antitrinitarier）。当然，是加尔文主义异见者，即所谓的清教徒，提出了最强的挑战。他们要求国家教会去除一切并非奠基于《圣经》本身的形式和内容；尤其是长老会（Presbyterianismus），批判现存的主教制，并且要求一个经过选举的教会领导层。在这些批判者的眼里，圣公会教会至少在许多方面，以另一种方式显现为天主教的延续。反过来，在坎特伯雷大主教约翰·惠特吉夫特（John Whitgift）的领导下，国家教会强硬地用新的镇压与宗教裁判的方式回应了这些批判。

然而，对外在一致性的强迫只是国家教会的一面，它的另一面，则是内在的

教义上的宽容，这是由于它由不同的信仰要素组成。这种外在的不宽容与内在的
228　忍耐和开放（Duldsamkeit und Offenheit）之混合，归因于对相互区别但共同处于冲
突中的基督教诸派别进行统一的和解性尝试，对于这种混合来说，理查德·胡克
（Richard Hooker）的《教会组织法》（*Laws of Ecclesiastical Polity*）（1593ff.）是典型
性的。在这个为了圣公会教会的申辩中，胡克将宗教上的顺从辩解为公民顺从之
责任的一部分，但其目的，首先在于**外在的一致性**（*outward conformity*）。根据对神
圣秩序的伊拉斯图式的基本理解，这种外在的一致性是由国家确定的，为了对这
种一致性进行辩护，他使用了关于 *adiaphora*——信仰的"无关紧要事物"和非本质
的次要事物——学说的重要的重新解释。当这种学说在伊拉斯谟的人文主义理解
中解放个人的良知时，胡克的论证是，礼拜仪式之类的问题属于这种次要事物，
可以由国家的权威来调节，以免不必要的争执。只要官方教会保证信仰的本质和
一定的解释自由，诸如教会的外在组织和仪礼这类事物就可以由君主决定。[⑥] 关于
信仰之必要事物，胡克支持的观点是，天主教信仰尽管不正确，但并没有摧毁信
仰的、对于得救来说必须的地基——这表明，胡克视圣公会教义为调和性教义，
这种教义能在内容上包含天主教，并且因此终结宗教争执。[⑦] 在接下来的时间里，
宗教冲突加剧了，这种调和的思想更加频繁地被引证，用来支持圣公会，并且强
调它在教义上的开放性，特别是在约翰·黑尔斯（John Hales）的自由神学和威
廉·齐林沃斯（William Chillingworth）的"宽大主义"（Latitudinarismus）中。在
《新教徒的宗教：一条通向拯救的可靠道路》（*The Religion of Protestants a safe way to
Salvation*）（1638 年）中，齐林沃斯想通过不同信仰派别方面，认识到对《圣经》
的信仰是核心，从而保持教会和平，与之相反，在对真理的共同寻求中，《圣经》
解释的细节可以有合理的意见分歧。由此，普遍的教义就应该对这些有争议的问
229　题保持开放。[⑧] 因此，一种人文主义论证支持某种国家教会的存在，就其内在而言，
这种存在是富有理解力的，就其外在而言，则是防御性的。

　　詹姆斯一世（Jakob I.）强调他作为神圣权利之君主的专制要求，在他的统治
下（1603—1625 年），教会与天主教和激进的新教这两者之间的宗教紧张都增强
了。而国王与议会之间的冲突也激化了，这主要是因为税收批准权的问题和君权
界限的问题。在查理一世（Karl I.）的统治下，在 1628 年议会提交《权利请愿书》
（*Petition of Rights*）之后，冲突公开爆发，结果国王撇开议会，进行了长达十一年的
统治，直到 1640 年。在这一时期，他也对付了他的新教批判者，特别是清教徒，
他害怕他们像废除主教一样废除国王。在清教徒那边，他则落得了"教皇"的
骂名。

　　当查理一世鉴于信奉长老会的苏格兰人叛乱——他们后来被迫接受圣公会教
会——而不得不召集议会时，事态升级了，议会被清教徒控制，对君主提出了一
系列要求：此即"长期议会"的开始（它直到 1660 年才被解散）。为了对抗国王

的权力，长期议会最终在 1642 年建立了它自己的军队；爱尔兰的天主教叛乱，以及对"教皇阴谋"（papistischen Verschwörung）的惧怕，为此提供了最直接的起因。议会这时显然不再把自己当作自"大宪章（Magna Charta）"以来对立于国王而诉求古老的英国人权利的机构，而是行使主权的人民的代表和立法主权的拥有者。国王最初由旧宪章赋予权利，他的反对者越来越强地征引人民及其立法代表的道德权利或自然权利，从而将统治权抓到自己的手里。像威廉·普林（William Prynne）或亨利·帕克（Henry Parker）这样的作家，视自治权利为一种正义对理性显而易见的**基本法**（*fundamental law*），它不需要任何历史先例。平等派的（Levellers）《成千上万公民的抗议》（*Remonstrance of Many Thousand Citizens*）（1646 年）在这方面尤其激进，其中说道："无论我们的先人曾是什么，无论他们曾做过什么或忍受着什么，抑或它们为此受到过什么样的强迫：我们是当今这个时代的人，并且应当绝对地免于任何种类的无节制、妨害或专制权力而自由。"⑨政治主权不再被视为神的任命；尽管神有命令，必须在地上设立一种政治统治，但人被赋予了自然的自由，从自己的力量与见识出发——根据帕克的说法，这是通过契约或协议——去建立政府，在保护自然权利的条件下，将统治权转让给政府。⑩人出于自然并非社会秩序的一部分，而是自由的，国家也并非自然的或有机的，而是一个纯粹的人为产物，产生于公民相互之间以及与被建立的政府之间的契约。在此有一种思想扮演了重要角色，洛克⑪后来也形成了这样的思想，即**生命、自由和财产**（*life*，*liberty and estate*）属于人自然的所有物（*property*），基于此，人拥有先于国家的、不可转让的权利——在平等派那里也是如此，他们强调**与生俱来的权利**中的**所有权与自由**（*property*，*liberty and freedom*）［理查德·奥弗顿（Richard Overton）］，并且还主张扩大政治参与权利。自由是神授予的所有物，它不能被转让给任何人，也不能从别人那里偷来。这里显示出的经济学的—自然权利的修辞甚至走得如此之远，以至于［例如通过约翰·古德温（John Goodwin）］人民与国王之间的统治契约被视为劳动契约，也就是说，国王是领工资的工人，必须在由议会通过的法律所规定的框架内，为了人民的幸福而做他的工作，作为报酬，他得到可供支配的必要资金，但任何时候，只要他没有令人满意地完成任务，就可以被解雇。⑫这样的论证最终被用来辩护 1649 年对国王的处决（和上议院的废除）。

这当然就是所谓的"尾闾议会"在奥利弗·克伦威尔的独立派的领导下的作为，而克伦威尔很快就接管了统治，并且成了**护国主**（*Lord Protector*）。战胜了国王的议会军队于 1648 年反对长老会的议会多数派，并且驱逐了这个倾向于国王复辟的集团，在此之后，"尾闾"被保留了。借助平等派的支持，此前独立派曾成立了一个党派，那时正是 1643 年，为了在反抗国王的战争中获得苏格兰人的帮助，议会中的长老会教徒承诺了在英国设立一个长老会的教会政权，这个教会政权很快就证明自己是官方教会的一个新形式，只不过这次是加尔文主义式的，它试图用

230

231

国家权力的手段镇压异见者，特别是独立的新教集团，甚至尝试公开谴责它。[13] 对于塞缪尔·卢瑟福（Samuel Rutherford）这样的长老会教徒来说，那些崇敬他们的良知胜过崇敬上帝新教徒，是"神圣的异端"（heilige Häretiker），因而更加危险。[14] 与此不谋而合的，是独立派和平等派的激烈反对，在他们看来，圣公会不过是一个新的，甚至更糟糕的"教皇"体系——虽然大多数独立派并不反对国家教会，甚至支持一个开放的、去中心化的国家教会。

现在明显的是，对于政治自由和宗教自由来说，与生俱来的权利的论证同样有效：良知自由与礼拜自由也都被视为不可让渡的和先于国家的。它的最激进形式由平等派提出，例如约翰·李尔本（John Lilburne），他在《为英国与生俱来的权利辩护》（*Englands Birth-Right Justified*）（1645 年）中，支持一种严格的人民主权学说，并且提出，每种统治，无论它是在政治领域的统治，还是在宗教领域的统治，在原则上都必须被论证。这样，国王的统治也像长老会及其议会多数派的统治一样，表现为单纯的暴政，这种暴政剥夺了"坚定的"（*well-affected*）（一种限定性的说法）、生而自由的英国人对他们的自然权利的诉求。进行宗教强迫与政治上的专制一样不合法，并且只为统治者的个人利益服务，因此就会遭到反抗："哦，残酷的、可悲的、无法接受的奴役，不能再忍耐、忍受，也不能再经历，那负担远远超出了可怜的劳动者所能承受的……"[15] 在此变得明显的是，在这场对现代宽容讨论的发展来说如此重要的辩论中，宽容的语言在何等程度上是**解放**的语言：政治自由与宗教自由二者都被理解为对一种合法政体的基本要求，在这种政体中，任何统治形式都由公民自身建立，并且必须面向公民进行合法性辩护。

这一点被一系列作家在他们的小册子中加以强调，虽然它通常与一种新教思想的激进版本联系在一起，这种版本认为只对上帝负责，并因而在世间有自由的个人良知。下面将会提到一些作家，他们对于那场范围广泛的辩论来说是代表性的。这些论证虽然基本上家喻户晓，但它们以一种先锋的方式结合在一起，并且在新的自然权利理解的背景下得到重塑。

在其作品《慈悲的撒玛利亚人》（*The Compassionate Samaritane*）（1644 年）、《正确理解一场关于独立的谈话的帮助》（*A Helpe to the Right Understanding of a Discourse Concerning Independency*）（1644/45 年）和《对宽容的辩护，对迫害的责难》（*Tolleration Justified, and Persecution Condemned*）（1645/46 年）中，平等派的威廉·伍尔文（William Walwyn）呈现了一系列宽容论证，反对长老会通过强制来确立一致性的企图。他首先表明，根据新教的理解，任何个人都有义务借助那需要解释的、在《圣经》中得以启示的真理形成并践行他的信仰。对于那些不以这样的方式视良知为基础的诫命，遵从它，就意味着一种罪恶，而违背良知也是同样的事，它要么导致虚伪，要么导致不信仰。这里也是一种自由且同时受束缚于上帝的良知的独特观念，这种观念走向这样一种思想，即这种自由不可能毫无罪恶地转让给政治权力，或被政治权力（或其他某种权力）强夺过去：

> 一个人毫无罪恶，却可能并非自愿地约束自己去做或者克制着去做的事情：那些他不能交托或归诸任何他者的命令之事：无论他者是什么（哪怕是议会、普通法庭，或国家集会）；但所有事情都关乎对上帝的崇拜与服侍，并且是在其本性上如此；人不可能没有故意的罪恶，也不可能约束他自己去做任何反对他的理解和良知的事情：不克制着去做他的理解和良知约束他去完成的事情；因此，没有人能将宗教的事情归于任何其他平常的事情。不能被给予的，就不能被领受：就像一个特定的人不能被夺取他从来不曾有的东西一样；因此，议会或其他单纯的权威既不可能被亵渎，也不可能被剥夺某种从未被交托给它们的权力。⑯

这里又一次显明，**不自由的自由良知的**（*unfreien freien Gewissens*）论证多么坚固地奠基于信仰，并且在政治上解放了信仰：这是新教的良知概念与个体自然权利的观念在这个时代的一种示范性联结。相应地，伍尔文在他的宽容著作中，拒绝了一切区分外在一致性和内在一致性的尝试，并且严格地要求国家遵守作为上帝命令的个体良知自由之原则。

真理需要解释（Auslegung），但同时人类的理解力有限——"现世知识的不确定性：没有人，没有任何人，能够揣测从不犯错的圣灵"⑰——不可避免地导致不同的阐释（Interpretation），这种知识论的论证与下述观点异口同声，即信仰必须以有根据的信念为基础，比如说像卡斯特利奥（Castellio）一样，在伍尔文眼里，相互关系的黄金规则要求在基督教的博爱中的相互宽容：

> 上帝博爱（God being all Love），并且如此向我们传达他自己，命令我们像他一样，也就是命令我们成为仁慈的人，因为我们的天父，他是仁慈的；命令我们相互承受对方的缺点：理性和真正的智慧都不会命令别的给我们，因此我们如何对待我们自己，就应该如何对待别人；因此，反上帝和反理性的精神，也反国家的幸福，例如迫害的精神就明显如此；要特别警惕，谨慎 234 地限制，要由联邦最高权力的智慧来占用它。⑱

显而易见的是，伍尔文的知识论的、道德的和政治的宽容论证在多大程度上生根于一种宗教的思想框架；当然，也很明显的是，他如同他的前辈们一样，寻找有限理性、相互道德以及国家任务的规定，这些规定不受教派冲突的影响——这显示在"反上帝，反理性，反国家福祉"这一列举说法中。因此，在这一时期可以看到的自然权利方面的讨论，绝没有从它的宗教起源中解放出来；但在讨论中，已经具备了向着将之从这一根源中解放出来（或者尝试解放出来）的论证的发展趋势。

在伍尔文那里，还可以找到更进一步的论证，这次不再预先指向洛克，而是指向莱辛和密尔：关于诸真理意义之间有效竞争的论证。既然人因其不可靠性，只能在寻找过程中靠近真理，那么在伍尔文看来，各种阐释的多元性就具有积极作用，即在奠基与相反奠基的相互作用中，去显示并贯彻真理。因此，他形成了反对意见审查的论证：

> 此外，一种宽容被允许，每一个教派的劳动都展现出他们在真理中，关于什么是一种良善生活，或虔敬的力量，就是最好的标记和象征；因此，必然的是，一个在所有人中进行的高尚的争论，胜过在虔敬中的争论，能在我们之间很大地提高美德和虔诚。从这里也能推论出的是，那个在其生活和谈话中最缺乏美德、最缺乏上帝之庄严的派别，也应被设想为具有最起码的真理在他们之中。[19]

用经济学的术语来表达，伍尔文（或李尔本）这样的平等派的论证，是在反对某个派别或权威的"知识垄断"（Wissensmonopol），而支持一个多种理解的"市场"（Marktplatz）——这种论证在同时代的弥尔顿那里也能看到。[20]

235　另外，伍尔文像政略派一样，批评那种对于宗教宽容会导致社会紧张和政治骚乱的担忧；毋宁说情况恰恰相反，随着迫害的终结，内在冲突的主要原因也就被克服了。

最后，关于伍尔文的论证值得注意的是，他超出了一种对许多新教—自由思想家来说不可克服的界限：对非新教徒的宽容的界限。他首先看到的，当然是对所有各种新教徒的宽容（从长老会开始，包括独立派，直到再洗礼派），而尽管他没有明确提到对天主教徒和犹太教徒的宽容，他却敢于支持对渎神者甚至无神论者的宽容：前者可以在公共集会上轻而易举地判定为错误，而后者则只可能通过好的论证的力量（"健全理性和论证的有效性和说服力"）[21]而被克服。这也是伍尔文的宽容不仅仅在时间上领先于洛克的宽容之处。

在伍尔文那里，可以看到传统基督教观点与自然权利—个体主义观点的混合，这种混合的典型则是约翰·古德温的《神的战争，或冒险与神斗争之人的大不敬》（*Theomachia, or the Grand Imprudence of Men running the Hazard of Fighting Against God*）（1644 年），以及亨利·罗宾逊（Henry Robinson）的《良知的自由，或获得和平与真理的唯一方法》（*Liberty of Conscience, or the Sole Means to Obtaine Peace and Truth*）（1644 年）这两部富有影响的宽容著作，但它们没有非常强调平等派所强调的社会—解放因素。对于这二者来说，唯有《圣经》能作为奠基之基础，在这一点上，古德温更加强调宽容与谦虚作为终有一死的、有限的造物的德行，他跟随迦玛列（Gamaliel）的劝告（《使徒行传》5：38—9），没有匆忙地谴责异端，因为他们可能代表神的作品，只有神才能评判他们。因此，不宽容是对上帝的违背，是与上帝的斗争："注意，为了任何一个人或一些人，而试图抑制任何来自上帝的教义、道路或实践，就是与神本身斗争。"㉒罗宾逊对信仰问题中人在知识论上的有限性的强调，比对反对强制良知的《圣经》方面的论证的强调少，强制良知是一种罪行，而且始终无济于事。㉓信仰不同者的改宗，也就是非新教徒的改宗，始终具有基督教的政治目的，但不能借助暴力来达成。而且，在从事国际贸易的罗宾逊看来，236 这对国内经济和对外贸易都不利。㉔至于对天主教的宽容判别点，罗宾逊主张一种分级的宽容：他们不保有新教徒的各种自由，但以"一种有保留的并且更克制的方式"得到宽容。㉕

　　这场关于宽容的讨论的一个特殊方面，是在其中的公共政治辩论的观念本身所具有的价值：一种对国家公民的公共性要求得到了奠基，这种公共性部分是政治的——它表现在政治权力对合法性辩护的需要；部分是宗教的——它表现在公共的真理争论之必要性和富有成果性。特别支持这一方面的是约翰·弥尔顿（John Milton）的著作，弥尔顿是独立派最卓越的代表之一，克伦威尔所信赖之人。在他的《论出版自由》（*Areopagitica*）（1644 年）中，他严厉批判了议会出台的出版审查制度，并视之为同时在政治上和在宗教上的专制；只有公开讨论才能教会人们区分真理和谬误、德行和罪恶："因此，在这个世界上，关于恶的知识和审视对于人类德行的构成来说是必要的，对于查找错误和肯定真理也是如此，还有什么能比阅读所有种类的论文，以及听取所有种类的理由，让我们在侦查罪恶与谬误的领域时更多安全，而更少危险呢？"㉖上帝赋予人不完全的能力去自己判断，去自己从错误中学习，无论国家还是宗教集团，都不应妄自为人类减少上帝创造的这个世界的丰富性。真理自己将最终胜出："谁不知道真理之强，仅次于全能的上帝。真理的凯旋不需要政策，不需要计划，不需要许可——这些都是谬误用来对抗真理之力量的手段和防御策略。"㉗在其他著作中，弥尔顿也反过来相应地批判长老会教徒。㉘

　　在弥尔顿那里，对宗教自由与出版自由的这一辩护，也与一种更整全的、关 237 于公民"自然的"自由以及公民政治权利的观念有关。在 1649 年的《论国王与官吏的职权》（*The Tenure of Kings and Magistrates*）中，他通过引证自治这一**与生俱来的权利**，对政治反抗（和弑君）进行合法化，并且在宗教问题上也是如此。㉙对政治自由的要求和对宗教自由的要求就这样紧密相关在一起，且宗教自由还要借助前面提到的那些论证，即关于在宗教问题上知识论的不确定性、讨论《圣经》之解释的必要性、以及对自由和良知之不可违背性的理解的论证，良知之信是"圣恩的产物"（work of divine grace）。㉚弥尔顿就此论道："通过压迫宗教上的事情，世俗权力（civil power）既不会有权利（right），也不可能做得正确（right）；现在我将表明它在违背福音的基本权利时犯下的错误，那就是每一个真正的信徒的新的与生俱来的权利，基督徒的自由。"[31]真正的基督徒生而自由，他们的良知神圣而不可侵犯，这种**与生俱来的权利**，同时是宗教权利与政治权利。

弥尔顿当然没有放弃上面说过的一种新教的宽容论证的界限：对"教皇制信奉者"（Papisten）的不宽容。[32]早在《论出版自由》中[33]，这些人就（和迷信者一样）被排除在宽容之外，而在另外一处文本中，在论证了新教诸派别的宽容之后，弥尔顿解释道：

> 但是，至于教皇制度和偶像崇拜，为什么他们今后也不能请求被宽容，我所要说的更少。他们的宗教越是被考虑，就越难被承认为一种宗教，而是被承认为罗马公国在一个新的名字下，努力维持她古老而普遍的统治，且仅仅是天主教宗教的阴影；更正确地说，它是反对《圣经》的天主教异端，主要被国内力量——不仅在罗马——和国外力量支持：因此，被另一个国家的官吏怀疑，而不被宽容，这是正当的。此外，他们宣称的信奉，是盲目的信仰，良知也变得盲目，因此自愿被人的法律所奴役，从而放弃她的基督徒自由。那么，谁能为这样一种良知请求呢，盲目地被人而非上帝奴役，几乎变得没有良知，正如不自由的意志成为没有意志。虽然如此，如果他们不应被宽容，更多的也是由于国家的原因，而非宗教的原因；强迫他们宣称自己是新教徒的人，自己也同样不值得被宽容，其罪恶一点也不少于最极端的教皇制。[34]

这段引文说明了弥尔顿的宽容论证的复杂性和界限。首先，根据新教的理解，良知的自由只以《圣经》为定向，独立于人间的法律，是一般宗教的真正标记，所以，将个人束缚于教皇权威的天主教，公然在良知那里夺去了自由，因此也不会要求良知自由。同时要指出的是，天主教徒们不仅服从于教皇的权威，而且也服从于国外势力，正是由于后者所起到的作用，出于政治理由不能宽容他们——视天主教徒为叛国者的这一在英国历史上扎根特别深的成见，在这里变得显而易见。最后，弥尔顿强调，出于宗教理由而强制良知，应当作为典型的"教皇制信奉者"的实践来加以拒绝，因此只有政治统治才有权在实践上设置宽容的界限。正如弥尔顿补充的那样，它也可以针对渎神者这样做，那些渎神者根本不会为自己要求良知的自由。[35]这里又一次显示出了宗教上的宽容奠基方式的矛盾：正是在他们本己的信仰基础的诸宗教前提和蕴含成问题的地方，宽容的界限就被提出了，虽然"良知自由"的概念似乎最初一度被认为是普遍的。[36]当然，伍尔文的例子展示出，自然权利与良知之自由的结合，也可以使这一界限更具可穿透性。

罗杰·威廉姆斯（Roger Williams）的《迫害的血腥信条》（*The Bloudy Tenent of Persecution*）（1644 年），即这一时期关于宽容的最著名的著作之一，对此也有说明。威廉姆斯最初曾是圣公会牧师，但后来转向了新教的分离派和浸信会，最终放弃了一切有组织的信仰形式。他流亡新英格兰，但由于与该地当局在宗教与政治上的冲突，他不得不离开，然后建立了罗德岛殖民地，在那里，他贯彻了一种范围广泛的良知自由。为了取得殖民地**宪章**（*Charters*），他经常逗留在伦敦，他的著作也在那里发表，这些著作要归因于与马萨诸塞州主要的清教徒神学家约翰·科顿（John Cotton）的争执。《血腥信条》（*The Bloudy Tenent*）就是其中最重要的著作㊲，它不仅在新殖民地，而且在英国引起了巨大的轰动，被（长老会控制的）下议院判决焚毁。

威廉姆斯的著作被编排为真理与和平之间的对话，呈现了截至当时发展出的许多宽容理论的一个集合，并且为一种纯粹**世俗的**国家制度**在宗教上的**奠基提供了一个特别的例子。这本内容丰富的书的几乎每一句，都引证《旧约》或《新约》以及基督教的历史，而其核心，则是国家与教会的一种如此彻底的分离，在他之前的其他作家那里，还从未能找到这种分离。在威廉姆斯这里，还能看到所有那些在洛克那里将能找到的论证，然而悖谬的是，这些论证一方面比（也具有宗教烙印的）洛克理论更强地受到宗教论证框架的约束，但另一方面又明确地越过了洛克的宽容界限，并且在宗教与政治之间，即**神圣事物**与**世俗事物**（*spirituall* und *civill matters*）之间，划下了一道更深的界线。对威廉姆斯来说，核心的是两个王国的学说，即政治王国与神圣王国的学说，只要政治王国仍然合乎上帝的意愿，大地之上就充满和平，然而，根据威廉姆斯，无论统治者还是公民，都不必须是基督徒。世俗正义是一种纯粹此岸的事情；国家通过公民的共识而建立，公共福利的实现则被托付给政府——"**保护一个城市**或**世俗国家的个人、财产、家庭、自由**，通过**世俗的惩罚**来**禁止不文明**（*uncivill*）的或有害的个人或行为"㊳——但神圣事务与宗教事务的管理并没有托付给它：　240

> 世界上所有合法的官吏，无论是耶稣降临之前的，还是降临之后的，……都不过是直接派生和雇用为**双眼**与**双手**（*eyes and hands*）的**派生物**和**代理人**，为整体的善而服务：因此，他们有**权力**，但不可能有更多**权力**，而且基本上在于**身体**和**源泉**（*fountaines*）本身，这种**权力**、**权能**（*Might*）或**权威**不是**宗教的**、**基督教的**或者其他的（*& c.*），而是自然的、人道的和世俗的。㊴

威廉姆斯的这一自然权利论证，主要是通过引证关于两个王国的《圣经》学说来提出的，并且将这一学说与自由而不受约束的上帝信仰之必要性联结在一起："但信仰是只能从**天父**之光那里获得的**礼物**。"⑩此外，特别借助稗子譬喻而指出的是，只有上帝是对真正信仰进行最终审判的法官，人不允许对之妄下任何判断，为强制辩护——但可以为教会的驱逐辩护。这并不意味着要求教义的或教会的宽容，而是一种国家的和公民的宽容，这种宽容将**司法的世俗武器**与教会的**神圣武器**乃至逐出教会区分开来。⑪在这里，威廉姆斯不仅由此得出，良知之违背是**无效**（in-effektiv）与无果的，而且也得出，它也是**无关乎法的**（illegitim），因为公民既没有将违背良知的权力转交给国家，也没有转交给教会，而且他们也不可能这样做，因为良知只对上帝负责。这样，不宽容就是最大的罪恶，因为它妄自作出了上帝的判断，并且剥夺了信徒的——和可能是信徒的人的——自由：今天的**灵魂刽子手**（soul-killers），可能就是明天的**灵魂拯救者**（soul-savers）——要么是像扫罗（Saulus）变成保罗（Paulus），要么是我们所学到的那样，今天被判决为异端的人，明天被奉为正统信仰者（就像那些曾受到迫害的早期基督徒）。⑫

241

威廉姆斯坚定不移地确信真正信仰与真正教会的存在——"世上所有人的灵魂要么死于罪恶，要么生于基督"⑬——而且他强调"用最锋利的精神双刃剑**处死**精神，将被驱逐出教会的人交给**撒旦**"⑭的合法性。他还并不多加掩饰地强调，国家的世俗权力的武器不仅不为此服务，而且也不应为此服务：虽然上帝的教会只为正统信仰者提供地方，因而所有那些遵守纯粹世俗法律的人：他们可能是"教皇制信奉者"、犹太人、土耳其人、渎神者或多神论者，但都必须被允许进入"世界或公民国家"。此外，威廉姆斯还明确论述了对北美印第安人（他为他们的土地权利辩护）的宗教仪式的宽容。⑮

> 我问，无论如何，他们可能提供其他的**崇拜**或**宗教**（Iewes，**土耳其人**或**反基督者**），却不可能成为和平与安宁的**臣民**（Subjects），有爱与有益的**邻居**，公平与公正的**商人**，对**世俗政府**真诚与忠实吗？很明显，他们可能出于一切**理性**和**经验**，在世界上许多繁荣的**城市**和**国度**，而没有冒犯**世俗国家**与**和平**；尽管在**神圣的**与**神秘的**方面，他们是贪得无厌的**狼群**，但他们也不会受到国家武力的惩罚。⑯

这里清楚的是，对于威廉姆斯来说，在何种强度上，一个人的宗教的—伦理的身份（Identität）要与他的公民和法人身份及其道德人格身份区分开来：一个非基督徒，或者甚至是"反基督教"的人，也能遵守国家法律和道德的基本规则。而且同样清楚的是，在何种强度上，这两个世俗领域与神圣领域在制度上相分离：教会作为纯粹的民事联合体——它作为"（不论真正的还是虚假的）崇拜者们的团体，就像城市里医生们的一个群体（Body）或协会（Colledge）；像东印度或土耳其商人们的一个社团、学会或团体"⑰——有其规则和法律，但绝没有世俗的权力，

242

而由公民建立的国家，则根据它自己的法律和规则运作。在那里，人们绝不属于真正的上帝或上帝之子。[48]

通过拒绝作为圣公会教义基础的"微不足道之事"教义（*adiaphora*-Lehre），威廉姆斯还一贯地攻击圣公会教义的**外在一致主张**（*outward conformity*）。我们既没有可能去明确地确定对拯救（Heil）来说必要的诸基本真理，也没有可能将这些真理与那些微不足道的问题清晰地分开。那些归属于这一方面或归属于另一方面的事物，不可能通过一个将自己抬举为国家教会的普遍权威而得到确定。[49]

这样，随着威廉姆斯，17 世纪中期的宽容辩论就获得了一个位置，在这里，主要来自新教思想的传统的宗教论证，与现代的—个体主义的自然权利学说，二者互相结合，在这个结合点上，出现了一种关于国家与教会的分离以及良知自由的理论，这种理论比它的先行者和许多后来者都更加彻底地关系宽容的界限问题。直到那个世纪末，培尔才冒险讨论类似主题。就此而言，威廉姆斯的理论还是一种过渡理论，这对于他的时代来说也是典型的，因为他在论证方面牢牢地站在基督教的地基上，从那里出发，抵达一种世俗的国家理解，以及对无限制的宽容的要求——正如他在一开始就坚持的那样，这二者都根据"上帝的意愿和命令"[50]。这部分地在于，这部著作处身其间的具体冲突形势，即对科顿的政治神学的反驳；这也是一个切片，说明"冲突中的宽容"在一个特殊的历史语境中意味着什么：尽管十分要求无派别性，对宽容的要求却表现为具体的政治争论中的一个派别，它试图这样沟通宗教冲突，即说出宽容的各种根据，这些根据本身又可能重新处于冲突中，例如在宗教考虑与独立政治考虑之间的冲突。于是这里也就存在着这样一种论证的界限，尽管它与弥尔顿那里不同：不是在于那种对不同信仰取向进 243 行宽容的无能（Unfähigkeit），而是在于一种可能性的缺失，即借以分享并不依赖于新教信仰的宽容论证的可能性的缺失。如果是"教皇制信奉者"、犹太人、土耳其人或"反基督教者"，从他们的角度出发，如何不通过接受基督教的论证框架而论证宽容，在威廉姆斯那里，尽管他努力追求无派别性，这也仍然是个开放的问题。[51]这就表明，必须为一种**相互**宽容的理论找到更进一步的、在规范性上具有独立性、能够说服完全不同的信仰取向的成员的论证。

然而，要记住的是，已经提到的这些理论[52]，特别是伍尔文与威廉姆斯的理论，延续了在尼德兰革命中已经预示了的东西，即纵向宽容的维度与横向宽容的维度的结合，通过把国家的合法性归于公民的共识，特定的自由并非转让给了国家，而是将国家理解为维护这些自由的工具：自由因此被彼此承认为基本的自由，它们恰恰不是通过国家而"被赋予的"，而是"被确保的"。宽容从国家以允许提法的方式赋予个人的某种**善**，变成了公民之间相互承认的一种**权利**。如此一来，国家理论层面的讨论就进入了一个新阶段，这一阶段将在美国革命与法国革命对个体权利的宣告中达到顶峰。这就是自由之为**与生俱来的权利**这一说法的真正意义。

3. 政治上的实践自然不符合对政治自由与宗教自由之要求的彻底性，比如这些要求在平等派那里的表达，以及在掘土派那里更强的表达。在国王被打败，而尾闾议会在克伦威尔的独立派的领导下取得权力之后，新的冲突线索在胜利同盟中逐渐显露出来，这一同盟复又展现出政治的与宗教的要件。这显示在 1647 年著名的、关于选举权延长问题的帕特尼辩论（Putney-Debatten）中，这一辩论论及的是，政治参与方面**与生俱来的权利**确切地意谓着什么，以及需要何种经济独立性，才能被视为**"坚定的"**（*well-affected*）。这里所展开的，是在围绕着克伦威尔的更保守的、为土地所有权进行辩护的独立派与平等派之间的不同见解。[53]一个类似的冲突形势，发生在 1648/49 年的白厅辩论（Whitehall Debates）中，这场辩论论及的，是宗教宽容的界限问题。[54]一些独立派，如埃尔顿（Ireton），强调官吏有干涉亵渎神明行为的权利，拒绝天主教徒和圣公会信徒的礼拜自由，并且提防一种无界限的宗教个体主义，而另一些独立派，例如古德温，或者平等派，则反对这种对良知自由与礼拜自由的切割。前一派立场随后得到政治上（和军事上）的贯彻，而当激进派，如李尔本、奥弗顿和伍尔文，被投进监狱之时，另外一些人，如弥尔顿，则在仕途上获得了晋升。在作为**护国主**的克伦威尔的统治下（从 1653 年开始），直到 1660 年君主制和圣公会教会统治的复辟，虽然诸如贵格会以及一位论派（Unitarier）这样的派别得到了忍耐，并且自 1290 年就被逐出英国的犹太人也（非正式地）重新被接纳了，但是并没有任何一种持续的普遍宗教自由。

在这一时期关于宽容的诸多著作中，除了詹姆斯·哈灵顿的《大洋国》（*The Commenwealth of Oceana*）（1656 年）[55]这部以伊斯兰教的方式论证了一种也尊重良知自由的国家宗教的著作外，还有一部突出的著作，在其中，作者打算基于现代自然权利学说，来筹划一门以新科学的方式提出的政治科学，按照这种政治科学，通过契约建立的国家恰恰不预设教会与国家之间的分离，而是一个**政教共同体**（*Common-Wealth Ecclesiasticall and Civill*），它据说能给宗教争执一个终结，也终结与对个体的良知之判决的**宽容**具有**同样的**毁灭性的、宗教团体与教会的**不宽容**：这就是托马斯·霍布斯的《利维坦》。

第十六节　有朽的上帝与思想之自由

1. 许多至此还在重建的论证线索，都在托马斯·霍布斯的政治著作中集结为一种主权理论，这种主权理论将自己理解为神学—政治思想的完成，以及对它的时代的冲突形势的克服。对于"国家的形成和维持条件"这个问题的一种新的科学的处理方式，应使那些足够聪明的人能够建立一个共同体，在其中，一个如霍布斯眼中的英国这样的国家所忍受的那些疾病的原因都被消除。在这些疾病中，首要的是宗教争执之病，霍布斯在其一系列著作中，逐渐加强了对这一问题的处理。在《法的原理：自然的与政治的》（Elements of Law Natural and Politic）（1640年）中，这一主题只占用了几章（虽然是核心章节），而在《论公民》（De Cive）（1642 年）中，已经有一个真正的部分贡献给了这一主题，进而，《利维坦》（1651年）的一半都在讨论宗教问题；最后，《比希莫特》（Behemoth）（1668 年）在其对英国内战的分析中毫不怀疑，那些宗教派别，无论是"教皇制信奉者"、长老会，还是独立派，都对国家的毁灭负有责任。[56]霍布斯明确地将这些作品理解为政治介入，因此，例如，他提前了应该呈现他哲学体系第三部分的"论公民"的著作的出版，那时他正流亡法国，在 1640 年，他害怕议会将他作为国王的支持者加以迫害，于是逃到了那里。在他于 1651 年返回克伦威尔的英国之后，继而在 1660 年查理二世君主制复辟之后——他在法国曾是查理二世的家庭教师，他一直处在其时代的政治的、哲学的与神学的辩论之中，然而他的学说已不再像 40 年代时那样，明显地被划为（与圣公会相联合的）保皇派，那曾使他成为各种批判的众矢之的。 246

与已经讨论过的那些观点的一些连接线（Verbindungslinien），为霍布斯对于现代宽容讨论——他通常不被算在这场讨论之内[57]——的贡献之原创性投下了一道亮光。例如与帕多瓦的马西利乌斯的《和平的保卫者》的重要对比，在这部著作中，世俗统治担任了最高司法权，在重要的宗教事务中也是如此，而天主教教会基本的权利要求则受到质疑。在马西利乌斯那里，正如在霍布斯那里一样，也可以找到一种对宗教之功能的政治的—实用主义的思考。

初看起来，霍布斯似乎与诸如伊拉斯谟这样的人文主义者们没有多少共同之处，然而，他不仅分有了他们对经院神学的批判——尽管现在是在决定性的现代科学的背景下——而且他也同样尝试，为了去除教派之争的教条主义基础，将那些基督教的、对于救赎来说必须的基本教义化约到最低程度。在这方面，霍布斯当然比伊拉斯谟走得更远。

与此相比，更加显而易见的，是他与马基雅维利的共同点，特别是对于维持国家和维持权力这个最高命令的强调。霍布斯的目的，也在于客观地描述政治的自身规律，并且摆脱传统的预先规定，不过，他自己已经将此理解为一门科学了。在他们两人那里，宗教的意义都在于国家的稳定，两个人都视之为应该由统治者明智运用的工具。这样，相应的宽容和不宽容的问题，就完全处在已经提到过的 247命令的影响中，简言之：以国家理性为尺度。

至于与宗教改革的亲近关系，在霍布斯那里，与罗杰·威廉姆斯不同，显示出了两个王国学说的别样面向：对世俗权力几近无条件服从的要求，这种权力被理解为上帝在地上的规定，是为了给罪孽深重而沉沦的人们带来权利与争战（Schwert）的秩序。关于良知自由的问题，霍布斯也强调，上帝之言（Wort Gottes）与信仰在个体上的联系乃是"上帝的馈赠"，并且就像路德一样，在霍布斯看来，世俗立法的可能性受到外部行为规则的限制；但他绝没有预定某种良知自由的合法形式，更不用说某种礼拜自由的合法形式了。这样一种听从自己良知的自由，霍布斯视之为国家毁灭的主要原因。相应地，他也远离这种自由的辩护者，如卡斯特利奥，然而，他同意他们例如对异端定义之任意性的批判，以及对《圣经》之多种可能解释方式的强调。当然，他从中得出了不同的结论。

另一方面，在霍布斯与政略派之间，有一种非常亲近的关系，特别是他们的基本关切，把维护和平的政治问题置于宗教真理的问题之上，并且将主权设置为高于种种宗教争执的机关。然而，在这里存在着决定性的差异，主权被设置为容纳两个派别存在的机关。[58]按照霍布斯的想法，一些思想家的缺陷就在于此，例如博丹，他虽然也视绝对主权为上帝的代表，并且愿意将之置于各个派别之上，但是他在没有其他可能的情况下，出于实用主义的理由而倡议一定的宽容。在霍布斯眼中，宗教争执的危险不可能如此被避免；主权不能在宗教上中立，而是必须亲自将主教的权杖抓在手中，如《利维坦》著名的扉页画所显示的那样。源自他的时代冲突的这种学说，正是霍布斯对宽容辩论的贡献的主要动机。

248　　　与博丹、蒙田、利普修斯一道，霍布斯分有了知识与信仰的严格区分，以及下述那种见解，即在宗教问题中，注定会出现种种深刻的意见分歧。根据霍布斯的看法，这些意见分歧不能忍受彼此宽容，而是使得一个最终的、具有约束力的解释者成为必要的，此即主权本身。然而，当上述诸位警告一种新宗教的遽然引入，并想要在公民层面平息宗教争执时，霍布斯提出了一种激进的政治解决的建议，以便保证公共的和平。尽管他还是通过区分被打上利普修斯烙印的私人信仰与公开声明信仰，为个体的良知预设了一个自由空间。

格老秀斯的主权学说与自然权利学说对霍布斯意义重大，不仅在涉及君主权利（Recht des Souveräns）的方面［这也被他的时代的、其他重要的国家万能论的理论家，如约翰·塞尔登（John Selden）[59]所强调］，要基于某种官方的核心宗教，去调节和保持宗教和教会的秩序，而且这也关乎自然权利内部和思想内部的自我保存之价值，这种权利虽然具有神圣来源，但是作为理性的权利，也能够脱离上帝而要求有效性。

此外，在《利维坦》出版之后，霍布斯引起了圣公会牧师们的批判，这些批判认为，他的理论中既有一种内在于国家教会体系的表面一致性，同时也有一种宗教自由主义（Latitudinarismus），这种宗教自由主义在教义上的限制基于少数基本真理，在胡克那里，特别是在（与霍布斯交好的）齐林沃斯那里，这一点都能被看到。为了他的主权，霍布斯也要求调节信仰的无关紧要之事的权利。不过在这方面，他具有一种对无关紧要之事的极端宽泛的理解。此外，在霍布斯那里，国家教会几乎被剥夺了神圣领域的一切真正权威，这与圣公会的自我理解相矛盾。[60]

最后，与霍布斯对自然权利突破常规的、新的个体主义理解的态度有关的是，在自由人与生俱来之权利的观念中，展开了一种要求政治自由与宗教自由的革命性力量，因此，霍布斯的态度就被打上了一种深深的矛盾烙印。一方面，霍布斯同意通过"出于自然"自由而平等的个体的一份契约建立国家这种基本观念，这些个体创造一个"人造的人类"（künstlichen Menschen），这个"人造的人类"只是由这些个体组成，并且具有确保他们自我保存的任务。霍布斯尝试借助**更具几何学因素的**（*more geometrico*）新科学对之进行勾勒。另一方面，凭借对政府有条件的统治授权这一革命性观念，霍布斯正视了国家之建立的主要缺陷：个体为自己保留核心权利，这些权利应是对于财产的权利，或对于自由的宗教实践的权利，如此就为内部的冲突、不服从和暴动打开了方便之门，简言之，为内战打开了方便之门。既然对于个体来说，良知成为了"判决个体是否应当服从以及何时应当服从"的判准，那么人造的身体一开始就是患病的，因而这种疾病的暴发，以及利维坦之变成比希莫特，就只是一个时间问题。无论是如清教徒所要求的个别的良知，还是如天主教徒所要求的教会甚或教皇的权威，都不可能在地上展开一种可以脱离君主而独有的权力。

因此，霍布斯的理论在宽容讨论中占据了一个非常特殊的位置：这种理论批评教会或宗教团体的宽容为一种主要的弊端，因此不以宽容为一种真正的善，而是视其本身为进一步可能的弊端之起源。因此要避免这两者：国家内的宽容，以及对良知的诉求和宗教自由的权利观念。公民应当能够免于恐惧而生活，为此就有必要彻底解决可能冲突的原因，并且建立一个主权，这个主权本身承担地上的一切权力，并且没有恐惧，如《约伯记》（41：1—33）中所刻画的利维坦一样：

> 人指望捉拿它是徒然的；一见它，岂不丧胆吗？没有那么凶猛的人敢惹它。这样，谁能在我面前站立得住呢？谁先给我什么，使我偿还呢？天下万物都是我的！……它一起来，勇士都惊恐，心里慌乱，便都昏迷。……在地上没有像它造的那样，无所惧怕。

"恐惧"这一动机对于解读霍布斯《利维坦》的逻辑具有核心意义，霍布斯自己曾说，他与恐惧是一对双胞胎，因为1588年他的母亲是在听到西班牙舰队进攻英国的炮声之时开始分娩阵痛的。对不可见的力量的恐惧是宗教的起源[61]，对死亡的恐惧是人类最有力的激情（98），自我保存则是其基本的推动力——因此，国家这一

"人造的人类"的基础，就必须利用对**现世死亡**（*irdischen Tod*）的恐惧，以便建立持续的和平状态，并且为此必须祛除对**永恒死亡**（*ewigen Tod*）的恐惧，根据霍布斯，除了对现世死亡的恐惧，这是不服从主权的唯一理由（446）。为了在国家机器的句法中使"可以指望的激情是恐惧"这一原则起到恰当的作用，仅仅保证地上的安全是不够的，还必须防止主权的法律——其本身除了上帝不需惧怕任何东西（244）——陷入与永恒生命之保存的冲突，因为在霍布斯看来，这种冲突比纯粹"世俗的"冲突更严重。因而不是仅仅由于他的时代的讨论情境，霍布斯才用《利维坦》的两大章来处理这一问题的，毋宁说，这属于整个计划的中心。

这里无法对此进行细节描述，而是只重构对政治与宗教之关系的霍布斯式规定的核心步骤，以便看到，他在政治上对宗教的中立化何以并非是——如洛克那样——通过允许宗教自由而把宗教加以"私人化"，而是恰恰相反，主权者通过国家与教会之统一的具体化而克服宗教争执，并且将宽容仅仅设置为保持和平的手段。以此方式，霍布斯一度尝试建立国家与教会的统一，这种统一整个面临着分裂；然而，他是用现代权利本身来做这件事的。说得夸张些，他的建议是重建一

251   种**无神的君权神授**（*Gottesgnadentum ohne Gott*），因为虽然主权者是上帝在地上的代表，但他的生命全系公民们明智地缔结契约。这种论述的本质要点曾在《原理》（*Elements*）与《论公民》（*De Cive*）中被先行描绘过，霍布斯在《利维坦》中才全面地（在一定程度上有所变化）展开这一论述。

霍布斯看到，人被赋予了自然权利，根据他们的判断，去做能够保存他们自己的一切，无论是预防还是惩罚。与之相反，自然法是理性的规则，它增添了有助于此的手段，而且首先有助于和平（99）。交互性的道德内容移入这种法律，在其中，人们对内心良知（*in foro interno*）承担义务；然而，对于其外在行为（*in foro externo*）的实现，还需要一种主权权力，这种权力保障自我保存的命令除了遵守这种法律外，就别无其他要求（121）。因此，只有国家的"有朽的上帝"可以在地上带来安全，为了使自然法——上帝的法（213）[62]——成为实证法，并且因而具有约束力，这种安全是必要的（205）。因此，这不仅要求一般地建立一个主权，而且要求完全地听命于它的判决权力。为此，这种自然权利，即根据本己的判断去行事，会导致自然状态下潜在的或公开的、一切人反对一切人的战争，必须通过所有公民的契约转让给主权者，而主权者并非契约的签约方：

> 如果要建立这样一种能抵御外来侵略和制止相互侵害的共同权力，以便保障大家能通过自己的辛劳和土地的丰产为生，并生活得很满意，那就只有一条道路：把大家所有的权力和力量托付给某一个人，或一个能通过多数的意见把大家的意志化为一个意志的多人组成的集体。这就等于是说，指定一
252   个人或一个由多人组成的集体来代表他们的人格，每一个人都承认授权于如

此承当本身人格的人，在有关公共和平或安全方面所采取的任何行为或命令
他人作出的行为，在这种行为中，大家都把自己的意志服从于他的意志，把
自己的判断服从于他的判断。这就不仅是同意或协调，而是全体真正统一于
唯一人格之中；这一人格是大家人人相互订立信约而形成的，其方式就好像
是人人都向每一个其他的人说：**我承认这个人或这个集体，并放弃我管理自
己的权利，把它授予这个人或这个集体，但条件是你也把自己的权利拿出来
授予他，并以同样的方式承认他的一切行为。**（134；Herv. i. O.）

根据霍布斯，利维坦就这样作为有朽的上帝而产生，唯有永生不朽的上帝在他之
上，而在地上无人能与之争锋，因为他完全代表公民。关键在于，公民的个体判
决权力转移给了他之后，就再没有人有权利让自己反对主权者的判断发生效力，
除非自己的自我保存遇到危险（168f.）。有效的是主权者的"最终判决"（Letztin-
stanzlichkeit）[63]：公民因契约订立而有义务承认他是一切事物的最高法官，因为若
他并非如此，这就会意味着自动退回了战争状态。而且，霍布斯式的绝对代表理
论的出发之处在于，公民将主权者视为他们自己的判断和意志的具体化——这是
后来在卢梭那里再次出现的一种同一性论证。

　　为了达到这种同一，对于霍布斯来说，关键全在于表明，能够与主权者的法
律相冲突的，既非利己主义或某种激情，亦非道德命令或上帝的命令。关于利己
主义，它是通过对安全和实际权利的兴趣得到论证的，而关于激情，则首先是通
过对恐惧的利用：因为公民只对利维坦感到恐惧，而反过来，利维坦不必惧怕公
民，所以公民彼此就是安全的，并且在利维坦面前也是安全的，只要他们自己不
危害利维坦。

　　现在，为了显示道德与法律（即主权者的命令）的兼容性甚至统一性，霍布
斯提出了自然法的学说，这种学说包含着道德的内核，以至于保持和平、相互放
弃自由和履行契约被视为最高法律，并且因此个人可以依据的，除了主权者的法
律以及主权者对法律的解释之外，别无道德内容。（参见第14、15 和26 章） 253

　　更困难的是上帝的命令，以及上帝的命令是否可能与主权者的命令相冲突的
问题，即如果冲突，该怎么办的问题。为了解决这个他眼中的中心问题，霍布斯
采取了不折不扣的神学—政治学尝试，为上帝、主权者和臣民的宗教统一性奠基。
也就是说，他借助了以下论证。

　　（a）此处无法详尽地探讨那些已经有很多讨论的霍布斯的宗教性问题，以及他
的宗教理解的问题[64]，对于理解他的政治哲学来说，重要的是看到，只有一种宗教
观念是他可以接受的，即可以与那被他判断为正确的自然科学和政治科学相协调
的宗教观念。根据霍布斯，一切宗教的理性内核就在于对第一原因的设想，对事
物的第一推动力的设想（83）。但是，上帝是唯一的、无限的和全能的，理性没有

能力认知更多；因此，除了这些规定，理性还视上帝为不可理解的。从这种内核即"自然宗教"⑤出发，发展出了不同的实证宗教，这些实证宗教可以回溯到某种神圣启示，并且被那些没有得到启示的人基于相信（Vertrauen）而**信仰**，这无需比单纯的历史证据更多的东西（219）。就此而言，信仰虽然可以超过理性，但却不与理性相悖，在这个意义上，理性就是一种正确的东西（285），这引起了霍布斯对例如"无形体的圣灵"这一观念的批判。因此，基督徒并不知道《圣经》是否就是上帝之言，而是信仰上帝的启示，并且相信传统和他们的老师（449）。

254　　（b）这同时就提出了词语解释的问题，霍布斯结合神学与政治学的考虑来回答这一问题。显然，为此需要一个权威，他在解释方面受到上帝的全权委托，而且，根据具有"毋庸置疑"（219）的神圣起源的自然法，他就是主权者，他的责任在于实施这些法律，并且首先要求服从这些法律。根据霍布斯，如果上帝为此而授权某位别的权威，我们既不可能知道，也不可能理解，因此，在"上帝的自然王国"中，上帝并不像在启示的王国中那样进行直接统治，而是"借助正确理性的自然规则"（278）来统治，除了主权者，没有其他的宗教官方权威。按照霍布斯，这是由理性提议而签订的契约的一部分。

　　（c）主权者的宗教—政治权威几乎不受限制。因为按照自然的—神圣的法律，严格服从是对主权者的义务，主权者也有权力把他的法律解释为神圣的，由此可以得出，没有人能够依据神圣的诫命而拒不服从主权者（219—221）。由于法律是"公共良知"（247），因此任何人都不得凭借他的"私人良知"的指引而抗拒主权者，私人良知只是单纯的意见（private opinion）。因此霍布斯认为，一种错误的良知并不是原谅的理由，也不足以得到宽容，因为一个知道自己的良知可能错误的人，必定会更加顺从于主权者。因此，并不存在良知自由的优先权。如果有这样的优先权，在霍布斯看来，它就是一个与两个王国的原则一样糟糕的原则，它意味着，人们在地上必须服从两种统治，甚至国家力量是低于神圣力量的（251）。"世界上有**世俗**政府和**性灵**政府只不过是为了使人眼花缭乱、认不清其**合法主权者**而搞出来的两个名词而已。"（357）霍布斯甚至设置了一种政治上的礼拜，"人们在祈祷和礼拜万王之王——上帝以后，就听人讲解他们的义务，听人宣读和解释与他们全体普遍有关的成文法，并让他们记住为他们制定法律的当局"（259）。

255　　最后，主权者也有引导公民意见的权力和职权，因为这直接关乎公民的和平："因为一种与和平相冲突的学说，正如与自然法背道而驰的和平与和谐一样，是不真实的。"（140，德语译文有改动）

　　（d）主权者不仅在公民法律的领域不受限制，而且也是教会本身的最高统治者。他规定公共的礼拜，这种礼拜是必要的，因为国家"只呈现为一个位格"（279），所以上帝也只能通过一种方式被崇拜。这里表明的是，公民统一于主权者的位格这一思想达到了何种深度，因为主权者也只有一种（公共的）信仰，它同时是公民的信仰。主权者也是对于"是否发生了一个奇迹"这个总是非常困难并且富有争议的问题的判断：因为"在一切没有把握的情况下"，公民的判断都低于主权者，上帝是否施展了一项奇迹，就在于作为"上帝的代表"——**上帝的副官**（*God's Lieutenant*）⑥——的主权者的判断；霍布斯在这里把主权者称为"公共理性"（*Publique Reason*），那些私人的理性必须服从它。这又一次排除了一个人基于上帝而反对主权者的可能。

最后，主权者不仅规定礼拜和解释《圣经》⑥，他还可以指定牧师，甚至亲自担任神职：讲道、施洗、举行圣餐的圣礼和授予牧师神职（412—414）。判决异端也是他的职责（442）。这样，霍布斯取消了教会所有本己的权力，将之完全置于国家之下，如他在第42章中间与贝拉民主教（Kardinal Bellarmin）关于教权的争论中所强调的那样。在关于"黑暗王国"的《利维坦》第四部分中，他对特别是天主教教会及其《圣经》解释权威之要求的拒斥，变得完全显而易见了。霍布斯这样概括他的观点：

> 从政治权利与宗教权利在基督徒主权者手中的统一中，可以清楚地看出：256一个人可能被赋予的一切关于臣民的权利他们都具有了，以便在政治与宗教中统治人的外在行为，而且他们可以制定他们自己认为最适宜的法律，以便通过这种法律统治他们的臣民，这些臣民既是国民，也是教民。因为国家和教会是同一个人。（418；德语译文有改动）

然而，这里还存在两个问题：有没有一个边界点，在其上，对主权者的服从会为了一个基督徒而停止？以及，主权者的法律所提及的"外在行为"的具体意义是什么？

（e）在霍布斯看来，第一个问题涉及的困难是核心性的，即公民对主权者的恐惧可能在这样一个地方停止，在那里，公民必定会恐惧的是，虽然通过服从法律而免于现世的死亡，但却因此而要经受永恒的死亡。这就是第43章的主题："一个人被接受进入天国的必要条件"。霍布斯并不满意于在此显示对主权者的服从是神圣—自然法的指令；相反，他在神学的—教义的基础上寻找答案。答案如下："得救所必需的一切都包含在**信仰基督**和**服从法律**这两种德行之中。"（447）**唯一必要的东西**（*unum necessarium*），对于获得永生来说必要的东西，是"耶稣即基督"（450）这一命题，与之相比，所有其他都是无关紧要之事，都听任主权者调节。这样，霍布斯就采取了一种极端立场，这种立场在结构上类似齐林沃斯的圣公会—人文主义立场，但是在信仰的基本内容方面，却有着如此强的限制，以至于无关紧要之事的领域容纳了他的时代的诸教派所争执的一切。因此，霍布斯告诉我们的是，只要主权者没有下令质疑那个信仰命题，他就可以被服从；其他所有的东西，也就是说，遵从导致永恒死亡的命令，则是"发疯"（446）。

　　不过，当一个不信仰基督的主权者命令一个基督徒否认基督时，上述两种德行便会处于冲突之中。对此，霍布斯给出了一个非常重要的回答：基督徒不能负有内在地发誓放弃他的信仰的义务，即使他听从这样的命令，他也不能做这种事，

257 因为他遵从的只是一种外在的被命令的行为，这种行为真正说来是他的主权者的行为，并未触及他的内在信仰，因而不是一种罪（381）。霍布斯在这里强调，对本真信仰的禁止"是无效的，因为人的命令对于信仰和不信仰是没有影响的"（ebd.）。当他（在后面一处）重返对不信仰基督的主权者的服从职责时，他再次强调，信仰与此无关，因为信仰是"内在的和无形的"（458）。

　　（f）这也触及了上面提到的、关于限制"外在行为"的第二个问题的答案。因为霍布斯在许多上下文中说到，信仰是上帝的作品，不会受到外在约束的影响——他并且说到，主权者的法律只关涉行为，而不关乎内在的信念。早在第26章，当霍布斯给予主权者将其法律表达为上帝意志的权利时，他对这一权利的限制是，臣民服从这些法律，但并不负有也要信仰这些法律的义务。"人们的信仰和他们的内在思想不屈从于命令，而是只受上帝通常的或不同寻常的作用所支配。"（219）根据霍布斯，信仰在一种让人想起路德的意义上，就是"自由"，因为它是"上帝按其意愿而慷慨分发的"（220）一种馈赠。因此，主权者根本不能通过调节外在的对信仰的声明来规定内在的信仰——不能通过告白（confessio）规定信仰（fides）；他只是"公共的"良知。他的身体包括公民的身体，但不包括他们的精神。他全面规定他们的行为，但并不规定他们的思想。[68] "诚然，他如果是我的主权者，他便可以强制我服从，使我不用行动或言辞表示我不相信他，但却不能让我不按理性驱使我的方式去思想。"（286）还有另一处："信仰是上帝的赐予，人无法通过应许报偿而加之，或通过刑罚威胁而夺之。"（381）理性与信仰遵从本己

258 的法律，公民的身体遵从国家的法律。[69] 于是，良知自由在《利维坦》中归来，但只是作为内在的自由，不能为自己诉求任何实际的权利。在他对天主教的批评中，霍布斯甚至指出，主权者虽然可以询问他下属的观点：

　　　　但是，当他的行为并没有受到法律禁止时，强迫他指控自己的见解是违反自然法的，尤其违反自然法的是这样一种人，他们教导，一个人如果在基督教信仰的教条方面抱着错误的见解死去，就会被判遭受最苦的永罚。究竟什么样的人，知道了错误的巨大危险，而对于自己本人的自然关心，却不迫使他根据自己的判断，把他的灵魂交托给好运气，而要托付给无关乎他的刑罚的另一个人呢？（521）

这打开了霍布斯的宽容视角：主权者保护公民免于教会非法的良知压迫，并且将

他自己的宗教权威限制于少量的基本学说和政治上的必要事物。[70]此外，信仰的自由普遍存在，虽然崇拜活动的自由并非如此。得到保障的自由空间，诚然并非按照原则或在法律上受到保护，但实用主义的考虑和对外在举止的法律限制共同为忍耐异见思想——不仅在科学的领域［我们可以想到霍布斯在《利维坦》（523f.）中为之辩护的伽利略的例子］，而且也在宗教领域[71]——提供了一种政治上的辩护。宽容框架首先在政治上—公共治安上被规定，因此就防止了一种狭义的宗教界定；主权者将以明智的方式，清除政治上有害的教条，但他自己并没有宗教野心。[72]这 259 是身体隐喻的另一个方面：主权者不会多此一举地伤害自己。

然而，论证步骤（e）和（f）的这些宽容意涵不应掩盖的是，此前的那些步骤和整个论述，赋予了主权者一下子就收回这些宽容的所有权力，更不用说，不能自由地表现出来的良知自由，似乎没有什么值得追求的。而且，即使主权者只能通过外在的法律行使他控制意见的权利，但霍布斯所发展出的政治上的礼拜这种想法，却支持一种"神圣的"——如果不说是"牧师的"——统治手段的强运用。因为，正如霍布斯已经很好地意识到的那样，通向身体统治的道路穿过了灵魂。熟练的行为控制者首先要训练思想。即使没有达到这一点，主权者也拥有所有外在的权力，来惩罚异见行为。为此他甚至连一种合法性辩护也不必提供。

因此，《利维坦》的宽容学说——如果人们总是要说一种学说的话——困难重重。霍布斯有多想要抑制宗教热情，有多想要创造一个支持新的启蒙精神并反对"迷信"的空间，他就会在何种程度上设想一种仅仅作为宗教—政治统一体的、作为**一个**身体的政治秩序。然而，他的宏伟计划失败了，即计划在"新"科学和个体主义自然权利的帮助下，恢复"旧"政治秩序，这种秩序应能通过天衣无缝地统一宝剑与权杖，而克服新时代的诸多冲突。主权的权力之扩张被如此理性化（rationalisieren），以至于主权者作为**公共理性**（*public reason*）将一切论证——无论其本性是道德的、政治的或宗教的，都保持在他的掌控和权威之下，这种理性化尝试败于在这三个领域中出现的这样一种辩护要求，即个体对其"自然"权利和义务独立地进行道德反思的要求，这种反思在政治空间中导致了对政治解放的要求，以及对（在宗教—政治方面的）良知自由和礼拜自由的要求，内战期间的辩论已经充分表明了这点。霍布斯全力反对其时代的这种倾向，然而，对于利维坦 260 所赋予臣民的那种免于为现世生命和永恒生命而恐惧的自由的确保，并不能满足这几个层面中的任何一个。权利的状态仍然太不稳定，自由之保障的力度仍然太微不足道，简化了的公共宗教仍然太空洞。

尽管如此，由于尝试着排除不宽容，并且相对于主权者的和平权力和判决权力而消除或抵消公民个体的保留权利（Vorbehalte），霍布斯的国家神话仍然在内部发展了主权理论的宽容话语。高于一切争执的国家，它力图如此宽泛地接受宗教和道德的伦理实体，以至于只要政治上相关的冲突毕竟还在发生，就是国家说了算，这就是说，国家的意志单独作决定，而这种意志根本上也是所有个人的意志。霍布斯的强大影响力，不仅仅在于政治的身份认同逻辑的思想，如人们在卢梭的"公意"观念中所能看到的那样。正是以对国家基础进行民主的辩护要求为己任的卢梭，不仅在政治体（Volkskörper）的唯一的、统一的政治意志这一观念上同意霍布斯，而且也同意，对于主权的保存来说，一种作为"公民宗教"的简化了的政治宗教是必要的。这也将以"自然宗教"或"理性宗教"的提法，在18世纪的各种不同的宽容奠基方式中扮演重要角色。

2. 霍布斯对现代宽容讨论的影响，在他生前就已经可以从一部非常重要的著作看出：巴鲁赫·斯宾诺莎的《神学政治论》（1670年）。然而，在这部维护思想自由与言论自由的著作中，绝对的、通过契约而建立的世俗和神圣主权的学说，变成了一种在"国家的真正目的是自由"[73]这一命题中达到顶峰的论述。国家的目的不仅在于保障生命免于恐惧；斯宾诺莎在他的（死后1677年发表的）代表作 **261** 《用几何学方法证明的伦理学》中，表达了一种形而上学的自由学说与幸福学说，这些学说也形成了《神学政治论》的基础，基于这些学说，斯宾诺莎提出的见解是："最好的国家所允许的进行哲思的自由，如我已经显示的，与其所允许的信仰的自由是一样的。"（304）这已经显示了，斯宾诺莎——在这方面霍布斯也是类似的——必须在什么样的战场上进行战斗：在神学与政治理论的战场上。

对"进行哲思的自由"的追求和对不宽容的斗争，为斯宾诺莎的思想和生命打上了烙印。作为葡萄牙犹太人的儿子，即所谓的"马拉诺人"——他们被迫接受天主教洗礼，离开葡萄牙，经过西班牙到达阿姆斯特丹，以便能够过上合乎他们信仰的生活，并且不再受到宗教法庭的威胁——斯宾诺莎接受了犹太人的教育。然而他的进一步研究使他疏远了这一语境；1656年，他被犹太教区判决革出教会并被逐出犹太教堂[74]；1660年，他不得不离开阿姆斯特丹。他受到扬·德·维特（Jan de Witt）的"执政"党的支持，在其统治下，荷兰成为了一个成功的贸易国（和一支殖民力量），与其他国家相比，各种不同的少数种族和宗教上的少数派都得到了更大程度的社会宽容。基于执政者的要求，斯宾诺莎写了他的论文，这论文当然让他遭受了许多方面的批评，特别是无神论的指控。在奥兰治的威廉三世（Wilhelm III. von Oranien）取得"总督"（Statthalter）权力之后，斯宾诺莎的著作被禁止传播。

在1665年写给亨利·奥尔登堡（Heinrich Oldenburg）的一封信中，斯宾诺莎就已经表明了他写作《神学政治论》的动机：

　　我正在写一部关于我对《圣经》的理解的论文。我这样做的理由是：
　　1. 神学家的偏见；如我所知，这些偏见极大地阻碍了人们从事哲学；因此我致力于这一任务，即揭穿他们，并将他们清除出比较明智的人的头脑。2. 民众对我的意见，他们不断地指控我搞无神论；我不得不拒绝这种意见，只要有可能的话。3. 哲思的自由和想什么就说什么的自由；我希望用一切手段为这种自由辩护，因为在我们这里由于传教士的淫威和无耻，这种自由总是以各种可能的方式被镇压。[75]   262

这些动机说明了，为什么在进行真正的国家理论思考之前，斯宾诺莎把他的著作的四分之三都用来处理神学问题：他坚信，为思想自由而进行的斗争必须首先在神学领域得到解决，主要的弊端不在国家，而在教会以及在民众中间传播的宗教偏见——国家只有在变成贪恋权力的教派政治的工具时才是如此。因此，斯宾诺莎的任务，就是显示《神学政治论》副标题中所说的："哲思的自由不仅可以在无害于虔敬和国家和平的情况下被允许，而且只有同时伴随国家和平和虔敬才能得到保留。"

斯宾诺莎为了这一目的而提出的诸宽容论证可以分为三类：（a）神学层面的奠基，（b）国家理论—自然权利层面的奠基和（c）在至善论上的奠基。当然，为了全面地展开它们，要时时考虑到在《伦理学》中得到阐述的、斯宾诺莎的基本哲学。

（a）要理解斯宾诺莎对宗教的态度，就要区分三个东西：一是他对上帝本质以及相应的上帝崇拜的真正的哲学理解，二是他对实证宗教和《圣经》的批判，三是他关于一种有益于和平的社会共同生活的最小宗教（Minimalreligion）的提法。

第一点涉及斯宾诺莎思想的核心，纯粹哲学的和不以信仰为基础的知识（Erkenntnis），上帝是所有存在者"无条件的无限的"实体———一种无边的权力，产生了作为它自身的样式的个别事物，因此这些事物具有各种不同的、全部统一于这种权力的属性。斯宾诺莎的上帝失去了所有的超越，变得纯粹内在：上帝之外无实体，而且"无论什么东西，都存在于上帝之内，没有上帝就不可能存在或被认识"[76]。因此，关于存在者的每一种知识，都是关于上帝的知识[77]；相应地，   263 在《神学政治论》第一章中，也写着同样的话，斯宾诺莎在那里着手他对"预言的知识"的批判："诚然，自然的知识具有与其他神圣知识同样的权利被称为神圣的，因为我们所共有的神性和神的法则把它们交给我们；……"（15）这里不仅已经有他对所有其他思辨宗教的批判的核心，而且有他针对说他的泛神论是无神论的一种伪装形式的指责所作出的辩护的核心，同样也有他的这种观念的核心，即人的完善性在于追求一种在永恒的形式下的（*sub specie aeternitatis*）知识，人的存在可以获得的知识的最高形式。[78] 在《神学政治论》中，斯宾诺莎还把与宗教的思辨相对的、关于存在者的理性知识发挥为更完善的知识、人的最高善和对上帝的真正的爱（67—70），因此也是对上帝命令的最好的履行（下面会回到这一点上）。

　　必须在这个背景下来理解第二点，即他对实证宗教的批判，特别是他的远超他的时代的研究《圣经》的历史—批判的方法。[79]神学偏见在与教会的统治要求以及民众的迷信的结合中，带来了不宽容的主要弊端，在与神学偏见的斗争中，斯宾诺莎将《圣经》置于一种他所说的"不偏不倚的自由精神的"（9）考察之下，并且得出这样的结论，即《圣经》并非"上帝从天上给人发出的"（195）信，而是一种历史文献，只是通过对它的使用，它才成为神圣的，而且这实质上包含一些真理，这些真理超出了所有神学的—思辨的争执所在（216f.）；按照斯宾诺莎，解释《圣经》的方法"与解释自然的方法没有什么"区别（114）。在这里无法呈现他的历史学—语文学的《圣经》分析，要提到的是，斯宾诺莎在通向支持这样的"尾闾宗教"（Rumpfreligion）的道路上，将预言家们关于上帝启示的说法置于一种彻底的批判之下，并且得到结论，他们的见解具有主观色彩和历史色彩，是自相矛盾的，因而是不可靠的（29—32，38）。更多的《圣经》内容也被揭示为单纯的"故事"，例如对奇迹的叙述，而《圣经》的大部分内容的作者身份也受到质疑，首当其冲的就是摩西。

　　在这一点上，与迈蒙尼德学说（参见上文第六节第 4 点）的比较是有趣的，斯宾诺莎尝试在他的批判中与之形成明确的对比。不过，他们的共同点比斯宾诺莎已经承认了的要走得更远。两个人都试图在理性之光中解释《圣经》，并且克服《圣经》的神人同形论和矛盾，两个人都想要为哲学的追问创造一个神学的自由空间，不过反过来，在两个人看来，这种自由空间只适宜于那些超出人们单纯的传统的法律信仰而追求神圣真理的哲学知识，以及精神最高的圆满（和幸福）的人。然而，在迈蒙尼德那里，上帝的知识的最高形式是预言式的，这是斯宾诺莎完全不接受的（132f.）；而且根据迈蒙尼德，理性仍然以这样一种方式束缚于《圣经》，即它的任务是理性地解释《圣经》，从而对之进行确认。斯宾诺莎称此为一种"独断的"立场，这种立场试图使《圣经》符合理性，以便可以从《圣经》中提取出哲学式的真理（132—5；221f.）。与此相反，斯宾诺莎主张，在哲学与神学之间，即在理性与信仰之间的一种彻底分离：《圣经》"不"包含"任何哲学"（221），也没有思辨的真理，理性只统治"真理和智慧的"哲学"王国"（226），而神学则仅仅保有"虔敬和服从的王国"。没有一个王国臣服于另一个，但神学必须"与理性一致"（227）。对天启宗教的信仰，依据于一种"道德的确定性"，预言家所具有的也正是此；对于虔诚的生活方式来说，没有什么是更必要的了："仿佛为了明智地安排我们的生活，只认那些没有理由怀疑而被怀疑的东西为真就可以了，仿佛我们的大多数行动不是那么没有把握，不是偶然事件的一种牺牲品。"（229）信仰本质上要求服从上帝的命令——并且因此如将要展示的那样：服从国家的法律——向那些不能单凭理性过上一种德行生活的大多数有朽者允诺"极大的安慰"，以及他们应该相信的一种幸福，即使理性对此持一种怀疑态度。

　　这样就已经说到了上面提到的斯宾诺莎宗教提法的第三个要素：对于那些不能通过理性的道路，而是通过对"故事"的信仰的道路接近上帝的人来说，有益于和平的共同生活的、只隐藏在《圣经》中的最小宗教（89，207f.）。斯宾诺莎所简化的这一核心内容（在这一点上与霍布斯相似），关乎服从上帝的基本命令，这在于对邻人的爱（206，214）。因此，信仰所包括的，不是任何教条的思辨真理，而只是对于服从上帝是必要的那些真理，斯宾诺莎对此补充道，这样"就没有为教会的争执留下任何空间"。斯宾诺莎列举了七个教条，即存在着一个唯一的、无所不在的、统治万物的、要求公正的、博爱的、拯救的、免罪的上帝（217f.），这些教条展示了服从所必不可少的最低限度。它们如何适应于人们的理解力，又如何被解释，取决于个人；而谁拥有最好的信仰，则只能通过业功而非思辨的讨论来显示（219）。

　　于是，神学的宽容论述具有不同的面向：首先，信仰的内容被极大地缩减，并被带到一种伦理—道德的核心之上，即对博爱和特别是对宽容的要求："谁迫害信徒，谁就是敌基督。"（216）其次，这些教条如何匹配人们丰富得多的信念，全在信仰者个人，就此而言，斯宾诺莎在神学语境中预先提出了罗尔斯**交叠共识**（*overlapping consensus*）的观念。

　　　　既然每个人的信仰是虔敬的还是不敬神的，只需要考虑服从或不服从，而无需考虑真理或谬误，而且既然众所周知，人们的性情通常是千差万别的，而且不会一致同意某种观点，而是各自以非常不同的方式被不同的观点统治，对于一个人来说引发敬神之心的东西，却使另一个人发笑或生轻蔑之心，由此可以得出，在普遍的或普遍有效的信仰中，不包含那些能在正直的人中间引起意见分歧的教条。……就此而言，在普遍的信仰中只包含这种教条，即对于服从上帝来说必需设为前提的教条，若不认识这些信条，服从根本就不可能。至于所有其余的，则应是每个人认为能够最有力地加强他的公正之心的东西；因为每个人都最了解他自己。（216f.）

除了对宗教领域的思想自由（它也是在先行给定的诸教条的框架内的信仰自由）的论证之外，斯宾诺莎还提供了一个进一步的、关于他的中心关切的、对哲学上的思想自由的论述，他称之为他的著作的"主要思想"（220）。一个空间可以为此而打开，因为哲学的真理只要不妨碍服从，就可以不与只关乎服从的信仰相冲突：

　　　　所以信仰容许哲思有充分的自由，容许人们对于所有事情意愿怎样思考，就怎样思考，不加之以罪，只把那些通过教导容易引起不服从、争执和愤怒的意见的人判为异教徒或教会分裂者；而只有这样的人才被视为信徒，即那

266

些按照他们的理智和能力支持正义和爱的人。（220）

神学层面的论证就这样完成了，进行哲思的自由得到了奠基；现在斯宾诺莎转向国家，以便显示，国家在何种意义上以自由为目的，以及对上帝的服从和对世俗主权者的服从如何能一致。

（b）在国家理论层面，斯宾诺莎的论述与霍布斯的一致与差异同样显眼。一个重要的相似之处在于冲突性的自然状态的结构，个体在自然状态下不受阻碍地行使他们的自我保存权利，然后通过签订契约转让权利而构建一个国家，制定实证法并且贯彻实施，以便达到普遍和平。然而，在涉及自然的自由与个人的权利的基本前提中，已经存在着显著的区别。斯宾诺莎对追求自我保存的推导出自他的这种见解，即一切由上帝创造的个别事物都追求保持在它们的存在中（*in suo esse perseverare conatur*）。正是上帝的力量赋予它们这种反对一切可能消除它们存在的东西、扩大它们的影响力的努力（Streben）。[80]这使得斯宾诺莎不仅宣称，人的个体拥有一种自然权利，这种自然权利"延展于他们的力量所能延展的地方"，并且宣称，这就是"上帝自身的力量"（232）。斯宾诺莎比霍布斯更加明确地强调，在自然状态中，不存在规范意义上的真正"权利"，而只存在保持的力量或扩展影响力的力量。这里还不存在霍布斯意义上的"自然法"，根据斯宾诺莎，自然状态先于宗教（和上帝的命令）（224）。

为了能够"安全和美好地"生活，个人订立严格的彼此间的契约，以此放弃对他们的权利（或权力）的个体行使，并将之转让给共同体（Gesamtheit），因此进行统治的就是共同体的意志。虽然，正如在霍布斯那里，这样产生的主权者自身并不受契约的约束，但是斯宾诺莎认为，霍布斯在这里也是前后不一致的，因为后者把赌注都压在了作为服从动机的恐惧上，而没有将出于自由而遵守法律的思想——简言之：个人权利向着所有公民的共同体即民主政体（Demokratie）的转让——突出为订立契约的逻辑后果（而是仅仅作为一种并不非常可预期的可能性）。民主政体是"人们的一种普遍统一，它在人们的共同体中拥有对于一切它对之有能力的东西的最高权利"。（237f.）因为在这里，是臣民们自己组成了主权者，后者就依据理性而作决定，以便不造成自身伤害；因此，在民主政体中进行统治的是理性，并且个人是自由的（239）。在此，斯宾诺莎先行提出了卢梭的中心思想，即在一个民主政体中，普遍的个人自由和政治自由是通过普遍意志的统治而得到保证的：

> 因此，在一个社会中，政权掌握在所有人手中，在那里法律的制定基于普遍的同意，就不可能谈到服从，而且在这样一个社会中，无论法律增加还

是减少，人民都保持同样的自由，因为法律之增减不是由于外在的权威，而 268
是由于人民自己的同意。(85)㉛

因此民主政体虽然不是唯一合法的政体形式，但是是"最自然的"政体形式，因为它最大程度地保留了自然的自由。

当然，在这里也像在霍布斯那里一样存在这样的问题，国家的法律如何与上帝的命令相一致。这又涉及两个疑难，第一个是对反抗的一种可能辩护的难题，第二个是宗教差异的宽容问题。对于第一个疑难，与霍布斯类似，斯宾诺莎以最小宗教与对作为最高的世俗权威与神圣权威的主权者的服从之间的内在联结来回答；对于第二个疑难——它与霍布斯相反，但在一定逻辑上仍然是从霍布斯的理论出发——则以对没有被转让的思想自由的权利的论证来回答。

第一个问题所涉及的，在这里显现为斯宾诺莎宗教批判的政治意涵。直接依据上帝之言来对抗国家法律，不仅从知识论基础来看是不可能的，而且也是不合法的，因为没有先于国家的普遍规范，而是在国家中才确定了什么叫作公正的行为。因此，上帝所要求的对其伦理命令的服从变成了对设置规范性的主权者的服从：

> 所以，正义如同每一真正理性的一般学说，以及博爱，只有通过统治的权利才能保持它们权利和法律的效力，也就是说……只有通过已经控制了这些权利的人的命令。因为……上帝之国完全在于对正义与爱或真正宗教的权利，因此如我所说过的那样，上帝之国只能借统治权的拥有者而在人间存在。(287)

由此，得到许可的宗教的内容从伦理领域转变到了政治领域：在普遍的意志之外诉求上帝的意志是不可能的。世俗权利（Recht）具有显然的优先地位，因而世俗权力（Macht）也具有权利"按照它认为好的那样去判决宗教事务"（246f.），否则它就不能胜任完全的主权。拥有统治力量的人是"神圣权利的解释者与守护者" 269（284），他们规定"外在的宗教礼拜"和"虔敬的实践"，因为这些也属于现世正义的范围，这种正义也是国家的正义。"对祖国的热爱"（289）从而被视为"最高的虔敬"，信徒对上帝承担的一切服从，他们都应（在地上）对国家承担。这里变得十分清楚的是，斯宾诺莎出于何种理由把宗教视为稳定社会的力量，这种力量使得大众熟悉一种服从的形式，仅仅出于理性的原因或出于恐惧，这种服从的形式是不能得到的（84，226，269）。在斯宾诺莎列举主权者的在神圣领域的优先权（甚至是任命牧师，规定教义，作出关于逐出教会的判决）时，他补充道，这些

> 不但是真的……，而且首先对于宗教正如对于国家的维持一样是必要的。因为每个人都知道，在神圣事务中的权利和权威在民众眼中具有何种意义，人们是多么依赖于那些拥有权威的人的话，简直可以断言：得到权威的人对于人心最具统治。谁想从他们手中夺取最高的力量，力图分享统治，就必然会如曾经在希伯来人那里的国王与神职人员之间一样，产生无法被平息的纷争与冲突。(293)

这是硬币的一面：把宗教权力集中于国家力量，以便——通常伴随着一种教义的简化——抽去公共空间中各教派之间的宗教争执的釜底之薪。硬币的另一面是，就国家权力而言，为之划出界限，以免这种权力形成某种不宽容。在这里，斯宾诺莎又一次引入了他的自然权利的论证，更确切地说，他指出了对国家转让权利的一个**实际的**界限，由于自然权利和自然权力的同一化，这个界限自身就成了自然权利方面的界限：因为"根本没有人能通过强力或法律受到限制而抵达至福极乐；对此所要求的，毋宁是虔敬与友爱的告诫，良好的教育，以及首要的一种真正的自由的判断"（136)，没有人**能**将他的思想自由和信仰自由的权利转让给主权者，即使他愿意（299)。主权者也不可能以合理的方式提出这种要求，而且需要注意的是，这不仅是因为主权者考虑到内在确信是个人灵魂得救的必要条件之一，而且还是对主权者自己权力的一种有意识限制。思想自由是个人最本己的自由，不能被交付。相应地，主权者能调节的只是外在的宗教礼拜（*externo cultu*)，而非虔敬本身或内在的祈祷（*interno cultu*)，因为这些属于"每个个人的权利，不可被让渡给其他人"（*quod in alium transferri non potest*)（286)。由于这一原因，任何国家在尝试控制思想时都会失败——这种尝试行为是反自然的，并将走向灭亡。根据斯宾诺莎，国家的目的正是这种自由（301)，而且这种自由还包括把自己的见解表达于言词和文字的自由，但**不**包括根据自己的见解而行为。真理的领域与正义的领域区分开来。思想自由和言论自由反过来在"煽动叛乱的意见"（303)得到辩护的地方发现它们的界限，这些意见不仅置疑国家的正义以及国家本身，而且并非单纯的意见，而是行动。这样，国家理论层面的论证完成了。

（c）在神学论证和政治—自然权利论证之外，除了考虑宽容对于经济与科学的有益之处外，在斯宾诺莎那里还能发现一种在其伦理学背景下非常重要的、至善论的宽容奠基方式，这在上文已经提及。因为他的伦理学尽管有其特点，仍然是一种幸福学说，这种学说表明精神的最高善在于认识上帝[82]，并且表明精神的最大满足在于在永恒的形式下（*sub specie aeternitatis*)看事物；精神的这种完美性意味着真正的幸福。[83]"因此，爱上帝的神圣知识、爱最完美的存在的知识超过一切，并且最大程度以此为乐的人，必定是最完满的和最大程度分有最高幸福的人。因此最高善和我们的幸福的结果是对上帝的认识和爱。"（68）这种"神圣的上帝之爱"，正是斯宾诺莎在他的宽容讨论和国家学说中为之创造空间者；它构成国家真 271 正的伦理目标，虽然这条通向幸福的道路只为少数人开放，最终只为"智者"[84]开放（88f.，207f.，251）。[85]把人主动地带向善，这并非国家的任务，但是，由于它抑制教会和民众的不宽容[86]，它就使在其中可以达乎完美的那种生存方式得以可能。（301）在这个终点，斯宾诺莎的宽容学说达到了顶峰，这一学说视前两个层面上的宽容奠基方式为一种为了少数人的精神之完美的可能性的阶段。

总而言之，斯宾诺莎延续性地扩展了在霍布斯那里仅仅得到了暗示的"宽容学说"，然而通过这一学说，毋宁说是加剧了冲突，冲突的一方是世俗—政治权力，它不仅有权利调节外在的礼拜，而且有权利作为神圣权力调节臣民的"内心"，并且完全为了自己而利用宗教的政治角色，另一方则是个体对信仰、思想和言论的自由的要求。根据斯宾诺莎，恰恰是世俗的主权者用来对付教会、诸教派和其他宗教极端分子的手段，也危害到了对于主权者来说真正重要的宽容。这样，一方面，自由的空间应该被打开，另一方面，它同时又关闭了。因此，强硬的主权者可以消除社会的不宽容，而他自己能够在实用方面如同运用不宽容一样运用宽容。这个难题甚至涉及民主，因为在这种情况下，少数派对立于某种多数派，这种多数派可能在某种程度上被视为教会权力：被视为《圣经》的"解释者和守护者"。

此外，那种不允许与之有所偏离的教义完全蕴含着会导致实质上有根据的排除的潜能，例如当一个团体怀疑上帝独一无二的教义时。既然斯宾诺莎认为这种 272 教义对于义务性的服从于——上帝和国家——是绝对必要的，在这里就引出了狭窄的、在宗教上有根据的宽容界限（不仅对于无神论者）。

在这一语境中，重要的是看到，在斯宾诺莎因其是行动而想要排除之的破坏性的"煽动叛乱的意见"和公民个人可以表达的非正统的意见之间，划界是多么困难。[87]只要国家是最高的政治力量和神圣力量，不一致和不和谐就很容易构成对公共秩序的质疑。甚至在一个非民主国家中，倒可以看到斯宾诺莎关于民主本身的本质的真正见解。

斯宾诺莎所指出的政治统治的自然"权利"的界限，即精神和思想不能受到压迫，既是由于他自己的关于政府之为"高于心灵的统治"的见解而颇成问题，而且更是由于"合理的"教导方法[88]和"精神教育"而颇成问题。这是一种对顺从的和"改过自新的"主体的生产，奥古斯丁对此早有言之。

因此，最终斯宾诺莎为哲思的自由付出了较高的代价：一个不受限制的主权者，一种被还原到伦理上的服从并最终被还原到政治上的服从的信仰形式，全部根据主权者之判决的对礼拜自由和行动自由的限制。他想要确保与思想自由同样的政治自由；但他却因此出让了个体的行动自由。以（在第十五节中讨论过的）

个体的良知自由和礼拜自由与作为正义之要求的政治自由的联结为尺度，斯宾诺莎的理论落后于他主张，即对自由作为国家之目标的强调。最终，是在一种"精英"伦理学[89]框架中的至善论论证和法律领域之完全转让于主权者的立法，阻止了斯宾诺莎充分发挥他自己的论证对于个体的自然的自由之确保的潜能；在终究与霍布斯思想紧密相关的斯宾诺莎国家理论中，斯宾诺莎在他对民主的奠基中所凸显的辩护的权利，并没有一个主权者之统治的保护任务重要，主权者应当足够强大，才能保证思想自由。因此，主导性的视角要从横向的宽容观念转到一种纵向的宽容观念，后者被视为一种修正了的允许提法。

273

3. 在英格兰，一个与斯宾诺莎《神学政治论》同样于 1670 年出版的文本表达了一种在宗教上受迫害者的具体抗议，与这个文本的一个简单比较，或许能够说明斯宾诺莎的宗教见解与那里所提出的相比，有多激进和"进步"，但斯宾诺莎的**政治理论和与生俱来之权利**的论证相比，又多么落后。这里涉及的就是威廉·佩恩（William Penn）的《良知自由的重大案件再次简略地辩论和辩护》（*The Great Case of Liberty of Conscience once more briefly debated and defended*）。在查理二世统治下斯图亚特王朝复辟之后，以及 1660 年圣公会教会秩序重建之后，英国的情况将成为切近的入口；在这里完全可以说，之后紧接着的是一个对宗教上不信奉国教者和异见者进行迫害和镇压的时代，像佩恩所属的贵格会这样的团体也遭受迫害与镇压。他曾多次入狱（《重大案件》也是他在狱中写的），但还是于 1681 年重获自由，并建立了北美殖民地宾夕法尼亚，在他的领导下，宾夕法尼亚实施了不同教派和平共处的"神圣实验"（虽然非基督徒仅仅享有受到限制的权利）。[90]

在佩恩的这篇短文中，他以一系列的论证控诉圣公会教会的迫害，这些论证与第 15 节中对宗教自由和政治自由的概略讨论相关，并且使这些讨论变得格外丰富，特别是一种新教的良知理解和一种契约式—民主式的国家论证的联系。佩恩

274

在第一页就已经清楚地表明，虽然他是为受到迫害的少数派说话，但他并不请求特殊的关照，而是要诉求"我们称之为英国人与生俱来之权利的"[91]自由。他在随后展开的各种论证丰富多彩，以专门的基督教—神学思考，经过普遍理性的思考，一直到民主—规范的思考。这里将简单地提到这些思考，以便显明，一方面佩恩多么强地把宽容问题与正确宗教的问题比斯宾诺莎更紧地绑在一起，但另一方面，他又如何为一种相互正义的强平等主义理解作辩护。他还在一开始就表明，思想自由与礼拜自由的分离不是问题。（134）

佩恩提出的核心的神学论证是特殊版本的两个王国学说，它强调上帝既是"我们信仰、崇拜和服侍的对象，也是我们信仰、崇拜和服侍的创造者"（135），因此任何出于上帝崇拜的人的压迫，都直接违反上帝的"大权"；这表现为一种对于上帝权力的非法剥夺，首先就是**对上帝**犯罪。佩恩补充道，信仰压迫的行为完

全是非基督教的行为，因为上帝之言只应通过确信而非通过强迫来统治，而且不宽容只能产生不可能获得永生的伪善者。

与斯宾诺莎近似，佩恩也在另一个层面上进行他的论证。上帝为人配备了同样的理性能力，而理性本身包含着"神性的本能"，能够以自主的方式通过自己的推理判断的道路形成对上帝的崇拜。通过指出人的不可靠，从外面控制这条道路的尝试作为**违背理性**而被拒绝。

在政治—道德的层面上，佩恩提出的见解是，不宽容是**不合法的**也是**不明智的**。佩恩从三方面的考虑来有力地证明前者：正义的基础规则，即只应按照自己愿意被对待的方式去对待他人，意味着根据自己的真理理解去强制他人是不合法的——从来没有人具有这样的权利。（143）此外，任意地损害为国家之维持作出其贡献的公民，这与公平原理相悖。最后，根据刑事裁判权的原则，在所有刑罚之前，必须有一个有序的诉讼程序和一个说明了理由的宣判，而对并无意愿去实行的纯粹思想上的违法进行指控，就不是这样。

佩恩用一系列的例证来显示信仰迫害是不明智的，例如信仰迫害可能会在经济上有消极的影响；"教皇制信奉者"可能会利用这个作为在他们的国家进行压迫的借口；这只会激发动乱和仇恨。此外，这里遇到的又是那个经典的，也曾出现在斯宾诺莎那里的重要论述，即信仰迫害是完全**无意义的**，因为良知根本不会被限制（146；也参见第130页："任何外在的强制力量也不能说服最可怜的傻瓜"）。

最后，佩恩用契约理论的规定完善他的论证，这一规定即宗教自由的权利是英国公民的一项如此基本的权利和"所有物"（Eigentum）（147），以至于它形成了国家的基础，而非国家支配的某种东西。一旦国家削弱这种权利，它也就破坏了它自己的基础。为此他还引证了英国政治传统的理由。因此他得出结论："我们要求，如此得到陈述和辩护的良知自由，成为由上帝的律法、自然律和我们自己国家的法律规定的不容置疑的权利。"（160）

对斯宾诺莎或洛克的著名作品旁边的、提供了整全而且重要的宽容奠基方式的诸多文本之一的这样一个简短的概观表明，首先，虽然斯宾诺莎比佩恩更怀疑宗教的宽容奠基方式——在后者那里，也会得到的是，"教皇制信奉者"和非基督徒并非一开始（如在罗杰·威廉姆斯那里）就被包括在论证中，但是其次，佩恩更明确地把宽容视为公民间相互正义的问题，并且因此没有退回到一种允许提法和一种由国家规定的宗教的观念。无论在斯宾诺莎那里，还是在佩恩那里，宗教怀疑与对绝对统治的怀疑都没有携手共进；毋宁说，两位作者在这两方面都走向了相反的方向。

正如已经看到的，佩恩的文本再次承接英国内战背景下的宽容辩论的线索，并且把目光转向复辟后的英国，也就是转向这样一种语境，在其中，洛克的宽容思想得以发展，亦即从复辟的开始直到**光荣革命**。

第十七节　关于宽容的书信

1. 如同至此已经讨论过的那些作者一样，对洛克来说，也要强调，他的观念和论证产生于一个特定的政治—文化的冲突情境，但同时又具有超出这一特定情境的内容，这种内容仍然还在——就洛克的情况来说：本质性地——参与规定当代的宽容讨论。而且如同对于一些已经探讨过的理论一样，对于洛克的宽容理论来说，标志性的也是一种新教—个体主义的良知概念和一种导致要求政治解放的自然权利理解的混合，包括与一种经验主义的知识理论相结合。说洛克的作品抵达了这种自由的宽容奠基方式的顶峰并不为过。我们将会表明，与伍尔文、弥尔顿或威廉姆斯相比，在洛克那里诚然找不到全新的规范性论证；但他最著名的宽容作品，（第一封）《关于宽容的书信》（*Letter Concerning Toleration*），所能够声称的原创性，首先就在于把那些熟知的论证比以往更有力地（尽管并非完全）从它们的宗教外衣中解脱出来，并且将它们系统化。不过，正是与伍尔文或威廉姆斯的比较可以明确，洛克比他们更窄地划定宽容的界限，例如对天主教徒和无神论者行宽容的界限。

首先来看历史语境。1660 年，查理二世恢复了斯图亚特王朝的统治，他支持一个顺从的议会。圣公会国家教会同样得到重建，并且同时准备以不同的法律措施，即所谓的克拉伦登法案（*Clarendon Code*），来强制宗教上不信奉国教者或**异见者**达到一致（例如通过 1662 年统一法令）。长老会、独立派，甚至贵格会、浸信会和一位论派，与天主教徒一道，都是这些法律和迫害的受害者。[92]国王自己同情天主教，并且在 1660 年承诺宗教宽容，他有时尝试在与异见者和温和的圣公会教徒的联盟下，减缓严酷的法律，例如他特别地通过 1672 年《大赦谕诰》（*Declaration of Indulgence*）所做的那样，但他在一年后又将之撤销，以便在圣公会与上流社会（Gentry）同盟的帮助下夯实他的权力。这引起了异见者的反对，他们曾在一度担任过大法官（Lordkanzler）的沙夫茨伯里伯爵的领导下形成了辉格党，辉格党尝试首先借助议会，然后通过颠覆，一方面获得合法的宽容，但另一方面也反抗托利党，这一主要冲突最终日益催生出天主教执掌权力的危险，尤其众所周知的是，王位继承人，即后来的詹姆斯二世，归属了天主教。所谓的**排除危机**（*Exclusion Crisis*）（1679—1681 年），特别是争取针对天主教的王位继承人的排除法的尝试，以失败告终；沙夫茨伯里在 1682 年逃到荷兰。詹姆斯二世在 1685 年成为国王，并且捍卫良知自由[93]，在 1687 年，他不顾圣公会的反对，试图实施新的《大赦谕诰》，但是在 1688 年，由于奥兰治的威廉（Wilhelm von Oranien）入侵英国而不得不逃走。光荣革命使得威廉在 1689 年成为国王，其权力受到议会的约束。他在同年颁布宽容法案，不信奉国教的新教徒的礼拜自由得到维护，但是此外也对天主教徒、一位论者和其他团体保留了一系列限制和排除条款（参见下面第 6 点）。

这些事件呈现了洛克政治—宗教著作的背景，其著作可以被划分为四个阶段。[94]《论政府二册》（*Two Tracts on Government*）（1660—1662 年）属于第一阶段，其时他在牛津教学和行医，在书中，为他那个时代的宗教纷争而忧心的洛克，赞成由胡克主张并被霍布斯彻底化的外在一致性的理论——因此在这里我们遇到的是一个看上去完全"非—洛克式"的洛克。这在 1666 年他与晚年沙夫茨伯里伯爵相识之后改变了，在 1667 年，他开始为伯爵效劳，并且为他——作为反对国王的论证的帮助——写作《论宽容》（*Essay on Toleration*）（1667 年），在其中，洛克收回了主权者在"无关紧要"的宗教事务方面的全面调节权力的论点，并且更加强调在宗教问题方面国家许可的界限。在排除危机期间，洛克开始了后来的《政府论两篇》（*Two Treatises of Government*）的工作，在其中他反驳了被托利党用来为专制主义辩护的菲尔默（Filemer）颇具影响的理论，并且主张反抗的权利。第三阶段开始于 1683 年的流亡荷兰，他跟随沙夫茨伯里到了那里，并在 1685 年写作《论宽容的书信》（*Epistola de Tolerantia*），在其中，他自居异见者之位，并且在《南特赦令》（*Edikts von Nantes*）和詹姆斯二世登基的背景下，展开了一种系统的宽容理论。最后一个阶段开始于 1689 年他返回英国，并在同年出版他的主要著作，《政府论两篇》《关于宽容的书信》（*Letter Concerning Toleration*）［首先在荷兰以拉丁语出版，同年出版威廉·波普尔（William Popple）的英文译本，两次都是匿名发表］和《人类理解论》（*Essay Concerning Human Understanding*）。接下来是随后那些年的另外三封宽容书信（1690 年，1692 年，1704 年），洛克主要是在与尤纳斯·普罗斯特（Jonas Proast）之异见的辩论中写作这些书信。最后在 1695 年，他的研究《基督教的合理性》（*The Reasonableness of Christianity*）发表，在其中，洛克支持一种自然神论的立场。

下面将概述洛克宽容思想中最重要的诸阶段和论证；首先是《论政府二册》，然后是《论宽容》，即第一封关于宽容的书信（与他的深思熟虑的政治理论和认识论相关），最后是与普罗斯特的争论，这将引出对洛克进路的全面讨论。在此之后，宽容实践将借助对宽容法案的分析得到批判性的阐明。

2. 两册《论政府》形成于 1660 年至 1662 年间，并且没有出版，它进一步证明了霍布斯《利维坦》对其时代的宽容思想所产生的影响，尽管洛克将霍布斯理

279　论的重要因素置入了一个更多地以胡克⑨为准绳的宗教框架之中。此外，在其具有
复辟精神的论证中，洛克对"绝对主权者（无论是个人还是公民的集合）是直接
通过上帝被任命，还是通过公民的契约被任命"这一问题保持策略性的开放；他
试图在两种前提的背景下达成他的证明目标，即民事法官（civil magistrate）具有在
法律上调节公民的和教会的**无关紧要之事**的权威。因此，洛克［特别是在第一个
所谓的英语小册子（*English Tract*）中］反对爱德华·巴格肖（Edward Bagshaw）
1660 年出版的作品《关于宗教礼拜中无关紧要之事的大问题》（*The Great Question
Concerning Things Indifferent in Religious Worship*），这部作品所反对的，正是国家的调节
权能对良知自由的侵犯。如洛克所指出的，这些无关紧要之事，即没有在《圣经》
中被上帝规定为对于获得拯救所必须的事物，就是诸如礼拜的位置与时间、圣礼
中的下跪、特定的祈祷形式这样的事物。根据洛克，本质上就是对这些事物的争
执，让英国陷入了战争与动乱——虽然当时幸运的是，随着国王的回归，战乱已
成为过去。因此在这里，如同霍布斯与斯宾诺莎一样，洛克最大的恐惧并非世俗
权力的滥用，而是基督教各教派间的不宽容，"宗教情绪的暴政"，这使得作为和
平保护者（*conservator pacis*）的强力主权者成为必要。⑨只有他才能消除宗教内战和
对良知的错误诉求的危险，这种危险会导致国家瓦解。

　　这一文本的核心论证在于，洛克将世俗权力视为现世正义的管理者，即行为
的外在规则的管理者。如果是在涉及自然权利与神圣权利的事物方面，世俗立法
者就只有肯定和实行的功能⑨，但在那些无关紧要之事方面，诸个体将他们根据自
己的判断进行确定的那种自然权利完全转让给主权者，因为这里涉及的是人们不
再直接受命于上帝的事务，但是它仍然必须在普遍的和平旨趣中被调节，这是只
280　有合法的立法者才能做的。在洛克看来，如果主权者没有颁布任何规则，那么立
即就会产生对于崇拜上帝的合法形式的争执，因为出于自然的人并不容易在没有
法律限制的情况下去宽容⑨；不仅如此，个体向来可能打着良知自由的幌子而根据
偏好去逃避法律：

> 　　我完全同意良知应该受到温和的对待，而不应被强加影响，但如果与一
> 个人的教派相反的任何无关紧要的外在行为的决定……强加于良知之上，并
> 且如此不合法，我不知道一个辉格党人何以应当被帽子或腿（hat or leg）迫使
> 去为法官付款，或者一个再洗礼派被强征什一税……对我而言，强加影响于
> 良知，就像是教义或法律施压于人们的信仰或实践，仿佛具有神圣本源，仿
> 佛对得救是必要的，并且良知要在其中受到约束，而实际上它们无非是人的
> 法条，产生于人的权威；另外，如果你们在我们的作者（即巴格肖）的意义
> 上考虑法官的每一合法命令，因为我们出于良知而服从它们，就将成为对良
> 知的压迫，并且根据他争论的方式成为不合法的。⑨

洛克接着指出，"公民的"调节问题和"神圣的"调节问题之间的界限没有清晰地被划出；他所害怕的是，几乎每种拒绝服从的形式都能在宗教上得到奠基，即使只是策略性的奠基：

> 哪怕让人们（那些人的耳朵总是保持开放，去听对他们那贪婪地吞掉一切自由诉求的官员的抱怨）听到一次法官没有禁止宗教事务上无关紧要之事的权威，人们就会在一瞬间转变，良知和宗教应当很快与他们的所有行为混合起来，并遍布他们的整个生活，以便在法官的范围内保护他们……只要把统治者的力量排除在圣殿之外，它将被证明是罪大恶极之庇护所，什一税将和献祭一样不合法，崇拜神的人将被当作不虔敬来对待……只要一次武装起他们的良知来对抗法官，他们的双手就将不再闲着或无辜。[100]

洛克从这一切中得出结论，主权者在无关紧要的外在行动的领域拥有"一种绝对而专制的力量"[101]。就此而言，他相信世俗权力将明智地行使这一权利，以免导致自己内部混乱。主权者当然只对上帝负责。 **281**

这些论证为早期洛克带来了作为一个独裁主义思想家的名声[102]，这位思想家拒绝宽容，直到后来，随着他为沙夫茨伯里工作，他才开始变成宽容的支持者。[103]考虑到洛克对一种全面的礼拜自由的拒斥和将自由行动的权利转让给主权者的论点，这么说并非完全不合理，然而却忽视了，洛克将他的论述明确地限制在"外在的无关紧要的行为"[104]：限制于行为而**非**信念，而且**仅仅**是这样的行为，一般地属于国家调节领域而非自然—神圣权利的领域的行为。这就是说，上帝赋予人的自由——作为受约束于上帝的自由——由何构成，而国家力量的界限又何在：在于"心中内在的祈祷"，没有任何实证法能够抵达，而且本质上也不在祷告和领受圣餐这样的属于无关紧要之事的外在礼拜行为范畴之中。[105]如洛克在第二册即《拉丁语小册子》（*Latin Tract*）的开始处所强调的，执政官在此没有命令权，只有上帝本身才有。执政官可以调节的一切，就是礼拜仪式的外在一致性。洛克在这里远比霍布斯更明确地划出了主权的界限，因为他对无关紧要之事的理解本质上比霍布斯式的理解更狭窄，因此，主权者只对上帝负责的说法，与在霍布斯那里相比，就有不同的实质。洛克当然与霍布斯一样强调，主权者在无关紧要之事方面终究只能在"形式上"而非"质料上"进行约束，"约束人们的行为，但不约束他们的判断"，因此内在的良知自由得以保留。[106]国家只统治身体，唯有上帝才统治精神。[107]而且，甚至当主权者尝试制定对于内在地受到约束的无关紧要之事的某种规 **282**则时，他也会因那个界限而失败。根据洛克，主权者这样就犯了一种罪。

在这一语境中，上述引文对良知自由的提及值得注意。因为洛克为国家在那些不属于无关紧要之事的事物方面的完全放手赋予了极大的价值。在这点上他同意巴格肖，而所反对的只是，良知自由必须被扩展到无关紧要之事。内在的良知还保持自由，这不仅因为如洛克在这里已经（而非在后来的著作中才）说的，它是**不可受限制**的，而且因为，既然这只是上帝的保留权利，人们就**不应限制**它：

> 但是理解和赞成（上帝将之留给自己来处理，甚至没有赋予人以随意相信或拒绝的自由）不应由强力来打造，一个执政官打击那些对他的权威毫无敬意的人，或者以徒增厌恶并树敌众多而非吸引皈依的方式来尽力建立他的宗教，都是徒劳。⑩⑧

在洛克看来，宗教"不可能被任何其他力量强加于人心，而只能由它的最初创造者施于人心"。而且，像伍尔文一样，洛克强调人根本不**可能**将良知之自由转让给主权者，因为不同于对无关紧要之事的支配，他们并不能自由支配他们的信仰：

> 于是，确定的是，执政官对人们的所有行为具有绝对的控制，在这些事情上，人们本身是自由受到损害的行动者，与此同样确定的是，超出这些事情之外，执政官没有任何权威，因此虽然他不能强制宗教，人们从没有自由可以弃让给其他人之命令的宗教，然而在人们有权利去做或不做的那些事情上，人们让他作裁判，这些事情应该什么时候做、在什么地方做，以及做到何种程度，并且有义务去服从。⑩⑨

因此，总的来看，这两部早期的册子既没有表现为对宽容的专制主义拒绝，也没有表现为后来的宽容书信的早期版本。动机与论证在这里明显地重叠，一方面，这些论证强调主权者为外在的和平权力，使诸教派的不宽容得以终结，但是同时限制了个人的自由，另一方面，根据这些论证，主权者在个人的信仰和良知以及对外在礼拜仪式（祈祷、圣礼）的一些预先给定的东西那里遇到了一种绝对的界限。这还不是导致反对者辩护的自然的自由之界限；但已经清楚的是，正是个体对于上帝的受约束存在（Gebundensein）为主权者设定了界限。在此，洛克思想中的**自由主义的自由**（liberale Freiheit）产生于**个体与上帝**的直接**联系**，这赋予了个体一种政治上的不可侵犯性。虽然与霍布斯的思想有紧密联系，但洛克并非从霍布斯的思想中提取出了自由主义结论，而是在这里对接了自由主义结论。此外，论证中还包含着进一步的诸预制断裂点（Sollbruchstellen），即下列问题，一是对于得救来说，必要的事物和对此不必要的事物之间的区别到底能否清楚地得到划分，二是这一区别能否由主权者作出最好的划分，以及第三，为此一种国家政治究竟是否必要。在一种宗教—个体主义思想的已选择的道路上继续推进，这后来成为

283

了洛克的思想转折点。

3.《论宽容》是 1667 年为了支持阿什利勋爵（后来的沙夫茨伯里伯爵）向国王要求对不信奉国教者的宽容而写，它标志着洛克宽容思想的转折点，并且预示着后来宽容书信的论证。洛克从对国家功能的规定开始，国家——无论通过上帝还是通过契约——的组织是为了促进公共幸福并且首先是为了保持和平，而对灵魂得救的关切则不是它的任务："执政官作为执政官与人们灵魂的善或人们对于来世的关心无关，其权力的规定和授予只是为了人们在社会中安静和平地生活，……"⑩在这一背景下，与《论政府两册》不同的变化就在于，洛克现在把意见与行为分为三类，与之相关而提出国家的宽容问题：首先，礼拜仪式中思辨的意见与行为，根据洛克（修正了）的观点，这种意见与行为无关社会与国家；其次，在政治上无关紧要的社会性意见和行为；再次，对于社会来说具有意义的德 284
行。洛克为第一类要求一种"绝对普遍的宽容权利"，而且是出于下述理由。⑪纯粹思辨的意见（例如关于三位一体）所触及的事物之所以不是世俗权力的事情，是因为这些事物根本不涉及公民行为和政治行为的问题：一个人是不是一个好公民，并不取决于在这些事物方面的正确信仰。此外，洛克提出了以下著名的论证，即对于这些只有在个体与上帝的关联中才能遇到的事物，没有人自己拥有权力，因而它们不能被转让给主权者。最后，他给出了一个知识论上的说法，认为人类理解的一个本质特征，就在于不被这种命令或限制所决定，无论它们是出于自身还是出于他者。

与《论政府》中的立场形成对比，洛克现在把这种自由也扩展到礼拜形式上，亦即扩展到诸如时间、位置和礼拜的细节这样的事物上，他之前视这些事物为无关紧要的，并应当在政治上进行调节。"因为这是一个完全在上帝与我之间的事物，是关乎永恒的事物，超出了只是为了我在此世的幸福的政治制度和政府的所及和范围。"⑫洛克现在拒绝礼拜形式的本质内容与无关紧要之事之间的区分："在宗教崇拜中没有什么是无关紧要的"⑬；崇拜上帝的外在方式——"以一种我断定可以通达上帝的方式，向我所崇敬的上帝表达的敬意"⑭——在他看来不能分离于内在的信仰。

此处显露出来的是洛克宽容学说的伦理—宗教核心，因为他通过指出这里关涉的是一个人追求他自己的**善**的"私人兴趣"，对这种善的追求只应关乎他的生活，而在灵魂得救和一般的内在幸福安康的问题中，划出了国家许可的界限。他同样将此联结于知识论论证，即国家与个体两方面的不可靠性的论证，就此而言，追寻自己的道路就是理性的。国家

不应在那种对我而言远比他的权力内的事物重要得多的善的诉求方面，285

阻拦我的道路，或要求我努力，对于获得这种善的方法，国家并不比我有更多确定或真实的可靠知识，在这方面我们都是平等的寻问者，都是平等的臣民，在这件事情上，国家无法保证我不会失败，如果我失败了，也不会给我任何赔偿。[115]

根据洛克，寻找自己的善并走上通向上帝之路的方式是"心灵自愿而秘密的选择"——这是一个如同棱镜般的表达，抓住了洛克论证的宗教的、伦理的、知识论的和自然权利的要件。因此，宗教压迫违背了上帝通过他自己的手段产生自由信仰的意愿，因而不可能通向拯救；此外，由于信念无法被压迫，所以宗教压迫是不可能的，而彼此之间关于善之见解的不相通，也让这种压迫失去了基础；因此，这种压迫也不会在任何人或国家那里得到允许。于是，洛克转向一种值得注意的**宽容权利表述**，也就并非偶然了。

洛克相应地处理上面提到另外两个意见和行为的范畴。如同在《论政府》中一样，他视国家在公民领域诸如孩子的教育或财产的使用这样的无关紧要之事方面的基本的调节能力（Regelungskompetenz）为给定的，然而只有在公共的幸福需要它时才是这样。于是，如果公民拒绝这种调节，他们也不可以依据他们的良知。最后，涉及德行时，国家不应规定任何反对德行的事情，但国家也没有把人们带向德行的任务；德行将保留给个体的良知。[116]

在论文的第二部分，洛克把修辞转向国王，他劝告国王，为了保持和巩固他的王国，给予新教的异见者以及（在他看来应当相互中立的）各个派别以宽容，但不给"教皇制信奉者"以宽容，因为他们由于他们对教皇和可能的国外天主教势力的忠诚而支持对政府来说"绝对破坏性"的意见[117]；他们只为了他们的目的而利用宽容，而非将之接受为在其自身的要求；而且他们不会像新教团体那样通过宽容而被归化，而是保持为"不能和解的敌人"。洛克将在《论宽容的书信》（*Epistola de Tolerantia*）中进一步辩护这种对于他的时代来说典型的反天主教立场，尽管他坚持认为，引导他的不是宗教的—独断的考虑，而是政治的考虑。

4. 正如已经提到过的，1685 年流亡荷兰时，在《南特赦令》撤销的刺激下，随着胡格诺派在法国受到迫害，以及信奉天主教的詹姆斯二世在英国登基，洛克写下他的关于宽容的书信。虽然这封书信的与众不同之处，与其说是它的原创性，不如说是它的论证的系统性和综合性的力量，但它被认为是现代最重要的宽容文本，将迄今为止的宽容论证提升到了一个新的哲学水平上。它的论证当然是在洛克的两部产生于同一时期的著作的语境中才能完全地展开，这两部著作即《政府论两篇》和《人类理解论》。

前者，特别是《政府论》第二篇，包含洛克成熟的契约主义国家理论，以及对于一种自由主义的自然权利概念的全面突破。个体出于自然就是完全自由和平等的，不受任何统治，只服从于自然法。"而理性，也就是自然法，教导着人类，只要人类愿意听从它，没有人可以伤害别人的生命和财产、健康和自由，因为所有人都是平等独立的。"然后，洛克极其意味深长地说：

> 因为人们都是那位独一无二的全能而无限智慧的造物主的造物，是那位独一无二的主宰的仆人，通过他的命令并以他的名义被送到这个世界上。**他们是他的财产**，因为他们是他的造物，他使他们在他之中存在，而不是在他们彼此之间存在。[118]

因此，个体对于上帝具有自我保存的义务，对于彼此以及国家则具有自我保存 287 的权利，更确切地说，是保存他们所有物的权利，洛克将生命、自由和财产都看作所有物。[119] 作为属于上帝者，个体对这些所有物具有一种自然的自由，但不具有毁灭自己或使自己成为奴隶的自由："没有人能使出超过自己所拥有的力量。"[120] 因此，为了脱离自然状态的不确定性和危险，并且为了知晓自己在法律上得到保证的自由（所有物），个人最终通过契约集合为一个共同体，并将立法权委托给政府及其力量；然而个人保持着他们先于国家的自然权利，并且为自己保留了为反抗提供基础的（在现世的）最高力量。因此，在洛克这里，（将会被称为）"双重所有物"的论证处在中心：因为个体是上帝的所有物，所以他们被上帝赋予的所有物（在宽泛的洛克式理解中）对国家而言是不可侵犯的；即使他们愿意，也不可能放弃他们的自然的自由。这对于早期自由主义来说是位于中心的：人直接处在上帝面前或上帝之下，与此同时，他还面对现世的国家机关与教会机构；他在现世的**自由**的基础在于，他是上帝的**仆人**。他整个地属于自己，因为他完全属于上帝。换句话说，个人（Einzelmensch）挤占了以前由国家或教会作为上帝直接授权和创立的机构而担任的位置；从这种观念图景（Gedankenfigur）而来，个人的自由得到奠基。宗教自由也是如此得到奠基，如宽容书信所显示的那样。

当然，除了在自然权利的来源那里获取养料，宽容书信还有另一个首要的在知识理论层面的来源。它由在《人类理解论》中展开的学说构成，即知识的全部材料都来自经验，要么是通过感觉（Sinneswahrnehmung）而获得，要么是通过"真正心灵的运作的知觉"亦即通过反省（Reflexion）而获得。[121] 信仰的观念，乃至上帝作为永恒、全能、全知存在者的观念，也是如此。[122] 因此，根据洛克，理性 288 在宗教和启示的问题上保持为批判权威，以便为宗教狂热划出界限。[123] 只有这样，人的心灵才能通过理性考察，达到基于真理之确信的信仰：

> 就既不是通过不可抗拒的自明之光，也不是通过证明的强制力量而盘踞

我们心灵的任何一种真理而言，实现着这些真理之规定的论证，对我们来说就是现成可能的保证和信物；因而我们对于一种这样的真理的占有，也只能借助于这些论证将之中介给我们的理解。[124]

因此，信仰只有通过本己的审查和洞见才能证明信仰为真这一信念；由此洛克在紧接着的下一节说，任何不给予他人这种信仰自由，而是想要通过权威压制他人的人，自身必定已经有了一种堕落的错误信仰，因为他们认为，通过这样一种方式获得信仰的确定性是可能的：没有无规定的信仰，没有不经理性审视的规定。因此，信仰压迫不可能通达**真正的**和**经过审视的**信仰，因而也不可能通达**真实的**信仰。

然而，在理解与信仰的事情上，不仅压迫是一种不恰当的说服方法，而且一般的刻意引向某种确定信念的尝试也是不恰当的："只要一运用我们的理解力（*Geisteskräfte*），则我们的意志就没有能力向着这个或那个方向去影响心灵的知识；这种影响只会通过对象本身而发生，只要对象被清楚地把握。"[125]这里有一个进一步的（表面上的）悖论：理解之自主产生于它的规定，而它的规定要通过感知或反省的对象。洛克补充说，对于上帝的观念来说也是如此。

289   洛克在《论宽容的书信》中为之辩护的宽容学说必须在这一背景下来理解。[126]为了分析这一文本的论证，有必要先对洛克的主要观念进行澄清。

（1）洛克的中心思想是，人的最高努力和旨趣在于实现他永恒的灵魂得救，而灵魂得救的道路并不向有限的心灵开放，而是必须自己选择，并且出于本己的良知而承担责任，以便有朝一日能遭遇上帝。

> 每个人都有一种能够达到永恒极乐或不幸的不朽灵魂，其幸福取决于信仰和在生活中对信仰的践行，这对于获得上帝之恩惠是必要的，并且是由上帝为了那个目的而规定的。由此而来，首先，遵守这些事情是人类的最高义务，另外，最高的关切、操劳和勤勉都应在人的探究和践行中来实现。因为在这个世界上，与永恒性相比，再没有什么可考虑的了。（83）

按照洛克，最高的关切是作为上帝造物的人对自身的最高的义务（ *highest Obligation* ），因此最终是对上帝的责任，而且因为它对于个人的意义，这一义务就不能被转让给任何人；可以想象，作为这种意义上的义务服从者，人就已经作为彻底的个别者超出了世间的各种利益。而且，因为人应当在上帝面前表明的信仰必须由他出于至善的良知来进行辩护，所以这一信仰必须奠基于对其真理最深刻

290   最本己的确信。因此，根据洛克，关于这一信仰："每个人在此都有最高的和不受限制的权威，来为自己进行判断。"（83）

（2）只有在这一基本思想的背景下，才能展开其余的论证及其分别的奠基方式。最重要的是，相应于在《政府论》中提出的契约主义国家理论，要将所谓的"最高的"旨趣与"公民的旨趣"相分离，后者只属于国家的权限。一开始，论证从个人的旨趣出发，个人把特定的事物托付给了国家；对宽容进行规定不再是国家的旨趣。为了确定国家与宗教之间的"正确界限"（11），洛克引入了两个王国的学说，并且区分了已经提到过的旨趣的两种类型，即被标画为公民旨趣的"生命、自由、健康、身体的无痛苦"和关乎"对诸如金钱、土地等外物的占有"（13）的两种类型。世俗的当局只被托付了对于这些旨趣的关切——并且只限制于那些外在的事物，就好比国家不能为疾病规定某种特定的药物——而没有被托付对于那些关于灵魂得救之旨趣的关切，而且是出于下列理由：

（a）个人根本不**可能**把信仰问题方面的权威转让给其他人或者国家（或教会），因为这种权威只是为上帝保留的；只有上帝有权力引发真实的信仰（13f.）。在这方面，虽然洛克的见解（与他早期作品中的一样）明显处于"不自由的自由良知"的新教传统中，亦即良知受到上帝约束，并且只对上帝负责，但是这里已经需要注意到一种从（根据清教徒的观点）由上帝**引导**的良知到独立**寻找**上帝的良知的位移。

（b）此外，个人不**可能**把对自己灵魂得救的关切委托给规定他应当信仰什么的他者，因为没有人能"使自己的信仰适应他者的强制，哪怕他自己愿意"（15）："真实宗教的所有生命和权力在于判断之内在的和完全的确信（*inward and full perswasion of mind*），不信以为真（*Fürwahrhalten*）的信仰就不是信仰（*Faith is not Faith without believing*）。"（15）世俗的当局只支配"外在的权力"，根据洛克，这种外在的权力根本无法产生信仰所要求的"内在的确信"："判断力（*Urteilsvermögen*）的本性（*nature of the Understanding*）就是如此，不可能受到任何外在力量的约束而去信仰什么"（15，德语译文有改动）。只有有理有据的内在洞见，而非任何种类的强制或力量，才能通向信仰。洛克视此为一个完全本质性的地基，他的知识理论也要归因于此；它使洛克在不同的地方说，外在压力对于信仰的领域不会有任何效果，因此不宽容已经由于这一纯粹经验性的原因而注定失败：它的手段"不适合于说服心灵"[127]。

（c）再者，个人不**应该**放弃他的良知自由，去接受一种并非他所确信的信仰，因为这样他就犯了虚伪之罪，并且将他的极乐至福孤注一掷（15）。

（d）除此之外，即使不考虑理由（b），对于个体来说，把自己的灵魂得救交托给国家也是非常**不明智**的，因为这就意味着用"他们本己的理性之光"（19）去交换统治者偶然的偏爱或各个地方的习俗。因为，假设只有"一种真理，一条通向天堂的道路"（17），但这条路对于地上的有限心灵来说并**非**显而易见（47），在这种假设下，把自己灵魂得救的命运交托给那些人风险就太大了，他们对于真理不具有任何优越的知识，并且也不足以被相信，在他们对我的宗教的选择中不去追求另外的、他们自己的目的，任何有理性的人都不会去冒这个险。"当局不会比私人更了解通向天堂的独一无二并且狭窄的道路，因而我不可能有保障地以他为向导，他很可能和我自己一样不认识路，而且他一定不比我自己更关心我的拯救。"（49）当国家滥用公民的信任，并且作出了错误的决定时，许多方面的损失国家都可以补偿公民，但是根据洛克，对于永恒生命造成的损失无法被补偿。"对于天国可以提供什么样的保障？"（49）在人的局限性的条件下，对真实信仰的寻求总是充满风险，但是把这件事交托给他者，无论是国家还是教会，都是太过危险了，因为最终人们必须独自为他者出于无知或自私自利而作出的决定承担责任。如此一来，信仰不仅是一种非本真的信仰（参看理由 b 和 c），它还可能通向地狱。

在宗教真理问题方面人类心灵的有限性的知识论论证——这一洞见（如已经在与博丹有关的语境中注意到的）不应成为所谓的"怀疑主义"，因为它并不怀疑在通向上帝的真实道路上的**信仰**的可能性，而只是怀疑对此的确定**知识**——也被洛克用来探讨横向的宽容问题，也就是在公民之间，以及他们的诸团体之间即教会之间的宽容问题。除了教会纪律的手段（包括逐出教会），教会不支配任何其他强制力量，而且在现世也没有关于真实信仰或真实教会的裁判，这种见解在这里必须有严格的交互性："因为每个教会在它自己的眼中都是正统的，在他者的眼中都是错误的和异端的。"（33）因此洛克不仅主张平等对待基督教教会，而且也在主体间的层面上，主张严格分离伦理—宗教人格的角色和公民的角色：一个公民可能是"基督徒或异教徒"（29），但他不应由于宗教原因而遭受任何基本权利的丧失。

（3）除了已经提到的主要论证及其不同的奠基，洛克的书信还包含一系列其他的宽容论证。在给基督徒的信中，他把宽容看作"真正教会的特征"（3），这种宽容跟随耶稣精神和他的温厚仁慈。据此，宽容直接被福音书要求（11）。最后，基督徒也应当看到，他们之间怀着最大恶意的斗争，终究不过是围绕着信仰的无关紧要之事，而在本质上仍然是统一的（45）。这是一种在洛克理论中偶尔出现的和解特性。

（4）与在他之前的其他人，以及特别是在他之后的密尔（Mill）一样，他的进一步论证是，让宽容在对真理的旨趣中起作用是最好的，因为"立于自身"（81），真理最容易实现。想要以不恰当的手段帮助它取胜的人，只会伤害它。

（5）最后，洛克提出了一个（著名的）政治—实用主义论证，推荐宽容作为获得和平和保护和平的最佳政策（109）。

洛克的书信还包括大量其他的对于宽容话语极具意义，并且在后来颇有影响力的阐述，例如他将教会规定为以崇拜上帝为目的的纯粹自愿的团体，它使自己从属于公民的法律，不过在它的信仰内容和它的礼拜方面享有自由——他明确地收回了他在《论政府二册》中关于这方面的论证（57f.）。当然，他一如既往地强调，对良知自由的诉求，不应该用来要求"不道德行为的自由和罪行的免于处罚"（11），例如献祭儿童或"通过性方面的混乱不贞而淫荡地自我"玷污（65）。

在这一语境中特别有意义的，是他对宽容界限的讨论。从已经说过的可以得出，这不能在宗教上，而只能出于共同体的政治—规范原则来奠基。据此，无法被忍耐的是这样一些教派，它们为自己要求一种它们不愿意给予其他教派的优先权，并且因此退出了公民的交互关系和诸宗教共同体的交互关系（91）。属于此类的是诸如这样的教派，它们教导说，人们不必对那些被视为异端的特定公民遵守契约；教会有权利把国王们驱逐出教，而且国王们因此而失去他们的统治要求；以及不存在普遍的宽容义务（93）。而根本不会被宽容的是这样的教派，它们出于宗教的理由效忠于其他当局，而非自己的当局，因而具有叛国的危险（95）。尽管洛克没有明确地说，但这些考虑显然是针对天主教徒或"教皇制信奉者"的，按照洛克，这些人没有权利要求宽容。这样，他坚定不移地从总体上判定天主教徒为潜在的颠覆分子，并且是当时在英国占据统治地位的不宽容的宗教的代表。与之相反，犹太教徒（59f.）和异教徒则可以被宽容。

最后，洛克补充道："那些根本不能被忍耐的人，是否认上帝存在的人。承诺、契约和誓言，是人类社会的保障，对于无神论者是无效的。哪怕只是从思想中拿走上帝，就意味着废除了这一切。"（95）这再次表明，虽然洛克在其理论中建立了**宗教—伦理**人格与**政治—法权**人格的区分，但是并不存在宗教—伦理人格与**道德人格**之间的区分：道德律只有作为神的法律才能通达"自然之光"；离开上帝，道德律就会失掉它的义务特征。[129]在宽容讨论中，道德还没有被"合理化"到从特定的宗教基础中解放出来的程度——在同一时期进行写作的培尔（Bayle）将首次对此作出尝试——不过在洛克这里（与在培尔那里不同），政治—道德的合理化因素，亦即对世俗权力的辩护要求的因素已经达到了一个新的高度。十分清楚的是，政治统治受到个体基本旨趣的制约，个体为自身保留了政治上的辩护权力。当然，最终的规范性类型的辩护权力留在了上帝那里。这标志着洛克的自由主义，并且一方面给了他政治力量，但另一方面又给了他一种强的宗教要件："因为服从首先是对上帝的责任，然后才是对法律的责任。"（87）在他的宽容学说中，后者把他带向了比在一些他的直接先行者那里，例如在平等派那里，所能发现的更狭窄的界限划定。这使他担忧——我们可以称之为**洛克之忧**（*Lockes Furcht*），虽然洛克远不是唯一具有这种担忧的人，但他特别强调这种担忧——离开在上帝中的共同基础，一种道德和一个国家最终是不可能的。洛克也与对良知的普遍自由的要求相去甚远，这种自由也可能延展到无神论者的良知，如在培尔那里；因此洛克针对无神论者指出，不考虑由他们导致的毁灭性作用，他们"不能依据一种宗教而要求宽容的特权"（95）。洛克要求的自由只是宗教的自由，而非一般良知的自由。[129]在他看来，后者在政治上太危险了，因为它会为不遵从法律大开方便之门。直到《论政府二册》，洛克都坚持这一点。他所要求的，仅仅是对于一种"理性的"宗教的自由，这种宗教与他的预定相协调，并且接受世俗权力与神圣权力之间的界限。因此，他的恐惧不仅在于无神论的破坏力，而且也在于"狂热"与过分激烈的宗教性的非理性力量。[130]在这个意义上，洛克的公民就不仅是具有一种良知的主体，而且是"有责任心的主体"，接受法律的统治，并且使之与自己作为伦理—宗教人格和作为法权人格的行为融为一体。[131]如此看来，洛克式的自由主义既是一种解放的规划，同时也是社会和解的规划：这全都是为了确保一种宽泛意义上的"所有物"。

5. 但是，对洛克宽容书信的分析还没有就此结束。因为，"灵魂得救之关切作为本己良知的关切，对于其他当局不可转让"这一主要论证的四重奠基方式引发了这样的问题，（A）对于洛克来说最重要的是哪种奠基方式，以及（B）哪种奠基方式最能令人信服。

（A）洛克在其文本中的三个地方提出了诸奠基的权重问题。第一处讨论是为了用信仰问题中理性的有限性这一知识论论题，以及由此而来的本己的真理要求的自身相对化，来证明良知自由。于是

即使法律之严苛和惩罚之强制能够说服并且能够改变人的观点，人的灵魂得救本身的关切也不可能是当局的责任。因为这仍然完全不会对人们灵魂的得救有任何作用。因为这里只有一种真理，只有一条道路通向天堂——那么到底可以让更多的人去拥有何种希望，如果他们除了官廷的宗教就别无其他法律的话，……？（17f.）

在这里，和彼时的现实情况相反，洛克允许当局可以用特定的手段改变"内在的"信念，借助对知识层面上的相对化的考虑，来挽救不可转让性的论证。这在这里似乎是比较基础的理由。

在另一处，他的处理却恰恰相反。在那里，他讨论教会之间的宽容问题，每一个教会都声称它们代表唯一的真理：

> 如果其中两个不同的教会中的哪一个正确是显而易见的，那么正统的教会就不会产生毁灭其他教会的权利。因为教会没有世俗事务方面的司法权，而烧杀也不是内在地说服人们的错误，并且告知他们真理的恰当方式。（33）

这个论证在一定程度上抵消了上面提到的那个：现在，知识层面上的自身相对化被加了括号，而（暂不考虑那种专属于教会的纯粹宗教手段）信念的不可受强制性这一论题挑起了论证的重担。

因此，第三处讨论必须提供出路，在那里，洛克看到他的论证的难点。他是在对问题的进一步基本探讨的语境中看到它的，这个问题即：无论有没有基于教会的建议，当局是否有权为公民规定宗教：

> 但是，完全终结了这种论争的主要考虑（*principal Consideration*）毕竟是这样的：就算当局的宗教意见令人信服，而且它规定的道路也确实是福音派的，但是如果我不是完全在我内部对之确信，对我来说，跟随它就不会得到拯救。无论是什么道路，只要我违背了我良知的命令走上它，都不会把我带向极乐 297 至福的殿堂。……只有信仰和内在的真诚，才是能够获得上帝接纳的事物。（53f.）

因此，是对奠基 2（b）和 2（c）的一种结合，即对良知的不可受限制性，或者说不可故意受影响性，和避免虚伪的一种结合——总之对信仰之真诚性的强调——承担起了洛克奠基的重点。通向上帝的信仰只能从内部而来，而且不可能通过人的意志而达乎内部，无论是通过自己的意志还是通过某个他者的意志。⑬

洛克的宽容书信显然主要基于这样一种奠基，即虽然现在是在一种经验主义知识论和一种契约主义国家理论的背景下，但这种奠基的内核在奥古斯丁那里就已经可以看到（参见上文第五节第 1 点）。但要注意，这里是指在与多纳图斯派的争执中、转向**前**的奥古斯丁。他也不仅把信仰看作不可受限制的，因为真正的信仰只能基于自己的洞见而实现——所谓"一个人如果不愿意就不会信仰"（*credere non potest homo nisi volens*）——而且也确信，所有其他事情只会导致虚伪，并且因而冒犯上帝。

（B）不可受强制性的论证曾经处于，并且现在仍然处于围绕洛克宽容奠基方式的争论的中心。通过关于奥古斯丁的提示，这一辩论的方向已经得到了预示。因为正是奥古斯丁，在他的时代作为希波主教，颠倒了他的宽容论证，并且发展了"善的强制"的学说：考虑到对立于真正教会的许多迷误者，基督徒的责任是感化他们回心转意（为了他们自己的善，并且为了他们可能牵涉的其他人的善），298 并且强制他们进来。为了把迷误者带向洞见，按照奥古斯丁，正如许多通过高压手段被扭转向了真正信仰的前多纳图斯派信徒向他愉快地保证的那样，强制非常有帮助。当然，恐怖（terror）本身不会达到带来拯救的洞见，它只能消除蒙蔽，并且打开"考虑真理"的眼睛。[133]因此，如果人们仅仅以正确的方式施加压制，作为内在信仰的真实信仰之不可受强制性这一论题便由此被反驳了。

尤纳斯·普罗斯特（虽然并未引证奥古斯丁）在其对洛克的实际批判中所提出的，并且两个人［以"费兰特卢普斯"（Philanthropus）和"费洛克里斯图斯"（Philochristus）为假名］在一场持久的争论中发展了的，正是这一论证，这场争论一直持续到洛克去世，并且被他严肃对待。[134]普罗斯特是一位牧师，在牛津教学，1690 年出版了他的作品《对宽容书信的论点的简要思考和回应》（*The Argument of the Letter Concerning Toleration Briefly Consider'd and Answer'd*），在其中他首先说明的是，他把信仰不会通过外在压迫或力量而产生这个洛克的论证视为中心论证，以便接下来以细微区分的方式来驳斥之。他同意洛克的是，强制不可能替代推理和论证的作用，但是他声称强制可以被间接地使用：

> 但是尽管如此，如果强制力的使用不是为了替代推理和论证，即不是为了它自己的效果来说服人（这是它无能为力的），而只是为了让人们去考虑那些恰当的并且足以说服他们的，但是如果没有受到强制他们就不对之进行考虑的推理和论证：谁能否认，正是这种间接和保持距离的强制力，它的确能对引导人们拥抱真理发挥作用，否则，人们要么是因为粗心大意而从不会认识真理本身，要么是通过偏见，在错误的观念下，毫无领会地拒斥和谴责真理。[135]

由于人们在对于他们来说已经交出去的、对他们得救的关切方面常常漫不经心、懒散而充满偏见，尤其是在许多派别和迷误那里所展示的，所以真正的基督徒义务就是，在他们的错误道路上放置"荆棘"，也就是施加一定的强制——当然不能太强硬，这是普罗斯特非常重视的。"除了对他们施加能够平衡那些使他们在真实面前更倾向于错误道路的偏见之重量的惩罚，人还能用什么方法……来作出更加智慧和理性的选择……？"[136]按照普罗斯特，这种方法已经多次表明自己的意义，并且证明，与洛克相反，外在的限制对于提升真正的信仰既是必要的，也是富有帮助的，因为只有这样，精神的枷锁才能解除，从而获得自由，听到并把握真理。对真理的关切应当交给世俗的主权者，为此，他在公民的最高旨趣中被授权，究竟有什么旨趣会比自己的灵魂得救更重要呢？因此人们可以说，主权者的限制性权力并非对真正宗教的限制，而是对错误宗教的压制和解救。

在洛克对普罗斯特的回应中，即在《第二封关于宽容的书信》（*Second Letter Concerning Toleration*）（1690 年）中，表现出了两面性：一方面是不可受强制性这个他的"主要考虑"（2b 和 c）的缺陷，普罗斯特正确地指出了它，一些评论者也从这一点而得出洛克完败的结论。[137]但是另一方面，洛克的《书信》还准备好了他可以用来反驳普罗斯特的其他论证，特别是在同时的交互性奠基要求中的知识论上的自身相对化（即 2d）。相应地，他的回应包含两个要件：挽救不可受强制性论证的（徒劳无功的）尝试，和通过质疑普罗斯特的核心前提，即对站在世俗权力一边的"真正的信仰"的假设，来反驳普罗斯特。

关于前者，洛克被迫承认了他曾经在他的第一封信中作为思想实验而提出的事情，即可能通过外在的强制而获得内在的信念。按照洛克，外在一致性的强制和放弃某种特定实践行为的强制，与对某些特定表达的禁止一起，完全可能"间接地和偶然地起到作用"[138]。但是，尽管如此，出于一系列首要的经验主义和实用主义考虑，也不应当跟随普罗斯特。首先，上述可能性充其量是个别情况，而正常情况则是产生狂热和完全的迷误。此外，洛克怀疑"直接"与"间接"的区分在实践中是否能坚持到底——普罗斯特的论证很可能导致直接地使用强力。更何况，根本没有弄清楚的是，人们究竟如何在进行严肃反思并寻求真理的人与没有这么做而需要被警告的人之间作出区分。最后，这将导致所有与国家教会不一致的人受到强制与惩罚。但是那些出于纯粹的偏见而成为国家教会成员的人怎么办呢，他们也应当被强制进行反思吗？按照洛克，这一切的结果将是"对宗教上的分歧的单纯迫害"[139]，对每一个异见者的任意迫害。

虽然这些反论证准确地指出了普罗斯特立场的问题，但它们并不能从纯粹的经验层面反驳普罗斯特的本质性论证：某种方式的压迫或强制，完全可能导致人们放弃他们的信仰，从而接受新的"从内部"得到肯定的信念，尽管这需要时间。实际上，那些能够以语言文字表达的规则，以及在社会中成为现成教条的规则，都可以有如此影响，更不要说那些包括了心理学控制和心灵引导的专门方法在内的教育机制了。如果进而考虑到，尚缺乏一个知识论上的标准，来区分如此获得的信念和"真正的"信念，那么依然成问题的就是，究竟是否存在这种毫无外在影响的、"真正的"确实产生于内部的信念，于是，对良知的强制因其是**不可能的**，所以是**非理性的**这一论点，就从根本上坍塌了。[140]（在这一点上可以补充的是，这也适用于许多其他人的宽容理论，例如斯宾诺莎的宽容理论。）

但是，这还没有穷尽洛克论证的潜能，虽然他现在在他对普罗斯特的回应中被迫将重点从受到反驳的 2（b）和 2（c）转移到了 2（d）：知识论上的自身相对化论证与对规范和行使社会权力的交互性辩护的论证相结合——洛克以此提出规范性的论证，当不可受强制性论证被抛弃，规范性论证就成为必要的了。[141]洛克明确地指出，上述被普罗斯特所强调和批评的论证只是一个论证，而**非核心论证**——这样他就修正了第一封《书信》中关于"主要考虑"的陈述——因为即使这一论证被放弃（这是他悄悄承认了的），"另外一点将会成为宽容的强证明"[142]。

300

301

为了清除普罗斯特论证的基础，洛克现在直接攻击普罗斯特的核心假设，"这个潜伏着的假定，即现在英国的国家宗教，依靠法律的公共权威，就是唯一真正的宗教"[143]。因为，如普罗斯特所说，他的论证事实上在于，只有代表真正宗教的执政官，才拥有有限的信仰强制的权限。[144]但是洛克不承认普罗斯特这一点；毋宁说，他的对手应该这样提出一个论证，"不假设你的教会始终是正确的，你的宗教始终是真的；在这种情况下，无论你的教会或宗教是什么，你能被允许的不会比一个教皇制信奉者多，也不会比一个路德派信徒多，不会比一个长老会教徒多，也不会比一个再洗礼派教徒多；不仅如此，也不会比一个犹太教徒或一个伊斯兰教徒能被允许的多"[145]。基于知识论层面的考虑，即对毫不含糊地证明真正宗教的道路的可能性的怀疑，洛克要求一种政治与宗教的关系的提法，这一提法的运作不再通过那种如此显而易见的未经奠基的假设，即对绝对真理的占有的假设。因为所有教会的特点都是假设自己的教会是真正的教会，它们也必须得到承认，所以如果承认了一个人有强制一致性的权利，那么这就会支持犹太教徒和穆斯林来反对基督教，就会支持天主教国家反对新教徒，而在英国，一旦权力关系发生变化，同样可能会导致当前的**异见者**得到允许去强制国家教会成员。[146]"在英国是真实和善好的东西，在罗马也是真实和善好的，在中国或在日内瓦也是如此。"[147]通过不可避免的真理相对化这一论证的帮助，洛克要求一种换位和一种可普遍化的宽容奠基方式——他同时提出：为了避免任何一个王侯为了自己诉求真理而被授予在宗教上施加强制的权利，良知自由的权利必须作为政治上不可转让的权利而被保留。**因为任何强制在原则上都需要得到辩护，而信仰强制则缺少可证实的好理由。**

在其对洛克的回应中——《第三封关于宽容的书信》（*A Third Letter Concerning Toleration*）（1691年）——普罗斯特看到，在不可受强制性的论证方面，洛克没能向他提供原则上的反论证，而是指出了他的立场的其他问题，而且他坦承，洛克所恐惧的对异见者普遍怀疑这一结果是可能出现的："对于**异见者**……我要**惩罚**他们的只是对**真正宗教**的**反对**，向他们提供足够的理由和论证，来说服他们接受真正宗教的真理……因为如果他们的确如此考虑这些，那么他们就不再是**异见者**。"[148]然而，这一简单的逻辑假定了圣公会教会占有真理，洛克所驳斥的要害之处正是这一点，普罗斯特视之为真正的挑战。因此他提醒洛克：

> 但是，至于我的**假设**，即英国**现在的国家宗教**，**依靠着法律的公共权威**，是唯一真正的宗教；如果你和我们的作者一样，承认只存在**一个**真正的宗教，我看不出你自己如何避免同样的**假设**。因为你自己承认**英国的**教会是真正的宗教；相应地你就承认英国**现在的国家宗教**是真正的宗教；……[149]

否则的话，按照普罗斯特，洛克就必须否认他自己的宗教，并且声称所有的宗教都是真实的，或者没有宗教是真实的，这样他就会错失使自己的宗教与众不同的可能性。因为"**国家宗教**要么是真实的，要么不是真实的"⑮⁰。

洛克反过来以一份多达 330 页的内容丰富的文本，即《致〈第三封宽容书信〉作者的第三封宽容书信》（*Third Letter for Toleration to the Author of the Third Letter Concerning Toleration*）（1692），来回应普罗斯特的论文，在其中，他力图逐字逐句地反驳普罗斯特，因为他理解普罗斯特关于背弃信仰的指责所包含的挑战。因此他同样抵达了本质之处：

> 对于你我来说，基督教是真实的宗教，正是基于——不必提它的其他文献——耶稣基督在耶路撒冷被处死，并且从死中复活。现在，你还是我知道这一点？我不问是什么保证我们相信它，因为在最高的层面上这并非知识，并非我们现在追问的东西。……既然任何无法被证明的东西，除非它是自明的，都像这样遥远的事实一样无法产生知识，无论使信仰得以被接受的保证有多么充分的基础和多么伟大；但它仍然是信仰，而非知识；是信念，而非确定性。……因而，那恰当地被称为知识的，并非对于拯救来说必要的真理所具有的东西，执政者对于他要建议和强迫人们接受的真理的规则，必须满足于信仰和信念；……⑮¹

这样，洛克宽容奠基方式的重心明显地转移了：核心论题不再是真正的和正宗的信仰的不可受强制性这个知识论—经验上的、具有宗教色彩的论题，而是政治权力需要得到辩护的**规范性论题**（a），以及信仰理由对于实施强制的不充分性这一**知识论论题**（b）。正是这两个论题的结合，使得洛克能够反驳普罗斯特，并为宽容**权利**奠基："因为出于一只更强的手的强力而把一个人带向其他人认为的真的宗教，是在自然状态下每个人都想要避免的伤害；保护人们免于这种伤害就是共同体的目的之一，因而**每个人都有得到宽容的权利**。"⑮²然而，对于洛克来说，这是一场代价惨重的胜利（Pyrrhussieg），因为为了赢得这场战争，他不得不放弃他第一封《书信》的主要论证。因此，在某种意义上，说他对普罗斯特处于劣势是正确的，而说他在另一种意义上驳倒了普罗斯特也是正确的。为此他只需要转变他的宽容奠基方式的重点，并将之彻底化。而就是在洛克写下他的第一封宽容书信的那一年，皮埃尔·培尔（Pierre Bayle）走向了规范性—知识论的方向（参见下文第十八节）。这条道路——即权力需要得到辩护的规范性论点，以及一种自知是一种信仰的信仰对真理的要求在知识论上的相对化，这条在卡斯特利奥以及博丹和其他人那里已经显露出来的道路，如同下文将要展示的那样，将表明自己是更有优势的道路。

至于洛克，很明显的是，只有通过修正版本，才表明了他的宽容奠基方式的

304

强度。这又一次显示出，重要的是，在历史语境中对文本进行系统评估，并且因而尊重那些经常被忽视的作品。[153]但是，需要坚持把握的是，他的理论是**各种不同的现代宽容奠基方式的中心连接点**，这些奠基全部都可以在他的复杂文本中找到。除了已经提到的规范性—知识论双重论题的道路，洛克还提供了一系列其他奠基，虽然它们还是非常强地依赖宗教前提，但是有从宗教前提中解放出来的潜力。这又显示出，一种伦理学—自由主义在何种程度上可以诉诸洛克——如将要看到的那样——这种伦理学—自由主义是我所突出的宽容奠基道路的一种本质性的替代方案。其可能性在于，良知自由的论证可以这样来理解，**即政治上的良知自由是由内在信念形成信仰的前提，并且因而是获得永恒的灵魂得救的前提**。如果人们对此作出形式地表达——这在道德的发展过程中将变得可能，特别是从 18 世纪开始——即良知自由**是善的信念和提法之自主形成的必要条件，也是对它们的追求和实现的必要条件，而且只有这种自主能够通向良善生活**，那么人们就获得了在政治自由、个人自主和良善生活的条件之间的、一种在伦理学上有其基础的关系，这种关系在自由主义内部（首先是在基督教的背景下，后来是独立的）打上了一个强大的宽容思想传统的烙印，从洛克经过洪堡和密尔一直传到拉兹（Raz）或金里卡（Kymlicka）。[154]在这个思想框架中，宗教自由与良知自由成为了自主的生活的一个必要条件，自主的生活进而又是基于善的个体式提法的良善生活的必要条件。所以，对一个人格之自主的尊重，以及因此而被要求的宽容本身，就由良善生活的一种特定的自由主义提法而得到了奠基。

在这一语境中，指出《人类理解论》第二卷的"能力"（*Of Power*）章将是富有启发性的，这一章致力于意志自由的问题。意志是心灵的一种"积极的能力"，它产生行为，以便通过行为获得善，从这一论点出发，洛克提出，只有当一个人的"意志通过他自己的思想和他关于对他最好的是什么的判断"[155]而得到规定时，他才是自由的；虽然只要他决定了，他就能持续地追求幸福，然而在至善（*Summum bonum*）缺席的情况下[156]，仍有许多道路通向个体的幸福，因此个体的自由在于对善和应当追随的最好的道路的选择。相应地，对于一个个体而言的善，只能是基于自己的反思性决定的善，否则不仅对此的追求不是自由的，而且归因于"某个他者的决定"[157]的善，也不是对于这个人的善。离开对自己的善进行思考、选择和追随的自由，就既没有意志的自由，也没有——基于善的多样性的条件和对此本己的确信——现实的对于个人的善。

后文将会对这种伦理学上的自由奠基和宽容奠基的难题进行详尽讨论；这里先只展示疑难，即在某种特定的，哪怕是比较高的善的提法的基础上，去奠基对于善的非常多样的提法的宽容，这种悖谬使得上述道路成疑。因为，拥有一种不同的善的提法并据此而生活（例如基于一种"命令"或规定的义务，而非被选择的义务），这看上去不仅是可能的，而且初步看来（prima facie）是合法的；因此，这些奠基一方面在它们的根本处显得不可普遍化，而另一方面则划下了太狭窄的界限，如果按照这种界限，只有自主选择的和总体上促进自主的实践和信念能得到宽容。在这种至善论理论陷入两难之处，正是洛克本人（虽然也有其他的预兆，即涉及"真正"经过考察的信仰的问题）对普罗斯特的批判：人们如何确定，哪些善的提法是自主选择的和促进自主的？以及：谁来确定它？反过来，如果人们想要宽容可以追溯到"自主"决定的一切，那么宽容的界限就会宽泛得多。但是这里只能点到为止，以便我们指出，寻求这样一种宽容奠基方式，就是为规范或法律要求它们所服从的理由，这种宽容奠基方式对个体自主之尊重的奠基，不同于辩护这种在伦理学上的，亦即道德上的基本权利，根据这种权利，每个人有不受限制的权利。只有在这条道路上，"在权力与道德之间"的宽容讨论，才能通向 307 一种令人信服的宽容理论，从这一讨论中，这种宽容理论可以提取出本质性学说：

就宽容问题而言，关乎相互间**对权力的辩护或者更普遍地说：对行为限制的辩护**，关于善的问题则存在着一种**不可被抵消的**、出于理性之有限性的**异见**，以及更高层面上"形式的"提法，并且对宽容的要求需要一种清楚而一致的**道德上的**基础，如果人们像洛克一样，想要谈到一种宽容和良知自由的"权利"（虽然正如在他的划界那里看到的，他本人对此限制过强，因为他只能把道德思考为由宗教奠基的道德，并且因此而无法获得一种普遍的宽容提法）。因而这种权利并非为了自己的善或者他人的善而被要求，而是基于对拥有一种**辩护权利**的他人的无条件的尊重。

6. 在讨论培尔的宽容提法在多大程度上正确地评价了这些先行给定的东西之前，应该先从知道宽容与统治或"驯化"的联系的系谱学家的角度出发，来看一下宽容讨论中的"物质性"（Materialität）。因为，正如已经提到的，1689 年，也就是洛克《书信》发表的那一年，威廉三世和他的皇后玛丽颁布了著名的《宽容法案》，这是下述尝试的又一个例子，即尝试通过给予特定的异见少数派一定的自由，以使他们**免于**特定的镇压，并且同时使他们**平息**：使他们可被统治，来巩固不稳定的政治权力。这一法案进而表明了它所明确支持并且随之而进入了权力政治新阶段的允许提法的两面性。因为现在权力的合理化与政治道德的合理化保持同步，因为如洛克的书信中所表现的那样，对少数派的宽容（以及惩罚）按照君主力量合法化这一新标准而将自身呈现为"由上议院的神职和世俗议员与本次议会召集的下议院共同建议并通过的"[153]当局态度。

有趣的是，尽管对于洛克来说，这部《宽容法案》走得并不够远，他还是支 308 持它为正确方向上的一步。虽然法案所排除的团体多于洛克认为应该适用的，然而它也对天主教徒和无神论者划下了洛克所要求的严格界限。洛克在给林堡格（Limborch）这位他在荷兰有过紧密联系的阿民念派神学家（被认为是第一封宽容书信的收信人）的信中写道：

> 　想必你将会在此之前听说，宽容现在在我们的国家终于得到了法律确定。在范围上可能不会如你和那些像你一样是真正的基督徒并且摆脱了野心和嫉妒的人所希望的那样宽。但它仍然是不小的进步。我希望这些开端可以为基督教会终有一日能够在其中得以建立的自由与和平打下基础。没有人会被完全禁止他自己的礼拜形式，或者轻易地受到惩罚，除了罗马人，除非他愿意宣誓并且放弃圣餐变体论和罗马教会的那些教义。[159]

　　除了天主教徒之外，"没有人"在他的信仰自由和礼拜自由方面"完全"受限制，为了考察这说的是什么，有必要对《宽容法案》进行更细致的审视。从一开始，修辞就明确地强调，这部法案涉及的是对于由法律详细列举的明显受到限制的团体的完全特定的免责条款，这些团体在内容上与圣公会教会有不一致。因此，区别于横向的宽容提法，这里涉及的，明显是进行规范的权力与那些被给予了一定自由的与国家教会不一致的臣民之间的关系。于是《宽容法案》（在其中宽容一词甚至没有出现）也被称为"陛下对于英国教会和某些法律惩罚有异见的新教徒臣民的免责法案"[160]。从而，只有新教徒异见者，也就是长老会教徒、独立派、浸信会和贵格会，他们享受了这一免责条款，而所有其他宗教社团都没有被免责，包括像索齐尼派和洛克本人接近的自然神论者这样的一位论新教徒。通过洛克提到的被《法案》视为不可缺少的宣誓格式和信仰声明，这变得清楚可见。为了获得"官方承认的异见者"身份，他们必须在特定机关面前宣誓。对威廉三世的宣誓效忠，包含"反教皇制的"套话，必须无视教皇将国王逐出教会的命令，并且不对其他主权者负责，而官方的信仰声明则从根本上强调对基督教三位一体的信仰（并且排除了特定的天主教学说）。接受了这些的新教徒，就被排除在某种一致性法律之外，并且在明确而细致的规则下，享有礼拜仪式的自由。然而，他们并没有被免除向圣公会教会纳税的义务。

　　因此，既存的统一性法律和一致性法律并没有通过法案而被取消，而是精确地规定，谁在何种条件下被排除出哪些规定——这是在一种被允许的意义上说的，而绝不是在权利的意义上。其动机在一开始就被明确地说出："鉴于对宗教实践中，审慎良知的有所安放可能是在旨趣和情感方面团结陛下的新教徒臣民的有效方法……"[161]毫不掩饰的是，这一基于实用主义的立法只对"有责任心的"臣民有益，他们不质疑圣公会教会的特权，并且表现为忠诚的公民。这符合于奥兰治的威廉在宗教政治上与政略派立场相同的态度：宗教真理的贯彻问题服从于国家稳定的命令，这使他在荷兰站在加尔文主义的正教一边，在英国则站在圣公会教会一边。[162]不过，反过来，威廉本人出于国内外政治动机，为天主教徒努力争取更大的宽容，并且部分地付诸实践，虽然没有以法令的形式，以至于"威廉国王的宽容"被认为比法律规定的宽容走得更远。[163]这种被允许总是困难重重，因为在新教徒眼中，天主教徒还是路易十四（Ludwig XIV.）的秘密同盟，他撤销了《南特赦令》，人们因此而处于战争之中。

310

结果是包容与排斥的复杂图像。除了官方教会，还有一系列新教少数派，现在也享有一定的自由（并且在后来迅速扩展），然而还是必须接受圣公会的统治地位，而且不仅在宗教上被视为"二等公民"。[164]对于他们来说同样的是（已经频繁提到过的）允许宽容的矛盾：它一方面解放，另一方面规训；它废除特定的惩罚和压迫，但是为此要求的代价，是对于在抑制敌对的官方教会并促进和平的主权之下的良好行为、忠诚和服从的更加期待。与此同时，这些团体也被辱为离经叛道的团体。结果出现了一种**通过包容而排斥**的情形，陷入了一种同时自由又不自由的情形。这种宽容**允许而又禁止**，并且是以国家的统治权力的规定之名，国家显示自身为最高裁决者，尽管在隐秘的一面，它也被迫对社会的权力关系作出灵活的应对。就此而言，在通过宽容对权力运用的合理化的因素中，显露出的是政治道德的合理化，以及公民不断增长的辩护要求，虽然那只是以一种非常被弱化的形式。因此，权力局势又变得更加复杂：不再是简单的单向度的"主观化"，或者去规训那些将背离规范内化进自己身份之中的公民，而是一种对抗性的发展，对这种权力运用提出抗议的反抗，特别是当它的"仁慈的"性格变成直接的行使统治时。[165]

另一方面，对于那些从原则上被排除出被允许宽容之外的团体来说，情况有所不同。这些团体即已经提到过的"教皇制信奉者"，在这方面，许多新教徒的态度像洛克一样，即对他们的指控只是出于政治上的理由，而非宗教上的理由。对于无神论者和一位论者也是类似的，对他们的宽容出于所谓的道德上的理由而被保留，因为人们的考虑是，如洛克所说，无神论者无能于道德上的确信，而对基督之神性的否认，如人们在索齐尼派那里看到的，以及在自然神论者那里能够遇到的，对一位干预世界进程的上帝的拒绝一样，都被认为是走了直接通向无神论的道路上。因此必须拒绝宽容他们，因为他们在道德上不足以被信赖。[166]

311

当人们考虑不同的"宽容团体"时，犹太人经常表现为通过宽容而规训和"监禁"的特别案例。从1656年起，他们就已经在英国重新得到一般的"忍耐"，但他们仍处在艰难的境遇中，必须通过特别的良好行为，来为自己"挣得"这份忍耐，这在詹姆斯二世1685年的一份宽容法令中得到了明确，在其中，他给予了一定的自由："因此，陛下的旨意是他们不应动乱，而是安静地享受他们宗教的自由礼拜，同时使他们自己的行为忠诚和服从于陛下的统治。"[167]他们的社会身份以及法律身份仍然模棱两可，他们既不被视为外国人，也没有被视为本国公民；而是随情况被视为前者或后者。[168]虽然伦敦犹太人在与阿姆斯特丹犹太人的联合下支持了**光荣革命**，但他们还是被排除在《宽容法案》之外；在威廉三世治下，还保留 312 着对犹太人的极端税收政策，作为对他们的忍耐的回报。什鲁斯伯里伯爵（Earl of Shrewsbury）以国王的名义奠定了这些特别的税收措施中的一个，几乎毫不掩饰其中包含的威胁："让他们明白，为了他们所享有的受到陛下保护和包容的自由和特权，他们对于陛下负有什么义务，和他们获得了多少利益，以及他们不应缺少对于他们已经获得和可以期待的仁慈的感激之情的所有恰当的回报。"⑩允许宽容的雅努斯面容又一次显现：一方面，免于迫害的自由被给予，另一方面，这一自由必须——也在其字面意义上——通过由国家随意确定的对价来"换取"（erkaufen），因为这个团体本来就被标记为离经叛道的团体。为了在更糟糕的情况面前得到保护，它仍然直接依靠主权者，主权者则从中获得自己的好处。

看到宽容、自由与规训的这种关联意味着，向宽容的历史投下一种批判的眼光，看到权力和道德的"双重合理化"，并且不犯这样的错误，即想要通过只关注理论上的宽容讨论（甚至在这方面也只是片面的）而书写自由的线性进步史。但是这也意味着，不仅在反思中，而且也在宽容的政治中来看自由的因素，因为在所有的统治实践中，《宽容法案》——及其推动的发展——也显示出，在特定的情形下，政治统治不得不付出宽容的代价。至于这个代价有多高，从不会由单一方面规定，但也绝少由双方平摊。

第十八节　无神论者的社会，信仰与理性之争以及良知自由的诸疑难

1. 在**光荣革命**期间，尽管是在一种有限的意义上，宽容在英国逐渐得到认同，而在路易十四的法国，宽容则节节败退。在那里，《南特赦令》为胡格诺派教徒 313 （Hugenotten）带来了一定的社会保障和宗教自由，而没有使他们成为权利平等的公民；然而，当"太阳王"在 1661 年亲政时，他力图以"一位国王，一种信仰，一部法律"（un roi, une foi, une loi）这一原则来统治他的王国。随之而来的是之后岁月里的一系列社会歧视的措施，乃至直接的镇压和暴力，这些措施在 1681 年达到顶峰，士兵入驻新教徒的住所，以强制住户发誓放弃信仰。这引起了一阵巨大的移民浪潮，国王用严苛的刑罚来禁止这一浪潮，因为他不愿意失去这些臣民。尽管如此，许多人还是成功地逃到了诸如荷兰、英格兰或勃兰登堡（Brandenburg）这样的国家，这些国家并未严格执行改革教会权（ius reformandi），并且接纳胡格诺派；在 1685 年《波茨坦赦令》（Potsdamer Edikt）中，大选侯（Große Kurfürst）正式为法国移民开放他的领土，获得了显著的经济收益。同一年，在法国则与此相

反，在所有那些早已发生的迫害之后，路易十四在《枫丹白露赦令》（Edikt von Fontainebleau）中正式撤销了《南特赦令》，然而是以这样一种理由，即在他的王国里根本没有需要受保护的新教徒了。[170]达成一个宗教上统一的王国的努力得到了政治神学家们如波舒哀（Bossuet）的支持，他们在他们的著作中，为君权神授配备了借助强制手段来帮助贯彻真正宗教的职责。[171]

因此，对于皮埃尔·培尔来说，如同许多其他宽容哲学家一样，他们的生平通过他们时代的不宽容得到标记，然而对于他来说，与斯宾诺莎类似，是以一种特别的方式而如此得到标记的，因为他既是法国天主教徒方面不宽容的牺牲品，也是他的逃亡地鹿特丹的加尔文教徒方面不宽容的牺牲品。[172]1647 年，他生于法国南部，是一位胡格诺派牧师的儿子，二十二岁时，他通过访学图卢兹的一所耶稣会学院（Jesuitenkolleg）而受到了高等教育，并且转向了天主教信仰。而就在一年后，天主教信仰在非常重的惩罚的威胁下被禁止，他又放弃了这一信仰，并且逃到日内瓦。从 1675 年起，他在色当（Sedan）的新教学校教学，直到 1681 年学校被关闭，他逃到鹿特丹，那里已经形成了一个庞大的**避难**共同体，他像他在色当 ‖314 的前同事和导师（Mentor）神学家皮埃尔·朱里厄（Pierre Jurieu）一样，在光明学院（*École Illustre*）获得了一个（哲学和历史的）教授职位。

在这个阶段，培尔开始了一系列作品的出版，这些作品全部围绕着宽容问题，特别是围绕着道德、理性和信仰关系的复杂问题——除了他著名的哲学—历史词典，这些著作全都不得不匿名发表，而由于他的作者身份并没能隐藏很久，这些作品不仅使他在法国成为了一个令人憎恨的作者，而且在他自己的胡格诺派共同体内遭到反对，为他带来了朱里厄激烈的敌意，后者最终在 1693 年成功地使培尔被解除了教职。

在接下来的几点中，这位"戴面具的哲学家"的最重要的作品将会得到详细探讨，因此这里只在他的时代冲突的语境中提到这些作品。1682 年，他出版了他的《关于彗星的书信》（*Lettre sur la Comète*），一年后出版《关于彗星的种种思考》（*Pensées diverses sur la Comète*）作为扩展版本[173]，在其中，他反对将 1680 年划过欧洲上空的彗星的出现看作神迹；他认为那不过是自然现象，应该科学地对之进行观察。然而，使得这部作品对于宽容问题如此重要并且成为现代政治哲学最大胆的著作之一的，是一个长段落，培尔在其中讨论无神论的问题，他不仅支持认为迷信和宗教狂热是比无神论更糟糕的恶的论题，而且也支持对于他的时代来说还是闻所未闻的论题，即促使人们道德地行动的，并非对上帝的敬畏，而是其他动机，因而无神论者也可能道德地行动，甚至一个国家也可能由无神论者组成。因此，正如异教徒和基督徒都可能犯下严重罪行，否认上帝的人也可能行善。这是第一次有作者如此明确地反对我在上面提到的"洛克之忧"，并且支持一种把道德视为 ‖315 人的独立的、不依赖于宗教的能力的观点。无信仰的人也能道德地行动，这一论断作为"培尔悖论"（他本人也将之标识为悖论）⑰而载入文献。

不过，与这些作品相比，更加使他成为受迫害作家的，是下一部著作，他的《对曼普尔先生的加尔文主义历史的总体批判》（*Critique générale de l'histoire du calvinisme de M. Maimbourg*）（1682 年），在其中，耶稣会信徒曼普尔对加尔文主义的历史描述和谴责被批判为有偏见的伪史写作，并且在其中已经表达了后来将会具有很大重要性的思想：认为一个人毫无疑问地站在真正的宗教一边，并且因而有权利压制别人的这一论断，既不符合基督教，也无法在所有人的普遍理性的基础上和相互间普遍道德的基础上得到支持，并且意味着现存诸种社会中所有罪恶之源。⑰这种将宗教的绝对真理要求在知识论上和道德上相对化的思想被许多同时代人理解为无神论的表达或怀疑论的无关紧要的表达，培尔在接下来的著作中对之进行了扩展，他试图强调，这样做并不质疑信仰的真理要求，而是将之归于它的真正领域，即信仰领域而非知识领域。⑰在信仰问题上，判准是良知，而不是基于清楚的明见性的理解力，因此，宗教的争执问题显然不能借理性的手段而得到调解，信仰也不可能通过内在确信之外的其他方式而获得。⑰不仅如此，在这里，培尔已经抓住了在后来的作品中扮演了重要角色的思想：错误的良知也有自由的**权利**，因为它遵从的是它所认为的上帝之诫命。

当培尔是《总体批判》（*Critique générale*）的作者这件事变得众所周知后，由于人们没能将他逮捕，1685 年他的哥哥被捕入狱，不断地被要求改变信仰。几个月后，他死在狱中，正是《南特赦令》被废除的几天之后。培尔为此写下了短文《在路易大帝治下，完全信奉天主教的法国是什么样的》（*Ce que c'est que la France toute catholique générale sous le règne de Louis Le Grand*）（1686 年），在其中，他一方面让一位新教徒说出对法国的事态进展的严厉控诉，但另一方面，他也让一位胡格诺派的移民者说了一番缓和气氛的话。在那里，他已经预告了一部详细地探讨宽容问题的著作，并且在同一年将之出版：《哲学评注：关于耶稣基督"勉强人进来"这句话；在这里通过令人信服的理由，证明没有什么比强制转宗更可恶，并反驳关于强制转宗的诡辩以及奥古斯丁对迫害的辩护》（*Commentaire philosophique sur ces paroles de Jésus-Christ ' Contrain-les d'entrer'；Où l'on prouve, par plusieurs raisons démonstratives qu'il n'y a rien de plus abominable que de faire des conversions par la contrainte, et où l'on réfute tous les sophismes des convertisseurs à contrainte, et l'apologie que St. Augustin a faite des persecu-tions*）。⑰这部作品应被视为与洛克的《论宽容的书信》（*Epistola de tolerantia*）比肩并列的、现代宽容哲学最重要的著作，而如同将要表明的那样，这部作品在不同的方面超越了洛克同一时期的作品，因为它预先处理了洛克在与普罗斯特的辩论过程中才清晰起来的宽容论证的诸难题，并且从一开始就把重点放在了规范性—知识论的奠基上，而洛克后来才抵达这一点。培尔的决定性洞见是，只有一种普遍有效的宽容奠基方式，它基于普遍的和更高的对于理性和道德的提法，能够通向到处可见的、有约束力的并且公正的宽容形式。同时，如那个长长的标题所表明的，培尔返回到对良知之强制的（基督教—至善论）辩护的最重要起源，返回到"勉强人进来"的比喻，并且回到奥古斯丁在与多纳图斯派的争辩中的立场，不仅普罗斯特，而且如波舒哀[179]这样的理论家都自居这一立场，以便合法化对新教徒的压迫。1687 年，培尔为《评注》补充了一个第三部分，力图逐字逐句地反驳奥古斯丁的诸论证。《评注》之所以能被视为现代宽容争辩的顶峰，不仅因为回到了奥古斯丁，而且因为培尔在对照和讨论各种不宽容或宽容的论证时的细致和彻底。没有任何别的著作能够以类似的基本方式上演这出宽容大戏，即支持与反对自由良知的诸论证。人们无法轻易地把这部著作分类为基督教的或反宗教的作品，自由的或反自由的作品；培尔的文本是一部别具一格的著作，即使它没有能够完成对截至当时的诸宽容论证的整全性综合。但是，在其核心之处所包含的宽容奠基方式，表明它自身是一个系统的、最有效的奠基，并且避免了早期自由主义的难题以及纯粹的宗教奠基：相互辩护的独立自主的道德和知识与信仰的分离理论的结合，基于理性有限性的知识论提法，抽去了教条的宗教争执的地基，而没有质疑限制于信仰领域的宗教之真理要求。因此，它包含了一种宽容理论的前提条件，这种宽容理论将能克服在开始时描绘出的那些宽容悖论。

　　"公平"这一道德上的理性原则和对宗教的真理要求之特殊化的理解，都拒不依赖清楚的明见性和理性基础，使得培尔在他的时代不仅受到天主教教会的反对，而且如已经提到的，也受到他的加尔文派教友的反对，怀疑他是索齐尼主义者甚至无神论者。就此而言，皮埃尔·朱里厄特别出众，以至于在他与培尔之间发生了激烈的争论和敌对。[180]朱里厄从不同的方面为培尔的对立立场作辩护，一方面，对在此世主张真正宗教的质疑，被这种立场视为异端，另一方面，这种立场批评培尔在政治上的寂静主义，因为与朱里厄不同，培尔在政略派的意义上相信路易十四这样的强力统治者对于确保公民宽容的必要性，而朱里厄在加尔文主义的反暴君派传统中提倡反抗非法统治权利（虽然在他本人眼中的理想并非一种民主共同体，而是一种真正宗教和政治统治相结合的共同体）。[181]培尔则在不同的作品中进行回应，此外在《关于难民即将返回法国的重要通知》（*Avis impòrtant aux refugiez sur leur prochain retour en France*）（1690 年）中，他同时抨击胡格诺派的政治激进主义和他们的宗教不宽容。

　　一系列对朱里厄的论战式攻击，也出现在培尔 1696 年出版并且最有影响的主要著作中，即多卷本的《历史与批判词典》（*Dictionnaire historique et critique*），在其中，他试图书写一部人们自古以来积累的所有哲学与神学错误的批判史。[182]为此他写下了关于在他看来最重要的作者和历史人物的大量词条，这些词条由一个简短的、遵循可用事实的正文和一系列评论性的注释构成。其中培尔攻击的最重要的错误，就是信仰与理性之间、神学与哲学之间差异的缺失：这种错误既发生在那

319 些认为信仰之真理可被证明，相信宗教争执可以通过理智手段得到明确解决的人
之中，也发生在这样一些人之中，他们认为宗教必须将自己限制在通过理智手段
可以达及的东西之上，从而要么获得一种自然神论立场，要么获得一种怀疑论立
场。哲学不应依附于信仰，信仰也不应依附于哲学，相反，根据培尔，二者呈现
为对不同的人类问题的不同回答。因此，信仰固然不显现为**反理性的**
（*widervernünftig*），而且也不显现为**超理性的**（*übervernünftig*）。如将要显示的那样，
借助这种思想的帮助，培尔着手尝试缓和教义方面的宗教冲突，而不质疑信仰本
身的可能性。

　　培尔的《词典》将会成为法国启蒙运动最重要的基准点（Bezugspunkte），并
且对它的宽容观念和它对信仰与理性之关系的规定有很大影响，尽管在这方面，
对孟德斯鸠、卢梭、伏尔泰或狄德罗这样的作家来说，还存在重要的区别。在其
对宗教教条主义的批判和对一种"自然的"理性道德的强调中，培尔是第一位使
得启蒙精神明确而多样地表现出来的现代作者。[183]然而，培尔不仅为后来的宽容思
想和宗教批判先行规定了问题讨论的高度，而且还为他们呈现了一个谜团。特别
是他在《词典》中破坏哲学与宗教诸立场，并且将宗教与哲学的诸圣像（Ikonen）
还原到人之领域（经常涉及他们的性生活，这同样给培尔带来了尖锐的批评）的
方法和方式，为他带来了在形而上学与宗教问题上的极端怀疑论者甚至唯物主义
无神论者的名声。费尔巴哈在其关于培尔的专著中称他为"无拘无束、不受束缚
的怀疑论者，所有反教条的辩论家的辩证法游击队领袖"[184]，并且特别强调他的宗
教批判和对"伦理学上的理性之独立自主性"的见解，费尔巴哈正确地在其中看
到了对康德道德哲学的预先把握，并且将之标识为"对以前的幸福理论有益的晴
320 天霹雳"。[185]不过，他同时将培尔为信仰之可能性的辩护视为"自身否定的行为"，
并且气愤地称之为一种"精神上的鞭笞派（Flagellant）"。[186]这种矛盾一直持续到今
天的诸种解释中，这些解释在视培尔为不信神的浪荡子的观点[187]与视培尔为善良的
加尔文教徒的观点[188]之间摇摆。但是，培尔既非前者，亦非后者：他是与理性领域
相悖的教条主义宗教的彻底批判者，但借助他关于人类理性之有限性的学说，他
也为一种**知道**自己是信仰的信仰敞开了可能性。这是他从 1701 年在他的鹿特丹共
同体的逼迫下为《词典》所补充的澄清中，以及直到他 1706 年去世之前的晚期作
品中，一再强调的。[189]

　　2. 培尔的著作呈现了现代宽容讨论的顶点，这一见解也能这样来得到奠基，
即人们可以展示，这一讨论中有多少线索在他的著作中被聚拢和联结。这里只能
对此进行简短的提示。

　　培尔尝试拒绝那种支持良知强制或独裁地贯彻真正宗教的论证，这种尝试的
一个方面在于，这是在基督教学说本身的区域上进行的，虽然这并非他唯一的或

中心的论证区域。[199] 为此，在《评注》和《词典》中，他返回到许多基于《福音书》以及基于早期教父的立场，并且非常明确地强调基督教宽容思想在 4 世纪的转变。[199] 在培尔眼中，奥古斯丁的学说具有中心意义，特别是他在与多纳图斯派争执的语境中发展出来的"良善强制""强制进来"和应能把个人从蒙蔽中拉出的有益**恐怖**（上文第五节第 1 点）等概念。这些论证对于培尔是本质性的挑战，因为 321 它们为直至他的时代的"转宗者"（Konvertisten）的至善论式强制实施形塑了合法基础，他们把封锁进入永恒地狱的小路视为对于上帝、被强制的人本身和他的可能被传染的疾病的义务。对于培尔来说，重要的不仅是在《圣经》本身的基础上，内在地反驳"强制进来"，而且是要在独立自主的道德概念中，将之批判为严重的不正义，而且，可能是最基本的攻击，驳斥关于不可置疑的"真正"信仰的谈论的合法性。

在培尔那里，由阿伯拉尔提出而托马斯尝试解决的"错误的良知"的难题（第五节第 5 点）出现在完全中心的位置。培尔在《词典》中为阿伯拉尔写了一个长词条，并且比他更加彻底，捍卫个人无条件跟随自己良知的义务，因为对于个人来说这是上帝的呼声。对于从这一论题和良知概念极端主观化中产生的难题，还需要探讨。

与阿伯拉尔一样，培尔也尝试把基督教的中心学说带到一种伦理学的—道德的内核上，这内核不仅包括对其他信仰的忍耐态度，而且本身具有一种宗教的—决定性的内容。但是在启蒙派眼中，培尔只有通过理性的"自然之光"才能认识这种内容。在教义方面指明宗教统一性的尝试，在 12 世纪就开始了（但我们无法像展示阿伯拉尔、柳利和库萨的讨论那样，来展开他们的种种独特立场；参见第六节）并且经过人文主义而延续，然而培尔却怀疑地站在对立面。如果说他容许一种"自然的宗教"，那么最多也是在"自然的正义"的意义上来说的。[192]

由迈蒙尼德和阿维洛伊以不同的方式对信仰与理性的关系进行了规定，培尔与这些规定的联系即复杂又富有教益（参见第六节第 4 点）。一方面他站得与阿维洛伊如此之近，他赞同阿维洛伊强调哲学理性相对于神学的独立性的尝试[193]，另一 322 方面，在培尔《词典》非常重要的第二个"澄清"中，培尔为了强调知识与信仰之间的界限，引证了迈蒙尼德对能够证明启示真理的哲学理性能力的质疑。[194]

对于培尔的思想具有独特意义的，是随着帕多瓦的马西利乌斯而开始的政治思想线索，这种思想认为，为了对抗（诸）宗教的权力，一个强大而独立的国家是必要的（参见第七节）。他没有把特别在英国革命中得到提升的、对政治自由的各种要求视为对良知自由和崇拜自由之要求的协调，而是视为对国家稳定性的威胁。他仍然是政略派的追随者，特别是德·洛必达的追随者，在《词典》洛必达词条里，他称之为"其时代最伟大的人物"。他同样在为亨利四世写的词条中，称赞第一次给予了胡格诺派在迫害面前一定安全的亨利四世为"最伟大的君主"之一，而在关于博丹、格老秀斯和霍布斯的词条中，培尔也毫不怀疑，他先于民主的"混乱"而实行了一种宗教宽容的专制统治。[195]因此，曾在平等派和洛克那里被结合起来的、对宽容的要求和对民主的合法统治的要求，在培尔这里又相互分开了。唯有高于其时代的宗教争执与公民争执的主权者，才能确保和平。

此外，某种怀疑论的人类学也扮演了一种新教遗产的角色，使培尔与人文主义者拉开距离，尽管他也有对伊拉斯谟的宽容的称赞。[196]新教关于受约束于上帝的良知的自由的学说，对于培尔也有重要意义，他对此的处理比洛克更远地朝向完全主观的、寻找上帝的良知的方向，良知在这种寻找中拥有它自己的真理。在这方面，他与塞巴斯蒂安·卡斯特利奥最接近，在后者那里，首次出现在独立的概念中得以表达的、对异端压迫的道德判决之开端，与对从根本上获得谁是真正的异端这一问题的充分确定性的可能性相结合（参见第九节第 3 点）。[197]

对培尔有很大影响的，是博丹的《七人对话录》和蒙田的《随笔》，它们通过抵达一种信仰与知识之间的明确分离和一种涉及蒙田的信仰主义的位置，彻底化了卡斯特利奥的这种思想，如将要显示的那样，这种思想的修正形式将再次出现在培尔那里。如博丹所说（参见第十二节第 1 点），信仰以"道德上确信"的方式在于纯粹同意，无需证明（*in assensione pura*, *sine demonstratione*），对于培尔来说，这与蒙田对信仰之理性奠基的怀疑同样重要。这一怀疑使得宗教—教义上的争议问题尖锐化：虽然这些论证仍然是可能的，但是理性无法证明意见纷争的对象，这些意见纷争在"超出理性"的意义上存在，且只有借助宗教信条的帮助，才能得到判定。社会—宗教的保守主义试图通过阻碍革新而避免宗教争执，在蒙田那里能找到这种保守主义，它在利普修斯那里还得到了加强，然而它受到了培尔的批判；在这里，他站在科恩赫特一边，后者如已经展示的那样（参见第十三节第 3 点），是为无神论者主张宽容的第一人。[198]

在宽容界限的问题的语境中特别有意义的，是在培尔那里可以看到的一种观念的表达方式，格老秀斯在一个地方说出这种观念，在那里他说，即使没有上帝，或者即使上帝在道德上是无关紧要的，理性也应当被视为自然权利（第十四节第 2 点）。这将被培尔彻底化为一种广泛的自律的道德提法，这一道德提法为他著作的爆破力作出了巨大贡献。

无神论的问题贯穿培尔的全部著作，而且，他对于无神论者道德能力的思想实验有多勇敢，他就有多努力地，要鉴于他的时代的论争而摆脱无神论指责，并脱离斯宾诺莎的学说，他将斯宾诺莎标识为体系性的无神论者。然而，被培尔联结于这一点的是，斯宾诺莎是一个例子，说明无神论者也能有德行的生活，并且他是这样一个人，他所拥有的"宗教在心中，而非在理智上"[199]。尽管如此，培尔与斯宾诺莎所共享的，比他在这里承认的要多，只要人们考虑到他对《圣经》的批判性阅读，以及他对知识和理性的分离的话（这在斯宾诺莎那里也基于一种

"道德上的确信"；参见第十六节第 2 点）。

对培尔在宽容讨论中的各种关联的切片式观察应就此结束，至于与那些决定性的理论，特别是洛克的更多的差异和共同之处，将在下面对于他的最重要的宽容作品的分析中变得可见。

3. 首先应该回到与我在上文提到过的**洛克之忧**正相反的**培尔悖论**：两者都涉及的问题是，一个无神论者是否能成为一位可被信任的，并且能道德地行事的社会成员。洛克否认这一点，并且在那里划下了清晰的宽容界限。谁怀疑上帝的存在，谁就也怀疑上帝在地上的正义标准，并且怀疑他的约束特性，因为人们最终必须为他们的守约而向上帝本身解释自己的行为：此时此地在良知中，未来则在他的审判席前。离开在上帝之中的基础，既不可能有道德，也不可能有国家。这种担忧当然既不起源于洛克，也不局限于他的时代，而是直到当前都还参与规定着关于宽容界限的讨论。

培尔的《关于彗星的种种思考》以一种令他同时代人惊慌失措的冲击力反对上述见解。他在其中发展出这种思想的语境，是他对迷信和偶像崇拜的批判，这一批判把他带向这样的问题，即偶像崇拜是否是一种比否认上帝更严重的罪恶（§129）。[200]培尔肯定了这一点，因为偶像崇拜者把上帝用于人的目的，并且根据人的形象创造上帝的形象，因而冒犯了上帝，而无神论者只是缺乏信仰（§132）。325 然后培尔开始谈论"洛克之忧"：人们之所以把无神论视为最严重的罪，原因是"人们关于良知之光（*lumieres de la conscience*）的偏见，因为人们认为，良知是我们行动的规则；但没有审查使我们动起来的真正的弹簧"（§133）。人们由此认为，一种信仰天意和上帝对德行的奖赏与对恶行的惩罚的良知，是源自恐惧上帝这一动机而道德地行为。按照培尔，这"说得挺好"（§134），但是绝不符合经验，因为虽然在一个纯粹的理想世界中，人们必须假设基督徒——这里暂且不考虑他对基督徒的偶像崇拜批判——是最有德行的人，但是现实看起来毋宁是这样的，恰恰是热衷于信仰的人，能够做出最大的罪行。为此他以那些出于宗教的理由而犯下罪行的士兵（§139）和十字军东征（§140）为例，这另外也证明，基督教并非真的能使人温顺，因为它可能导致极端的暴行（§141）。因此，"伦常失序"（Unordnung in den Sitten）绝非无神论的证据；培尔甚至加强这一批判而指出，如果法国王室当时是无神论的，就绝不会发生巴托洛缪之夜（§155）。因此，不仅无神论不意味着比宗教狂热主义更大的罪恶，而且相反，过度的宗教和迷信是最糟糕的（§159）——伏尔泰后来同意培尔，再次作出这一判断。[201]

在哲学方面，根据培尔，这一诊断证明，无论他们有什么样的宗教，人们通常并不依据对于他们所有人来说普遍的"自然的正义"的原则而行动（§136），而是依据另外的动因，即依据激情与习惯（§135）的消极动因和依据逆向考虑的

326　积极动因，比如：对法律惩罚的恐惧和对失去社会承认的忧虑。而恰恰这些考虑在无神论者那里也能找到，由此可知，就道德（Sitte）而言，一个无神论者的社会能够像别的社会一样持存。在消极方面和积极方面，无神论者与有信仰者都应该是彼此相同的——"犹太人与伊斯兰教徒，土耳其人与摩尔人（Mohr），基督徒与无信仰者，印第安人与鞑靼人，住在坚固大陆上的人与住在海岛上的人，贵族与平民"（§136；亦见§144）。这把他带向了关于一个无神论者社会的革命性观念：

　　　　没有消息能够让人们了解到一个沉浸于反对上帝的国家的礼法与习俗。因此人们不可能通过经验而反驳之，如果人们一开始就作出这样的猜测，即无神论者无能于道德上的德行，并且他们如同野兽，在他们那里，生命比在狮虎中间更不安全。但是，很容易显示，这一猜测是多么不可靠。因为经验证明，相信有天堂和地狱的人，也能实施所有种类的罪恶，因此清楚的是，作恶的倾向并不是由于人们不知道上帝的存在，并且没有通过所获得的关于惩恶扬善的上帝的知识而被纠正。由此显而易见的是，作恶的倾向在一个不拥有关于上帝的知识的灵魂中，并不强于一个信仰上帝的灵魂，并且，一个被剥夺了对上帝的认识的灵魂，在悬崖勒马克制恶意时，并不比拥有关于上帝知识的灵魂更任性。这又进一步得出，作恶的倾向出于人类本性的原因，并且通过激情被加强，而激情又因为来源于作为其起源的气秉，所以根据生命的种种偶然事件而有种种变化。最后，我从中还得出，同情、节制、慷慨等等的倾向，并非因为人们知道上帝存在……而是由于气秉特性，而这可以通过教育、通过私人的自利、通过对奖励的需求、通过理性的本能（instinct de la Raison），或者通过其他在一个无神论者那里和在其他人那里都能看到的动因而得到加强。（§145）

　　关于引向道德的动因，培尔举出了一系列能够整合一个无神论社会的动机（§172）；其中最重要的是，如已经提到过的，对法律的恐惧（§161），以及首要
327　的、对承认的追求，亦即对社会尊重和荣誉的追求（§146，162f.）："因为别人内心的尊敬（l'estime intérieure des autres hommes）是人们主要的追求。"（§179）如此看来，"洛克之忧"是没有理由的，因为人们本来就不根据他们的良知原则而生活，而是根据所有人都共有的其他激情和考虑。

　　然而，这只是培尔考虑的一部分。因为无神论者和有信仰者不仅在他们的消极激情与积极激情方面是同样的，而且也在（在几近康德的意义上得到理解的）[202]对于道德洞见的自律能力方面是同样的：

　　　　理性被赋予古代智者：人们必须出于对善的喜爱而行善，德行本身必须就被视为回报，出于对惩罚的恐惧而放弃恶行正是一个恶人的品性。……这使我相信，有时理性没有任何一种关于上帝的知识也可以向人们证明，存在着因其美好和值得赞赏而值得尊敬的事情，当人们做这样的事，不是由于有利，而是因为它合乎理性。……因为虽然上帝不会完全启示一个否认上帝者，但他也不会放弃影响这个人的精神，并且为他保持理性和知性，所有人都通过它们来理解形而上学与道德的第一原理的真理（*tous les hommes comprennent la verité des premiers principes de Métaphysique & de Morale*）。（§178；德语译文有改动）

　　这样，培尔向着他的宽容论证迈出了决定性的一步，因为如果无神论者和各种有信仰者都不仅能够拥有道德一致性的积极激情并且能够自利，而且具有认清理论理性与实践理性的原则并据此行为的能力，那么，基于相互尊重和普遍的理性基础对本己要求之辩护的宽容提法的道路就敞开了，这里的理性不再以某种特定宗教为前提条件，并且克服了由"洛克之忧"造成的狭窄的宽容界限。这就是培尔在《哲学评注》中所尝试的。

　　因此，培尔的思想完全澄清了在宽容讨论进程中一再明确显示的东西：宽容问题是一种**自律的道德提法**的（einer *autonomen Moralkonzeption*）产生语境，这一道 328
德提法立足于实践理性进行合法行为的独立能力。

　　4. 为了写作他的《评注》，培尔扮演了一个英国人的角色，该书作者就"正宗天主教法国"而请求他反对他的时代法国的"转宗者"（*Convertisseurs*），其所依据的，就是对"勉强人进来"譬喻的解释，以便强迫胡格诺派教徒发誓放弃信仰。他立即将这与对"教皇制信奉者的"实践的激烈控诉联系起来，这种实践的合法化在于，人们假定自己拥有真正的教会，并认为帮助教会贯彻其行为，是对于上帝、社会以及特别是对于"转变"本身的义务。早在前言中，培尔就已经对此提出反对，认为这是一种"幼稚"的论证，因为新教徒与天主教徒之间的争执恰恰关涉何为真正教会的问题，而且"没有什么比以争执的对象为前提来进行推理更加荒谬了"[203]。这一问题也不能由新教徒单方面决定，而是只能在"共同原则"的基础上得到解决。按照培尔，对于真正宗教之问题有效的，对于下述情况也有效，即这一问题在这样的基础上是**不**可被解决的，对于由此而来的关于彼此宽容的论证，这也是有效的：必须以普遍可见的理由来证明没有压迫异己思想者的权利，这些理由**一般地**（universal）使得任何一种宗教的这种权利成为有争议的（Pref.，S.360）。谁拒绝这些理由，例如教皇制信奉者，就会由于这种不宽容的态度而成为和平的社会共同生活中的一种危险，并且是不可被宽容的，甚至在政治部门中也不可被宽容[204]。然而，考虑到亨利四世，培尔把国王看作例外，国王作为位格必须 329

自由地宣布他所选择的宗教。这里已经触及了培尔宽容奠基方式的核心特征：一方面，他的奠基的目的在于对宗教强制权利的一种基本的规范性的与知识论的反对，并且寻求严格的交互有效的宽容论证，另一方面，在对一般的公民宽容的寻求中，他的论证在政治的垂直方面划下了宽容的界限，这一政治的垂直方面和此前一样，是按照允许提法而得到思考的，尽管主权者也被交付了在宗教问题中尽可能采取中立态度的任务，因为政治叛乱的本质性原因不是宽容，而是不宽容。

《评注》第一部分中的对普遍宽容的论证的支持，以及对"勉强人进来"这个譬喻的"转宗式"解释的反对，开始于在《种种思考》中最后讨论道德的思想：按照培尔，人们必须将理性的"自然的光"归因于上帝，这种"自然的光"为所有人"敞显"了"最普遍的与可靠的"（I.1，S.367）形而上学原则与道德原则，也就是一种"照亮了所有精神并且从不拒绝专心求教于它的人的普遍理性（raison universelle）"（I.1，S.369）的原则。这些原则构成了上帝赋予包括异教徒在内的所有人的根基，并且因此第一次呈现了"自然宗教"（I.1，S.367），它通过只有**根据**"内在的光"才被敞显的福音而得以"加强和完善"。对于培尔来说，这意味着，任何一种《圣经》解释，都必须合乎原初之光的原则，即独立理性的原则，而这又意味着，在这一道德原则的背景下，导致罪恶的任何一种解释，如根据培尔已经说到的对"勉强人进来"的解释所做的罪恶，都必定是错误的。（I.1，S.367）

有限的人类理性在"思辨真理"领域导致以理性方式不可解决的争执，在道德的问题上，即"自然正义的观念"（I.1，S.368）的问题上，则**不**导致这种分歧：在这里，"道德法则无一例外""照亮来到这个世界上的每一个人"。几乎是在康德的意义上，培尔补充道："因为激情与偏见太经常地遮蔽自然正义的观念，所以希望认识这种观念的人应当普遍地，并且以不顾及所有特殊旨趣和他的国家的习俗的方式，来审查这种观念。"（I.1，S.367）然后人们应当自问，一种特定的实践能否在一个社会中得到普遍的同意："这种事情在其自身就是公正的吗？如果情况是这样，这种事情要被引入一个国家，这个国家尚不存在这种事情，但有接受它或不接受它的自由，那么人们会根据平心静气的审查而视之为如此正当的，以至于它应被接受吗？"（I.1，S.368f.）根据培尔，在正义问题中，必须获得这种平心静气的审查，并且原则上，它对于每一个人都是可能的，即每一个跟随这种从上帝射向所有人的"基本而普遍的光"（lumiere primitive & universelle）的人。根据启蒙运动者培尔，个人必须跟随这种光（ses propres lumieres），反对所有习俗或教会的权威；而且没有《圣经》解释（无论它是何种权威作出的），能够对抗这种交互性的黄金规则的"自然的启示"。（I.1，S.370）

这样，培尔就摆出了论证的决定性前提，即对"勉强人进来"的字面解释必定是错误的，因为这种解释与合乎自然之光的正义相悖。然而，为此他首先踏上了一条弯路，这条路如他很快确定的那样，是一条歧路。预设上帝观念乃是理性的观念，培尔提出，只有基于内在确信的信仰，才能让一切事物都据其真正价值来被评判的上帝所满意，但这种信仰并不能通过强制手段而引出，毋宁说，强制手段只能引发相反的东西，甚或虚伪（I.2，S.371），一种对良知的严重违背。因此，这种信仰只有作为自由的信仰，才是上帝所满意的。然而，培尔立即提出了（回溯到奥古斯丁的）反论证，这也是普罗斯特在与洛克的对弈中所引用的，这一反论证导致他的奠基方式的某种修正，即"转宗者"根本不必对良知实施任何直接的强制，而是仅仅通过与糟糕的学说相隔离和适当的教导，就能尝试回到"真正的道路"上，为此偶尔一定的压力还是必要的。培尔认识到了这种反对的力量，这种反对的结果是，某种灌输的和将错误学说隔离于公共空间的手段，也能引起"严格的"和内在的确信，并且培尔因而认识到支持良知自由的论点的诸多缺陷。因此，针对这种反对的"奇思妙想"（geistreiche Illusion）和"强词夺理" 331（besondere Schikane）（I.2，S.372），培尔提出了另外的更强的论点。这样，他从一开始就走向了那个洛克费尽力气才到达的领域，即关于信仰强制的相互间不可辩护性的规范性—知识论的论题。

　　为此需要两点，一是对于彼此的信仰限制和更普遍的行动限制的实践进行相互间辩护的更高的规范性原则，二是对于真正宗教的要求在知识论上的相对化，以便交互性的要求可以不被这种排他性的真理暗示所打断。关于第一点，培尔首先在第一部分第三章强调指出，基督教的道德学说完全与道德理性原则的"自然宗教"相一致，因而在他的论证与《圣经》的学说之间，并不存在规范上的不一致。（I.3，S.372f.）这种教义上的再保证（Rückversicherung）在培尔的作品中一再出现（当然，不应当被忽视的是，其核心关切在于特定《圣经》解释的合法性）。然后在第四章，他发动了"摧毁性的反击"（I.4，S.374），指责"转宗者"的字面解释恰恰完全颠倒了这种自然道德，使明显的罪恶成为了德行。其原因在于，人们妄称自己有权利通过强力来贯彻真正的宗教，以至于强力突然变成了"好的"或"有效的"。根据培尔，这是"人们能想出的最可恶的学说"（I.4，S.375），因为凭借这种论证，**任何人**都可以把**一切**颠倒到他的对立面。任何一个宗教或教会都会肯定自己是真正的宗教或教会，然后就会声称自己有权利实施强力。在这里，交互性独立道德的规范性论证，以及真正信仰的不可证明性的知识论论证，这两个决定性要件现在变得显而易见了：因为根据"自然的"道德概念（与教义上的扭曲相反），强力无非就是强力，而那种对于无可置疑的真正宗教的要求，在"自然"理性这一手段下又是不可实现的。只有当这两个要件一并被思考，培尔接下来的论证才是站得住脚的，因为接下来的论证阐明了，对允许以真理的名义进行 332强制的无理要求，将导致对交互性的违背。因此，比如中国的皇帝不忍耐他的帝国内的任何基督徒，他会被认为做得好，因为基督徒的目的只在于强力传播他们的信仰（I.5）；而且在任何地方，基督教或其他宗教都不应该抱怨不宽容，因为不宽容恰恰成了一切宗教的基本权利（I.7 u. I.9）。在这里，培尔一如既往祭出了更高的规范性原则，即一个人必须承认所有其他人同样拥有他为自己要求的权利。如果有任何一个派别为自己索要进行迫害的权利，那么最终所导致的，就是无休止的战争。

培尔清楚地看到，交互性论证预设了以下这一点：为真正的宗教进行辩护（并且因此，如果可能的话，也使普罗斯特意义上的"温和强制"合法化）的要求，至少"在地球上"的有限理性存在者中间，是不可能通过那些不可被理性拒绝的基础而得到兑现的。因此他在《评注》第一部分的结尾处写道：

> 如果有人说，"耶稣曾命令他的门徒去进行迫害，这是非常真实的，但是这与你们无关，因为你们是异教徒；只有我们，代表着真正宗教的我们，才能执行这一命令"。那么［另一派］就会回答，他们在原则上是一致的，但并不同意他的应用，因为只有他们才有权利进行强制，因为真理站在他们一边。……但是［这种口角］是没有终点的，就像在一场诉讼中等待终审判决，人们不能对这种暴力行为进行宣判；它们无论如何都不会被阻止，它们总是为更强的派别带来利益。相反，弱势一方则在他们宗教立场的依次审查中精疲力竭，从不能痛快地说出："我们被不公正地对待了。"除非他们像对方一样用那同一个原则而声称他们是真正的教会。但对方立即就会反对，"你们不是真正的教会，因此你们受到的对待是公正的。而且你们没有证明你们的要求，我们不会承认它；因此，和你们的抱怨一起等待吧，直到诉讼最终判决"。……当人们不带偏见地审查这一切，人们必然会回到那美好的原则，"我拥有在我这边的真理，因此我的暴行是善举；但有些人是错的，因此他对暴力的使用是应该受罚的"。告诉我，所有这些理论（Vernünftelei）有什么用？它们补救迫害者造成的罪恶，抑或它们使迫害者三思？为了终止会毁掉整个国家的疯狂地使人改变信仰者（Bekehrer）的热情，或者，为了使他们看到他们所造成的结果，把他抽出他的特别的争执并且使他想起两派共同的原则，如道德原则，耶稣和他的门徒关于正义、怜悯、戒偷盗、戒杀生、戒伤害邻人等等的十诫规定，不是必要的吗？（I.10；S.319f.）

333

培尔在这里说得很清楚，问题的关键不仅在于为道德**之为道德**呼唤从一种狂热观念中解放出来的、独立的、所有人共有的理性意义，以便能够校正道德的与宗教的真理，而且在于抽去宗教争执的釜底之薪，只要这些争执虽然并非被视为毫无意义，但却被认为终究无法通过理性手段得到解决。这就需要一种对于**理性的有限性**的理解，这种理解会说，在有限的理性存在者中间的信仰问题必然导致分歧。其原因在于，人们在一个独特的环境中形成他们的信念，这种环境把他们带到一条特定的信仰道路上，但他们在时光流逝中学到，他们是可错的并且弄错了，或者说，能够学到并且认识到，当涉及信仰事物时，他们信仰一种"道德上的确定性"。由一种认识可以得到，恰恰是在宗教问题中，人们为这种"学到什么"（Dazulernen）的可能性保持开放（I.5，S.377），由另一种认识则可得到，人们不过用"可能的理由"而确信的那些问题是有答案的（I.5，S.377）。虽然不仅在宗教问题中是这样，但是在宗教问题中尤其如此，"明见性是一种相对性质"（II.1，S.396），习惯、教育或者其他因素都能导致理性的人抵达非常不同的评价和判断，并且可能存在凭借理性的清楚判断也无法解决的分歧。一个理性的人因此意识到"理性的负担"（借用罗尔斯的术语）[205]，并且知道，按照培尔的说法，"在人类的条件下不可避免的是，人在不同的时代和国家对于宗教学说有着非常不同的观点，而且可以以不同的方式来解释，有的人以这种方式，有的人以那种方式"　334（II.6，S.418）。培尔由此得出结论，"意见的多样性是人不可分离的特征，只要人具有的是如此受限制的精神，并且人的内心是如此不稳定"（II.6，S.418）。因此，所有人统一于一种宗教的愿望将仍然不会实现，对此最好的反应方式，就是支持宽容。而且培尔以宗教形式再次强调同一个思想，给出的考虑是，只有上帝才能在信仰中发现真理与谬误，有限的人则不能（II.6，S.418）。在一个非宗教的表达中，培尔的决定性认识归结为，理性的人洞见到他们本己的理性有限性，以及宗教差异的不可避免性，但是也看到，这并不是对自己的信仰产生猜疑的理由，因为信仰绝不会通过这一洞见而被反驳，或者变成某种主观化的东西。这是《词典》的主题，我将在下一点对之进行讨论；但是清楚的是，在《评注》中，这已经是他的宽容提法的不可或缺的要件了。

　　这样一来，培尔成功地完成了一种宽容奠基，这种宽容奠基方式使他能够全面地反驳"勉强人进来"之言的字面解释，即反驳之为反理性的、非道德的、非基督教的以及实践上不明智的，例如在涉及国家和平的事物方面。在他的主权导向的国家观念的界限上，与在别处他所批评的反暴君派有一定的近似，培尔在这一语境中提出，"转宗者"也不能依据国王的谕令［例如枫丹白露的废除谕令（Widerrufsedikt）］，因为谕令也必须基于"好的理由"（I.4，S.375），而且一个禁止某种宗教的谕令不可能是合法的（I.6，S.383）。潜在地跟随着霍布斯、斯宾诺莎和洛克，培尔说道，与主权者是否通过上帝或通过契约而被任命的问题无关，在良知问题中，主权者没有强制的权利，因为在这里良知是"上帝在人之内的声音与法律"（I.6，S.384），没有人可以把这种声音转让给世俗权力的许可。在宗教问题中跟随自己的良知，不仅是个人不可或缺的权利，而且是对于上帝的义务，而违背这一义务是一种严重的罪恶。

　　因此，在更精确的考察中，有通向对良知自由的强调的不同的论证线索，特　335别是在《评注》第二部分能够看到这种强调：一方面是著名的"不自由的自由良知"的立场，它在其对于上帝的被约束性中，表明自身是不可受强制的，而且也不应被强制，以使信仰的严肃性不被质疑，而另一方面是理性在知识论上的自身相对化，鉴于宗教问题的客观的不可判别性，对于个人来说，理性是寻找并踏上他们各自通向上帝道路的唯一权威。培尔把这两条线索聚集到他著名的优先权论题，以及"错误的良知"的论题中，当然，如将要显示的那样，特别是第一条线索走进了一条死胡同。

第二部分给出了针对第一部分中完成的宽容奠基方式的一系列异议，从一开始，培尔就再次讨论了上文提到过的、来自普罗斯特或者奥古斯丁的著名异议，即间接强制的某种形式可以用来把良知从错误的信念中解放出来，以便为真理打开双眼。与洛克类似，培尔首先尝试提出这样的内在反对论证，即在恐惧的压力下的思考，不可能导致对真理的无偏见的评判，而且转宗者不可能严肃对待他们的异见，因为他们并不乐意去承认任何一种严肃的决定，而是只愿承认那些符合他们自己立场的决定。（II.1，S.394f.）然而，当培尔在这种内在的论证之外，借助对宗教上明见的相对性的引证，质疑关于真正宗教和教会的知识的这种异见的基本前提时，这里又一次出现了第一部分中的论证形式。这为《评注》第二部分的论证进程从总体上设置了一个模板：只有上面提到的规范性—知识论立场，才能够有助于走出良知自由的自由主义—新教式奠基方式陷入其中的困难。

336　在培尔展示异见的地方显示得最清楚的是，他支持自由良知的论证从只关乎真正宗教之贯彻的要求那里反弹回来了。（II.8）在这一点上，现在培尔首先不是以他对于宗教强制的相互间不可论证性的提法来回答，而是通过引证"错误良知的权利"来回答。最大可能的罪，是违背自己良知之"光"所规定的事情（II.8，S.422f.），因为这意味着违背人们认为上帝所要求的事情，从这一原则出发，培尔接着那种能够追溯到阿伯拉尔的传统提出，一种在仔细考虑问题之后带着最佳信念行事的"迷途良知"，不应该在道德上受到谴责。培尔的结论是，"绝不违反良知的感召而行动，这是我们首要的和最责无旁贷的义务"（II.8，S.425）。他从前述宗教良知概念的主观化中引出了彻底的后果：如果良知更多地是上帝的寻求者，而非由上帝按照客观的先行给定所引出者，那么在知识上无法确定的境况中，它就不得不仅只跟随它自己的呼声，而如果它这样做，那么它就践行了它的最高义务；相应地，任何一种对良知的强制都是向着罪恶的强制，因而是最应受谴责的。

然而，培尔在这里看到了其他读者比如朱里厄[206]在他的著作中立即看出的东西：他的论证这样就可以完全颠倒，因为假定严肃的良知包含这样的理解，即上帝命令他以火与剑来贯彻被认识到的真理，那么对于这样一个"出于良知理由的迫害者"，这恰恰就成了最高义务了，而且所有使他放弃这样做的尝试都将可以被批评为对他良知自由的非法的、不宽容的侵犯（II.8，S.425）；对宽容的要求悖论式地表明自己为最高的不宽容。[207]培尔足够真诚，承认这一难题：

人们对我们提出的困难是，我的学说在其结果中摧毁了我想建立的东西。我将显示，迫害是可恶的事，然而，任何在他的良知中感到自己有责任迫害别人的人，根据我对此的理解，就有责任去迫害，而且如果他不这样做，他就做得不对。（II.9，S.430）

而且他承认，他暂时没有针对于此的相反论点[208]，但他同时坚持，迫害的实践　337
在道德上是应当受到谴责的：

我不否认，任何人，只要真正确信必须出于对上帝的服从而杀光一个教派，那么他们就有责任听从这种错误良知的动因，并且如果他们不这么做，他们就对上帝犯下了不服从的罪，因为他们做了他们认为是对上帝不服从的事。但是，首先，这并不意味着，他们因为听从了他们的良知，就没有犯下罪行。而且其次，这并不能妨碍我们大声地喊出他们的错误准则，并且尝试照亮他们的心灵。（II.9，S.430f.）

通过对现在同样地被认为是宗教的与道德的良知[209]进行的良知主观化，培尔明显把自己逼入了一个死胡同，因为他把听从错误良知的呼声的权利绝对化为了去那样做的义务。但是这样就产生了一个悖论，人们在道德上有权利去做某些不道德的事，甚至是有义务去这样做。错误在于，培尔在这里将"良知之光"设置在了道德和理性的"自然之光"的位置上，并且主观化到如此程度，以至于交互性辩护和有限理性的自身满足（Selbstbescheidung）——他在别处视之为理性的特征——的标准退居幕后了。但是，对主观良知的绝对化导致良知自由的现代论证的逻辑不情愿地走向荒谬（ad absurdum），为了走出这条死胡同，培尔只能诉诸那两个要素。否则他甚至不会有任何标准来在宗教领域中将"出于良知理由的迫害者"的错误与其他合法的错误区分开来，并将之明确地标识为"罪行"，并且说明　338
禁止这种罪行乃是国家的义务。（II.9，S.431）不仅如此，拯救他的宽容论证的唯一可能性就在于，他将错误良知的无限制的权利和最高义务的论点修正到这样一种程度，"出于良知理由的迫害者"首先有义务问问自己，如果他真的具有这种权利，将会发生什么，而且，对于他必须清楚的是，在何种程度上这将导致上帝不可能愿意的无望的道德混乱，因为根据交互性的标准，这种权利可能会成为每个人的要求。（II.8，S.427）然后那些不相容的真理要求又会相互碰撞，而错误将全面表明自己为道德上的教义上的权威。因此，只有坚持相互辩护的道德，包括对不可拒绝的宗教真理之要求在知识论上的相对化，才能将培尔引回到宽容论证的道路上。这样就不会有任何压迫他人的"权利"，无论在道德方面，还是在知识理论方面。

培尔必须从有良知的理性人方面来预设这一洞见，在这里，一种错误不会有任何道德上的合法力量——不可能存在为了谋杀或者其他罪恶的良知自由。（II.9，S.433）在他尝试表明一个人跟随其良知，并用剑来贯彻真理的这种普遍权利要求的结果不可接受时——他明确地说，这是不宽容（II.10，S.433f.；II.11，S.433）[210]，他走得太远了，因为他事实上判给了良知一种无条件的道德权利；指出这种权利所**具有**的后果就足够了。因为，为了挑明被信以为真的"错误的"良知的自由，要求对强制的相互辩护并且伴以对"真正的"宗教之代表资格的质疑就够了——而且它不会陷入宗教良知绝对化的难题。

这在第二部分第十章又一次变得清楚，在那里培尔强调，上帝没有为他的启示真理附加任何会带来几何上或形而上学上的清晰性的不可错"标识或记号"，（II.10，S.437）并且强调，人们因而特别是在宗教问题的判断上容易出错。

> 然而，在我们所处的状况中，不可能凭借良知来认识那如其自身向我们显现的真理（我所说的特指宗教的真理，而不是数的特性，或形而上学的第一原理，或几何学证明），那绝对的真理。因为，我们所能做的，只是完全地确信我们拥有绝对的真理，确信我们没有自欺，而是别人误入迷途；真理的一切模棱两可的标志，都可以在异教徒和最堕落的异端那里看到。（II.10，S.437）

培尔强调，他的对于本己信仰的必要的理性相对化的观念，并不意味着质疑信仰的真理；它仅仅意味着，将之理解为一种**信仰的**真理。因此，重要的是两类事物：一种对于真理的严肃而真诚的寻求，这种寻求必须致力于它的本己确信（II.10，S.438），以及"最重要的"（II.10，S.438f.），对道德法则的遵守。因为，"在这方面，涉及对我们道德领域的义务的认识，启示之光是如此清楚，以至于只有很少的人可能在这里犯错，只要他们是严肃地追问这里所说的东西"（II.10，S.439）。

但是，考虑到这一宽容奠基方式，宽容界限的情况如何？根据已经说到的，也在关于彗星的书以及对无神论者道德能力评价的光照下，这一界限必定非常宽泛，并且必须向相互性的原则本身看齐。事实上，培尔如此勇敢，以肯定的态度接受了认为他的论证包含导致普遍宽容（*tolérance générale*）之危险的反对意见，以便驳斥由之而来的所谓的灾难性结果。（II.7，S.419）他反对他的时代的部分宽容（*Demi-Tolérans*），支持一种普遍的、公道的宽容定义（Toleranzfestlegung），这种宽容定义除了对基督徒的宽容，还包括对犹太人、穆斯林（也被允许传教）、多神论者，甚至（他那个时代备受强烈敌视的）一元论的（unitarisch）索齐尼派的宽容："不可能存在任何支持宽容某一个教派，却对宽容所有其他教派无效的好理由。"

（II.7，S.419）因此，"一种对良知进行强制的宗教不应被忍耐"（II.7，420）这一"准则"就可以成为规定宽容界限的唯一理由。如在开始时已经提到的一样，这涉及的不仅是"教皇制信奉者"，而且包括不宽容的新教徒，如朱里厄（或者那些在日内瓦审判塞尔维特的人；II.5，S.415），他们不仅出于宗教的理由，而且出于政治的理由站在宽容界限的另一边："如果一个派别是最强大的派别，却不会宽容任何其他派别，而且实施良知强制，那么它就不应被宽容。这样的派别正是罗马教会；因此它不应被宽容。"（II.5，S.413）[20]然而，对天主教徒的危险活动的抑制，既不应触及他们的人格，也不应触及他们的财产，而且他们宗教的"家庭的"行为，包括对孩子的信仰方面的教育，应该被允许。（II.5，S.412）他们应当从良知强制中解放出来。培尔在这里看到了新教的公平的宽容的优先性（II.5，S.413），即使这并不意味着对一切人的完全的礼拜自由的宽容。（II.5，S.414）

　　然而，关于对无神论者的宽容，显示出了宗教的良知概念的一个进一步的困难，这曾在洛克那里被发现，这也就是培尔阐明"自然之光"的独立道德与《福音书》的道德的同一性的尝试的缺陷，尽管前者先于后者。不同于《种种思考》，培尔在《评注》中的目的旨在首先确立基督徒之间的宽容，在这一语境中，他就使自己与无神论者拉开了距离，而他经常受到指责被看作是无神论者。按照培尔，否认上帝者不能基于宗教的理由为自己诉求良知之自由，不能要求受约束于上帝因而与国家无涉的"良知的庇护"（II.9，S.431）。虽然失去了这种特别的保护，但他们仍然应当被合法地对待，而他们之不承认任何高于人类法律的事物，则只会引发这样的忧虑，即当他们作为"叛乱者"而行为，并且继而违反主权者的禁令时，他们的见解被如此传播，以至于因此而违反了法律。这些表达始终非常模糊， 341
并且对一种更倾向于刚性的解读和一种更倾向于宽容性的解读保持开放，这取决于如何理解关于法律之"威胁"和无神论者的公共和平的谈论。然而，即使人们把培尔的这些评论视为对他的时代的实用主义妥协，即使人们抬高已经提到的门槛，这仍然是退回了《种种思考》已经抵达的位置，虽然他并没有因此而回到洛克之忧。不过，清楚的是，通向一种真正自立的道德提法和相应的宽容界限之规定的道路是多么艰难，根据培尔的提法，对这一宽容界限的规定的衡量，只能依据一个团体是否承认相互辩护的要求和对本己的绝对诉求的相对化。在通向这样一种克服良知之自由的诸多疑难的提法的道路上，培尔（在洛克之外）迈出了一大步。

　　5. 具有重要意义但尚未充分澄清的是，在理性的有限性这一传统主题中出现的信仰与理性之间的关系。培尔的《词典》致力于这一主题；它贯穿于大量的词条，并在他为后来的一个版本补充的说明中达到顶点。

　　在这个关系方面，他的核心关切并非如启蒙时代他的许多读者所相信的，把信仰视为"非理性的"而加以拒绝，但他也不是在从蒙田到帕斯卡尔的传统中，以极端信仰主义[212]的方式，去反对理性而肯定信仰。他关心的是，通过对必须认清自己的有限性的理性的消极的、破坏性的力量进行限制，为信仰对形而上学问题的回答创造空间：这种回答既不能由理性提供，也不能被理性要求，但也不能被理性禁止。对于培尔来说关键在于，关于"真正信仰"及其证明的教义上的基本争论因此被抽掉了釜底之薪，而在以理性方式可讨论的界限内活动，但并不可通过理性解决的信仰，并没有因此而变得空洞无物。理性与信仰双方都要注意到他们各自的界限：理性在思辨的问题中认识到它的限制性，这些问题只有在信仰模式中才能找到进一步的答案；而信仰不再试图把它的"种种真理"表达和贯彻为得到终极奠基的、以理性的方式无可争议的"真理"。只要双方中的每一方都留守自己的领地，则任何一方都不能统治另一方。信仰**超越**于理性，但并**不反理性**；（理论的与实践的）理性当然仍是对于所有人来说共同的能力，并且是将他们在所有宗教分歧那里联结起来的能力，这种能力进而也意味着对迷信和反理性的宗教的矫正。在此决定性的是，"理性的信仰"不为了它的信念去寻求不可反驳的证明；虽然它以经过考察的理由为根据，但它始终知道，它是一种**信仰**。因此，结果不可避免地是宗教**争执**，但并非在"真正宗教"名义下的宗教**斗争**。理性之包含宗教争执，并非它能够解决争执，而是对立诸方知道，他们已经落入了被标识为"理性的分歧"的领域。培尔是打造"理性的信仰"这个名号的第一人。

根据培尔，在揭示人类在其教义体系中积累的错误这一方面，理性具有有益的作用，然而，它同时可能发挥一种破坏性的、导致完全的怀疑的作用，如果它缺乏"上帝的支持"：

> 因为离开上帝的支持，理性就是诱人的指路牌：人们可以把哲学比作腐蚀粉末，在吞噬了伤口的烂肉之后，就侵蚀好肉，腐蚀骨头，一直蚀入骨髓。哲学开始时还反对错误：但是如果人们不停留于此，它就开始攻击真理；……。[213]

特别是在关于怀疑论者"皮浪"的词条中——它也可以作为对蒙田的评论来读——在鉴于无法解决的形而上学—宗教问题而强调怀疑论的悬置判断的合法性与警告这种强调不要在超过理性时走得过远之间，培尔游走在一条狭窄的山脊上。决定性的是认识到"理性的脆弱性"，理性从来不能为某些特定的问题找到答案，并且信赖信仰为"更好的指路牌"[214]；按照培尔，没有这种信任，拒不承认自己无知的教条主义者和只强调自己无知而走在"通向困惑的道路"上的怀疑主义者就会相对而立。能走出这种对立的是这一洞见，即通过对仁慈的创世者的信仰，"理性的俘虏"能够指明现世此在诸疑难的出路。培尔在一处引证了帕斯卡尔的地方，将这表达为自身超越的行为，但在那里，他的加尔文主义的宗教理解也很明确。[215] 因此，一方面，对信仰进行奠基的，是信仰主义信任自己的这样一种行为，在意识到《圣经》的神性不能在数学或形而上学上去证明，而是只能在"道德上"得到演示的情况下。[216] 另一方面，是具体的人类问题使理性陷入困惑，并且因而为信仰之为答案提供了动机，这一答案非但不为理性所要求，而且正是理性所缺少的。培尔为此给出的例子，是对恶之存在的解释。

培尔在其中首要地谈及这个问题的两个词条引起了对立面的强烈争论，并且促使他去进行"澄清"，这两个词条即"摩尼教徒"（Manichäer）和"保罗派"（Paulizianer），也就是将世上善恶的存在追溯到两种不同起源而相互争执的"异端"。在这一语境中，培尔的中心主题是，用与人类经验有关的理性的手段，不能反驳摩尼教徒的否定性论证（但并非他们提出的反对理论），因为不够清楚的是，上帝在何种意义上可以是世界上到处可见的恶的始作俑者，以及，如果他不是的话，恶的存在如何在创世的秩序中得到解释，如果人们并不**信仰**那种超出了一切经验的原罪的历史。[217]

> 人的理性在这方面太弱了；它有破坏的力量而没有建造的力量：它什么都做不了，除了引起怀疑，而且向着左右两边转来转去，使得争执无休无止。而我相信，当我说到自然的启示时，也就是说到神学家们关于摩西律法所说的理性之光时，我没有自欺。他们说，理性还能使人认识到他的无能，以及救世主和受到恩惠的法律的必要性：它是一位严师（这是他们的词语），把我们引向基督。……总是可能会有人用大量的理性推论来反驳：道德的恶不可能通过一种无限善的神圣起源的作品而混入世界，我们将这样回答：然而这发生了，因此是完全可能的。[218]

需要注意，在这里培尔的立场并不是启示完全不需要理由而被信仰；他的观点是，启示为已经提出的本身不能通过理性和经验的手段得到证明的难题提供了"最好的解决"。"哲学的自然之光"将难解的"戈尔迪之结"系得更紧[219]，然而，在信仰的基础上，并且凭借"从现实到可能的推论有效"（*ab actu ad potentiam valet consequentia*）原则，可以找到一个答案——就在"抬高信仰而贬低理性"（*de l'élévation de la Foi & de l'abaissement de la Raison*）的意义上。[220] 这并不意味着，信仰的内容是反理性的，而是仅仅意味着，去信仰超出理性的那些内容，以便弥补理性所缺少的东西，即给出一个理性自身没有能力给出的答案。按照培尔，在理性的空间中，这一答案始终是有争议的，因此教条主义者在他们对绝对性的要求方面，应当与只能提出谜团的哲学上的怀疑论者一样谦虚。诸如追问恶的存在理由这样的问题，超出了人类的形而上学可能性[221]，因此理性也应当看到，信仰的空间在这里开启，而围绕真理之证明的激烈争执是无意义的；对之人们应当"在信仰的保护下保持沉默"㉒㉒。用另一种词汇来表达，这种类型的问题是**合理的争议**（reasonable disagreement）的对象，是理性的人可以理性地接受的争执的对象，这些人意识到，理性无法解决这种争执，虽然它能够澄清某个确定的点。㉒㉓

他的第二个"澄清"之成为必要，是因为人们怀疑他本人是摩尼教徒，在这一"澄清"中，他再次以一种熟练地标出一条狭窄道路的表达方式说明了这一点，在这条路上，他一方面彻底地将基督教的真理要求还原到纯粹宗教的领域，这使得他在那些想要把哲学与神学统一于神学统治之下的人眼中，成为了一个搅局者（Alleszermalmer）和怀疑论者，另一方面，他削减哲学在宗教领域的统治要求，这使得他在那些想要将哲学与宗教联结于哲学统治之下的人眼中，成为了一个靠不住的信仰主义者。他强调，"所有基督教信仰的信条，如果它们唯独通过哲学得到辩护或争议，就不能幸免于战争"，因此它们必然远离战场，寻找别的堡垒，即《圣经》。㉒㉔这不是对弱点的坦白，而是"福音的神秘高于理性"（dessus de la Raison）这一洞见的结果，即"哲学家的困难不可能得到解决"，"因此，只有自然之光参与其中的争论，终将以神学家的失利而告终，他们将看到自己被迫让步，在超自然之光的保护下得救"。培尔继续说道，这是一种观入理性"界限"的洞见，而"理性不能获得这种高于它的洞见"㉒㉕，同时这也是一种宗教的自身限制，这种宗教因此撤出了关于能够对信仰进行论证的绝对真理的战场——这就是说，信仰听任哲学这个"敌人"行事。㉒㉖宗教只还保留了它的"神秘"不必"屈从"于哲学的自由，但是当然，唯有当它把它的信仰视为"上帝的馈赠"、视为"圣灵的恩惠"时才是这样，信仰不应成为科学争论的对象，除非以阐释这些神秘为目的。㉒㉗

理性与信仰的这种界限规定的宽容消息（Toleranzbotschaft）是显而易见的：对于维持和贯彻一种宗教的真理要求，除了信仰本身，没有其他合法性；只有通过内在信仰的道路，才能开出宗教的真理。对于诸如摩尼教这样的教派，这意味着，没有理由不宽容他们；关于那些没有走出理性迷误的无信仰者，也因此而没有理由不宽容，因为自然之光在任何情况下对于道德来说都是一种可靠的路标。㉒㉘天主教徒与新教徒之间的争执虽然不会变得空洞无物，但是会鉴于一种绝对解决的可能性而被相对化。㉒㉙同时，也没有理由反过来不宽容理性，将每种实证的信仰都视为迷信和反理性的理性，因为信仰有其本己的领域，在那里，它为形而上学问题提供仅凭理性手段无法找到的答案。人们必须——为了消除误解，需要补充：**在这些问题中**——

在哲学与福音中选择：如果一个人只愿意相信清晰的和符合普遍概念的东西，那么他抓住哲学而抛弃基督教；但如果一个人愿意相信宗教的非概念性的神秘，那么他抓住基督教而放弃哲学；因为人们不可能同时拥有清晰性和非概念性；把这两样东西结合起来，比把方形和圆形的特征结合起来更不可能。人们必须选择。……而且，一个真正的基督徒，熟知超自然真理的特点，坚守对于福音来说真正的原则，将会嘲笑哲学家的钻牛角尖（Spitzfind-igkeit），尤其是哲学家中的皮浪主义者。信仰使它远离一切争论风暴统治下的漩涡。他将站在这样一个位置上，在那里他听到他下方推理讨论和分歧的雷声轰鸣，而他自己不为所动。这个位置对于他来说，是真正的诗意的奥林匹斯山（Olympus），是先贤的神庙，在那里他将完全平心静气地看到理性的脆弱，还有跟随这种护送者的终有一死者的盲目。任何一个让自己因无信仰者的异见而动摇，并对此感到愤怒的基督徒，都已经和他们一样，有一只脚掉进了那同一条阴沟。[230]

对于赋予摩尼教徒和怀疑论者哲学上的权利，并且因此使宗教的基础陷入怀疑的指控，大概没有人能回应得更好，因为培尔肯定了第一项指控，以指责那些在其中看到宗教受到挑战的人，他们所具有的，不仅是错误地被奠基的信仰，这种信仰混淆了理性领域与信仰领域，而且是一种脆弱的信仰。他拯救信仰的纯粹性和可能性，以及信仰者斯多亚式的宁静，但代价是对绝对的、以理性方式可解决的真理的要求的相对化——而且他因此摆明，无论人们作出何种选择，上面提及的争执的双方都没有合乎理性的理由去不宽容对方。谁"参加了理性与信仰的伟大战斗"[231]，谁就不会再做教条主义的梦，而忘了两者之间的界限。随着这种对信仰与理性之关系的规定，规范性与知识论背景下的培尔的宽容提法就完整了。　　348

6. 这样，培尔完成了（上文第十节第 3 点）提到过的现代宽容奠基方式的第三条道路。在通过强调一种共同分有的核心宗教而消除宗教分歧的人文主义—和解道路，以及（与两个王国的学说相结合的）强调个人受约束于上帝的良知的自由的新教道路之侧，这条道路从卡斯特利奥经过博丹到达蒙田，展开了一种整全的宽容提法，优越于另外两条道路。它优越于第一条道路，是因为它没有为宽容的可能性付出这样的代价，即将引起最激烈的战争的宗教分歧解释为单纯的"无关紧要之事"，并且冒险在所谓更高的中立的核心宗教中，把向来本己的内容置于首位。尤其是在宽容界限被划下的地方显示了这一点，即在不同意这种核心宗教的人那里，而这不仅仅涉及无神论者。当然，这并不意味着这条道路在这里终结了，因为，莱布尼茨努力在共同的基本真理的基础上（寄希望于一次主教特别会议）重新统一基督教教会，在这件事上他（偏偏）指望波舒哀的支持[232]，最终没能成功，这个例子同启蒙运动中一种（对于实证宗教更加批判）中立化的"理性宗教"观念一样，显示了这种人文主义—基督教传统的意义。

培尔的提法优越于第二条、可以说是自由主义—新教的道路[233]——虽然这条道　　349

路仍然最具影响力[234]——是因为它避免了下述**良知自由的诸疑难**：

（a）它绕开了奥古斯丁和普罗斯特的著名难题，即对严肃的、基于内在信念的信仰——只有它能让上帝满意——的必要性的强调，并不排除为了打破错误的信念和提出"真实"的信念，人们用灵活的手段实施温和的或"良善的强制"。因此，如培尔以及（后期）洛克看到的那样，这一论证是不充分的。

（b）如果良知自由是引证（先于上帝的）内在的、严肃的信念的神圣性而得到奠基的，那么就会产生洛克以另一种形式来反对普罗斯特的那个难题，即人们究竟如何可能确定一个信念是否真的是一种严肃的、"真诚地审查过的"良知信念，因为只有这样的信念才能被宽容。从中可以得到的是非常狭窄的宽容界限。

（c）然而，如果人们想要宽容一切作为（只关乎个体与上帝的）良知决断而作出的决断，那么结果将是非常宽泛的宽容界限，甚至完全没有限制的宽容。"出于良知理由的迫害者"的培尔式悖论在这里只是最极端的例子，它表明这一论证也是无益的。

（d）此外，如在洛克那里特别明显的那样，"不自由的自由良知"这一论证把无神论者（和潜在的其他"无信仰者"）排除在外，而且是在双重意义上：他们既不分有决定性的宗教—规范性预设，即关于构成良知价值的东西的预设，也不能为了要求宽容而诉诸这种预设。

我们已经看到，培尔消除这些疑难的道路并非一条直路，毋宁说，他走过了种种弯路，只有将关于反对宗教的自律原则——即对于涉及他人自由的行动的相互辩护必要性之原则——的规范性论题，以及关于宗教问题中理性有限性的——因此也就是理性的分歧对象方面的理性有限性的——知识论论题的相结合，才能走出这些弯路。正是实践理性与理论理性这两个要件，奠基了**宗教强制的不可辩护性**的中心洞见，并且因此奠基了宽容的义务。这是简单的真理：在**作为人的人**中间，根据相互性的规则，任何强制都有辩护必要性，而信仰强制缺乏好的理由。培尔发现了这种优越的宽容奠基方式的核心，并且他在这条路上走得如此之远，已经没有人在他前面，而且如已经显示的那样，只有少数人跟在他后面。只有这种提法，经过相应的重构，才能够解决宽容的悖论（参见第一节），并且建立一种正当的宽容形式。因为只有它具有提法上的诸可能性，不仅能区分知识与信仰，而且能有效地区分道德规范与伦理价值。如培尔的理论所显示的，不仅前一种区分，而且后一种区分，都在于宽容讨论的"合理化"逻辑：存在着严格的主体间约束力的、普遍的理性道德与特殊的规范性信念之间的分离，后者是关于使得一种生活、一种习俗成为一种良善的与上帝满意的生活，或糟糕的甚至可能渎神的生活的东西的信念。只有通过这种在知识论与规范性方面进行的区分，才有可能去思考那些人之间的深刻差异，他们完全拒绝别人的信念，并且认之为错误的信念，但是并不会以不理性的方式视之为不道德的或非理性的信念，因而能够并且应当接受和宽容。

然而，在一个重要的方面，培尔仍然落后于洛克和其他英国革命的理论。扎根于政略派的思想，在宗教自由与政治的自身规定的结合中，他看到一种对于国家稳定性来说过于巨大的危险，因此他担心，这会反过来导致国家中最大的宗教派别变得强势，并且推进宗教的统一。因此，他的反对民主的论证毋宁说具有实用主义的本性。但是，毫无疑问的是，作为对**政治上的**统治进行辩护的观点，对强制进行交互辩护的观点，转向了对于统治之实施的一种民主式的理解。因此，公民的横向宽容和政治的纵向宽容并没有如培尔所想的那样分离。不过，如下一章将要显示的那样，对这两者进行共同思考，甚至在"开明专制主义"的 18 世纪也不是不言而喻的。

注释：

① Vgl. etwa Macedo，"Toleration and Fundamentalism"，oder Mendus，*Toleration and the Limits of Liberalism*，他们指出洛克为第一位（至少是值得讨论的）宽容理论家。

② 罗尔斯谨慎地表达了这一点："政治自由主义（以及一般自由主义）的历史起源，乃是宗教改革及其后果，其间伴随着 16 世纪与 17 世纪关于宗教宽容的漫长争论。"（Rawls，*Politischer Liberalismus*，21，Übers. geänd.）然而，在这一语境中，重要的是要看到，自 17 世纪起，发展了一系列不同的自由主义提法，因此人们早就可以说"自由主义"。在此对于宽容问题来说具有重要意义的是，伦理自由主义与政治自由主义之间的区分，前者呼唤良善生活的某种确定提法，后者试图对相持不下的诸善好提法保持论证方面的中立，除了罗尔斯，也见拉莫尔的《政治自由主义》（Larmore，"Politischer Liberalismus"）。政治自由主义（除了某些先行者）是一种后康德的发展，在其中普遍辩护的原则成为了关注的中心；对此可参见沃尔德伦《自由主义的理论基础》（Waldron，"Theoretical Foundation of Liberalism"）。

③ 我讨论过这一论题，见 Forst，*Kontexte der Gerechtigkeit*，Kap.1 u. 2。

④ 对这一冲突形势（至 1660 年）最丰富的呈现是乔丹（Jordan）四卷本的研究，*The Development of Religious Toleration in England*。除此之外还有 Saage，*Herrschaft*，*Toleranz*，*Widerstand*，Teil II；Goldie，"Absolutismus，Parlamentarismus und Revolution in England"；Lecler，*Geschichte* 2，8. Teil。

⑤ Vgl. Lecler，*Geschichte* 2，446—458.

⑥ Hooker，*Laws of Ecclesiastical Polity*，I，14；II，1；V 71.

⑦ 埃德文·桑蒂斯（Edwin Sandys）在其形成于 1605 年的著作《欧洲之境》

(*Europae speculum*, or *A View or Survey of the State of Religion in the Westerne Parts of the World*) 中也在这一和平的意义上为圣公会教会辩护。

⑧　关于齐林沃斯，参见 Lecler, Geschichte 2, 524—527；Kühn, Toleranz und Offenbarung, 397—426；Remer, Humanism and the Rhetoric of Toleration, Kap. 3。

⑨　Zit. bei Saage, Herrschaft, Toleranz, Widerstand, 132f.

⑩　帕克〔Parker, Observation upon His Majesties late Answer and Expresses（1642）〕同意其他人如普林（Prynne）或约翰·古德温（John Goodwin）。Zit. bei Saage, Herrschaft, Toleranz, Widerstand, 142.

⑪　Locke, *Second Treatise of Government*, §87, S.46："如已经证明的，人生而被赋予完全的自由，不受限制地享受自然法的一切权利，与世界上的其他人或许多人平等，从其本性而具有一种权力，不仅保存他的所有物，即生命、自由和财产，不受他人的损害和侵犯；……"

⑫　Goodwin, The Obstructors of Justice or A defence of the Honourable Sentence passed upon the late King by the High Court of Justice（1649），zit. in Saage, Herrschaft, Toleranz, Widerstand, 158f.

⑬　Vgl. Houston, "Momopolizing Faith：The Levellers, Rights, and Religious Toleration", 158.

⑭　Zit. in Saage, Herrschaft, Toleranz, Widerstand, 172.

⑮　Lilburne, Englands Birth-Right Justified, 303.

⑯　Walwyn, A Helpe to the Right Understanding, 136f.

⑰　Walwyn, The Compassionate Samaritane, 104.

⑱　Walwyn, Tolleration Justified, 162f.

⑲　Ebd., 167.

⑳　Vgl. Houston, "Monopolizing Faith：The Levellers, Rights, and Riligious Toleration", 152f.

㉑　Walwyn, Tolleration Justified, 164.

㉒　Goodwin, *Theomachina*, 17.

㉓　Robinson, Liberty of Conscience, 119—122.

㉔　Vgl. ebd., 123, 163.

㉕　Ebd., 114.

㉖　Milton, *Areopagitica*, 729.

㉗　Ebd., 747.

㉘　So etwa in The Reason of Church Government Urged against Prelaty（1642）.

㉙　"我不质疑就保卫宗教或公民自由而对暴君发起战争的合法性……"（Milton, *The Tenure of Kings and Magistrates*, 766.）或者："又有什么能够比不仅恢复国家

的公民自由，而且恢复它的宗教自由，对这个国家的美或荣耀贡献更多呢?”[*The Second Defense of the People of England*（1654）, 818.]

㉚ Milton, A Treatise of Civil Power in Ecclesiastical Causes（1659）, 847.

㉛ Ebd., 850.

㉜ Vgl. Carlin, “Toleration for Catholics in the Puritan Revolution”.

㉝ Milton, *Areopagitica*, 747：“我的意思不是要宽容教皇制和公开的迷信……”

㉞ Milton, A Treatise of Civil Power, 846.

㉟ Ebd., 843.

㊱ 弥尔顿（Milton）的晚期作品《论真宗教、异端、分裂与宽容》（*Of True Religion*, *Haeresie*, *Schism*, *and Toleration*）也完全明确地显示出这种矛盾，其副标题为：And what best means may us'd against the growth of Power（1673），不过已经处于宗教改革之后的宽容辩论语境中了。

㊲ 1652 年，威廉姆斯为之写了一个续篇，题为 The Bloody Tenent yet More Bloody by Mr Cottons endeavor to wash it white in the Blood of the Lambe。

㊳ Williams, *The Bloody Tenent*, 160.（重点符号为原文所有，下同）

㊴ Ebd., 398.

㊵ Ebd., 138.

㊶ Ebd., 147.

㊷ Ebd., 209.

㊸ Ebd., 208.

㊹ Ebd., 192.

㊺ Ebd., 3f., 9, 30, 63, 95, 196f., 252—272.

㊻ Ebd., 142.

㊼ Ebd., 73.

㊽ Ebd., 161f.

㊾ Ebd., 64—71.

㊿ Ebd., 3.

(51) Ebd., 205f.

(52) 考虑到辩论的丰富性，需要补充一系列其他理论，例如理查德·奥弗顿（Richard Overton）的《提审迫害先生》（*The Araignment of Mr. Persecution*, 1645）。奥弗顿在内容上和形式上都受到威廉姆斯很强影响，以戏剧的方式展示对“迫害先生”（Mr. Persecution）的审判过程，在剧中，“迫害先生”面对诸如“基督教主权国家先生”“民族力量先生”和“人的社会先生”的指控和证词为自己申辩，并且最终被判处死刑。

(53) 不过，关于平等派的要求有多彻底，诸种意见存在分歧。Vgl. Macpherson, *Die*

politische Theorie des Besitzindividualismus，Kap. 3；Sagge，*Herrschaft*，*Toleranz*，*Widerstand*，190—208；Goldie，"Absolutismus，Parlamentarismus und Revolution in England"，321—325.

⑤ 辩论可见于 Woodhouse（Hg.），*Puritanism and Liberty*，125—178。

⑤ Vgl. Harrington，*The Commenwealth of Oceana*，38—42，82f.，202f.

⑤ 特别参见霍布斯的第一个对话作品，《比希莫特》（Behemoth，or The Long Parliament）。

⑤ 最近这种情况有所改变；参见（在细节上非常不同的讨论）如 Ryan，"A More Tolerant Hobbes?"；Tuck，*Hobbes*，76—91；Sommerville，*Thomas Hobbes*：*Political Ideas in Historical Context*，Kap.5 u. 6；Burgess，"Thomas Hobbes：Religious Toleration or Religious Indifference?"；Münkler，*Thomas Hobbes*，138—156；Großheim，"Religion und Politik. Die Teile III und IV des Leviathan"。

⑤ 穆克勒（Münkler）在这一语境中区分了两种"内战预防的变体，派别中立化和派别国家政治化"。（Münkler，*Im Namen des Staates*，228.）

⑤ 关于塞尔登的理论与影响，参见 Tuck，*Natural Rights Theories*，Kap. 4. u. 5。

⑥ 关于霍布斯与圣公会教会的关系，参见 Sommerville，*Thomas Hobbes*，Kap. 5. u. 6，以及 Tuck，*Hobbes*，28—39。

⑥ Hobbes，*Leviathan*，44 u. 83.（下文引用为德文版，英文版或其他著作的参考将在脚注中标出）

⑥ Vgl. auch Hobbes，*Elements*，95："已经提到的法律……它们被称为自然法，因为它们是自然理性的指示；它们也被称为道德法，因为它们关乎人们彼此间的礼貌和交往；因而它们也是神圣法，关乎全能上帝的创造；因此应当同意，或者至少不抵触，在《圣经》中得以揭示的上帝之言。"

⑥ Kersting，Die politische Philosophie des Gesellschaftvertrages，100—103.

⑥ 关于此（除了在注释⑤中提到过的那些文本）可参见 King（Hg.），*Thomas Hobbes*：*Critical Assessments*，*Vol. IV*：*Religion* 中的论文；Springborg，"Hobbes on Religion"。胡德（Hood，*The Divine Politics of Thomas Hobbes*）马蒂尼奇（Martinich，*The Two Gods of Leviathan*）支持一个（走得过远）的论点，即霍布斯的政治理论有一个强基督教背景。

⑥ Hobbes，*Vom Menschen*，43.

⑥ Hobbes，*Leviathan*，engl. 477.

⑥ 在这方面存在对《原理》（*Elements*）和《论公民》（*De Cive*）的一种彻底化，在这两部作品中，虽然关于教会的权力被归给主权者，但是教会仍然具有《圣经》解释这种特别的神圣权限；Vgl. *Elements*，59 und *Vom Bürger*，309f.。

⑥ 凯尔斯丁（Kersting）对此指出，主权者是"行为的老师，而非思想的老师"。

（Kersting，*Thomas Hobbes zur Einführung*，165.）

⑥⑨ 施米特（Schmitt，*Der Leviathan in der Staatsleher des Thomas Hobbes*，84f.）在内在信仰与外在表明的差异中看到了在霍布斯式的宗教与政治的统一中的决定性的断裂，按照他的——正如在平等派的讨论中已经显示的：时代错误的——观点，在斯宾诺莎，"第一个自由的犹太人的眼光"（86）落在这一断裂上之后，这就成了现代自由主义的来临时刻。科泽勒克（Koselleck，*Kritik und Krise*，27—31.）同样在这里看到了思想道德（Gesinnungsmoral）在显著地对国家进行批判性削弱。

⑦⑩ Vgl. Münkler，*Thomas Hobbes*，152f.

⑦① Vgl. Ryan，"A More Tolerant Hobbes?"，38，他视霍布斯为"知识的或道德的或宗教的**放任自由**（*laissez-faire*）的一种不同寻常的程度"的辩护者。

⑦② Vgl. Tuck，*Hobbes*，73f.，88.

⑦③ Spinoza，*Theologisch-politischer Traktat*，301.（下文对此书的引用直接在文中括号标注页码）

⑦④ Vgl. Yovel，Spinoza and Other Heretics I：The Marrano of Reason，Kap. 1 u. 2.

⑦⑤ 斯宾诺莎致奥尔登堡的信，引自 Gawlick，"Einleitung"，xii。

⑦⑥ Spinoza，*Ethik*，Teil，Lehrsatz 15（S.31）.

⑦⑦ Vgl. Ebd.，2. Teil，Lehrsatz 45（S.193）.

⑦⑧ Vgl. Ebd.，5，Teil，Lehrsatz 29（S.571）.

⑦⑨ Vgl. Strauss，Die Religionskritik Spinozas als Grundlage seiner Bibelwissenschaft.

⑧⓪ Spinoza，Ethik，3，Teil，Lehrsatz 6（S.239）.

⑧① Dasselbe Argument findet sich in der *Ethik*，4. Teil，Lehrsatz 73（S.503）.

⑧② Spinoza，*Ethik*，4. Teil，Lehrsatz 28（S.421）.

⑧③ Ebd.，5. Teil，Lehrsatz 33（S.577）.

⑧④ Ebd.，5. Teil，Lehrsatz 42（S.593f.）.

⑧⑤ 狄尔泰（Dilthey，"Die Autonomie des Denkens"，288）指出了这种伦理学的斯多亚根源。

⑧⑥ 关于宗教与国家的"文明化"角色，参见 Strauss，Die Religionskritik Spinozas，217—246；Yovel，Spinoza and Other Heretics I：The Marrano of Reason，Kap. 5。

⑧⑦ Vgl. auch Hampshire，*Spinoza*，149.

⑧⑧ Vgl. Smith，"Toleration and the Skepticism of Religion in Spinoza's *Tractatus Theo-logico-Politicus*"，137.

⑧⑨ 巴图沙特（Bartuschat，"Einleitung"，XVII）如此标识斯宾诺莎伦理学。

⑨⓪ Vgl. Kamen，Intoleranz und Toleranz zwischen Reformation und Aufklärung，207—212.

91　Penn, The Great Case of Liberty of Conscience, 128.（以下均为文中注）

92　Vgl. Goldie, "The Theory of Religious Intolerance in Restoration England".

93　Vgl. Kamen, Intoleranz und Toleranz zwischen Reformation und Aufklärung, 210f.

94　Vgl. Goldie, "Introduction", 15; Tully, "An Introduction to Lock's Political Philosophy".

95　洛克多次积极地提到胡克而非霍布斯。

96　Locke, *First Tract*, 7 u. 41.

97　Locke, *Second Tract*, 63—71.

98　Locke, *First Tract*, 41.

99　Ebd., 22 f.

100　Ebd., 36.

101　Ebd., 9.

102　Dunn, *The Political Thought of John Locke*, 30; Cranston, "John Locke and the Case for Toleration", 80.

103　Tully, "An Introduction to Locke's Political Philosophy", 50; Creppel, "Locke on Toleration: The Transformation of Constraint", 215; Vgl. auch Gough, "The Development of Locke's Belief in Toleration", 63.

104　Locke, *First Tract*, 15.

105　Locke, *Second Tract*, 57 f.

106　Ebd., 76 f.

107　Locke, First Tract, 29："当身体卑躬屈膝的时候，心会升上天堂。"

108　Ebd., 13.

109　Ebd., 15.

110　Locke, "An Essay on Toleration", 144.

111　Ebd., 136.

112　Ebd., 137.

113　Ebd., 139.

114　Ebd., 138.

115　Ebd.

116　Ebd., 114 f.

117　Ebd., 151 f.

118　Locke, Zwei Abhandlungen über die Regierung, II, §6, S.203（Herv. R. F）.

119　Ebd., §87, S.253.

120　Ebd., §23, S.214.

121　Locke, *Versuch über den menschlichen Verstand*, Zweites Buch, Kap. I, Abschnitt 4,

S.108f.

⑫　Ebd., IV, 10, 6, S297f.

⑬　Vgl. ebd., IV, 28 u.29. 以及洛克后来在《基督教的合理性》中的论述。

⑭　Locke, *Versuch*, IV, 29, 1, S.405.（译按：似应为 IV, 19, 1, 即第四卷，第19章，第1节。）

⑮　Ebd., IV, 13, 2, S.338f.（Herv. i. O.）

⑯　关于文本。虽然《书信》由波普尔翻译的英文版在一些地方与原版有出入，而且偶尔描绘得更加丰富多彩，但些微的差异并没有扭曲原意。因此，仍然悬而未决的（offen）是，洛克在其遗嘱附录（Nachlassverfügung）中的表述，即波普尔作这个翻译"与我无关"（without my privity），究竟是说："未经我知晓"，"未经我允许"，还是"未经我参与"。一些证据表明，洛克知道这个翻译并且也审阅了这个翻译。当然，决定性的是，他在与普罗斯特的辩论中毫无保留地为之进行辩护，塔利（Tully）在其编辑的英文版《书信》中指出了这一点。下面我采用艾宾浩斯（Ebbinghaus）的德文翻译（对其引用在文中标注页码），尽管在对他有疑虑的地方我通常跟随了波普尔的翻译；我所参照的英文版是由塔利编辑的版本［而非在德文版中同时影印的洛克《著作集》（*Works*）的版本］。

⑰　Locke, A Letter Concerning Toleration, 27.

⑱　Vgl. auch Locke, *Versuch*, II, 28, 8, S.443.

⑲　Vgl. Dunn, "The Claim to Freedom of Conscience：Freedom of Speech, Freedom of Thought, Freedom of Worship?"

⑳　麦克卢尔（McClure, "Difference, Diversity, and the Limits of Toleration"）和克雷贝尔（Creppell, "Locke on Toleration"）以不同的方式强调这一点，前者把洛克的宽容学说解释为这样一种尝试，从深刻的宗教"差异"中开出知识—政治上的可调节的"多样性"，后者强调外在的法律限制和内在的自身限制之间的关系。

㉛　塔利（依据福柯）强调，这里这种特别的"主体化"（Subjektivierung）形式与一种"法律统治"的新形式的形成有关。（Tully, "Governing Conduct：Locke on the Reform of Thought and Behaviour".）

㉜　在1679年的重要残篇《宽容D》（"Toleration D"）中也能看到这一立场："用强力使人相信信仰与意见并在礼拜形式上达成一致的力量并不足以确保人们得救，即使这种力量本身绝对可靠，因为没有强制力能使人相信违背他当前情况和信念的东西，无论是什么，尽管强制力的确可以使人宣称某种信仰。但是不真诚的宣称将不会让人在他的道路上前进到任何地方，除了他与伪善者共有的那个地方，并且在对于由一个人在其自己良知中判断为并非他想要

和接受的上帝的崇拜中，也远不是服侍或取悦上帝，一个这样的崇拜者冒犯上帝无非是为了取悦于人。"（276）

⑬　参见上文第五节第1点。

⑭　在尼克尔森（Nicholson，"John Locke's Later Letters on Toleration"）和维农（Vernon, *The Career of Toleration：John Locke, Jonas Proast, and After*）那里可以找到对这场辩论富有教益的分析。

⑬⑤　Proast, *The Argument*, 5.

⑬⑥　Ebd., 11.

⑬⑦　Vgl. Waldron, "Locke：Toleration and Rationality of Persecution", 119.

⑬⑧　Locke, *Second Letter*, 77, auch 69.

⑬⑨　Ebd., 97.

⑭⑩　这是沃尔德伦（Waldron, "Locke：Toleration and the Rationality of Persecution", 116—119.）的结论。曼德斯（Mendus, "Locke：Toleration, Morality, and Rationality"）借助威廉姆斯（Williams, "Kann man sich dazu entscheiden, etwas zu glauben?"）而基于不可被影响性（Nichtbeeinflussbarkeit）指出"真正的"（*genuine*）信念与"真挚的"（*sincere*）信念之区别的尝试也失败了，因为缺乏一个明确的标准。也可参见盖斯（Geuss, *History and Illusion in Politics*, 74f.）对在洛克那里找到的诸论点的批判。

⑭①　沃尔德伦（Waldron, "Locke：Toleration and the Rationality of Persecution", 120）要求一种这样的道德上的论点，但既没有提到洛克的替换论证，也没有提到对此来说必要的知识论要件。与之相反，尼克尔森（Nicholson, "John Locke's Later Letters on Toleration"）指出了这种要件，然而忽视了规范方面，而事情在维农（Vernon, *The Career of Toleration*）那里则是颠倒的；他强调"公共理性"要件，但对其知识论的方面没有给予足够重视。

⑭②　Locke, Second Letter, 67.

⑭③　Ebd., 65.

⑭④　Proast, *The Argument*, 26.

⑭⑤　Locke, *Second Letter*, 111.

⑭⑥　Ebd., 65, 77, 85.

⑭⑦　Ebd., 95.

⑭⑧　Proast, *A Third Letter*, 24（Herv. i. O.）.

⑭⑨　Ebd., 11（Herv. i. O.）.

⑮⑩　Ebd., 20（Herv. i. O.）.

⑮①　Locke, A Third Letter, 144.

⑮②　Ebd., 212（Herv. R. F.）.

⑮ 把历史补全：在长期沉默之后，普罗斯特于 1704 年又一次开始与这些著名论点的辩论［《致三封宽容书信作者的第二封信》（*A Second Letter to the Author of the Three Letters for Toleration*）］，于是洛克（从标题来看他领先了）开始了他的《第四封为了宽容的书信》（*Fourth Letter for Toleration*），但是他在这一年去世了，死前没能完成这封信。

⑮ Vgl. Raz, *The Morality of Freedom*, Kap. 14 u.15；Kymlicka, *Multicultural Citizenship*, 81：“因此我们有两个通向良善生活的前提条件。第一个是按照我们的信仰关于那些赋予我们生活意义的事物，从内部引导我们的生活。……第二个前提条件是我们自由地对这些信仰发问，在我们的文化可以提供的任何信息、例证和论点的光照下来审视它们。”

⑮ Locke, Versuch, II, 21, 48, S.317.

⑯ Ebd., 55, S.323.

⑰ Ebd., 48, S.317.

⑱ Toleration Act, 303, Faksimile in Grell, Israel, Tyacke（Hg.）, *From Persecution to Toleration*.

⑲ Locke, Brief an Limborch, 6. Juni 1689, 633.

⑯ Toleration Act, 303（Herv. i. O.）.

⑯ Ebd.

⑯ Vgl. dazu besonders Israel, “William III and Toleration”.

⑯ Vgl. Bossy, “English Catholics after 1688”。

⑯ Vgl. White, “The Twilight of Puritanism in the Years before and after 1688”, 314f.

⑯ 在这里我又一次引入了福柯的权力分析，虽然与（特别是在“监视”和“惩罚”中表现出的）规训因素相对的对抗性因素只在其晚期工作中，例如“什么是批判?”，才得到更多的强调。此外，目前我已经在不同的历史局势中指出了这种通过包容而排斥的因素以及许可/自由和禁止/不自由的共属性，因而在通过宽容行使权力的实践方面我并没有跟随福柯所作出的严格的历史分期。不过，正确的是，这一结构在不同的历史时期有不同的呈现，这是我每次都要指出的。

⑯ Vgl. dazu Dees, Trust and Toleration, Kap.5.

⑯ Zit. in Katz, “The Jews of England and 1688”, 223.

⑯ Ebd., 238.

⑯ Zit. in ebd. 241 f.

⑰ Vgl. dazu Labrousse, *Bayle*, Kap.1.

⑰ Vgl. Bossuet, Politique tirée des propres parole de l'Ecriture Sainte.

⑰ 对培尔生平和著作的最全面的研究是 Labrousse, Pierre Bayle, Band 1：Du pays

de foix a la cite d'Erasme, Band 2, Heterodoxie et rigorisme。

(173) 法贝尔（J. Faber）与戈特舍德（J. Gottsched）合作的德文译本于1741年出版，名为Verschiedene einem Doktor der Sorbonne mitgeteilte Gedanken über den Kometen, der im Monat Dezember 1680 erschienen ist，下文引用时标注为Verschiedene Gedanken。

(174) Vgl. Nouvelles lettres de l'auteur de la critique générale (1685), 9.2 u. 9.3 und Dictionaire historique et critique, "Eclaircissement 1".

(175) Vgl. *Critique générale*, 13, 6 (S.56f.), auch 23, 4 (S.105).

(176) Vgl. Nouvelles lettres, bes. die Briefe 8—13.

(177) 在培尔的影响下，亨利·巴斯纳格·德·博瓦尔（Henri Basnage de Beauval）在1684年发表了他的作品《宗教宽容》(*Tolérance des religions*)，在其中他强调了这些考虑，特别是正义的优先性和对于不可怀疑的真理那不可兑现的论断的交互性。

(178) 1771年由丹尼尔·塞梅劳（Daniel Semerau）出版了这部重要作品的德文译本，但术语表达上并不够可靠。因此，我对《评注》的引用依据法文版的*Oeuvers diverses*，译文是我自己的。

(179) 据说波舒哀在1685年，《南特赦令》被废除后不久，在国王出席的情况下，进行了一次引起许多注意的关于"勉强人进来"（compelle intrare）这句话的布道，为国王的政策作辩护；这可能激发了培尔在其宽容作品中的专题出发点。基尔库伦（Kilkullen, *Sincerity and Truth*, 89, Fn. 146.）指出了波舒哀（没有保存下来）的布道；曼德斯（Mendus, *Toleration and the Limits of Liberalism*, 7.）引用了波舒哀的话："我有权利强迫你，因为我占有真理而你没有。"

(180) Vgl. Labrousse, "The Political Ideas of the Huguenot Diaspora (Bayle and Jurieu)".

(181) 参见如朱里厄1678年对培尔进行攻击的著作，它的标题掷地有声：《论宗教问题上两种主权者的权利：良知与王侯。以便摧毁宗教中立与普遍中立与普遍宽容之教条》(*Traité des droits des deux souverains en matière de religion: la conscience et le prince. Pour detruire le dogme de l'indifférence des religions et de la tolérance universelle*)。

(182) 戈特舍德（J. Gottsched）完成了《词典》(*Dictionnaire*)完整的、包括四部的翻译，1741年至1744年以*Historisches und critisches Wörterbuch*为题出版。对其引用将注为*Wörterbuch*（翻译偶有改动）。

(183) 卡西尔（Cassirer, *Die Philosophie der Aufklärung*, 215.）指出培尔的《词典》标志着法国启蒙运动的"基础著作"(Grundwerk)。

(184) Feuerbach, *Pierre Bayle*, 3.

(185) Ebd., 103.

⑱ Ebd., 160 u. 163.

⑱ Wootton，"Pierre Bayle，libertine？".

⑱ Labrousse，*Pierre Bayle*.

⑱ Vgl. etwa Bayle，Entretiens de Maxime et de Themiste，S.5.

⑲ 拉布鲁斯（Labrousse，*Bayle*，85.）错误地把培尔的论述看作比洛克更强的宗教论述。培尔比洛克更激烈地与基督教传统争论并且试图在这条道路上找到内在的论点，这并不意味着他的理论核心由此构成。

⑲ Vgl. Bayle，*Wörterbuch*，"Mahomet"，Anm. O.

⑲ Vgl. Commentaire，I.1.

⑲ Vgl. *Wörterbuch*，"Averroes"，bes. Anm. H u. M.

⑲ *Wörterbuch*，Band IV，S.638.

⑲ Vgl. bes. *Wörterbuch*，"Hobbes"，Anm. C u. E. 詹金森（Jenkinson，"Two Concepts of Tolerance：Or why Bayle is Not Locke"）忽视了这一点。

⑲ 参见 *Wörterbuch* 中关于加尔文、路德和伊拉斯谟的词条。

⑲ 参见 *Wörterbuch* 中的词条"卡斯特利奥"，虽然在其中不同于 *Commentaire*，培尔保留了对加尔文的批评，如在塞尔维特事件（Servet-Affäre）的语境中的批评。

⑲ 参见 *Wörterbuch* 中的词条"利普修斯"和"科恩赫特"。

⑲ *Wörterbuch*，"Spinoza"，Anm. M，u. Band IV，S.268.

⑳ 下面我对《种种思考》的引用依据德文译本，标注相应的段落，并且必要时为了更好的理解而在方括号内附上法文的表达。

㉑ Voltaire，Philosophisches Wörterbuch，"无神论"词条。

㉒ 强调了这一点的除了费尔巴哈（Feuerbach，*Pierre Bayle*，103.），还有拉布鲁斯（Labrousse，*Pierre Bayle* II，Kap.9.）。

㉓ Bayle，*Commentaire philosophique*，Preface，S.359. 这部著作除了前言由三个部分构成，三个部分又分为若干章，下文的引用依据《全集》第二卷（*Ovuvres diverses* II）版标明部分（I—III）、章节（1 ff.）和页码。所有翻译都由我（本书作者）做出。

㉔ "授权强制人们进入被认为是好宗教的宗教，这是一种令人憎恶的教义，尽管我十分厌恶不宽容，但我不相信一个无辜的人能够忍受教皇制所具有的必然的强制力量。"（Pref.，S.361.）

㉕ 我会在第三十三节回到这一点。

㉖ Vgl. Jurieu，Traité des dorits des deux souverains，69.

㉗ 这表现了在第一节中讨论过的"划界的悖论"的一种特别形式。

㉘ 雷克斯（Rex，*Essays on Pierre Bayle and Religious Controversy*，181—5）和基尔库

伦（Kilkullen，*Sincerity and Truth*，89—105）也强调这一点。然而，虽然雷克斯认为培尔的**论证**总体上被这一悖论破坏了，但基尔库伦正确地指出了培尔用来避免这一悖论的资源，特别是相互性**论证**，但是在这方面对这一**论证**的道德意义强调得不够明确，而且充当知识论的要件未经考虑。

⑨ 莫里（Mori，"Pierre Bayle, the Rights of the Conscience, the 'Remedy' of Toleration"，52.）指出了这两种良知提法的合流（Engführung）。

⑩ 这在《评注》第三部分与一系列奥古斯丁引文的争论中也是明确的。

⑪ Vgl. auch *Wörterbuch*，"Milton"，Anm. O.

⑫ 波普金（Popkin，"Pierre Bayle's Place in 17th Century Scepticism"，1.）仅仅在培尔晚期作品的视野中作出如此评价。与此相反，**布鲁什**（Brush，*Montaigne and Bayle*，300.）正确地把培尔标识为"半-信仰主义者"（semi-fideist），因为培尔认为信仰的真理是不可证明的，但也并非反理性的。人们可以说"理性的信仰主义者"，虽然这是个冒险的新造词。

⑬ Bayle，*Wörterbuch*，"Acosta"，Anm. G，Band I，S.69（Übers. geänd.）.

⑭ "Pyrrho"，Anm. B，III:749.

⑮ Ebd.，Anm. C，III:749；Vgl. auch "Pascal"，bes. Anm. B u. I，III:616 u. 619.

⑯ "Beaulieu"，Anm. F，I:499.

⑰ 培尔的论点为莱布尼茨的《神义论》（*Theodizze*）形成了决定性的动机，如后者特别在前言和关于同意伴随着理性的信仰的论文中所明确表达的。戈特舍德（Gottsched）也在他的翻译中的相应之处附上了长注，在其中他详尽地解释了莱布尼茨，以反驳培尔。关于培尔对莱布尼茨"预定和谐"观念的批判，参见如词条"Rorarius"。

⑱ Bayle，*Wörterbuch*，"Manichäer"，Anm. D，III:310.

⑲ "Paulicianer"，III:637.

⑳ Ebd.，Anm. E，III:640（frz. S.860）.

㉑ 同时，Anm. M，III:648.

㉒ Ebd.，III:650.

㉓ 对此参见下文第三十三节。

㉔ Bayle，*Wörterbuch*，"Zweite Erläuterung"，IV:629（Übers. geänd.）.

㉕ Alle zitate ebd.（frz. 1223，Übers. geänd.）.

㉖ Ebd.，IV:632.

㉗ Ebd.，IV:630.

㉘ Ebd.，IV:629.

㉙ Ebd.，IV:631.

㉚ "Dritte Erläuterung"，IV:642.

㉛ Ebd., IV:644.

㉜ Vgl. Werling, *Die weltanschaulichen Grundlagen der Reunionsbemühungen von Leibniz im Briefwechsel mit Bossuet und Pellison*.

㉝ 在塞缪尔·普芬道夫（Samuel Pufendorf）的宽容提法中可以看到与从格老秀斯到霍布斯的伊拉斯图传统相联系的对第一条道路和第二条道路的一种复杂结合。一方面，基于他的非常有影响的、联结了霍布斯式前提和亚里士多德式前提的自然权利学说与国家契约学说［特别是《论自然法与万民法》（*De jure naturae et gentium*），1672］，普芬道夫与洛克类似，将国家的目的限制于保护现世秩序，把不可转让的关于灵魂得救的关切留给个体。另一方面，在作品《就公民社会论基督宗教的特性》（*De habitu religionis christianae ad vitam civilem*）（1687 年）中，他得出，国家的权利是在（与基督宗教很大程度上一致的）"自然宗教"的基础上关切公共礼拜和公共信仰形式的统一性，并且——根据国家干预教会事务的权利（*jus circa sacra*）的规定——建立一个在国家中占统治地位的教会制度，因为对这种宗教的尊重是国家的道德基础。因此在任何情况下无神论者和偶像崇拜者都不应被忍耐，异端教派则只有为了保护公共和平才有必要被忍耐。对此参见 Dreitzel，"Gewissensfreiheit und soziale Ordung"，11—14，以及特别是祖布亨（Zurbuchen）的研究《自然法与自然宗教》（*Naturrecht und natürliche Religion*），他讨论了普芬道夫的论述，并且描述了其在法国新教徒［巴贝拉克（Barbeyrac）、布拉玛奇（Burlamaqui）］中的接受情况——在与培尔的挑衅的争论中——直到卢梭的公民宗教（*religion civile*）提法。对普芬道夫划下的宽容界限有多么窄这一问题的争论，参见 Döring，"Samuel von Pufendorf and Toleration"，对比 Zurbuchen，"Samuel Pufendorf's Concept of Toleration"。

㉞ 在戈特弗里德·阿诺德（Gottfried Arnold, *Unpartheyische Kirchen-und Ketzerhistorie, vom Anfang des Neuen Testaments bis auff das Jahr Christi 1688*）那里，可以发现一种继承了塞巴斯蒂安·弗兰克的在宗教内在性的虔诚理解基础上从宗教的客观"僵化"中解放出来的对宽容的辩护形式，当然，这种辩护形式认为内在自由与外在一致性是可统一的。

第六章

启蒙——支持宽容与反对宽容

第十九节　社会宽容与国家宽容之间的裂隙

352　　1. 无论对一个如启蒙时代这般复杂的年代——哪怕只是考虑一下诸如不同国家的语境——进行一般刻画这一难题有多么困难，对宽容的要求和对宗教专制的斗争仍然可以被视为这个时代的核心特征。①对此，像卢梭和伏尔泰这样如此不同的哲学家都会同意，而康德则将他对公开运用理性的主张，与首先在"宗教事务"上"脱离自己加之于自己的不成熟状态"的手段联系起来，因为"这一不成熟状态既是一切之中最有害的而又是最可耻的一种"②。

　　然而，在此值得注意的是，在斯宾诺莎、洛克，以及首要的是培尔的宽容提法的背景下，在启蒙时代这个其间围绕宗教自由的斗争明显激化，直至进入革命的时期，并没有发展出支持宽容的基本的新论证；毋宁说我们是追溯了各种奠基的现存光谱（Spektrum），当然，这些奠基在非常重要的方面尖锐化了，以至于它们获得了新的形态。对此要特别提到三个方面。

　　第一，对宗教不宽容的批判，不仅越来越反对具有社会优先权的、被视为专制的教会（范例即法国，在那里，天主教教会的成员资格是获得作为公民的完全权利地位的条件），③而且越来越反对实证宗教本身；相对于启示宗教及其被视为独

353　断的迷信和《圣经》信仰，一种"自然的"宗教或"理性宗教"被建立起来，而随着人文主义的和平主义逐渐增强，后者就可以说成是"人类宗教"，它吸收了现存宗教的理性的内容与道德上的内容，特别是基督教的相关内容。由此，在它们的教义和礼仪上的"比较重要的事物（Mehr）"中，现存的实证宗教和教派就退回到了无关紧要事物的状态，围绕它们发生过的是不必要的争执。在这种宗教批判中，很少有如百科全书的作者们这样的启蒙者，会走得像唯物主义者们那么远，唯物主义者们也以上述形式，批判宗教为应该被消除的不宽容理由，然而，显而易见的是，他们由此超出了培尔及其关于知识与信仰之分离的观念有多么远，并因而引出了关于理性与信仰的一种"宽容的"关系的新难题。有些理论家在下面

这一点上退回到了培尔之前，即他们一如既往只能通过"上帝信仰作为能够道德行事的必要条件"这一论题，来解决培尔悖论。这里显示出了启蒙在启蒙者那里的某种界限。

第二，对于启蒙运动来说——在这方面法国作家又一次扮演了先驱者的角色——典型的是，虽然一方面，宗教中立国家的观念更明确地受到重视，但是另一方面，批判的主要力量集中到了教会机构及其优先地位，其次才是对一个君主的政治上不充分合法的统治的批判，只要他授权了宗教自由并且废除了审查制度。④在这方面，政略派的思想投下了一道长长的阴影。除了那个一再抛出他自己的难题的卢梭这个例外，在荷兰以及之后英国革命的语境中，已经发现了的那种宗教自由与政治自由的联结，在北美乃至法国的革命境况中才得到强调。于是，只有通过人权在政治上的贯彻，也就是说，只有通过政治权利在政治上得到贯彻，而不仅仅是宗教的自身规定，才能摆脱"开明专制主义"。这样，宽容的尊重提法最终从公民领域转移到了政治领域，并且道德的合理化与权力的合理化这两种不同的逻辑，在政治论证的一种对统治进行批判的话语中相遇，这种政治论证预设了一种"公共理性"。⑤只有在这种发展的过程中，政治合法化这种形式的自治和国家制度的自治，才一并相对于宗教基础（例如由康德）而得到辩护；不过，一种在宗教方面完全"中立"的国家的思想，离大多数启蒙者还很远。如同下面对孟德斯鸠和卢梭的讨论将要显示的那样，在他们那里，在他们基于社会阶层而作出的主体间的、横向宽容奠基方式，与他们在国家理论上对纵向宽容难题的考虑之间，特别地打开了一道裂隙。

第三，有时被忽视了的是，标识启蒙运动的宽容话语的，是一种与日俱增的、对不同国家的历史与文化特性的意识，例如特别是在孟德斯鸠那里变得明显的那样。因此，一方面，诸道德观念之间的分歧以及诸宗教和教派之间的分歧被接受了，这允许了一种在与其他社会相比较中，甚至［如在孟德斯鸠的《波斯人信札》或狄德罗的《布干维尔旅途拾遗》（*Supplément au voyage de Bougainville*）中］从他者的视角下对自身社会进行批判的形式，它导致了本己见解的相对化。另一方面，这也被当作所有实证宗教在人类宗教的内核中与一种整全的道德上的同一性深度统一的证据。因此，不仅赫尔德的文化多样性哲学，而且伏尔泰的世界主义，都符合这种意识。有待表明的是，如何从前者出发，在宽容话语中发展出一条强调个体与集体差异的浪漫主义线索，这种差异不再被仅仅理解为宗教差异。

于是，为了结束对这个时代的引导性评论，需要指明的是，启蒙运动的宽容信息（Toleranzbotschaft）是有歧义的，即下面的双重意义：关于第一点，虽然其引发动机是对宗教教条主义不宽容的克服，然而理性的自然宗教却付出了相对化的代价，在某种意义上，这是对宗教分歧本身的克服，而这就意味着，它付出了信仰削弱的代价。因此，极端地看，这与其说是对宽容的奠基，毋宁说是对不宽容和宽容所需要境况的取消过程。

关于第二点，重要的是看到，对于宗教自由的人权要求和贯彻过程，伴随着一种明确的宽容批判；亦即对于宽容的允许提法的批判，如在导论中已经提到过的，这种宽容提法使得康德可以说，"宽容这个高傲的名称"⑥仅仅是当局所允许的东西。这种一直影响到今天的宽容批判，可以在所有语境中找到，从北美到法国，再到德国，但是不能忽视的是，在这些语境中所显露出的，只是一种**不同的**宽容理解，而非对一般概念的拒绝。因为只要合法的国家被打上了公民的伦理——宗教差异的烙印，作为法律服从者，同时作为立法者，公民就会被要求在他们的能力范围内彼此宽容，并且准备相互辩护。

2. 在查理-路易·德·塞孔达、拉布雷德与孟德斯鸠男爵（Charles-Louis de Secondât, Baron de la Brède et de Montesquieu）的著作中，对宽容问题的探讨说明了上述论证形势的复杂性，特别是涉及社会宽容与国家宽容的关系时。这里打开的是一种在一种被**宽泛地**解释的主体间的——宗教的宽容与一种被**狭窄地**解释的国家的——纵向宽容之间的差异，我们已经多次注意到的此种差异，它在博丹和蒙田那里非常明显。这一差异反映在两部非常不同的著作中：《波斯人信札》（1721年）和他的代表作《论法的精神》（1748 年），在其中，孟德斯鸠——一位出身贵族的专业法学家，一度担任波尔多法院院长——分析了他那个时代的文化与政治的境况。

356   在《波斯人信札》中，孟德斯鸠选择了通信的文学形式，即在欧洲旅行的波斯人与他故乡的朋友和仆人之间的通信，以结合那个时代流行的征服者、商人和传教士所报道的、其他民族奇特习俗的游记，从而去问，自己的习俗在他人眼中必定显得多么奇特。因此，借助陌生的眼光，必要的距离被拉开，以便对法国的政治状况，以及特别对盛行的宗教作出批判性的评论。孟德斯鸠本人是一个自然神论者，是宗教方面的自由思想家，但同时宣称信奉基督教信仰⑦，他让他的穆斯林主人公于斯贝克（Usbek）和黎加（Rica）对他们自己的信仰采取了"启蒙"的态度，把他们的信仰相对于基督教的优越性主要奠基于一种理性洞见之上，它洞见到在神学上钻牛角尖之无意义，也洞见到普遍道德之优先地位。这里的关键是对宽容的辩护陈词，它在信札中能够被看到，并带有培尔提法的明显痕迹。⑧

首先是批判在法国占统治地位的天主教教会的狭隘，在孟德斯鸠眼中，天主教教会支持非法的和无能的国王政治。教皇被刻画为"古老的偶像"⑨，他的"托钵僧"（Derwische）——指耶稣会士们——不断地发现（或发明）新的神学上的争执问题，以便通过建立独断的正统来创造新的异端，然后（极端情形下采用宗教法庭）对之进行迫害。⑩相反，根据于斯贝克，伊斯兰教并不带来暴力，而且是在双重意义上都不带来暴力：它不利用暴力，因为信仰只能在和平的道路上通过信念而传播，并且它也不需要强制，因为它的真理会在这条道路上自行贯彻。（29）宗教宽容不仅是软弱的象征，而且是无意义的，甚至会因此导致社会性的混乱。（61）正如处理宽容主题的第 85 封信所说，"在一国之内忍耐多种宗教社团不利于君主的利益，这一说法言不及义"；允许宗教的多样性甚至具有好处，因为这样国家就能够利用宽容的**规训**作用，因为所有这些社团将会为了成为最好的公民（和取得宽容）而竞争。⑪因此，从经济方面来看，宽容也是更为可取的政策。（85，121）

除了这些包含着与孟德斯鸠后来的国家理论著作的相似之处的著名宽容论证的汇编，在《信札》中还可以发现继承自培尔的混合物，即一种独立于实证宗教的正义性和道德交互性的观念，与对宗教争执中理性限度的指示的混合物。孟德斯鸠在多处强调前者：在（针对霍布斯的）穴居人的寓言中，由于穴居人听到"纯粹的自然之声"（12），完成了对一个基于自然正义的社会的建立；以及在对自然宗教进行速写的地方，一种由普遍的、所有人都可获得的伦理—道德内核构成的自然宗教：

> 难道一个信教之人的首要目标不是使他所信奉的神灵满意吗？但是，为了达到这一点，最可靠的方法无疑就在于遵守社会的规则和履行人类的义务；因为，无论生活在何种宗教中：只要假定有一种宗教，也就必须假定上帝爱世人，因为上帝为了使人类幸福而创立了这种宗教。如果上帝爱世人，那么只要人们同样爱世人，对世人履行博爱和人性的义务并且不违反他们生活其间的法律，人们就一定可以使上帝满意。以这种方式来使上帝满意，会比遵守这样那样的仪式可靠得多；因为诸种仪式在其自身并不具有善。这些仪式是好的，只是因为假设上帝命令了它们。但这正是激烈争执的对象，在这方面人们会很容易弄错，因为人们必须在两千种不同宗教仪式中选择一种。（46）

这一段对于全部信札来说都具有典型性的引文，表明孟德斯鸠如何把对**先于**宗教就普遍有效的道德义务的强调⑫，与对有限的人的宗教认识能力的限度的洞见相结合。人这种存在者面对宗教、教派和礼拜的巨大多元性，在**经过了启蒙的眼**光看来，无非是人在历史文化条件下的产物："人们说得完全正确：如果三角形为自己创造一个上帝，那么它们也会为上帝赋予三条边。"（113）因此，孟德斯鸠相应地怀疑普遍传播一种宗教的传教士式的尝试；那就像好些欧洲人试图"漂白非洲人的面孔"似的（61）。⑬两个要件——规范性的和知识论的——共同使得孟德斯鸠能够在宽容问题上应用交互性规则："那想让我变换宗教的人，之所以一定这样做，是因为他自己不会在强制下改变自己的宗教。因此他发现奇怪的是，我不会去做那些他自己哪怕是为了世界上的一切也不会做的事情。"（85）

　　然而，孟德斯鸠不仅在这一决定性的方面与培尔相近；就启蒙者眼中的宗教上的真理要求的相对化而言，在孟德斯鸠那里这种相对化，比在培尔那里走得甚至还要远，在孟德斯鸠那里，能看到一种对于自己所继承的宗教的信仰主义拥护。这在一个点上变得特别清楚，在这里，这一点也通过在所有启蒙者那里都扮演着重要角色的神义论的难题而得到标画。在讨论了这个令人困窘的难题之后，于斯贝克觉得：

359　　　　亲爱的雷迪（Rhedi），为什么有这么多哲学呢？上帝在我们之上如此之高，以至于我们连他的云雾都无法认识。只有在他的命令中，我们才能清楚地认识他。他是无限伟大的纯粹精神，他没有界限。他的伟大让我们意识到我们的渺小。一个人永远顺从，就表明他对上帝永远的崇敬。（69）

　　可是，如孟德斯鸠明确指出的，对于自己宗教的声明，也需要在自然宗教与实证宗教的统一性方面对理性的考察，而且虽然孟德斯鸠让于斯贝克在这方面思考他的上帝，"我信奉超出一切人类利益的宗教"（75），但他也质疑这种立场。因为于斯贝克与他的阉奴和后房妻妾的许多通信（它为这部书的流行作出了很大贡献）最终抵达了这样的终点，妻妾拒绝服从不在场的主人，他的一向最顺从的女人竟然指责他的专制，而她内心从未受制于此；毋宁说，她"根据自然法修改了你的法律"。（161）因此，在她的思想品质中，一种宗教上合法化的统治形式得到揭示，并且在自然正义的审判席前得到判决。自然正义拥有最终发言权。

　　3. 在孟德斯鸠国家理论方面的主要著作《论法的精神》中，能再次看到一系列出自《信札》的思想，然而新的视角以某种方式改变了对宽容主题的处理，在其他作家那里，这种方式也很显眼，例如在博丹那里，如果人们比较《七人对话录》和《国家六书》的话；或者在蒙田那里，他一方面发展了一种基本的宽容论证，但另一方面却出于政治原因，拒绝宗教争执和宗教革新。（参见上文第十二节和第十三节）在孟德斯鸠这里，情况也是类似的，虽然他没有放弃他对宽容的支持，但是现在，就与横向宽容相对的纵向宽容而言，他作出了明确的保留。在这里，他不仅站在博丹的传统中，而且也站在马基雅维利、政略派，最后还有（尽管是孟德斯鸠所批判的）霍布斯的传统中。因为孟德斯鸠在《论法的精神》中采取的更高阶的视角，是从**政治自由**与**稳定性**的可统一性来看的，更准确地说：法

360　律如何必须一方面符合正义的要求，另一方面符合一个民族的特殊的文化—宗教和气候—自然条件的特征，从而使得一个自由的共同体成为可能，这个共同体所依据的不是恐惧原则（专政），而是德行原则（共和制）或荣誉原则（君主制）。这里又一次出现了对民族和习俗的启蒙了的相对化（尽管是缺乏规范的相对主

义）⑭，然而，这次并非首要地联系于对主体间宽容的辩护，而是联系于**功能性的**问题，即哪种宗教在政治上最有利——因此也就是在何种程度上宽容是有用的，以及根据此种考虑，宽容的界限何在。

在这一点上，培尔再次扮演了重要角色，尽管这一次是这样，即孟德斯鸠使自己脱离培尔。孟德斯鸠在第 24 卷的第一章中明确提出，他——作为"政治家"——只问有用性，而不问宗教真理，在此之后，他讨论了"培尔悖论"，据之"与一种坏的宗教相比，根本没有宗教，危害反而要更小一些"（XXIV，2）。然而，培尔被认为在这里陷入了谬误，因为相反的情况才是正确的：甚至一种偶像崇拜的宗教⑮，也会对人们施加一种"抑制性的影响"——这不仅是对庶民（Bürger），而且也是对诸侯大公（Fürsten）来说的，并且这种偶像崇拜的宗教还作为另一重正义和畏惧的判准，来防止他们违反公民法律（XXIV，2）。而且，宗教与法律能够在这种作用中形成一个整体（XXIV，14），假定人们注意到了它们稳定地指向相同的方向，那就会从而避免那个折腾着霍布斯（虽然孟德斯鸠在这里没有提到他）的难题：对上帝的恐惧大于对主权者的恐惧，因此世俗的法律只是第二位的："如果一个人笃定地相信官方能够施加于他的最严重的惩罚结束之际，就是他的幸福开始之时，那么有什么方法能通过法律约束他呢？"（XXIV，14）虽然孟德斯鸠不愿意接受对这一问题的霍布斯式解决，即一种最低限度的国家宗教，然而，他的提问将他引入了对于政府形式和宗教的"强**统一**"的要求逻辑，这一逻辑为宽容思想设置了某种界限。

因此，**与培尔相反**，孟德斯鸠强调，宗教是国家的一种有用的基础，哪怕是"错误的宗教"（XXIV，19），在政治上也优越于包含着"叛乱精神"（XXIV，2）的无神论。然而，不同于《波斯人信札》，现在是穆斯林的宗教更符合专制的政府形式，而根据孟德斯鸠，基督教则更有助于一种温和的政府。（XXIV，3—6；以及 XIX，18）但是，**与培尔一样**，孟德斯鸠必须始终指出所有宗教的独立的正义内核，它为诸宗教的自由和平相处提供了政治上—规范性的标准："在一个国家，那里的人们不幸拥有一种并非由上帝赋予的宗教，他们必须总是使自己与道德一致，因为他们的宗教虽然是错误的，却能为人们彼此间的正直提供最佳保证。"（XXIV，8）然而，他并没有从中推出更多的结论，这在于他在国家理论方面的稳定视角，以及一种政治上—宗教上的保守主义，而看上去悖谬的是，这种保守主义恰恰出自他对差异的强调。因为如蒙田所做的一样，孟德斯鸠一再强调，实证宗教首先是人的产物，受到许多因素的影响，也受到一个国家的气候的影响（参见 XIV，4 u. 10）。其次，由于宗教、习俗、历史、政府形式和自然环境的协同作用发展出了宗教的多样性，但随之而来的，恰恰也是宗教事务中社会性改革能力的界限。因为如果人们想要避免动乱的话，那么以这样的方式形成的"民族精神"（XIX，4 u. 5）不易改变；不是每种宗教都适合于每个国家（XXIV，24f.）。⑯因

361

此，孟德斯鸠——与《波斯人信札》（Nr.85）**相反**，在那里他还曾提出引入新的教派的优点——支持在宗教革新方面的极端保守：

362　　　　　几乎只有那些不忍耐的宗教，才怀着巨大热情努力开疆拓土，因为一个能够忍耐他者的宗教很少考虑它自己的传播，因此，这是一条非常好的法律，即如果一个国家对已经存在的宗教感到满意，就不要忍耐其他宗教进来。因此，在宗教领域的一切国家法律的最高原则就是：如果人们有权在一个国家接受或者不接受一种新的宗教的话，那么人们就不应该允许它进入；但如果人们已经允许它进入，那么人们就必须忍耐它。（XXV，10）

　　在此又一次变得明显的是，完全局限于宽容的允许提法的国家理论视角，在何种意义上首先出于实用的理由而支持或反对宽容：为了避免内部动乱。因此，只要一个国家已经有所选择，它就不应对革新太宽容——在一个脚注中，孟德斯鸠把基督教作为例外，但只要革新已经开展，那么国家则不应加以制止，因为宗教强制只会引起巨大的仇恨，在一个自由的国家里，不应有宗教强制的位置。（XIX，27；XXV，9）这样，根据这种思考，统治性的宗教总是有一种优先地位，挑战它们太危险（XXV，11）——因此，这是一种宗教的统一性的优先地位。只有在不存在宗教统一性的地方，宽容才出于内部和平的理由，并且由于宗教强制的无果而被要求。（XXV，12）根据孟德斯鸠的想法，一系列更宽泛的宽容考虑会在这样一个国家广为传播，例如孟德斯鸠借一个犹太人之口说出的对交互性和正义的考虑。（XXV，13）除此之外，一个存在着不同宗教的国家，有义务促使这些宗教相互忍耐。（XXV，9）

　　孟德斯鸠没有更深入地探讨，拒绝接受一种新的宗教意味着什么，以及在什么情况下，这种拒绝就成为非法的。由此可能产生的，就是与他对自由国家的其他规定的冲突，即在自由国家中，他支持一种脱离神圣权利和教会权利的世俗司法权（XXVI，1—13），并将亵渎神灵和异端邪说的犯罪行为描绘为要么与国家无关（XII，4），要么——因为，在孟德斯鸠看来，惩罚异端这种权利在原则上并没
363　有争议（XII，5）——是难以判定的，因而他尝试以此来捍卫公民自由："在宗教领域，必须避免刑法。"（XXV，12）

　　因此，不仅在《波斯人信札》的宽容提法与《论法的精神》的宽容提法之间，存在一种由两部著作所采取的不同视角导致的裂隙；而且在国家理论著作本身的内部，也能看到这种裂隙。关于后者，需要注意的是，在孟德斯鸠的自由国家的概念和他的保存条件中，对一个特别的民族的习俗的（从而也就是宗教的）统一性在实用方面的强调，与对一个自由国家的普遍规定之间，存在着一种张力，而这种张力绝非只对孟德斯鸠来说才是典型的，而是此前对政治哲学家如斯宾诺莎

和洛克的讨论就已经表明了的。⑰而关于前者，又一次变得明显的是，一种致力于横向层面上不同信念的人们之间的宽容问题的哲学视角，如何与一种追问国家稳定性的视角区分开来。在其他宽容思想家那里，这两种政治哲学的视角也导致不同的结果：在个人之间被要求的宽容，或者说社会要求的宽容，在纵向方面来看似乎是不再可能的，因为在这里，在对培尔悖论的拒绝中，所提倡的是一种更强的伦理—习俗的公民统一性，而从中得出的是，国家需要一种宗教基础。

4. 在这一背景下可以看到的是，恰恰在让-雅克·卢梭那里——凭借他的公民政治自治的思想，他拿到了对横向宽容与纵向宽容的关系之新规定的重要钥匙，同样出现了对宽容问题的主体间—道德上的思考与国家理论上的思考之间的裂隙，虽然它形式上与孟德斯鸠不同。

如同在霍布斯那里一样（这一点与卢梭联系起来时会更显眼），在对卢梭政治哲学的解释中，同样也经常忽略的是，宽容难题，或者更准确地说：克服宽容之 364
难题，在他的著作中处在多么中心的位置；而一旦涉及这一问题，大多数情况下被纳入考虑的是《社会契约论》中关于**公民宗教**（*religion civile*）的章节⑱，然而，这只是卢梭对宽容问题进行处理的复杂全貌的一个片段。在其早期的著作中，对宗教狂热的斗争，已经构成了卢梭的一个核心关切，并且他在其中说到了他自己，他和每个人一样，有他的狂热："宽容的狂热。"⑲这如何在他的作品中得到反映，在下面会得到重构，问题的核心点在于，卢梭如何将他的"自然宗教"观念——与百科全书派相比，这种"自然宗教"与其说是理性宗教，不如说是感性宗教——置于一方面与实证宗教，另一方面与道德和政治基础的关系中。

在这个问题上具有特别意义的，是"自然道德"与"自然宗教"之间的关系，卢梭在《论下列问题：科学与艺术的复兴是否有助于敦风化俗》（*Abhandlung über die Frage，ob die Wiederherstellung der Wissenschaften und Künste zur Läuterung der Sitten beigetragen hat*）（1750 年）的语境中，已经着手处理这一关系。在那里，他从一种自然的德性（Tugendhaftigkeit）出发，其原则"铭刻在一切心灵中"，为了听到这一原则，人们必须倾听的，只是那种超越于激情和社会观点的"良知的声音"⑳，然而在一份辩词（1751 年）中，他将之与如下说明联系起来，即他对科学的批判和对自然风俗的强调，绝非想要批判基督教，而不过是想要批判脱离了"福音书那种崇高质朴"的"经院式钻牛角尖"。㉑这里已经可以联想到源始的、非教条的、道德内核的基督教与自然德行之间的结合，这在后来的作品中表现为一个基本主题，并且将卢梭引向对这种学说在各种宗教争执中的异化的批判，这些宗教争执持续地 365
引发新的冲突和异端规定，以及由此而来的仇恨和暴力，但没有任何社会价值："我们都变成了博士，而不再是基督徒。"㉒对于虔敬的生活方式来说，仅靠福音就足够了，不需要更多的博学或权威。我们从中可以看出卢梭宗教理解的新教要件，他的生命被打上了他的时代的宗教冲突的烙印：他在 16 岁时离开了加尔文主义的日内瓦，通过在都灵的一家临终安养院——在德·华伦夫人的影响下——改宗天主教，如他后来在《爱弥儿》中谈到转宗者时所说，他"用他的宗教换取每天的面包"㉓，而如他在《忏悔录》第二卷中所说，他由于怀疑这种做法，而觉得这是一种强制。1754 年，他才正式回归了加尔文宗，并且重新获得了他非常看重的日内瓦公民权——然而他随后遇到的却是，《爱弥儿》不仅于 1762 年在天主教法国，而且（和《社会契约论》一起）在宗教改革的日内瓦也被列入禁书目录，并被焚毁。

宗教与道德的关系，在卢梭的其他作品中有更细致的规定，例如卢梭在《论人类不平等的起源和基础》（1755 年）中，并没有把道德行动力奠基于理性能力，而是奠基于"同情"这种自然的感情㉔；又如在他致伏尔泰的著名书信（1756 年）中，他反对伏尔泰由于里斯本地震而对宗教和形而上学上乐观主义的批判，并且引证信仰在仁慈的上帝那里获得的希望和安慰，为这种乐观主义辩护。为了"理性的平衡（Gleichgewicht）"，必须加以"希望的重量（Gewicht）"。㉕像培尔一样，卢梭支持一种信仰主义的信仰，虽然它并不反对理性，但也意识到自己不能被理性所要求；然而，超出了培尔的，是卢梭的这种见解，即信仰符合人类情感的需要。这把他带向一种自然内核宗教，这种宗教反过来又可能被联系于不同的实证宗教，同时把他带向一种在信仰的主体内在性方面得到突出的宽容奠基方式。他这样对伏尔泰写道：

> 可是，像您一样，让我生气的是，每一个人的信仰没有享有最全面的自由，有人竟敢监视他当然不可能渗透进入的信仰的最内在之处，仿佛对于那些没有任何证据的事情的信仰或不信仰，居然可以由我们来决定似的，仿佛人们随时都能把理性限制在权威之下似的。现世的诸君王也有对他人的监视吗？他们有权利在此岸折磨他们的臣民，以强力驱使他们进入天堂吗？没有，每个人类政府根据其本性只能在公民义务上去限制人……㉖

在这里，对宗教感情和信仰的主体性和不可影响性的强调，完全在洛克的意义上推出了对国家权威的一种限制，然而卢梭立即补充道：

> 我承认，有一种表明信仰的方式可以受到法律的规定，可是，除了道德学说（Sittenlehre）和自然权利的原则以外，这种信仰方式都必须被完全否认，因为可能会有攻击社会基柱（Grundsäulen）的宗教，因而人们必须着手消除这种宗教，以保证国家的和平。在这些应当被谴责的原理中，不忍耐（Undu-ldsamkeit）无可争议地是最可恶的，可是，人们必须在它的起源处来把握它，

366

因为最嗜血成性的狂热信徒善于随气运改换言辞，当他们并非更强大的一方时，他们传道时就一派耐心与温柔。……但是，如果有不忍耐的无信仰者想要强制大众什么也不去信仰，我将比对待那些强制所有人去信仰他们所满意的东西的人更加严厉地驱逐他们。㉗

卢梭在这里第一次概述了公民宗教思想，它将在《社会契约论》中再次出现。这一思想显示了他的"宽容的狂热"，即他对所谓宗教狂热的狂热反对，促使他去向何处：不仅（a）去向自然宗教的一种信仰主义提法，相比于一种理性宗教，如伏尔泰的理性宗教，它为可见的实证宗教开展了更多的理解，而且（b）去向一种 367 政治上最低限度的宗教，它一方面排除了不宽容，另一方面在一种宗教基础上建立了国家本身。因此，相对于伏尔泰的"人的教理问答"，卢梭要求一种"公民的教理问答"。然而，正如从这两段引文中可以看出的，这里有一种冲突：因为一种非教条的自然的宗教和道德的观念，导致对彼此宽容和主体良知自由的要求，而在公共的公民宗教的提法中，这种良知自由显然受到了质疑。为了澄清这一冲突，需要关注的是，卢梭如何发展出了他的宽容学说的双重要件。

（a）在卢梭致达朗贝尔的信（1758 年）中，他为了他在百科全书中的"日内瓦"词条而批评达朗贝尔，因为达朗贝尔（除了建议设立循规蹈矩的剧院外）称赞日内瓦的神职人员通过支持一种近乎自然神论的或索齐尼派的立场，而克服了他们的不宽容。这封信标志着卢梭与百科全书派最终的决裂，卢梭确认日内瓦的教士是宽容的（他后来又收回了这一观点），但没有看到任何理由把他们称为自然神论者。他认为以这种方式简化宗教而使之宽容，是没有必要的，而且把在别人眼中可能使他们成为异端的标签贴在别人身上，也无助于宽容。㉘相反，在诸宗教之间宽容是可能的，只要考虑到理性在信仰问题中的界限，如卢梭所解释的：

我相信，我看到了一种原则，如果它能得到尽可能好的展示，它立即就能从不忍耐和迷信手中夺下武器，并且平息宣教者的怒火，这怒火看上去让无信仰者受够了。这一原则在于，理性缺乏得到良好规定的普遍尺度，而没有一个人可以用他的理性作为别人理性的标准。……精神的世界满是不可理解而又无可争议的种种真理，就连几何学也不例外，因为，证明了它们之存在的理性，不能越过限制着它的界限，去触碰所谓的真理，而只能感知（wahrnehmen）这些真理。这样一种学说，就是关于上帝存在的学说，这样的真理，就是在新教圣餐中被允许的神秘。这些神秘违背理性，用达朗贝尔先 368 生的话来说，它们是一种完全别样的事情。它们的矛盾本身让它们返回到理性的界限内，理性具有每一种可设想的优点，以表明不存在神秘，因为尽管人们不可能看到一件荒谬的事情，但是没有什么比荒谬本身更清楚可见了。㉙

随着对理性界限的包含作用和排除作用的强调，卢梭给强制信仰的不合法性的原则进行了奠基，按照卢梭的看法，这一原则有效地支持和反对每一个承认它本身的宗教。最终只有上帝能判决，什么是真正的信仰。[30]因此，这里的宽容提法并不用归约到一种理性宗教上，由此来换取宽容。

同时，在非教条的、首先朝向伦理—道德的"自然宗教"与实证宗教和教派（在这里即卢梭所选择的加尔文派）之间，仍然存在明显的紧张，直到他关于宗教宽容的最著名的文本，《爱弥儿》（1762 年）第四卷中的"萨瓦牧师的信仰告白"，卢梭才准备解决这一紧张。按照卢梭本人的评价，这是"本世纪最好的和最有用的作品"，因为他假装自己只是这部作品的"出版者"。[31]牧师首先向对于宗教产生怀疑的异教徒少年阐述他的自然宗教提法，以便接着为接受一种实证宗教的动机奠基。根据牧师的说法，要为他的信仰的三个信条奠基，以质疑和摧毁为首要功能的理性是不够的；更重要的是，时时跟随本己的"内在之光"[32]，并且在某种内在良知中看到这三个信条，即意志使宇宙运动，"根据一定法则运动的物质"表明"一种智慧"，以及人是"由一种非物质实体激活的"。[33]这样，出现了一种似乎以自然的方式超越于诸教义与教派的宗教；任何获得更多确定性和规定性的尝试都失败了，并且只会导致不可解决的争执："我在它的造物中感知到它；我觉得它在我之中，我在我周围到处都看到它；但是，只要我想就其自身来思考它时，当我想寻找它在何处，想知道它是什么，它有什么样的实体时，它就脱离了我，我茫然若失的心灵就什么也不识了。"[34]

因此，在理智把握的界限处，信仰开始了，它的真理不能被**证明**（beweisen），但可以在实践上得到**彰显**（erweisen）：首先在道德的行动中，因为良知是这样一种判准，上帝通过它向世人说话，并且把正义和配享幸福结合起来。道德行为的规则是"由自然以不可磨灭的文字写在我的心底的""良知从不欺骗"。[35]卢梭在这里补充了他的自然德行学说，但是是这样的，即，既然良知成了上帝与道德之间的联结环节：它之所以从不欺骗，是因为它的行为"不是判断，而是感觉"，由上帝引导的感觉：

> 良知！良知！神圣的本能，永恒的天国的声音，无知与受限但又理性与自由的存在者的可靠的引导者；对于善恶的不偏不倚的法官；是你，是你使人接近于神，给予人的本性以完美，给予人的行动以道德；没有你，我就感受不到我身上有什么东西使我优于动物，而只能感到一种可悲的优先权，即通过一种无序的认知能力，和一种失去原则的理性而不断犯错的优先权。[36]

从哲学的怀疑中解放出来，良知不仅把人引导向上帝，而且把人引导向道德，因为"如果没有上帝，恶人就是唯一正确的，而善人则是呆瓜"[37]。虽然卢梭这样成就了非教条的自然宗教性（Religiösität）与道德原则提法的结合，其代价是否定了独立于宗教的道德，但这种独立的道德在这两篇**论文**中至少曾经显得是可能的；现在的说法却成了："对所有宗教的遗忘导致对人的义务的遗忘"[38]，而培尔式有德行的无神论者的可能性被推远了（这在他对国家理论方面的宽容的思考具有重要意义）。然而，这样一来所获得的，是一种超越了实证宗教的，但仍然在基督教内得到完善的普遍正义观念，[39]这一观念构成了宗教宽容的基础。它允许超出教条的"启示之空想"，承认内在祈祷的优先性，并且彼此忍耐。[40]

但是，这里得出的是已经提到过的难题，即如果人们像那个牧师所说的那样，为了生活得好和生活得虔诚，而除了自然宗教什么都不需要，那么在这种情况下，那些相对而言包含"更多"的宗教，为什么应该被忍耐？对于这些看起来像纯粹历史产物的东西，除了说它们是习惯或迷信，还能说什么呢？牧师就此给出的回答，区分了诸宗教的普遍内核与它们的特殊形式，即具体的崇拜上帝的形式，由此，声称一种宗教肯定是真实的宗教，就是多余的了。尽管如此，在它们历史地扎根其中的各自不同的社会中，这些形式仍然是有效的，于是，生活于这样的语境中就意味着，不仅要**承受**（hinnehmen）这些形式，而且本身要**承担**（annehmen）这些形式。牧师这样论述他自己对于基督教宗教的信仰决心，即所有他的关于最好宗教的研究，"都曾是没有结果的，并且将总是没有结果，我沉入了无边苦海"，因此"我回头是岸，把我的信仰限制于我的那些源始观念"[41]。虽然内在的祈祷和履行道德义务在宗教方面仍然是本质性的，但宗教也需要外在的形式，而这些应该根据各个国家的习俗来调整。

> 我把所有各种宗教都看作与许多有益的制度一样，它们在每一个国家中通过一种公共的礼拜来规定上帝崇拜的某种统一方式，所有这些宗教的合理之处就在于气候、政治、民族的精神气质或者某种其他的地方原因，这些原因根据位置和时间因素而优于其他原因。[42]

这样，卢梭把孟德斯鸠的洞见置于特殊的宗教模型的条件性和适用性中，这与蒙田的著名思想联结了起来，即把真理之怀疑扩展到一个国家的制度化宗教之上，并且不去服从它，这是一种傲慢的标志。正是在这一点上，蒙田的怀疑主义转向了社会—宗教的保守主义。在卢梭那里，情况是类似的，尽管牧师劝那个原先是天主教徒的异教徒返回他的祖国，并且承担他父辈的宗教，因为"这种宗教是非常朴实与非常神圣的；我认为在世间所有宗教中，它的道德是最纯粹的，并且它最符合理性"[43]。但在这个时候，他没能克制他对新教的偏袒。因此，对自然宗教的非教条特征的强调，在对所有宗教彼此忍耐的要求中突然走样了，在"尊重"**各个**在一个国家**有效的**宗教和"它所规定的"[44]公开的礼拜的要求中，所有宗教显示出这一内核："上帝意愿在精神和真理中被崇拜——这是所有宗教、所有民族、所有人的职责。既然外在的礼拜必须为了良好秩序而统一，那么，问题就在于外在的秩序（*une affaire de police*），为此不需要任何启示。"[45]这段引文表明，意图批判宗教的评论，即礼拜的外在秩序不应来自上帝，而是仅由当局来规定，如何变成了一种不把礼拜的自由算作被要求的良知自由的意见。只要"内在的上帝崇拜"得到保持，并且在这个领域内不存在任何不宽容，卢梭就承认要求**外在一致性**的世俗权力："一个人信奉并热爱他的国家的宗教的义务，并不延伸到那种与真正的美德相悖的教义，例如不宽容的教义。"[46]以这样一种义务观念，卢梭加入了一长串伊拉斯图式思想家的队伍，其中不仅有蒙田，他把对于那些偏离了正统宗教的人的必要宽容限制于私人活动（*exercitium privatum*）中，而且有利普修斯，他区分了私人的信仰（*fides*）和公开的告白（*confessio*），还有胡克在礼仪的无关紧要之事（*adiaphora*）问题方面的外在的一致性（*outward conformity*）的观念，以及斯宾诺莎对思想自由与礼拜自由的分离——当然还有霍布斯，除了以上这些之外，他认为一种由主权者建立的核心宗教是必要的。这恰恰也是卢梭迈出的一步，它与霍布斯有着同样的动机：消除不宽容。

（b）《社会契约论》的最后一章，即关于**公民宗教**的一章，呈现了国家的、纵向的宽容提法之形成的最后阶段，这种提法显露出与主体间的宽容提法之间的一道裂隙，后者是由非教条的自然宗教观念（与对理性之界限和彼此尊重的强调相结合）所导致的。在此进行联结的环节，就是理性与道德的联结；在《爱弥儿》中，卢梭就曾参考培尔而注意到，虽然宗教狂热确实比无神论更糟糕，但是，无神论"腐蚀着每个社会的地基"。[47]

正是霍布斯政治自治提法的逻辑，把卢梭引向了普遍有效的公民宗教的观念，这种观念无意规定**外在**的礼拜，而是意在形成并贯彻自然宗教在伦理—道德上的**内在**内容，以使对上帝的爱和对法律的爱能够互补，而非相互冲突，这种冲突被卢梭与霍布斯认为是国家的主要弊端。霍布斯试图通过缔结契约实现一个政治体，这个政治体有**一种**意志，只有它才指引规范性的方向，并对现世的正义问题具有最终话语权，而卢梭也的确试图做到这一点，为此他像霍布斯一样，规定了个体及其权利向共同体的"全面让渡"，使得所有人做同样的事，但是，在这里（霍布斯仅仅在理论上规定的）主权被定位在所有如此实现的共同体的新实体中，这个道德的与集体的共同体（*corps moral et collectif*），一个"道德共同体"，它"通过这同样的行为获得了它的统一性、它的共同体的大我，它的生命和它的意志"[48]。它的生命的灵丹妙药，不再是霍布斯那里的恐惧，而是道德的决心（*Bereitschaft*），即决心服从只由它本身给出的法律，并且在制定法律时，将个人意志置于公意之下［区别于自然法或实证法之下的"自然的"自由，以及"公民的"自由，卢梭称之为"道德的自由"（*liberté morale*）］。[49]以严格的相互—普遍的方式才能实现的这种意志，只能是**唯一的**意志，且是不容争议的意志，只要它以正确的方式过滤了个别兴趣而得到确定。因此，虽然卢梭希望以这种方式获得普遍法律之统治的形式中的、得到彼此辩护的公共理性，但他将公民的道德洞见视为这种统治的必要前提，这使得他思考宗教的作用。

在这里又出现了上文提到的、关于他给伏尔泰的信中表达的、与政治权威相对的主体良知的自由和一种公民宗教之间的紧张，而且情况是这样的，卢梭明确地跟随霍布斯——那个"唯一一个正确地看出了弊病及其治疗方式的人，并且他敢于提议把鹰的两个头重新结合在一起，在政治的统一基础上重建一切"[50]，要求将两个王国的分离**撤回**到上帝与法律之间的根本冲突不再出现为止。就在这同一个地方，卢梭同样明确地说，他因此反对培尔，以及国家可以离开宗教基础而存在的观念。

相应地，卢梭从政治角度把宗教分为三类或四类：人类的宗教、市民的宗教（die Religion des Bürgers）、牧师宗教和最后一种作为前三者之不完全综合的公民宗教（Zivilreligion）。其中的第三种（卢梭在这里看到的是天主教）是最糟糕的，因为它分裂主权，并且让人们服从两种不同的法律。第一种宗教符合非教条的、限制于内在礼拜的自然的基督教宗教。它的优点是，它包含一种普遍的人性的道德，并且免于迷信，但它的缺点是，它"与政治团体没有一丝关联"，以至于它不仅不对国家法律起到促进作用，而且使"公民的心灵"疏远于国家法律。[51]它的王国不在此世，因而它在世界上并不合适，并且随时会为暴君作伥。反之，第二种宗教符合一种神权政体（Theokratie），在其中，君王（Fürst）就是教主（Hohepriester），并且诸神只为这一特别的国家而存在，由此所有其他民族都成为了无信仰者和敌人。根据卢梭，这种宗教形式有优点，能够统一"对上帝的崇拜与对法律的热爱"[52]，然而，它会因此引起偶像崇拜和迷信，以及对外的不宽容。因此，需要结合人类宗教与市民宗教的优点，排除它们的缺点，而这正是**公民宗教**（religion civile）应当做到的。

卢梭通过宗教自由的下述规定来说明，这必须是一种"纯粹的公民的信仰告白"，"其条款应由主权者规定"，并且是"作为社会性的感情"（sentiments de sociabilité）[53]，凭借这一规定，他对"全面让渡"的说法进行了一定程度的相对化：

> 社会契约所赋予主权者统治臣民的权利，如我已经说过的，不能超出公共利益的界限。臣民们的意见所应遵从于主权者的，也限于那些明显与集体有关系的意见。现在对于国家来说，当然非常重要的是，每个公民都有一个宗教，一个可以使他热爱他的义务的宗教；但是这种宗教的教义，只有在关乎道德和义务——而宣扬这种宗教的人对别人也履行这种道德和义务——时，才与国家和国家成员有关。此外，每个人都可以有他自己喜欢的意见，主权

374

者不能对此加以过问。因为主权者对于另一个世界根本无能为力，所以只要臣民在此世是好公民，则他们在来世命运如何，就不是主权者的事了。[54]

卢梭在这里的论证类似于斯宾诺莎：原则上，没有任何脱离主权者的自然法，但是主权者的权限止于不再关涉公民现世生命的信念之处。完全像霍布斯一样，卢梭补充说，主权者可以要求所有公民有义务肯定公民信仰告白，但是，由于它的实际有效性的界限，公民并没有义务也去信仰它。主权者可以惩罚不信仰公民宗教的人，但不是出于宗教理由，而是出于政治理由："因为反社会和不能真诚地热爱法律和正义，不能在义务必须的情况下牺牲自己的生命。"[55]同样，他可以处死只是假装对此信仰，但行为却与其宣称相反的人。

根据卢梭的看法，公民宗教可以与一系列广泛的宗教信仰相统一，但在这种统一中也形成了它们的交集。这种宗教的实定教义包括全能的、睿智的、仁慈的上帝的存在，来生，正直人的幸福，"以及社会契约和法律的神圣性"[56]。由此可见，这在一方面构成卢梭"自然宗教"的内核，但另一方面，这也是一种特殊的基督教宗教的提法。卢梭提出，不宽容要作为唯一的否定教义；不宽容在任何情况下都不被许可。就不宽容而言，卢梭所理解的不仅是"公民的不宽容"，而且是"宗教的不宽容"，因为不同于狄德罗[57]，他认为这两者不可分离。"人们不可能和那些他们认为不能上天堂的（unselig）人和平相处；爱这些人，意味着恨对他们进行惩罚的上帝；人们必须绝对地要么使他们转变信仰，要么折磨他们。"[58]因此，谁要是声称教会之外没有拯救，谁就会被驱逐出国家（只要国家与教会并不一致）。[59]然而，卢梭在这里并没有在两种教条主义的不宽容之间作出充分的区分：一种是坚持自己的真理而谴责别的真理，但与此同时注意到理性的界限和相互间道德的界限；另一种则不承认这些界限，并且自认为是合法地和有责任地进行强制。

不过，清楚的是，在这一语境中他的"宽容的狂热"会得出什么结果：把这些人全部驱逐出国家，即（a）像无神论者一样不接受这种宗教的人，（b）违反核心原则的人，他们否认上帝的某个特征——"全能、全知、仁慈、睿智和关心"，或否认关于来生的教义，或者（c）像天主教徒一样承认一个另外的主权者，或者信仰唯一能救世的教会并且意愿贯彻它的人。因此，如卢梭所说，宽容的界限不仅沿着一条道德—政治的线；宽容的界限而是如在其他许多人那里一样，被划在这样一个地方，在那里"普遍要求的"、所谓的"最小的"宗教突变为一种个别的基督教的宗教，在那里它作为国家宗教，包含着具有约束力的合法效力。无疑，卢梭的意图是以此终结不宽容，然而他的国家的公民，或者说，那些在这个基础上被视为异见者的人，却为此付出了高昂的代价。虽然他不像霍布斯那样设想政治上的礼拜仪式，也没有使主权者成为教主，但是他的努力在于巩固并确保国家的政治—道德统一性和公意在宗教帮助下的最终权威。

卢梭在《社会契约论》中没有提及，但在《爱弥儿》中可以看到的，是一种共同的**外在**礼拜的约束性，这也出现在他用来抗辩他的书籍在法国和日内瓦的被禁的两份辩词中。在他致巴黎大主教博蒙特（Beaumont）的信（1763 年）中，他又一次阐明他的宗教学说，既针对宗教狂热，也同样针对关于他不信神的指责："我是基督徒，并非作为神父的门徒，而是作为耶稣基督的门徒。我的导师很少纠结教义，而是更多地重视对义务的遵守。"[60]个人的内在的真诚和道德高于教义；人们就一种宗教在道德上的作用，特别是就其宽容能力，来辨认这种宗教的品质。[61]至于政治，则（只有）当事关道德和遵守法律时，国家才有权利监管公民的信仰，卢梭补充道："进一步，国家形式必须被关注，我总是非常坚持这一点。"[62]而且，他对以共同的"人类的和社会的宗教"为基础的相互的、公民的宽容所作的辩护结束于如下呼吁：

> 争执不再关于你们的礼拜的优先性。它们全都是好的，只要它们是由法律规定，并且包含本质性的宗教；但如果它们不包含这种宗教，那么它们就不好。礼拜方式是宗教的外在秩序，而非宗教的本质，主权者的事情是在他的国家安排这种外在秩序。[63]

在这里，卢梭明确地把国家调节权的学说归为"次要之事"，它尽管带来了外在一致性，但也允准了"内在信念"。但是宽容就意味着，只要他们没有要求自己的公开礼拜，那么一切"不一致者"都要被忍耐；他们作为根据**允许提法**的条件被忍耐的少数派，在任何情况下都保留着私人活动（*exercitium privatum*）的自由。实际上，卢梭与孟德斯鸠（以及博丹）一样说道：

> 我相信，一个正直的人在任何一个他所正直地拥抱的宗教中，都可以升入天堂。但是，我并不因此相信，人们可以不经主权者的许可就向一个国家引入外国宗教，因为，虽然这不直接是对上帝的不服从，但是这是对法律的不服从，而谁不服从法律，谁就是不服从上帝。但是，至于那些在一个国家中已经被引入或已经被忍耐的宗教，若要在那个国家以暴力根除它们，则是不合法的，是残暴的，迫害这些宗教的信徒，主权者伤害的将是他自己。……既不应允许多样的礼拜形式，但也不应禁止那些已经被引入的……[64]

卢梭准备好了接受由此而来的不可避免的结论，即胡格诺派一开始并没有权利在法国被忍耐，而在他们通过《南特赦令》被承认为国家的一部分之后，才获得了这种权利；他甚至纯粹基于对"国家的明智的考虑"，表达出对于这种尝试一定的理解，即为了消除动荡而除掉新教领袖的尝试。[65]与之相反，所有更进一步的

377

378

镇压都是不明智的。然而，这样的话，确保国家统一的尝试就会为了消除动乱和不宽容而颠倒，最终转向它的反面：卢梭的国家理论驳回了他起初对于一种自然宗教的请求。

在他的《山中来信》（1764 年）中——在其中，他回应了日内瓦议会（Rat）对他的作品令他特别痛心的判决，他表达了他的不理解，他不理解为何他在《社会契约论》中树立为榜样的共和国会审判他。[66] 在这里，他又一次概述了他的宗教观念。除了仪式，也就是礼拜的形式，他区分了宗教的两个部分，信仰教义和道德。主权者的事情不在于去判断思辨的信仰教义；信仰教义只关涉每一个个人。但是，在信仰教义涉及道德的地方，"对自然的实证法律的服从，公民的德行，和人类与公民的所有义务，对这些进行判断是政府的事"，以便防止对社会有害的意见。[67] 同样，世俗权力的权威包含"对礼拜的外在形式进行规定"。根据卢梭，这是宽容的国家理论一面，它根据萨瓦牧师的信仰告白，在自然宗教的基础上，使宽容的德行成为公民的义务。[68]

同时，在国家理论层面和公民层面这两个层面上，这种宽容提法的弱点变得明确起来，在两种情况下，都是致命的**同一性逻辑**导致对宽容的限制。根据这种逻辑，只有在道德—宗教上取得一致的全体公民，才能通过一个意志和一个同一性人格，形成一个道德的与集体的共同体（*corps moral et collectif*），而非教条主义的自然宗教，才能变成一种具有普遍约束性的实定教义和否定教义的公民宗教，这些教义宣布某些宗教和形而上学观点的辩护者为"坏公民"，他们不被宽容。这种逻辑的起源，一方面在于霍布斯的订约的国家思想，另一方面在于一种试图驳回培尔悖论的，对道德和宗教的结合。

根据第二种宗教的同一性逻辑，尽管存在萨瓦牧师的调停尝试，以及自然神论的理性宗教的批判，在与现有宗教和教派的竞争中，"自然的"核心信仰还是在于其对于实证宗教的中立态度的要求，以至于现有宗教和教派在地位上重又沦为单纯的无关紧要之事。然而，这样一来，对于现有宗教和教派的尊重就变得困难了，因为它们似乎被归于单纯的信仰习俗主义（Glaubenskonventionalismus）；而在政治上的结果，不仅是已经提到的公民宗教，而且还有主权者在"外在的"事务和一致性的强制方面的调节权限。

另一方面，卢梭的著作进一步包含着相互反对的端倪（Ansätze），这些端倪不仅出现在更高的正义观念中，以及在信仰与理性之差异的观念中，而且特别地基于一种政治上自身规定的思想，这种自身规定经由相互和普遍地在"公共理性"媒介中得到辩护的法律而实现，根据这种合法性模式，这种法律将会排除任何一种不公正的宗教偏好，并且将强制那些被视为不可允许的事情。于是就会出现这种可能性，即市民中间的公民宽容（die zivile Toleranz）与国家的宽容的结合：其方式是通过在具有不同信仰信念的权利平等的市民中间对法律进行"横向"辩护的程序。但卢梭本人并没有走上这条道路，它克服允许提法，从而通向政治上的尊重提法。

第二十节　理性宗教与克服不宽容

1. 比较卢梭与他的著名对手，弗朗西斯－马利·阿鲁埃（François-Marie Arouet），亦即伏尔泰，就可表明法国启蒙思想家们对于宽容主题意义重大的区别和共性。因为，虽然他们的观点彼此差距如此之大（关于道德的本质是情感还是理性，关于与一种理性宗教相对的"自然的"宗教，关于科学与艺术对于社会进步的贡献，关于社会平等的可能性和可欲性，关于民主的优越性或开明专制主义的优越性，关于爱国主义和世界主义），但是他们一致同意，时代最重要的任务，是对宗教狂热的战斗，对此有效的手段是一种非教条的宗教，其本质上包含所有人（和公民）的道德义务。然而，在伏尔泰那里（在那里，18 世纪中期欧洲启蒙运动发现了它最具影响力的和最能言善辩的声音），比在模棱两可的卢梭那里，启蒙者的形象更清晰地呈现在光天化日之下：他在他的一封信中所签写的斗争格言"消灭败类"（écrasez l'infâme）中想要表达的是，通向克服迷信和不宽容的唯一道路，就是与实证宗教的统治地位作斗争。为此，对信仰冲突之荒谬与野蛮的理性洞见是必要的，根据伏尔泰的信念，这些信仰冲突**什么也没有**扭转。没有第二个人能像伏尔泰一样，他因在他的文学著作和哲学作品中揭露这种荒谬，而一方面成为受到迫害和禁止的作家，另一方面成为受到赞誉的作家；无论何时，宗教的辩护者一说话，就显示出盲目迷信、愚蠢的自我评价和权力欲的混合，而按照伏尔泰的说法，这催生了不宽容。[69] 对此，培尔还不得不满怀着愤怒与之斗争，尽管他也同样使用反讽的武器，而在伏尔泰这里，这些完全变成了尖刻嘲讽的对象。众所周知，伏尔泰时代的社会状况已经如此不同，连"狂热者"堂吉诃德都陷入了守势，如伏尔泰所感兴趣的案例所显示的。还有一种新的、更加尖锐的语调，使得不仅神学家，而且像莱布尼茨这样的哲学家，例如在《老实人》（Candide）（1759 年）中——伏尔泰在其中也回应了卢梭对关于里斯本大地震的诗歌的反对，成为了被嘲笑的形象。例如（那本书第六章）对"人们怎样举办功德大会禳解地震"的描述，意在比哲学家们的论文更有效地质疑流传下来的宗教政治统治的观念和做法，尽管伏尔泰自己也写过哲学论文。

伏尔泰确信，宗教狂热的不宽容是一种病，它源自一种扭曲的宗教观。而只有通过启蒙，即理性的涤除，这种病才能被治愈，如他在其《哲学辞典》（1764 年）

中所说："一旦宗教狂热主义感染了头脑，这病几乎就不可治愈了。……对于这种流行病，除了哲学的精神，别无他法，只要哲学的精神逐渐传播开来，最终人的风俗就会净化，恶的出现就会得到预防；……。"[70]在另一处，他注意到，只有独立的思想才有助于对付不宽容这种"狂犬病"，克服偏见和迷信。[71]他因此意识到了启蒙的界限和这场战斗的旷日持久："你应该如何反驳这样一个人，他说相比服从于人，他更愿意服从上帝，并因此确信，他如果杀掉你，就能进入天堂。"[72]

只要不宽容的"疯狂"源自一种被污染了的宗教，那么它就绝不会通过自身启蒙了的理性而走向一切宗教的"毁灭"和无神论；毋宁说，它走向了一种**纯粹宗教**（这是大多数启蒙者的一个决定性特征）。根据他的自然神论宗教观（他称之为"有神论"，以强调其道德—实践特点），这种纯粹宗教在所有宗教中是第一位的；按照它，上帝是"普遍的世界理性的主人"，而且其最高命令是"崇拜我，做义人"[73]。这种宗教当然不是一种普遍的—道德的、非教条的核心宗教，它与其他的实证宗教各自结合，如卢梭（有时）所想的那样；毋宁说，它为各种实证宗教 382 呈现了**唯一的理性选项**。如果所有人都"跟随他们质朴的理性，那么世界上就只有像我们一样的人"[74]。这种宗教的教义极其简单："我们谴责无神论，我们憎恶每种野蛮的迷信，我们爱上帝和人类；这就是我们的信仰原则。"[75]从这一立场出发，现存的宗教和教派所表现的，就只是在历史上形成的，并且经常被误用的迷误；与之相反，理性宗教则是"神圣的和唯一的宗教"[76]。可以这样说，它是唯一能够在自己面前保护自己的宗教，因为它蕴含着一种普遍的道德，以及一种免于争议性的教义、《圣经》信仰或启示的上帝信仰，此外，它还能不与科学知识相矛盾，因为"在整个自然中显露自身"的神圣计划是理性的和有序的。[77]伏尔泰雄辩地表达了这种宗教的不可替代性，明确了这里不只关乎核心宗教或替代宗教，而且还提出了一种**绝对的**要求："所有宗教都并非有意地向有神论致敬，哪怕它们迫害有神论。它们是流入污泥之地的腐水，但源头是纯净的。"[78]

这十分接近培尔对迷信的批判，而伏尔泰在许多地方为之辩护[79]，但这与培尔对信仰与理性的关系规定完全不同。根据培尔，即使理性也形成支持理性宗教的框架，但理性既不反对，也不支持一般宗教或某种宗教，而根据伏尔泰，理性明确地支持一种，或者说唯一一种理性宗教。因此，他的目标不是把宗教带入宽容的洞见；他想要在融入唯一真正非教条的宗教的意义上，把宗教"带向理性"。伏尔泰认为，只有这样，才能斩除不宽容之根："因此我们的宗教……是唯一普遍的 383 宗教，就像它是最古老的宗教和唯一神圣的宗教。"[80]显而易见的是：这一克服不宽容的规划还将受缚于那一个普遍有效的宗教之理想。

尽管这种有神论的宗教是如此的非教条，但清楚的是，一方面，它拒绝比如唯物主义者们所辩护的、无神论的"愚蠢"，另一方面，它的道德戒律遵守的，是正义的上帝的指令和批准。净化所有人的"纯粹的宗教"，源于一种要求在个人良知中发言的"纯粹的道德"[81]。有神论"最重要的原则"是:"道德在所有人那里都是一样的,因此它来自上帝;礼拜的形式是多样的,因此它是人的产物。"[82]这种道德所谴责的最大的罪恶之一,就是不宽容与信仰强制的罪恶,这样,宽容的(tolerant)宗教的观念,或者更确切地说,**宽容之宗教**(die *Religion der Toleranz*)的观念,以归约的方式完成了。这样的一种宗教,它使得人们"统一而非分裂;这样一种宗教,它不属于任何派别,它塑造有德行的公民,而不塑造愚蠢的经院学者,一种宽容之宗教,而非镇压之宗教;这样一种宗教,它说,法律之规定要爱上帝和邻人,而不是让上帝成为暴君,让邻人成为牺牲"[83]。

这样,正如伏尔泰自己注意到的那样,与培尔相比的一种进一步的、在宽容问题域中的重要差异变得清楚了。虽然在《哲学辞典》的"无神论"词条中,伏尔泰赞同培尔,认为宗教狂热是比无神论更糟糕的罪恶,但他也拒绝培尔悖论,即一个无神论者的社会可以持存;伏尔泰也采用了在更高的正义与现世的正义行动之间建立联系这种经典论证思路,它在"洛克之忧"那里也是主导性的:"很清楚,誓言必须是神圣的,人们应该更信任那些相信虚假誓言会受到惩罚的人,而非那些相信虚假誓言不会受到惩罚的人。毋庸置疑,对于一个文明的社会来说,即使一种糟糕的宗教,也比没有宗教要有益得多。"[84]因此,伏尔泰不仅持有宗教与道德之间构成性关系的观点,在考虑到国家理论方面时,他也转到实用主义—策略的层面,并提出,有一个奖赏正义、惩罚邪恶的上帝,哪怕是一个传统理解的上帝,对于庶民大众和对于王侯将相都一样是"绝对必要的"[85]。 384

至于宽容奠基方式的问题,首先要坚持的是,伏尔泰的启蒙计划最开始是一项通过理性的宗教(和道德)**克服不宽容**的计划,其次才是一项宽容的计划。因为与建立一个统一的理性宗教相比,宽容只是次好的解决方式,理性宗教能够把已经插手宽容问题的冲突的原因决定性地降到最低程度。因此,对不宽容的克服,也会导致一种**对宽容的扬弃**。但是,这在易于犯错和惯于沉沦的人们中间,必须保持为一种单纯的理性观念,所以宽容是被命令的。伏尔泰称之为人的特性(*l'apanage de l'humanité*),鉴于人的可错性,这是必要的,并且是"自然法"[86],而这是有歧义的:一方面,宽容要被明确而积极地解释为"真正人性的天赋"或"标志",即一种在道德上被要求的考虑,另一方面,宽容被解释为人的"继承物"甚或"命运",人别无选择,只能宽恕别人和他自己的"弱点和缺陷"。当然,从"纯粹理性"的观点来看,这些首要地是别人的迷误和错误,当人们努力克服它们时,不得不首先忍耐它们。伏尔泰的提法在这两极之间撕裂;有一次,他(在培尔的意义上)强调理性在形而上学上有限性的不可克服性[87],另一次,他强调保护有神论真理的可识别的纯粹源泉免受污染的必要性。 385

在伏尔泰那里,对于宽容奠基方式具有决定性意义的文本,是《论宽容,为让·卡拉斯之死而作》(*Traité sur la tolérance, à l'occasion de la mort de Jean Calas*)(1763

年）。就像宽容话语的历史中经常出现的那样，这部作品的写作有一个具体的原因，它是一位知识分子为了宽容的正义案件的早期的和大胆的辩护的文献。它在这个案件中呼吁着经过了启蒙的社会"公众"，让他们来评判一场司法丑闻，同时评判被蒙蔽了的法官。[88]1762 年，在图卢兹，新教徒让·卡拉斯被法院判处死刑并执行，他承担的罪名是，与他的妻子、一个儿子和一个朋友一起，杀害了他的另一个儿子马可-安东尼（Marc-Antonie），原因是安东尼想要转向天主教。和所有证据不符，在一种由伏尔泰所谓"暴徒们"的狂热所带动的、明显有缺陷的司法程序下，单纯基于即将发生的转宗这一罪行，卡拉斯被判决和处死了，尽管他一次也没有在拷问下招供；而其余家庭成员免于死刑，在伏尔泰的援助下，卡拉斯夫人最终获得判决的废除和她丈夫名誉恢复的结果。[89]启蒙者在公众的帮助下，赢得了一场（虽然相当艰苦的）胜利。

在其《论宽容》中，伏尔泰在描述事件之后，给出了详尽的关于宽容理由的讨论，这一讨论追溯了到那时为止已经完成的各种奠基工作，并且在同时追溯不同的文学修辞手段时，将之与一种对于宽容的有效辩护联结起来。下面是诸决定性的论证。

（a）核心论证在于理性本身，理性必须看到，狂热的迷信是一种病，应当接受"理性的治疗"：不宽容的人退回到了野兽的层次上（130f.，以及230），但它们没有一次是出于饥饿这一在理性上可理解的原因而杀戮，而是仅仅由于围绕"条条框框"（Paragraphen）的争执。（131）更准确地说，理性的必要洞见通过三个方面得到标识。首先是对理性在形而上学上的有限性的洞见，理性可能导致"最大的愚蠢"，"想要所有人以同样的方式思考形而上学问题"（231），以及相应地，认识到一种围绕教义上的真理的无尽的激烈争执的无意义。与此相关的是第二个洞见，道德之相互性的优先地位，伏尔泰称之为"自然权利"（130）的黄金律，据此，良知强制不能得到相互的辩护。然而第三，伏尔泰认为一以贯之的是，理性自身应该退回到一种非教条的和道德的宗教上去——这是一个并不必要的结论，而且和第一个洞见处在已经提到过的紧张之中：因为，如果一种宗教的或形而上学的统一在有限的理性存在者中是不可产生的，那么这种统一也不会在理性宗教的内部产生。

（b）伏尔泰继承了对良知自由的传统辩护，他说，某人是否信仰和信仰什么，这是不能被人影响的；信仰是由上帝创造的，因此真正的教会——伏尔泰在此呼吁他的天主教同胞，谈到"我们的教会"时——不会通过人的强制而贯彻自身。所有其他事情都是对信仰的颠倒，只会产生伪君子。

（c）伏尔泰也掌握了基督教宽容论证的精湛技艺。因此他呼吁忍耐这种基督教德行（165），呼吁怜悯世人的耶稣这一榜样（209f.）；而且，他驳斥对"勉强人进来"的譬喻的字面解释（201ff.）。

（d）在一种纯粹的国家理论层面上，伏尔泰力图在政略派的意义上显示，与宗教的热情不同，宽容带来政治上的和平；他为此举了各种例子，从荷兰到奥斯曼帝国和中国。此外，他还指出，一种宗教的绝对化的统治要求也使得国王的统治成了问题。（165）

（e）最后，他提出经济上的理由，反对对异见者的压制和驱逐，特别指出将胡格诺派驱逐出法国的弊端。（124，243f.）　　387

现在，富有教益的是，伏尔泰如何在这种提法的背景下规定宽容的**界限**。在第一个地方，这种界限是反对着不宽容本身而划下的："人若想要配得上宽容，首先必须不是狂热者。"（221）根据伏尔泰，并非宗教的原因导致这种排除（例如当时在法国被禁止的耶稣会会士），而是公共幸福和普遍法则导致这种排除。

但这还不够。因为伏尔泰还坚持这一立场，即在一个国家，即便一种糟糕的、迷信的宗教也要比没有宗教更好：

> 人始终需要某种约束，尽管向农牧神、森林神、水神献祭是非常荒谬的，但崇拜这些想象的神性形象也总是比沦为无神论要更理性和更有益。相比于一个迷信的残暴奴隶，一个热衷于激情和暴力的无神论者对于人类社会的危害并不更少。（227）

因此，在一个社会中无神论者是不能被忍耐的，因为在伏尔泰也看到了的宗教、宽容和国家的构成性结合的背景下，他们质疑着社会的基础："法律监管众所周知的罪恶，而宗教监管秘而不宣的罪恶。"（227）

当然，这并不是说迷信可以被普遍地宽容。因为，只要一个社会处在启蒙的进程中，并且"拥有纯粹的和神圣的宗教，那么，迷信就不仅无益，而且甚至有害。对那些上帝本身已经赐予他们面包的人，人们不必再尝试赐予他们橡子"（227）。一个"更纯洁的宗教"（228）必须取代错误的、迷信的宗教，而只要这在历史上是有可能的，那么对较早先宗教的宽容就失去了理由，除非有实用的理由来支持对它的忍耐。从启蒙理性的立场出发，那些不顾自然科学的知识而固执于地球不围绕太阳转的人，就被视为无理性的存在者，被视为"动物"，而且当他们为了自己的事情而使用暴力时，就被视为"野兽"。（230）　　388

然而，这样一来，伏尔泰对一种普遍宽容的诉求就变得模棱两可了。他所诉求的是这样一种宽容，不仅对基督教有效，而且基于一般道德，土耳其人、中国人和犹太人也被视为宽容的"兄弟"（233），被视为"**同一位父的孩子**"（尽管这并不意味着在国家理论层面上的平权模式；这里伏尔泰仍然停留于允许提法）。⑩伏尔泰不仅排除了狂热主义者，只因为他们支持狂热观点（即使他们还没有实施相应的行为），他也排除了无神论者，并且在"启蒙"的条件下，排除了所有错误的、迷信的宗教的支持者。这些排除之所以可能，不仅因为伏尔泰仍然以传统的方式，把宗教、道德与对法律的服从或者说国家的稳定联系在一起；而且因为，他的计划（如前所述）首先是废除不宽容和建立一种理性宗教的计划，其次才是一种宽容奠基方式的计划。虽然理性宗教允许各种学说一定程度的偏离，但是其目的在于，扬弃被伏尔泰视为导致激烈竞争的主要弊端的各种宗教的差异，并且因此建立一个非教条的宗教。于是，在启蒙的中心复归的，不仅是培尔曾与之斗争的、道德与宗教的灾难性联结，而且是一种普遍宗教的尽管有道德动机但却成问题的人文主义观念，这种普遍宗教统一了所有人，它是非教条的，把无意义的宗教争执——如果愿意的话，也可以说：关于无关紧要之事的争执——抛诸脑后。这样，这种与"一位国王，一种信仰，一部法律"的原则斗争的思想，为自己建立了"一个理性，一种道德，一个宗教（或一个上帝）"的原则；此外，在与需

389　要被"消灭"的"败类"的战斗中，它尊重一种为道德奠基的统一宗教的理想，尤其是不会动摇其基督教根基的宗教。因此，这不仅针对"不信神者"设定了狭窄的界限；而且也针对"错误的"、未经启蒙的信仰标出了界限，后者的错误首先不被视为理性有限性的某种误解，而是落后地依附于一种实证宗教（为此，伏尔泰在其著作中的许多地方特别指出犹太教为例）。[91]但是，理性**反对**一种教条主义的绝对要求（这种要求认为自己是不可被以理性的方式怀疑的，并且因此得到了信仰强制的合法性），这并**不意味着**它如伏尔泰所相信的那样，**支持**一种理性的宗教。毋宁说，理性必须视这种宗教本身为其他宗教中的一种独特信仰，这种信仰可能具有一种道德上的优点，但它既非理性的要求，亦非只唯一能以理性的方式得到支持的信仰。培尔支持了这种理性的宗教上的不可知论——人们或许可以这样命名之；因此，培尔以一种决定性的、其本身以理性方式相对化的洞见，领先于伏尔泰的理性宗教。这种洞见有助于避免在伏尔泰那里（但不仅在他那里）出现的理性的排除。

2. 由丹尼·狄德罗和让·达朗贝尔（到 1757 年）编辑的《百科全书或科学、艺术和手工艺分类词典》（*Encyclopédia ou Dictionnaire raisonnée des Sciences，des Arts et des Métiers*）（1751—1780 年），是一次规模宏大并且开创时代的尝试，汇集启蒙时代的全部知识，并且因此也是对时代精神进行启蒙的尝试。而尽管各个作者（约 170 位）是如此不同，但他们都统一于他们对宽容理想的主张，这种主张主要基于一种对宗教的批判，试图将宗教还原到一种自然神论上帝观念的理性奠基层面。然

390　而，宽容的奠基问题所涉及的东西，在这一计划内显示出重要的差异，应该简单地探讨一下这些差异。对此，最重要的作者是狄德罗本人，胡格诺派的路易·德·若古（Louis de Jaucourt）（实际上是他在达朗贝尔离开之后担任了编辑的角色），以及让-伊丹·罗米利（Jean-Edmé Romilly），一位日内瓦神学家，他写下了

"宽容"词条。这里首先要更加细致地考虑的是（a）自然神论，然后是（b）核心政治词条的国家观念，（c）宗教和道德关系的规定，最后是（d）宽容讨论本身。

（a）在 18 世纪 40 年代末的几部作品中，狄德罗发展了他的"自然宗教"概念，特别是在《哲学思想录》（*Pensées philosophiques*）（1746 年）和论文《论自然宗教的充分性》（*De la suffisance de la religion naturelle*）（1747 年）中。狄德罗确信，迷信表现了比无神论更糟糕的罪恶，但后者同样需要被避免。[92]因此，独有理性它应当引导信仰，而它指出的唯一道路，就是自然神论的道路："只有自然神论者能对抗无神论者。迷信者不具有这样的力量。"[93]一种理性的信仰不可能奠基在启示或奇迹之上；如果一种宗教提出对于真理的要求，那么"它的真理就可以被带向明见，并且通过不可反驳的理性的理由得到证明"[94]。狄德罗拒绝了培尔对信仰和理性的区分，解释道："我们从上帝那里获得理性，如果上帝要求理性作为牺牲，那么他就是一个魔术师，他使他给出来的东西又消失了。"[95]经过自然科学启蒙的理性能够认识到，在自然的秩序和物质的法则中，必定有一种"最高的智能"在起作用。最低限度"自然宗教"也蕴含着对一位正义的、奖赏善的上帝的信仰，所有超出了这种宗教的实证宗教，都是在历史上偶然地产生并有其终结的自然："犹太教和基督教都有其开端，地上没有任何一种宗教的生年是不为人知的，除了自然宗教。因此，只有自然宗教绝不会终结，而其他宗教都将消逝。"[96]与源初的宗教相比，所有其他的宗教都是源自最初的统一的偏离和衰落，而在启蒙的进程中，人性通过理性向着宗教的这种统一回归。"迷信的人在羊皮纸和大理石上记录"实证宗教的种种见证，而"我在我自身之中发现了上帝之手写下的"自然宗教的见证。[97]虽然狄德罗如此批判地反对实证宗教，但他并不愿意把他的宗教观念相对化：他的宗教观念形成了宗教批判和对回归源初统一的可能性之确信的绝对基础，正是这种统一，扬弃了理性与信仰之间的战争。[98]

（391）

（b）在出自《百科全书》词条的政治哲学中，也能看到一种将现代理性与经过启蒙的宗教相结合的类似尝试，特别是那些出自狄德罗和若古之手的，以及那些受到洛克和普芬道夫的自然法学说强烈影响的词条。[99]相应地，两者都强调个体的自然的，也就是道德的平等和自由[100]，如狄德罗在著名的"政治权威"词条中所说，个体收到他们作为"天赋礼物"的自由，因此，既然他们"完全"属于上帝，就不可能完全地和无条件地"让渡"给其他人乃至国家。他们因此通过签订契约，建立一个确保他们自然权利的国家，并且作为公民而同时成为共同体中拥有主权的"道德存在者"这一成员份子，如狄德罗在（受到卢梭影响的）词条"公民"中所解释的。[101]若古考虑了抵抗的权利（虽然是谨慎的表达）[102]，狄德罗比之顾虑更多，鉴于其时代法国的政治处境，他还允许世袭君主的可能，并且反对抵抗权。[103]

（392）

然而，在两者之间没有争议的是，良知自由与出版自由一样，呈现为一种不可转让的权利。[104]因为，人首先对上帝负责，其次才对主权者负责，所以良知保持对政治审查的脱离。在词条"良知"和"异端"中，若古还为犯错的权利辩护，只要犯错不导致不道德的行为，而这就排除了"出于良知理由的迫害者"的权利，以便避免在这种情况下的培尔难题。[105]

（c）在狄德罗对宗教与道德关系进行确定的地方，主导性的是培尔，而非洛克，因为狄德罗持有一种道德的理性提法，这种道德尽可能地独立于宗教基础：

> 民众基于不同的文化，区分为宗教的和非宗教的，这每每取决于他们在地球上行走或居住的位置；但道德在所有地方都是一样的。道德是上帝之手镌刻在所有人心中的普遍法则。……因此，人们不应混淆不道德与不信仰。道德可以离开宗教而存在，宗教可以与不道德相联结，而这也是经常的事。即使人们不把他们的目光投向此世的生活之外，也有大量的理由，可以通过仔细的考虑，向一个人证明说，为了在这个世界过得幸福，除了做有德行的人，再无更好的可做。[106]

狄德罗不仅把所有人独立于他们宗教的能力归于道德洞见，他还将道德洞见联结于普遍人类意志的标准。先于康德，他以此对卢梭的公意（*volonté gégérale*）学说进行了普遍化。为了确定人类在"理智行为"中的普遍权利和义务，有德行的人必须追问"类的普遍意志"，并且听命于此，就像它是同等地约束所有人的普遍法则一样。[107]

（d）把出自（b）与（c）的论点组合起来，就会得到支持尽可能宽的宽容观念的理由。如若古所要求的，唯有出于客观的道德上的理由，这种宽容观念才会允许对宗教领域的干涉。[108]所有其他理由，都会与个体的自然权利以及如下洞见相悖，即犯错不是犯罪，对人格的尊重不依赖于对其思想或作品的评价。[109]与卢梭不同，在这一语境中，狄德罗区分了**教会的**不宽容与**国家的**不宽容：前者是对人们认为不真实的宗教的合法且偶尔大胆的批判，后者是政治上—宗教上良知强制的不合法企图，包括从审查到直接的暴力："人们不应迫害正直的人，也不应迫害不正直的人，而是必须交由上帝来审判他们。"[110]

这种支持国家与宗教明确分离的宽容提法——它也必定包括无神论者（但狄德罗并没有明说）——与罗米利的"宽容"词条（Im 16. Band, 1765）处在一种紧张中。一方面，罗米利完全遵循培尔《评注》的方向，他最后甚至让"好奇的读者"去看这本书，但另一方面，在涉及宽容界限的地方，他又以传统的方式，狭隘地给宽容划定了界限。首先，罗米利强调，罗尔斯后来将会称为"理性的负担"的东西，即有限理性无法克服的界限性，涉及每个人，并且以不可避免的方式导致不同的意见和信念，且还不论由此而来的非理性：

因为人类理性没有确切的和确定的尺度，对于一个人来说经常是黑暗的东西，对于另一个人却是显而易见的。……因此，没有人有权利把他的理解提升为规则，或者妄自要求别人接受他自己意见的桎梏。……关于此清楚的是，我们都有我们自己的方式，去看和去感受那些很少取决于我们自己的事物。教育，先见，环境和无数其他隐秘的原因，它们无休无止地影响和改变我们的判断力。……无数道路通向错误，而只有一条通向真理：知道要去认识它的人有福了！每个人都自以为真理站在他的一边，却不能说服别人。但是，即使他与我们在意见的冲突中，已经不可能终结我们的不和，并且首先在这一棘手的问题上达成一致，我们仍然应当能够相互亲近和联合在宽容和人性的普遍原则中，虽然在那里，我们的信念仍然有分别，并且可能并非意见一致。[111]

394

罗米利也充满说服力地强调了宽容的规范性理由，也就是说，不仅强调信仰强制在知识论上的不可奠基性，而且强调在道德方面的不可奠基性，因为在这方面会产生每个人反对每个人的战争，以及随之而来的政治动乱。这一论述使罗米利能够在宽容与冷漠之间，或者在忍耐与认可之间，以及在实践上的宽容与理论上的宽容之间，作出明确的区分。并且不同于例如孟德斯鸠，罗米利也因此并不认为，一个国家不允许宗教改革是合法的。

然而，在论及宽容界限的地方，他引证了卢梭的公民宗教概念，以及公民承认这种宗教的义务。因而一种对于无神论者的宽容被认为是不可能的："他们为强者取下了能够控制强者的最后的缰绳，而带走了弱者唯一的希望；通过剥夺法律由神圣的批准所获得的效力，他们削弱人类的法律。"[112]罗米利进而（也与洛克或卢梭一样）认为，除了无神论者，有一种宗教也不能得到忍耐，这种宗教（指的是天主教）使"它的成员"服从"双重当局"，因此创立了"国中国"。这里显示出宽容思想的传统界限，这种界限表明，甚至在启蒙的世纪，通向真正的相互间的宽容奠基方式的道路还有多远。

3. 这样看上去，无论自然神论还是公民宗教的思想，都不能通向一种整全的宽容奠基方式，因为在它们那里有各自的、相互反驳的宗教因素，这些宗教因素导致成问题的划界。因此唯物主义无神论者，如拉美特利、霍尔巴赫或者爱尔维修得出结论，只要终究还有宗教，无论那是传统的实证宗教，还是一种"理性"宗教，就都不可能抵达真正的宽容。尽管理性仍然被认为是宗教问题中的唯一引导，但在无神论者的眼中，理性在原则上恰恰是**反对**宗教的。在保尔·昂利·霍尔巴赫的《自然的体系》（1770 年）中，可以看到这一语境中最彻底的进路。[113]他试图以物理世界之法则来阐明精神生活和道德生活的所有现象，在这一背景下，

395

霍尔巴赫认为，一系列形而上学的和全部的宗教的世界解释是迷途和编造，不仅偏离了关于自然的真理，而且偏离了道德的本质，所以它们是首先需要在意识形态批判的视角下被考虑的"幻觉"。[114]根据霍尔巴赫，一个上帝的概念是空洞而无意义的，然而，由于人与人之间的自然区别，无论哪种宗教都包含着一种内容，这种内容在任何两个人都绝不可能是一样的，因此，不可能避免围绕所谓"最重要事物"的无意义的、无法调停的争执：狂热主义不仅是宗教的反面，狂热主义**是**宗教的本质。（130，149—151）用一种彼岸王国来使人们激动的那些宗教，要么导致此岸的罪行伴随着神圣的真理或奖赏而得到辩护，要么导致在对永恒惩罚的恐惧中完全服从教会统治或政治统治："因此，关于来生的学说是人类所遭受的灾难性错误。"（223）

这一判决对于自然神论或者说有神论的宗教观念也有效。一种理性的"自然宗教"的自然神论观念——"只是自然的或基于理性的"（456），要么是完全空洞的，只表达了一种困境或者说思想一致性的缺乏，要么（像在有神论那里一样）充满了内容，即对某种神意和神圣正义的信仰，因而，与其说它是对一位报复的或专断的上帝的信仰，不如说它是"乐观主义狂热"（460）的一种危险的、矛盾的和迷信的产物。

霍尔巴赫不仅援引了培尔悖论（vgl. 562），即甚至无神论也能道德地行事，并且形成一个社会，他还对之进行了翻转：只要宗教控制着头脑，就不会有对道德有益的社会（221，477—513）。教育、实证法律和社会评价规则完全足以使人们获得理性的洞见，即他们对自我保存和幸福的追求，预设了对于同他们处在依赖关系中的他人的幸福的促进（233—255）；不仅如此，毋宁说，由于神性的观念会导致排除和争执，所以它对于"健全的道德"是"完全无用的"（492）："因此人们必须看到，如果人们想要在坚实的基础上建立道德，那么人们必须拆除虚构的体系，迄今为止，人们在这些虚构的体系之上建立了超自然的道德摇摇欲坠的框架，许多世纪以来，人们徒劳地向尘世的居民宣扬的，就是这样的道德。"（499）许多宗教上的道德观念，它们各自取决于不同的上帝，不允许人们中间有任何统一的、持续的和清晰的"自然的道德"（503）。只有无神论真正受道德约束，因为它对狂热主义免疫（558—562）；最好的可能社会，就是一个无神论者的社会（586）。

据此，对于宽容来说，似乎是这样，有唯一的一条道路，它通向一个宽容的社会，这个社会尊重个体（和他们的秉性）之间由自然而来的、持续而不可克服的差异，这条道路即对宗教本身的克服：

> 因此，我们得到这样的结论，人们从童年起就被灌输的超自然的和神圣的观念，是我们习惯于非理性、我们的宗教争执、我们对神圣事物的分歧、我们非人性的迫害的真实原因。最终，我们要认识到，这些不祥的观念使得

道德暧昧、政治腐败，延迟了科学的进步，毁坏了人心中的幸福与和平。人不要再隐瞒由他的想象力移植到天空中的空洞的幻影所招致的所有那些使他们眼含热泪向青天的灾难了；人不要再乞灵于这些幻影，而要在自然和自己的能力中寻求麻木的上帝不可能为他创造的有助资源。(515f)

虽然霍尔巴赫怀疑，这种彻底的启蒙能否抵达他的时代的普通民众，但他的希望在于说服和对宗教奠基其上的先见进行克服的缓慢过程。然后，自然的道德就变成了"唯一的宗教"(610)，而狂热主义将会终结。

因此，霍尔巴赫的计划引出了出自许多启蒙者的洞见的彻底的结果，即宗教据其本质倾向于不宽容，只有理性才能克服之。对此，他怀疑是否可能存在一种伏尔泰和狄德罗意义上的"理性宗教"，或者在培尔的意义上的"理性宗教"，即在承认理性的界限性和宗教的真理要求的特殊性的意义上。霍尔巴赫相信，只有无神论可以经受理性的考验，就像他的"自然道德"的观念和他的物理学自然主义一样。但是这样一来，他仍然受缚于他自己的目的，即一种**统一的**宗教之理想——在某种程度上可以说，自然的"非宗教"变成了"唯一的神性"(611)，以及培尔眼中的错误思想，即宗教的多样性**必须**在理性眼中融解。这种思想最终没有足够严肃地对待理性的有限性，而自负于它的形而上学要求。因此，他的克服狂热主义不宽容的计划转变为了一种"宽容的狂热主义"，其本身会导致不宽容，因为他不再能忍耐任何实证的或其他的宗教。于是，在道德上的善与在道德上应被谴责者间的界线，就沿着无神论与信仰之间的界线延伸，并且因此悖论式地把**克服不宽容**颠倒为**克服宽容**本身。民众的宗教充其量可以出于实用主义的理由而被忍耐，但只是为了一点一点地启蒙。简言之：通过废除宗教而废除不宽容，不是宽容的计划，而是试图建立这样一个世界，在其中不再存在任何宗教宽容的契机。[115]在一个没有宗教差异的世界中，将既不存在宗教不宽容，也不存在宗教宽容。

然而，在这一颠倒的全部问题域中，不应忽视的是，鉴于不兼容的宗教的一规范的体系的多样性，霍尔巴赫正确地指出，离开一种共同的、高于这一体系的道德，社会性的共同生活的（也就是宽容的）稳定、正义和彼此有约束力的基础将是不可能的（尽管我们可以怀疑霍尔巴赫所提供的自然主义变式的说服力）。这一基础是欠缺的，而这正是由围绕宽容问题的冲突而来的核心学说之一。

4. 在其他欧洲国家，发展着的精神的启蒙运动也引发了信仰与理性之"争"的、依据各自语境而不同的种种形式。[116]特别是在德国启蒙运动[117]内部，出现了一系列尝试，以一种超出无神论位置的、对宗教和理性关系的新规定为宽容奠基方式，其中最著名的，并且一直影响到今天的，是戈特霍尔德·埃夫莱姆·莱辛

398

399

（Gotthold Ephraim Lessings）的三枚戒指的寓言。不过，为了重构他的立场，以及为了重构和他亲近的摩西·门德尔松（Moses Mendelssohn）的立场，首先需要看一下他的时代最具挑战性的自然神论理论，这一理论把莱辛拖入了他的时代的宗教冲突的漩涡之中：这就是赫尔曼·萨莫埃尔·莱马卢斯（Hermann Samuel Reimarus）的自然神论理论。

在其受到克里斯蒂安·沃尔夫（Christian Wolff）《自然神学》（*Theologia naturalis*）强烈影响的著作《论自然宗教最主要的真理》（*Die vornehmsten Wahrheiten der natürlichen Religion*）（1754 年）中，莱马卢斯，这位汉堡的东方语教授，提出了一种理性宗教的提法，其任务是，在清楚的和有目共睹的理性基础上，通过证明"自然的宗教和道德"[118]，从而与无神论的传播作斗争。这种宗教意味着所有可能的、建立于其上的实证宗教的基础，例如基督教的基础；而只要后者因盲目服从《圣经》和服从权威走上了别的道路，它实际上就危害了自身。只有当理性为信仰，特别是对神意和灵魂不朽的信仰，开辟道路之时，信仰才有可能向着启示而扩展。[119]当然，按照莱马卢斯，这样一种启示信仰必须能够接受理性的审判。

启示信仰并没有做到这一点，对此莱马卢斯没有在上述著作中解释，而是在他的《为理性的上帝崇拜者的申辩或辩护词》（*Apologie oder Schutzschrift der vernünftigen Verehrer Gottes*）中来解释的，但这部著作一直没有出版，只（在莱马卢斯去世后）发表了一些片段。在 1774—1778 年，莱辛把这些片段作为"一位未署名者的残篇"（"Fragmente eines Ungenannten"），发表在他编辑的丛书《论历史和文学：出自沃尔芬比特尔公爵图书馆的珍藏》（"Zur Geschichte und Literatur. Aus den Schätzen der Herzoglichen Bibliothek zu Wolfenbüttel"）中。在第一个残篇《论自然神论者的忍耐》中，莱马卢斯把他的自然神论与对宽容的要求联结在一起，而且首先是与对自然神论者的宽容联结在一起，他们虽然持有并不比一种"理性的实践宗教"更"纯粹的基督教学说"，但却到处都受到比"犹太人、土耳其人和异教徒"甚至无神论者更多的、来自基督徒的迫害。[120]莱马卢斯认为，这标志着基督教拔掉了自己的理性之根，并且现在害怕与这种源初宗教进行辩论。因此，不宽容不仅是非理性的标志，而且是信仰之软弱的标志。相反，真正的信仰需要理性的基础，不仅在它出自自己内在信念的意义上，而且也在于它必须建立在独立的理性基础上。而只有自由的信仰讨论和信仰批判才能带来这一点。[121]在莱辛编辑的接下来的五个残篇中，莱马卢斯展开的是，一种这样的讨论将会证明，实证宗教完全归因于教育和宗教权威的先见，而对一种"所有人能够以得到奠基的方式去信仰的"（第二个残篇的标题如是说）启示的信仰是不可能的，而且对于一种理性宗教来说，它也是不必要的；在一种历史的《圣经》批判中，他同样指出，在《圣经》的《旧约》与《新约》中存在着一系列矛盾，这些矛盾使得那些地方的叙事受到质疑。

　　莱辛发现，作为这些作品的出版者，他自己处在一种复杂的境地。他本身徘徊在对实证《圣经》宗教的自然神论批判与对路德派之为"理性"基督教的辩护之间，主张一种对莱马卢斯异议的公共的宽容和讨论，仅此就能表明，基督教在何种程度上能够经受这种批判。因此，他处于在他的时代的所有神学—哲学学说之间：他像拒绝"正统派"一样拒绝无神论，以彻底的自然神论的方式，他也拒绝一切启示，一如拒绝以理性方式还原基督教学说的"新派"尝试："一种什么都不启示的启示究竟是什么？"[122]因此，对于莱辛来说，宽容是一种真正的**理性的信仰之事务**（*vernünftige Glaubensangelegenheit*）：在一个信仰危机的时代，只有自由而无先见地交换立场，才能滋养启蒙以及相互谅解的希望；因此，宽容以某种方式将内在的信仰冲突外化。从而，他主张接受莱马卢斯的挑战，但也劝后者要更宽容，因为他看到了这里的矛盾，即他一方面要求宽容，但另一方面把自然神论者的理性宗教绝对化："但是我们的有神论者想要被无条件地忍耐。他们想要有驳斥基督教的自由；并且得到忍耐。他们想要有嘲笑基督教上帝的自由；并且得到忍耐。这当然有点儿过了……"[123]

　401

　　因此，莱辛为莱马卢斯的残篇加上了他的"反题"（Gegensätze）；他最重要的论敌，正统路德派的汉堡牧师格策（Goeze）后来对此说道，这些反题是"一种毒药，它比残篇本身的毒更毒"[124]。虽然莱辛着手把莱马卢斯的立场相对化，但是他并不认为自己是一个"如此接近一位真正的宗教辩护者的理想"[125]的人，而他希望如此。就此而言，莱辛（他自 1771 年成为共济会分会成员）仍然忠实于他的分裂，他后来（1779 年）又一次如此表达这种分裂：

　　　　我生命更好的部分——幸运抑或不幸？——是这样一段时间，那时支持基督教真理的作品相当流行。……不久；我寻求每一部新的**反对**宗教的作品，直到现在依然热衷于此，并且给予它们同样耐心无偏见的倾听，我通常相信，这样的倾听只在**支持**宗教的作品那里是欠缺的。这样持续了很长时间。我从一边被扯向另一边；没有一边让我完全满意。……一边愈是想要确凿无疑地向我证明基督教，我就愈是怀疑。另一边愈是不怀好意地在我面前将它击倒在地：我就愈是倾向于最起码在我心中维持它的挺立。[126]

　402

　　在"反题"中，莱辛向莱马卢斯提出反对（这遭到了格策的特别批评），认为基督教信仰不会因对《圣经》核心陈述的批判而被驳倒："简言之：字母不是精神；《圣经》并非宗教。"[127]莱辛尝试把实证宗教思考为一种理性宗教，在他的尝试中，他也视理性为最高的判准，但不同于莱马卢斯，莱辛允许"**一定的**理性俘虏服从信仰"[128]，这也就是在启示揭示了理性自身无法化为己有的真理的情况下。于是，如莱辛所说，理性选择了退让，因为它看到了自身的界限。如此一来，理性以理性的手段接受并相信了启示，但并不对它作出"证明"。莱马卢斯（假设性地）提出的、从理性真理通向启示真理的道路不可能达到目的，但相反的道路可以。[129]莱辛在他的反思性的《论人类的教育》中——它的第一部分附于"反题"（他假装是别人写的）之下，解释了这条超越于正统和宗教批判的道路应该如何得到思考。[130]在其中他提议，启示应当被理解为对理性自主性的整个人类的教育：启示真理给予人的，并非是人从他们的理性中不能产生的东西，而只是给予得更早的东西（§4）。虽然信仰因此先行于理性，但理性最终赶上了信仰，并且变得独立，就此而言，可以把启示作为理性本身历史的一部分而加以接受。因此莱辛这样解释《旧约》中灵魂不朽学说的缺席，"未开化"的以色列民族还不成熟，作为"孩子般的民族"（§50），需要的首先是一部清楚的律书。在下一个阶段，一位

403　"更好的教育者"，耶稣，从他们手中夺去这本书，以便在永生学说的帮助下把道德行为提升到一个新的、更高贵的层次上："因此，基督成为了灵魂不朽学说的第一位**可信赖的实践的**教师"（§58，重点符号为原文所有）。这种首先被启示的真理接下来像其他真理一样（如三位一体的真理）被理性掌握：被启示的真理"宛如算术老师预先告诉他的学生的结果，以使他们在计算中据此能够有所参照"（§76）。到了新的、第三个阶段，"完成的时代"，这种理性的道德意识就会进一步解放并且行善，"因为善就是善，而非因为对行善设置的任何奖赏"（§85）。

　　凭借把基督教与启蒙带到一起而不危及理性自主性的这一尝试，莱辛提供了一种可能性，使得宗教的实证—历史形式可以被承认为理性历史的一部分，虽然这是理性**本身**呈现的一种历史。因此，莱辛虽然想要赋予启示一种本己的重要性，以便它可以经受理性的批判，但与此同时，他又剥夺了启示的本己的真理内容。在1777—1778年的一个残篇中，他如此说道："一种基于人类见证的启示宗教，无论如何不可能提供不容置疑的保证。"[131]哪怕《圣经》包含着矛盾，虽然启示仍然是一个可疑的历史事实，但它可以有本己的真理，只要理性愿意接受它。"我的回答是：基督的复活具有它的完好的正确性，**即使**福音的消息是矛盾的。"[132]本质性的事情仍然在于，启示真理既不能被视为可证明为正确的，也不能被视为可证明为错误的（这是正统派与批判派相对应的错误），而是可以被看作与理性相一致的东西。除了《圣经》，宗教还有一种"内在真理"[133]，并且它是看到了自身界限的理性的一种内在真理，但也是，并且也许首先是一种"内心"的真理，如莱辛针对

404　格策所说："我说过，尽管我们不能把理性对《圣经》那么勤恳的所有反驳一网打尽；但在那些获得了对于宗教的本质真理的内在感受的基督徒心中，宗教仍是不动摇和不枯萎的。"[134]

　　当审查机关禁止他继续与格策笔战时，莱辛以另一种文学形式，即在他的"戏剧诗"《智者纳坦》（1779年）中，说明这种（仅仅把"先人的信仰"视为历史传统的）"内在真理"如何在启蒙理性以及这种信仰感受的紧张域中得到思考。

正如在他的早期喜剧《犹太人》（1749 年）中，就像与莎士比亚的夏洛克的相反形象一样，一位可敬的犹太人成为这部戏的主角，这部戏以此公开谴责流行的反犹主义偏见。而且，著名的三枚戒指的寓言居于那时发展了的宽容学说的中心位置，但并非在这个寓言中，才表达出这种学说的关键所在。在这个剧本的好几个地方，莱辛都澄清，在基督徒、犹太人和穆斯林之间划分的不同，虽然不是完全无意义的外壳，仿佛人们可以轻而易举地将之脱下似的，但是，通过共同的需求、感受、道德标准和对上帝的信仰，所有个体**作为人**联系在一起。这里明显显露出莱辛式的人文主义，在人性本身中，这种人文主义看到了一种有联系的品质，这种品质被宗教的不宽容所遮蔽。纳坦这样对圣殿骑士说："我们就是我们的民族吗？究竟什么叫作民族？难道基督徒和犹太教徒首先是基督徒和犹太教徒，然后才是人？啊！但愿我能在您身上发现另一个足以被称为人的人。"[133]剧本的结尾，在纳坦的帮助下，主人公们发现了他们交织在一起的亲缘关系，这又一次更加清楚地说明，莱辛在这里宣告的是一种超越了一切历史性差异的"友爱"。然而，具有可以一直追溯到中世纪晚期的传统的戒指寓言表明，那些差异也是很重要的。对于莱辛来说，直接的文学模板是薄伽丘《十日谈》（1349—1352 年）中第一天的第三个故事，在其中，犹太人麦基洗德（Melchisedech）被苏丹萨拉丁逼入困境，要被迫说出哪个才是真正的宗教，他借助三枚戒指的寓言才得以从中解脱。

405

莱辛还搭建了寓言的情节框架；萨拉丁想向纳坦借钱，为了把纳坦逼入困境，萨拉丁直接问纳坦，犹太教、基督教和伊斯兰教这三个宗教，哪个是"真正的宗教"。"一个像你一样的人，不会停留在出生之偶然把他抛到的地方：或者，如果他留在那里，也是出于洞见、理由和更好的选择而留在那里。"（第三幕第五场）当萨拉丁让纳坦独自考虑一个回答时，纳坦不仅因为他处于其中的危险境地而为难，因为宗教问题中的真理并不能从钱币模子中获得，以便人们能够轻而易举地把最值钱的装进口袋。（第六场）就在这里，他有了一个能救他的"童话"的主意，他将给萨拉丁讲这个童话。（第七场）

一个"东方人"拥有一枚本身非常珍贵的戒指，但它的珍贵特别是因为它有一种力量，"能够使坚信这种力量而戴着它的人获得上帝和人的喜爱"：它是真正的启示的戒指。这位父亲同等地爱着他的三个儿子：摩西、耶稣、穆罕默德，现在他为了能把戒指留给某个儿子，而不令其他两个儿子失望，就让人制作了另外两枚戒指，这两枚戒指是如此精妙的复制品，以至于父亲也不再能识别哪一个才是真的。这是莱辛的一个要点，因为这样一来，他不仅与（同样古老的）"三个骗子"的故事划清了界线（那三个人都只有假戒指），而且他还说，真正的戒指继续存在着，即使从源初启示的立场不再能识别出它了。从这个角度看，这三个戒指是**等价的**，正如父亲对所有三个儿子具有同等的爱。因此，为了证明一枚戒指的真实性，必须发现一种**不同的标准**，回头参照启示是不够的。

　　对于萨拉丁对这种同等性论题的反对，纳坦旗帜鲜明地回答，各种实证宗教虽然有区别，但"无法从根基上区分。因为它们不都建立在历史的根基上吗？书面的或口传的历史！——而历史却必须完全靠忠诚和信仰传承，不是吗？"在阐明了宗教的历史相对性之后，纳坦立即对"他们的"宗教信仰进行了合法化。"我怎么可能不像你相信你的先人那样相信我的先人呢？反过来也一样。——我能要求你对你的祖先撒谎，以使我的祖先不被反对吗？"对信仰的接受不能从启示真理的立场而来得到论证，虽然可以通过信任，"忠诚和信仰"，去相信自己是**真**戒指的拥有者的后人。因此，信仰没有完全去魅或历史化，它仍然是一种对真理的信仰，虽然它不具有确定性。

　　但是，证明真理，这何以可能？根据被争执者请出的法官，不是通过争执和战争来证明，因为，既然戒指能够"取悦上帝和人"，那么一个争执的宗教就不可能是真正的宗教；而如果所有三个人都陷入争执，那么真正的戒指想必是遗失了，这三个人无非就是骗子。因此，法官给出以下建议：既然坚信自己拥有真正的戒指，"每个人都应当努力效法父亲纯洁无瑕的无偏见的爱！你们每个人都应当争先显示他戒指上宝石的力量！都应当用温良、用真心的平和大度、用行善、用对上帝最衷心的奉献来帮助达成这种力量！"因此解决的方法是，三者之间仍然要保持竞争，不过，这种竞争应该是关于道德上最善和最理性的宗教的积极竞争：一种**关于宽容的竞争**。如果信仰、道德和理性联结在一起，人们必定就不怕"千千万万年之后"宣告对于谁拥有真戒指的审判。而萨拉丁看到，千千万万年后的那一年"还没有到来。——他的法官席位不是我的"。

　　因此，戒指寓言是一次富有创造性的尝试，它将实证宗教的独特性以及对它的信仰，与在上帝之中，也就是在所有三种宗教的父亲之中的共同基础的普遍性和一种普遍的人类道德联结起来。这样，莱辛走上了一条"竞争性统一"（参见上文第六节第2点）的道路：只有在一种公平的和宽容的竞争中，才能显示谁拥有真理，当然，这不是在一位人类法官面前进一步确保宽容。为此，前提当然是承认一个共同的宗教之根、一种扎根深处的亲缘关系，它使得这里的争执变成一种家庭纷争。如此看来，所有三种独特的宗教都是**第一种**自然宗教的后裔，并且它们有可能已经为它增添了许多不必要之物。而且它们愈是这样做，它们就愈是有背离源初真理的危险。当然，对于后来者而言，这种最初的被启示的真理不再是直接的，而是只有借助理性才能通达，因此在理性方面和道德方面，最完美无缺的宗教才是最好的宗教。在莱辛这里，在对于"先人的信仰"的所有理解中，再一次显示出理性宗教的、自然神论的要件。《纳坦》的一篇没有发表的前言草稿这样说道："纳坦反对一切实证宗教的思想一直就是**我的思想**。但这里并非对之进行论证的地方。"⑬

　　然而，莱辛一再与之斗争的那个裂隙也再次显露。因为，一方面，独特的信仰被认为仍然是一种对启示真理的信仰，也就是对"真正的戒指"的信仰，另一方面，在信仰者本人的眼中，相互的宽容通过关于真正的戒指的无知带来的延迟，以及共同的父亲所允许的道德行为的要求而得到奠基。因此，这种自身相对化的形式，要归因于关于宗教形成的历史事实的知识，以及关于自然宗教中的统一性和家庭中的团结（Eingebundensein）的知识，而在这个家庭中，父亲对家庭成员有着同等的爱。[137]个别宗教的独特性因此在它的合法性中受到限制；按照这个故事的逻辑，如果它们全都被再次引向一个普遍的统一点，同时不忘与历史遗产之间建立连续性，那就会更好。但是，因为所有"先人的信仰"最终都回指一位父亲，而且是同一位父亲，宽容就变得要取决于家庭成员的自身理解：所有人作为一个父亲的孩子的基本统一产生宽容；三个孩子的最理性的竞争将在源初真理中和解 408并且反省。联结的东西对于人类理性来说是可通达的；分离的东西则是历史上的信仰。而只要联结的东西取决于分有对一个源初东西的信仰，莱辛就把这种信仰展示为理性的信仰。但是，与莱辛的目的相反，这仍然是一种独特的、人类历史上的**信仰**，批判地看，理性绝不要求这种信仰。因此莱辛式的宽容最终也奠基于对三大宗教共同的理性起源的信仰；即使莱辛不像伏尔泰走得那么远——后者在对相互拒斥进行克服的尝试中走向了不宽容，莱辛也尝试克服相互拒斥，这种相互拒斥对于宽容的行为是构成性的，然而他的宽容提法仍然停留于"理性"宗教之统一性的自然神论的一和解式观念。

那么，这对宽容界限的问题意味着什么？莱辛因其关于理性争执的生产力的观念而与莱马卢斯就最好的宗教达成一致，即这一界限必须宽泛地理解，并且停止彼此间的异教徒指责。[138]然而，莱马卢斯反对培尔，坚信不可能存在无神论者的共和国，因为一个无神论者并没有共享道德的和守法的行为的宗教基础；因此无神论者不可能，至少原则上不可能享受理性宗教的宽容。[139]莱辛在他的宽容作品中没有探讨这一问题，不过，他在《新文学通讯》（*Briefe, die neueste Literatur betreffend*）（1759—1765 年）中，对一个无宗教的人不可能是正直的人这一论点进行了批判性的深入分析。在那里，他首先要求一个更清晰的、更具反思的"宗教"规定，然后明确地认为，即使一个（相应地定义的）无神论者也有充分的动机去正直地行事。虽然宗教加强了这种动机，但它并非决定性的。[140]然而，正如在上文引用过的对莱马卢斯的批判中，莱辛提醒需要考虑的，一个人如果嘲讽"无数人视为世界上最神 409圣的"[141]东西，就不可能是一个正直的人。根据莱辛，宗教宽容不包括这些嘲讽者，这是关于他的希望的又一个例证，他希望诸宗教间的推理辩论能展开一种有利于理性和彼此理解的，哪怕根本没有达成一致的力量。

5. 无论莱辛是否想以纳坦的形象为他的朋友摩西·门德尔松树立丰碑，在后者关于宗教和宽容的提法中，都可以恰当地看到一个**理性的实证宗教**的样本，它正好相应于戒指寓言中的三个儿子。门德尔松强调，为了促进真理和宽容，理性不应向往着一种统一的理性宗教而克服诸宗教的差异；它只应当**启蒙**那些个别宗教，并且让它们竞争，看哪个是最理性的宗教。与莱辛不同，门德尔松明确地站在他的犹太宗教的地基上；另一个区别在于，在他那里，宽容的政治—社会维度更加重要。因此，门德尔松的宽容思想在以下不同方面具有意义：首先，他尝试把犹太教批判地解释为理性的宗教，这就是为什么海涅称他为犹太教的改革者[142]；其次是他尝试明确证明犹太教在理性方面优越于基督教；再次，他主张，这种差异既不应关乎人性—道德层面，也不应为了平等权利的问题而关乎政治—公民层面；以及最后，由于他敏锐地意识到宽容概念的歧义性：对犹太人的单纯"忍耐"使得他们处于从属和驯服的状况，而为了获得完全的公民权利，犹太人反过来被太过经常地要求抛弃他们"未经启蒙的"宗教。[143]按照门德尔松，两者都侵犯了
410 "人类的权利"[144]：正如把解放与同化连接在一起一样，单纯的允许宽容也侵犯了法律上和社会上被平等对待的权利，而如门德尔松敏锐地注意到的那样，它们都太过经常地隐藏在"信仰统一"这一看似中立的呼吁中。甚至在自然神论的背后，也经常潜伏着基督教的狂热。因此，跟随着门德尔松，宽容讨论进一步进入了一个自身反思的阶段，这个阶段不仅认识到了政治当局宽容的危险，而且还看出了自然神论—和解式统一观念的困难。

　　如莱辛著作所表明的，在启蒙的逻辑中，是解放问题，而非"仅仅"宽容犹太人的问题被提上了日程，并且要揭示与之相对的、受到门德尔松雄辩攻击的[145]各种各样的宗教—文化偏见（这并不是说，启蒙者本身已经克服了所有这些针对犹太教的偏见，这一点绝不止体现在伏尔泰的例子中而已）。因为犹太人也处身于"经过启蒙的"弗里德里希二世的统治下，而这种社会处境所具有的烙印是作为控制的宽容政策、并行的包容和排斥、宽容和同时发生的污名化。犹太人被精心地划分为若干团体，所谓"受保护的犹太人"，能够赚得或买到不同形式的法律保护，以及一种明显受限制的自由。直到成为一名受人尊重的作家之后，从 1763 年起，门德尔松才被算作"破格"的受保护的犹太人，但是对他的保护并不能延及他的全部家人。除此之外，还有其他犹太人团体，例如"被忍耐的犹太人"，他们由于特定的社会作用以及承担可观的赋税而得到宽容。[146]犹太人居住在范围狭小的犹太人区，过着一种很大程度上与世隔绝的社会和文化生活。因此，像门德尔松这样获得普遍社会声望而不必否认他们犹太人身份的启蒙者，面临这样的任务，要一方面尝试克服排除性的和侮辱性的允许宽容，争取一种基于"经过启蒙的"宽容精神的法律上和社会上的平等权利，另一方面，要在启蒙的意义上转变犹太教的自身理解，
411 这正是门德尔松为降低《圣经》学说的权威性，而把《摩西五经》（Pentateuch）翻译为德语时所尝试做的事情。门德尔松相信，对犹太人的真正的、不再压迫的宽容，不应以转变信仰为代价，但是，它却要求形成一个经过启蒙的犹太教。

当门德尔松不可避免地被卷入他那个时代的宗教冲突时，他已经通过他的哲学作品获得了"当代苏格拉底"的名声。改宗相信基督教的瑞士执事（以及面相学说的建立者）约翰·卡斯帕·拉瓦特（Johann Caspar Lavater）感到奇怪，何以一个如此有教养的人还可以仍然是一个犹太教徒，他把自己在1796年翻译的一本邦纳（Bonnet）的书献给门德尔松，此书是关于基督教证明的，在前言中，他请求门德尔松，要么反驳这里的证明，要么改变信仰。[147]门德尔松被迫对此作出公开回应，但在他的作品中，他毫不掩饰自己是多么不同意拉瓦特的无理要求以及失信，因为后者引用了他们的私人谈话。门德尔松还提醒人们考虑，对于单纯"被忍耐"的少数派来说，参与这样的论争是多么困难："我希望能够通过德行，而非通过论辩作品，来驳斥人们对于犹太人所持的轻蔑意见。"[148]

因此，门德尔松在这个回应中，展示了他所看到的犹太教与基督教相比的优点，他不是直接命名犹太宗教为一种宽容而理性的宗教，而是凸显了这一点。一个民族启示的排外性（这个民族起源于此），恰恰阻碍了此宗教的传播（如向基督徒的传播）；门德尔松声称，根据一种特定的迈蒙尼德解释[149]，这种传播也没有为这种宗教自己的追随者留下通往幸福的道路：

> 谁不是生在我们的律法之下，谁就不必在我们的律法之下生活。我们团结在一起，只是为了遵守这部律法，而这不会给我们的邻人带来任何不快。……哦！我觉得，一个在这种生活中引导人们向善的人，不会在另一种生活中受到谴责，我也不需要因我的这些意见而害怕任何令人尊敬的集体（Kollegium）。[150]

412

按照这一决定性的思想，犹太教并无如下信念，即在教会之外就找不到永生至福（Seligkeit）；恰恰是在它的排外性中，对启示的信仰，就是一种宽容的信仰，特别是它在原则上同意把所有人联结在一起的"自然的宗教"和"自然的道德"。[151]因此，理性自然神论构成了独特宗教的普遍内核，而这种宗教的启示部分的要求，只有对于一个民族而言的独特有效性。

门德尔松尝试在其他作品中明确这一复杂的结构，即在他对玛拿西·本·以色列（Manasseh ben Israel）为克伦威尔统治时期重新接纳犹太人所作的申辩（原版1656年，翻译版1782年）的翻译的前言中，特别是在其核心著作《耶路撒冷，或论宗教权力与犹太教》（*Jerusalem oder über religiöse Macht und Judentum*）（1783年）中。前言处在两个充满希望的政治迹象的影响下，即奥地利皇帝约瑟夫二世（见下文第二十二节第1点）的宽容政策，它允许犹太人在一定程度上提高地位，以及普鲁士军事议员克里斯蒂安·威廉·多姆（Christian Wilhelm Dohm）的《论犹太人公民权利的提升》（*Über die bürgerliche Verbesserung der Juden*）（1781年）中关于犹太人平等公民地位的激进观念，在这本书中，多姆明显受莱辛影响，把一种对基督教的多数派文化的深深的自身批判（Selbstanklage），与为犹太人之解放的辩护，以及对宗教和解的希望联结在一起。[152]尽管门德尔松对后者有所怀疑，但他还是把约瑟夫二世和多姆与莱马卢斯和莱辛一并，指认为一种思想和一种政策的模板，这种政策"无视学说和意见的区别，而只在人身上看到人"[153]——而且，可以补充说，只在公民身上看到公民。然而，按照门德尔松，一种社会解放的条件，是宗教方面对宽容的接受，犹太教也是如此。并且这不仅涉及宗教与国家的分离，而且也涉及宗教的一教会的生活本身："真正的神圣的宗教不需要动胳膊动手，它是纯粹的精神和心灵。"[154]相应地，它不仅必须摆脱每一种政治—法律的权力，而且必须在它自己的领域内尊重判断的自由，并且忍耐异见。因此，不同于洛克的理解，真正的教会没有开除教籍的权力，无论是出于它的作为"理性的奉献之家（Andachtshaus）"的自身理解，还是从国家的角度来看都是如此，因为开除教籍太容易导致"公民尊重"的丧失。[155]因此，国家不应忍耐宗教内部的不忍耐态度。

在《耶路撒冷》中，门德尔松展现了他的宽容提法的全貌，一方面是关于信仰与理想的联结，另一方面则是关于教会与国家的分离。对于后者，他论证了一种严格的划界，也论证了基于自然权利和契约权利之考虑的、不同宗教完全的公民平等性；对主观意愿进行强制的权利是不可转让的，它既不可转让给国家，也不可转让给教会。[156]但是，虽然国家应该被限制于对个体行动作纯粹外在的法律调节作用上，而对思想无权监管，但门德尔松还是看到了国家与宗教的一种合作方式，即宗教包含着自然宗教和道德学说的核心，它对思想进行教育，并且使对法律的服从与对上帝的服从相一致。在这个意义上，国家需要教会，它们（至少部分地）构成了国家的道德—政治基础。[157]这使得门德尔松不可避免地面对培尔悖论的问题，他明确地考虑了这个问题，并且无论是这里，还是他的前言中，他都毫不含糊地说到，无论"狂热分子"，还是无神论者，都绝不能被忍耐："因此每一个公民社会都会行善，只要它不让它们两者中的任何一个，既不让狂热主义，也不让无神论，生根并蔓延。"[158]自然宗教最终包含一种自然德性（Sittlichkeit），这种自然德性含有一种对正义的上帝和永生的信仰，而不是地上那些"不过是夸夸其谈（Geckerei）"的道德，因为德行可能始终是无报酬的。只要道德仍然被奠基于上帝，那么"理性"的排斥就又一次显露了出来；门德尔松用来作为实证宗教之间连接环节的"自然宗教"，同样被用来排除"否认上帝者"。

在他的著作的第二部分，门德尔松又一次使自己面对基督教的攻击，即面对奥古斯特·弗里德里希·克兰茨（August Friedrich Cranz）的异议。在门德尔松对一个宽容的教会和一种宽容的犹太教的辩护中，格兰茨看到一种向基督教的靠近，看到一种部分的改宗。虽然门德尔松一方面承认，在许多他的"宗教兄弟"看来，一种严格的宗教统治是急需的，但是另一方面，门德尔松认为，这并不符合犹太教的内核。门德尔松比在反对拉瓦特时更加明确地解释，诸宗教之间的比较毋宁说更多地是对犹太教有好处，而且这是由于犹太教的启示和基督教的启示之间的不同。上帝唯独向犹太人启示自身为立法者，也同样只对这个民族提出行为规则，然而他不是通过圣言和《圣经》，而是通过所有人的共同理性来传达所有普遍的自然宗教的内容。相反，基督教相信，这些内容以及所有可能的"得救真理"都被启示了——但这只是对基督徒而言的，他们代表了所有人。因此，犹太教在内核上是普遍的，在其独特性上是宽容的，因为对它所特别地启示的律法只涉及它自己。相反，基督教同时是普遍的、排斥的和迷信的，因为它的出发点是：上帝以超自然的启示的方式，用奇迹向基督教启示了一切宗教，因此，只有这种信仰才是通向启示的道路。于是就出现了不再能够在"超自然的立法"和"超自然的宗教启示"之间作出区分的错误。[159]

诚然，在这里门德尔松必须反驳莱辛论人类的教育的著作中的观点，在那部 *415* 著作中，后者把犹太教的信仰看作被基督教所替代的、不成熟的童年信仰，而基督教随后在启蒙时期冉冉升起。对此，门德尔松不仅提请注意犹太教的理性和宽容的优越，而且对人类进步的观念作出了原则性的批判。个人虽会发展，但经过对不同时代的相互比较，人类并无进步（之后，康德将引证门德尔松自己的启蒙努力来批判这一论题）。[160]

门德尔松这样来总结他的论题：犹太教没有自吹"任何对于永生之福不可或缺的永恒真理的排斥性启示"[161]，因此它不知道任何"信仰枷锁"，因为启示的律法只在下述的三重区分中要求"你应当做或你应当不做！"但是没有要求"你应当信或你应当不信！"[162]首先是"上帝的永恒真理与他的统治和天命，没有这些，人不可能被启蒙和幸福"[163]。这些真理不是通过圣言和《圣经》启示，而是"至高无上的存在者通过实事（Sache）与概念（Begriff）向所有理性的造物启示的，是在灵魂中写下的一本在所有时代和所有地方都可读易懂的《圣经》"[164]。因此，所有理性宗教共享这些真理，它们展示了宽容的基础。当然，根据门德尔松，犹太教也意识到了，这里涉及的是理性真理，而非启示真理。其次，犹太教包含只"作为信仰被接受的""历史真理"，它是关于上帝与以色列民族订约的真理。再次，还有那些特殊的律法和生活规则，上帝不是以他的"世间万物的造物主和守护者"的身份，而是以"这个民族的王和领袖"的身份向犹太人启示了它们——作为行为规则，它们以律法的形式规范着这个民族的后裔。在政教一体的摩西律法（Verfas- *416* sung）衰落之后，它们已毫无强制特性，因而对今天的犹太人来说，"恺撒的归恺撒"这一耶稣原则是有效的，虽然他们同时应当"坚定地"持守先人的宗教。[165]

从对于教会与国家之分离和犹太教的宽容优点的论述中，门德尔松得出结论，既不能以自然权利的理由，也不能以随便哪个宗教观点的理由，扣留犹太人的法律和社会平等权利："如果除了偏离我们自为地视为有约束力的法律，就再也没有保持公民社会统一的前提条件，那么我们真心地感到遗憾，因为我们觉得有必要宣布：我们必定宁愿放弃公民社会的统一；……"⑯然而，对于公民社会的解放，不仅基督教的同化是过高的代价，就连信仰的统一这个许多启蒙者的目标，也是如此。门德尔松清楚地看到，凭借这种通过否定宗教差异而克服狂热主义的尝试，既不可能真正地扬弃不同的宗教立场，也不可能有真正的统一前景，因为不知不觉还是会冒出来一个想要控制其他信仰的统治性信仰，并因此出现对良知自由的压迫。于是门德尔松警告道，狂热主义

> 可能戴着温良的面具，欺骗你们，假装兄弟之爱，流露出不忍人之心，但暗地里已经打造了它想给理性戴上的枷锁。……弟兄们！这事关你们的真正虔诚，既然多样性是天意的显明计划和最终目的，让我们不要谎称意见一致。……为了你们的和我们的全部幸福的缘故，**信仰统一并非宽容**，它与真正的忍耐恰恰相反。⑯

因此，门德尔松也反对那种观点，认为自然神论的理性宗教应当能够吸收并且融化实证宗教。不过，他对"先人的宗教"的坚持，经历了他的时代的宗教批判，并且可以完全在莱辛的意义上，仅仅通过诉诸其理性宗教的核心和其在教义上的自身限制，来为他所持有的信仰辩护。因此，门德尔松一方面脱离了通过启蒙克服宗教，但另一方面，又以其方式上并不宽容的观念，仍然停留于一种自然的理性宗教的观念之中，这种理性宗教表现为诸宗教之间关联环节。这反过来同样有两面性：一方面，启蒙的讨论由此把自己带入了实证宗教，这导致了改革运动的形成，例如犹太教的哈斯卡拉运动（*Haskala*）⑯，另一方面，理性因此如此紧密地联系于（"净化了的"）宗教，以至于又产生了另外的排斥：反对那些没有看到这种联系，并且因此陷入一种会推翻社会道德基础的怀疑的人。由此产生了不仅在门德尔松那里，而且在伏尔泰那里出现的、对狂热主义与无神论的镜像式的（spiegelbildlich）谴责。因此，在门德尔松那里，也显示出在启蒙中遇到的悖论，据此悖论，在人的普遍理性中有**同一个**洞见，理性超越于信仰差异，而为人们之间的宽容奠基方式，然而，反过来，这却导致对能够被算作理性并且得到宽容的人的范围之未经充分奠基的划定。因此，理性在宗教问题中必须保持为不可知的，且道德独立于宗教，这一培尔的洞见在启蒙运动中没有得到足够的重视，至少在康德之前是如此。

1783 年，康德在一封信中告诉门德尔松，《耶路撒冷》给他留下了强烈的印象，并且同时使我们看到，在何种程度上，他在自然神论—和解式的启蒙思想的意义上（当然这对他自己的思想也有影响）来读这部作品，尽管门德尔松坚持犹太教的真理：

我把这本书看作一场巨大的，诚然缓慢来临的改革，这场改革不仅涉及您的民族，而且也涉及其他民族。您很善于把您的民族和一种如此高度的良知自由统一起来，人们过去根本不相信这种自由，也没有其他宗教能自诩这种自由。同时，您还如此详细和如此透彻地阐明了一种不受限制的良知自由对于任何一种宗教的必要性，以至于我们这边的教会最终也不得不思考，如 418 何把一切困扰和压制良知的东西与它自己的东西分离开来，这最终必然会使人们鉴于本质性的宗教要点而联合起来，因为对我们来说，一切困扰良知的宗教命题都来自历史，只要人们把对这种命题的真理的信仰当作灵魂得救的条件的话。[169]

第二十一节　宽容、尊重与幸福

1. 康德没有用任何一部专门的作品来处理宽容问题，但是这一问题域贯穿他的全部著作。鉴于康德哲学的复杂性，下面只能联系他的（1）道德哲学、（2）宗教哲学和（3）政治哲学简单地对之进行窥斑见豹的讨论。

在对标识着宽容话语的"道德合理化"的逻辑重构中，康德的道德哲学必须被视为顶峰。因为正是在这里，一种**自律的道德**完全地展开了——这是一种从诸传统宗教基础中解放出来的道德提法，这些宗教基础在探讨宽容的过程中越来越成问题，直到培尔的论题，即在对上帝的恐惧和道德品行之间，并不存在所谓的联系。康德的决定性思想是，道德判断和道德行动的能力（Fähigkeit）只能定位在实践理性能力（Vermögen）中，并且，一种这样的行动不仅预设了道德上的自律（moralische Autonomie），即根据自身立法进行意志规定的自由，而且预设了一种与对道德原则和道德动机的他律规定相对的、道德的自律（Autonomie der Moral），无论那些他律规定是现世幸福的学说，还是彼岸幸福的学说。一种"纯粹的道德哲学"必须出于实践理性的原则得到解释，而它的命令必须能**无一例外地**得到辩护，因为它要求**无条件的**有效性。因此，康德把何种行动能在道德上得到辩护这一问题，与对它们的普遍有效性进行检验的过程联系在一起，以至于没有任何道 419 德的人会为了别人的目的而"单纯作为手段"被利用，因为，如康德用虚假的承诺作为例子所解释的，"当我想通过这样一种承诺来为了我的意图而利用某个人时，他不可能同意我对待他的方式，从而把自己包含在这个行动的目的中"[170]。

在此处语境中，无法较为细致地探讨的是，一种把相互辩护和普遍辩护的程序置于中心位置的绝对命令解释，如何与对一种普遍法则的可能性或可欲性进行事无巨细地考察的康德式观念相匹配[171]，但对于宽容的问题域来说，需要把握的是，康德使以相关方式影响他人道德旨趣的行动的辩护需要（Rechtfertigungsbedürftigkeit）发挥了如此重要的作用，以至于对奠基于宗教的个体自由的限制，比如对宗教实践的限制，被看作是不正义的，因为在这种情况下，当事人的自律将会为了单方面的真理设定而受到限制。因此，不仅幸福不应成为道德行动的动机，以免导致他律的行动；而且，一个（成年）人的幸福，也不应违背他的意志，而变成（以相关方式影响这个人的）行动的目标。幸福是不能被扬弃的意见多样性的对象，它"不是理性的理想，而是想象力的理想"：

> 然而不幸的是，幸福的概念是一个如此不确定的概念，以至于，尽管每个人都希望获得幸福，但却从来不能确定地并且一以贯之地说出，他真正希望和意欲的是什么。原因在于，属于幸福概念的一切要素全部都是经验性的，也就是说，都必须从经验借来，而尽管如此，对于幸福的观念来说，一个绝对的整体，福祉的最大值，在我当前和任何未来的状况中是必不可少的。现在，最有见识而且同时最有能力，但毕竟有限的存在者，要对他在这里真正意欲的东西形成确定的概念，这是不可能的。[172]

420　因此，促进异己幸福这一义务，必须向**他人的**幸福观念看齐，即使这并不必作为有约束力的义务来接受，也不表达道德行动的理由："至于这些人愿意把什么算作他们的幸福，仍然让他们自己去判断；只是我也有权拒绝某些他们算作幸福而我不认为是幸福的东西，如果他们通常并没有权利把他们自己的事情要求于我。"[173]不论是我的幸福观念强加于人，还是反过来别人的幸福观念强加于我，这两者都与一个有理性的、能自我规定的道德人格的尊严不一致。这种需要无条件地敬重的人格尊严可以这样来理解，即任何一个道德的人格，都有对要求交互的和普遍的有效性的、使一切行为合法化的规范进行**交互的辩护和普遍的辩护**的基本**权利**。[174]在此，不同于一种"自由主义伦理学"的解读，决定性的是，对于他人自律的尊重，**并非**奠基于这种自律使他们可能过上一种（更加确定的）"良善生活"——因为这又会引出了一种良善生活的特殊概念，而是表现为一种对他人的尊严的敬重，他人乃是在道德上自己规定自己、自己为自己提供基础并且接受基础的存在者，人们作为平等者与之照面，并且把道德上重要行动的完好基础归因于他人。这是这样一种要求的内容，即要尊重（beachten）成熟状态和（不仅在"宗教的事情"中）自己运用理性之权利，康德视之为一种经过启蒙的道德的标志。因此，在我平行于宽容的历史而重构的道德的历史中（如果不想说宽容的历**史就是**道德的历史），正是康德阐明了宽容讨论内部已经形成的东西——对此我们可以想到卡斯特利奥精辟的话："杀死一个人并不意味着捍卫一种学说，而就是杀死了一个人"：人除了具有能够将他们相互区分的所有伦理的—独特的身份，特别是宗教的身份之外，还有一种把所有人质朴地作为人而联结在一起的、在道德上有义务的身份，也就是说，作为一种道德人格的身份。这种人格（*persona*），也就是一种进行辩护的存在者的尊严，从更加整全的伦理—宗教的地平线升起，并且对于在真正的和虔敬的生活方面具有完全不同的信念的人来说，它要求他们同等有效的、道德上的辩护理由。

对道德"纯粹性"的康德式强调这一难点，与其说关乎道德上的应当（Gesollten）的内容规定，不如说关乎行动本身的动因（Beweggründe），关乎纯粹的善良意志的"动机"（Triebfedern）。意志不应受明智的命令和任何对于——不管是自己的抑或异己的——善的考虑的约束，而是出于义务，亦即出于对自律的人的尊重，在行动的位置上设定其他价值和目的。只要特殊的观点，比如特别的关系、宗教意图、伦理目标，甚或对个人利益的愿望——无论那是天堂的还是现世的报酬——规定着行动，那么对他人的无条件的敬重就被相对化了。因此，是对作为人和"自在的目的本身"（Zweck an sich selbst）的他人的尊重，构成了康德出于义务的行动之观念的基础，并且因而排除了其他质料性的规定，因为这些规定用其他东西替代了这种敬重，或者至少通过其他东西对这种被要求的尊重加以评定，例如和某个亟待拯救的他人灵魂救赎相关的宗教真理那一类东西。一种不受限制的、不作其他评定的敬重是这样的，人格作为"目的王国"的自律成员彼此敬重，在这个王国中，他们相互承认和保持他们的自由，按照他们自己作为平等的人，通过在平等人之间能够确立的法律来规定他们的行为。[175]因此，康德道德提法的本质之处在于，在这个道德提法中，作为道德人格的他人受到无条件的敬重，为此不需要其他理由，这些理由关系到自己的善或他人的善，并且因此把一种相对化的因素引入了道德敬重。根据康德，谁要是追问这样的其他理由，谁就错失了道德的关键。[176]

因此，在这种提法联系于应当的内容规定，以及联系于应当的动机力量而提出的所有问题上，康德是提出一种理性道德规划的第一人，这种理性道德明确地在诸规范及原则与那些价值观念或幸福学说之间作出区分，前者因其严格的普遍化能力和辩护能力而获得了绝对的道德有效性，后者并非如此，因而不适用于对具有普遍约束力的道德进行规定，虽然它也能为人们的生活定向。根据康德，道德上的良善生活和幸福生活是两回事[177]，而且康德把那些从人类学借来的观念以及出自神学的观念视为扭曲了道德的观念，因为它们把别的东西置于对他人的无条件尊重的位置上。[178]无论一种伦理的幸福学说是否具有一种宗教特性，或一种质料特性，或其他特性，它都不可能成为道德上应当的基础。在伦理学说和普遍有效的道德规范之间的绝对区分，在这里明确地展开；这对于宽容讨论的道德哲学思考具有重要意义。因为，它不仅解决了培尔悖论，以至于从此以后，道德是否需

421

422

要一种宗教的奠基不再是个问题。而且它还为一开始提到的"道德宽容的悖论"投下了新的眼光，按照该悖论，宽容在道德上要求的，似乎是对不道德行为的忍耐。在上述决定性的意义上，只要规范性地区分拒斥性要件和接受性要件是可能的，那么这一悖论就能够得到解决。不仅如此，随之也能看出的是，在相互尊重中，如何能够普遍有约束力地**要求**一种宽容，而且恰恰是在这样的人格之间要求它，他们在伦理上的信念不仅是多样化的，而且是彼此矛盾的。于是，对于并不更少疑难的"划界悖论"（参见上文第一节）的解决，也就敞开了一种前景。

2. 当然，在他的一种自律道德的提法中，康德向着道德与宗教关系中的"哥白尼转向"又进了一步。宗教不再为道德奠基，而是反过来：道德意识在自身中找到了一条为"道德的理性宗教"奠基的道路。但是，这在双重意义上表明了康德是启蒙的完成者：一方面，道德独立于宗教，另一方面，对他来说，这一思想恰恰又通向一种理性宗教的和解观念，甚至对宗教差异的扬弃。

通向那里的道路经过"至善"的观念，他对**理性有限性**的全部三个批判都以不同的方式抵达这一观念，因为康德相信，它们一再地遭遇受限的有限理性的难题，即让理性"得到安宁"（Ruhe finden）的"至高目的"——如果说不是在思辨的意图中的话——如何至少在实践的意图中得到设想的难题；简言之，该如何思考人类通过经验得以证明的实践自由，以至于让一个"道德世界"得以可能：作为"实践的理念，能够并且应当现实地影响感官世界，以使其尽可能地符合这个理念"[179]。据此，"我应该做什么？"和"我可以希望什么？"，这两个涉及纯粹理性的实践旨趣的问题，要被这样来看，对第一个问题的回答是："去做那使你配享幸福的事吧"，由此，第二个问题问道："如果我现在如此行事，使我并非不配幸福，我如何也可以希望由此能够享有幸福呢？"[180]按照康德，希望问题必然走向幸福，但是，由于道德在幸福的经验性动机方面的自由，作为第一个问题答案的幸福，就只是指"配享幸福"。因此，关于这种配享可能性的问题，也就是说，关于幸福的问题，是与道德"成比例的"。根据康德，一个这样的"自己报酬自己的道德性的体系"[181]——亦即一个道德世界，这个世界给人们留下幸福的希望，并且因此预定了一个与理性在某种程度上和谐的、相应的自然——只有基于一种"最高理性"的理念才是可能的，这种最高理性"按照道德法则发布命令"，并且同时"作为自然的原因被奠定为基础"[182]。因此，引导理性实践旨趣的两个关于道德和希望的问题会合于"至善的理想"，会合于道德上的完善意志和"至福"的完美一致的理想，这种理性只有通过一位世界的神圣"创造者和统治者"才是可设想的。根据康德，这种完美世界预设了上帝的理念和来生的理念，因为我们"必须"把这个世界"视为来世的"，在其中自然和理性获得了统一。在这里，莱布尼茨对康德的影响是明显的，他用莱布尼茨的话称之为"神恩王国"[183]。

同样重要的是看到，这一论证一方面基于作为有所希望、追求幸福的有限存在者的人的需要，这是康德在这里作为理性的实践旨趣而明确允许的，而另一方面，恰恰由于必须避免经验性的争取幸福作为道德的目的和动机，就要引入"配享幸福"的理念，这意味着，如康德所说的那样，"上升"并进入理知的（spekulativ）王国：

> 仅仅幸福，对于我们的理性还远远不是完备的善。理性并不同意这样的幸福（无论偏好有多么期望这种幸福），如果幸福与配享幸福，亦即道德上的善行不一致。但是，仅仅道德性和与之相随的单纯的配享幸福，也还远远不是完备的善。要完成这样的善，那没有行不配幸福之事的人必须能够希望分享幸福。⑱

因此，在有限理性的边界上，只有一种超越的（transzendent）存在者的理念，才让道德目的和幸福的统一成为可设想的；因此康德非常强调，始终要保持在纯粹理性批判的建筑术内部，这里出现了向着一种"道德神学"的转渡，这种道德神学虽然不是纯粹思辨的，但从实践的，同时也是思辨的问题"我可以希望什么？"走了出来，进入了理知王国，至少进入了信仰的王国，当然，康德视之为纯粹的"理性信仰"：对世界创造者的信仰，在这个世界中，道德行动虽然仍被绝对地要求，但将不再是徒劳的。"因此，真正说来，即便道德也不是我们如何使得自己幸福的学说，而是我们应当如何配享幸福的学说。只有当宗教出现，才能出现幸福有朝一日能够按照我们曾考虑不至于不配享幸福的程度而得到分享的希望。"⑱

这在《实践理性批判》中——上面这段引文出自其中——得到了加强，在这部著作中，康德相信，"实践理性的二律背反"只有通过配享幸福的理念才能得到解决，并且在其中，虽然至善被描述为"纯粹实践理性的全部对象"，但决不允许道德行动的"规定根据"，因为这会导致他律。⑱至善的理念符合"理性的需要"⑱，即一种与道德性成比例的幸福"至少能被思考为可能的"⑱，即使它既不可能被认清（einsehen），也不可能被实现（herbeiführen）。这对于康德来说是决定性的：这是基于人的自律的道德对于理性具有严格的约束力，然而，与灵魂不朽（现在这可以从道德完善的"无休止进步"的理念中得出）和上帝存在（作为"道德的创世者"，使得自然与道德最深刻的统一可设想）的假设相符合的信仰却没有约束力，"因为不可能有假定某个事物存在的义务"。"道德上必要的"上帝存在的假设因而只是"主观"的需要，尽管它也是前后一致的理性的需要。⑱因此，在《判断力批判》中，关于"上帝的道德证明"的说法——康德想要在那里以之替代他所摧毁的传统的上帝证明，不仅是说，上帝证明是从实践理性的优先性中

425

426 得出的，而且是说，道德首先是理性的一种自律的责任，而对一个道德的创造者的信仰，它只不过是与这种道德相符合的幸福观念的应有之义：

> 这种证明……并不是要说：假定上帝的存在与承认道德法则的有效性是同样必要的；因此，可以对前者没有信念的人就能判定自己摆脱了后者的约束性。不！只有通过遵从后者而实现现世的终极目的的企图……才必须在这种情况下被放弃。每一个有理性的人都必须承认自己仍然受道德规范的严格约束；因为这种法则是形式的，并且无条件地命令，而不考虑目的……[190]

这里不是讨论下述问题的地方，即对于"至善"价值的限制意味着什么，以及它是否在康德哲学的建筑术中，特别是在其道德哲学中，有一个重要的位置，或者说，这个位置应不应该存在。[191]简单地说，在我看来，在至善的理念方面，康德承认有限理性存在者的一种既不合法又不必要的需要本身是实践理性的旨趣，尽管不是在与知识问题或道德问题相同的层次上，从而太过于顺从这种需要，给予了他们的行为在道德—伦理方面一种超越的意义。当他把符合至善的信仰视为理性的假设时，他在这里就跟随着那种越过有限理性界限的需要，迈出了走得太远的一步[192]；在有限理性界限的内部，信仰至多可以被许可而已。

427 现在，对于宽容问题决定性的是，康德由此出发，在这里发现了一种纯粹理性的、纯粹道德的信仰的内核，虽然按照这种信仰，道德还是为其自身的缘故而有效的，但是这种信仰同时把道德义务看作"神圣的命令"，并且根据这种信仰，自然与道德的和谐符合于"上帝之国"。[193]康德在《实践理性批判》中表明，在何种程度上这最接近于基督教，但也克服了基督教以及所有实证宗教；在论文《纯然理性界限内的宗教》（1793 年）中，可以看到对此的详细解释。这样，尽管存在与理性宗教传统的诸多差异，这一传统通常把道德建立在自然宗教的基础上，而这是在自然神论上得到理解的。康德也还是在如下程度上又回到了这一传统，即在宗教的"合理化"中，他看到解决诸实证宗教之间区别——以及与之相连的不宽容——的可能性，这种"合理化"最终让所有的信仰区别看上去都是无关紧要之事。[194]

康德的理性宗教不仅建立在道德的基础上，而且就其实施而言，它本质上还来自一种道德意向（Gesinnung），"遵从作为上帝的命令的所有人类义务的内心意向"[195]。这种意向力图建立一个"伦理的共同体"、一个"上帝的民众"，它只存活于德行法则之下，并最终能够建立唯一"真实的教会"，即地上的上帝之国。在其中，没有任何对学说与礼拜形式的分离。[196]不同于不允许任何多元性（Pluralität）的"纯粹的宗教信仰"，在基于启示的诸实证宗教的多样性（Mannigfaltigkeit）中，康德能够看到的，只是大量（Vielzahl）的"信仰类型"，大量的纯然"教会信仰"，它们在道德上根本无区别：

> 诸宗教的区别：一个奇怪的表达！就好像人们也说不同的诸道德似的。或许有历史上的不同信仰类型，不是在宗教中，而是在归属于博学（Gelehrsamkeit）领域的那些促进宗教进步所需的方法的历史中，同样有不同的宗教典籍……但是，只有一种唯一的对于所有人和在所有时代都有效的宗教。[197]

因此，根据康德，"更恰当地"说，某个人是"这种或那种（犹太的、穆罕默 428
德的、基督的、天主的、路德的）信仰的，而非：他是这种或那种宗教的"[198]。于
是，按照康德，所有的"宗教争执"从未涉及真正的核心，而是一再涉及"教会
信仰"，并且在于表明它的非本质性居然具有宗教必要性，而其他信仰者则是无信
仰者或者异教徒。[199]然而，根据康德，这并不意味着，每种教会信仰同样是非本质
的和不重要的；因为，人们在信仰问题中要求某种"可感性地把握的东西"
（Sinnlichhaltbar），因而教会信仰是不可避免的，这种信仰宁愿它的学说以最简单的
方式与"源始的"或"自然的"理性宗教相一致，并遵守对《圣经》进行道德解
释的优先原则，即使这显得"勉强"。[200]但是，在这里要避免一种"仅仅部分"有
效的教会信仰去冒充真正的宗教：

> 因此，尽管（根据人类理性不可避免的局限）一种历史的信仰作为引导
手段把自己贴在纯粹宗教上，但却伴随着这样的意识，即它仅仅是这样的引
导手段，并且它作为教会信仰携带着一个不断接近纯粹宗教信仰的原则，直
到最终能够不需要任何引导手段，如此，一个这样的教会才能始终被称为真
正的教会……[201]

这种理性宗教提法不仅明确地限制启示宗教的有效性要求，以便终结一切信
仰争执，它还使得康德站在这样一个评价立场上（而这确证了门德尔松的担忧），
即启蒙的理性宗教不仅原则上质疑实证宗教，而且重又包含了新的偏见，亦如莱
辛论人类教育的作品所展示的那样。在这一语境中，康德甚至比莱辛更加明确地
偏爱基督教胜过犹太教[202]；他不把后者视为道德的，而是视为纯粹的政治信仰，视 429
为"纯然规章性法则的总和"，因此犹太教"根本不是宗教"或教会，而是一个政
治共同体。[203]只有伴随着基督教，才开始了道德宗教的历史和对内在信仰的强调，
这种内在信仰包含着一种为了善而行善的、纯粹道德意向的核心，然而，基督教
随后沉溺于教会信仰的不宽容的宗派主义；直到"当前的时代"，才出现克服这种
敌对状态，并返回带来宗教统一的"真正的宗教信仰"的前景。[204]在作品《系科之
争》（1798 年）中，康德更详细地解释了这种统一理念，并且虽然赞扬门德尔松

对转宗这一无理要求的拒绝，但还是劝犹太人加入一个在教义上扩展了和净化了的基督教，诚然，作为教会信仰，这个宗教本身也必将消失：

> 犹太教的安乐死是离开了所有古老规章学说的纯粹道德宗教，这些规章学说的少数还必须保留在（作为弥赛亚信仰的）基督教中：当然，这种教派区分最终也必定消失，因此，至少在精神上造成人们称之为尘世宗教变迁大戏之结束的东西（万物的复归），那时将只有一位牧人和一个牧群。[205]

因此，通过还原到少数本质命题，宗教统一的人文主义思想也就返回到了道德宗教的表象；即使康德一再强调理性宗教相对于启示的优先性，即理性宗教对于所有人都是可能的，并且将他们联合起来，但在这一宗教哲学层面上，而非如将要看到的那样，在道德的层面上或权利的层面上，康德以此接续了这样一种传统，这种传统尝试通过对诸宗教（或者说"诸信仰类型"）之间的不宽容的克服，也克服了它们的一般差异，而与此同时，它却没有能够摆脱自己基督教传统的偏见。无论康德在何种程度上以宽容之名，与把教会信仰当作唯一真正信仰的宗教"伪事奉"（Afterdienst）斗争[206]；无论他在何种程度上以"真正的启蒙"[207]之名批评"宗教的妄想"、迷信、"教权制"（Pfaffentum）、"拜物信仰"和教义上的不宽容；无论他在何种程度上想要为了"自然宗教"而夺去基督教的统治要求，他都还是使基督教突出于其他宗教，因为它的内核包含一种无条件道德的宗教。[208]因此，最终，一方面，作为"自己对自己作出裁决的道德判断力"[209]，道德良知被赋予相对于一种置身于对上帝命令的绝对服从之中的良知的优先权（康德以此避免了培尔的"出于良知理由的压迫者"的难题），但是，另一方面，尽管处处提及道德的独立性，道德意识还是又呈现为宗教意识。这样一来，康德首先从宗教的境域中——不仅是从传统的宗教境域中，而且也是从启蒙的宗教境域中——提升了人作为自律的道德人格，但是，他又将之置入了一个重构的普遍主义宗教的境域，批判地看，这种宗教既非普遍主义的，亦非出于道德的，并且在它对统一性的追求中，对于宽容的事情并不够公正。

3. 不过，如果康德不严格区分对于宗教不宽容之克服的这种宗教哲学上的思考，与道德哲学问题，即是否一种宗教强制的形式能变得正义，以及法权理论问题，即是否可能有本身合法的一个位置给宗教甚或宗教的强制，那么康德就不是康德了。已经表明的是，他明确地以否定方式回答了道德哲学的问题；而对于他的法权概念同样有效的是，它必须保持对幸福概念和幸福追求的完全脱离。因此，康德会在宗教哲学方面为信仰类型的多样性存在感到惋惜，而在法权哲学方面则表示欢迎：

　　就教派纷呈而言……人们虽然习惯于说：有多种多样的宗教（真正说来是一个国家中的种种教会信仰类型）是好的，并且也是正确的，既然它是一个好的标志：标志着信仰自由留给了民众；但是，这其实只是对政府的表扬。但是，在其自身，这样一种官方的宗教状态当然不好，它的原则具有这样的性质，即它并不像一种宗教概念要求的那样，自身携带本质性信仰准则的普遍性和统一性，并且将之与起源于本质之外的东西的争执区分开来。[210]

　　康德使法权不仅在内容上比一切伦理的幸福学说更突出，而且在形式上比道德命令更突出，因为实证法权只与外在的行动有关，而与内在的动机（Motivation）无关；合法性与道德性之间的本质区别，与其说在于各自法则的内容，不如说在于"动机"（Triebfedern）：实证法权是外在的强制法权，它限制任意自由（Willkürfreiheit），道德法则规定道德意志。[211]因此，对未经辩护的良知强制——例如更普遍的来说：在自律的道德人格之间的、未经辩护的对自由的限制，在道德上的禁令以如下方式进入了法权领域，即法权的最高原则已经规定了对任意的限制（Willkürbeschränkungen）的需辩护性："法权因此是诸条件的总和，在这些条件下，一个人的任意能够根据普遍的自由法则与另一个人的任意保持一致。"[212]对于法权——也就是相互间合法强制的一切形式，它们都必须根据法权在自由人和平等人之间得到辩护——的这一规定的地基，是对于自由的一种自然权利理解的道德的基本权利和人权："自由（对另一个人的强迫任意的独立性），就它能够根据一种普遍原则而与任何另一个人的自由共存而言，是唯一的、源始的、每个人凭借他的人性有权获得的权利。"[213]这是道德上的辩护的基本权利在法权上的结果，也就是无条件地被敬重为"在其自身的目的"、被敬重为人格——其人的尊严是道德的无条件的基础——的基本权利在法权上的结果。[214]这里又一次变得清楚的是，对个体自由的保护，绝不基于一种良善生活的提法，对于这种生活来说，根据一种特定的自由观，一种受到合法保护的在社会中得以可能的自律是必要的。毋宁说，康德的观点是，正是人格的不可侵犯性，以及人格尊严的不可侵犯性，已经排除了他人的干涉权。至于这是否有助于不"受侵害"的人格过上良善生活，是完全另一回事了。按照康德，自由之切割的需辩护性的边界早先就划下了，并且，这一边界比那种可替代的观念所允许的更加严格：

　　但是，一般的外在法权概念完全出自人们相互外在关系中的自由概念；并且与所有人以自然的方式怀有的目的（幸福的愿望）以及达此目的的手段之规范根本无关：以至于也是因此，后者绝不可作为法律的规定根据混入前者的法律。[215]

432

433

在人的原始法权和相应的原则性法权规定的背景下，康德拟定了"人格"的不同提法，由此，他尝试对宽容话语历史中的一系列差异化进行系统化。[216]因为，除了按照绝对命令行动，并在道德上得到尊重的自律的**道德人格**之外，康德还在"公民状况"中区分了三项"先天原则"，以及相应的另外三种人格提法，即伦理的、法权的和政治的人格提法。这三项原则是："1.社会中每个成员的自由，作为人。2.每个成员与他人的平等，作为臣民。3.共同体中每个成员的独立性，作为公民。"[217]第一项原则意味着："没有人能强制我以他的方式（如他设想其他人的安康的方式）成为幸福的，而是每个人都可以在他自己觉得好的道路上寻找他的幸福……"[218]按照康德，这排除了"父亲般的政府"，在其治下，臣民被视为"不成熟的孩子"。这样，在外在方面，人格的合法自律得到了辩护，而在内在方面，法权表明自己是**伦理人格**的"保护壳"（Schutzhülle），它使得伦理人格按照善的观念去生活，无论其理由如何，这种善的观念对于伦理人格来说都显得是正确的。因此，伦理人格的自由得到了保证，并且它过一种自身规定的良善生活的可能性也得到了保证，此保证恰恰是通过一种法权，这种法权在伦理上可以说是不可知的，它只能归因于交互性原则和公共的辩护。相应地，第二项原则，平等，意味着人格作为法权人格，作为服从法律的"臣民"，不论他们的社会地位如何，处在对于所有人平等的法律之下，这一法律同等地限制每个个人的任意。

最后，第三项原则把人格的角色称为**国家公民**，称为"共同立法者"[219]。这是由于，按照法权原则，只有"普遍的法律"才可能是自由的法律，而且它只能是普遍的，只要它符合"民众的统一意志"[220]。在这一角色中，公民只可能在政治上是自律的（在这里，康德接受了卢梭的自律思想），因为从原则上来看，他只服从自身立法的法律，这就是说，"除了经过他同意的法律"[221]，没有其他法律："因为只有对于自己本身，没有人会做不正确的事。"[222]作为共同体的积极成员，作为选民，人格是公民（*citoyen*），而不仅（如法权人格）是市民（*bourgeois*）。这样的人格同时是法律的制定者和接受者。因此，只有在普遍的和相互的辩护的程序中，这种普遍的和相互有效的法权才是合法的；"理性的单纯理念却具有它不可怀疑的（实践的）实在性"，这是说，"任何一种公共法律的合法性的试金石"乃是普遍的同意效力（Zustimmungsfäigkeit）。简言之：就像对于道德上的相关行动和规范的辩护义务的道德原则成为了源初自由法权的基础一样，在这里，在"公共理性"的媒介中，这一原则成为了对强制法的辩护之要求的基础。[223]对于被强制者来说，每一种强制都是需要辩护的，而且这取决于当时的规范的本性，即论证必须以道德的形式进行，还是以政治的形式进行。[224]

从对康德论证的概观中可以看到，不仅从康德的道德哲学中，而且从他的宗教哲学和政治哲学中，得出了支持宗教自由的论点：宗教自由是对人格尊严之敬重的一种直接表达。因此，按照在康德这里第一次完全形成的**尊重提法**，宽容首先出于**道德上的**理由而被要求，但是，宽容的产生也根据**理性宗教**的原则，即理性宗教只应通过"理性的道路"，而非通过强制得到贯彻，进而根据**法权原则**，即对自由的限制必须得到相互的辩护，且幸福的观念不能提供任何合法的强制理由，而最后根据相应的**政治原则**，即所有强制法都必须来自"公共理性"，公共理性本身因而必须已经在多元主义上得到理解。[225]对于所有这些来说，基本的规定仍然是，人格具有进行辩护的权利，这一权利不会被"更高的真理"废除。这样，康德——人们把他的进路和与之非常类似的培尔的进路相比——在规范性方面把培尔的位置提升到了新的层次。当然，他在相当大的程度上偏离了培尔的地方是，他对于理性的有限性在宗教问题中意味着什么的看法；这里，启蒙的两条道路分岔了：培尔式的道路，它拟定了理性与信仰的一种明确的（虽然不是绝对的）分离，和康德式的道路，它力求在实践理性的优先性下广泛地消除宗教差异。联系到宽容问题，培尔道路是更可取的，它是有限理性的更为一贯的道路，有限理性在知识论方面导致一种理性的差异提法，但这种差异**不**可通过理性手段而消除。

不过，相对于培尔，康德的决定性进步在于，他在政治上转译了道德上的辩护原则，并且因而把横向的—公民层面的尊重提法，改写为了纵向的—政治的宽容：如果相互的—普遍的辩护在道德人格之中被要求，以便为道德上相关的行动辩护，那么，它在公民之中也是如此，这些公民必须决定，什么样的实证法律可以调节他们的共同生活。于是，宽容不仅是一种公民的、人际的德行，而且是彼此尊重对方的平等和自由的民主式立法者的一种政治德行；于是，在公共理性的媒介中得到论证的法律，就包含了宽容和自由的尺度（Maß），这一尺度蕴含着辩护的界限：在交流中，公民们看到他们的立场，以及他们之所以**不能相互强制的**理由。因此，他们将会以基本权利的形式相互允诺基本的自由，这种基本的自由保障任意自由，并且他们将会看到，**彼此的**宽容是合法的立法者和有洞见的法律接受者的一种重要德行，他们遵守法律，并且因此，门德尔松也曾攻击过的、**单方面的**和专制的宽容的允许提法得到了解决。

尽管这在民主理想方面不够好，康德仍然可以——在暗示弗里德里希二世时——视之为一种进步和"经过启蒙的"王侯的特征，只要他把"对于人的宗教事务不加规定，而是让人们在这方面完全自由"视为他的义务，甚至"拒绝宽容这一高傲的名称"。[226]因此，如果正确的是，启蒙在 18 世纪结束时尝试克服（允许提法意义上的）专制的宽容，并且在其位置上建立对平等的自由法权的承认，那么同样可以说，错误的是，（尊重提法意义上的）宽容因此作为公民的和政治的德行被废弃了。歌德说出了对于这个时代来说典型的、对于宽容的允许概念的批判，当他（如已经引用过的那样）表达道："宽容只应是一种暂时的意向：它必须引向承认。忍耐意味着侮辱。"[227]但是清楚的是，只要人们不愿完全通过一种相互的价值赞赏（或者通过互不关心）替代对于宽容来说构成性的拒斥，那么就必须建立一种相互忍耐的非等级形式，它表达的不是"侮辱"，而是承认的一种特殊形式。

让我们看一眼奥地利王国的皇帝约瑟夫二世的专制式宽容政治，以及在美国革命和法国革命中对这种"高傲的"宽容政治进行克服的尝试，就会看到，在这一语境中，宽容问题和宗教自由的问题如何得到了重新定义，以及优先于国家并且成为政治自由和宗教自由之基础的革命观念如何形成。

第二十二节　从宽容到人权——再回到宽容

1."开明专制主义"宽容政治的两个最著名的例子，是腓特烈二世及其继任者腓特烈·威廉二世的普鲁士，以及约瑟夫二世统治下的哈普斯堡君主国。这两个彼此间发生过战争的王国，在18世纪80年代迈出了走向对一种有限的宽容进行法律保障的重要步伐，在这方面，布兰登堡—普鲁士可以回顾从17世纪早期传下来的改革权利（*jus reformandi*）的怀柔的宽容（我们可以想到例如1685年《波茨坦赦令》对胡格诺派的接纳），随着腓特烈二世一起登上帝位，这位皇帝不仅是政治上的皇帝，而且是宗教上高于一切教派的皇帝，他认为"每个人都应按照他的方式得到永生之福"，不过这并不意味着，在他的宗教政治措施中，腓特烈二世没有注意避免太过削弱新教的地位。[228]在腓特烈·威廉二世统治下，1788年颁布了由沃尔纳（Woellner）起草的关于"普鲁士国家的宗教宪法"的赦令，"基督教的三大教派"：路德派、改革派和罗马—天主教，"在它们迄今为止的宪法中"在法律上是平等的，并且也为其余的"教派和宗教党派"要求作为免于良知强制的自由的宽容，"只要每个人都安静地履行他作为国家好公民的义务"。[229]因此，前面提到的三大教派，就都享有了一种特别的国家承认，其他教派也至少被保障了（在一定界限内的）信仰和礼拜的自由。然而，随着这一赦令的出台，出现了大范围的国家审查制度，这种审查制度想要确保基督教教义不因"精神自由"（Freigeisterei）被瓦解（根据沃尔纳，在腓特烈二世治下，这已经蔓延开了）。[230]与此相对，受到卡尔·戈特利布·施瓦雷茨（Carl Gottlieb Svarez）决定性影响的"普鲁士一般邦法"（Allgemeine Preußische Landrecht），于1794年确立了对所有宗教派别的普遍宽容，并且转而反对审查制度，但保留了具有"法团优先权"的"国家明确接受的教会组织"与单纯"被忍耐的"教会组织之间的区别。[231]

对分析作为专制主义统治进步策略的宽容的矛盾状况来说，约瑟夫二世的宽容政策比普鲁士的宽容政策更富有启发。它表明，在一位统治者的"开明"思想中，宽容扮演了什么样的角色，这位统治者吸取了政略派的教训，并且视宽容为权力实施的理性形式，**即通过赋予自由而进行规训**的理性形式——这是权力合理化历史的又一阶段。约瑟夫二世的母亲玛利亚·特雷莎（Maria Theresia），在她1740—1780 年执政期间，统治着一个打上了反改革烙印的王国，在这个国家中，她试图以古典的强制统治方式，贯彻"一个国家一种信仰"的原则[232]，在他们共同执政期间，产生了他与他母亲的冲突，并且它必须被视为既是私人的争论，同时也是政治统治理解的两种模式之间在政治—宗教上的争论。关于宽容问题的争执在 1777 年爆发，当时，在摩拉维亚一份虚假的宽容法令的草案，使得上千秘密 439 转宗的新教徒被认出，女王首先尝试通过强制使他们回转，后来想要把他们强制迁移到匈牙利，这导致了巨大的抗议和暴动。约瑟夫二世于是向他的母亲要求一种宽容政策：

> 如果不接受这个方法，我们就不再能拯救灵魂，相反，还会失去多得多的有用的和必要的身体。……但是，如果我们为了他们的灵魂在死后不受诅咒，就把能工巧匠和良民在他们的有生之年驱逐出去，并且因此剥夺我们能从他们那里获得的所有益处，那么我们由此无理地要求了何种权力呢？一个人可以把权力膨胀到对上帝的仁慈进行判断，违背人们的意愿而拯救他们，想要去命令他们的良知吗？[233]

约瑟夫在这里引入了关于政治权力界限的在政治上的、经济上实用主义的和原则上的混合考虑，以便说服他的母亲，而他的母亲就此把宗教的无差别归咎于他，并且指责他摧毁君主制：

> 我必须怀着巨大的悲痛说，在宗教方面不能再堕落了，如果你执意于这种普遍的宽容，你所坚称的你绝不离弃的原则。尽管如此，我还是希望……上帝保佑你免于这些从未降临于君主制的不幸。在要拥有工匠这一信仰中……你将会毁掉你的国家，并且犯下使得这么多灵魂堕落的罪。[234]

臣民的身份与人格对某个特定宗教的归属之间的分离，是约瑟夫用来反对他的母亲、保留新教徒作为臣民的唯一辩护手段，玛利亚·特雷莎不愿接受这一点，因此她也会评价说，政治上的平等地位不过是宗教上的无关紧要（Gleichgültigkeit）罢了。她在另一封信中这样写道：

> 宽容，无关紧要之事，恰恰是腐蚀一切的真正手段，不再有任何坚固的 440 东西；然后我们这些其他人就将成为最糟糕的人。……我只是在政治的意义上，而不是作为基督徒说：没有什么像宗教这样必要和有益。每个人都按照

他自己的幻想筹划一种这样的宗教，你愿意承认吗？没有确定的礼拜仪式，没有教会的下属，我们将会怎样？[235]

1780 年女王去世，皇帝约瑟夫二世的道路畅通无阻了，他视为通向内部和平的唯一道路的宽容政策，同样因为普鲁士的外部威胁，付诸行动了。他在他的王国开启了广泛的改革，改革不仅涉及宗教，但宽容问题还是形成了这一新政的核心区。1781 年 10 月，他颁布了他著名的《宽容诏令》（或者更准确地说：他的各种宽容诏令，因为对于王国各个单独部分的规定多少有些区别）[236]，也就是一种"开明"的允许提法的一份特别文件。[237]

文本清楚地表明，无关紧要之事的指责错得离谱，因为不仅天主教的统治地位已经确定了，独享"公共宗教活动"的权利；而且，在"真正的基督教宽容"的名义下，只有三大特定教派：路德派、改革派和希腊正教，在他们的"私下活动"方面明确地得到宽容。作为这些得到保障的忍耐——虽然这种忍耐并没有持续的保证——的动机（Motiv），值得一提的，是"一切良知强制的传染性"和宽容的"巨大作用"：此处，策略—实用主义动因（Beweggrund）与基督教动因的混合又一次变得明显，这是约瑟夫政策的特点。只有属于这三个教派而非其他教派的"非天主教臣民"，被许可在人数众多的特定情况下建立礼拜堂和学校，而且教会不许有"钟、铃、塔和街面上的公共入口"，也就是说，排除了犹太教徒，他们从 1781 年起，在不同的《宽容诏令》下，被给予了相对于玛利亚·特雷莎的压迫而言的、得到改善的社会地位，然而这种改善仅仅在明确受到限制的范围内，并且伴随着沉重的经济负荷。[238] 义务性的"白袍费"（Stolgebühren）仍然继续上交给天主教牧师，而涉及始终复杂的联姻问题，则一个天主教徒父亲的孩子必须成为天主教徒，但在天主教徒母亲那里，只有女儿必须成为天主教徒。从公民权利方面来看，重要的是，所谓的"非天主教徒"可以获得一定的公民权利和政治权利，只要他们的"基督教的和道德的生活作风"足以使他们个人被赋予一种豁免形式的权利。这些人格因此仅仅是豁免的（dispensando）法权人格和公民，而非出于真正的法权。此外，在 1782 年公布的一项法令中规定，任何想要放弃天主教信仰的人，都必须接受为期六周的祈祷练习（且部分费用由本人承担），在此期间，天主教神职人员会尝试阻止他们对信仰的背弃。

约瑟夫二世的《宽容诏令》可以在不同的方面被视为"开明专制主义"的文件。第一，这位皇帝的出发点是，**良知强制**对于内部的和平是不利的，而且是非基督教的[239]，但是，第二，他看到，**良知感化**完全可以巩固主要宗教派别的优势地位。第三，在约瑟夫眼中，显然没有任何其他方法能够加强自己的统治，因为他的母亲仍然倚赖的、传统的压迫机关已经被证明是不够的：唯有宽容，能够通过赋予一种有限制的和明显有范围的自由，而产生规训效果，使得被忍耐者成为

"好臣民"。既然他们的自由来自皇帝——他在天主教教会面前保护他们，并且同时在他们面前保护天主教教会——那么只要他们没有变得过于强大的话（这在任何情况下都是被禁止的），他们就要表现出对皇帝的忠诚。因此，这里也表明了对于允许提法来说典型的**自由**与**规训**的关系，这正如**包含**与**排除**的关系一样，因为"非天主教"虽然得到一定的权利，但是并没有达到他们的平等权。第四，相对于没有受到忍耐的派别来说，他们毕竟享有特权，前者仍然完全被排斥。因此，在"约瑟夫主义"中，得到的是以皇帝为中心点的一个复杂的权力网，他不再用直接镇压的手段进行统治，而是用操纵自由（Freiheitssteuerung）的手段来统治。[240] 对于这位尝试持续增加他对人口的控制，并且甚至有计划引导每个公民行为[241] 的皇帝来说，宽容的作用在于确保并扩展这种实施权力的形式。[242]

因此，宽容仍然是一个矛盾的概念，这个概念不仅在权力和道德的双重合理化中，导致完全不同的和——如将会表明的——相反的发展，而且还会在宽容的权力话语内部，为一位统治者留下空间，这位统治者可以（在与他母亲的争论中）同时持有"开明"原则，并且将它用来巩固自己的统治和控制臣民。这也是启蒙时代关于宽容的宽泛主题之一。

2. 如对荷兰和英格兰改革的分析已经表明的，人的本性的自由优先于国家，国家不仅不应侵犯这种自由，而且首先以之为基础。关于这种自由的思想，并非在18世纪的两场大革命，即美国革命和法国革命的语境中才形成。但是，正是在美国和法国，这些权利第一次被宣布为**人权**，人权作为由公民自己制定的宪法的一部分而成为实证法权，它对立法具有约束性。因此，从现在起，公民向被视为不合法的君主所要求的辩护权利，直接在政治层面上得到行使：他们不再要求由统治者赋予的特定权利和自由，而是由行使主权的公民占据统治者的位置，现在是他们自己相互确保特定的自由。他们的基本自由在于，对于一个法律秩序来说必要的、独立于异己统治的法权—政治的承认和保障。联系到宽容问题，这意味着，宽容的允许提法被一种政治上的尊重提法替代了，因为现在是有着不同宗教信念的公民之间的彼此尊重，它带来了作为基本权利的宗教自由之保证，而他们不仅作为立法者，而且作为法权人格，有义务保持这一基本权利。因而，着眼于传统的允许提法，人们就可以说，统治的、康德称之为"高傲的"宽容，被人权和公民权利的宣布和确立替换了；然而，着眼于尊重提法，则可以正确地说，宽容问题因此转移到了彼此作为立法者和法律服从者的公民关系的层面上，并且这一概念也相应地变形了，而非被替换了。

在18世纪政治的革命性改变中，宗教自由的问题扮演了不能被低估的角色，确切地说，这是在以下两个方面来说的。第一，如已经清楚的，在许多自然权利理论家那里，"本性"自由的思想具有如下宗教根源，坚持与政治上的主权者相对立的力量来自这样一种观念，即个体因其如洛克[243]所说是**上帝的所有物**（*Gottes Eigentum*），而对于国家来说不可任意处置。在一种与路德的解释对着干的，亦即革命性的对于两个王国学说的解释的光照下，当国家在权利方面侵犯个体时，国家就逾越了上帝划下的界限，这些权利由他们被上帝赋予的本性自由而产生，以及由对于上帝的义务，即保存自身而产生。

444

　　由此得到第二方面，宗教自由的权利在这一论述中占有一个特别的位置，因为正是这种权利发挥着核心作用，在其中，"不自由的自由良知"的构想因"良知"受约束于上帝而在政治上不可侵犯。因而，如许多作家所强调的，这种权利根本不可能转让给主权者，无论是一位国王，还是民主形成的主权者。所以，在人权和公民权利的解释中，这种权利占有一个特别的席位，虽然如我们将要看到的，在法国国民议会（Nationalversammlung）中，会有一种意义深远的对此的争执。

　　当然，重要的是，区分已经提到过的两个方面。因为，虽然特别是在美国革命的语境中，指出对人权的奠基具有宗教要件是正确的，但是这并不意味着，良知自由或宗教自由的权利是一种"原始权利"（Urrecht），以及所有其他权利的模板（Modell）。[244]因为，所诉求的不只是，或者并不首先是这种权利，而是所有对于**生命、自由和财产**（*life，liberty，and estate*）的权利（洛克），这些全部都来自作为它们的创造者的上帝的约束性的思想。政治上的自我规定的权利也是这样，在荷兰和英国的改革中，这种权利通过同样的自然权利的奠基得到主张：如平等派所表达的那样，这是作为**与生俱来的权利**（*birthright*）。因为单纯的宗教自由，那种作为被要求的自然权利，可能仍然与一种专制主义体系一致的，而宗教自由作为一种整全的政治自由的构成要件则不会如此。只有后一种宗教自由的要求，才能发挥一种革命性的力量。

　　此外，如对康德及其关于最终在政治层面上施展的（我所说的）辩护权利的道德起源的理解的讨论所表明的，从对人权进行宗教的—自然权利的奠基的传统出发，并没有充分的理由得出如下结论，即这种权利**只能**以这样的宗教方式被奠基，或者至少**不能没有**一种宗教要件。[245]因为，如已经看到的，对人权和人的尊严的宗教奠基，始终包含这样的危险，即它们以与这种权利的意义不一致的方式，在某种宗教立场划下的特定界限内被终结，尤其是在那些人那里被终结，他们不分有这种关于人的宗教观点，并且因而（潜在地）显得因道德上不够值得信任，从而不可被宽容。对于培尔关于宗教与道德之分离的论述来说，这一危险是本质性的出发点。随着与之一贯的进一步思考，对康德来说，人这种有限的理性存在者的尊严，**无需**其他的超越的理由（Grund），就可能被视为相互间敬重的无条件义务与相互间得到奠基和承认的那些规范和权利的有效性基础（Grundlage）。不仅如此，根据康德，这不唯是可能的，而且是必要的，因为追问人的尊严的进一步

445

的理由，与指出人的本性就是上帝的造物的回答一样，把人的尊严**相对化了**，只要"人的存在"（Menschsein）单独来看只被视为不充分的敬重理由的话——仿佛为了尊重人，就需要敬畏上帝似的，仿佛最终是上帝的尊严使得人得到敬重似的。从这种义务论的视角来看，在人的道德人格这一本性之外，追问道德的进一步理由，是问的太多了（并且包含了提到过的危险）。如果仍然有人要提出这个问题，那么在这个问题的答案中，道德的优先性无论如何都要达到如此程度，以至于任何其他回答都不能损害敬重义务的绝对有效性。于是，自然权利变成了世俗的"理性权利"。这最明确地出现在康德那里，但是在自然权利的传统中，它同样追溯到很远，比如人们可以想到格老秀斯的评论（参见上文第十四节第 2 点）：即使上帝不存在，自然权利也有效。由此可见，宽容的历史，也是道德变得自律（Autonomwerden）的历史。

3. 没有什么比主要由托马斯·杰斐逊（Thomas Jefferson）起草、于 1776 年 7 446 月 4 日在费城第二次大陆会议上宣布的《独立宣言》，更好地表达了《人权宣言》的宗教激情和革命激情："我们认为这些真理是自明的，即所有人的被造都是平等的，他们由他们的造物主赋予了某些不可剥夺的权利，其中包括生命、自由和对幸福的追求。"洛克理论的影响[246]不仅清楚地出现在这些表达中——虽然他用"对幸福的追求"替换了"财产"这一说法，而且也出现在如下推论中："为了保障这些权利，才在人们之间建立政府，政府的正当权力源自被治理者的同意。"这种自然权利的逻辑促使**国父们**（*Founding Fathers*）得出结论，必须脱离英国的专制统治，且诸殖民地有权宣称自己为"自由而独立的国家"。相应地，会议要求各个殖民地通过它们自己的宪法，殖民地也依次这样做了。

第一个州，弗吉尼亚，已经在 1776 年 6 月递交了一份这样的宪法，在它之前的，是一份［由乔治·梅逊（George Mason）起草的］《权利法案》，这部法案不仅成为了其他州的宣言的样板，而且也是合众国新宪法修正案（1791 年）的样板，以及最后法国的《人权和公民权利宣言》的样板。[247]它开始于下述论断：

> 所有人都是生来同样自由与独立的，并享有某些天赋权利，当他们组成一个社会时，他们不能凭任何契约剥夺其后裔的这些权利；也就是说，享受 447 生命和自由的权利，包括获得与拥有财产、追求和享有幸福与安全的手段。[248]

相应于这种原则上不可转让的权利，要表达的是宗教自由：

> 宗教，亦即我们对我们的造物主所负有的义务，以及尽义务的方式，只能由理性与信念而非力量与暴力来指导；因此，根据良知的规定，所有人都

同样地被赋予了按照良知的指引进行宗教活动的自由；并且，所有人都相互有义务以基督的克制、博爱和仁慈对待彼此。㉔⑨

这后一项规定又一次表明在宗教上奠基宗教自由的困难：它预设了，任何主张良知自由的人，也都具有一种**宗教的**良知，并且它要求对于这种自由的一种完全基督教式的运用。因此，在美利坚各州，宗教自由被理解为一种"为了（zu）宗教"的自由，而非"来自（von）宗教"的自由。㉕⓪

　　然而，后来合众国的第三任总统杰斐逊提供了这样一个例子，它表明，一种宗教—自然权利的宗教自由奠基会把在上帝面前的自由扩展到如此程度，以至于如何以及为何对上帝负责，都仅仅取决于个体自身，这甚至包括了无神论，它虽然被社会所拒绝，但其实并没有超出个体自身负责的范围。在他的《弗吉尼亚州笔记》（*Notes on the State of Virginia*）（1781 年，出版于 1785 年）中，杰斐逊指摘在弗吉尼亚州宪法中，没有关于宗教自由的权利如何实现的清楚规定，以至于比如在《普通法》（*common law*）中，仍然有反对异端的条例。杰斐逊因此在 1779 年提出了一项"确立宗教自由的提案"，然而它直到 1786 年才被通过。㉕① 在其中，他要求教会与国家的彻底分离，或者说，要求宗教观念和宗教实践与公民权利的彻底分离——如他后来所说，架起一道宗教与政治之间的隔离墙（*wall of separation*）。受约束于上帝的良知之不可强制性的论题，在这里又一次处于中心位置："我们从未交出良知的权利，我们不可能交出。我们为良知而对我们的上帝负责。"㉕② 比起洛克，杰斐逊在这一点上离培尔更近，他广泛地要求良知自由，且不仅是宗教良知的自由，因为只有特定的事物才一般地落在世俗权利的领域："但是，我的邻居说有二十位神或没有上帝，并不对我造成伤害。这既没有拿走我的钱包，也没有打断我的腿。"这样，杰斐逊从通常关于何谓有良知的观点中脱颖而出，这使得他被指责为一个无神论者。根据他的见解，虽然由个体对于上帝的责任出发，良知的自由得到奠基，但是，即使在看起来不信神的情况下，世俗权力也不应对之加以干涉。

　　杰斐逊用进一步的基本知识论的思考强化了这一点，这种思考预示了约翰·斯图亚特·密尔（John Stuart Mill）的理论。因此，他相信，真理只有在自由探究（*free inquiry*）的氛围中才能得到实现，而鉴于人类理性的易错性，没有任何政府能够被允许自居不可错的真理裁定者："只要需要政府的支持就错了。真理能够自立。"㉕③ 此外，在这里他也先于密尔提出，意见和信念的多元性不仅不可克服，而且有益于全社会，因为它们丰富了社会并且使得各个派别相互限制。㉕④ 那些没有建立宗教的联邦州证明了这一点，"它们的和谐前所未有，原因无非是它们无限的宽容"㉕⑤。

　　上面提到的新宪法，因其（以被人误解的方式说成是）导致中央政府权力集中，所以被所谓的反联邦主义者拒绝，在围绕新宪法的辩论中，杰斐逊采取的立场是，需要一份《权利法案》，以便限制政府的权利。在 1791 年，这随着前十条修正案的补充得以实现，它第一次采纳并批准**政教分离**（*disestablishment*）的请求："国会不得制定关于下列事项的法律：确立宗教或禁止宗教活动的自由；剥夺言论自由或出版自由；……"这些规定在美国的法权实践中确定了一个基本方向，为直到今天的对于宽容界限和行使自由之界限的理解打上了烙印。[256]

4. 当美国诸州内部和诸州之间的宗教多元性以这样的方式生出结果时，法国的情况则表现不同。在新建立的合众国，本质性的任务首先在于，争取各州的独立，并在它们已然既存的结构上可以建立新的宪法，而第二步涉及的则是，在政治上巩固诸州之间的统一，并且确保新的联邦州对外的独立性，而不引发——或者说不允许——更多的社会变动。[257]与之相反，法国革命的活动家们发现，自己面临着一场深刻的社会和政治变革的任务，这一变革包括废除封建统治，还有废除神职人员的特权，一直到达如下问题，即确定国王在新秩序中还能扮演什么角色。对完全新建的必要性的意识，铭刻在革命派的自我理解中，对于革命派来说，政治现实全然变成了自治的塑型空间（Gestaltungsraum）。[258]

1789 年 8 月 26 日的《人权和公民权利宣言》（*Declaration des droits de l'homme et du citoyen*）被认为是新立宪法的序言，它需要实现双重任务：一方面，它借鉴了美国人权宣言，特别是弗吉尼亚的宣言，这些宣言表达了"自然的、不可让渡的和神圣的人权"，正如前言中所说，"以便这一宣言持久地呈现在所有社会共同体成员面前"[259]；但是另一方面，它也是建立所有公民的主权国家的文件的内在组成部分，现在公民的共同意志构成了全部权利的基础。因此，在这份文件中，一面可以看到，个体的自然权利作为优先于国家的人权（如第一条："人生来自由和在权利方面平等，并且始终如此。"或第二条："每个政治统一体的目标都是维护自然的和不可转让的人权。"）；另一面，很明显，这些权利只有作为**公民**权利，即作为主权国家成员的公民的权利，才能具有效力，而主权国家决定着共同意志——第三条如是说："每个主权的本源根据其本质在于国家；……"在这种关于人格作为人和作为公民的双重视角下，更确切地说，在关于人格权利作为"自然的"权利和作为"政治的"权利的双重视角下，存在一个悖论，它既包含着一种新的政治理解机会，也包含由此而来的危险，即发展出著名的自由权利与人民主权间的疑难。[260]机会在于，从对辩护而言的"源始"人权出发，去对道德上的个体权利的核心内容进行奠基，但这些不可还原的个体权利也必须被合法地制度化和具体化，并且（根据相互性和普遍性的辩护标准的预先规定）是以民主式自我规定的方式来制度化和具体化。[261]在道德自治、法权自治和政治自治的这一交织中，显示出一种对于个体权利和民主主权的理解的可能性，它们"同等源始地"源自基本的辩护权利，辩护权利则一方面为人权奠基，另一方面包含一种权利，去以政治自治的方式设定合法的权利，并且赋予权利。基本权利的双重意义源出于此，不论是防御权（Abwehrrechte）还是（相互—普遍的）立法权，两者反过来都必须被合法地制度化。[202]以这样的方式得到的，是一种个体权利的世俗提法，只有作为相互辩护的权利和彼此赋予和确保的权利，以及作为相互斗争的权利，这种个体权利才能获得实在性。

452　　　这样一种对于权利和民主主权的理解，作为潜能存在于一种民主式再奠基的尝试中，然而这种奠基如法国的例子所表明的，本身又受到大量因素的影响，亦即在这种情况下，它不仅受到集体主义的和实体主义的主权理解的影响，这种理解导致去尝试逐渐解决提到过的、关于在政治同一性逻辑意义上的国家的"政治体"的统一性（而且越来越成为一种纯粹性）的悖论。而且更重要的是1789年极其复杂的社会冲突形势，在其中，社会革新的努力与君主制、贵族和神职人员的各种力量相对，后者被迫妥协，这特别表现在宗教自由的问题上，并且也反映在1791年得到决议的宪法中。随着革命逐渐彻底化，借助暴力改变形势的努力，最终抵达了"大清洗"的恐怖。

　　　对于宽容的主题来说，《人权和公民权利宣言》第十条的实现具有特别的意义，这一条说："任何人都不应由于他的观点，也不应由于宗教的观点而受到干涉，只要他的表达没有扰乱法律所规定的公共秩序。"——并且因此，这一条与美国的表述具有显著的区别。为了理解这一点，有必要看一下法国的社会—宗教语境，一如既往地，这一语境由天主教教会的支配地位打上了烙印，天主教实际上表现为一种国教。以他的内兄约瑟夫二世为榜样，路易十六在1787年着手尝试通过一项宽容诏令，恢复胡格诺派一定程度的、非常受限制的法权地位，但是这并未触动天主教教会的优先地位。胡格诺派由此除了被允许安居乐业以外，也被赋予了结婚和给孩子开出生证明的权利：这是宽容的允许提法的一个经典案例，当然，它本质上并没有超出1598年的《南特赦令》。天主教的这种具有深刻社会根源的统治地位，在1789年8月国民议会关于宗教自由宣言的谈判中，也被认为是关键问题。

453　　　第六执行局（Sixième Bureau）受委托拟定了关于宗教自由之条款的提案，这是在损失了一系列经济上的特权之后，坚决捍卫天主教教会优先地位的神职人员的领导下进行的。它提出了三项条款：

　　　　第十六条：因为法律无法惩罚秘密发生的犯罪，就此法律必须受到宗教和道德的帮助。因此，对于在社会中保持一个良善秩序来说，对宗教和道德这两者的尊重是不可或缺的。

　　　　第十七条：宗教的保持以承认一种公开的礼拜为条件。因此敬重公开的礼拜是不可或缺的。

第十八条：公民只要没有干扰这种公开地得到承认的礼拜，在任何情况下都不应被干涉。㉓

这份提案完全遵循了传统路线，强调宗教对于道德和守法的必要性，并且在对异教徒宽容的同时，要求一种公开的礼拜形式，它在 8 月 22 日和 23 日在国民议会上得到商议，并引起了会上所有关于权利宣言的争议问题中最激烈的争论。㉔会议一开始，卡斯特兰伯爵（Comte de Castellane）就提议，用一项单独的条款来代替那三项条款："任何人都不应由于他的宗教观点而被干涉，甚至在他的宗教活动中受到干扰。"（287）在接下来围绕公开礼拜的合法性和必要性的问题展开的辩论中，虽然人们达成一致，在之后的宪法中调整第十六条和第十七条，但是神职人员代表和其他保守力量并不愿意允诺一种整全的宗教自由，因为这种自由会给国家的稳定带来巨大的危险。

拉博德侯爵（Marquis de Laborde）是整全自由的最重要的代言人，也是他对在《宣言》（*Declaration*）中引入"至上存在者的保护"提出了（没有成功的）反对。他主张国家在宗教问题上的中立："中立无疑是最明智的姿态。除了保持和平，政府没有其他任务，而不会破坏和平的唯一方式，就在于尊重不同的礼拜形式。"他还用一种宗教语言来强调宗教活动自由的权利："宗教自由是最神圣的善，它属于每一位公民。"（289）米拉波伯爵（Comte de Mirabeau）也这样做，他是宗教自由最坚定不移的支持者之一，清楚地表达了宗教自由与宽容的允许概念之间的紧张： 454

> 在这里，我不是要请求宽容。在我眼里，完全无限制的宗教自由是这样一种最神圣的权利，以至于宽容这个词语，人们试图用它说出的，在我听起来在某种意义上已经是专制的了，因为一种能够给予宽容的权力的存在，因其不仅有宽容的权力，而且也有不宽容的权力，就已经损害了思想自由。（289）

虽然米拉波在同一次讲话中把宽容称为"最神圣的词语"，并且指出，没有任何一个国家实施了宽容政策而引起了动乱，但是，他在这里（如康德或歌德一样）明确指出，在辩论中，国民议会的关切无非是宽容的允许提法与对广泛的宗教自由的承认之间的冲突。并且米拉波也指出，反过来，对于承认这种自由来说，宽容的**另一种**方式是必要的，即基于相互尊重的宽容。

8 月 23 日，会议继续，米拉波再次用言词支持卡斯特兰的提议，攻击一种**占据统治地位的礼拜方式**（*culte dominant*）的观念：

大家在这里不断地说到一种统治地位的礼拜：统治地位！我的先生们，我不理解这个词语，你们必须先向我解释这个词。它指的是一种进行压迫的礼拜吗？但是你们已经排除了这个词语；谁支持保障自由权利，谁就不会再主张压迫。——它指的是王侯的礼拜吗？但是王侯并没有权利控制良知或者规定观点。——它是多数人的礼拜吗？但礼拜是一种观点之事；这样或那样的礼拜，是这样或那样的观点的结果；但是，现在观点并不是根据投票结果决定的；你们的思想属于你们；它们是独立的；你们可以根据它们做你们想做的事。而多数的意见终究不应统治。……只有正义可以统治，只有每个人的权利可以统治；其他一切都是服从者。（291f.）

米拉波由此提出，宽容和宗教自由的问题是**正义**的核心问题，因为它涉及个人享有同等公民权的权利，只有以相互—普遍的不可反驳的理由，这一权利才能被限制；紧接着，卡斯特兰也引证黄金规则来强调这一点（292）。在他的反复动议下，第六局的第十八条也被放弃了；但是他的相反提议最初只有第一部分，即"任何人不应由于他的宗教观点而被干涉"，得到了采纳，接着，关于这个句子后面应该跟什么，发生了激烈的争执。"公共礼拜"的支持者最终赢得了新《宣言》第十条的妥协方案，其内容是："只要他们的表达不破坏法律确定的公共秩序。"因为这里的"公共秩序"只可能意味着官方的"公共礼拜"，对此这一表达的赞成者没有任何怀疑，神职人员代表因此获得了一场胜利，米拉波后来在《普罗斯旺通讯》（*Courrier de Provence*）中如此评论道："国民议会没有把不宽容扼杀在萌芽之中，而是似乎把它作为备用物收纳入了《人权宣言》。"（294）

在 8 月 23 日的会议上，新教徒拉博·德·圣-埃蒂安（Rabaut de Saint-Etienne）向代表团指出，这个第十条明显和关于权利之无限制平等的第一条相矛盾，并且产生的不是自由，最多也就是旧式的宽容："不宽容这个词永远地被排除了；人们的口中不再说出这个野蛮的词语。**但是我并不愿意用宽容来替代它**：宽容这个词语包含着同情的观念，这是对人的侮辱：对此我想要的是自由，对于每个人都必须是同样的自由。（293；Herv.R.F.）[205]他的呼吁不仅提到了胡格诺派的苦难史，而且提到了犹太人的苦难史，然而却没人理会；新条款的表达没有再变动。它允许宽容又一次自我保存，它也将在接受了《宣言》的 1791 年宪法中得到永久保留。当然，后来规定公共礼拜的，却不再是天主教；它被公民宗教的"理性的礼拜方式"取代。[206]

来自法国大革命的这段插曲不仅表明，与诸宗教的平等地位相对的社会—宗教惯力有多强，以及与这样一种观念的斗争有多难，即为了国家的稳定，需要一种共同的宗教，至少是在外在形式上的共同宗教——这是一种从卢梭开始就必须被论证的观念。这段插曲还表明了宽容概念的矛盾性，基于不同的宽容提法，它时而为革命摇旗呐喊，时而又致力于为统治性宗教的支配地位而辩护。在其为革命（在这一点上太过乐观地）辩护的论文《人的权利》（*The Right of Man*）（1791年）中，托马斯·潘恩（Thomas Paine）也强调了后一点：

> 法国制宪议会像取消不宽容一样取消了宽容，而提倡一种**普遍的良知自由**。宽容不是不宽容的对立面，而是不宽容的复制品。二者皆为专制。一个妄称自己有权利剥夺良知自由，一个则妄称要赋予良知自由。一个是准备好了火焰与柴堆的教皇；一个是出售或赠予赦免的教皇。[267]

5. 因此，"从宽容到人权"这个格言，对于从约瑟夫二世的"开明专制主义"，到法典化了的人权和公民权利的转变时代十分贴切，必须关联到三个完全不同的方面。第一，法国大革命的例子表明，宽容的允许提法仍然继续存在于《宣言》之中（虽然已经被削弱，并且现在是在民主的旗号下）。另外，在那承认了完全的宗教自由的地方，对于法权实践的批判性思考也表明，在这种实践中，何以又出 457 现特定宗教或教派的优先权，并因而在这种基本权利的解释中，这种优先权倾向于一再得到确立，同样地，自由的权利构成了一种允许宽容，于是只要少数派被"忍耐"，哪怕是绝非平等地被"忍耐"，允许宽容就认为这种权利已经实现了。[268]

第二，如果国家与教会之间的分离得到广泛贯彻，也会产生问题，即如何对待宗教的少数派的问题，他们把公民义务作为宗教上不可接受的东西加以拒绝，例如要求豁免服兵役，如辉格派在 1791 年 2 月面对国民议会所做的那样。[269] 后来，在达成一致的宪法中，这种豁免甚至最终作为权利被立法确定（虽然它的要求始终受到很强的调节）[270]；但是这样的情况也抛出了一个问题，即在结构上，这里是否不再存在作为有效调节之豁免的、修正了的允许宽容。

第三，最后必须强调，以一个平等权利的体系替代允许宽容，这恰恰意味着，一种按照尊重提法的宽容因此被提上议程：不是用其他东西替代宽容，而是一种提法替代另一种提法。尊重提法于是在两个方面，即纵向的方面和横向的方面，被要求，不仅如此：它以一种特定的方式结合这两个方面。因为现在是（a）作为立法者的国家公民的**相互的**宽容，这要求他们在对法律的辩护中，注意交互性和普遍性的范围，并且不绕开这一领域而贯彻多数派的伦理价值观念（在正义的基本问题中）。同样，（b）公民作为法权人格，作为权利的接收者，被号召不仅避免非法的歧视，而且避免法权范畴根本无法描述的歧视。不宽容不仅在法权内部和法权对面大行其道，而且也在法权之旁，它不能仅凭法权手段而被驱逐出社会空 458 间。毋宁说，对此迫切需要公民方面的一种特定态度。只要在一个社会中还有伦理上的、深刻而重要的区别，宽容就仍然在日程安排之上。

第二十三节　文化多元主义与个体独一性

1. 我们已经指出，在 18 世纪思想中，可以看到对民族或国家的历史文化的特殊性不断增加的强调，特别是在孟德斯鸠那里，但最明确的，则是在詹巴蒂斯塔·维柯（Giambattista Vico）那里。在他的《新科学》（*Scienza nuova*）中，他视历史为不同伦理世界与个体文化的顺序，它必须从其自身出发得到理解和评价，即使这一顺序全部被认为是神圣天意的作品。文化或民族虽然是人类总体发展的部分，但是具有不可还原的独一性。这一思想也是约翰·戈特弗里德·赫尔德（Johann Gottfried Herder）哲学的特点，随之一种新的要素被带入了宽容讨论：民族的多样性——赫尔德没有区分"民族"与"文化"——和它们的独特性，现在向宽容提出了挑战，这样，宽容不再仅仅需要回应宗教的差异。**文化**本身也成为了宽容的对象。文化多元主义导致了多样性和冲突的新形式，而多样性和冲突呼唤宽容方案，文化多元主义的观念是一种深刻影响着直到今天的宽容思想的改辙处（Weichenstellung），这一如赫尔德提出的宽容奠基方式，即文化世界多元主义的一种伦理—宗教的理解。它通向宽容的价值赞赏提法。

在赫尔德的哲学中，虽然包含着一种导致了如浪漫主义那里的、对于启蒙的彻底批判的思想，但是必须要小心使用"反启蒙"的标签。[271]因为赫尔德的思想对此来说太复杂了；虽然他是文化的民族主义思想重要的早期支持者，但是在政治方面，他并非保守的国家理论家，而是专制主义政府系统的批判者；虽然他批判了启蒙的世界主义（Kosmopolitismus）及其国际法理念，但他首先瞄准的，是启蒙的隐蔽的帝国主义内涵；更重要的是，虽然他强调了文化的独一性，并且严厉拒斥启蒙的线性历史哲学，但他自己并未放弃一种历史哲学的总体视角[272]；最后，在所有强调文化多元主义的地方，他也坚持道德原则和宗教原则的一般性。他的思想的这些要件，导致了一系列紧张与矛盾，这些在他的宽容思想中也是可以注意到的。

作为绍姆堡—利珀亲王国的主任牧师和主管，赫尔德不得不匿名出版他受到狂飙突进运动影响的 1774 年的作品《关于人类教化的另一种历史哲学》（*Auch eine Philosophie der Geschichte zur Bildung der Menschheit*），他在其中作为对启蒙所支持观念的积极批判者出现，这种观念认为，人类历史应被理解为普遍理性形式的形成过程。与在他眼中自然神论对宗教的稀释，及其"满是宽容性质的镇压、剥削和启蒙的普遍民族之爱"[273]相反——在这方面他一再指出对其他民族的暴力殖民，以及"开明专制主义"随身携带的内部压迫——他强调早先民族的民族特征的"深度"。虽然他把迄今为止的民族发展重构为生活形式的顺序，但是他强调，与他的时代的思想家的高估相反，这既是一种**进步**的历史，同时也是一种**丧失**的历史：每一种早先的民族，特别是希腊人和罗马人，都有其**本己的完善性**，都取决于他们特别的自然处境和历史处境，而且这些都随着他们逝去了，不可重复。这些民族的"先见"毋宁是"高贵化"了这些东西，是一种感性（Sinnlichkeit）或者更深的宗 460教性的标志，但当前的时代已对此无能为力了。㉔与在他看来使得人的潜能肤浅化和非法地齐一化的启蒙相反，赫尔德断言，在历史上的诸伦理世界之间，"所有的比较都是不恰当的"，因为每个时代都有它自己的尺度：根据自然这位"善良母亲"的安排，"每个民族在其自身都有它的幸福的中心"，也就是说幸福的形式各个不同："难道善没有撒满大地吗？"㉕

在人的历史中，赫尔德所看到的发展，是这些独特完善化的多元性的增长，于是人类以这样的方式前进，但是并非向着一种大综合进步。因此他对启蒙的理解是矛盾的：一方面，他算准了损失，（承接卢梭）为后来批判"机械的"启蒙提供了一系列动能㉖，另一方面，他不仅意识到，他不可能跳出他的时代，而且他相信，其他时期和其他民族的伦理世界也不能在与作为"树梢"㉗的自己时代的规范性相反的意义上得到辩护：它们要求一种有限制的价值赞赏，而非某种效仿。㉘对于宽容问题而言，这意味着，赫尔德完全批判地判断这些世界，但是他同时也把一种价值记在它们名下。如果人们在一种共时性的视角下来打量整体的话，那么这种价值就在呼唤宽容，而且其原因是由于这种本己价值的，并且基于在神意的整全，但对人来说当然不可能充分敞显的神圣安排下，将所有部分结合为一（Eingebundensein）。在这一伦理—宗教的背景下，他批评启蒙，特别是批评伏尔泰为一种虚假的宽容形式，这种宽容的自然神论和世界主义"散发着光芒……宽容，思考自己时的轻而易举，在许多和蔼可亲外形下德行的微弱，淡化和甜蜜化了的小人物倾向"和"同时因此，某种不幸的鲁莽、懦弱、不确定和冷漠！"㉙此外， 461他指责他们为一种爱国主义姿态，它自以为客观地优越于其他价值姿态。因此，人们可以与之相对地推断出，真正的宽容会意识到诸伦理体系和"诸民族特征"间的特别性和差异，并且因而既不超出这些差异来进行解释，也不视之为价值赞赏的界限。

不过，这一进路也有一系列困难。首先，赫尔德没有足够地澄清他自己的规范性视角；不清楚的是，早先时代的独特伦理世界如何能够得到通达和批判，特别难以看清的是，他对这些世界的批判，也是和他自己的世界一样，基于它自己的时代的规范和尺度呢，还是可以依靠某种普遍的道德和宗教呢？因此，价值赞赏（以及宽容）的界限何在，仍然悬而未决。在赫尔德那里，不仅可以看到独一的文化整体性之不可比较性的主题，而且也可以看到这种比较的频繁进行；正如能看到如下观点，即一种整全的总视角只能是上帝的视角，而不可能是人的视角，但他自己却经常采取这种"基于上帝之路超越民族"[280]的视角。[281]这里显露出任何一种伦理—多元主义理论都有的核心困难，这种理论强调伦理视角的限制性和特别性，并且同时在其中强调，要尝试超越这种限制性。也就是说，这种理论在强调尺度的特别性的同时，又用到了某种支配性的尺度。[282]然而，对于赫尔德来说，特别的是下面这种进一步的困难，即在他对独一性和个体性的辩护中，他通常借助对于词语的本质性使用，来指某个民族的独一性和个体性，但是它偶尔也指**个体**的独一性和个体性：他同样地强调"伴随着一个人的本己特性的、难以言表的东西"和"个体的特征在多大程度上取决于其民族"。[283]十分明显的是，赫尔德确信一个决定着另一个，但是他避而不谈这一关系中的冲突特性。[284]

在《人类历史哲学的观念》（*Ideen zur Philosophie der Geschichte Der Menschheit*）（1784—1791 年）中，赫尔德着手处理这一难题，不过，把全部人类历史重构为一种经过详细解释的自然历史，并且同时重构为"在自然中的神的道路"[285]，是他现在的抱负[286]；这里明显表现出一种宗教的总体叙事，而且也更强地表现出一种进步视角，虽然对文化和民族本己价值的强调仍然扮演核心角色，但现在这是在共时视角中的核心角色。上帝在自然中对一切事物起作用，如赫尔德（接续着歌德所介绍的斯宾诺莎）所说，自然的计划现在在其内在的目的论中显露出来，它超过不同的年代和文化，抵达最高的人性（Humanität），实现"真正神圣的人的形象"[287]。相应地，赫尔德指出了所有人类创造共同的道德—宗教基础，从黄金律到一种普遍的人类宗教禀赋（Anlage），亦即一种发展人类至高任务的禀赋。[288]

然而，这并不意味着，神意，"善良的自然母亲"，不再把创造的发展有机地系于民族和文化的特殊完善性的成形过程之上，这些民族和文化在其各自的地方（赫尔德在这方面特别强调气候上的关系）和他们各自的历史时代中，形成了他们的生活形式，以及他们各自的幸福形式。[289]在这方面，这些生活形式为观察者展示了它们在其自身的价值，但这些价值绝非作为等价的东西；它们有（a）在文化成员自己眼中的价值，（b）在无偏见的观察者眼中的价值和（c）在上帝眼中的价值，而只有上帝完整地看到他的造物在其自身的美。[290]赫尔德竭尽全力不带偏见地对其他生活方式进行了一系列评价，但这些评价并没能反过来避免他的文化的先见。[291]

在赫尔德那里，宽容的核心思想，是关于"被造物的规则"的宗教的—自然哲学的—伦理的思想，根据这一思想，从大量兴起并消逝的伦理—宗教世界中，产生了人类的持续发展，只要不同的文化不逾越它们各自的界限，特别是像欧洲人所做那样，无论是通过十字军东征，还是通过殖民：

　　只要可能，就没有一棵树允许夺走另一个树的空气，从而使后者保持矮小，或者使后者为了享有自由的呼吸而自愿变成不幸的残废。它应该找到自己的位置，以便它凭借自己的本性，生根发芽，攀援向上，并且枝繁叶茂。㉒

因此，和平应该是人的自然状态；"自然母亲"预先规定了，每一株文化植物在它自己的位置上绽放它的华丽，但并不是唯一永恒的存在；在民族的变迁和消逝中，赫尔德看到上帝的作用，因此他对宽容的最重要的奠基，是这样一种奠基，即人不应擅自未经允许，就介入创造的计划，并且不应把他的价值强加于别人：

> 幸福是一种内在状态：因此尺度及其规定并不在外面，而在每一个个别存在者的胸中；另外一个人毫无权利强制我接受他的感受，正如根本没有权力能赋予我他的感觉方式，把我置换为他的存在。因此，不要让我们这种存在者的幸福的形态和尺度由于高傲的惯性或由于习惯了的傲慢而比造物主所设定的更少或更高：因为只有他才知道，我们的地上的终有一死者该何去何从。㉓

各种语言和各种传统的区别，导致不同的思想方式，这种区别是上帝的意愿，并且符合神圣自然的法则："生命力在它们最特定的个体性中的完全共同作用。"㉔因此，每一个民族都获得它自己的尺度，并且在总体上借助一架"幸福望远镜"㉕来表明，在基督教以经过宗教改革的形态而占据了核心地位后，人类是如何取得了进步。在这种新的形态中，基督教打破了天主教教会统治下的教条主义的僵化和不宽容。㉖

另一方面，在这一理论中，赫尔德也没有解决文化—集体的独一性与个体的独一性的关系问题；正如文化有其权利和特别性，个体也如此："每个人都有他自己的尺度，仿佛所有感官的感觉相互构成的一种本己情调……"㉗在赫尔德关于各 465 种力量的协调一致的有机全图中，个人的幸福和他的民族的幸福可能的不和谐是不被允许的。

他关于宽容契机（Anlass）和宽容奠基方式的论证也是可疑的。关于前者，他以对于"文化""民族"或"国家"的一种过于统一和本质主义的理解为出发点，这种理解没有充分地考虑他所强调的文化的弹性和可变性。关于宽容的奠基，则尤其表明，最终是那种基于"全部自然的计划"㉘的宗教—形而上学的全球视野，承载着他的论述。因此，如他在他的早期著作中强调的，这是一种人根本无法通达的视野。不过，作为宽容的非宗教理由，我们仍然还是有可能在其他文化中看到某种有价值的东西（然而它并不如自己的有价值，另外这里也缺少宽容的拒斥性要件）。这当然使得宽容界限变成了一种非常任意的界限，它取决于某个人是否承认一种这样的价值。因此这里表明的是，如在其他的宽容的价值赞赏提法那里一样，无论它最初可能显得多么值得向往，但基于价值赞赏的宽容所要付出的代价还是太大了，因为它将用一种过于狭窄的限制的风险来买单，即对于"何物有价值并且可宽容"的过于狭窄的限制。因为，单单出于一种本己的视角，就能确定，把所有在这种视野中看上去无价值的、无用的或者错误的东西排除出可宽容之物的领域。但这样一来，存在于赞赏与拒斥之间的可宽容之物的真正领域，就面临消失的危险。

尽管如此，赫尔德的哲学还是标志着宽容话语的一个本质阶段，因为文化多元主义的观念和对主体独一性的强调一样，呈现了宽容思想的一种重要扩展，如下面将会看到的那样。

2. 是青年威廉·冯·洪堡（Wilhelm von Humboldt）捡起了在赫尔德那里没有解决的文化特别性与个体特别性之关系的问题，并且在他写于 1792 年（但直到 1851 年才全部出版）的作品《尝试规定国家作用之界限的一些想法》（*Ideen zu einem Versuch, die Gränzen der Wirksamkeit des Staats zu bestimmen*）中，为此提供了一个具有浪漫主义启发性的、个体优先性的答案，这个答案预示了约翰·斯图亚特·密尔（深受洪堡影响的）《论自由》的核心论证，并且继续对时至今日的自由理论发挥着作用。像赫尔德一样，洪堡反对一种国家观念，这种观念赋予国家——无论它是不是专制主义的——关切个体幸福的功能，于是国家成为了一个巨大的"机器"，统治着"无思想的成员"[299]；然而，在这个问题上，他的重点不在于强调民族的组织特点和它的特征[300]，而是在于个体性和个人的源初性。对于宽容问题域来说，这意味着，洪堡的主题不是诸文化**之间**的宽容，而是一个国家**内部**的宽容。

根据洪堡的论述，国家的目的仅仅在于成为"人的教化的手段"[301]，它指向一种独一形式中人的精神力和感受力的最完善理想的教化的手段（174），也就是个体性在伦理上的完美主义理想，按照洪堡在政治上的反完美主义立场，这一理想当然可能实现，只要国家完全彻底地置身教化进程之外。洪堡从对于善的一种形式上的理解出发，"追求一个目标，并通过物质力量和道德力量获得这一目标，精神充沛、充满活力的人的幸福就以此为基础"（100）[302]，并且将之与一种浪漫主义的教化理想和一种关于政治自由和社会多元主义的论证结合起来：

> 人的真正目的……是把他的力量最极致地和最和谐地教化为一个整体。对于这种教化来说，自由是首要的和不可或缺的条件。不过，除了自由之外，人的力量的发展还要求其他东西，虽然和自由有紧密的联系，即处境的多样性。即使是最自由和最独立的人，处在单调的境况中，也难以有所教化。（106）

然而，无论是个体性之教化，还是社会多元主义之条件，都不能通过直接的或间接的国家行为而产生㉝，对于使得发挥个人潜能成为可能来说必要的、个人与其他人的联结亦非如此："因为，即使经过所有的生命阶段，人也只能达到似乎是构成了整个人类品质的诸完善性中的一种。因此，通过产生于这种存在者内心的联结，一个人必然把另一个的财富据为己有。"（107）㉞只有这样，从爱开始，经过友谊，直到与其他人的社会联结，才可能产生共同体和

> 某种差异，这种差异不能太大，这样一个人才能理解另一个人，也不能太小，以便激起对其他人所拥有的东西的一些赞赏和将之转移到自己身上的愿望。这种力量和这种丰富的差异统一于源初性，人的全部伟大最终以此为基础，单个的人必须永远据此奋斗，想要对人发挥作用的人绝不能忽视它，可以说这就是力量与教化的特性。（107）

洪堡在这里描绘了一种完善存在者的完善共同体的理想图画，他们在相互完善然 468
而也相互夸大的独一性中彼此欣赏和价值赞赏。当然，这似乎并不会在这里导致宽容的价值赞赏提法，因为这里没有提到任何相互拒斥的因素。然而，可以设想，只要相互的价值赞赏只涉及他人特定的品质，而拒斥其他品质，一种相互拒斥的因素就出现了。这应该被认为是洪堡式共同体的一种更加现实的变体。

　　不过，洪堡的核心旨趣不在于公民之间横向层面上的宽容，而是在于国家的纵向方面的宽容。在这一点上，他一以贯之地拒绝主动的国家行为：除了在必要的时候确保外部和内部安全之外，国家没有其他任务；为了使"个体性的发展"（123）得以可能，为了避免社会变成不同于"积极而有活力的人群"的"堆放在一起的无生气而有生命的效用和享乐的工具"（126），国家必须在从科学到教育和社会福利的许多领域中，为"各种力量的自由游戏"让出场地。这样，洪堡的核心论证先行提出了后来被称为"自由论"的理论。

　　在这一语境中，他严格地反对国家在宗教问题上的**任何**干涉，并且他也不接受——如我们已经看到的：被用得非常多的——那种论证，即为了提升道德和风气，宗教必须受到国家的关切。根据洪堡跟随康德所提出的看法，道德和宗教要严格分离，"道德意志的纯粹性"（153）不需要任何宗教基础，而宗教建立在个体的内在情感和特性的基础上，不能用来为道德的或国家的目的服务。（148—157）它"完全基于观念、感受和内在的确信"（156），而不可能通过外在的作用被唤起；只有充分的精神自由，才能够通达内在的宗教态度。㉟洪堡一贯地为之辩护，并且也为进一步的论题辩护，即国家绝没有道德教育的任务（163），在他的前辈 469
们那里几乎看不到这种主张的一贯性，㊱虽然它也付出了国家行为被彻底削弱的代价，在这方面，洪堡没有考虑到的困难是，由此可能产生社会的不平等，以及反过来对自由造成威胁的权力结构。

下启密尔的"伤害原则",上承康德的法权规定,洪堡这样表达国家的任务:

> 为了承担对于公民安全的关切,国家必须禁止或限制那些直接地仅仅关涉行动者的行动,这些行动会损害别人的权利,这就是说,未经他人同意甚至违反他人意愿而减少其自由或其财产,或者有可能会造成这样的结果……(187)

通过洪堡的作品,19 世纪和 20 世纪自由主义思想的一个重要源泉变得清楚了(虽然与此相关的问题,即国家在个体需求方面扮演何种角色的问题,将走向不同的方向):关于人的"力量"和内在潜能的浪漫主义观念,它仅仅在政治自由和社会自由的条件下,就能形成一种独一的形态,这种形态本身丰富了全社会。于是,国家方面,必须提供严格的自由,并且不对个体有任何积极的要求,而公民方面,他们相互间不仅尊重他人的同等自由和权利,而且要去满足使自身发展得以可能的那种自由——"丰富性与源初性更美、更高的奇妙形态"(127)。基于对个人潜能的尊重,宽容也被要求了,而基于对形态的价值赞赏,宽容也就产生了。然而,即使这种价值赞赏没能传播开来,尊重的要求也必须仍然存在,要在宽容奠基方式中提供一种彼此的担保。因为价值赞赏不是相互间可要求的,并且它也难以普遍传播;因而宽容不可能仅仅依靠价值赞赏就成立。但是问题在于,在洪堡这里,尊重最终也奠基于一种独特的伦理的个体性理想,这里理想可能是有争议的,因此他缺乏一种论证,即对**不**合乎社会(或者国家)眼中的理想的那些"形态"的宽容奠基方式在何处的论证。如果得到保障的自由空间没有导致个体"开花"(108),而是导致枯萎和死气沉沉,怎么办?国家应该"帮助"甚至修剪这些植物吗?这个问题仍然悬而未决,并且又一次提醒我们,去批判地看待以伦理理想为基础的自由奠基与宽容奠基方式。

3. 除了赫尔德以文化主义为主的价值赞赏宽容提法,以及洪堡的个体主义的价值赞赏宽容提法以外,还有另外一种浪漫主义的启发性的宽容见解,不过这次是弗里德里希·施莱尔马赫(Friedrich Schleiermacher)的宗教—多元主义的宗教见解,它发表在 1799 年针对"蔑视宗教的有教养者"的讲话"论宗教"中。在这个讲话中,夏里特医院的改革派牧师反对启蒙的宗教批判,也反对其喜欢的替代说法"自然宗教"——"形而上学与道德的糟糕的碎片缝合,人们称为理性的基督教"[307],并提出主观宗教感受的深度和独一性的作用,即超越于启蒙所正确批判的独断的和不宽容的《圣经》信仰。在他对宗教个体性之超越于实证固化的强调中,他接续了塞巴斯蒂安·弗兰克(见上文第九节第 2 点)开启的传统,不过,现在施莱尔马赫所突出的,是"不可把握的瞬间",在其中,"一个圣洁的灵魂被宇宙感动",生出"天国的火花":这是宗教创始人源初宗教经验的典型瞬间,但是,根据施莱尔马赫，正是这样一种经验，它把真正信仰的基础置入每一个个体。因此，宗教不能被还原为形而上学与道德，而是独立于这两者（而这两者也独立于它），宗教不是思想和行动的事情，而是"直观（Anschauung）与情感"（35），并 471 且源于这样的契机，在其中，一个有限的存在者被无限的宇宙所"触动"（76）；宗教是"对于无限者的感觉和品位"（36）。然而，这种把个体从他的固化中离散出来的、与无限者的接触，这种在自然的丰富性中对"无限的活生生的自然"的感受，因其仍然是有限存在者的感受，所以在每个个人那里都是一种不同的和构成性的"宗教个体性"，即一种独特的对无限者的意识，并且因此最终是一种本己的宗教："每个人都可以轻易地看到，没有人能整个地拥有宗教；因为人是有限的而宗教是无限的；……"（160）因此，有无限多的宗教形式。在这一背景下，施莱尔马赫提出了一种宗教—多元主义的宽容论证：

> 这种情感必须伴随每一个拥有真正宗教的人。每个人都必须意识到，他的宗教只是整体的一部分，意识到关于那使他在宗教上感动的同一个对象，存在着同样虔敬但是与他的观点完全不同的观点，并且意识到，直观与情感是从不同的宗教因素中流出来的，对此他可能完全缺乏感觉。你们看，这种美好的谦逊、友好而吸引人的忍耐力，是多么直接地源自宗教的概念，并且多么密切地紧紧依靠于宗教啊。因此，当你们批评宗教，指责宗教是迫害狂，指责宗教刻薄恶毒，指责宗教破坏社会、使得血流成河时，是多么不公道啊。（43）

在这里，似乎从宗教本身的地基上，产生了价值赞赏提法——这种宗教不像"打磨过的"和"听话的"自然的理性宗教，把宗教情感与活生生的直观搞丢了，因此它恰恰拒绝委身于任何一种不宽容的"体系探索"，并且从事情本身出发，来解释宗教直观的差异。然而，这种提法的一个难题是，这样一来，似乎就不再有任何宽容契机了，因为，对自己宗教视角的有限性和限制性的意识，也使得其他宗教视角被视为"同样虔敬"和同样可能，当这个时候，拒斥性要件显然就不再存在了。[308]但是，这样的话，施莱尔马赫就可能比他自己认为的更接近启蒙思想，因 472 为既然宗教情感必须被视为只是一份纯粹的情感，那么它的"深度"可能也由此大大地相对化了，因而宗教"直观"的知识论地位也变得可疑了。

　　这一问题也反映在他对实证宗教和宗教团体的讨论中，宗教团体是一种交流宗教直观的、无等级制度的共同体，并且不应该对其他教会划下任何教条主义的界限；此外，在其自身旨趣中，它必须支持国家与教会的严格分离，因为它不应让自己为国家服务，甚至连通过一种特别的承认而成为法人社团也不行（141）。根据施莱尔马赫，只有当一种个别的直观"出于自由的选择"（173）成为共有的

"核心直观"，从而引起一种宗教的和谐情感时，才能产生一种实证宗教。反过来，它必须在内部为宗教个体性提供足够的活动空间，并且不能固化为学说原理或一部著作。然而，一种这样的宗教形式，只能"通过它自身"（190）而被理解，即通过宗教情感的一种共享而被理解。

　　直到接近文本末尾的地方，施莱尔马赫才转换视角，并且是以明确的方式说出了基督教的观点，然而并没有将之与宗教总体观察者的视角充分地分离开来。因此，他支持这样的论题，即犹太教"早已是一种死的宗教"（190），它曾经适应于人类早先的儿童时期，而对于他的时代，他只承认一种宗教，亦即基督教，为体系宗教，基督教的直观是"更辉煌的，更崇高的，成熟的人所更崇敬的"（193）。它呈现了宗教的一种更高的反思形式，其意识到有限者与无限者的一种中介的必要性，圣子的思想就代表这一中介（201）。于是，在这一语境中，一种非教条的基督教及其"基础直观"，就被突出为宗教的基本结构，而宗教宽容变成了一种基督教的宽容，它现在把"无数的"宗教直观包含在内："诸宗教的宗教不能为其最内在的直观的本己方面收集足够的材料，因此，正如没有什么比在一般人性中要求一致性更为非宗教的，也没有什么比在宗教中寻求一致性更为非基督教的了。"（206）

　　通过把一种有限的宗教视角提升为一种趋近无限性，并且容纳一切有限形式的宗教，施莱尔马赫虽然违背了他自己的有限性预设和独特性预设，但是在另一方面，他必然超出这种自身限制，既然他没有为他自己的宗教直观预设任何相对化。这里反映出宽容的宗教—多元主义价值赞赏提法的一个核心困难：一方面，拒斥性要件不可能完全取消，因为否则就不存在任何宽容情境了，另一方面，多元主义的整全视角使得向着一种独特的本己直观的转换成为了问题（并且导致混淆二者的诱惑）。据此，如果存在着一种多元主义的**宽容奠基方式**，那么它只能是这样的，即从本己的视角出发，把一种价值归给其他形式，但是与此同时，本己的视角也就被视为更具价值的。于是这一提法又回到了在赫尔德和洪堡那里已经指出的问题上。

　　4. 上述讨论并未走出那些接续启蒙的核心作品，特别是接续康德的作品，致力于信仰与知识的关系难题和教会与国家的关系问题的种种立场的范围太远[309]，对此，人们可以想到浪漫派，还有特别是德国观念论直到黑格尔的尝试，即在一种绝对的思想的方向上，超出康德对于理性的有限性的规定。[310]然而，就我所能看到的，在这一语境中，并没有发展出对于宽容的新的奠基。

　　因此，到目前为止的展示，应足以给出对于启蒙与宽容之关系问题的多样答复：不存在导致一种特定的宽容提法的"唯一"（die）启蒙。毋宁说，在宗教哲学和政治哲学两个方面（也包括第三个方面，道德哲学的方面），有一系列复杂的立场和非常不同的宽容奠基方式与宽容批判。就诸奠基而言，突出的是这样一种尝试（关于它诸疑难已经得到讨论），即以一种"公民宗教"或一种理性的"自然宗教"，取代其时代的实证宗教位置的尝试，反过来，它又引起了不同的反应，这些反应同样地刻画着时代的特征，从无神论到重返实证宗教——当然是一种重新解释过的实证宗教，因为一种单纯的"返回"是不可能的。同样不可能的，是保留经典的允许提法，尽管它甚至比人们通常所估计的更加频繁地出现在启蒙时代的思想和实践中。

穿过这些我只能对之投下有限"光照"的18世纪冲突的通道，宽容概念的理解随之进一步地尖锐化，并且同时也得到了丰富，因为这一概念的许多面相变得显而易见了。正如下面对人们称之为"现代"的那个时代的宽容话语的讨论将会表明的，宽容奠基方式的各种基本选项由此已经在很大程度上准备好了，因而接下来的事情就是，在一个日新月异的社会处境中，鉴于一种彻底化的自由理解，来对之加以应用和批判地观察。

注释：

① Cassirer, *Die Philosophie der Aufklärung*, 218f.；Oelmüller, *Die unbefriedigte Aufklärung*, XIII f.；Möller, *Vernunft und Kritik*, 15；Fitzpatrick, "Toleration and the Enlightment Movement".

② Kant, "Was ist Aufklärung?", Ak. VIII, 41.

③ 关于法国语境，参见 Fetscher, "Politisches Denken im Frankreich des 18. Jahrhunderts vor der Revolution"。

④ 康德在《什么是启蒙?》中也是这种看法。

⑤ 关于18世纪向着对权力的规范地、公开地批判逐步发展，参见科泽勒克（Koselleck, *Kritik und Krise*, bes. 94—103.）和哈贝马斯（Habermas, *Strukturwandel der Öffentlichkeit*, bes. Kap. 3 u. 4.）的（非常不同的）描述。

⑥ Kant, "Was ist Aufklärung?", Ak. VIII：40.

⑦ Vgl. Montesquieu, *Vom Geist der Gesetze*, Buch I, 1 u. XXXIV, 10.

⑧ 关于培尔对孟德斯鸠的影响（及其变化），参见 Shackleton, "Bayle and Montesquieu"。

⑨ Montesquieu, *Persische Briefe*, Brief Nr.24.（下面的引用在文中标明相应的书信编号。）

⑩ Vgl. Briefe Nr.24, 29, 57, 75, 78, 101, 134f.

⑪ "可以看到，被忍耐的宗教社团中的信徒通常对于他的祖国比从属于统治性的宗教中的人更有用。因为既然他们不可能有荣誉的地位，并且只能通过富裕

和财富来出人头地，他们就被促使通过劳动和接受社会上最不被接受的工作来赢得这些东西。"（85）

⑫ 在另一处，他这样描绘不可改变的正义观念，"就算没有上帝，我们也永远热爱正义……"，并且接着说，"即使我们从宗教的枷锁中解放出来，我们也不应当丧失关于正当与卑劣的感觉"（83）。

⑬ 亦参见第 125 封信，在那里孟德斯鸠表述了现世的天堂观念的多样性。

⑭ Vgl. Montesquieu, *Vom Geist der Gesetze*, Buch XIX, Kapitel 10（下面在正文中标注）。

⑮ 关于偶像崇拜与崇拜一种纯粹的精神性存在的"经过启蒙的民族的宗教"之间的区分，参见 XXV, 2。

⑯ 顺便提一下，在孟德斯鸠关于诸民族间气候区别的多样考虑中，能够看到一系列关于南方民族和他们的特征的贬低性判断。特别参见第十四至十七卷。

⑰ 关于这种张力，也可参加 Böckenförde, "Die Entstehung des Staates als Vorgang der Säkularisation"。

⑱ 例如费切尔（Fetscher, *Rousseaus politische Philosophie*, §14）、祖布亨（Zurbuchen, *Naturrecht und natürliche Religion*, Kap. 7）、登特（Dent, "Rousseau and Respect for Others", 131）持有这种错误的理解，认为"论公民宗教"章呈现了卢梭著作中对宽容主题最详细的明确处理。

⑲ Rousseau, Entwurf zur *Nouvelle Héloise*（1760），S.1782.

⑳ Rousseau, Abhandlung über die Wissenschaften und Künste, 60.

㉑ Rousseau, Bemerkungen von J. J. Rousseau aus Genf über die Antwort des Königs von Ploen auf seine Abhandlung, 78.

㉒ Ebd., 83.

㉓ Rousseau, *Emile*, 536.

㉔ Rousseau, Abhandlung über den Ursprung und die Grundlagen der Ungleichheit, 221. Vgl. auch Rousseau, Emile, 485.

㉕ Rousseau, Brief an Voltaire, 328.

㉖ Ebd., 329.

㉗ Ebd., 330.

㉘ Rousseau, Brief an Herrn D'Alembert, 345.

㉙ Ebd., 343f.（Fn.）.

㉚ Ebd., 346.

㉛ Rousseau, Brief an Christophe de Beaumont, 535.

㉜ Rousseau, *Emile*, 551.

㉝ Ebd., 562 u. 574.

㉞ Ebd., 567.

㉟ Ebd., 585.

㊱ Ebd., 593f.

㊲ Ebd., 596.

㊳ Ebd., 539.

㊴ Ebd., 589f.

㊵ Ebd., 604.

㊶ Ebd., 625.

㊷ Ebd., 629.

㊸ Ebd., 634.

㊹ Ebd., 632.

㊺ Ebd., 604. frz. 608.

㊻ Ebd., 630 (Fn.).

㊼ Ebd., 636 (Fn.).

㊽ Rousseau, *Vom Gesllschaftsvertrag*, I, 6 (S.18), frz. 361.

㊾ Ebd., I, 8 (S.22f.), frz. 364f.

㊿ Ebd., IV, 8 (S.145).

(51) Ebd., S.147.

(52) Ebd., 146.

(53) Ebd., 151 (frz.468).

(54) Ebd., 150f.

(55) Ebd., 151.

(56) Ebd.

(57) 参见下文第二十节第 2 点。

(58) Rousseau, *Gesellschaftsvertrag*, IV, 8 (S.152).

(59) Ebd., 153.

(60) Rousseau, Brief an Christophe de Beaumont, 536.

(61) Ebd., 547f.

(62) Ebd., 551.

(63) Ebd., 555.

(64) Ebd., 556.

(65) Ebd., 558.

(66) Rousseau, *Briefe vom Berge*, 149.

(67) Ebd., 19.

(68) Ebd., 27.

⑥⑨ Vgl. Voltaire，"Cristliche Dialoge oder Schutzmittel gegen die Enzyklopädie"；Voltaire，*Philosophisches Wörterbuch* 中的词条 "Dogmen" "Aberglaube" "Fanatismus" "Religion".

⑦⓪ Voltaire，"Fanatismus"，67.

⑦① Voltaire， "Offener Brief über die den Familien Galas und Sirven Vorgeworfenen Verwandtenmorde"，106 u. 109.

⑦② Voltaire，"Fanatismus"，68.

⑦③ Voltaire，Glaubensbekenntnis des Theisten，466.

⑦④ Ebd.

⑦⑤ Ebd.，477.

⑦⑥ Ebd.，485.

⑦⑦ Voltaire，*Philosophisches Wörterbuch*，"Gott，Götter"，95.

⑦⑧ Voltaire，Glaubensbekenntnis，488.

⑦⑨ 参见 *Philosophisches Wörterbuch* 中的 "Philosoph" 词条，在那里伏尔泰说到 "不朽的培尔"，"为人类增光添彩"（146）。

⑧⓪ Voltaire，Glaubensbekenntnis，467.

⑧① Voltaire，*Philosophisches Wörterbuch*，"Gewissen"，80.

⑧② Ebd.，"Atheisten"，57f.

⑧③ Voltaire，"Offener Brief"，103.

⑧④ Voltaire，*Philosophisches Wörterbuch*，"Atheismus"，46.

⑧⑤ Ebd.，47；Vgl. auch "Gott，Götter"，96.

⑧⑥ Ebd.，"Toleranz"，724.

⑧⑦ "在形而上学中，我们几乎只能达到可能性；我们都游在我们从来没有看到岸的海中。那些在游的时候还要相互争执的人倒霉去吧！谁能看到岸，谁就上岸；……" Ebd.，"Gott，Götter"，94.

⑧⑧ Voltaire，*Über die Toleranz*，106.（对这本书的引用在文中标明页码。）

⑧⑨ 关于此事背景——以及其他伏尔泰在其中为人说话的事件［特别是西尔旺（Sirven）和拉·巴尔（La Barre）］——参见伏尔泰文选《宽容事件》（*Die Toleranz-Affäre*）。

⑨⓪ "我并不是要说，那些不信仰王侯的宗教的人都应该和那些信奉占统治地位宗教的人分享职位和荣誉。在英国，没有天主教徒出任官方职位，因为人们相信，所有天主教徒都与夺权者有关系。他们必须缴纳双倍的税。但是他们享有所有公民权利。"（120）

⑨① 参见如伏尔泰（Voltaire，*Philosophisches Wörterbuch*，"Atheisten"，57）："令人奇怪的是，展现了迷信之顶峰的犹太教被人民憎恶并被智者轻视，却因金钱而

到处得到忍耐，而有神论作为迷信的对立面，却不为人知，只有哲学家为之辩护，唯在中国得到公开的承认。"

⑨ 对此也可参见狄德罗在 *Enzyklopädie* 中写的词条"Philosoph"。

⑨ Diderot，Philosophische Gedanken，XIII（S.6）.

⑨ Ebd.，L（S.26）.

⑨ Diderot，Anhang zu den Philosophischen Gedanken，III（S.35）.

⑨ Diderot，De la suffisance de la religion naturelle，IV，dt. nach Cassirer，Die Philosophie der Aufklärung，227.

⑨ Ebd.，XVIII，dt. nach Cassirer，ebd.

⑨ 在这一意义上也可参见 *Enzyklopädie* 中的词条"Deismus"（作者 Mallet）。

⑨ Vgl. dazu Zurbuchen，Naturrecht und natürliche Religion，Kap. 5 u. 6.

⑩ 特别参见词条"Naturrecht"（Diderot）和"Natürliche Gleichheit"（Jaucourt）。

⑩ Vgl. "Politische Autorität"（Diderot），S.96 u. 98f.；"Staatsbürger"（Diderot），S.181.

⑩ Vgl. "Regierung"（Jaucourt）.

⑩ "Politische Autorität"（Diderot），S.99.

⑩ 关于后者，参见"Presse"（Jaucourt）。

⑩ "Gewissen"（Jaucourt），S.205.

⑩ "Irreligiös"（Diderot），S.561f.；vgl. auch "Aberglaube"（Diderot），S.750. 与此不同，Yvon 在词条"Atheisten"中认为宗教是民众必要的"缰绳"（S.92）。

⑩ "Naturrecht"（Diderot），S.249.

⑩ "Gewissen"（Jaucourt），S.205.

⑩ "Ketzer"（Jaucourt），S.522.

⑩ "Intoleranz"（Diderot），S.560.

⑪ "Toleranz"（Romilly），dt. nach Guggisberg（Hg.），*Religiöse Toleranz*，264.

⑪ Ebd.，266.

⑪ 另一个例子是爱尔维修的《论人》（1772 年），不过在其中横扫一切宗教的原则性批判少于对"错误的"宗教，也就是对"神父宗教"的批判，这种宗教的不宽容被追溯到纯粹的争权夺势。爱尔维修支持普遍宽容和良知自由的论点也回溯到基督教的和自然神论的动机，尽管它们在这里被彻底化："一个经过启蒙的精神知道，暴力产生伪君子和信仰坚定的基督徒；一位异教徒是一个兄弟，这个兄弟关于特定的形而上学教条不像他那样想；如果他夺去信仰的礼物，那是对这个兄弟的同情，而非惩罚；如果没有人把他认之为不真的东西当作真理来信仰，就没有人的权力能够命令他信仰。" *Vom Menschen*，243.

⑪ Vgl. besonders d'Holbach，*System der Natur*，Erster Teil，Kap. 1；Zweiter Teil，

Kap., 1—3，8—10.以下文中标注德文版页码。

⑪⑤ 根据科泽勒克（Koselleck），这种从对不宽容的批判到不宽容地批判宗教的颠倒是"启蒙和它的宽容的界限"，对于启蒙来说是典型的，并且具有一种"教育的独裁"的倾向。正如上面对伏尔泰和霍尔巴赫的讨论所显示的，有这样一种颠倒的倾向，然而这不仅距离一种独裁尚远，而且只是特定作者那里的**一个**方面，并非"启蒙"的普遍特征。科泽勒克恰恰以洛克和罗米利为例反对这一论点。但是，无可争议的是，当"理性"凌驾于宗教之上时，它就会产生它自己的排除性。虽然霍克海默和阿多诺本身没有明确讨论这种辩证法，但他们触及了它，在他们将否认上帝批判为新的形而上学时；Vgl. *Dialektik der Aufklärung*，26 u. 104。

⑪⑥ 参见休谟的宗教批判和自然神论提法，参见 Hume, Dialoge über natürliche Religion（1779）。

⑪⑦ 关于德国启蒙运动的概况，参见 Möller, *Vernunft und Kritik*, bes. Kap. II, 2。

⑪⑧ Reimarus, Die vornehmsten Wahrheiten, 56.

⑪⑨ Vgl. ebd., 61f.

⑫⓪ Reimarus, "Von Duldung der Deisten", 314, 318.

⑫① Ebd., 325f.

⑫② Lessing, "Gegensätze des Herausgebers", 462. 关于莱辛对这种立场的批判和他自己的信仰危机，参见 Oelmüller, *Die unbefriedigte Aufklärung*, Kap. 2。舒尔茨（Schultze, *Lessings Toleranzbegriff*）同样指出了莱辛的矛盾。

⑫③ Lessing, Bemerkungen zu "Von Duldung der Deisten", 329.

⑫④ Goeze, "Lessings Schwächen" II, 257.

⑫⑤ Lessing, "Gegensätze", 460.

⑫⑥ Lessing, "Bibliolatrie", 671f. 重点符号为原文所有。

⑫⑦ Lessing, "Gegensätze", 458.

⑫⑧ Ebd., 463.

⑫⑨ Ebd., 463f.

⑬⓪ Lessing, Die Erziehung des Menschengeschlechts（1780）.

⑬① Lessing, "Womit sich die geoffenbarte Religion am meisten weiß, macht sie mir gerade am verdächtigsten", 643.

⑬② Lesiing, "Eine Duplik", 31. 重点符号为原文所有。

⑬③ Lessing, "Axiomata X", 149.

⑬④ Lessing, "Eine Parabel", 123.

⑬⑤ Lessing, *Nathan der Weise*, 2. Aufzug, 5. Auftritt.

⑬⑥ Lessing, Vorredenentwurf, 748.

⑬ 在这一关键之处，存在与马格利特（Margalit）相反的本身正确的观点，即出于一枚真正戒指之存在的"一枚戒指论点"是一种"反多样性的论点"，因为一种多样性的思想在莱辛那里变成了基于启示的（分离的）诉求，而受到重视的是出身于一位父亲、源于一种（统一的）启示。Vgl. Margalit，"Der Ring：Über religösen Pluralismus"。

⑬ Vgl. Schultze, Lessings Toleranzbegriff, Kap.3.

⑬ Reimarus，Die vornehmsten Wahrheiten der natürlichen Religion，813—816.

⑭ Lessing，*Berife*，Nr.49，S.167f.；ebenso Nr.106，S.289.

⑭ Ebd.，Brief Nr.106，S.287.

⑭ Heine，Zur Geschichte der Religion und Philosophie in Deutschland，110f.

⑭ 伯格哈恩（Berghahn，*Die Grenzen der Toleranz*）给出了启蒙时代犹太人复杂处境的全面描述。

⑭ Mendelssohn，"Vorrede zu Manasseh Ben Israel：Rettung der Juden"，325.

⑭ Ebd.，328.

⑭ Vgl. Thom，"Einleitung"，10；Berghahn，*Grenzen der Toleranz*，Kap.2.

⑭ Vgl. Bohn，"Mendelssohn und die Toleranz"，28—30.

⑭ Mendelssohn，"Schreiben an den Herrn Diakonus Lavater zu Zürich"，314.

⑭ 参见上文第六节第 4 点和（批判的）Katz，"Aufklärung und Toleranz"。

⑮ Mendelssohn，"Schreiben an Lavater"，316f.

⑮ Ebd.，318.

⑮ Vgl. Detering，"Christian Wilhelm von Dohm und die Idee der Toleranz".

⑮ Mendelssohn，"Vorrede"，327.

⑮ Ebd.，341.

⑮ Ebd.，344，347.

⑮ Mendelssohn，*Jerusalem*，390—397.

⑮ Ebd.，380.

⑮ Ebd.，383.

⑮ Ebd.，407f.

⑯ Kant，"Über de Gemeinspruch"，Ak.VIII，307—312.

⑯ Mendelssohn，*Jerusalem*，415.

⑯ Ebd.，418.

⑯ Ebd.，444.

⑯ Ebd.，445.

⑯ Ebd.，451.

⑯ Ebd.，453.

⑯⑦ Ebd., 455—457.

⑯⑧ Vgl. Schulte, Die jüdische Aufklärung.

⑯⑨ Kant, Brief an Mendelssohn, Ak. X, 347.

⑰⑩ Kant, Grundlegung zur Metaphysik der Sitten, Ak. IV, 429f.

⑰① Vgl. dazu Forst, *Kontexte der Gerechtigkeit*, Kap. IV.2 und V.2.

⑰② Kant, *Grundlegung*, Ak. IV, 418.

⑰③ Kant, *Metaphysik der Sitten*, Tugendlehre, Ak. VI, 388.

⑰④ 详见下文第三十节。

⑰⑤ Vgl. Kant, *Grundlegung*, Ak. IV, 433f.

⑰⑥ Vgl. Forst, "Praktishce Vernunft und rechtfertigende Gründe", §5.

⑰⑦ Vgl. Kant, *Grundlegung*, Ak. IV, 422.

⑰⑧ Vgl. Ebd., 410.

⑰⑨ Kant, *Kritik der reinen Vernunft*, B836/A808；前面的引文见 B825f./A797f. 和 B830/A802。

⑱⑩ Ebd., B836f./A809f.

⑱① Ebd., B837/A809.

⑱② Ebd., B838/A810.

⑱③ Ebd., B840/A812.

⑱④ Ebd., B841/A813.

⑱⑤ Kant, Kritik der praktischen Vernunft, Ak. V, 130.

⑱⑥ Ebd., 109.

⑱⑦ So Kant auch in "Was Heißt：Sich im Denken orientiren?" Ak. VIII, 139, und "Über den Gemeispruch", Ak. VIII, 279f.（Fn.）.

⑱⑧ Kant, Kritik der praktischen Vernunft, Ak. V, 119.

⑱⑨ Ebd., 125f.

⑲⑩ Kant, Kritik der Urtheilskraft, Ak. V, 450f.

⑲① 关于这个问题，我同意许多给出了否定回答的人，最近的是罗尔斯（Rawls, *Lectures on the History of Moral Philosophy*, 313—322），他看到没有与康德的道德建构主义相一致的理由来把"目的王国"的"世俗理想"以这样的方式与一种"理性宗教"相联结。

⑲② 在《纯然理性限度内的宗教》（Die Religion innerhalb der Grenzen der bloßen Vernunft, Ak. VI, 6.）中，康德说，道德"不可避免地"导致宗教。

⑲③ Kant, Kritik der praktischen Vernunft, Ak. V, 128f.

⑲④ So Kant in *Der Streit der Fakultäten*（1798），Ak. VII, 40.

⑲⑤ Kant, Die Religion innerhalb der Grenzen der bloßen Vernunft, Ak. VI, 84.

⑲⑥　Ebd.，98—101.

⑲⑦　Kant，"Zum ewigen Frieden"，Ak.VIII，367（Fn.）

⑲⑧　Kant，*Die Religion*，Ak.VI，107f.

⑲⑨　Ebd.，108f.

⑳⓪　Ebd.，110.

⑳①　Ebd.，115.

⑳②　关于康德对犹太教的消极态度，参见 Brumlik，*Deutscher Geist und Judenhaß*，Kap.1，和 Berghahn，*Grenzen der Toleranz*，206—221。

⑳③　Kant，*Die Religion*，Ak.VI，125.

⑳④　Ebd.，131f.

⑳⑤　Kant，*Der Streit der Fakultäten*，Ak.VII，53.关于"犹太教的安乐死"这一表达可以补充的是，康德也在其他地方把这个词用来表达一种思想方式的"平和的死亡"，如在 *Metaphysik der Sitten*，Ak.VI，378："如果幸福（Eudämonie）（幸福原则）取代自由（Eleutheronomie）（内在立法的自由原则）被确立为原则，其结果就是一切道德的安乐死（平和的死亡）。"

⑳⑥　Kant，Die Religion，Ak.VI，153.

⑳⑦　Ebd.，179.

⑳⑧　Ebd.，157—163.

⑳⑨　Ebd.，186.

㉑⓪　Kant，Der Streit der Fakultäten，Ak.VII，51f.

㉑①　Kant，Die Metaphysik der Sitten，Ak.VI，220.

㉑②　Ebd.，230.

㉑③　Ebd.，237.

㉑④　在此我同意克尔斯丁（Kersting，*Wohlgeordnete Freiheit*），他把原始的人类权利描述为"实践命令的合法关联"（204）并且因此涉及目的公式。他进一步解释："人类权利说明任何对自由的限制都是违法的，相互的限制不可设想，并且拒绝任何与合法方向相反的行动，这种行动在它的主权者的目标规划中是不可兼容的（integrierbar），而且它自身规定的存在形态是矛盾的。（205）这要这样理解，原则上，各种对自由的限制都是交互的并且一般需要辩护，这必然意味着辩护的基本权利，这种权利重视自律的道德人格应该相互给予的道德尊重的基本形式。"不过，克尔斯丁有不同的见解，我论述了这样一种权利，它呈现为对于人权的一种道德的—普遍的辩护来说不可相对化的基础（Vgl. Forst，"Das grundlegende Recht auf Rechtfertigung"），克尔斯丁将我的这种论述批评为"元伦理学的转向"，他将之与一种回溯到"赤裸的人"的基本兴趣的"自然化"的人权奠基对比。Vgl. Kersting，"Globaler Liberalismus und kulturelle Differenz", 230—232. 然而，为了这样的人能成为普遍有约束力的法权的"基础"，为了他的"兴趣"成为确定的规范性要求，他必须通过对尊重和辩护的基本要求而具有一种作为道德人格的**规范性的**身份；否则，一种"生物学的阶级平等"不可能成为"人权的规范性平均主义的对立面"，也就无法阻止这种法权规定中的专制危险。

㉕ Kant，"Über den Gemeinspruch"，Ak.VIII，289. Vgl. auch ebd. 298："因为这里说的不是臣民从共同体的创立或管理中可以期待的幸福；而是首先由此保障给每个人的法权：这是最高的原则（Princip），一切涉及共同体的准则（Maximen）都必须由此出发，而且它不能被任何其他东西限制。就前者（幸福）而言，根本不可能为法律给出任何普遍有效的原理（Grundsatz），因为不仅时势，而且某个人将他的幸福置于其中的（但是，没有人能为他规定，他应当把幸福置于何处）那种严重相互冲突并且同时总是变幻无常的妄想，都使一切稳固的原理成为不可能并且不适合单独作为立法原则。"

㉖ 关于下面人格概念的四重差异和自律的提法，参见 Forst, *Kontexte der Gerechtigkeit*, bes. Kap.V.2 und V.3, ders., "Politische Freiheit"。

㉗ Kant，"Über den Gemeinspruch"，Ak.VIII，290；Vgl. auch *Die Metaphysik der Sitten*，314.

㉘ Kant，"Über den Gemeinspruch"，Ak.VIII，290.

㉙ Ebd.，294.

㉒ Kant，Die Metaphysik der Sitten，313.

㉑ Ebd.，314.

㉒ Kant，"Über den Gemeinspruch"，294f.

㉓ Vgl. Brandt，"Freiheit, Gleichheit, Selbständigkeit bei Kant"，115，und Maus，*Zur Aufklärung der Demokratietheorie*，87 u. 326.

㉔ 我将在第三十节回到这一点。

㉕ O'Neill，"Practices of Toleration"；Bohman，"Reflexive Toleration in a Deliberative Democracy"，两者强调，从一种宽容论点能建立一种开放的、审慎的交往结构。对此参见下文第二十五节和第三十七节。

㉖ Kant，"Was ist Aufklärung?"Akk.VIII，40.

㉗ Goethe，"Maximen und Reflexionen"，507.

㉘ Vgl. Rudolph，"Öffentliche Religion und Toleranz. Zur Parallelität preußischer Religionspolitik und josephinischer Reform im Lichte der Aufklärung"。腓特烈二世的引文见 S.222。

㉙ Zit. ebd.，240.

㉚ 众所周知，康德也成了他在关于"系科之争"的论文一开始所描述的这种审

查的牺牲者，参见 Ak.VII，5—11。在这部作品中还可以看到单纯忍耐的教派和相对于那些公开被承认为教会的其他教派中受到保护的教派之间的区分，在这方面"国家在宗教事务上只应有这样的兴趣……即为了拥有有用的公民，优秀的士兵和一般的忠诚的臣民，宗教事务的教师们必须对什么进行敦促"Ebd.，60（Fn.）。

㉛ Zit. in Rudolph，"Öffentliche Religion und Toleranz"，236.

㉜ Vgl. Karniel，Die Toleranzpolitik Kaiser Joseph II，Kap.1.

㉝ Zit. in Lutz，"Das Toleranzedikt von 1781 im Kontext der europäischen Aufklärung"，19f.

㉞ Zit. ebd.，20.

㉟ Zit. ebd.，21f.

㊱ Vgl. Barton，"Das Toleranzpatent von 1781. Edition der wichtigsten Fassungen".

㊲ 我的引用依据同上出处的复印本，S.199—202。

㊳ Vgl. Karniel，Die Toleranzpolitik Kaiser Josephs II，Kap.5.

㊴ 出于这一原因，约瑟夫二世受到了部分天主教神职人员的支持，他们一方面把宽容理解为"兄弟之爱"的表达，但同时也理解为保持基督教统一和如有可能把其他信仰者引回天主教教会的最佳道路。在这个意义上，主教约翰·里奥波特·海（Johann Leopold Hay）在一份《对克尼格雷茨教区神职人员的主教通告》中号召遵从宽容诏令。

㊵ "开明统治"的这一面合乎福柯中对一种"忍耐的"治理的分析，"Die Gouvernementalität"，55f.，这种治理以对人口的控制为目标——**通过赋予自由来治理**的一种特殊形式。

㊶ Vocelka，"Enlightenment in the Habsburg Monarchy"，202.

㊷ 关于外部政治和内部政治对这一政策的反抗，它们最终导致许多约瑟夫式改革的撤销，Vgl. Karniel，*Die Toleranzpolitik Kaiser Josephs II.*，Kap.6。

㊸ Locke，*Zwei Abhandlungen über die Regierung*，II，§6；参见上文我对洛克的讨论（第十七节第4点），以及对反暴君派（第十四节第1点）和平等派（第十五节第2点）的讨论。

㊹ 这是耶利内克（Jellinek）的人权和公民权利解释中对于宗教根源的重要分析的难题，Jellinek，"Die Erklärung der Menschen- und Bürgerrechte"，bes. 39 u. 53。

㊺ Vgl. dazu Böckenförde u.Spaemann（Hg.），*Menschenrechte und Menschenwürde*，besonders Spaemann，"Über den Begriff der Menschenwürde"，他持有这样的观点，"无神论最终把人的尊严的思想"抽离了"它的基础"。（313）

㊻ 虽然新近对于权利的观念史研究已经表明，除了洛克，国父们的思想还受到一系列的其他影响，例如古典共和主义的观念，但是，自然权利理论，如洛

克的示范性表述，仍然是主要的影响。对此的恰当描述参见 Young，*Reconsidering American Liberalism*，Kap.2—4。

㉗ 耶利内克（Jellinek，"Die Erklärung der Menschen-und Bürgerrechte"）特别指明了这一点，但是他低估了法国作家受到的其他影响，特别是卢梭。当然，美国宣言的最大影响是毋庸置疑的，特别是弗吉尼亚州的宣言；Vgl. auch Sandweg，*Rationales Naturrecht als revolutionäre Praxis*，Kap.1［特别是 1.2 论"美国党"，拉斐特（Lafayette）、布里索（Brissot）、米拉博（Mirabeau）和孔多塞（Condorcet）］。与之相对的对法国情形之特点的强调，参见 Gauchet，*Die Erklärung der Menschenrechte*。

㉘ Virginia Bill of Rights，Section 1，Anhang zu Jellinek，"Die Erklärung der Menschen-und Bürgerrechte"，75.

㉙ Ebd.，Section 16.

㉚ Vgl. Berman，"Religious Freedom and the Challenge of the Modern State". 关于各州不同的宗教管理制度，其中多数（例外的是受到罗杰·威廉姆斯影响的罗德岛/普罗登斯，以及——在有限的意义上——马里兰州）规定了主导宗教，甚至神权政治结构，参见 Jellinek，"Die Erklärung der Menschen- und Bürgerrechte"，42—52。

㉛ 提案文本见 Anhang zu Jefferson，*Notes on the State of Virginia*，223—5。他以这样的话开始："我们深知全能的上帝所创造的心灵是自由的；一切用世俗的惩罚或负担或剥夺公民资格来影响心灵的企图，只会导致虚伪和卑劣的习惯，是背离我们宗教的神圣创造者的计划的，既然创造者的身体和心灵皆为神圣，他就不会选择通过压制身体或心灵来传播宗教，尽管这是他全能的力量所能做的；立法者和统治者的不虔敬的肆意妄为——无论他们是世俗的还是教会的，本身只是容易犯错的和缺乏创见的人，却对别人的信仰握有生杀大权，把他们自己的意见和思想方式作为唯一正确和不可错的而竭力强加于人——历来在世界上最大部分的地方建立并维持了错误的宗教；……"（223）

㉜ Jefferson，*Notes*，159.

㉝ Jefferson，*Notes*，160.

㉞ 这一论述也见于 James Madison 著名的 *Federalist Paper* Nr.51.

㉟ Jefferson，*Notes*，161. ——然而，关于美国联邦州如弗吉尼亚的奴隶的关系问题，也属于宽容界限和自由理解之界限的问题域。关于这一点，杰斐逊的态度（和其他国父一样）是矛盾的；一方面，他主张废除奴隶制并且知道这一实践与他的自然权利理论的对立："当我考虑到上帝是公正的，我就为我的国家感到担忧：他的正义不会永远沉睡。"（Ebd.，163）另一方面，他不仅被这一步的实践难题所吓退，而且也因黑色"人种"的精神和身体的无力——他

深信这一点——而害怕在解放之后的种族混血，以至于他主张把黑人送回非洲。"获得自由之后，（奴隶）必须迁出，以免混血。"（143）

⑳ Vgl. den Überblick bei Richards，Toleration and the Constitution.

㉕ 关于美国社会的内部冲突，参见 Dippel，Die Amerikanische Revolution。

㉘ Vgl. Habermas，"Naturrecht und Revolution".

㉙ 人权与公民权利宣言，见 Gauchet，Die Erklärung der Menschenrechte，9—12。

㉚ 戈榭（Gauchet，Die Erklärung der Menschenrechte）在这一疑难的光亮中分析了法国的宣言并且把革命的失败归因于一种——可以追溯到卢梭的、继承了君主制遗产的——对于人民主权的实体式理解，归因于"在所有人的权威中运用每一个人的自由"（200）。哈贝马斯（Habermas，"Volkssouveränität als Verfahren"）以一种类似的方式分析了革命的主权理解的问题。Vgl. auch Rödel，Frankenberg，Dubiel，Die demokratische Frage，Kap.3.

㉛ 我对这一点的详尽解释见 Forst，"Politische Freiheit"。

㉜ 哈贝马斯（Habermas，Faktizität und Geltung，Kap.3）对个体的人权和民主制的"同等源始性"的奠基——他不愿将之归因于一种道德基础——源自这种观念——对于权利设定来说必要的主观权利的制度化的必要性的观念。但是，在我看来，离开道德上的辩护权利，既无法说明（哈贝马斯也强调的）个体的人权独立的规范性内容，也无法说明合法的（交互的—普遍的）权利设定的原则——更不用说它们共同的根源了。

㉝ Zit. in Guggisberg（Hg.）Religiöse Toleranz，287.

㉞ 参见桑德维克（Sandweg，Rationales Naturrecht als revolutionäre Praxis，239—244）和戈榭（Gauchet，Die Erklärung der Menschenrechte，172—178）的描述。争论中最重要的意见的译文见 Guggisberg（Hg.），Religiöse Toleranz，287—296（后文在文中注明引用页码）。

㉟ Vgl. auch Jellinek，"Die Erklärung der Menschen- und Bürgerrechte"，27，他写道，第十条表达的"并非宗教自由，仅仅是宽容而已"。

㊱ 在接下来的法国历史中出现了一种反复，天主教在 1814 年成为国教，到了 1830 年又在革命中被废除。

㊲ Paine，Die Rechte des Menshen，103f.

㊳ 我将在第十二章用几个例子显示这一点。

㊴ Vgl. Guggisberg（Hg.），Religiöse Toleranz，296—298.

㊵ 贝特格讲到一种"豁免权"。（Bethge，"Gewissensfreiheit"，461.）

㊶ 伯林在这个总标题下处理维柯、赫尔德和哈曼，虽然也有个别的区分。Vgl. besonders Berlin，Against the Current 和 Vico and Herder. 对此的批判参见 Proß，"Herder und Vico"。

㉒ 伽达默尔（Gadamer，"Herder und die geschichtliche Welt"）指出了这一点，他反对那种认为赫尔德支持一种相对主义式历史主义的观点。

㉓ Herder，Auch eine Philosophie der Geschichte zur Bildung der Menschheit，13.

㉔ Ebd.，34，99—101.

㉕ Ebd.，35，36.

㉖ 在他对腓特烈二世和伏尔泰的批判中，即"典型的审美思想家，把我们这个世纪的警察化（Polizierung）视为人类的最高成就"（Ebd.，49），同样在他对肤浅启蒙缺乏"心灵！温度！血液！人性！生命！"（63）的谴责中，赫尔德预先提出了例如尼采的生命哲学动机和社会批判动机。

㉗ Ebd.，70.

㉘ Ebd.，51.

㉙ Ebd.，107.

㉚ Ebd.，90.

㉛ So etwa ebd.，85："我觉得我不处在所有这些声音在一只耳朵内和谐交响的位置，但是我在这里所身处的位置能听到残缺的、纷乱的声响，我非常肯定地知道并且听到，它们也有某种和谐！"

㉜ 伯林的多元主义明显受到赫尔德的影响，也表现出这样一种问题特征，特别是在"理想之追求"（The Pursuit of the Ideal）中，在那里他为这一论题辩护，即存在着大量的客观价值和生活形式，它们无论在社会生活中还是在个体生活中都是不相容的，但是就此仍然不清楚的是：（a）这些价值判断属于何种类型，（b）这些价值评价（Werthaftigkeit）（以及在相应情况下的宽容）的界限何在，以及（c）为了说出这样一种价值评价和不可相融性，价值显然必须可比较，那么在何种程度上这些价值可能是"不能比较的"（9）。参见下文第三十一节第3点。

㉝ Ebd.，28. 泰勒（Taylor，*Sources of the Self*，Kap.21）因此正确地把赫尔德提为现代"表现主义"的主要源头，根据表现主义，每个个体都听从他们内心的声音（作为自然或上帝的声音），正如伯林（Berlin，"The Counter-Enlightenment"）把赫尔德描述为"文化民族主义最伟大的启发者"（12）。

㉞ 对赫尔德那里文化与个体相关联这一思想的恰切讨论参见 Larmore，*The Romantic Legacy*，Kap.2。

㉟ Herder，*Ideen*，Sämtliche Werke 13，S.9.

㊱ 康德因而把这种尝试批判为独断论的形而上学。（Kant，"Recensionen von J. G. Herders Ideen zur Philosophie der Geschichte der Menschheit"，Ak.VIII，54.）

㊲ Herder，*Ideen*，SW 13，192.

㊳ Ebd.，160，388—195，auch SW 14，207.

(289) Ebd., SW 13, 295, 303.

(290) 因此，泰勒（Taylor, Die Politik der Anerkennung, 70.）正确地把赫尔德那里对其他文化的价值的解释学预设视为宗教式的奠基；然而，无论从赫尔德出发，还是就理解的事情本身，都没有必要从一种等价性的预设（*presumption of equal worth*）向着一种其他文化的最终评价的目标出发，因为一种价值的预设就够了。这样就涉及赫尔德提出的解释学的核心的伦理问题和系统问题，这是伽达默尔在他对先见的不可避免性和对于先见的对话式检测的必要性的讨论中所强调的；Vgl. *Wahrheit und Methode*, 270—312。

(291) 如对于非洲民族的观察，参见SW 13, 228—235，或者对犹太人的观察，SW 14, 65f. u. 283。不过，赫尔德为了把人类划分为民族而拒绝把人按种族划分，参见SW. 13, 257。

(292) SW 13, 322.

(293) SW 13, 333f.

(294) SW 14, 84.

(295) SW 14, 235.

(296) SW 14, 299, 493.

(297) SW 13, 291.

(298) SW 14, 249.

(299) Vgl. Herder, *Ideen*, SW 13, 340:"更难理解的是，就像人应该为了国家被塑造，从国家建立的必要性而来产生了他最初真正的幸福：因为像地球上许多民族并不知国家为何物但是比有些基督教国家的公共福利事业更幸福。……既然如所有国家学说所说，每个致力于幸福的国家最终不得不成为一架机器，只有单一的思想进行统治；在这一机器中作为一个无思想的环节共同服务，能够保证什么样的更大的幸福呢?"

(300) 然而，在他的"由新的法国宪章想到的关于国家宪法的一些想法"（"Ideen über Staatsverfassung, durch die neue französische Konstitution veranlaßt"），即1791年寄给根茨（F. Gentz）的关于法国宪法的一封信中，他以一种类似柏克（Burke）的方式批判了那种仅仅基于理性原则为国家奠基而不顾已有历史基础的尝试。

(301) Humboldt, *Ideen zu einem Versuch*, 157.（下面在文中注明页码。）

(302) 关于对善的类似的形式定义和"亚里士多德式原则"，参见Rawls, *Eine Theorie der Gerechitigkeit*, §65。

(303) Raz, *The Morality of Freedom*, Kap. 14 u. 15，其论点与之相反，即（用洪堡的术语表达的）"处境的多样性"作为价值的多元性（Pluralität）必须通过国家的行为得到确保。

㉚④ 在罗尔斯的"诸社会共同体的社会共同体"——对此他选择了交响乐队的形象——中的社会合作之观念那里,他也引用了这一关键思想。Vgl. Rawls, *Eine Theorie der Gerechtigkeit*,§79.

㉚⑤ 洪堡也已经在一份更早的意在反对 1788 年的沃尔纳宗教赦令的论文《论宗教》中强调了这一点,在其中他也反对宗教的理性宗教式还原,根据他的观点,这种还原"把宗教上的不宽容转换为了一种更具压迫性的哲学上的不宽容"(54)。

㉚⑥ 在这里需要提到的是,洪堡在 1809 年[与他的老师道姆(Dohm)一致]为犹太人在法律上的平等地位争论。然而,1812 年的一份赦令才部分地赋予了这一平等地位。

㉚⑦ Schleiermacher, *Über die Religion*, 18.(下面在文中标注引用页码。)

㉚⑧ 这是希克(Hick,"Religious Pluralism")的宗教—多元论理论的主题。与称之为"内容上的宽容"(43)的门兴(Mensching, *Toleranz und Wahrheit in der Religion*)不同,施密特-洛伊克(Schmidt-Leukel,"Ist das Christentum notwendig intolerant?", 205—213.)表明,这里关乎的不再是宽容,而是纯粹的价值赞赏。

㉚⑨ 在贝西尔和施莱纳(Beiser u. Schreiner,"Toleranz", 547—564.)那里,可以看到对后启蒙时代进一步的争论富有教益的描述。

㉛⓪ 黑格尔在他的《法哲学原理》(*Grundlinie der Philosophie des Rechts*)(1821 年)第 270 节讨论了教会与国家的关系,其出发点的问题是,宗教是否是国家的基础。他在一定程度上肯定这一点,因为通过宗教,"国家和法律,例如义务……对意识来说,就获得了最高的证明和最高的约束力"(228f.),但是国家的优先性是明确的,国家"作为当前的……精神是神圣的意志"(229)。因此,国家可以只承认没有"敌意地"对立于它的那些宗教,无论敌意的对立是由于避世还是由于狂热。国家支持教会组织,并且要求"所有国家成员……加入一个教会组织,——无论哪一个,因为在内容上,只要涉及观念的内部,国家就不能干预"(231)。强到如此程度,国家可以允许对各个教派(如辉格派或再洗礼派)的宽容,这些教派不承认一些它们对于国家的义务,因而"仅仅是市民社会的积极成员"(231, Fn.)。至于教会学说,学说的自由虽然属于"主观自由的权利"(233),但是,因为国家不仅是"为了非精神的外在目标的机械脚手架"(ebd.),而且是"自身知识着和意愿着的精神"(227),所以尽管有教会与国家的形式分离,但国家仍然有"权利和自身意识的形式即客观的合理性"(235),也就是说,"对客观真理和伦理生活的原则采取保护"(237)的权利。这样,黑格尔一方面把科学的自由纳入眼帘,但另一方面也看到了伦理学说和国家理解的问题,它们属于国家的责任。因

此，这种提法虽然接受了教会与国家分离的原则，但是进一步把宗教视为国家的伦理基础（因而把宗教义务视为公民义务）并且跟随了强调国家在宗教—伦理事务上的最高权威的伊拉斯图式立场。宗教的自由最终取决于国家的决定。

第七章

现代的宽容

第二十四节　生活的不同试验，多样化效用与损害原则

1. 虽然宽容话语的历史已经表明，这个有争议的概念在不同的时代被包裹在非常传统的外衣下，例如宗教的外衣之下，但是从一个特定的方面来看，它可以按照它的本性而被标识为"现代的"，甚至可能是典型的现代概念。[①]因为，只要"现代"（在各种意义之外还）意味着对冲突的爆发进行反思（这些冲突质疑传统的自明性，并且造成神圣秩序与社会秩序之间的裂隙，这种裂隙既不能以传统的方式，也不能以新的方式重新完全弥合），那么宽容就同时标志着这种"祛魅的"裂隙的意识，以及对一种仅仅不完美的"治愈"的意识。它被打上了疏离与不合的标记，以及异端的标记，这就是为什么在许多宽容思想的形式中（从基督教的人文主义到启蒙的理性宗教，更不用说黑格尔了），它都还只被视为通向某种更高阶段统一的过渡现象而已。与之相反，以培尔的理论为典型的另外一些理论对这些希望表示怀疑，或者如门德尔松，他批判它们本身为对差异进行否定的、强制和解的尝试。因此，撇开历史编年来说，每一次深刻的和进行反思的宽容冲突，都包含着一种现代因素，何况这种反思性在"这种"现代中获得了新的特质：一种变得被意识到的反思性，如康德在《纯粹理性批判》（第一版）前言中所说：

> 我们的时代是真正的批判的时代，一切都必须经受批判。宗教通过其神圣性，立法通过其威严，通常想要逃避这种批判。但是，这样一来，他们就激起了对自身的正当怀疑，并且无法要求不加掩饰的敬重，理性只把这种敬重给予能够经得起它的自由的和公开的审查的东西。[②]

祛魅伴随着启蒙和法国革命，并且使得黑格尔在《精神现象学》中说他的时代是一个"新生的、向着新时期过渡的时代"[③]。祛魅之后的一种独特的现代宽容

的特别之处，一方面就在于由这种断裂造成的、对于身处一个新时代的意识，在这个时代，政治的和宗教的真理都要服从一种基本的辩护要求，而且，相应于这种要求，社会的现实可以并且必须被改变。时代的意识是一种对于未来开放性和可改变性（同时与一种批判的—历史的自身定位）④的意识，并且因此也是一种对于不同存在的可能性的意识，无论是社会的不同存在，还是个体的不同存在。⑤对于宽容难题来说，这不仅意味着对宽容要求的加强和激化，而且意味着宽容的传统奠基方式和提法仍然要一再经受检验。

　　因此，另一方面，与这种变化了的历史理解与时间理解相伴随的，是一种对于主体性的，特别是对于自由的改变了的理解，如在赫尔德和洪堡那里所表明的那样，这种理解在浪漫主义的和审美的主体观念中有其重要根源。这导致一种对于独一性乃至孤僻性（约翰·斯图亚特·密尔）的愈加强调，这种孤僻性使得社会宽容成为必须的。在政治层面，如黑格尔所说，"主体性的原则"成为了"现代国家的原则"⑥，以至于本雅明·贡斯当（Benjamin Constant）在 1819 年原则性地区分了"古代人的"自由和"现代人的"自由："我们是现代人；我们中的每个人都意愿，如他觉得好的那样去享有他的权利，并且发展他的能力……"⑦自然，贡斯当把"自己为自己选择礼拜方式的可能性"——在选词上，这已经是对这种自由的现代理解的标志——算作"我们最珍贵的权利"⑧。在这方面，现代宽容为个体要求着最大可能的社会活动空间和政治活动空间。

　　然而，在贡斯当将古代人的政治自由与现代人的个人自由对置时，基于他对法国大革命的主权理解的批判，他像同时代许多担心"人民暴政"⑨的自由主义者一样，倾向于把"古代的"自由归给一种仍不落下风地影响着现代政治的公民政治自治思想，这种自治首先为国家和它的机关奠基，并且通过自身立法的法律民主地引导国家。当然，现代宽容也包含克服允许提法的尝试，根据这种提法，"现代自由"完全也可以由一位专制主义统治者赋予。"自由主义的"自由和"民主主义的"自由在实践中同样是可分的，正如它们不必为了防卫可能的暴政侵犯和自治地保障自治权利而成为规范性的。因此，在为了自由的现代斗争中，例如 1848 年在保罗教堂的国民议会上的民主党人的斗争，表明了基本权利与人民政权的紧密关系。

　　在这一语境中，可以看到宽容概念在文化的特殊性和个体的"生活试验"（密尔）之外进一步的重要扩展：一种**政治宽容**的思想，它存在于为了政治权力而相互角力的党派之间，这种斗争的特定游戏规则是被预先设定好的，而这些规则的规定引起了巨大的问题。（参见下文第二十五节）

　　最后，所有这些宽容讨论都必须在世俗社会的整全的"现代化"和"合理化"的语境中来看待，用马克斯·韦伯的话来说，国家、法律与经济的合理化（和分化）与文化价值领域的分化一样，伴随着相应的生活世界层面的变化，这些变化导致人们对传统生活形式的愈发质疑。⑩这对于宽容话语的一系列方面有重要意义，特别是对标识着宽容话语之发展权力与道德的双重合理化来说，有重要意义，确切而言，意义首先在于，与宗教的合法化基础相对，道德与国家逐渐变得更加自治，其次在于，在宽容（和辩护的独立道德）之名义下的政治统治受到质疑，以及再次，在于这样一种尝试，即通过赋予宽容来保持和巩固权力，而不再通过直接的镇压来这样做。⑪这种动力在现代也仍然保持着，如我们对马克思和尼采的考察将会表明的那样（第二十六节）。与马克思的名字联系在一起的、在 19 世纪的社会中产生的巨大冲突，关乎发展中的资本主义经济方式的剧烈变化，这一冲突最终也将在宽容问题上投下它的影子。

480

伴随着 19 世纪的社会变化，还能说出非常多的其他方面，这些方面将在下面的简短分析中得到讨论。以复杂的方式集诸多方面于一身的理论，是约翰·斯图亚特·密尔的理论。

2. 密尔的著作《论自由》（1859 年）是最后一部伟大的、古典的宽容著作和自由著作，它对现代自由主义的影响无与伦比，它汇聚了宽容话语的不同线索，特别是浪漫主义的个体主义，以及以之为基础的、洪堡（其书于 1854 年英译出版）的国家有限的理论，此外，还有一种以理性权利为样本的、关于个体自由和彼此行动限制的可辩护性的理论，以及一种新的要件，一种功利主义理论，它继承自杰里米·边沁和密尔的父亲詹姆斯·密尔，并且同时有所修正。

正是詹姆斯·密尔，他于 1826 年在其论文《宽容的原则》中阐述了，功利主义作为一场社会进步运动，激烈地反对不再可理性合法化的特定社会阶层的特权和传统思想。在其中，无偏见的思想，对所有真理问题的自由讨论，与社会的进步的关系被视为十分紧密的。在与牧师瓦德劳（Wardlaw）的著作就"意见之形成（die Bildung von Meinungen）"所展开的辩论中，密尔同洛克一起，支持心灵被动性的论点，认为心灵的信念不是自己任意形成的，但是他指出，心灵如何对待向它显示的明见性，则完全在个人的责任范围之内。因此，他要求"恰当对待明见性"⑫的推理德行，寻求尽可能好的明见性，并且无偏见地考察它。唯有以此方式，

481 社会通过克服盲目偏见而进步才是可能的——其条件是全面的思想自由与言论自由。对于密尔，神职构成了最后的主攻点，因为它不仅漠视这种德行，而且还与之作对。这篇论文结束于论战的顶峰，神职人员成了最大的无神论者，因为真正的信仰只能以经过考察的明见性为基础。⑬

尽管与其父亲的思想有一定距离，但这种通过公开讨论所有社会相关问题而打破传统思想结构的改良主义关切，同样是约翰·斯图亚特·密尔的自由著作的标志。此外，二者的共同之处是，构成了他们的主攻点的，并非国家的不宽容，而是社会的不宽容，以及在社会中有影响的机构，例如教会的不宽容——在小密

尔那里，这一点通过对维多利亚时代的社会—道德潮流的批判得到了加强。然而，他以一种完全不同的方式，为他的自由观念和自由的社会功效奠基，这种方式最终打开了功利主义的思想框架。⑭

　　作为座右铭，密尔把洪堡《尝试规定国家作用之界限的一些想法》中的一句引文置于他的文本之前，这句引文强调，人的自身完善性有着多样性的"绝对"意义，密尔因此预先给出了他处理自由的决定性视角，但是只有在核心的第三章中，这才能完全地看到。密尔把他的主题规定为"公民的或社会的自由"，更确切地说，"社会可以合法地施加于个人的权力之界限"⑮。因此，从一开始，**对自由进行限制的可辩护性**问题就占据着中心位置，对此密尔强调，在现代社会，政治统治者个人通过宪法或者议会而受到约束，从而主要问题不再是一位统治者的暴政，而是"多数人的暴政"，亦即作为政治的和社会的暴政。因此他接受了出自阿历克西·德·托克维尔（Alexis de Tocquevill）的美国民主分析（1835 年和 1840 年）中的一个核心概念，在这一分析中，托克维尔描述了在一个民主社会中潜伏着的社会潮流主义的危险，密尔受到这一分析很大的影响。⑯相应地，他的主要注意力集中在宽容的横向维度，**即社会的宽容**。长期以来，为了宗教宽容而斗争，是为了个人相对于社会的权利而斗争的唯一"战场"（14），尤其是因为在信仰问题中，存在一种自然的不宽容倾向。密尔以一种拓宽了的形式——这一形式不再仅仅关乎信仰自由，把这种斗争视为核心的斗争：

　　　　本文的目的是设立一条极其简单的原则，这条原则要求绝对地规范社会对于个体的强制和控制关系，无论是在法律惩罚的形式中所使用的物质力量手段，还是公共意见的道德强制。这条原则就是：人类有权个别地或集体地干涉某个成员行动自由的唯一理由是：保护自身。人们反对文明社会中的一个成员的意志而合法地实施权力，只能为了唯一的目的：防止伤害他人。个人自己的好，无论是物质上的还是道德上的，都不是充分的理由。人们强制某个人让他去做某件事或不做某件事，因为这对他更好，因为这使他更幸福，因为根据别人的意见，在这种情况下他应该聪明地行动乃至正确地行动，都是不合法的。……对于他自身，对于他自己的身体和心灵，他个人是主权统治者。（16f.，德语译文有改动）

　　按照这条"伤害原则"，对于每种行动限制都要求一种辩护，并且只有如下理由才是可接受的，即寻求避免伤害他人，而那些非这般的理由，则被排除出强制或控制的合法范围之外，即应该提升一个人的"善好"，所以要限制他的自由。他们最多有好的理由劝勉、劝告或者批评他人。因此，核心在于，一方面区分关涉自身的行动和伤害他人的行动，并且相应地区分自由限制的非法理由和合法理由，另一方面区分在伤害他人的情况下的恰当的合法惩罚或者道德上的公共压力（*moral coercion of public opinion*），与对并未伤害他人的错误行为的合法批评。以此原则，密尔主张一种清晰的政治上的**反至善论**，从至善论为不宽容进行奠基的历史中（其方式是诉诸被强制者的福祉，从而为强制辩护），这种反至善论得出的结论是，必须完全拒斥这样的奠基。不过，成问题的是，密尔是否令人信服地阐明了上述区分，特别是**关涉自身的行为**（*self-regarding actions*）与**关涉他人的行为**（*other-regarding actions*）之间的区分。

在上述这些话之后，可能很容易猜测到，密尔思想的基础是一种道德上的辩护权利，但他否认这一点，他说，绝无"独立于效用考虑的抽象权利"（18，德语译文有改动）可用：

> 在所有伦理问题上，我都视效用性为最高法庭，但必须是在最宽泛的意义上的效用性，基于作为一种发展着的存在者的人的永恒利益。我坚持认为，这些利益有理由让个体的自发性服从于外部控制，当然只是在每个人涉及其他人的利益的那些行动方面。（18，德语译文有改动）

这段表述引入了对功利主义思想框架的一种扩展，这一扩展不仅丰富了功利主义的一种（如将会表明的：独特的伦理的）个体性理想，而且丰富了它的义务论要素：对自由的原则性敬重和人格的不可侵犯性，只有为了其他人格的自由和不可侵犯性，人格的自由才能根据相互辩护的原则被限制，并且因此必须溯及一种基本的辩护权利。通过这两个要素，即个体的内在价值和自由权利，功利主义 484 不仅得到了扩展，而且也被克服了，因为不能用多数人的幸福来辩护对个别人自由的限制。"最宽泛意义上的效用性"不再是"效用性"概念的意思了。然而，如将会看到的，伦理的要件和义务论的要件反过来又处在一种富有张力的关系中。

根据密尔，"个人生活和行为的个别部分"（19，德语译文有改动），那些"直接和首先"仅仅涉及一个人自己的部分，带来相应的对自由的要求，亦即要求思想自由和良知自由、言论自由和出版自由、科学的自由、结社的自由，以及最终"按照我们自己的秉性来筹划"（20）一种本己的"生活规划"的自由。因为，"唯一名副其实的自由，是以我们自己的方式，实现自己的善的可能性，只要我们不去试图剥夺他人的这种自由，或者阻碍他人实现自己的善"（20f.，德语译文有改动）。在密尔进一步为此奠基之前，他转向了一种已经提到过的特殊的自由，即思想与言论的自由。

在这一章（即第二章）中，在密尔的宽容奠基和自由奠基的上述要件中，还增加了一个知识论的要件，这个要件使得他接续了边沁和詹姆斯·密尔的进步功利主义，但反过来，这个要件又使功利主义陷入问题中，因为在这里，相应的自由保障是通过一种特有的、没有被相对化的价值，即真理的价值，才得到辩护的。完全不受限制的言论自由促进真理，按照密尔，这诚然有助于社会发展，但是在这里，社会效用并非一种规范性相关意义上的决定性论证，而是一种特定的价值（或者如上面所看到的，一种权利）。按照密尔，无论是由于法律还是由于社会不宽容，只要公开地言论自由受到限制，就不会有助于促进真理的价值。无论一个意见是正确的，还是错误的，它对真理增长的贡献都是一样的："因为，如果一个意见是正确的，那么人们（人类）就被剥夺了用错误换取真理的机会；如果相反，一个意见是错误的，那么他们就失去了几乎同样的大的好处：即通过与错误斗争而产生对于真理更加明确的感知和更加生动的印象。"（26，德语译文有改动）

　　在这里，密尔继承了在宽容话语中可以回溯很远的传统说法，即真理不需要 485 强制就能自动实现，这一说法从《使徒行传》中迦玛列的劝告（5，38f.；参见上文第四节第 2 点），他劝告说要把真理交给会关心其实现的上帝，经过弥尔顿为思想自由和言论自由的辩护，即因为只有错误才需要帮助（见上文第十五节第 2 点），一直延续到莱辛的诸宗教之争。当然，在密尔这里，最终裁决不再留给上帝，而是留给经过了科学启蒙的人，他们处身于一种话语式的真理寻求的持续过程中，因此这一过程必定是保持开放的。密尔为宽容提出的两个本质性的知识论论证，是人类知识的易错性的论证，以及通过争辩得到的真理的稳定性的论证。根据前者，人们必须始终考虑到，被镇压的真理可能是真的，或者至少包含部分真理，以至于对它们的镇压表现出自以为是的不可错性。（26f.）反对意见会认为，这种易错性理解太过于限制了把自身信念持以为真的可能性。对于这种反对意见，密尔的回应是，只有当一个人能够在与其他观点的争辩中保持他的信念时，他才有权持有这种信念。（30f.）但是，密尔也必须对此有所保留，因为这会对一个人的"私人判断"带来太强的辩护要求。因此，密尔把对于自以为是的不可错性的指责，限制于其私人要求的普遍化和对他人的判断自由的剥夺之上。（35）这是一个非常重要的澄清：人们没有义务不断公开地主张他的所有信念，并且把它们辩护为合理的，而是仅当人们想要使它们**对他人**有约束时，他才需要这样做。然而，即使对于私人意见来说，公开讨论也仍然保有价值，因为自由讨论的气氛有助于普遍的教化和个体的教化，以及排除那些仅仅基于权威之信仰的观点。（49）

　　这把密尔带向了他的第二个论证，即：由批判而来的真理稳定性的论证。即使那些被宽容的意见明显是错的，在对它们的宽容中也存在一种价值，因为，通过与它们的争辩，自己的"知识之根源"暴露出来，并且得到了巩固。对于宗教也是如此："老师和学生都会在他们的位置上睡着，只要视线所及没有敌人。" 486（59）虽然密尔承认，如果没有"意见多样性的界限的限制"，谈进步是没有意义的，但是，他在这里也退回到一种削弱了的立场，这种立场认为，这些界限的划定必须通过讨论，而非通过禁令。人们必须为真理谋求一场"公平的游戏"（67）。

这样，密尔相信，在由上述自由所促进的人类福祉（72）的精神方面，他已经提出了决定性的论证。然而，他随后把他关于真理价值的论述，完全地挪动到另外的价值上，即个体性的价值上。在关于言论自由的很长的一章里，个体性只简短地出现了一次；这可能与知识论论证的薄弱有关系。因为，无论通过真理竞争的开放性来进行宽容奠基的观念多么具有吸引力[17]，它都是不完备的。只要宽容的首要目标是**真理**，（**倘若没有**进一步的规范性考虑）就没有充分的理由去宽容**所有**可能的意见，例如已经被证明是错误的意见。于是，虽然争辩的那些富有成果的论证仍然保有那些错误的观点，但是这一论证也不再包含所有的争辩，因为有些争辩可能是没有结果的，并且甚至可能导致僵化和停滞，而非进步。除此之外，完全公开的讨论还有保存错误和可能散布错误的危险，以至于从一种纯粹的真理观点来看，可以这么说，就成本—效益的权衡而言，要支持不宽容，并且反对无意义的和错误的意见。[18]

487　此外，科学假设是在证伪过程中尝试提升自己，按照这种方式来理解宗教信念，也是值得怀疑的。这样的理解错失了宗教信念的本性和功能，这样的信念虽然以种种理由为基础，但是在诸明见性和诸论证的竞争中，它并没有把它们的真理要求按照这种计划设定，即只有（暂时）尚未被驳倒的信念，才能继续被信仰。如已经看到的，知识论的论证在一种整全的宽容提法中是本质性的，然而，相比密尔的易错性理解和真理理解对于宽容奠基是否足够的问题，更成问题的是，这种理解是否是宽容提法的最佳候选者。

密尔自己也在关于个体性的第三章转换了视角，这一章处理思想自由和行动自由（即使他强调这里涉及的是"同样的理由"）：现在对于自由奠基和宽容奠基来说，核心的是人的个体性的价值，在这方面密尔跟随了洪堡（79f.）。个体性是要促进的人的幸福的规定性组成部分，而且对于促进幸福来说有用的是，"存在不同的生活试验（*different experiments of living*）；为不同的个性提供自由的空间，只要他们不伤害他人；在实践中检验不同的生活形式的价值，如果有人认为这有意义的话"（78，德语译文有改动）。既然"个体的自发性"有"内在的价值"（*intrinsic worth*），个人的自由就是一种高级的善。它是创造真实和独特个性的必要手段，这种个性反抗普通道德的暴政，而且并非通过"装腔作势的模仿"（81），而是通过独立地和非常规地制定他们的生活计划。随之而来的，是对这种人的全面赞扬，他们充分发挥了他们本性的潜能，"强有力的本性"（83），它支配内在的力量，并且不盲从"大众"（85），而在大众眼中，这些少数人不过是些怪人罢了。只有他们扩展了自己，升华自己，并且因此升华人类的可能性（87），"天才"把自己提升于"群众，亦即集体的平均性"（91）之上。在这方面，密尔接续了托克维尔（100），投入了19世纪典型的批判队伍，以个体性和独一性之名，批判正在形成的"大众社会"。如果只提几个名字的话，这种批判我们也可以在克尔凯郭尔对

"公众"（这是海德格尔"常人"的样板）的批判中看到，也可以在爱默生对**自立**（self-reliance）的强调中看到，当然还可以在尼采那里看到。[19]密尔之所以在这一语境中论证宽容，不仅是因为进步的人，"社会精英"（89），通过丰富社会，引入新的目标，并且帮助清除偏见——例如对妇女的偏见，为"不进步的人"带来了好处；而且出于对人之本性及其多样性的尊重，他也认为，宽容不同的生活方式是必要的（94）。在这里，他也再次一方面主张自由是进步的源泉，另一方面，出于一种本己的伦理价值，他还主张为自由奠基，而自由是这种价值的正当手段，以至于进步与否，恰恰要以是否能促进这种价值为尺度。

然而，这里显示出了与之前类似的画面：密尔为了宽容奠基而引入的价值是不够的。因为，即使"大众"接受不断丰富的个体性的价值，但不仅关于"大众"为什么应该忍耐所有怪人的论证是没有说服力的；而且也不清楚的是，出于何种理由，在这种价值的光照下，在其中只有平均性和"习惯的暴政"（97）占统治地位的"不进步的"生活形式应该被忍耐。为什么这种暴政不应通过社会的，甚或国家的行动而被克服，以及为什么在这里密尔接着洪堡而阐释的**伦理的至善论**不会转变为**政治的至善论**（亦见上文对洪堡的批判；第二十三节第 2 点）？如果自由是促进个体性本己价值的手段，并且如果人们看到，为此还有其他手段，把个体从他们的沉沦中抽出，从而给予他们一种"助其自助的帮助"，为什么人们不应该这样做？为什么不（至少用温和的方式）清除"无意义的"、阻碍个体性发展的生活形式，并且因此促进自主（而非习惯的暴政）与幸福（通过个体性的发展），当然不用预先给个体规划好他们的生活计划，因为这样一来，他们自己就会开始自主地制定自己的生活计划了？[20]看上去，对于限制自由并且抵制"拔高低的，而贬低高的"的倾向的这种促进自主的尝试，密尔没有什么可反对的。

但是，他所做的，在于上面已经谈到的、在他的著作最后两章中发挥作用的义务论要件。这里变得清楚的是（与密尔对他自己"并不诉诸普遍权利"的断言相反），并非是在"个人是否按照源初性理想过一种生活"这个问题的光照下，而是只有对其自由**无条件地**加以敬重的每个人的原则性的辩护权利，才能为自由限制的辩护要求奠基，这一要求对密尔来说一如既往地处在中心位置。只有这样，才能令人满意地说明，对自由的限制**只**以不伤害他人为目的，而且别**无**其他目的，才能得到辩护；对于伦理学上的自由主义来说的那种典型的意见，即向来都是个人自己"最重视他自己的幸福"（105），对此是不够的，因为可能恰恰是通过一种从外部根据个体性价值，并由此得到激发的自身完善性对个体性的促进，这种幸福才增长的。这也并不意味着，一个人将对他自己的生活作出"终极判断"（106），因为事情涉及的恰恰只是：首先需要一般性地形成对此的判断力。

在这个对于全书来说核心性的讨论语境中，密尔的伦理至善论与义务论的辩护视角也陷入了冲突，他必须为了后者而解决冲突。他的伦理的社会批判导致他在被伤害原则排除掉的公共道德压力之外，为没有伤害他人的、对伦理行为规范的背离引入了一种新的范畴，即允许批判，甚至要求公开地批判"为了动物性的快乐而付出他的感受和思想之代价"（107），并且因而理所当然失去他人的敬重的

490　人。这可能像明确的道德偏见一样，实施一种社会压力，而这种压力是密尔在批判暴政的背景下必须真正拒绝的。除此之外，他在这里还强行区分了两种偏见，这两种偏见按其意义应该被称为"伦理的"偏见和"道德的"偏见：一种是对导致"价值赞赏之丧失"（loss of consideration）的个人生活方式的**伦理的**偏见，另一种是对于伤害他人的**道德的**罪行的"反对"（reprobation）（109）。这两种偏见类型的区分，清楚地存在于密尔的分析逻辑中，然而，它假定了一种义务论立场，这一立场（a）强调每一个人的、不能通过其他价值被相对化的辩护权利，并且（b）为如何在伦理领域与道德领域之间划下界限提供了一条准则。

　　（a）在密尔那里，这两种偏见都只是潜在的。在关于个体性的一章中，如他自己看到的那样，他自身论述的政治—至善论倾向，只可能通过诉诸与伦理上的考虑相对的"人的自由的更高的善"（113）而被克服，但是他相信，对此而言，考虑到所有可能的对"纯粹个人行动"的干涉都"在错误的地方错误地"（115）发生，这就已经足够了。但是，如果我们想到关于"不进步的人"所说过的内容，那么这就不是无条件地被给定的；与此相反，在一次性的成本—效益的权衡中，不干涉的风险大于错误插手的风险。因此，这不可能成为无条件地敬重自由的"最强理由"（115）。毋宁说，这种理由必须是人格的不可侵犯性，人格高于一切其他价值，并且因此意味着自由必须被尊重，只要它没有限制别人的自由："不干涉一个人的自由行动——除非事情涉及某个第三者——的原因是对其自由的敬重。"（141）这种敬重之为一种对于个人**辩护权**（Rechtfertigungsautorität）的敬重，奠基于两条基本规则："第一，个体没有义务向社会解释他的行动，只要他的行动只涉及他自己的利益。……第二，对于违背他人利益的行动，个体有义务进行解释，并且社会可以对他加以社会的或法律的惩罚……"（129，德语译文有改动）因此，个人的自由既不奠基于其他价值，也不是绝对的：这种自由内在于交互地和普遍地进行辩护的规范。

491　　　（b）这把我们带向"伤害"标准的决定性问题，更准确地说，限制自由的辩护标准的问题。[21]根据密尔"非常简单的原则"，什么时候存在一个好的理由，来确定并且禁止一个"伤害"行为呢？他就此提出一系列表述，与"公共的"或"他人的"利益相对的"私人利益"，与**关涉他人的行动**相对的**关涉自身的行动**，对自己的义务或者对他人的义务，"当事者（Belangen）"或"涉事者（Betroffenheit）"。但是这些规定还不足以标划出那种界限，它使得一种自由活动从伦理上值得批判的变成从道德上值得批判的。因为几乎所有涉及自身的行动，也都涉及他人，私人利益与公共利益也相应地处于冲突之中：争执恰恰围绕着以下要点打

转，即一个行动是否"首先"涉及自身，并且因而应该免于干涉，或者它是否表现为对他人利益的损害。因此，可能唯有**交互性**和**普遍性**的标准在此是更有助益的，这就是说，一种对自由的限制，只有当能以交互地和普遍地不可拒斥的方式被奠基时，才是合法的，亦即，一个人在辩护冲突中为他的要求奠基，而不为自己要求拒不给予他人的特权，如自己去规定那些被提供的诸奠基方式的伦理参照系的特权——例如关于一种特殊的、没有被共享的宗教学说，或者关于涉事者的或社会的幸福的一种单方面见解。因此，伦理与道德之间的界限，不是由封闭的价值领域标划的，而是由交互性和普遍性的界限标划的：谁干涉别人的行动自由并且行使"权力"（16），无论那是通过法律还是通过其他行动形式，谁就都必须能够提出可交互地和普遍地分享的理由，因为任何一个人都有对于这种理由的基本权利。那些特殊的理由，无论依靠不被共享的学说，或者是依靠权力服从者不可能同意的表面利益，都不是好理由。在这里，一种对自由的非法干涉是被家长式地奠基的（这是密尔首先想到的），还是仅仅奠基在一种不被允许的普遍学说的地基之上（而无家长式的意图），是无关紧要的，重要的唯有对有效领域的违背。

这些规定可以在密尔文本的核心位置看到。一个典型的例子是，完全在培尔的意义上，密尔阐释了宗教强制的不可辩护性：

> 对于禁止被视为个人不道德的事情来说，没有比因为人们视之为邪恶而压制这样的活动更强的理由了。因此，如果我们不愿意接受迫害者的逻辑，并且不愿意说我们应该迫害他人，因为我们对，而他们不应迫害我们，因为他们不对，那么，我们就必须提防对一种原则的接受，当这种原则施加到我们自身时，我们会感觉严重不正义。（119）

相互辩护的严格规则禁止这类强制，并且它同样地出现在其他事例中，如被禁止的家长制和被允许的对自由的限制（比如在教育问题中，但只是当其他人的合理诉求受到危害时才会如此）。㉒本质之处在于，标划自由界限的"在他人事情中的严格的正义规则"（87），需要得到交互的和普遍的辩护，也就是说，它并不赋予单方面的伦理上的特殊信念以特权。

因此，密尔在这本书的第一章所阐释的著名的**伤害原则**，意味着所有的对行动的限制都需要辩护，并且只有如下限制才能够得到辩护，即凭借交互的—普遍的理由而不可拒斥的限制。这样——并且只有这样——"涉及自身的"行动才能和"涉及他人的"行动合理地区分开来，亦即将道德上无需辩护的行动和与之相对的、道德上需要辩护的行动区分开来，并且进一步从后一范畴中，区分道德上得到辩护的行动和与之相对的、道德上没有得到辩护的行动。然而，密尔没有充分地区分这两步，并且也没有澄清辩护的标准。

这一论述可能会让人们产生这样的想法，说在密尔那里有一种"自由之假设"，它使得个体自由成了规范，并且任何一种对自由的强制形式或限制形式都需要辩护。[23]虽然这合乎密尔思考的逻辑，但是考虑到前面的分析，由于种种理由，这是不充分的。例如，在其行动相冲突的人格间的情形中，一个人的自由活动与另一个人的相对，并且上面提到的假设不再有帮助，因为两个人都坚持他们不受限制的自由。只有当这个假设被重新表达为"同样自由的假设"，判断的标准才能起作用，但是这仍然太模糊，因为必须考虑更多的因素，而非单纯的平等时，并且只有当平等的要求得到辩护时，它才有效。于是就得到了"经过辩护的（诸）自由的假设"，而这无非就是"经过交互和普遍辩护的（诸）自由的假设"。但是，这又归根于个体的"交互—普遍辩护权的假设"。然而，既然"假设"概念本身的规范性是模糊而温和的，那么它就不过是奠基在道德上相关行动的"交互—普遍辩护权"之上的，而与之一致的，是一种辩护的义务。

于是，在对密尔《论自由》的道路（和迷途）的跟随中，所表明的是，唯有一种敬重他人为具有辩护权利的道德人格的义务论视角，能够奠基密尔的反至善论，而与此同时，不在诸如"私人"领域和"公共"领域等领域之间，划定本身又会超出辩护的强界限。宽容奠基于对他人道德自主性的尊重，我们需要为在道德上与他们有关的行动，向他们给出好的、不可相互地和普遍地拒斥的理由——无论是在人们之间的道德处境中，还是在政治—法权空间中。[24]如果，如密尔和其他宽容思想家所主张的那样，缺乏对于信仰强制和道德强制的好理由，那么就必须说明，"缺乏"的内容是什么。为此需要一种规范性的和知识论上的宽容理论，它将辩护原则本身带回到核心位置上。只有嵌入到这样的理论中，密尔的"简单原则"才获得其意义，并且为**生活的不同试验**（*different experiments of living*）提供一个真正的自由空间。

第二十五节　政　治　宽　容

在欧洲诸国逐渐增加的对宗教自由的法律保护（虽然同时继续伴随着对特定基督教教派特权的规定）[25]，以及可供选择的政治体系的分化，这两种发展所带来的，除了宽容问题从宗教宽容向文化宽容的扩展外，还有一个新的维度登上了前台：诸党派之间的政治宽容，这些党派根据这一时期形成的各种"主义"来排队，从君主主义党派，到自由主义党派、民主主义党派，乃至社会主义党（如果我们只提几个党派的话）。[26]现在，宽容要求重又处于一个激烈冲突的新战场。

对此，一份重要的文献是《国家词典》（*Staats-Lexikon*）中的"忍耐"（Duldung）
词条，它是由德国前三月革命时期（Vormärz）最重要的民主自由主义代表，卡 495
尔·冯·罗泰克（Carl von Rotteck），从 1834 年起与卡尔·维尔克（Carl
Welcker）共同编辑出版的。虽然在罗泰克的文稿中，他的首要目的是在不宽容的
历史的背景下指出，在"法权和一般的个人自由的基本概念"的光照下，不可能
有限制宗教自由的好理由。因此他——在这方面密尔是先行者——表述道："与之
相反，哪种权威认为自己有权限制这样的自由，或者使得这样的自由取决于它所
乐意的许可，这种权威就要有证据来表明它所声称的这样一种权利……"[27]，并且
这些理由只能是这样的方式，即对于"从纯粹的国家公民的立场出发的、无偏见
的（即未经纯然主观的宗教观点污染的）判断"，限制"显得是必要的或者有益
的"，因为特定的学说或者礼拜行为损害"共同幸福"。[28]在一长段关于欧洲诸国与
北美的宽容或不宽容的历史的按语之后，罗泰克终于讲到了政治宽容，当一种思
考虽然没有沾染宗教，但仍然在公共福祉的构成方式及其最佳实现方式方面有争
议的时候，政治宽容就出现了：

> 在我们今天，政治不宽容占据了宗教不宽容在时代精神面前节节败退留
> 下的位置，并且已经发生了许多令人惋惜的牺牲。首先在法国，在共和党的
> 恐怖政治的统治下，之后在整个欧洲，部分是由于这场大运动的波及，但是
> 部分则是，甚至首要的是，由于贵族的和专制主义的反动党派的影响。这种
> 不宽容也比宗教的不宽容更难控制，因为自私的利益不断地助长它，并且启
> 蒙也不足以使其缴械。所有的宗教意见和宗教活动都能够和平地互不伤害地
> 共处，不需要为了自己的繁荣而镇压所有其他的宗教。因此，在情绪并未被
> 真正的狂热统治的地方，如果人们需要这样的镇压，那么必定是已经有异样
> 的利益参与其中，如统治欲的利益、贪婪的利益、高傲的利益。……与之相
> 反，诸政治观念据其本性与本质，不仅在理论上，而且在实践上，都相互反
> 对。它们不会主张或者坚持自己与他者并列，而是每一种都要以其余所有的 496
> 为代价，或被他们击败。共和与独裁，宪政体系与专制制度，民主制与贵族
> 制，彼此排斥，或者按其本性至少尽可能地一个压制另一个。因此，它们之
> 间的坦诚相交或相爱是完全不可想象的；而在他们那里，宽容的要求局限于
> 彼此的允许，或者对所有合法的，亦即不与权利相矛盾的要求或保持自己有
> 效性的手段的忍耐，或者甚至局限于这样一种倾向性，即以调解的方式，通
> 过彼此妥协来为争执中的每一方赢得并且确立一种能够恰当地保障双方一致
> 利益的外部法律基础。[29]

根据罗泰克，由这种冲突处境而来的最重要的要求，就是言论自由的要

求——"其辩护理由的自由传达",因此,唯有"理性的法庭和开明的公开意见"才能裁决;所有的意见,只要它们没有"犯罪",就必须不受阻碍地被忍耐。

罗泰克的对宽容问题的论述在不同方面富有启发。首先是通过他的诸论点,即政治冲突现在占据了宗教冲突的位置,以及政治冲突比宗教冲突更根本,并且几乎没有为平衡提供空间。它们形成了不可调和的对立。[30]因此,虽然罗泰克低估了即使在他的时代也蔓延着的宗教争论(例如我们可以想到有过许多讨论的犹太人解放的问题;参见下文第二十六节),并且也没有充分看到政治党派的形成中宗教动机与社会—政治动机的联系,但是另一方面,他却看到,在宗教冲突中,在实践方面,经常还有其他利益,而非纯粹的宗教利益在发挥作用。因而,宗教冲突与政治冲突之间,经常无法划分清晰的界限。此外,罗泰克指出,恰恰是宗教的启蒙导致了新的冲突线索的出现,旧的政治合法性标准(Legitimationsmuster)随之失效了。但是,这一启蒙直面了一个难题,即这种新出现的对抗不可能通过启蒙的旧手段得到缓和;罗泰克因而更愿意为宽容的共存提法辩护,而非尊重提法,虽然他也在他的为自由的言论的辩护中依赖公共的辩护理性,并且因此不把政治视为内战的另一种形式。

然而,具有特别重要性的是,这种冲突形势禁止现代宽容处境缩小到对"私人的"宗教上的"诸善的提法"的宽容,或对个体的和可能的特立独行的生活计划和生活试验的宽容。因为,在这种情况下,并不是由客观地或主体间地得到辩护的法律规范或正义规范来为"诸善"观念提供框架,相反,这些规范本身就在冲突之中,而这则进一步在政治和社会天性之中,要求一种无法兼容的正义选项之间的宽容。[31]这再次要求一种基于宽容基础的原则性反思,因为即使像罗泰克一样根据共存模式来理解它,也预设了一种共同的"权利地基"。密尔同样在一种长久以来的议会传统的背景下,为一种作为"公平竞争(fair play)"的政治宽容进行辩护:

> 反过来,在政治方面,几乎成了一种老生常谈的是,一个党派要求秩序或稳定,另一个党派要求进步或变革,两者都是一个健康政治局势的必要条件,直到一个或另一个扩大其精神的理解力,以至于它成为同时要求秩序和进步的党派,它知道并且能够区分,什么必须被保持,什么必须被清除。两者中的每一种思想方式,都从对方的不足中推导出自己的可能性,但是,双方中的每一方都在很大程度上,在理性和健康的人类理智的界限内,对待对方的反对。如果关于民主制和贵族制、关于财产和平等、关于合作和竞争、奢侈和节制、集体和个体、自由和纪律的种种意见,以及实践生活中的所有其他的存在着的对立意见,没有同样的自由被表达,也没有同样的才干和能力得到捍卫和辩护,那么两种要素就没有机会各得其所;两者就只能此消彼

长。在一些重大的实践事务中，真理很大程度上就是解决一个问题和对立双方的联合，很少有人具有足够的能力和无偏见的判断，来正确而充分地调停对立双方……㉜

像罗泰克一样，密尔的出发点在于，政治斗争是观点的斗争，并且公民的公共理性能够从对立中形成一种普遍的契约式的统一，在密尔那里甚至是一种综合。他也像罗泰克一样，在这里假定了一种关于"游戏规则"的一致。但是，这就提出了一个问题，人们可以称之为**政治宽容的两难**：这种一致既是政治冲突的**预设**，又是政治冲突的**对象**。预设的是政治交往的特定规则，以及冲突的制度化，但是它同时对立于可选择的体制，而它们恰恰对规则和制度有争执。怎么可能存在一个政治上公平竞争的体制，在其中"民主制，还是贵族制，还是君主制"的问题还有待裁决？这个问题不是由此已经在很大程度上得到回答了吗？㉝

政治宽容的问题虽然表明了一种新的冲突情境，但是在一定意义上，却并非宽容的例外情况，只有考虑到以下这一点，才能避免上述两难：这种冲突情境是在政治层面上贯彻辩护权利的结果，在这一层面上，公民作为权利平等者互相判断，他们应该具有何种权利，以及社会应该具有什么样的基本结构形式——简言之，正义具体意味着什么。并且如果这本身应当被正义地贯彻，就明显要预设一种**最低限度的正义**：这种正义担保个体的辩护权利可以作为政治权利得到实行。499因此，当这种最低限度的正义——作为提出正义，乃至最大限度正义之要求的讨论和检验的前提——被所有参与者接受时，政治的（或宗教的）宽容在"自我立法"的层面上才能成功，并且才能被要求。若非如此，宽容就是不可能的，那些被排斥和被剥夺权利的人想得到宽容的请愿要求，例如向一个永远剥夺了他们权利的贵族制的或经济的政权要求，用马尔库塞的话来说，就会是潜抑的（repressiv）。㉞没有一种普遍的和相互接受了的辩护权利作为最低限度的正义，宽容要求就仍然没有基础，既没有经验性的基础，也没有规范性的基础。㉟这甚至对于共存提法也有效，这种提法诚然同样包含相互达成一致的规则，但只有当向着尊重提法进展时，关于一种稳固的"权利地基"的言论才是可信的。

因此，无论涉及的是宗教冲突，还是其他情境的冲突，政治宽容的难题都指向了任何一种集纵向视角与横向视角于一身，并且把对各种权利与自由（及其限度）的相互辩护原则定位于政治层面的宽容提法的基础预设。因为，当关乎宗教500自由的问题时，在他们的自治中，公民也被要求在正义的空间中提供这种自由，并且为所有的限制辩护。因此，辩护权利作为政治权利，作为一切政治上的基本裁决的基础性的参与权利，是一项基本的自然的权利，以及最低限度的政治正义的基础，宽容建立于这一基础之上。因此，这种最低限度的正义要求㊱：

（a）参与政治程序的公平的政治条件和社会条件，这一程序防止某个团体或党派被排除。他们的参与自由必须不仅在形式上是可能的，而且在实质上有保障，他们必须拥有某种"价值"。[37]这就预设了：

（b）所有参与方都承认辩护权利为实在的政治权利，承认它是自主地共同决定一个政治共同体的基本结构的权利，也就是说，去决定何种权利是公民互相允诺的义务。只要这种基本权利达到宪法层次，必要的宽容就会成为一种实证—法律上的要求，然而，辩护的过程在政治—社会层面上实证的被调节不会达到这种程度，即不再需要公民在正义的基本问题上遵守交互性和普遍性标准的德行。[38]对立方不能仅仅是敌人，而是也必须被视为人们有责任向之提供良好理由的那种人格。于是，宽容占据了：

（c）民主游戏中的两个位置。第一个位置关乎政治立场多元性的宽容，在这方面要避免可能变得不正义的排除。为此特别必要的是，对参与和交流的条件进行审查，是否习以为常的"公共理性"的标准可能排除了特定的少数派立场，并且对它们有偏见。**公共理性**（publique reason）变成多声部的了，霍布斯在其中听到主权的声音，而卢梭看到它化身为公意。于是，"反思性的宽容"意味着，把辩护的条件追问到底[39]；在这个上下文中，一种**批判的宽容理论**应该分析，哪些宽容关系——作为辩护关系——导致哪些排斥现象。就此而言，不仅要关注**排除**，而且，如历史进程所展示的，也关注对被宽容团体的**包容**，关注他们被赋予了特定的自由，从而保持在一种相对贫困而被污名化的，虽然也是某种"比较自由"的状况中。[40]

更重要的是宽容之被要求的第二个位置，在那里，人格的团体在辩护过程中认识到，无论其信念被认为是真的还是假的，都不足以为一种相互有约束性的合法规则奠基。这一如既往是对宽容的真正测试：要去洞见到，人们所相信拥有的好理由并不足以完成一种普遍可辩护的行动，或者在政治上来说，为一种普遍的法律奠基——因此这些理由**在这一语境中不够好**。在第二部分，我们的研究将会特别讨论对这种洞见的解释。最后，

（d）政治宽容也有一些确定的**界限**。如何划下这些界限，在哪里共同的"权利地基"就被离弃了，对此的辩论从这一时期开始，一直延续到我们当前。按照我提出的术语，辩论不能涉及以下这个问题，即辩护的权利是否可商议的问题，因为辩护权利就其实质是不可商议的：谁质疑辩护权利，谁在政治上就是不可宽容的。但是辩论涉及这个问题，即辩护权利的实质包含着什么，例如，它包含了一种特定的国家形式吗？这看起来是不合法的，如"符腾堡爱国联合会特别委员会"在1848年的一项宣言中说道：

> 我们坚信，一个认识它的真正利益的民族，无论在什么时候，都知道选择相应的国家形式，所以我们认为，想要一劳永逸地规定一种国家形式是过

分的。因此，我们践行并且要求政治宽容。我们不相信这种或那种国家形式所独有的造就幸福的特性，我们认为各个党派权利平等，我们敬重每种信念，我们承认，君主主义者和共和主义者可以一样是好的爱国者，只要他通过言语和行为来实现这一原则：一切为了国家荣誉。一切为了民族，一切通过民族！[41]

就其是公民政治自治——这就是说，自己对自己的国家形式进行规定，虽然这严格遵守了辩护权利——的整体性构成部分来看，这种立场是前后一贯的。这反过来意味着，可能的国家形式的问题并不是完全开放的，因为一种在形式上和质料上质疑这种基础—权利的体制，不可能被合法化，哪怕这种权利的制度形式可能有很大变化。因此，为了保护这种权利，不需要特定的制度规定，这种规定就会限制公民的政治自治。但是，把政治宽容相对于不宽容的界限，划在政治上自治的公民的辩护权利以及其他基本权利本身受到伤害的地方，这实质上意味着什么，还有待研究（参见下文第三十八节）。展示 20 世纪宽容难题的历史时（第二十七节），我将会论及，这一问题导致了多么广泛的争论，从而决定性地扩展了宽容话语。

第二十六节　宽容之不彻底

1. 觉得有些东西不配宽容，觉得这种宽容不值得被给予赞扬，这种感觉如影503随形地伴随着宽容话语，无法被摆脱。而且这是对的：特别是像上面对隐藏在宽容的允许提法中的权力和统治的多样形式的分析所显示的，歌德的名言是有道理的，即这种宽容表达了一种侮辱，并且必须通向承认。然而，没有道理的是以下这种观点，即宽容概念在其本质上被绑定在具有等级制度或者策略性的允许提法上，以及这样的意见，即宽容在任何情况下都是（如人们可能会借海德格尔来说）"共在的残缺样式"，需要为了真正的赞赏甚或团结而被克服。因为，不可指望的是，在国家领域或者人际领域中的那些要求着宽容的冲突，能够通过清除各自的拒斥性要件而全部被克服。这将意味着**人的境况**（*condition humanine*）的全然改变。相反，批判的眼光还须敏于如下那些处境，在那些处境中，宽容概念与其说帮助消除社会的畸形发展，不如说遮蔽了社会的畸形发展。在这一语境下，卡尔·马克思与弗里德里希·尼采的批判对于直至今天的现代宽容话语最具影响，但也最富歧义。

2. 这些宽容批判中的一种，即马克思的宽容批判，引发于犹太人的解放问题，这并非偶然。因为，在这个问题中汇集了历史上长久以来的种种冲突的全部复杂性——从宗教的与（越来越多的）种族主义的偏见，从最强烈的不宽容到始终棘手的允许宽容的不同政策。在这一背景下，"解放"意味着什么？像犹太人这样的少数群体可以并且应当追求什么样的承认形式：一种单纯的法权—政治承认，还是一种更广泛的社会承认？为此需要何种权利和自由，以及：这些权利会带来真正的自由吗？

为了（至少部分地）照亮这些难题，需要区分对待"犹太人问题"的三种立场，它们形成于 19 世纪中期，并且直到今天还标识着关于何谓承认少数派的辩论。第一种是自由主义立场，例如在已经提到的罗泰克和维尔克《国家词典》（1834ff.）中，卡尔·施泰纳克尔（K. Steinacker）在其词条"犹太人的解放"中所辩护的那样，第二种是布鲁诺·鲍威尔（1843 年）的民主主义—左翼黑格尔主义，马克思在其作品《论犹太人问题》（1844 年）中攻击鲍威尔，表达了第三种立场。在所有三种进路中，都显示出某种不同的解放理想，以及权利平等和不自由的辩证法的不同维度，从这种维度来看，宽容显得"并不彻底"。同时，在这些进步的作品中也表明了，反犹主义的和反闪米特主义的（antijudaistische und antisemitische）陈词滥调如何偷偷地继续发挥作用。

在其内容丰富的词条中，施泰纳克尔以反驳那些论证为目标，它们被用来反对犹太人完全的权利—政治平等地位，无论它们是在实证法上、在自然法上、在教会法上、在道德上、在宗教上还是在经济上的反对。他把这一反驳嵌入到一种对欧洲不同国家犹太人地位的历史记录的统览中，在其中，他特别突出了基督教对犹太人的不宽容，并且指出了"保障性的"允许宽容的矛盾，根据允许宽容，被宽容的犹太人少数派经常必须在最字面的意义上"换取"（erkaufen）特定的自由和容忍，并且总是害怕，如果统治者不满意，就会重新退回完全无权利的状态。据此，这种保护关系就是一种"绑定着不自由的从属关系"[42]。从这种视角来看，只要它不能带来在国家公民中的完全的平等地位的话，则允许宽容就是一种不彻底的宽容；它仍然是一种单向的统治关系。

施泰纳克尔所提到的对于规范性理由的讨论，不可能在其所有方面得到展示。他的核心论证是合理合法的正义概念，根据这一概念，没有好的理由，就不能扣留任何公民的特定权利。因此，属地主义（ius soli）在权利方面支持犹太人的平等权利。虽然国家需要一种道德的基础，而宗教对此具有相当大的意义，但是，没有任何依据表明，犹太人的信仰在这方面有劣势。如果考虑到被认为与国家相容的基督教教派间的许多不同，就不能说，在它们之间存在着的交叠共识会排除"摩西的学说"，它毕竟是"基督教的原发性教旨（Stammreligion）"[43]。根据施泰纳克尔，宗教差异必须在一定程度上被视为政治上的无关紧要之事，而与此有不同内容的观点，则都被归为反犹主义的偏见。因此，不存在任何理由，如经常被要求的那样，把对犹太教的弃绝视为解放的代价。而且犹太人也没有把自己当作本真的民族，并且因此不劳而获；相反，犹太人证明了自己是好公民。如果一定要强调社会的疏离现象，这也毋宁说是由于犹太人被排除于正常的社会生活之外而造成的；因此现在不能以此对他们加以指责。也不能加之以一种更流行的反闪米特主义的指责，他们转而从事商业和金钱交易，是因为其他工作部门对他们仍然封闭。不可否认的是，如果已经形成一种"自利、重利和欺诈的倾向"[44]，那么无论"民众"对此怎么想，原因都是社会的，而非犹太人固有的性格特征。

这一论述也表明，施泰纳克尔对不受限制的法权—政治的平等权利的辩护是多么矛盾：虽然他区分了宗教层面和国家层面，并且揭示了宗教上的和其他的对于能否解放的反闪米特主义偏见，但是，他自己却传播了关于犹太人"不停投机"的特定偏见，尽管他同时肯定了一种"令人钦佩的能量"，并且视犹太人为粗劣的不正义的受害者。[45]因此，犹太人仍然是异己与他者，甚至以某种方式是有嫌疑的"民族"，他们需要被同化，并且必须一再**证明**自己是可同化的——在这方面，施泰纳克尔的立足点，是确信他们可以证明上述这一点。犹太人一如既往地以基督教的"规范标准"为尺度，即使施泰纳克尔深深地拒绝那种认为"只有当他们脱离他们的宗教，他们才能成为完全的国家公民"的观点。超越允许宽容之"不彻底"性，他的宽容思想的一贯设想就在于此。但是，对于他的时代的进步的少数派话语来说，这仍然恰恰是一种从"我们"的多数派视角出发的、关于少数派的话语（虽然这也会反过来指责他们自身）。

支持解放和（从一种支配性视角出发进行的）兼容性审查的辩证法，反过来也是"不彻底"的，在布鲁诺·鲍威尔（在其作品《犹太人问题》与《现代犹太人和基督徒获得自由的能力》中，二者都出版于1843年）看来，这是施泰纳克尔的自由主义宽容的标志。鲍威尔要求政治解放的一种更加彻底的形式，并且劝犹太人勿以在一个完全而且仍将由基督教占统治地位的国家获得忍耐或平等地位为目标；而是应该从宗教去谋求一种自由——不仅在国家方面，也在犹太人自己这一方面。鲍威尔的目标是公民的（*citoyen*）政教分离的国家，公民们把他们的宗教的和民族的特殊主义（Partikularismen）放在身后，不再作为陌生人而对立。于是，宗教本身可以最多在私人的有限空间中遇到；决定性的是道德的新形式的形成，这种道德克服了宗教的种种界限和特权与忍耐的旧网格。然而，为了能够成为这样一个国家的一部分，犹太人必须首先从他们的宗教中解放出来，并且不再是一个民族。

像在施泰纳克尔那里一样，在这一论述中出现了另一种矛盾，不过有着类似的效果：虽然犹太人可以不再以基督教的规范标准为尺度，并且不再要求宽容，而是要求真正的社会解放和政治解放，但是，与此同时，他们必须"不再是犹太

506

人"⑯（这是施泰纳克尔所反对的），而是成为公民——正如基督徒在他们那方面也必须变成公民一样，这呈现出鲍威尔与施泰纳克尔所斗争的保守—基督教立场之间的区别。但是，在对作为民族和宗教的犹太人所固有的分离与隔离的强调中，鲍威尔恰恰推进了他力图克服的排除话语，因为他没有看到这种可能性，即政治解放不用付出剥离公民宗教身份的代价的可能性。当然，对于他来说，这不是什么高的代价；宗教最终是通向自由的道路上的决定性障碍：它必须在政治上被"扬弃"。这样，他一方面批判了一种单向的基督教的国家兼容视角，而另一方面，以一种共和主义的视角替代了它，这种视角一点儿不少地把犹太教视为需要为了平等而消除的障碍。在受到侮辱的地方一辱再辱，而且两次都以解放之名。犹太民族仍将是一个难以同化的民族，它必须首先从自身中解放出来。

正是在这里，马克思反过来看到一种"**政治解放的不彻底**"⑰：鲍威尔的立场没有权利要求犹太人废除犹太教，"要求一般人废除宗教"（145）。但这并不是因为国家因此会损害个体自由这样的想法（如施泰纳克尔的意思），而是因为鲍威尔所力求的（应当克服自由主义观点的）政治解放本身是不彻底的。鲍威尔的错误在于，"毫无批判地把政治解放与普遍的人的解放混为一谈"（145），在于这样的迷误，认为政治上的平等地位能带来真正的自由，这种自由能够克服马克思和鲍威尔视为"一种缺陷的定在"（146）的宗教意识。因此，正如鲍威尔把缺乏宗教解放的政治解放视为不彻底的，马克思把这种缺乏真正的人的解放、没有从公民国家解放出来的政治解放本身也视为不彻底的。

与鲍威尔的观点相反，在马克思眼中，政治的、公民的解放没有压制宗教，而是加强了宗教，而且是在不同的方面加强了它。首先，美国的例子表明，政治解放把宗教排挤到社会领域，将会给宗教带来繁荣（146）。其次，在这样一个社会中也更容易理解，鉴于政治自由（与平等）和社会不自由（与不平等）的同时性，宗教才可能发挥它全面的补偿作用。（148f.，154）因此，再次，世界在宗教上分裂为一个自由的天国和一个不自由的尘世，这一分裂恰恰反映出标志着公民国家的双重特征，也因此公民国家完成于基督教国家（151，154）：分裂为公民（sitoyen）与市民（bourgeois），公民想象自己是自由的，而市民在私有制统治的公民社会领域中"把其他人视为工具，把自己也降格为工具，并成为异己力量的玩物"（149）。据此，政治自由就是一种虚假的自由，因为它不仅遮蔽了社会中的真正的不自由，而且使之固化。不彻底性存在于仅仅被想象的国家公民的自由中，尽管根据马克思，从实际的历史来看，政治解放表现了一种真正的进步。（150）

因此，马克思超出鲍威尔一步，并不关心犹太人从他们的犹太教中向着政治国家的解放，而是关心犹太人从他们的犹太教以及国家向着一个解放了的社会的解放（befreien）：

> 因此，我们不像鲍威尔那样对犹太人说：你们不从犹太教彻底解放出来，就不能在政治上得到解放。相反，我们对他们说：因为你们不用完全地、毫无异议地放弃犹太教，就可以在政治上得到解放，所以**政治解放**本身并不就是**人的**解放。（155，重点符号为原文所有）

在这里，犹太教也挡在解放的路上，但这一次它涉及的是向着真正的人的解放。根据马克思，作为 droits de l'homme（人的权利）的人权只是虚假的自由承诺，因为无论作为宗教自由还是作为财产自由，它们导致的只是自我中心的、孤立的和单子式的个人的分隔；它们是"与他人并且与共同体相分离的人的权利"（157），持守其宗教身份的"受限制的"存在者的权利。因此，宗教自由并非"从宗教"向着人的本性即社会性的"类本质"的真正解放，人只有作为社会性的存在者才成为自由的。

为了指明这种解放观念的矛盾，这里需要的不是在这一文本的第二部分占统治地位的反闪米特主义的论题，亦即这样的论题，"犹太教的世俗基础"是"实际需要，自私自利"；"犹太人的世俗礼拜"是"讨价还价"，"金钱"是其"世俗的上帝"（164）；"犹太人所幻想的民族性"是"商人的，尤其是金融家的"民族性（167）。在这些表述中，马克思用资本主义精神规定犹太人的精神，以至于从犹太教中解放出来就是"我们时代的自身解放"（167）。[48]然而，在另一点上还存在矛盾，即使在马克思这里，真正的解放是**从**一般的宗教中解放出来，并且从特定的犹太教中解放出来，犹太教作为"狭隘的本质"（马克思用鲍威尔的话说，157f.），阻碍着通向真正自由的道路，亦即社会全体以及犹太人自身的道路，犹太人由于其"反社会因素"而保持在一种特殊的"自身异化"（165）状态中。凭借这种人自身向着"类本质"的自由的伦理—政治至善论，马克思可以将这种呈现为权利解放和政治解放的自由判定为不彻底的：宗教身份通过这种自由变得权利平等，对宗教身份的宽容是对社会不自由和个人不自由的永久化。因此，重要的是，首先从人自身出发向着人自身来解放人——在这里即犹太人。

宽容包含有一种理想的自由与现实的不自由的颠倒辩证法的危险，然而，这种对宽容的一般的至善论批判，并非马克思论文的全部教益。因为，马克思指出了，当社会性的权力机制——无论是经济类型的，还是（超出了马克思视野的）文化类型的——在解放的同时被遮蔽并且加固时，那种超越了允许宽容的政治—法权解放形式也可能表现为一种不彻底[49]；就此而言，这部论文呈现了宽容话语的一种重要的、富有创造性的阶段。如果形式的权利自由和宽容没有伴随着社会的自由和宽容，那么，对少数派的特定权利的承认，也可能把他们固定在一种社会弱势地位上，因为他们缺乏运用这些权利的工具，或者这些权利范围不够大：于是**排除**变成了这样一种**包含**，这种包含不过进一步巩固了文化的污名化和社会的

509

510

无力。因此，少数派的特定权利甚至在解放少数派的同时，就使他们屈服于一种更强的政治—权利的调节。由此又一次显明的是，宽容的尊重提法必须取代宽容的允许提法的位置，并且在政治层面上得以推行，这样，被排斥的与"被包含的"团体，才有可能使他们的要求在政治上起作用，甚至反对社会上习以为常的传统和成见。对虚假自由和不彻底的宽容的批判本身，必须在政治上形成主题——为此仍然需要公民间的宽容，他们恰恰**不**需要要求彼此——按照马克思的至善论看来——为了作为"类本质"的自由，就放弃他们的伦理的或宗教的身份。但是，他们的需要要求彼此，把从马克思的正义视角看到的东西，即他们所服从的社会的、经济的和文化的（而不仅仅政治的）权力机制，带到批判的辩护话语中去。宽容处境必须包括对权力的批判，以及作出这种批判的权力。这是否会导致"异化"的扬弃，我们暂且不论；至少，这以扬弃宽容的潜抑形式为目标，并且让宽容处境得到反思。在这一框架下，应该有可能把施泰纳克尔对个体自由的强调、鲍威尔对政治自治的强调和马克思对社会性自我规定的必要性的强调结合在第四种立场中，并且不退回到在康德那里已经抵达的对伦理人格提法、法权人格提法、公民提法和道德人格提法的区分之前，特别是不在伦理上预先规定什么叫作"人的"生活。

3. 19 世纪的第二位伟大的道德和宗教的批判者，以另一种方式，即以生存的—伦理的方式，批判宽容的不彻底：但这一次的不彻底不是从宽容的（可疑的）受惠的视角来看的，而是从实施宽容的角度来看的。因此，随着尼采的批判，宽容话语回指它的起点：指向斯多亚式的宽容（*tolerantia*）理解，即把宽容理解为对自身的态度，理解为面对各种各样罪恶时的有尊严的自我克制，并且理解为在承受能力（Ertragenkönnen）中的勇毅的自我克服。宽容的这一维度总是一再出现，例如在蒙田那里，在培尔或康德那里，但是，直到尼采，它才毫不含糊地显露出来，被他的批评所激发，即宽容的态度根本不是强者的标志，而是精神和性格的虚弱，现代的自我迷失（Selbst-Losigkeit）的典型标志。宽容所要表达的自由与高贵只是一种幻想；实际上其中存在的，却是怯懦与自卑。

尼采在不同的语境中展开这些思想。在关于《历史对于生活的利与弊》（1874年）的反思中，他把正义德行与宽容相对比，前者显露判断之勇气，后者不过是大多数人都能达到的，"达到对一时不能拒斥的东西的承认，达到安置和恰当而有益的美饰，这是基于一个明智的假定，即如果根本不用生硬的重音和憎恶的表述来述说过去，那么，没有经验的人就会把这看作是正义的德行"[50]。在《善恶的彼岸》（1886 年）中，他也看到这种典型的现代懦弱在那里起作用，在那里，经过启蒙的学者只还在表面上支持宗教，并且把他的冷漠解释为似乎优越于宗教的宽容德行。[51]

在 80 年代的其他著作中，特别是在《遗稿》中，尼采把这一批判普遍化，并且将之置于他对道德偏见之本质的分析的语境中。因此，宽容在这里表现为现代意识的"腐朽和平"的表达，表现为"心灵的宽宏大量，它'宽恕'一切，因为它'理解'一切"[52]，表现为一种虚假的"对别人理想的承认！谁完全深入而有力地推动他自己的理想，谁就根本不会相信别人的理想，不鄙视地判断他们的理想——那些不如他重要的人的理想。……因此，在历史的意义上，宽容，所谓的正义，是对自己理想不信任的证据，或者是理想之缺乏"[53]。宽容是典型的"牧群德行"，即"害怕行使权利，害怕作出判断"，"现代精神的堕落"清单上的第一条 512 "华丽话语"："无能于肯定与否定[54]。"

在这一批判中，尼采说出了对于许多人标志着宽容概念的东西：漠不关心的态度，拒绝或者甚至怯懦于采取立场，空洞的态度。[55]然而，在这里有一种误解，因为宽容概念被错误地使用了，当它被用来表示漠不关心的态度时，因为没有足够强的反对要件（参见第一节），就没有宽容的契机。否认自己的理想，这并不是宽容。就此而言，尼采的反对是不恰当的。但是，他是富有成果的，因为他指出了在反对、接受和拒斥之间保持平衡是多么困难，更确切地说：在相对化自身信念的同时，坚持这一信念，并且一方面反对对他人进行不宽容的斗争，另一方面反对放弃自己，或者漠不关心，在这之间，分水岭是多么微妙。然而，尼采只想到了两者中的后一种可能。因此，与他相反，必须指出的是，只有相信自己理想的人，才可能被宽容。因为，宽容是各种不同的**肯定与否定**的能力。它所包括的，首先是明确地建立和保持差异，但是其次要重视理由，即反对不加辩护地压制他人。这使得宽容成为一种自由的和具有内在**强度**[56]的行为：出于道德动机的（因此在尊重提法中，相应的宽容是一种德行）自由，它限制自身，并且在某种程度上也是克服自身，而同时**没有**放弃其最深刻的信念。为此需要某种确定的、可靠的自身意识，以及那种在不同的辩护语境中辨别好理由，并且依据这些理由去行动的能力。自己自治的意识必须相应地形成伦理的与道德的人格、法权人格和国家 513 公民，以便正确地权衡反对、接受和拒斥。自身的不可靠性，或者牧群德行，对此是无能为力的。[57]然而，在存在反驳的理由，因而存在宽容界限的理由的地方，仍然要去宽容的话，就是出于懦弱的宽容——在这种情况下，尼采的批判是合理的。

因此，如果正确理解的话，宽容所预设的正是尼采所批判的，即**对自己的宽容**。但是，这与他所意谓的不同。尼采将之理解为这样一种态度，这种态度让它自己同时具有非常不同的各种信念，而不去尝试整理某种顺序、得出某种"结论"。[58]反过来，在这里他忽视了，唯有一种反思性的"有序的"自我才有能力宽容，才知道作出消极的和积极的判断；但正确的是，在作为德行的宽容中，一个人在其自身遇到各种有分歧的信念时，他会不完美地、仅仅通过宽容来使它们相

协调。因此，伦理上的反对可能完全对立于道德上的接受——但是，宽容的德行
要求两者根据更强的理由协调起来。但这里仍然存在一种内在的冲突。在对宽容
德行的进一步讨论中，我们将会回到这一点上来（见下文第三十六节）。

不过，这些简要的评论应当足够显示，宽容涉及一种复杂的自身关系，特别
是当它根据尊重提法的预先规定而被理解为某种态度时，虽然这种关系看上去与
尼采所想的不同，但它仍然抛出了"对自身加以劳作"的问题。这一问题问的是，
一种"主权个体"[59]意味着什么，以及恰恰由此而得到宽容意味着什么。于是，在
514 这一上下文中，需要回应来自尼采的一个最后的、或许最大的挑战：对"宽容鼓
吹者"的指责，他们无非像不宽容的迫害者一样，绝对化了一种特定的、武断的
理性观念——这是一种趣味问题，是特别糟糕的趣味问题。[60]如果说存在着一种普
遍的可辩护的宽容理论，那么这一指责必定是不恰当的。[61]否则，宽容真的就无非
是一种不彻底性了。

第二十七节   没 有 终 点

1. 宽容话语返回到了它的起点，这个起点同时应当呈现为在下面第二部分中
提出的一种宽容理论的出发点，随着这一返回，穿越历史的行程应该暂时告一段
落了。当然，这不是说宽容的历史在这里结束了——完全相反，因为被标识为
"极端年代"[62]的 20 世纪由基本的政治—意识形态冲突所统治，这些冲突导致了两
次世界大战，并且结束于大量的斗争与战争，其中以复杂的方式混合着政治上的
和宗教上的敌对。对宽容的呼唤无处不在，并且不比早先的时代更少急迫性。只
是，因为前面涉及的首先并非关于宽容的全面历史，而是关于一种**论述历史**的重
构，所以要确定的是，随着马克思与尼采的批判，就经典的宽容奠基（与批判）
的各种形式现在已经摆上台面而言，宽容话语到了暂时结束的时候。因此，下面
我将以历史的视角对 20 世纪最重要的发展投下非常短暂的一瞥，以便在第二部分
讨论系统的宽容难题，这些难题在哲学与政治方面影响着当代的宽容话语。在这
515 方面，具有重要意义的、更晚近的宽容奠基将得到处理——然而这将会表明，它
们通常并没有在实质上超出那些经典的奠基方式。

我想提到的是这样一些发展，在宽容历史上，经过斗争的自由在法律实践领
域的发展，以及政治的宽容、文化的和伦理的宽容、宗教的宽容，乃至最终全球
范围的宽容的发展——这些维度以各种各样的方式相互交织。

2. 在实证法方面，宽容的历史会被写成基本自由——不仅有宗教活动的自由，还包括良知自由、言论和出版的自由——的法典化的历史，对于德国语境来说，是从（没有生效的）1849 年德意志帝国宪法，经过魏玛宪法（1919 年）中的基本权利，一直到德意志联邦共和国基本法和德意志民主共和国宪法（皆为 1949 年）的历史。[63]如果同意这一点，需要研究的就是，在何种意义上，这样的宪法制度实施了宽容思想和中立性思想，例如在宪法法院的判决中。[64]因为，重要性不亚于法律规定的，是法律规定如何在实践中得到解释的问题，以及法律的自由与社会的宽容或不宽容的相互关系究竟如何的问题。[65]

法律上的宽容的另一个重要维度是基本自由在国际层面的法典化，首先是 1948 年的《世界人权宣言》，其中第二条禁止基于"种族、肤色、性别、语言、宗教、政治或者其他见解、国籍或社会出身、财产、出生或其他身份"的歧视，516第十八条和第十九条保障"思想、良知和宗教自由"与主张和发表意见的自由。在 1981 年联合国关于消除基于宗教或信仰原因的一切形式的不宽容和歧视的宣言（《决议》36/55）中，这些自由又一次被强调；联合国教科文组织在 1995 年（这一年被宣布为国际宽容年）通过了一份宽容宣言，其中解释道，宽容意味着"尊重、接受和承认我们世界上的各种文化"，并且特别强调，宽容不可能单独在法律层面上被确立，因为它不仅是国家的实践，而且是个体的德行。因此，教育方面被特别地突出。[66]

这又一次表明，世界各国的宽容处境的问题，不仅仅关乎以何种方式把何种自由在法律上规定下来的问题，而且涉及如何在具体情境中配置法律的和社会的**实践**的问题。[67]

3. 在一个法治国家内部，宽容的一个特殊方面是政治宽容，特别是关于它的界限的问题：对待宽容的敌人，应该有多宽容？

在这一语境中，一个显著的立场是汉斯·凯尔森（Hans Kelsen）的立场，他在 1932 年和 1933 年支持了下述论题，即与民主制度的宽容本质相悖的是，通过禁止反民主的运动，来在运动面前保护自己。[68]在其 1953 年的作品《什么是正义》中，他也强调了这一点（在那里，他承认民主，如每种别的国家形式一样，有反对暴力推翻自己的自卫权利）。[69]在他看来，其理由在于，没有一种国家形式可以要求绝对的真理或价值，这就是说，其理由在于一种在知识理论层面得到奠基的、伦理上的价值相对主义。然而，鉴于这种伦理上的多元主义和主体主义"事实"[70]，517他得到的结论是，由这一事实产生了一种"道德上的原则"，即宽容的原则：

> 基于一种相对主义价值学说的，或者可以从这种价值学说中推断出的道

德原则，就是宽容的原则，即这样一种要求，去同情地理解别人的宗教或政治观点，即使不同意其观点，并且恰恰是因为不同意，才因此不禁止他们的和平表达。⑦

民主制之所以是一种正义的和更可取的国家形式，是因为它保障自由，"而自由意味着宽容"⑫。由此得出，对反民主者也要宽容的要求。因而就出现一种重要的、新的宽容奠基方式：价值相对主义的奠基。然而，它的弱点也很明显：要么存在这样一种相对主义，于是自由或宽容的"价值"不可能免于其影响，并且不可能表现为更高级的原则，要么存在这样的原则，那么相对主义就是不正确的。除此之外，它在知识论方面也是矛盾的，因为它一方面强调人类理性在伦理问题上的局限性，但另一方面又要求在伦理现实上的一种全球眼光。⑬此外，不考虑这种宽容的相对主义奠基，凯尔森对民主制的"自卫权（Wehrhaftigkeit）"划界的论点也是成问题的，因为，即使民主制坐落在纯然相对的自由价值上，或者也坐落在宽容原则上，它也具有与其他价值态度同样的权利，在各种主观价值的斗争中，为反对自由限制与宽容限制的支持者而自卫。这并不会像凯尔森所认为的那样，将民主变为专制。

其时采取了与凯尔森相反立场的是卡尔·施米特（Carl Schmitt），他对价值设定的主观性的强调并不更少，但是，他基于他的实体主义的国家理解，拒绝国家的中立化、内在的"侵蚀（Aushöhlung）"⑭和相应的"被动宽容"：

518　　　　"归根结底，这一原则必然导致对所有可想象的观点和问题采取一种普遍的中立态度，导致一种绝对的平等对待，比方说，宗教思想家不可以得到比无神论者更多的保护，有民族情感的人不可以得到比民族的敌人和蔑视者更多的保护。由此得出的是，任何一种宣传的绝对自由，无论是宗教的还是反宗教的，民族的还是反民族的；对"异见者"的绝对"谅解"，哪怕他们讥嘲风俗道德，削弱国家形式，为外国效劳而进行宣传鼓动。这种"中立的国家"**是不再区分任何东西的、相对主义的**不可知论中立者（stato neutrale e agnostico），是无内容的，或受限于内容上的**最低限度**的国家。⑮

然而，根据施米特，这种"最低限度"使得自由的国家成为政治实体的剩余物，因为它——不同于完全中立化了的工具化国家——至少还会把那些不同意中立性观念的人作为"敌人"排除出去；但是，如果这与"在国家决策中的机会平等意义上的中立性"相联结的话，那么国家机器就只能听任于对其有质疑的各种力量的自由游戏了。与此相反，施米特要求一种"全权国家"，这种全然在教会与国家完全一致的霍布斯式利维坦的意义上的"全权国家"不承认任何预先给定的主观性的自由权利，并且"绝不允许在其内部出现任何危害国家的、妨碍国家的或者分裂国家的力量"[76]。全权国家履行它的任务，即保卫"一个民族的实体上的同质性"[77]和最终的"种族的类聚（rassische Artverbundenheit）"[78]。

全权国家的国家社会主义印记（Ausprägung）以其不宽容为豪[79]，并且着手尝试，去彻底灭绝历来是欧洲社会中迫害和镇压的主要对象的少数派，即犹太人；在全权国家的这种形态带来灾难之后，需要寻求既优越于一种相对主义的自由主义（在许多人看来，这种自由主义由于它的宽容而"在它的最终结果中通向了它的扬弃，即通向了不宽容"[80]），也优越于一种实体主义全权国家—民族观的第三种立场，这种立场在自然法权上奠立其口号为："对忍耐的敌人绝不忍耐！"——多尔夫·斯特恩贝格（Dolf Sternberger）1946 年如是说。[81]这种新奠基的国家制度，应该针对民主之敌的内在侵蚀，从而规范性地和合法地武装起来，它应该是一种"有战斗力的"[82]民主制。反过来，为了避免某种实证主义的相对主义和"中立化"，需要加强对这种自然法权的**宗教**之锚的强调[83]，并且突出用一种有价值约束的"实体性的"宽容，来替代"形式上的"宽容的必要性。[84]由此得出在德意志联邦共和国基本法（第 21 条第 2 款）中规定的、政党作为违宪政党而被禁止的可能性，以及第 79 条第 3 款中的"永久保障条款（Ewigkeitsgarantie）"。然而，就算暂且不顾由此导致的具体的法权难题，这一宽容提法也产生了这样一个难题，在自由权利中得到表达的、由国家保障的普遍宽容，在一种实体性的价值基础上得到了支撑，然而只要这种价值基础还包含基督教自然权利的剩余物，并且追求的目标是避免有危险的政治—道德的"中立化"和"侵蚀"，那么它就**不**可能被普遍分享。[85]特别是预设一种道德的"同质性"为国家基础的尝试——国家当然不可能独自保障这种基础[86]——导致了关于宽容界限划在何处的大量讨论，正如我们将会在第十二章看到的那样。

4. 从文化宽容维度中可以追溯到赫尔德对宽容话语之扩展的层面来看，政治共同体的实体性难题特别地表现出来。在这方面，在 19 世纪首先出现的是民族主义现象，因为"文化"首先被理解为"民族"或"民族国家"（"Volk"bzw."Nation"），以及随民族主义现象而来的问题，即不同的民族如何可能相互宽容，这一问题支配着后来的许多讨论。[87]如果要书写这一段历史，就必须重构直至当前——包括殖民化以及反殖民化的重要阶段——的相关话语，在其中，民族的文化实体的本质性假设首先扮演了重要角色，然而在较晚近的时代，它才越来越多地被追问。[88]

20 世纪 60 年代以来，这一讨论逐渐翻页到了**多元文化主义**的讨论[89]，关于一个国家内部（主要的）诸伦理团体的共存与宽容的讨论（在国家中，这些团体通常也被分类为特定的宗教或教派）。因此，横向的和纵向的宽容问题，根据相关国

519

520

家（无论是古典的民族国家还是移民国家——抑或两者之间的国家）的历史和结构与问题所涉及的群体（本土的群体、移民的群体、早先的奴隶群体等等），出现在各种各样的冲突语境中。[90]在这些辩论的语境中宽容话语经历到一种紧张化，导致了许多历史上已经完成了的宽容奠基方式的新版本。在欧洲的民主制中间——但不仅在那里——出现了一系列关于诸社会的政治—宗教同一性的冲突，这些冲突挑战着诸社会的自我理解。[91]这里的核心问题是一个政治共同体的社会的与政治的一体化问题与诸少数群体应得的各种权利的问题——以及相应的宽容界限的问题。我将在第十二章处理这些问题，特别是一种多元文化主义的正义提法的规范性基础何在的问题。

此外，在文化宽容难题的范围内还有一个问题，一个社会如何宽容那些不正统的、虽然首要地不是在伦理上或宗教上不正统的人和团体[92]，例如同性恋者和同性恋群体。[93]关于像同性恋这样的群体，存在着一系列根深蒂固的、经常由宗教决定的反对声音，以至于在这里形成了对于一个社会的宽容能力的重要指标。我们也会再回到这一点。

最后要提到的是，在这一语境中，一种最近不断增加的重要的冲突可能性，这种冲突可能性对宽容提出了很高的要求。因为，不仅长期讨论的堕胎问题，而且由生物技术带来的所谓"毁灭性的"胚胎研究、克隆和——治疗学上或优生学上——对人的基因组的操作的合法性问题，都使（关乎对他人的行动的、具有无条件约束力的）道德规范与（关乎自己生命过程质量，并且具有独特起源，如宗教起源的）伦理价值之间的区分显得有问题，而问题就在于，对从哪个时间点起能以无可拒斥的方式说出一个"道德的人"的规定，恰恰是伦理上—道德上的所争执的对象。[94]一个人觉得仅仅是在伦理上的、不具有严格的普遍有效性、可以被积极地或消极地评价的实践，在另一个人眼里，则明显是一种需要在道德上判断的实践。[95]这里提出的问题是，这种冲突是否仍然能够在宽容的尊重提法的框架内得到解决，以及如果能够的话，是如何得到解决的。

5. 显而易见，在迄今为止所有提到过的语境中，宗教都扮演着一种重要的角色，即使不是核心的角色。因为，仍然有争议的是，一个国家是否可以完全放弃一种多数群体的—宗教的、道德的基础（而显然，"洛克之忧"会继续发挥作用）；在宗教上拒绝特定的团体及其实践，这在政治冲突中具有重要意义。在许多这样的冲突中，甚至能在"世俗"社会中间看到一种宗教同一性的复兴。[96]宗教宽容的问题似乎因此更具现实意义，虽然必须看到的是，非常多的、已经提到的争论都显示出社会—政治的、文化的与宗教的各种因素的一种复杂混合。

如果要看宗教宽容的历史，就必须鉴别一个假设，即随着法国革命对诸原则的突破，世俗法权秩序的基本问题应该就得到了回答。因为，例如天主教教会直到第二次梵蒂冈大公议会的《信仰自由宣言》（De libertate religiosa）（1965 年）才与宗教自由的权利和解，承认这种权利"奠基于人的人格本身的尊严，通过天主启示的圣言和理性都可以认识"，因此那些"寻求并且坚持真理而不履行他们义务的人"也保有这种权利。[97]虽然这种权利仍然是一种首先从对宗教真理的服侍而来得到辩护的权利，[98]但是现在，真理不再享有下述意义上对自由的优先地位，即自由只在真理中才有价值，并且真理因此具有优先权。[99] 523

要到达这一位置，必定已经走过了一条更远的道路。传统上，普遍宽容的原则和宗教自由的权利被教会严加拒绝，如果教会接受它们，那么只是"对一种罪恶的容忍和对实际情况的妥协"[100]，这主要出于策略上的原因。例如，教皇格里高利十六世的通谕"你们的奇迹"（"Mirari vos"）（1832 年）说道："从无差别主义的有毒的泉源中，流出虚假的和荒谬的原则，或者毋宁说诞妄：应当允准并保障每一个人的良知自由这一点，已经表达了一种最具传染性的错误。"[101]由此得到表达的是一种反自由主义的基本立场，即庇护九世所强调的立场，他在其通谕"忧心如焚"（"Quanta Cura"）（1864 年）中，把每个人都享有宗教自由的权利这种观点，称为一种"错乱"，并且附上了一个八十项罗马所谴责的议题的"附录"，在其中可以看到："15.每个人都有接受他在理性之光中认之为真的宗教，并且公开对这种宗教的信仰的自由。16.在无论哪种宗教的活动中，人们都可以找到永生至福之路，并且抵达永生至福。……77.在我们的时代，把天主教视为国家的唯一宗教而排除所有其他信仰之公开，这不再有益。"[102]这种立场随着时间过去而减弱，但是，即使在庇护十二世 1953 年所谓的"宽容要求"中也说道："1.不符合真理与道德规范者，客观上没有存在、宣传和行动的权利。2.不通过国家法律和强制手段的参与，仍然可以在一种更高的与更全面的善的旨趣上得到辩护。"[103]因此，宽容可 524 以为了一种更高善的缘故被给予，但是，绝不存在宽容的权利，如洛克和培尔乃至德尔图良（见上文第四节第 2 点）已经要求过的宽容的权利。

这些简短的提示应该足以反对那种观点，即随着现代的开始，宽容的尊重提法就踏上了不可阻挡的胜利征程；反对宽容的理由与支持宽容的理由都太多样了。通向一种就对他人的尊重而言，而非就他人的真理而言成功地把自己的真理相对化的宗教观的道路，过去和现在都很漫长。

但是对于许多人来说这还是太不够了，因为按照这种宽容提法，真正的信仰的排他性可以被保留。与之相反，根据古斯塔夫·门兴（Gustav Mensching），要求一种"内容方面的宽容"，它"不（满足）于纯然保持不变的异己宗教，而是……"意味着"除此之外积极地承认异己宗教为真正的和合法的与圣徒遭遇的宗教可能性"[104]。然而，撇开价值赞赏提法究竟是否还是一种宽容的问题不谈，这也只会是一种可能的信仰姿态，而不是宽容的普遍要求的基础。

因此，如果说到批判**宗教原教旨主义**[105]，那么首先，当其他宗教被批判的时候，人们应该想到的是基督教的历史与当前，其次，宗教原教旨主义不应被理解为毫不情愿在教义上的宽容，不情愿相对化自己的真理，而应被理解为无能或者拒绝以个体尊严的和相互性的道德的优先性限制自己的真理，并容许宗教领域中"合理差异"的可能性。然而，道德优先性的要求是**不可相对化**的——而且不是为了贯彻一种"自由主义的"生活方式，甚或一种自由主义的"世界秩序"，而是为525 了避免由于缺乏道德尊重而导致的可能牺牲。这一要求对于压迫实践的抗议是决定性的。[106]因此，一种"前现代的或反现代的"原教旨主义、一种现代的普遍主义与一种"后现代的"相对主义（它仍然会把道德上的抗议理解为一种自由主义文化的自我主张，这种文化最多把宗教视为一种私人的伦理上的自我发明的游戏[107]）之间的对抗，是太过简单和太少助益了。相反，在这方面我们要认识到，支持宗教绝对化的理由何在。这种绝对化往往并不全是宗教的本性，虽然宗教提供了一种重要的意识形态潜力。并且我们要认识到，道德上的抗议必须在哪里实现——就此而言，"现代的"规范性标准本身并不超然于辩护，而是必须在各个具体的辩护处境中考验自己。

宽容的历史，如其在前面所重构的那样，应该使我们避免相信宽容是"基督教"的发明或者所有物。虽然，如已经看到的那样，大量的宽容奠基方式依据基督教的基础，但是，这对于许多毫不逊色的不宽容来说也是同样正确的，因此必须为宽容的相互奠基寻找别的基础。宽容的基督教历史是一部支持与反对忍耐的激烈内战史；在那里始终是异见者、"异端"要求宽容与奠基宽容。非基督徒也利用一些这样的宗教奠基，但是他们也追溯宽容思想的其他根源，人们可以想到比如迈蒙尼德或者阿维洛伊。与此相关的是，在一种真正普遍的宽容分析的意义上，必须检查全部宗教的宽容潜能，检查它们是何种类型，并且使得何种自身相对化的形式得以可能。只有这样的研究才能给出说明，例如是否《古兰经》（章2/256）中的表述："在宗教中没有强制"，可能成为向着普遍宽容和赋予一种良知自由权526 利的发展的出发点，正如伊斯兰的传统宽容实践必须被检查，看它们是否包含了合作的可能性。[108]这一任务当然不仅限于伊斯兰教，鉴于任务的复杂性，这不可能在当前的研究范围内完成。

6. 这些简短的提示引出了一个难题，在这个不仅各个国家变得"更加多元文化"和多元宗教，而且国际共同体越来越强地被理解为一个必须发展普遍的行动规范的共同体的世界上，这一难题愈加紧迫：这就是全球宽容的难题，这一难题在最近数十年被激烈讨论，无论是在一种据说即将到来的"文明的冲突"[109]的背景下，还是在一种因为宽容而普遍可接受的国际法的意义上。[110]在这方面，宽容的处境在一个更大的范围上重演：是在哪些共同原则的基础上，一种得到奠基的宽容才变得可能，以及，宽容的界限何在？人权在这里也经常被视为这样的基础，但是人权也看到自己面对着一种指责，即自身是不宽容的，并且随身携带着一种整全的社会新秩序和西方样板的"现代化"——这些担忧有许多不同的来源。因此，这里敞开了冲突和争论的一个更广阔的战场，但是如果回看我所呈现的历史的话，这些冲突和争论少有新意，但这并不意味着，各种相应的对抗可以轻易地被化解。

　　我们简略地勾勒了宽容话语的进一步发展，它应该在一种全面的宽容历史中得到详细分析。——同时，伴随着以下明确的提醒，即这一话语**没有终点**。当然，下面要展开的宽容理论将置身于这些刻画着我们时代的主要宽容冲突的各种话语发展中，并且接受它们的考验。

注释：

① 然而，这里要注意的是，现代这个概念并不比宽容这个概念更少争议。这显示在例如鲍曼（Bauman，*Moderne und Ambivalenz*）的分析中，他让现代开始于霍布斯并且视之为建立一种理性的、排除了矛盾性和偶然性的秩序的尝试，其"自然的倾向"就是不宽容。因此，他提出了一种与之相反的承认矛盾性和偶然性的"后现代的"宽容，然而这种宽容逐渐变成了一种"各个部分之间团结一致"的态度（287）。在我看来，这一看法不仅没有看清启蒙本身的矛盾性［无论如何定位它；关于"新时代"（Neuzeit）与"现代"的关系，参见 Koselleck（Hg.），*Studien zum Beginn der modernen Welt*］，而且没有看清宽容问题在当前的现代社会中的延续（在这一点上，使用"后现代"这个并不清楚的概念也无济于事）。这也适用于维尔什（Welsch，"Einleitung"，37f.），他写道："对于他人的现代宽容被对于差异的后现代承认超过。"

② Kant，Kritik der reinen Vernunft，A XI（Fn.）.

③ Hegel，Phänomenologie des Geistes，18.

④ Vgl. dazu besonders Habermas，*Der Diskurs der Moderne*，Kap. 1，und Koselleck，"'Erfahrungsraum' und 'Erwartungshorizont'—zwei historische Kategorien"，362—369.

⑤ 相应地，福柯（Foucault，"Was ist Aufklärung?"）援引康德关于其时代作为启蒙时代的反思和波德莱尔对现实性的审美—现代性的考察，把现代规定为一种与对自己历史的批判性分析相结合的"作为自治主体的我们自身的构成"（46）的主体性伦理。

⑥ Hegel，Grundlinien der Philosophie des Rechts，§ 260.

⑦ Constant，"Über die Freiheit der Alten im Vergleich zu der der Heutigen"（orig. "De la liberté des anciens comparée à cella des modernes"），55f.

⑧ Ebd.，42.

⑨　Vgl. Gall u. Kock，"Einleitung"。

⑩　Weber，*Wirtschaft und Gesellschaft*，bes. Kap. 5—9，以及接续韦伯（Weber）的哈贝马斯（Habermas，*Theorie des kommunikativen Handelns*），将此重构为"体系"与"生活世界"之间的分离和冲突的过程。在宽容问题域方面，我同意这种双重合理化的观点，但是尽管如此，我在讨论时还是把自己限制在现代之兴起这个局部领域。

⑪　国家、道德与宗教的分化内部的复杂联结标志着与一种对诸社会分系统（Teilsysteme）之"自治"的系统理论—功能主义的理解的本质区别。关于这一过程，特别参见 Luhmann，*Gesellschaftsstruktur und Semantik 3*。

⑫　Mill，The Principles of Toleration，14（urspr. ersch. In der Westminster Review）。

⑬　Ebd.，29f。

⑭　在他的自传中，密尔叙述了他脱离他父亲和边沁的古典功利主义思想的危机性的过程，以及他后来的妻子哈里特·泰勒（Harriet Taylor）所扮演的重要角色。因为密尔也视《论自由》为二人"共同的产物"。Vgl. dazu Himmelfarb，"Editor's Introduction"。

⑮　Mill，*Über die Freiheit*，5. 我引用德文译本，在许多地方我做出了必要的改动（文中注明页码，改动有说明）。德文译本甚至没有洪堡引文的座右铭。

⑯　Vgl. Tocqueville，*Über die Demokratie in Amerika*，Band 1（1835），2. Teil，Kap. 7，Band 2（1840），3. Teil. 这两卷书一出版，密尔就对它们作出了评论。

⑰　波普为这种观念在其纯粹形式中作了辩护。（Popper，"Duldsamkeit und intellektuell Verantwortlichkeit"）

⑱　参见刘易斯（Lewis，"Mill and Milquetoast"）的批评。——例如马尔库塞（Marcuse，"Repressive Toleranz"）明确地同意密尔，"宽容的目的"是真理（142），但是根据他的意见，这意味着反对因忍耐错误而阻碍人类进步的那种"纯粹的"宽容。麦金泰尔（MacIntyre，"Toleration and the Goods of Conflict"，149—152.）同样反对密尔的论点，特别指出像否认大屠杀这样意见表达不应被忍耐（但也不应借助国家而限制）。

⑲　Kierkegaard，"Eine literarische Anzeige"（1845）；Emerson，"Self-Reliance"（1841），260："社会到处都陷入了阻碍每一个社会成员长大成人的阴谋。……被要求最多的德性是一致性。而一致性厌恶自立。"关于尼采，见下文第二十六节。

⑳　这是拉兹（Raz，*The Morality of Freedom*，423.）从他对伤害原则的伦理的—至善论读法中得到的结论，而曼德斯（Mendus，*Toleration and the Limits of Liberalism*，57—68.）视之为全部自由主义的核心困难。

㉑　这里我无法展开密尔研究文献中对这一问题具有广泛分歧的讨论。霍顿

（Horton，"Toleration，Morality and Harm"）代表一种占统治地位的倾向，他主张的观点是，伤害概念的规定必须引入实体性的自由价值并且对此不存在更高原则。范伯格（Feinberg）四卷本的著作《刑法的道德界限》（*The Moral Limits of the Criminal Law*）呈现了对这一概念在理论上进行规定的全面尝试。

㉒ 参见节日规定（124f.）、一夫多妻制（127）、涉毒行为（131f.）、老鸨和赌博（136f.）的例子，只提到这几个例子，不过，即使这几个例子也使密尔的伦理信念变得显而易见了。

㉓ Vgl. Feinberg，*Harm to Others*，9："大多数作者在我们这个主题上都认同一种'支持自由的假设'，要求无论何时，当立法者面临选择，是强加给公民法律责任还是放任其自由时，在其他条件相同的情况下，他应该让个体自由地做出他们自己的选择。自由应该成为规范；强制总是需要一些特殊的论证。"在这个意义上也参见 Gaus，*Justificatory Liberalism*，165。

㉔ 我将在第三十节探讨这些辩护语境的区别。

㉕ Vgl. Campenhausen，"Religionsfreiheit"，384—386；Hollerbach，"Grundlagen des Staatskirchenrechts"，477—479.

㉖ Vgl. Besier u. Schreiner，"Toleranz"，583—585；Koselleck，"'Erfahrungsraum' und 'Erwartungshorizont'—zwei historische Kategorien"，373；Fetscher，*Toleranz*，61—69.

㉗ Rotteck，"Duldung"，533.

㉘ Ebd.，535.

㉙ Ebd.，548.

㉚ 用赫希曼（Hirschamn，"Wieviel Gemeinsinn braucht die liberale Gesellschaft?"）的话来说，按照罗塔克，它们呈现了"不可分的（unteilbar）"冲突。

㉛ 与罗尔斯相反，沃尔德伦（Waldron，*Law and Disagreement*，bes. Kap. 7 u. 11.）强调这一点。

㉜ Mill，Über die Freiheit，66（Übers. geänd.）.

㉝ 瓦格纳《国家与社会辞典》（H. Wagener，*Staats- und Gesellschaftslexikon*）中的"宽容"一文指出了同样的难题——罗泰克在大部分方面逐字逐句地接受了他——并且同样提到"共和制与君主制，代议制与专制，民主制与贵族制"之间的冲突。

㉞ 马尔库塞（Marcuse，"Repressive Toleranz"）把他对一种错误的宽容要求的批判——这种宽容要求掩盖和僵化了社会的与政治意义上的排外和剥削关系——也扩展到对他的时代的代议民主制，他将之标识为"极权的"，因为其中异见的所有形式对于当前状况都是中立的，并且因此不可能作出自主的判

断。他由此得出斗争的合法性，斗争蕴含着对"落后的和潜抑的意见和运动"的不宽容——然而这种合法性因此对公共论证的责任免责了。我将在第三十七节回到这一点。

㉟ 当宽容要求的受宽容者不是不自由的直接牺牲者时，潜抑性的指责仍然有效，例如在亚伯拉罕·林肯（Abraham Lincoln）与斯蒂芬·道格拉斯（Stephen Douglas）之间的辩论中，后者要求宽容南方诸州自由地自己决定奴隶制问题。道格拉斯解释了这种自身规定的权利："如果你们将认识到这种原则，那么你们将拥有联邦所有不同的州之间的和平、和谐与友爱。在你们确实认识到这一学说之前，将会存在阶层的战争，扰乱和打断这个国家的和平。"（1858 年 8 月 21 日的讲话），参见 Holzer（Hg.），*The Lincoln-Douglas-Debates*，84f.。

㊱ 关于下述诸点的详尽解释，参见 Forst，*Kontexte der Gerechtigkeit*，Kap. 3 及其 "The Rule of Reasons"。

㊲ Vgl. Rawls，"Der Vorrang der Grundfreiheiten"，199—203.

㊳ 罗德尔、弗兰肯贝格、杜比尔（Rödel, Frankenberg, Dubiel, *Die demokratische Frage*，72 u. 175.）强调通过将彼此敬重为平等者这种"最低限度的一致"的形式来"在冲突中自身限制"的必要性，这体现出了一种"好战的宽容"，然而，这种承认的道德基础并没有得到充分解释。弗兰肯贝格（Frankenberg, *Die Verfassung der Republik*，189—193.）把个体对彼此尊重的必要性的意识中的敬重和宽容这种"基本协定"，视为了个人的个体性形成的伦理基础。

㊴ Vgl. O'Neill，"Practices of Toleration"；Bohman，"Reflexive Toleration in a Deliberative Democracy"。

㊵ Vgl. Brown，"Reflexionen über Toleranz im Zeitalter der Identität"。

㊶ Zit. in Besier u. Schreiner，"Toleranz"，585.

㊷ Steinacker，"Emancipation der Juden"，24.

㊸ Ebd.，38f.

㊹ Ebd.，46.

㊺ Ebd.，50.f.

㊻ Bauer，zit. in Marx，"Zur Judenfrage"，144.

㊼ Marx，"Zur Judenfrage"，145，重点符号为原文所有（下面在文中标明引用页码）。

㊽ 关于马克思那里的反闪米特主义，参见 Brumlik，*Deutscher Geist und Judenhaß*，Kap. 6。

㊾ 布朗（Brown，*States of Injury*，Kap. 5.）在其对马克思文本的阅读中指出了这一点。

㊿ Nietzsche，Unzeitgemässe Betrachtungen II，289.

(51) Nietzsche，Jenseits von Gut und Böse，77.

(52) Nietzsche，*Der Antichrist*，169.

(53) Nietzsche，*Nachgelassene Fragmente* 1880—1882，476f.

(54) Nietzsche，*Nachgelassene Fragmente* 1885—1887，274f.，432.

(55) Vgl. Gehlen，*Moral und Hypermoral*，40："从宽容到价值的虚无主义的过渡完全难以划分，这种和平的德行因此在公共领域特别模棱两可，以至于戴维·赫伯特·劳伦斯（D. H. Lawrence）把宽容描述为'隐性的疾病'。"

(56) Vgl. Mitscherlich，"Toleranz—Überprüfung eines Begriffs".

(57) 在其他地方，尼采完全看到，宽容也能来自强有力的态度，但是只在一种等级制的允许关系的意义上；参见《快乐的科学》（*Fröhliche Wissenschaft*，603.）关于宽容的"奢侈"，"这是每一种胜利的自信的权力允许自己的"；以及《善恶的彼岸》（*Jenseits von Gut und Böse*，67）中关于罗马人"高贵而轻浮"的宽容。

(58) Nietzsche，*Götzen-Dämmerung*，122.

(59) Vgl. Nietzsche，Zur Genealogie der Moral，293.

(60) Nietzsche，*Nachgelassene Fragmente*，1880—1882，480.

(61) 对此也参见第一节关于"划界悖论"的讨论。我会在第二部分回到这一点。

(62) Hobsbawn，The age of Extremes.

(63) Vgl. Herdtle u. Leeb（Hg.），*Toleranz*，92—118.

(64) 对于联邦共和国，参见 Püttner，*Toleranz als Verfassungsprinzip*；Schnapp，"Toleranzidee und Grundgesetz"；Neumann，"Toleranz als grundlegendes Verfassungsprinzip"；Volkmann，"Grund und Grenzen der Toleranz"；Debus，*Das Verfassungsprinzip der Toleranz unter besonderer Berücksichtigung der Rechtsprechung des Bundesverfassungsgerichts*；关于中立性问题的方方面面，参见 Huster，*Die ethische Neutralität des Staates*. 关于美国，参见 Richards，*Toleration and the Constitution*。关于宽容与中立性的关系，参见下文第三十七节。

(65) 维尔拉赫的《德国的宽容话语》（Wierlacher，"Toleranzdiskurse in Deutschland"）中的文献报道记录了联邦德国成立以来关于宽容问题的各种讨论。

(66) 宣言原文参见 Schöfthaler，"Prinzipien der Toleranz—eine Deklaration der UNESCO"，678—682。

(67) 参见《宗教自由与信仰自由》[Boyle u. Sheen，Freedom of Religion and Belief. A World Report（1997）] 中关于超过五十个国家的宗教自由的全面报道。

(68) Kelsen，"Verteidigung der Demokratie"；ders，*Vom Wesen und Wert der Demokratie.*

(69) Kelsen，Was ist Gerechtigkeit，51.

(70) Ebd.，21.

⑦　Ebd.，50.

⑦　Ebd.，51.

⑦　参见普特南（Putnam，*Reason，Truth and History*，Kap. 5）的相对主义批判。

⑦　对于这种国家的侵蚀，如上面已经注意到的，他归咎于主观良知自由的发展，利维坦的"断裂"吸引了斯宾诺莎这位"第一个自由的犹太人的目光"，正如后来被门德尔松具体化的"犹太人永不安分的精神"，即"明确地提出内在与外在、道德与法律、内在信念和外在行为的分离，并且向国家要求良知自由"，因为他已经看到，"这样削弱和侵蚀国家权力对于异族的瘫痪和自己犹太民族的解放具有最佳作用"。Schmitt，*Der Leviathan in der Staatslehre des Thomas Hobbes*，86 u. 92f.

⑦　Schmitt，"Übersicht über die verschiedenen Bedeutungen und Funktionen des Begriffes der innerpolitischen Neutralität des Staates"（1931），97f.（kursiv. i. O.）.

⑦　Schmitt，"Weiterentwicklung des totalen Staates in Deutschland"（1933），186.

⑦　Schmitt，"Staatsethik und pluralistischer Staat"（1930），139.

⑦　Schmitt，"Wesen und Werden des faschistischen Staates"（1929），42.

⑦　Vgl. Besier u. Schreiner，"Toleranz"，594f.

⑧　Leibholz，"Vorwort"，IX.

⑧　Sternberger，"Toleranz als Leidenschft für die Wahrheit"，166.

⑧　联邦宪法法院在其 1956 年的判决中如是说，宣判德国共产党违宪。Vgl. Mandt，"Grenzen politischer Toleranz in der offenen Gesellschaft".

⑧　Vgl. Maihofer（Hg.），Naturrecht oder Positivismus?

⑧　Vgl. Besier u. Schreiner，"Toleranz"，597.

⑧　宗教—自然权利的动机与卡尔·施米特思想的特别结合在这里表现为一个特殊的难题。Vgl. Maus，*Bürgerliche Rechtstheorie und Faschismus*.

⑧　博肯弗尔德（Böckenförde，"Die Entstehung des Staates als Vorgang der Säkularisation"）的著名论点如此说。

⑧　叶礼庭（Ignatieff，"Nationalism and Toleration"）强调了这一问题的传染性。

⑧　Vgl. Anderson，Imagined Communities.

⑧　在这方面也进行了定义一种"自由主义的民族主义"的尝试，参见 Tamir，*Liberal Nationalism* 和 Kymlicka，*Politics in the Vernacular*。

⑨　许多著作中可参见 Kymlicka，Multicultural Citizenship；Walzer，On Toleration。

⑨　Vgl. Balke et al.（Hg.），*Schwierige Fremdheit*；Heitmeyer u. Dollase（Hg.），*Die Bedrängte Toleranz*.

⑨　关于 70 年代联邦德国围绕此问题的争论，参见 Schultz（Hg.），*Toleranz*。

⑨　对此经典的辩论是德富林男爵（Lord Devlin，The Enforcement of Moral）与哈

特（Hart，Law，Liberty，and Morality）之间的辩论。

⑨ 参见下文第三十一节第 4 点。

⑨ 参见《生命政治》［Geyer（Hg.），*Biopolitik*］中进行争论的文章。

⑨ Vgl. Kallscheuer（Hg.），Das Europa der Religionen.

⑨ 《信仰自由宣言》，引自 Böckenförde，"Toleranz—Leidensgeschichte der christlichen Kirchen"，52。

⑨ 这也是——尽管就良知概念的意义与两个王国的学说而言有明显区别的——路德派对于个体的信仰之服从的自由的必要性的理解中的情况，不自由的自由良知的提法，如我已经提到过的那样。Vgl. Wolf，"Toleranz nach evangelischem Verständnis"，151.

⑨ 对此的批判参见 Böckenförde，"Toleranz—Leidensgeschichte der christlichen Kirchen"，62f.。然而，他也认为："宗教自由作为权利不反对自由，而是为了自由。"（68）

⑩ Böckenförde，"Einleitung zur Textausgabe der 'Erklärung über die Religionsfreiheit'"，402.

⑩ Zit. in Aubert，"Das Problem der Religionsfreiheit in der Geschichte des Christentums"，437.

⑩ Zit. nach Aubert，ebd.，444f.

⑩ Zit. in Böckenförde，"Toleranz—Leidensgeschichte der christlichen Kirchen"，62.

⑩ Mensching，*Toleranz und Wahrheit in der Religion*，43. 汉斯·昆（Hans Küng）的"世界伦理"的思想表达了一种类似的计划，他基于一种共享的、虽然奠基于不同的宗教上的伦理来设定的道德行动。参见他为门兴（Mensching）书写的"前言"。

⑩ Vgl. Mary u. Appleby，Herausforderung Fundamentalismus；Bielefeldt u. Heitmeyer（Hg.），Politisierte Religion.

⑩ Vgl. Forst，"Das grundlegende Recht auf Rechtfertigung".

⑩ Vgl. Rorty，*Contingence*，*Irony*，*and Solidarity*，Kap. 1—4，9，与"Postmodernist Bourgeois Liberalism".

⑩ Vgl. Schulze，"Toleranzkonzepte in islamischer Tradition"；Khoury，*Toleranz im Islam*.

⑩ Huntington，The Clash of Civilizations.

⑩ Rawls，*The Law of Peoples*. 关于批评，参见 Forst，"Konstruktionen transnationaler Gerechtigkeit".

第八章

通往宽容之路

第二十八节　宽容历史与宽容概念

527　　1. 在前面诸章中展开的各种宽容提法与宽容奠基方式的多元性，带来了一系列哲学上的可能性，去获得一种更高的宽容理论。

一条黑格尔式的道路会去尝试把诸多个别奠基的次序视为渐进的辩证的学习过程，在这一过程中，每种后进的理论都接纳了先前理论的真理，由此逐渐形成了一种可谓现代宽容精神的整全提法。[①]

与之相反的图景，是按照麦金泰尔的《追寻美德》和《谁之正义？何种合理性？》的方式所描绘的沉沦史，根据麦金泰尔的著作，宗教信仰、活的传统与具体而有效的理性标准的源初统一性，逐渐分离变得相对化和多元化，其中——作为启蒙的"灾难"的后果——只在文化的表层上，还漂浮着过去世界的不相容的碎片。

与此相对，一条多元主义的道路，如以赛亚·伯林所提供的，能够指出不可化约的多样性和那些不同的宽容进路的各自有效性，这些宽容进路相互排斥，以至于在一个有限制的社会空间中，只有其中少数能够充满紧张地并存，而悲剧性的冲突将是不可避免的。[②]

反过来，一元论的进路会怀疑这样的全球视角是否有意义，并且主张某种经典的奠基是真实的和正确的，无论对这种奠基的证明诉诸的是神圣的实在性，还是怀疑主义，是特定的善的理论，还是关于良善生活之先决条件的形式理论。

528　　一种依托罗尔斯政治自由主义的"普世"理论会力求达到上面提出的诸理论的某种**交叠共识**，这些理论共享某些特定前提的交集，并且因此包含一种"理性内核"，它避免有争议的形而上学假设和伦理学假设。

下面我想首先与这些尝试拉开距离，并且返回起初的宽容概念规定的出发点（第一节到第三节）。借助在那里曾指明的，并且在历史进程中得到各种各样证实的诸悖论，应该首先发展这些悖论的可能解决的标准，从而接着问，哪种可见的宽容奠基方式最能满足这些标准。

但是，这里出现了如下难题。虽然宽容概念包含宽容奠基方式的一系列形式上的标准，但是，因为它本身在规范性上是依存性的（见第三节），所以这些标准仍然是缺乏规定的。于是问题出现了：哪些价值、真理或原则能够为一种宽容理论提供最具支撑力的规范性基础，以及如何避免对于一种这样的理论来说独特的难题，该难题产生于"自身应用"原理：通过一种特定的奠基，理论自身可能反过来变得特别地与潜在地不宽容。相反，理论需要具体的基础，因为否则它就变得没有定形并且内容空洞。我们将会看到，这个问题只可能有一个递归性的—反思性的答案：除了**辩护原则本身**，没有任何其他价值或规范能够为更高的、普遍得到辩护的、并且自身宽容的宽容理论提供基础。这条元原则（Metaprinzip）通过使所有宽容或不宽容的奠基接受一种交互性—普遍性的辩护义务，从总体上规定了宽容动态（Toleranzdynamik）的规范性语法，最终，这条元原则作为实体性的规范性原则构成了宽容的基础，并且胜出了其他可选择的进路（并且同时可以与它们联系在一起），那些进路全部是对于特定宽容关系进行辩护的尝试。辩护的原则是在宽容话语中——这是双重意义上的宽容话语：作为在一种特殊的社会处境中的宽容的话语，与作为不同的宽容奠基方式的话语——历史地起作用的原则，以及实践的、进行辩护的理性的原则。向着辩护原则的这种反思性转向，将是接下来思考的重点。

在这一点得到展示之前，必须在着眼于解决宽容悖论而产生的标准的背景下，检查迄今为止得到重构的宽容奠基方式。此外，我起初在其社会语境和哲学史语境中重建的那些进路，将被更强地从这些语境中抽取出来，以便识别它们的系统性内涵，而我认为不会因此产生削足适履与时代错误的危险。然而，将会比在此前的章节中更加清楚地表明的，是论辩性的**重构**与**解构**之同时性，在其中，大多数"经典的"宽容道路——例如基督教的、人文主义的、主权理论的、怀疑论的、自由主义的、理性宗教的或多元主义的——都被证明为不充分的，都被证明为死胡同。而也属于我所思考的那种并非微不足道的"修正主义"的是，那条经过卡斯特利奥和特别是培尔与（部分的）康德而证明自己走得最远的道路，不算一条通常受欢迎的道路，虽然它——在相应的解释中——在规范性和知识论方面避免了其他奠基道路的难题。这是批判的论述史的决定性成果。

但是，这里必须考虑到的是，宽容概念仍然是一个关联于具体的冲突和语境的概念。[③]因而，即使当某条道路证明自己在规范性上的优越，这也不意味着它适用于所有社会境况；相互尊重的提法与奠基方式是实践理性的命令，然而，在缺乏突出地建立尊重提法的可能性的地方，宽容的其他提法与奠基仍然有价值。它们可能成为通向这一目标的形成宽容与信任的道路。[④]

也许还需要对宽容的历史再说一句，我已经将之重构为权力与道德的动态进

530　程充满冲突的历史——其间已经显而易见的是，这也是权力的历史与道德的历史。但是不仅如此：它也是国家的历史，权利的历史，自由的历史，宗教的历史，自治的历史，人格的历史⑤，承认的历史，等等；简言之：我们自身的面相丰富的历史。在这里我只能点到为止，不可能逐个详细解释。只是希望我所呈现的历史在这些问题上投下有益的光亮，并且在宽容话语的批判性重构的过程中，产生一幅足够复杂但是层次清晰的全景图。

　　2. 在第一节，我已经强调了宽容构想的三个本质性要件：反对要件、接受要件与拒斥要件。全部三个要件一起才标画出一种宽容境况：一种信念或实践，出于某种理由而被反对，但出于特定的其他理由而被接受，直到在某个点上又出现某些特定的理由来拒斥之。因此要区分三种类型的理由，更准确地说：诸理由在宽容反思中分别具有的三种功能。

　　然而，每一个关联于这些的要件，产生了特定的悖论，这些悖论侵扰宽容概念，是一种宽容理论必须解决的任务。在反对层面，特别是在宽容被理解为德行的特殊情形下，显示出**"宽容的种族主义者"的悖论**，按照这一悖论，基于种族主义偏见而反对他人的人，他的偏见越是根深蒂固、越是范围广阔，只要他没有基于偏见而行动，他就越是具有宽容的德行。为了规避这种悖论，就要求一种**得到最低限度奠基的反对**，因此也就是一种满足理性品质与道德品质的特定条件的反对，然而反对性理由的独特的与必要时特异的特征并不应当被消除。因为，反对必须被允许是多种多样的，以免过分削减众多可能的宽容局势的数量。只是，任何一个坚守种族主义信念的人都不可能是在发扬宽容的**德行**。他不是应该变得宽容，而是应该放弃他的种族主义。

531　但是，更重要的是涉及接受性理由的悖论。这种理由不需要消除或否认反对性理由，但它们必须超过反对性理由，并且引入了更高的观点，这些观点支持宽容，尽管偏见持续存在。如已经看到的，不同的宽容奠基方式的主要区别就在于，它们如何规定这些理由。现在，不仅反对性理由，而且接受性理由，都被标识为"道德的"，在这种情况下，产生了**道德宽容的悖论**，按照这一悖论，宽容道德上的错误或恶劣，似乎在道德上是正确的或者必须的。这种悖论只能通过**义务论的奠基区分**得到解决，它区分了（a）就一种"伦理上的"反对而言的"道德的（moralich）"谓语与就一种"道德上的（moralisch）"接受而言的"道德的"谓语，或者说——考虑到在特定情况下，"道德（Moral）"意味着什么，本身还是有争议的——区分了一阶的"道德上的"偏见与二阶的"道德上的"偏见。在任何情况下，这都预设了（b）一种在道德上得到奠基的接受，它使得宽容要求具有普遍的约束力，亦即超越于相互矛盾的价值信念的争执。因此这里蕴含着一种高阶的道德观念。在其中始终表现出对于更高的规范性基础之寻求的宽容话语，结果得到一种这样的义务论差异。每种宽容奠基方式都可以被理解为——这或多或少是可信的——提供这样一种基础的尝试。并且，如果其本身必须被相互地和普遍地可接受，那么在这里，如同已经说过的，有效规范的相互与普遍的辩护原则本身似乎就是最有前途的基础。

上面提到的这个悖论有一个知识论上的对应物，**真理相对化的悖论**，按照这种悖论，似乎宽容者在对他人信念的反对中认为自己的信念是真的，但是同时，他在对他人信念的接受中却要悬搁或者质疑自己的信念。为了避开这种悖论，只有寻找一种**非相对主义的自身相对化**的形式，一种有限的相对化，它通过为一种对自己的真理的"温和的"自身限制提供显而易见的基础，而把对自己的真理要求的坚持与宽容的优先地位联结起来。

着眼于拒斥性理由，则又产生了两种悖论。第一种是**自我毁灭的悖论**，按照 532
这种悖论，不受限制的宽容有一种危险，即当它放弃了所有相对于不宽容的划界，它就取消了自己。如果只有通过划定**宽容的界限**才能避免这种悖论，那么由此产生了更困难的第二个悖论，**划界的悖论**：当在可宽容之物与不可宽容之物之间划下一条界限时，本身就存在一种巨大的不宽容的危险，因为然后就会有一个派别妄称它有权利以它自己的价值观念构成这种区分的基础，并且宣告其他派别根据定义就是不可宽容的或不宽容的。但是，后者一直没有"合法的"抗议的可能性，来反对这样一种自身免疫的策略。这种悖论正确地指出了单方面的宽容规定与相应的排除所具有的危险，要克服这种悖论，只有找到一种**相互的可奠基的拒斥**形式，它没有从一开始就专门确立宽容的规范性基础，并且对异见和抗议保持构想层面的（konzeptuell）开放，而且同时强调宽容要求的规范性的约束特征。对公道性、开放性与约束性的要求，关系解决标准，在上面关于道德宽容的悖论中已经提到过的解决标准，并且因此在总体上产生了一种高阶的宽容提法所需要的东西，这种宽容把确立界限（Grenzfestlegung）的包容性与开放性与一种义务论要件联系在一起，后者用道德的方式为接受与拒斥奠基。

这样就呈现出，所有这些悖论都在反对、接受与拒斥的理由的品质上提出了强要求，只有一种理论能满足这些要求，这种理论把辩护原则本身转变为规范性的，并且因此转变为反思性的：它没有空置辩护的位置，但也没有单方面地占据这个位置；它因此为宽容的潜在可能开放了这个位置，这种宽容超出了其他奠基选项的可能性，这些奠基失败于这种或那种悖论，并且每每包含着**把宽容论证颠倒为对不宽容的论证**的危险。我将用**辩证法**这个术语标明这一点。我们将会看到，只有宽容的尊重提法的一种特定的奠基方式能免于这种危险；它能够在辩护原则 533
的基础上，赋予宽容这个规范性上依存性的概念一种形态，这种形态满足高阶独立性、公道性与约束性的标准（见第三节）。

第二十九节　宽容奠基方式及其辩证法

1. 如果宽容（tolerantia）概念在斯多亚派代表一种确定的、高贵的自身关系，那么在基督教的关联范围内，它不仅在这方面转变为了一种从信仰而来的、对恶的忍耐的承受能力，而且也扩展到了**对他人的**关系方面，当然，这始终是经过了**对上帝的**基本关系中介的。由此，通过溯及福音书，形成了一系列的宽容奠基方式（Tb）：

（Tb 1）对他人弱点的忍耐（Duldung），奠基于对邻人的怜悯之**爱**的动机，以耶稣的宽恕（Duldsamkeit）为榜样。然而，根据以下要素的影响，这种爱会有所差别：它在信仰内部涉及的是否是兄弟姐妹的弱点，忍耐者是经由一种更深的和睦纽带与他们联系起来［从而一种相互宽容（mutua tolerantia）得以实施］，还是说他们是需要以忍耐（Geduld）来对待的不同信仰者甚或不信仰者。这种谦逊（Demut），伴随着虔敬的信心，表明了信仰的强大。——然而，这种论证的界限，特别是在奥古斯丁的讨论中，同样是显而易见的。首先，对于接受性要件，这不是可普遍化的宽容论证，因为这种爱奠基于信仰，并且因此只针对那些皈依这种信仰的基督徒。但是，由此而来的更严重的问题是，这就产生了与拒斥性要件相关的矛盾，甚至有颠倒为对不宽容进行某种奠基的危险。既然这种爱涉及促进他人的得救，与之相应的义务就是，防止他们跟随错误的信仰而遭受永罚。这会带来一种不宽容的义务，以便把他人从错误的流毒中解救出来。这里显示出至善论进路的典型危险，把自身分成一个事实上的自身与一个需要去实现的"真正的"自身。当被爱者奔向他的毁灭时，爱人者不可能见义不为，因此他必须采取"进行解救的强制"——基督教之爱的辩证法。

（Tb 2）与之相对的是第二个重要的基督教论证，关于**信仰者的良知自由**的论证，它包含了一个规范性要件与一个经验性要件：良知**不应该**被强制，因为只有出自内在信念的信仰，而非虚伪的信仰才能够令上帝满意；良知不**可能**被强制，因为真正的信念只能由本己的洞见造成：一个人如果不愿意就不会信仰（credere non potest homo nisi volens）。这种自由被以不同的方式理解，首先它可以只与信仰的无关紧要之事有关，但是它也可以通过进一步的解释，使得不仅"弱的"良知，而且在善良的信仰中跟随上帝的"错误的"良知成为宽容的对象。然而，在这方面决定性的是，良知作为**自由的**良知，是一种同时**受约束的**良知，信仰者们的良知：它是神圣之光在人心中的位置，引领人朝向上帝，把人带到上帝面前。只有这样，

534

良知才值得尊重。——在这里，奥古斯丁与多纳图斯派的争论也表明了这种宽容奠基方式的界限，也就是后来普罗斯特还将用以反对洛克，从而表明良知自由的诸种疑难的那种论述形式的界限。在争论中，奥古斯丁没有脱离信仰自愿的原则，但是他认为通过强制或恐怖（terror），从异端学说中解救人，是基督徒的义务，这样，那个人就被置于一个能够看见并且把握真理的位置，而此前他对于真理是盲的。因此，**可以**甚至**必须**通过强制解放良知，以便拯救迷失了的良知，而这也是**可能**的，正如，根据奥古斯丁所言，许多成功的并且欢迎相关人士的教派的情况所证明的那样。由此得以澄清的是，在基督教的关联范围内，良知自由的规范性论证是成问题的，因为，它没有蕴含对于个体的良知决断的无条件尊重，而是保留了对于真理和个体得救的义务，以至于不可能存在任何犯错误的和背离上帝的自由要求（如托马斯·阿奎那反对阿伯拉尔时也强调的那样）；并且，只要不可受强制这一经验性论点被认为是决定性的，那么奥古斯丁关于通过操纵和教育来引导"真正的"和本真的信念的可能性的异议，就有很重的分量。根据奥古斯丁，535决定性的事情不可能是强制，而是这个问题，即是否有好的理由支持温和而审慎地"勉强人进来"（compelle intrare）——特别是考虑到"教会之外无拯救"的学说：这就是宗教的良知自由的辩证法。

（Tb 3）第三个基督教论证显得与此相反，它归因于对两个王国学说的某种解读，并且强调**上帝的审判座**。根据这个论证，只有上帝保留有分离稗子与麦子的权利，而且不仅在判决方面，也在惩罚性的定罪方面。在尘世，有限的人不能妄自作出这样的判决。无信仰者虽然不能逃脱对他们的惩罚，但这将是一种神圣的惩罚；人们之间的世俗的宽容知晓自己处在神圣的、正义的宽容界限的保障之内。——这里也显示出一种后果严重的矛盾和颠倒之危险。因为，如果上帝的正义，按照他自己的启示，是针对无信仰者的，而且如果据说有可能，在地上已经认出了稗子，甚或稗子的根，并且拔掉它们而不危及麦子，那么一种这样的行为就不会受到上帝的审判。最终，在这样的冲突中，不仅那些屈服于强制的人的灵魂之得救遇到了危险，而且那些可能被无信仰者和异端的病毒传染的其他无辜者也有危险。支持宽容的论证再次颠倒为一种有责于不宽容的论证。

（Tb 4）虽然两个王国的学说支持**世俗权力**与**神圣权力**的分离，并且视后者仅仅为话语与真理的权力，但是，这一分离并不必然意味着，在教会授权世俗权力为了真理而进行强制的情况下，这种强制就是非法的。并且，如果教会自己实施强制，它首要地就诉诸它在倾听话语方面的解放作用来为之奠基。因此，宗教从受迫害者向迫害者的转变，所预设的不是全面的形态变化，而是仅仅一种改变了的社会境况——两个王国学说的辩证法。

通过这些提示，我们并不是想断言，所提到的基督教的诸宽容论证不可避免地转变为它们的反面；也不是想断言，它们本来就不是全部尝试摆脱这种危险的 536

一系列进一步发展的富有成效的起源。我们所要指明的只是，对宗教上的不同思想者的尊重的鉴定，如何通过关联于神圣的真理，而不仅使得这些宽容论证个别地处在其约束性中，而且在特定环境下，能从这些论证中得出多么狭窄的界限。这特别地产生于至善论的论述结构，这种论述视宽容为促进他人之善好或得救的**手段**，善好或手段必须独立于他人的"真实"人格被规定，并且相应地被促进。如果有一种不同于赋予自由的手段被证明适合于这种促进，那么支持宽容的论证就不存在了，而且他人的抗议就会是无的放矢，因为在抗议中，并不是他的"真正的"自己，而是一个盲目的自己在说话。由此得到解释的是，何以后来的宽容奠基方式——特别是培尔的奠基，没有第二个人如他那样与奥古斯丁争辩——会寻求对他人尊重的一种**不受限制的**道德上的形式，而非一种相对的宗教上的奠基。这是一个核心要点：如果接受性要件在伦理上或宗教上具有独特本性，那么通常这将蕴含着对于拒斥性要件的一种严重的相对化。于是，以上帝之名的爱会结束于信仰（和上帝的爱）被蓄意拒斥的地方：在异端和（后来的）无神论者那里。但不仅如此：在那里，爱并没有结束，它只是要求宽容的结束。如托马斯·阿奎那强调，避免永恒的死亡的义务，比避免现世的死亡的义务重要得多。这就是一种不宽恕的爱，是至善论的辩证法的普遍结构的极端例子。

2. 在基督教内部以及在不同宗教之间的各种争辩不断增加的过程中，中世纪晚期发展出了其他道路，来应对宗教差异的难题：相互宽容不能通过所有差别的**一种更深层的统一**而变得可能吗？但这应该是哪种统一呢？对此出现了不同的回答：阿伯拉尔认为，在不同的宗教之间，存在着一种**伦理的—道德的**统一，但是即使追求独立性的理性，也会不得不使它的基督教变体作为最和谐的宗教突出。与之相反，柳利意在一种更强的**宗教的—形而上学的**统一，但是即使在他那里，这种统一也只能设想为基督教的统一。库萨的尼古拉主张一种天主教的不同礼拜仪式中的同一宗教（*una religio in rituum varietate*），但是认为宽容，受限于礼拜仪式的无关紧要之事（*adiaphora*），最终是在实用方面得到奠基的必要之事。迈蒙尼德使哲学反思与犹太教律法信仰相一致的尝试得出了某种确定的，虽然有矛盾的支持宗教内部与宗教之间的宽容的论证，即在选择并且踏上通往似乎高于实证宗教的真理的道路的少数人的《圣经》解释中的某种宽容。阿维洛伊甚至更强调哲学的自由以及犯错的自由（当然也只是限制于少数人）；这样，宽容作为一种哲学话语的需要而产生，并且出于这种洞见，即对于通过大众的信仰而形成的社会在伦理上的稳定，不同的宗教每每会有不同的帮助。因此，他代表了在其中可以提取出不同的宽容道路的诸宗教话语理论家那里走得最远的提法，这一提法后来——如在人文主义中，但也在启蒙时代——将会扮演重要的角色：

（Tb 5）**归约式统一**的道路，按照这条道路，宽容源自一种共享的信仰内核的意识，在这种信仰的背景下，必须忍受次要之事方面的争执。——然而，这里一方面产生了一个问题，即这种内核每次如何被规定为"中立的"，以及另一方面，如果诸如此类的归约把本质性的信仰内容都解释为次要之事的话，那么，它们是否没有走得太远，以至于它们毋宁是以宗教上的去差异化来克服不宽容的计划，而非对宽容的奠基。

（Tb 6）**通过融合而统一**的道路，按照这条道路，通过诸宗教的和平而宽容的交流，会产生一种使所有宗教和解的信仰。——即使在这里，仍然有问题的是，这对于不同宗教的多元性与特殊性是否会是正义的，以及每每力求达到的会是何种类型的结果，也就是说，会最接近哪种原始宗教。

（Tb 7）**竞争式统一**的道路，这条道路说的是，只有在一种和平竞争的终点，最佳的宗教才能被证实，真理才能从其自身得到贯彻。——这种观点预设了一种 538 强的自身相对化，据此，一种宗教信念在与一种有待确证的假设类比中得到辩护，这与启示宗教特别难以统一。此外，真理从其自身得到贯彻的希望不过是个希望——并且，如果这一希望落空，倒可能反转为帮助真理之贯彻的尝试（至少通过排除已被证明的错误）。

（Tb 8）**包容式统一**的道路，在这条道路上，一种宗教将能接纳需要被宽容的宗教的（有限的）真理。——然而，一种要被同化的真理的部分归属于何种宗教，这听凭随意性；其他的宗教相应地不被宽容，而"部分真的"宗教也只被视为通向目标的手段而已。

（Tb 9）与这条道路不同的一条道路，是**通过驳倒而统一**的道路，这条道路视宽容为以话语方式胜出其他宗教的手段。——根据这种宽容奠基方式，宽容只是贯彻自己真理的一种策略性手段，并且只有当驳倒之目的看上去可能达到时，才需要这种手段；否则，也许其他手段更可取。

（Tb 10）最后，**多元主义的统一**的道路说的是，种种不同的宗教是解释无限的神圣现实性的种种可能方式。——然而，成问题的首先是，在这里，是否还存在一种拒斥要件，以及它何以可能构成；然而，其次，即使自己的宗教被视为具有优势地位的，也并不意味着，所有其他宗教都以同样的方式，并出于这一视角，就变得值得宽容或赞赏。

所有这些道路，都从某种特定的宗教视角支持宽容，但是其中没有一种满足上面（第二十八节第 2 点）解释过的关于反对、接受与拒斥的三个要件的标准。特别是关于与它们相应的宽容的界限，它们证明自身为不充分的奠基方式：自己的宗教视角在这一问题上仍是主导性的，并且中止了任何更进一步的、更高的规范性反思。在中世纪宗教话语的批判性讨论中相应地表明，它们与其说是真理之发现的话语，毋宁说是真理之贯彻的话语。因此，在其中诚然表达了以互相理解为目标的、对一种**话语理性的共同基础**的结构上的寻求，并且同样表达了对**共同** 539

分享的道德与**可普遍化的上帝观念**的寻求。只是，这通常隐藏在某种特定的宗教的特别的道德或形而上学立场的面纱背后，以至于对一种更高立场的寻求仍然没有结果，并且不仅宽容的规范性的接受要件是不可普遍化的，而且宽容的界限也是这样——例如，对于在话语中被边缘化或者根本没有出现的那些宗教，更不用提那些对"不信神者"来说，宗教上互相理解的（如已经看到的各种各样的）辩证法。因此，当然需要形成一种高阶提法所缺少的东西的思想，而后来的宽容奠基方式就随之而来。

3. 关于政治宽容的问题，那个时期的话语完全被规定于为一种允许提法寻找理由，这种提法，如已经指出的，例如在两个王国的学说和良知自由的学说中，起源于基督教论证的基础。如德尔图良的人为法与自然法（*humani iuris et naturalis potestatis*）的论证，即关于自由宗教（*libertas religionis*）的"人权和自然权利"的论证所证明的，在这方面，也已经有更基本的思考被提到，这些思考支持一种走得更远的宽容形式，这种宽容不仅仅是为了阻止更坏的东西而允许恶。然而，不仅允许提法仍然占统治地位，而且通过王权（*regnum*）对于神权（*sacerdotium*）的从属，它也明显由教会的规定统治，以至于，异端变成了一种在宗教上与政治上的罪。在宽容得到实施的地方，其首要目的是，通过强有力的进行控制和规训的自由之保障，来确保宗教—政治秩序；但是，相比于信仰的统一，它仍然始终只是次好的方案。

直到如帕多瓦的马西利乌斯这样的思想家可以持有一种独立的、对于他的时代来说走得最远的"世俗的"国家观念，即一种颠倒了古典秩序关系并且在一系列教会事务中也强调国家的尘世统治权的国家观念，这时，教会统治与政治统治
540 之间的紧密联系才在时间进程中断裂。现在，虽然国家还没有完全摆脱宗教的前提，但是**政治的**标准规定着宽容与不宽容的问题。此间，在教会的强制权力后退的同时，国家的强制权力推进；由此可以产生更多宽容，但并非原则性的宽容，因为，国家愿意提供多少自由，取决于国家的功能需要。在国家在宗教上得到一部分解放的那个瞬间，它就更强地得到了宽容权力。

（Tb 11）这并没有在结构上改变允许提法的特征，即出于**实用的**考虑而提供宽容，例如，为了避免诸少数群体之间的冲突以及与诸少数群体的冲突，以保安定和平，国家稳定。对公平的种种规范性考虑——比如基督教辩护士诉求的公平——也扮演了一个角色，但是它们成为了一种权力计算（Machtkakül）的构成部分。一如这样的宽容奠基方式在一定的历史时期可能是有效的，它的问题也是显而易见的：反对、接受与拒斥这三个要件全部在于统治者的判断。因此产生了一种允许宽容的辩证法，它可能采取不同的形式：如果权力利益需要，这种宽容可以转变为不宽容，即使在提供了宽容的地方，它仍然是在策略上计算的，并且服

务于统治的巩固。

然而，对于政治权力的这种"合理化"，在一种已经获得的独立性的意义上，同时附加了一种进一步的、规范性的"合理化"，因为马西利乌斯也强调——虽然还是在等级框架中——影响全体之事必经由全体同意（*Quad omnes similiter tangit*，*ab omibus comprobetur*）这一原则的意义，凭借这一原则，国家新获得的宽容权力本身能够在辩护压力下再次变成正义的。因此呈现出下面展开的宽容的一种新的动态。

因此，在现代的门槛上，不仅产生了一种已经非常宽的诸宽容奠基方式的光谱（虽然它还是传统的—宗教的形式），而且也已形成了种种在其上寻求宽容奠基的层面：宗教层面、道德或伦理层面、知识论层面与国家理论层面，在这些层面上，宽容相应地是信仰的要求、道德义务的要求、善的要求、真理的要求、或者国家的明智或稳定性的要求。当然，下面的许多宽容奠基方式都会尝试组合这些层面。

4. 人文主义宽容思想的与众不同之处在于，在一种关于人及其尊严作为由上 541 帝创造的、自由的、自我发展的存在者的新目光的基础上，它彻底化了归约的进路。据此，宗教上的种种差异，一如次要的差异，是同样合法的，因为通过一种宗教上的核心真理，所有人被联系起来，当然，这种核心真理在费奇诺与皮科的眼里，同样在伊拉斯谟那里，不论他们之间的全部区别，都是一种基督教的真理：

（Tb 5 a）**归约式统一**道路的这个版本也包含——特别是在皮科那里——通过融合而统一的道路的成分，这个版本说的是，宗教上的异见者，无论是基督徒还是其他宗教的教徒，作为神圣的、多元的造物的部分，应当得到价值赞赏（按照费奇诺与皮科），并且应当被宽容，只要他们没有背离核心宗教的地基。——于是也由此得到宽容的界限，它就在于这一地基被背离或否认的地方。不仅异见者与真正的内核相比被认为具有较少真理，而且只有当他们为这种基督教真理作贡献时，他们才会被宽容。这是这种提法的第一个问题。

在伊拉斯谟那里显示出第二个问题，他对宽容之奠基的关心，少于对不宽容之克服的关心。根据他，宗教上的差异是不值得赞赏的，相反，他更愿意为了那些微不足道的东西，为了无关紧要之事而争执，它们遮蔽着基督教哲学（*christiana philosophia*）中更深层次的统一。在争执中，他选择了一种对于他的时代来说走得非常远的信仰的"次要之事"的概念——这些次要之事对于得救是不必要的，并且陷入了一种两难，要么共同的宗教内核被稀释，以至于从更整全的宗教视角来看，它像是单纯和解式的乌托邦，要么它在实质上被丰富，并且因此冒着错失和解目标的危险。伊拉斯谟的人文主义立场没有走出这种两难，此外，它自己还承载着一个难题，即宽容也只作为建立宗教统一这一目标的手段才是适宜的，从而那些似乎阻碍了这一目标的人——教会分立论者，还有犹太人——是不可宽容的。

由此，所提到的这三个问题导致了一种人文主义宽容的辩证法。

542   尽管如此，人文主义的对传统进行批判的和解主义还是有功劳的，它在多种多样的宗教冲突中寻找人，虽然人还是在基督教的—人文主义的、至善论的某种造物使命的意义上被思考的。当然，这种超出了个别归属的、对人的尊严的寻求，会在后来发挥更大作用。

5. 在早期现代，随着传统的宗教—政治秩序的断裂，一种复杂的权力关系的空间在政治的—纵向的方向上得到扩展，在这一空间中权力从它的宗教规定中进一步解放出来，一方面，这导致直到马基雅维利的、为了在政治上保存权力而对宗教的策略性运用，但另一方面，由此也打开了政治辩护的"理由空间"。因此，在莫尔与马基雅维利那里，可以看到允许提法的重要进展，以至于这时——在莫尔那里——出于**政治的**理由，某种宽容被排除了，例如对于无神论者的宽容。这表明，虽然出自非—传统的考虑，这种宽容思想本身可能又导致传统的排除——允许提法的辩证法的一种"合理化"形式就显露了出来。这对于允许提法仍然是标志性的，即它**可能**导致更大的宽容，但是仅仅是策略上的需要。对于宽容，国家的现代"政治合理性"也仍然是矛盾的。例如在乌托邦中，不宽容被禁止，这并不必然意味着，在那里是宽容在统治。这里显示出一种另外的、对于后来的宽容奠基来说典型的颠倒之危险：一种对不宽容的消除的辩证法，这种消除本身可能导致不宽容。

6. 虽然路德直接批评人文主义的自由提法与尊严提法，并且强调人的罪性，但宗教改革还是以一种近乎悖论的方式，通过个体直接对上帝负责的学说，空前地推动了宗教的个体化；从早期现代的主体性批判而来，在宗教领域出现了主体性本身。对于宽容话语来说，除了这种与日俱增的宗教主体性，决定性的是对两个王国学说的新教解释。这首先导致了：

543   （Tb 2 a）**基督教的良知自由**论证的一个激进版本，按照这个版本，良知自由是一种免于错误学说，并且朝向上帝之言的真理的自由。这种真理只能依赖于本己的洞见，通向这种真理的道路，是一种个体的自身克服与听命于神言之路，无需通过宗教机构的中介：既是一种自身占有，同时也是一种自身转让。对良知的尊重因而不是对主体自治的尊重，而是最终对于上帝的尊重，因为良知是上帝的创造物；唯有他统治这一领域，在这个领域内，人对良知的强制是非法的。——不过，因为即使路德也根本没有预见到学说的相对化，所以这种更新了的、关于受约束的良知的自由的学说，自然也可能不反对那些关于"善良的"和"温和的"强制人脱离以错误的方式约束良知的错误学说的论证；在其晚期作品中，路德甚至提倡这种论证。这种论证也同意的是，拒绝宽容那些追随一种"没有良知的"

宗教流派的异端。

路德的第二个重要的宽容论证是：

（Tb 4 a）**两个王国学说**的激进版本，这个版本在上帝之国或者说他的通过神言的统治与由他为了阻止罪恶而安排的世俗统治之间划下了明确的界限，世俗统治必须被无条件地服从，但在它这方面，它没有任何关于"灵魂"的权利，也没有作为教会的延长臂的权利。——但是，在两个王国的正确秩序被打乱的情况下，例如通过对于基督教的自由的一种社会的—革命性的"俗世的"解释，按照路德，这种自由恰恰不应是世俗的自由，在这种情况下，这种宽容论证就转变为对于世俗从属性的重建的合法化，如在农民起义中所表明的，在那样的语境中，宗教上的与政治上的异端定义会紧密地联系在一起。此外，路德后来虽然没有归给世俗统治者任何宗教上的强制权利，但是却归给它们以关心新教国家教会制度化的义务，以及贯彻国家教会制度的权利。

7. 与宗教改革者方面（以及特别是在茨温利与加尔文那里）的新教宽容的辩证法的这些面向相对的，是新教的一种个体主义—唯灵论的解释方向，如在塞巴 544 斯蒂安·弗兰克那里，这一方向要求：

（Tb 12）一种广泛的教义上的宽容，这种宽容以不可还原的（unhintergehbar）**信仰主体性**与"内在之光"即圣灵的启示为基础。相应地，实证宗教的所有形式都被批判为宗教异化与僵化的因素，以至于通常的异端定义被抽去了地基。根据弗兰克，令一个"公道的上帝"满意的是所有那些严肃地寻求他的人，无论他们属于哪种宗教，因此弗兰克可以要求一种"普遍的"宽容，这种宽容也延展到非基督徒。此外，弗兰克把他对宗教主体性的强调，联结于上帝之审判座的论证的版本（Tb 3）（即只有对于上帝，关于正确信仰的判断才是可能的），以及归约式统一的论证的版本（Tb 5）（其出发点是一种所有人共享的道德—宗教核心）。从前者得出对教条主义式信仰确证的某种程度的相对化，从后者得出一种对于尊重人之为人［"对于人来说我起码是个人"（ich bin billig ein mensch einem menschen）］的强调，但是也得到一种对于无关紧要之事的宽泛理解。然而，在主体性的唯灵论的辩证法中，这些论证没有阻止按照这种立场可能出现的转变，即转变为对一些人的不宽容，这些人坚持宗教的某种实证解释而不愿将之在教义上相对化，或者认为上帝之国在地上是可能实现的。

8. 由于信仰之真理的一种在知识论上与规范性上的相对化，明确的异端定义的可能性就成问题了，这一思想对于塞巴斯蒂安·卡斯特利奥的宽容进路是决定性的。对此，在他那里可以看到两种中心论证。

（Tb 13）一种**规范性差异**的论证区分了（a）一种所有人无论信仰何种宗教都

共同可通达的、对待他人的行为的道德和正确的生活方式的道德，与（b）超出这种道德，但是在有限的存在者中间不可避免地有争议的宗教学说，这些学说使人类分裂。对于卡斯特利奥，由此得到的是，从第二个范畴而来的异端定义，不可能为惩罚的判决提供任何好的理由，而对于第一个范畴的规定的违背，则可以被正确地加以惩罚。——然而，在卡斯特利奥的思想中，第一个范畴仍然是通过一种基督教的道德学说形成的，这种学说不仅混淆了生活方式（为了获得拯救）在道德上的规范与在宗教上的和伦理上的义务，而且导致"否认上帝者"不可能被容忍。尽管如此，借助这种区分，在统治性的人文主义宽容奠基方式与新教式的宽容奠基方式之外，他准备好了第三条道路，这条道路最终通向培尔与康德，并且将证明自己避免了其他奠基的死胡同。卡斯特利奥已经把他的普遍主义—规范性的论证——他在自然权利的意义上理解这种论证——的重点放在了辩护的交互性上，这种辩护应当避免独特的立场未经允许地被普遍化。因此，他能够以简洁的方式反驳加尔文（他视捍卫上帝的真理为最高的善，甚至超过个体的生命）："杀死一个人并不意味着捍卫一种教义，而就是杀死一个人。"

　　（Tb 14）在卡斯特利奥那里，上面提到的规范性差异取得了与一种**知识论差异**的一致，知识论差异，就是在可公开的道德—宗教真理的"金币"与更整全的宗教信念的独特的"印花与图案"之间的差异——基于人类知识的局限性，宗教信念不可能追溯到任何客观的真理见证，并且因此最终是不可和解的意见多样性的对象。虽然卡斯特利奥又把知识论差异引入了一个基督教框架，其途径是通过引证由上帝为人"刻在灵魂中"的道德真理与信仰真理，以及引证神的知识与人的知识之间的差异，乃至与之相应的人的谦逊（Demut），但是他也凭借这一区分而先行进行了下述尝试，即在一种有限理性的批判框架下，去解释何以在宗教领域出现了深刻的区分，以及去解释，何以这种区分不包含任何道德上的怀疑主义和过强的自身相对化。因此，在卡斯特利奥这里，简言之，所遇到的两个论证都呈现了道德合理化进程中的重要阶段。

　　9. 至于国家宽容的实践方面，对《奥格斯堡宗教和约》之后境况的分析已经表明，在各个领地之间，如何根据教随国定（*cuius regio，eius religio*）的原则，发展出一种基于共存提法的宽容，在侯爵领地内部，这种提法伴随着教派化与规训，使得宽容可能最多在一种出于实用考虑的有限的允许提法的意义上成为可能。这种对于少数派有所排斥的包容的权力合理化策略，又一次显露出权力与道德之间的宽容的两面性。

　　在王国内部，如果因此宗教教派统一的原则已经鉴于后改革时期的宗教战争而被放弃，而无需在侯爵领地层面上废除，那么，在法国的发展就会导致一种国家主权理解的形成，根据这种理解，统治者必须而且能够为了维持政治统一，去推迟宗教统一的目标；虽然这个时候，他仍然受约束于天主教的多数教派，但是他同时把自己理解为更高的争执调解人与和平使者。与之相应的是（在《南特赦令》中最为显著的）一种修正了的**允许宽容**：

（Tb 11 a）虽然国家的主权者仍然对在公民中间建立一种宗教统一的目标负有责任，但是，在不同的实用性与规范性考虑的基础上，如在德·洛必达那里看到的考虑一样，他同意一种有限制的宽容，这种宽容的最高要求是避免或抑制宗教争执。因此，博丹与政略派首先主张阻止宗教冲突，乃至禁止讨论，如果和平还是不可能，才主张宽容。主权者必须尝试高居各个斗争的派别之上。——虽然这种提法向着区分公民（或者说法权人格）的角色与伦理上—宗教上受约束于教派的人格之间的角色迈出了决定性的一步，并且因此呈现了在规范性的政治合理化的历史中，通向一种世俗的国家理解的一个重要阶段，但是，这里产生的不仅是以下这个难题，即公民的角色仍然是为基督徒保留的。更重要的是，这意味着合 547 理化的权力实施的一种进一步的形式，因为，由于没有任何持续而确定的少数派权利与这种允许宽容联结在一起，这种允许宽容在任何时候都是可收回的（如甚至在 17 世纪还发生的），并且要求受到保护的少数派对提供允许的一方抱有更大的忠诚（并且还要体谅占据统治地位的派别）。随着这种允许提法的辩证法，或者说：主权的辩证法，反过来又出现了通过宽容而来的规训效果：不仅通过受到严格限制和监视的自由，而且通过对主权者的依赖。因此，这种实践同时呈现了自由的进步与权力合理化的进步——这是宽容历史的许多矛盾中的又一个。

10. 正如 16 世纪在政治层面上形成了一种主权概念，它从不可消除的宗教多样性中得出特定的结论，在横向的—主体间的层面上，出现了相应的个体性的主权理解，这导致对宽容奠基方式的新尝试，特别是在博丹与蒙田那里。

博丹是那（经常被指出的）一个清楚的例子，他出于一种**国家理论**视角对宽容进行专题化，并将之区别于出于**主体间的—规范性**视角的宽容专题化：他在前一种视角下主张允许宽容，而后一种视角使他通向一种细致的相互宽容的观念，这种宽容与尊重提法相近。他的《七人宗教对话录》是这样一份文献，它洞见到基督教—人文主义在此世努力之徒劳无益，并且也洞见到关于真正宗教之证明的激烈斗争的危险与无意义。在这一宗教话语中——与传统相反——没有赢家也没有和解；毋宁说，宗教信念的多元性被证明为人类理性不可克服的命运，尽管理性作为话语的理性是诸个别立场之间的联系环节，但这些立场仍然最多抵达一种不和谐的和谐（*concordia discors*）。这里的核心论证是：

（Tb 14 a）**知识论差异**的一种激进版本，然而这次，不同于在卡斯特利奥那里，它导致了信仰与知识的严格分离：基于人类理性的有限性，在宗教领域不可 548 能有任何可靠的证明，因此，这里甚至不仅在理性的人中间预先设定了不可消除的区别，而且也导致，信仰由纯粹的同意而非证明（*in assensione pura*，*sine demonstra-tione*）构成，即由相信着的同意而非证明构成。因此，宽容的人认识到，虽然他们认为他人的宗教信念是错误的，但这些信念既不是非理性的，也不是不道德的——因为在对规范性差异（Tb 13）的论证的吸收中，存在着一种基本的道德一致性；他们觉察到，宗教争执与它的不可解决同样是毁灭性的。他们保留他们的信仰，对此他们知道，它是一种信仰，并且他们宽容他人的信仰，他们与这些人在某种程度上可以相互理解关于理解的界限。——虽然博丹的思想仍然保持在一种宗教框架之下，这种宗教框架使他可以排除无神论与那些扰乱上帝所意愿的多元和谐的人，例如巫婆与巫师；但是，他不顾这种非常特别的、关于不存在"理性差异"的东西的解释，在一种没有相对主义的自身相对化的意义上，向着宽容的知识论要件的澄清迈出了重要的一步。

11. 蒙田的思想以一种更强的形式表达了新的多元意识：作为宗教的、伦理的以及主体内的多元性的意识。他最重要的宽容论证是一种：

（Tb 15）**怀疑论的视角主义**：基于有限的个体视角的不受限的多样化，不仅诸信念与评价的多样性是不可避免的，而且在真理问题中也出现了一种基本的怀疑，蒙田把这种怀疑转移到伦理事物上，转向一种不动心的态度，这种态度对于各种伦理提法的多元性具有一种更高位置。因此，虽然它是一种对于伦理多元性的宽容态度——也是对于内部分裂状态的宽容，但是，它同时是一种智者（Weisen）的、某种程度上的皮浪主义至善论伦理学的一部分。不仅如此，这种内部的主权也受约束于一种外部一致性中的态度；怀疑既不应导致内部的不和，也不应导致外部的不和。

549　联系到信仰与知识的区分的一种特别版本，这就通向了这种论证的界限。蒙田没有在中止判断的意义上，把他的怀疑主义扩展到宗教上；相反，在他眼中，为宗教寻求明确的证明，被理解为错误的。按照他的信仰主义，信仰毋宁被认为和接受为上帝的礼物，无需为之要求更多的理由。因此，不仅要避免关于真正宗教的争执，而且同样要避免怀疑现存的宗教与招致叛乱的危险。由此他得出对维持宗教状况的肯定，这使得蒙田在政治上反对宗教的革新，反正那些革新在宗教领域不能带来任何进步。这样，真理之怀疑联系于信仰主义和一种政治上的秩序思想，就转变为潜在的不宽容了——这是一种怀疑主义的辩证法，这种怀疑主义在李普斯那里也能看到，他将一种新斯多亚主义的、怀疑论的伦理学，与政治上的—宗教上的统一思想结合起来［并且先行影响了公开的告白（*confessio*）与私人的信仰（*fides*）之间的区分］。从宗教争执的不可克服与不可解决的论证中，形成了在政治上避免这种争执的必要性的论证，即便要付出宗教之镇压的代价。

然而，如果怀疑被扩展到宗教本身，也可能产生一种怀疑主义的辩证法：作为对那些拥有一种非—怀疑论的宗教观念的人的不宽容。

因此，科恩赫特通过混合各种不同的、众所周知的论证，正确地批评了利普修斯的不宽容的怀疑主义。然而，崭新的是，他把信仰的论证，转变为仁慈的上帝的创造和礼物，以至于显然尚未轮到享用这种礼物的无神论者都被容忍。因此，他是第一个在传统奠基的基础上，思考一种对于无神论者的宽容的人。

12. 在尼德兰革命的语境中，出现了一种对于现代来说特征性的联结，即宽容要求与一种对政治正义的进一步要求相联结，后者以早期现代的政治合法性理解为基础。加尔文派的反暴君派要求宗教自由成为权利，并且同时强调对一种统治 550 的反抗权，这种统治打破了与上帝的订约（*foedus*）和与人民的契约（*pactum*）。这呈现为一种新的宽容奠基方式：

（Tb 16）这种奠基依据一种早期现代的（宗教性地奠基的）良知自由与宗教自由之为**自然的个体权利**的理解，这种权利是政治自由与政治合法化的一系列源初权利的一部分。在这种奠基中，虽然讨论了更多的其他论证（例如关于良知自由的论证），但是对个体自然权利的主张是一个新要素。

因此，辩护的要求质疑宗教的—政治的宽容或不宽容的既成关系的理由，并且将之置于公民的"审判座"前，虽然这种革命性的思想在尼德兰革命中还是以传统的形态出现，但其目标在于国家与主权本身的核心。决定性的是，不宽容或者不充分的宽容，就被理解为政治上的**不正义**，这种不正义在它的方面没有好的合法性理由，并且因此属于一种对人民在政治层面的自身规定的扣留，这种扣留被批判为一种暴政。这里第一次显现出，在一种人民主权的政治自治框架内，纵向宽容与横向宽容联结的可能性。

现代自然权利的矛盾在诸如阿尔特胡修斯和格老秀斯这样的作者那里显示出来，在他们那里，国家通过公民而实现的自然权利合法化，仍然与伊拉斯图主义的、对权力和国家之特定宗教基础的维持和捍卫联系在一起。因此，就自然权利依赖于个别的宗教基础，而这一基础相应地不允许被怀疑而言，出现了自然权利的辩证法；当然，格老秀斯的评论，即自然权利作为原则上对理性来说可通达的东西，即使上帝不存在也是有效的，在一种克服这种辩证法的方向上，一种理性权利被指了出来。

13. 还在洛克给出一种实用主义形态之前，在 17 世纪中期英国革命的语境中，就出现了一种自然权利奠基的激进版本：

（Tb 16 a）在**与生俱来之权利**的概念中，这种**早期自由主义—自然权利的、契** 551 **约论式**论证表达的是，个体具有由上帝赋予的宗教自由和政治自由方面的自然权利，这些权利不仅在本己利益中，不能出让，或者转让给由他们人为建立的国家，而且他们自己也不能支配这些权利，因为它们只是被上帝"赋予的"，而诸个体仍对上帝负有义务。良知是一种上帝的造物，并且因此在政治上不可侵犯。国家的规范性因此在一定程度上可以说是"自下"通过人民的自由，且"自上"通过上帝的意志而被建构的；这样，这里产生了显而易见的悖论图景，即在一种宗教基础上，为一种世俗国家进行论证。平等派、独立派以及威廉姆斯的作品明确地证明了这一点。通过在宗教自由与政治自由方面的基本权利的联结，在政治上的——因此也是在宗教—政治上的——权利行使与强制实施的、需辩护性的原则，就被强调为**基本法**（*fundamental law*）；因此，相应地，宽容从国家所提供的一种**善**，转变为公民相互间承认的一种**权利**，并且国家的建立是为了保障这种权利。——这种论证的宗教奠基导致了它的界限：因为，被表达为**与生俱来之权利**的自由，是一种**基督教的自由**（弥尔顿），没有任何支持宽容非基督徒甚至无神论者的基本论证。但是，不仅如此，与生俱来之权利的思想的这种辩证法，在其自身中有着受到进一步限制的危险，因为甚至宽容非新教徒都变得困难：特别是对天主教徒，他们处在普遍的怀疑中，被怀疑叛国通敌，他们不仅被认为热衷于废除良知自由，而且被认为根本不具有在需要被保护的意义上的自由的宗教良知，正如渎神者或无神论者一样。这里再次显示出宗教奠基的辩证法的普遍结构：当被宽容者不分享宽容奠基之基础时，通过诉诸宽容的必要界限，他们就会被排除。

　　罗杰·威廉姆斯是一个例外，他虽然明确在基督教的基础上，特别是两个王
552　国学说的基础上进行论证，但是在教会与国家之间设置了一种如此尖锐的区别，以至于无论在政府方面，还是在公民方面，都不要求某种特定的宗教态度。尽管如此，这仍然在一种宗教的—自然权利的奠基中，为他的时代配置了国家公民的"纯粹"概念，因此，这种支持国家的"普遍"宗教宽容的论证，不是可相互分享的论证，并且它的普遍约束性必须汲取自其他来源，然而威廉姆斯没有更详尽地解释这些来源。只有一种在规范性上独立的、交互地得到辩护的宽容奠基方式，能够在原则上防止颠倒的危险。

　　14. 在弥尔顿那里，可以看到一种更进一步的宽容奠基方式，它标志着一种公民公共领域形成的开始，虽然它与其他不同的奠基方式、特别是竞争式统一的奠基方式（Tb 7）有关联，但它是新颖的：

　　（Tb 17）这一奠基指向为了一种运作着的**公共领域**的宽容的必要性，在公共领域中，由于各种意见和立场的交换，政治上以及宗教上的真理不需要外部帮助，更不用说强制，就能显露出来。只有一种开放的话语能够筛选各种论证，并且让公民清楚他们的利益。——然而，这种论述在一种公开原则的辩证法中不仅导致"显而易见的"错误见解脱离了宽容，因为它们被认为在真理发现的过程中太过干扰（密尔后来对此作出回应），而且导致那些被怀疑想要限制公共讨论与甚至出于

宗教理由看不到公共讨论任何价值的人——如在弥尔顿那里的"教皇制信奉者"——全部被排除。

15. 霍布斯在宽容话语中占据一个重要位置，这不仅是由于他在这一话语的阐明中的重大影响，而且因为，他的政治思想特别地致力于宗教宽容的难题，他为此提供了一种激进的解决方式：

（Tb 18）按照他的**政治—宗教同一性**的论题，教会的与公民的（zivil）不宽容现象必须追溯到宗教多元性与"两个王国"或者说自由权利的保留这些根源之上：在一种现代自然权利理解的基础上，只有当主权、公民与宗教的一种合理奠基的统一实现，从而主权者可以利用对现世死亡的恐惧，以及对永恒死亡的恐惧这两个在人的领域内决定性的动机，一个社会的持续和平才是可能的。唯有一个作为"有朽的上帝"的利维坦，能占有政治的与宗教的权威，去克服使国家分裂的冲突原因——但只限于当个人（因此以及教会这样的机构）向它转让了他们在尘世问题与神圣问题上判断的最终权力时。这样，通向和平与自由的道路，以及因此以某种方式通向宽容的道路，以矛盾的方式引入对自己的行动自由的转让，因而也是对自己的宗教自由毫无保留的转让：根据霍布斯的同一性逻辑，主权者作为"公共的良知"行使职权，他的法律作为普遍规范发挥作用，他的话决定对《圣经》的解释，他是教会的统治者与地上的"上帝的助理（God's Lieutenant）"。并且，最重要的是：他因此决定什么被认为是异端邪说，并且只有他才能迫害他们。

霍布斯的出发点在于，主权者为了确保公民的信仰忠诚，把有约束力的得救之真理还原到一种绝对的最低限度，即还原到对耶稣基督与服从（主权者）命令的信仰。所有超出于此的事情都是次要之事，属于主权者的调节权限——主权者相应地可以建立一种公共的礼拜方式，但是这些次要之事同时不为全面的异教徒定义提供任何契机（Anlass）。凭借在国家教会——它同时在教义上是开放的——的**外部一致性**意义上的无关紧要之事的调节权限的思想，霍布斯接续了英国圣公会的某种思想潮流（胡克、齐林沃斯），但是，教会在此没有保留任何自己的权利。因此，在这种见解中存在着信仰的"次要之事"的学说的一种显著转变，这又一次表明它的颠倒的可能性（参见上文人文主义的和归约式统一道路的辩证法）。

当然，对于宽容问题域还要更本质性的是，霍布斯虽然没有看到在宗教问题中主权者的权威在权利上的界限，但他看到了**一种实际的**界限：内在的信仰（fides）相对于公开的告白（confessio）的界限，私人信仰的庇护所来自自己的信念，根据霍布斯，这种信念不可能由仅仅局限于外在行动上的限制或法律产生。但是，由此得到的并不是良知自由甚或礼拜自由的"权利"，而只是一个主权者的命令达不到的自由空间。因此，按照霍布斯，主权者不仅在宗教敌对与强制措施面前保护公民，而且为他们保留一定的思想自由，尤其是在官方宗教被还原到一种最低限度的核心内容的时候。——另一方面，主权者也是信仰的统治者与宗教崇拜的一个对象；因此，他不仅控制行动，而且也控制灵魂。不仅如此，归因于霍布斯的同一性逻辑的国家之神化导致，当国家决定压缩宽容空间时，它没有任何规范性的辩护义务，因为对于它来说，宗教上的异见与政治上的异见可能是同样危险的。在霍布斯的国家里，对教会的或公民的不宽容的防护付出的代价是，由于将全部自由权利（除了自我保存）转让给了主权者而对主权者可能的不宽容毫无抵抗力：人们为和平支付了无条件的服从义务。在通过作为公共理性（public reason）的主权者吸收所有辩护权力的尝试中存在着这种提法的颠倒危险，利维坦的政治—宗教同一性的辩证法，根据霍布斯，利维坦只能有一个身体、一个意志、一个脑袋与一个信仰——与克服不宽容的尝试的另一种辩证法，这种尝试本身又会导致不宽容。反对不宽容的斗争并不自动就是为宽容而斗争。

16. 斯宾诺莎像霍布斯一样想要抽去宗教不宽容的基础，并且也像霍布斯一样视主权者的力量为对此的担保，但他同时强调，国家的目标是为公民确保思想与言论的自由，更确切地说：哲学活动的自由。为此他提出：

（Tb 19）形而上学的理由、国家理论的理由与至善论的理由的一种复杂结合。按照他的实体学说，在追问上帝之真理的哲学问题中比在受到他彻底的历史批判的实证宗教中可以看到多得多的正当理据。宗教的内容应当被限制在少数的教义上，以便消除争执的契机；并且这些教义在实质上应当要求博爱、服从上帝与宽容。"异端"是反对这些教义的人，而非在哲学上寻求真理的人。在国家理论方面，斯宾诺莎支持一种配备了不受约束的权威的，但与霍布斯那里不同的、民主式的主权者，对于它没有任何预先存在的规范，只有它在地上建立正义并且具有最高的世俗权威与神圣权威，这涉及外在的礼拜形式与宗教争执的裁决。然而这种主权者也遇到了一种实际的界限，按照斯宾诺莎的理解，这种界限同时是一种自然权利的界限：因为，良知不可能被强制幸福，不**可能**有人已经把良知自由与言论自由的权利转让给主权者（但是礼拜自由的权利可以）。这一领域仍然不属于国家行为的范围。国家的目标是确保这种自由，然而，从至善论的思想中才显示出，精神的最高善，人的完善性，在于认识着接近上帝；这种"精神性的上帝之爱"是人的目的，并且先前奠基的宗教的与国家的宽容在其中发现它的意义与最深层的基础。

然而，斯宾诺莎的论证在所有三个层面上都包含着一种颠倒的危险。第一是他提出的宗教的还原对于表达一种居间调解的立场来说太激进了，此外，它还导致实质上的排除，不仅是对无神论者（参见上文 Tb 5 和 Tb 5 a）。第二，他没有完全地兑现他的——比如对于卢梭来说重要的——民主自由的思想，而是跟随霍布斯，设置统一的主权者为地上的最高宗教权威，它调节礼拜方式；因此，只剩下一种思想自由，斯宾诺莎所强调的这种自由的言论自由要件恰恰可能受到这个主权者的限制，理由是宗教上的异见者会危害国家的基础。最后，在这里也有效的是，上面提及奥古斯丁时已经确定的（经验上的）论题，即良知对强制的抵抗力是极其可疑的。第三个层面所涉及的是思辨的至善论论证，它视宽容为通过"精神上的上帝之爱"而自身完善化的手段，本身又会导致对于这条道路的特定阻碍，556例如明显的错误应当或者甚至必须被清除。如果宽容有助于知识与真理，那么随之而来的就会是狭窄的界限——至善论的又一种辩证法。

斯宾诺莎与佩恩的比较表明了宽容话语的进一步的复杂性：如斯宾诺莎那样的对于实证宗教的一种广泛批判的态度，即使形成民主式自身规定的思想，仍然会退回到允许宽容的一种修正形式，而如佩恩那样的一种论证，明确地立于基督教信仰信念的地基上，可能要求个人的宗教自由与政治自由成为**与生俱来之权利**，并且可能蕴含一种交互正义与本己的真理相对化的提法（以 Tb 13 和 Tb 14 为范本）——但是，这种相对化又反过来使得提法本身有反对"教皇制信奉者"与非基督徒的效果。宽容的诸条道路交织在一起。

17. 洛克的宽容理论是对这些道路进行清理的最著名的尝试之一。就此而言，他自己的宽容道路，无论是在他著名的第一封《关于宽容的书信》之前还是之后，都绝非笔直的道路。然而，在他的早期著作中就已经显露出个体灵魂得救的关切对于国家的**不可转让性**这一核心思想——以及最终对一种**绝对的与普遍的宽容权利**的要求。对于洛克来说也是核心性的观念是，诸个体的本性自由与政治自由源自他们受上帝之约束这一特性：上帝为他们所具有的**财产权**奠基，其方式是，他们是"上帝的财产"——一种"双重财产"的理论，根据这种理论，人在地上是自由的，因为他听命于一种不同的、非现世的权力，这种权力交给他一项责任，自己去寻找自己通向拯救和真理的道路，以便有朝一日能够对上帝尽责。这种伦理上的自身负责与自己关切自己的拯救这一"最高义务"的观念，对于洛克是基本的，并且导致他的最重要的宽容论证，这一论证与**与生俱来之权利**的论证相关（一如在洛克那里虽然总体上看不到任何新的宽容奠基方式，但是能看到以重要的方式重构的种种宽容奠基方式）：

（Tb 16 b）**自由主义—自然权利的、契约论的**论证，根据这种论证，对公民的 557 灵魂得救进行关心的权利没有被转让给国家；这是"最高的利益"并且保留给他们自己，而国家只被委托了对"公民的利益"的关心，在外部行为方面限制这种利益。非常多的传统宽容奠基方式加入了这种论证，但其中突出的是两种奠基，它们最终在洛克自己的理论中分道扬镳。一种是：

（Tb 2 b）良知自由的论证，它在一种经验主义认知理论的基础上被重构，但是保持了它的宗教起源。据此，个人对于幸福与拯救的最高关切是个体良知不能转让给国家的一种东西，因为，首先，控制良知是只为上帝保留的权利；其次，实际的、真正的良知说服只能通过自己的洞见和理性审查而不能通过外部的压力或强制实现；强制只能带来虚伪（的罪恶）或者迷惑，而不能带来使人幸福的、负责任的信仰："不信的信仰不是信仰。"（"Faith is not Faith without believing."）

对于"灵魂关切"的不可转让性的另一种奠基是：

（Tb 14 b）一种**宗教认知的局限性**的论证：因为在地上没有人具有通向神圣真理的特权通道，并且所有人同样地基于他们的理性和上帝的仁慈被指向"通向天堂的道路"，所以在这方面把自己托付给别的并不更少错误可能性的权威，太过危险了，要是托付给政治上的、可能具有其他利益的权威，就更危险了。这并不意味着怀疑宗教真理的存在，而只是说，理性的有限性禁止一种宗教的强制权利，因为这样的话每个教会与每个统治者都会仅仅在声称拥有真理的基础上为自己要求这种权利。因此，洛克将这种包含着信仰与知识的分离的知识论论点连结于：

（Tb 13 a）**强制之实施的相互间的需辩护性**的规范性论证与宗教上的强制奠基在彼此间不可靠的论题。宗教上的区别仍然存在，但是普遍的规范与义务不再合法。因此，在普遍具有约束力的规范与其他种种价值信念——它们是合法的争执的对象——之间产生了一种规范性差异。

在他的（第一封）《关于宽容的书信》中，洛克回答了不可转让性论证的这些奠基中的哪一种是最强的奠基这个问题，明确地指出，"原则性的考虑"是良知的不可强制性的奠基——在与普罗斯特的论争中他不得不收回这个答案，普罗斯特反对洛克的论证，加强了晚期奥古斯丁的论证：虽然良知不能被直接强制接受特定的信念，但是一再被证明的是，间接的强制多么地有益、必要和合上帝所愿，它通过在他们的错误道路上设置许多障碍，以至于他们被"强制"转向，从而为他们打开眼睛；一旦被解放，他们就对真理开放，然后他们会更加全心全意地拥抱真理。按照这种至善论的理解，世俗的权力有义务关心公民的福利，并且如果它没有采取手段提供真理与幸福，那么它就违背了这一义务。它不能强制真正的宗教，但是可以抑制虚假的宗教。

洛克虽然成功地揭开了普罗斯特至善论式不宽容的面具，但是他必须同时放弃不可强制性的论证并且接受一些其他奠基的帮助，这些奠基反驳那种至善论论证的前提：在地上有足够的理由自以为拥有独一无二的宗教真理，这种真理有资格为他人——虽然是温和地——规定通向天堂的道路。据此，宗教真理的主张仍然可能是理性方式的，但是在有限存在者中间，这样的主张也同样以理性的方式是有争议的，并且从人的平等权利的基础出发来看，宗教上强制的理由是不充分的。因此，虽然洛克获得了皮洛士式的胜利，因为他不得不放弃他的主要奠基，但是他同时推进了知识论的—规范性的宽容奠基方式，这将通过培尔获得完全的突破并且成为对不宽容最有效的反驳。

洛克的良知自由论证导致他由于不仅拒绝对天主教徒宽容，而且拒绝对无神
论者宽容而划下狭窄的宽容界限，并且倒退到一些他的时代之前的作者后面；拒 559
绝宽容天主教徒，是因为他们对其他权威，特别是神圣权威比对他们国家的法律
负有更多的义务，并且自身不愿实施宽容，拒绝宽容无神论者，是因为他们实际
上是缺乏良知的：按照**洛克之忧**，没有上帝的超越的权威，就没有任何国家和任
何道德可能存在；宗教上良知自由的辩证法的又一种形式。

洛克的理论不仅是最重要的传统宽容奠基方式之一的失败的特别案例，尽管
它直到今天仍然是继续有影响和名声显著的；它也是两条直到当前也非常有意义
的宽容道路的分叉点，一条是伦理上自由主义的道路，按照这条道路，宽容是个人
自主寻求与实现个体的善的必要条件，另一条是对人们之间的权力（以及更普遍地
说：对行动的限制）进行交互辩护的道路，尽管有良善生活在于何处的问题，但人
们知道彼此有义务承认对方的辩护权利。我们还会再回到这两条道路之间的区分。

最后要强调的是，洛克的契约论与政治上权力实施的需辩护性的思想共同表
达了公民概念与宗教—伦理人格概念的区分进程的一个进一步的重要阶段（虽然
他没有预先规定道德人格的独立定义）并且洛克因此向着横向宽容与纵向宽容的
结合迈出了更远的一步。这反驳了（尽管洛克在实践上赞成的）《权利法案》的允
许提法，《权利法案》详细地规定了谁出于何种理由可以被免除国家教会的一致性
义务，这些规定为允许宽容进行规训的与维持稳定的并且同时有所解放的实践提
供了又一个例子。

18. 洛克在与普罗斯特的论争中所获得的规范性—知识论的宽容奠基方式在同
一时代完成的培尔的理论中可以看到一个整全的反思形式，培尔的理论可以被视
为现代宽容话语的顶点，因为它达到了一种新的论证高度：培尔不仅意识到，必 560
须在规范性的与知识论的——而不仅是宗教的——领域与最有影响的不宽容奠基
即一种奥古斯丁的基督教至善论的奠基作斗争，而且意识到，需要一种实践理性
与理论理性的更高的提法，以便能够完成这一斗争并且提出一种**相互间得到辩护
的**宽容提法。

培尔论述的核心是已经提到过的规范性的与知识论的要件的修正版本：

（Tb 13 b）有普遍约束力的道德规范可能成为强制权利之基础，这种道德规范
与在理性的人中间有争议的价值信念之间的规范性差异可以在培尔那里看到一种
清楚分明的形式；按照培尔，前者以先于所有实证宗教而存在的实际的普遍理性
(*raison universelle*) 为根据，这种理性对于所有人都是本己的，即使是无神论者。他
以一种彻底性提出与"洛克之忧"相反的他的著名的"悖论"，即使无神论者也能
有道德并且甚至可以有一个无神论者的社会，这种彻底性表明，在他那里一种**自
律的道德的**宽容奠基方式占据了多么强的统治地位。为此，一方面需要一种道德

上的理性普遍化，但另一方面也需要一条各种价值信念——在这一情况下：诸种宗教信念——的分离线，这些信念具有独特的本性而不具有普遍规范的地位。为了划下这条分离线，培尔借助了**交互辩护的原则**：在宗教争执中，为自己的"真理"要求一种实践上的优先权利——他们与其他人争夺这种权利——的人是不正确的；他们以此实施了一种不能相互辩护的强制，并且用他们自己的语言替换了普遍的语言，以至于似乎从一种罪行变成了一种德行——比如一种"好的强制"。因此，所有道德的基础乃是相互性（Wechselseitigkeit）的黄金律，并且只有真正的"普遍原则"，而非以同样的正确或不正确相互碰撞的各种特殊的真理观念，可以具有普遍的约束力。

（Tb 14 c）显而易见，与这种规范性差异相伴而行的是一种知识论差异，它必须澄清，这里的话语是"真理"的哪种类型以及在这种真理相对化背后是否确实没有安插一种怀疑主义或相对主义。培尔用一种直到今天还有现实意义的、要求苛刻的"理性的争执"的理论对此作出回应：接受辩护的规范性原则并且作好准备在交互性（Reziprozität）的界限处相对化自己的真理，这并不预设自己的信念不再可以持以为真。相反，这预设了一种对于**理性的有限性**的基本洞见，按照理性的有限性，信仰与知识的分离意味着，信仰虽然**不反对理性，但超越理性**［*dessus de la Raison*（高于理性）］。培尔的"理性的信仰主义"（冒着一种新悖论之险）说，信仰提供了形而上学—宗教问题的答案，理性既不能自己完成这一问题，也不能（正确地以这种形式）要求这一问题，但也不能禁止这一问题。理性能为这样的答案提供最低限度的条件，但它既不能证伪这些条件，也不能证实这些条件，因此能够并且必须宽容它们：它们存在于理性的差异的领域，这些差异可以在理性框架内被分解，但不屈服于理性的最终权威。它们是信仰的事情——一种理性的争执的例外情况，有限的理性不能解决它们。以这种理论，培尔行走在一条狭长的分界线上，这条界线应当抽去不同宗教的神学教义学者之间以及这些教义学者与哲学上的怀疑论者之间关于"真正的信仰"的争执的基础，因为没有任何一方可以在其信仰的可证明性（或者信仰之无意义的可证明性）的意义上为自己索要"最终的"理性。这样，各自的信仰不会变成相对的或主观的，但也不会变成主体间有约束力的。所出现的毋宁是，信仰者虽然视他人的信念为**错误的**信念，但是**不会视之为粗陋的非理性的**信念或非道德的信念。宗教争执仍然存在，但是不再变成对于"异教徒"的可合法化的斗争。由此得到为原则上的宽容打开空间的知识论差异。它补足了上面提到的规范性差异，因为现在规范是有约束力的，是相互间以理性的方式不可反驳的，培尔所理解的核心的道德规定就在其中；而以理性的方式可拒绝的（但也可接受的）超出于此的真理，不能为任何强制有效性奠基。

然而，培尔仍然深陷传统的宽容话语，以至于在他那里也看不到一系列其他奠基——特别是：

（Tb 2 c）宗教良知之自由的论证的一种更加激进的版本，它应该避免这种在洛克那里出现而培尔敏锐地预见到的论证的辩证法。因此，他把本身对上帝负责的良知主观化到如此程度，以至于不跟随良知，或者使良知屈服于外在强制，无论它看上去受到什么命令，就完全被视为罪恶。——然而，这导致了"出于良知理由的迫害者"的悖论，迫害者的良知命令他强制别人接受真理，以至于要求他去宽容本身成了一种不宽容的形式。不仅如此，因为培尔强调跟随自己良知的无条件的权利，所以产生了一种道德上的权利去做某些不道德的事。培尔最终重新发现，只有通过回到提到过的规范性—知识论奠基，才能走出宗教良知不允许的绝对化及其与道德上的良知同一化的死胡同（这条死胡同也导致宽容界限的狭窄化）。

这样，培尔完成了向着一种宽容奠基的决定性突破，这种宽容奠基方式避免了其他奠基的颠倒之危险，不过，本身还没有达到实践理性与理论理性的独立性，这要到康德之后才可设想。对洛克与培尔的比较不仅特别地表明后者如何避免了强迫前者放弃良知之不可强制性的奠基的难题，而且也表明培尔自己在这种传统道路上进行推进的尝试陷入了何种困难之中。因此，良知自由的概念的诸疑难的展示得以可能。因为宗教良知的自由被这样奠基：

（a）如果个人的良知是不可强制的，因为不可能通过强制产生真正的信念，那么，奥古斯丁与普罗斯特会回应，通过为其他人打开认识真理的眼睛，以温和的压力或者其他机巧的手段完全可以达到这一点；

（b）如果上帝只对真正的与真实的基于信念的信仰满意，那么，凭借这同一个论证只能指出，"被引导的"信念，即使恰恰是改宗者的信念，并不缺少真实性并且是全心全意的；

（c）如果信仰只是并且只应是上帝的创造物，而非人的权威的创造物，那么，同样可以认为："好的强制"并不直接引起正确的信仰，它只为道路清除障碍与错误。

（d）如果在对真理的占有中不存在充分的可靠性使得麦子可能随着稗子一起被拔掉，那么，回应就会是，如果稗子的特定种类不仅被明确地确定，而且过度蔓延，并且面临真理丧失的危险，那么这种奠基就无效了。

此外，良知自由的论证还导致其他疑难：如果它意味着只有"严肃的"和经过检验的、真正的良知决断和信念才能被宽容，那么由之得到的是界限狭窄的危险，因为，姑且不说，几乎不可能找到有效的标准和程序去发现与肤浅的和外部引起的信念相区别的严肃的信念，甚至即使人们找得到，也会每每按照对这种标准和程序的应用带来成问题的排除。另一方面，如果人们想要把所有主观的良知决断作为只对上帝负责的决断来宽容，包括诸如"出于良知理由的迫害者"的决断，则可能造成界限宽泛的结果。

此外，宗教上的良知自由的论证在其自身承担着颠倒的危险，如果那些完全不受上帝约束或者仅仅不完全地受上帝约束的人似乎根本没有良知，也不可能诉诸良知自由的话。

最后，这个论证仍然是模棱两可的，也就是说，有时良知信念被认为可以被宽容，是因为它**不**属于个人的个体意志或者其他的意志，而是上帝或者自己运作的（eigentätig）精神的创造物，但有时则是因为，这种信念自身出于**自由的意志**而且是经过选择的，并且作为这样的东西要自主地负责。

总之，上述论证无法挽救良知自由观念的合理内容，并且"良知"概念总体上太不清晰，不足以承载一种宽容奠基；唯有培尔所突出的规范性—知识论奠基，由于把辩护原则本身置入了宽容规定的重心，可以阻止一种宗教真理找到好的理由把良知带上正途，或者防止界限被确立得过窄或过宽。

19. 虽然培尔对法国启蒙运动非常有影响，但是他的思想与启蒙者的思想之间的两个最重要的区别也十分明显：关于培尔悖论，后者中的许多人畏惧宗教、道德与国家之间的联系被完全解开，而他们在宗教批判方面走得更远，并且尝试通过在实证的启示宗教的位置上设置一种应当形成新的宽容地基的"自然"宗教或"理性"宗教来克服不宽容。

对于启蒙运动来说特别典型的是，宽容思考的两个方面，横向的—主体间的思考与纵向的—国家理论上的思考，首先——如在孟德斯鸠与卢梭那里——明显地分道扬镳，最后在康德那里与在美国革命和法国革命的语境中，才被结合为一种宽容的民主式提法。孟德斯鸠在社会的—横向的层面上提出一种相互的宽容，这种宽容奠基方式承认各个实证宗教道德—伦理上的共性，这些共性形成了一种普遍的自然的核心宗教。与之相反，在国家理论层面上，宗教、文化与民族的多元性思想导致了一种不同的结果：

（Tb 11 b）孟德斯鸠首要地在功能上以稳定为导向思考宗教在国家中的角色，这不仅使得他拒绝培尔悖论并且支持服从法律与服从上帝的某种一致的必要性；这种思考还使得他基于对一个社会在宗教—伦理上的创新能力的界限的观点，主张限制宗教革新，以至于只有当一个国家中已经存在某种宗教多元性并且对这种多元性的压制会导致叛乱与不公时，宽容才能在一种修正了的**开明的允许提法**的框架中得到保障。因此，这种提法完全与规范性的诸观点相联系，但这些观点仍然在一种首要的国家功利主义的视角下被聚拢，正是这一视角从宗教的多元性、民族的特殊性与宗教争执的危险中引出了限制性的推论——在这里，开明的允许提法的辩证法变得显而易见。

20. 在卢梭那里，社会的宽容视角与国家的宽容视角之间也撕开了一条裂隙。从前一种视角出发，卢梭用

（Tb 5 b）一种更新了的归约式统一论证为宽容奠基，按照这种论证，通过一种先于一切实证宗教而存在的自然宗教，相互的宽容才是可能的和被要求的。这种宗教与一种"理性宗教"形成鲜明对比，因为它起源于特定的人类情感，并且发展出一种对于实证宗教的忠诚的理解，一个人在这种宗教中被社会化——假设由此不产生对不宽容的辩护。尽管如此，这种观念仍然处于自然宗教与实证宗教之间的紧张中。

在卢梭的政治理论著作中，他的目光随着他的主权概念和把不宽容逐出国家的最高目标的预先规定改变了：

（Tb 20）为了政治上的全体（Gesamtkörperschft）能够形成一种普遍意志，按照卢梭，全体需要一种普遍分享的道德——宗教基础，这种基础必须在一种公民的信仰告白中被确立，在一种公民宗教（*religion civile*）中被确立。因此，卢梭也反对培尔悖论，并且认为一种最低限度的宗教对于一般的道德的奠基以及对于特殊的政治团结是必要的；在这方面他跟随了霍布斯的逻辑，只有当不仅主权出于宗教的理由被敬重，而且除了它没有任何其他最高权威存在，公民的（特别是教会的）不宽容才能被成功地克服。与斯宾诺莎一样，卢梭表明，公民的信仰告白必须具有最低限度的公开的本性，并且必须谴责不宽容的教条，而主权者只能确立外在的礼拜方式；它达不到信仰本身的内在庇护所。——但是，自然宗教在国家理论方面变成了公民宗教，由此产生了下述辩证法：在设立公民的宽容行为的一种普遍基础的努力中，所有看上去不能为此统一的宗教的或非宗教的态度——首先是天主教徒与无神论者的态度——都被排除。最后，宗教自由还原到内在的良知自由而非礼拜自由，但还伴随着敬重外在礼拜与接收官方的信仰告白的义务。这里表明的是政治——宗教同一性逻辑［参见霍布斯（Tb 18）］的一种变化了的辩证法，这种逻辑同样表明了反对不宽容的斗争会如何颠倒为不宽容。因此，政治自治与普遍有约束力的法律的公开辩护这种在卢梭那里核心性的思想，在其内容上对于宽容问题域不仅没有得到充分利用，而且颠倒了。

566

21. 伏尔泰的进路最明确地尝试在启蒙的意义上解决教条主义的宗教冲突以及与之相联系的不宽容，亦即通过

（Tb 5 c）一种自然神论的**理性宗教**取代诸实证宗教的位置，前者没有被理解为与诸实证宗教相关的宗教内核，而是被理解为诸实证宗教之外完全而唯一理性的选项："神圣的与唯一的宗教"。按照伏尔泰，只有这样，才能克服狂热主义的疾病。与培尔不同，在伏尔泰看来，关于宗教真理的问题，只有理性才应该是决定性的，并且理性只是一种与众不同的宗教——因此，他保留了对于所有人唯一的、统一的宗教的理想。因而他的归约式统一的道路部分地与

（Tb 8 a）**包容式统一**的道路联结在一起；因为他相信这种唯一的宗教能够容

纳其他宗教的理性内容于自身之内。其他宗教因而只能在通向一种启蒙了的文化的道路上被宽容。

这项计划首先是一项克服不宽容的计划，其次才是一项宽容的计划；它的目标是，解决宗教差异本身并且使之转化入一种新的统一，从这种统一的观点可以看到以前的宗教争执是多么荒谬。——然而，这项计划在两个方面遭遇困难。首先，即使伏尔泰也看到（与狄德罗不同）理性宗教、道德与国家习俗的一种必要的联结，以至于不仅无神论者被排除于国家的宽容，而且那些潜在地阻碍启蒙道路的人也被排除于国家的宽容。这样，两个难题已经被标明，因为虽然废除不宽容的目的在于建立一个宽容的宗教—社会秩序，但是在这方面对现存诸实证宗教的宽容变得棘手，因为它们——在伏尔泰那里，特别是犹太宗教——首先表现为未经启蒙的时代的落后的残余，表现为"错误的"宗教。这不仅忽视了，理性信仰本身不过是诸多信仰中的一种——绝非完全中立或更高的——信仰，它（像其他信仰一样）假设自己是唯一理性的信仰，而且忽视了这样一种危险，即通过诉诸宽容的目标与理性的统治，这种理性膨胀为一种宗教，然后自己又把一种宗教上的排外给合法化：这是启蒙的辩证法的一种特定形式。

22. 唯物主义无神论者，如霍尔巴赫，由此得出这样的结论：

（Tb 21）即使最低限度的理性宗教也仍然停留于宗教不宽容的逻辑，因此只有在对宗教的完全克服中，在无神论中，才可能存在通向宽容的道路。狂热主义没有错，错的是宗教的本质；此外，更大的错误在于，认为道德与对上帝的畏惧相联系，情况毋宁是相反。不过，即使在这里，理性仍然是有关宗教方面的最高机关，这种宗教可以只承认一种唯一的神性（Gottheit），即自然本身及其法则；所有其他宗教都被废除了。——然而，这样就在双重意义上表明了宽容的终结：一是宗教宽容的契机的终结，因为将不再存在任何有意义的宗教多元性，一是对于现存诸宗教的宽容的终结，这些宗教全部被判决为狂热主义与不宽容。寻求一种唯一的理性宗教的问题再次显示出来，只是这次伴随着消极的结果。因此，在无神论的辩证法中，无神论对不宽容的斗争颠倒为不忍耐（Unduldsamkeit）。

23. 实证的启示宗教的姿态与自然神论的理性宗教的姿态的对立是莱辛的宽容奠基的主题，他着手尝试使这两极相互和解。宽容首先

（Tb 7 a）在一条**竞争式统一**的道路上被奠基，亦即，宽容被标识为由上帝与理性预定和要求的自由空间，在其中启示真理的合理性应能得到证明。在作为众父之父（Vater aller Väter）的上帝之中的一种源初联结与共同的理性与道德的基础上，人们不能再追问"真正的"启示，相反，最好的与真正的宗教应该这样证明自己，即对共同起源的精神与宽容的精神保持忠诚，不会背叛自己与"众父的信

仰"。因此，这种宽容与宗教多元性的提法保持了一种明显的人文主义的—和解的特征，这一特征建议经过启蒙的宗教相互靠近，并且不仅在一种道德上的一致中，而且在神学上的一致中相互靠近。——与此同时，各种实证的启示宗教与关于不再能被辨别的真戒指的理性洞见对它们的相对化之间的紧张仍然没有消除；结果，对共同起源的有力强调使得宗教的种种特殊性显得是种种习惯，关于这些习惯进行了无意义的争执。真正的可靠的信仰于是归约到一种联结者——可以说是联结于人类的一种人文主义的信仰；而竞争的参与者只能在假设的意义上理解他们各自的超出于这种信仰的信仰，这种假设毋宁是在道德领域而非神学领域可能变得富有成果。概言之，这导致宗教视角的一种强自身相对化：在宗教竞争的辩证法中，被认为是竞争承办者的那些人同样不确定他们是否将在某个时候能证明与他们的信仰相关的真理。

门德尔松虽然接受了宗教竞争的思想并且尝试表明，与基督教相比，犹太教适合于作为理性的与宽容的宗教，但是，对于在莱辛那里占统治地位的理性宗教的自然神论也持怀疑态度；不仅对一种这样的宗教归约，而且对一种信仰统一的 569 观念，他都提出了抗议，因为它们都太过经常地成为伪装的基督教的收容（Vereinnahmung）尝试。尽管如此，他的提法也显示出在莱辛那里被命名的难题，虽然是以不同的形式，因为在门德尔松那里，理性的、经过启蒙的与宽容的信仰同样拥有对于（仍还只是独特的）启示信仰的优先性。同时，门德尔松批评一种宗教层面与政治层面的混合，这种混合导致犹太人的解放——他相对于一种仅仅按照允许提法的宽容要求这种解放——不得不付出宗教同化的代价；然而，他也认为神学上的启蒙与公民平等的可能性有关。

24. 在标识着宽容话语的道德的合理化历史中，康德的道德哲学在下述意义上表现为顶峰，他

（Tb 13 c）发展了一种**自律的**道德提法，这种提法将宽容的规范性差异理解为**义务论差异**。道德预设了一种实践理性能力，这种能力是独立的并且不以其他价值或信念为基础，如具有宗教本性的信念；道德不依赖于尘世的或天堂的幸福的他律规定。它要求一种对于作为道德人格的人的无条件尊重，这种道德人格不需要进一步在伦理上奠基和被赋予资格或者相对化。相应地，这里可以看到"纯粹的"人性（Menschsein）——如在卡斯特利奥或者培尔那里所表达的——对于人的同一性的其他视角的规范性优先性的思想的发展结果；作为"道德人格"的人以本己的权利跻身"伦理的—宗教的人格"之旁。

义务论差异产生于，唯有在诸自律人格之间可以相互与普遍地得到辩护的规范，才能在道德上有效，以至于一种使单方面的真理设置绝对化的行动限制是不合法的——即使它诉诸受到这种强制的人的善而得到奠基。根据康德，幸福的观

570　念是理性的争执的对象，因而能够辩护行动限制的绝对有效的道德规范不会包含那些特殊的伦理观念。因此，规范性差异将始终必须在反思的普遍化过程中形成，并且不能动用固定的价值储备。

对不宽容的家长式奠基的抗议并不奠基于伦理上的自律性的"善"，这种"善"被认为对于一种"良善生活"来说是必要的；相反，这种抗议源自每一个道德上自律的人格的**尊严**，这种人格具有一种权利，要求所有在道德上与他有关的行动对于他都要通过相互可分享的理由得到辩护。据此，宗教的强制不可能得到交互辩护。在至善论的思想中，宽容被视为可达乎良善生活之目的的手段，但其中存在一种危险，即其他手段被证明对此更加有效，与这种思想不同，这里的辩护要求意味着，他人作为自在的目的，本身必须被尊重，而这无非是说，辩护的义务必须被严格遵守。

因此，康德在其道德哲学中提供了一种自律的道德和义务论差异的必需品，它们——如将要详细解释的那样——对于解决在一种尊重提法框架中的宽容悖论是必要的，然而，这条进路的一个特定视角使得他回转到一种理性宗教的提法——以及与之相关的难题。虽然他不同于像伏尔泰那样的启蒙者，不再认为道德奠基于宗教，而是反过来认为宗教奠基于道德，但是，源于"理性的需要"的"至善"观念导致他在与道德性的关系中思考幸福，在与一种道德上的理性宗教的关系中思考幸福，关于这种理性宗教，康德相信它是宗教的唯一理性的形式并且能够合理地调停诸实证的"信仰类型"的争执。这样应能抽去教条主义的不宽容的地基，然而代价是对实证宗教的一种"理性奠基的"等级化，这种等级化偏爱基督教，虽然基督教作为教会信仰也只可能是一种通向唯一真正的、极端归约了的宗教的"路径中介"（Leitmittel）。这样，康德从理性的有限性中得出了不同于培尔的结论，与之相对，培尔更加一贯地强调信仰与理性的差异并且因此在知识论方面为宽容提供一种更恰当的基础（见上文 Tb 14 c）。

571　在其法权哲学与政治哲学中，康德构想了平行于道德的作为规范体系的法权，这些规范独立于各种特殊的幸福学说。它们源自公开的、民主式的辩护程序，这种辩护使得宽容作为立法者的德行是必不可少的，立法者必须洞见到，好的、可公开辩护的理由的界限何在。因此，辩护的权利转移到了政治—法权的领域并且排除了不可合法化的宗教强制。由此产生了尊重提法从横向维度扩展到纵向维度并且替代允许提法的单方面的、国家当局的宽容——康德称之为"高傲的"宽容——的可能性。宽容成为了民主制的一种本质性德行。

因此，康德哲学总体上包含一种对于**人格的四种不同的规范性提法**的区分，这些提法已经产生于宽容话语的进程。除了自律的**道德人格**，还能看到的是伦理人格，前者在其作为进行辩护的存在者的尊严中必须被无条件地敬重，后者具有对于善和价值的特定理解，这些善与价值可以在宗教上得到奠基；此外还有**公民**

的角色与作为法权的规定者或接受者的**法权人格**的角色，法权必须在公开的合法化的程序中被发现与设立。正如道德人格对于单方面的价值强制具有要求辩护的权利，法权人格也有对于平等权利的要求，并且要求作为公民参与者参与立法讨论，从而使自己的观点具有效力。

25. 联结了横轴与纵轴的那种辩护的逻辑，在 18 世纪的两场大革命中发挥了它的规范性力量。这里显示出，标识着宽容话语的权力与道德的双重合理化在按照"开明专制主义"的允许宽容与政治上的尊重宽容之间的直接对抗中如何导致危机；因此，革命者们要求平等的宗教自由作为全面的政治自由的一部分，并且抵制一种国家当局的、"独裁的"与"有辱尊严"宽容理解。但是，宽容同时应当是作为立法者与法律接受者的权利平等的公民的一种主要的德行，他们已经学会 572 不把宗教差异转变为法权—政治上的歧视。因此，特别是在人权宣言中，宽容

（Tb 22）被奠基于在道德上与政治上**自治的公民**的彼此**尊重**，他们赋予彼此作为自由的人与平等的人能够交互地和普遍地要求的权利并且有义务在实证—法权上保障这些权利。因此，辩护的权利在政治层面上这样贯彻，即被奠基于在道德上与政治上对一系列权利的要求，这些权利必须在法权—政治上被制度化，无论是防御性权利还是参与性权利。权利与自由不再"由上面"提供，而是在平等的人中间被合法化与确保，由此产生了宗教自由的权利与政治上参与的权利之间的紧密联系。

尽管如此，对自由与权利的理解特别是在美国语境中仍然牢固地处在宗教关联中，而在法国，则呈现出一种对基本权利的自治的政治奠基。但是，在那里，不仅人格的自由与人民主权的原则之间的关系仍然有待澄清，而且得到贯彻的首先还是一种宗教上允许宽容的残余形式。这在国民议会中激起的异议明确地显示了宽容的民主式尊重提法与政治上的**正义**的原则之间的内在联系，按照正义的原则，一个社会的基本结构必须依据那些可以交互地—普遍地辩护的规范。

26. 属于启蒙运动宽容辩论的还有，对于诸民族之间在文化上与伦理上的区分不断增长的意识导致了这样的理论的形成，这种理论批判地反对那突出某种普遍的理性宗教的尝试。在赫尔德那里，可以第一次看到宽容思想脱离不同共同体之间的宗教差异向着它们之间的伦理—文化差异的转换，并且同样可以看到一种

（Tb 23）**文化的—多元主义的宽容奠基方式**。根据这种奠基，人类的历史按照神意的神圣计划被视为人的完善性的——可以说诸伦理世界的——文化上独一无 573 二的不兼容形式的顺序，它们每个都具有自己的尺度并且不可能被扬弃于一种普遍的综合：善"遍播于大地之上"。因此，一种价值赞赏的宽容的奠基在于，这些形式能够由于它们的独一性与它们在伦理上的品质得到价值赞赏，即使它们在它们的其他特性或它们的片面性上被拒斥。——然而，这种提法不仅承受着一种本

质主义的文化理解与民族理解，而且，特别地，它无力解决伦理视角对局限性的强调与必须能采纳这种伦理的—多元的理论本身的（基于创世计划的）总体视角之间的紧张。此外，它的有机论词汇遮蔽了集体的独一性要求与个体的独一性要求之间的可能对立。最后，在一种生活方式没有任何特点被视为值得赞赏，而是被视为对创造之美的背离的情况下，存在着论证颠倒的危险；由于价值赞赏与宽容的伦理标准仍然保持开放，产生了任意划界的危险。这种文化的—伦理的多元主义的辩证法是价值赞赏提法的总特征：互相进行价值赞赏与宽容的诸人格或诸文化之间的联系越紧密，宽容的诸界限就越狭窄，因为它们通过可以得到价值赞赏的东西而被标识。而在价值赞赏停止的地方，宽容也随之停止。然而，宽容应当比人们出于自己的——或者某种臆想的神圣的——视角而可以视为有价值的东西包含更多内容。

27. 在施莱尔马赫那里可以看到宗教宽容的一种受到浪漫主义激发的多元主义提法：

（Tb 10 a）**宗教的一多元主义的**论证的一种变体，这次伴随着对主观的宗教经验的独一性的强调（与 Tb 12 相关），按照这种观点，这种经验从"接触"到无限者的时刻起就在有限者那里走上了各自不同的道路。因此，诸个体不仅可以阐明宗教观点的不同，而且能够宽容地赞赏他人的道路的价值。——这又产生了一种过强的自身相对化与过弱的自身相对化之间的两难：如果本己视角的有限性意识要求视他人为"同等虔敬"或同等真实，那么自身的相对化就过强了；于是就不清楚究竟是否还涉及一种宽容的处境。但是，另一方面，如果本己视角想要把自己理解为一种反思地包含他人视角的视角，那么自身相对化就是过弱的。这种两难标识着一种多元主义的宗教提法，而这种提法的价值赞赏之宽容的观念也面对着一个难题，即在这种视角下，可以得到价值赞赏的事物的领域与可宽容的事物的领域被同一化，并且由此可能导致过窄的界限。

28. 与赫尔德不同，洪堡在其浪漫主义的—自由主义的理论中强调个体独一性相对于集体独一性的优先地位。因此产生了一种

（Tb 24）**伦理的一自由主义的宽容奠基方式**，它以人的完善性的一种至善论提法为基础：公民间的宽容与（特别是）国家的宽容奠基于一种必要性，即个体需要一个自由空间，以便他们能够出于本己的力量在他们各自的本己道路上——在与他人的协力合作中——完美地发展他们各自的本己潜能。个体的原创性是国家的目标与目的，政治自由与宽容都是对此有用的手段。因此，宽容最终奠基于对个人的原创性潜能和他们在一个"更美、更高和更奇妙的形态"的社会中所带来的东西的赞赏。——虽然洪堡如此努力地把他的伦理至善论提法与一种政治至善

论分离，但由于宽容首要地被视为原创性的发展这一伦理目的的手段，还是产生了颠倒的危险，并且是在不同的方面。首先是在得到保障的自由按照某种价值赞赏的标准导致诸"形态"的形成的地方，这些形态远离所有的独一性理想或者甚至缺乏自身完善的动力——以至于它们的自由似乎是"无价值的"。其次，在诸形 575 态发展的地方，这些形态不质疑他者的权利，但是却——例如通过糟糕的例子——危及它们的"繁荣"。再次，在诸道路得到显示的地方，无非是通过提供自由来实现伦理上的原创性特征，亦即不是通过直接的强制，而是通过积极的鼓励或教育措施。在所有这些情况下，伦理至善论都可能转变为会使宽容界限变窄的政治至善论。

其中表达出一个难题，它在总体上标识着宽容的一种至善论提法：如果政治自由或宽容作为手段而为某种伦理理想的目的服务，那么危险不仅在于，不符合这一目的的人掉落出宽容的领域，而且在于，总体上产生了一种积极的国家义务，"温和地"引导人们走上善好的路径，并且使善好隶属于对个人在伦理上"无价值的"自由与"非本己的"希望的宽容与尊重——一种至善论的辩证法。但是，由此得到的并非宽容应该是某种在其自身的目的；而是宽容的目的要被另加理解，而且必须在伦理目的的任何一种普遍化之前先经过一种交互的—普遍的辩护之"过滤"。

29. 这个结果在密尔那里呈现出来——尽管没有得到承认。在密尔的社会宽容的提法中可以看到不同的宽容奠基方式：

（Tb 24 a）其中一种紧密地联系于洪堡的**伦理的—自由主义的至善论**。宽容应该为社会试验建立一个自由空间，这些社会试验有助于各种不一致的生活计划的自主发展，这些生活计划总体上有益于社会进步。在这方面，处在中心位置的是个体性的价值："强大自然的"产物。密尔力求去除上面提到的伦理至善论转变为政治至善论的难题，所以他视**自主的**生活形态为善的提法之发展的条件，并且相应地要求对自主性的尊重，只要没有因此妨碍他人。——然而，既然政治自由或社会宽容、个人自主性与个体性的开展之间的这种联系首要地在伦理上从原创性 576 的理想出发而得到奠基，因此宽容论证仍然是有条件的和相对的：只有当宽容和对自主性的尊重能够导致某种善的东西，也就是说，只有当它们在上述伦理的意义上变得有用，它们才是"善的"。如果它们没有变成这样，那么政治的—至善论的侵犯就不仅可能是有理由的，而且甚至可能是需要的。[⑥]这里只需要注意一点，即它们尽可能地不损害个体性而达到它们的目的，例如开始于对无价值的与阻碍自主性的或者说阻碍原创性的生活形式的阻止与抑制。按照这种进路，完全有可能的是，政治自由在一种主动的伦理自主性要求的意义上被相对化。

更重要的是，政治自由、个人自主性与良善生活的关联这一主题在良知自由的传统论证的背景下已经发展为真正的与内在的信仰的条件，但仍然禁锢于一种特别的，虽然高阶的善的提法：这样一种观点，即只有一种"自主选择的"生活计划才能导致一种良善生活。然而，这仍然是一种个别的提法，因为，无论这种观点是多么理性，一种立场也可以被合理地辩护，即一种**没有**在这种意义上自主选择的生活也可能是一种良善生活，例如一种生活致力于履行一种没有经过选择和追问的对于他人的义务，或者以传统宗教的方式被奠基。政治上**自由的**生活、伦理上**自主的**生活与**良善的**生活可能是三种不同的事情（在这里对诸生活形式的批判已经得到注意）。因此，当对善的寻求没有受限于特定的"价值意见"，而是保持开放时，甚至有可能建立一种至善论类型，即对自主性的必要的善之促进被视为国家的义务，由此产生一种对于这样的生活形式的不宽容，这种生活形式被评价为不促进自主性，尽管它们并没有越过道德的界限（例如一种宗教少数派，它不强制自己的成员过某种特定的生活形式，但是在其派别中占统治地位的意识是对上帝负有一种具体的生活作风的义务）。不仅如此，结果会变成，只有"真正的"自主的有理由的生活计划与相应的生活形式值得被宽容（无论人们想要如何审视之）。这会导致非常窄的宽容界限，而如果人们（没有更进一步的标准而）宽容所有被"独立地"选择的意见，那么就会得到非常宽的界限。最后一点：这样一种伦理上的宽容奠基方式将不仅不符合宽容界限的相互辩护标准，而且也不符合道德上相互要求宽容的标准，因为它跟随一种特别的、"自由主义的"并且因而不可普遍化的奠基。

为了使对行动自由——正如它符合密尔的伤害原则——的任何一种限制的相互辩护的要求得到奠基，密尔也避免这种伦理的相对化并且（潜在地）回转到一种

（Tb 13 d）**义务论的奠基**，它预设对于个体的自由权利无条件敬重的义务。它建基于（a）辩护的优先权利，并且必须（b）用交互性和普遍性的标准，来划下与一个人格本身有关的行为与相互间需要辩护的，并且因为会造成对他人的"伤害"的，从而可能是非法的行为之间的界限。只有这种标准能够作出这一区分，因为任何别的对存在于"私人的"或"公共的"利益中的东西的填充（Füllung），都会被证明是单方面的。以这种方式，可以看到对一种实践在伦理上的判决尺度与在道德上的判决尺度的对立，它们导致对于宽容界限的判断，这种宽容可以普遍地得到辩护——并且排除比如说宗教强制。

随着这一进路，在密尔那里可以看到的另一种（关于意见自由与言论自由的）宽容论证的缺陷也得到弥补。它是

（Tb 17 a）从宽容对于一种进行商讨的**公共领域**（*Öffentlichkeit*）的功能性而来的宽容奠基方式的一种变体，无论各种意见多么错误，这种公共领域都能在各种意见的话语交流中获得真理发现的一种集体进程，它富有成效地翻转了个人的不可靠性。在密尔的特殊版本中，这一论证也吸收了竞争式统一道路（Tb 7）的动

机，该论证之所以有价值，是因为它规定了功利主义的计算，这也就等同于真理的价值。这种辩护导致了一个悖论性的结果：为了巩固真理，所有的错误都应当被说出。——然而，恰恰在知识的进步支持不再允许某些特定讨论的地方，这种奠基撞到了它的界限，因为这些讨论要么导致停滞，要么导致错误的散布（但就是不导致非传统的思想方式的传播）；甚至即使真理始终出于自己的力量而占据优势这一观念是正确的，为真理锦上添花也没有什么可反对的。某些错误的见解对真理之发现是有用的，但是或许并非全部都如此。简言之：如果真理是目标，那么它可以在一种成本—效益计算中为特定的排除方式辩护。此外，在这里也成问题的是，对于那些并不作为假设而在场的宗教信念来说，那种对其特殊性进行推理式证伪的模式是否合理。

30. 如果说，在 18 世纪结束时，宽容话语从集中于宗教冲突，扩展到了诸民族或诸文化间的宽容，那么在 19 世纪，鉴于各种体系选择的对抗，它就扩展到政治宽容的问题。在这方面，重要的是看到，这超出了在诸伦理价值（它们与个体的良善生活有关）与诸道德规范（它们涉及正义的集体生活并且对前者的宽容形成框架）之间的区分，因为现在是这些规范**本身**充满了争执。然而，为了这种框架在宽容的轨道上展开，高阶的规范又是必要的，这些规范符合正义的一种可分享的最低标准。关于正义的争执，本身就预设某种正义规则，首先是在政治层面上对辩护权利的确保和保障。于是，宽容奠基于

（Tb 22 a）在**最小程度的正义**的意义上，对这种基本权利的相互**尊重**，这种最小程度的正义是必要的，以便能够导致更广泛的正义话语（伴随着建立最大程度的正义这一目标），从这一正义话语出发，在涉及对此必要的基本权利时，没有任何人会因一种形式的或质料的立场不正确而被排除。因此，为了公民权利，也为了宗教自由权利的奠基和解释，政治宽容的这种形式被普遍要求；在这方面，关键不是宽容的特殊情形，而是普遍的尊重提法在政治—法权上的制度化。

579

就此而言，宽容出现在两个位置上。第一个地方关涉政治程序与公共讨论之正当获得的确保，而不以非法的方式排除种种意见；在这方面，各自的宽容关系与辩护关系都必须基于现存的，或许隐秘的排除机制而被审问（并且，在有所反思的运用中，它还会让这种审问在制度层面得以落实）。在宽容被要求的另一个地方，一个党派在政治的辩护话语中看到，它的种种理由不足以跃过交互性与普遍性的界限，不足以为普遍有约束力的规范奠基——即使它一如既往地认为，它的理由更好。

政治宽容的界限划在何处，以及是否必须规定例如一种特定的国家形式，这个问题导致了大量复杂的讨论。根据上面提到的奠基方式，基本的界限应该划在这样一个地方：它必须保证他人的辩护权利，以及在此基础上进一步得到辩护的基本权利不可能遭受剥夺，同时这些权利的运用也不可能失效；但是，这种实行

可以与不同的制度安排相一致。在这一语境中，可以在凯尔森那里看到一种可供选择的

（Tb 25）**相对主义的**宽容奠基方式，根据这种奠基，民主制不可以禁止反民主的运动，因为它自身只是基于一些个别的价值，这些价值不具有高阶地位。然而，按照凯尔森，从价值相对主义中得到的，是作为承认价值多样性的"道德原则"的宽容。——然而，这里仍然不清楚的是，宽容的地位是（a）诸价值中的一种，还是（b）更高的原则；宽容不可能同时具有这两种地位，如果前者正确，那么结果就是不宽容（以某种特定价值之名）与宽容（例如以自由之名）同样合理，如果后者正确，那么就不存在任何相对主义了。

580　　31. 在犹太人解放问题中的语境中，马克思的宽容批判的讨论不仅明确指出，在何种意义上，宽容的特定形式会在不同的权利平等观念之光照下，被批判为"不彻底"，而且明确指出，当这样一种批判使得对宗教身份的宽容，比如说表现为潜抑的某种"真正的"自由，保持在眼帘时，对于这种批判本身存在何种诱惑。无论把一种只具有形式—法权上的本性，而既没有政治上的影响，也没有质料上的保障，并且任宗教上的多数派文化的标准不受限制的"自由主义的"权利平等标画为不彻底，（在辩护原则的背景下）是多么正确，无论批判一种共和主义的意义上的政治权利平等——当它仍然遮蔽着社会—文化上的和经济上的权力机制的时候——是多么正确，也没有理由要求为"真正的"解放付出个体脱离宗教的代价。对使权力关系和统治关系永久化的宽容的虚假——"潜抑的"或"生产性的"——形式的批判，并不预设任何关于自由的至善论理想（参见下文第三十七节）。

　　32. 从尼采对宽容之为"无能于肯定与否定"的批判中，不仅可以消极地学到，宽容与冷漠的混淆是多么普遍，而且可以积极地学到——尽管被尼采倒转了——宽容（*tolerantia*）的最初的、在某种意义上原始的意义，即宽容对自身的态度、宽容之为有尊严的自身统治和主权的德行，是多么重要，以及保持反对、接受与拒斥的恰当平衡是多么困难。宽容的德行预设了一种复杂的**差异化的肯定与否定的能力**；这种能力从自主的思考而来，把伦理上的反对和道德上的接受带向一致并且经受一种内在的争执。在某种意义上，这也意味着对它自己宽容的能力。

　　33. 不过，尼采的思想所呈现的最重要的挑战，或许在另一个基本的层面上：

581　　　　这些宽容煽动者！他们总是把一些教义（"基本的真理"）排除在外！他们与迫害者的区别只在一种意见，即什么对于得救是必要的。求助于理性是好的，但愿存在**一个**理性！但是宽容者不得不依赖于**他的**理性，理性的脆弱！

此外：最终甚至也不**是**它对证明与反驳竖起耳朵并且作出决断。而是**趣味**的偏好和反感。迫害者一定不比自由思想家更少**逻辑**。⑦

如果这种批判——"界限划定的悖论"的一种变体，它鉴于讨论过的宽容辩证法具有它的说服力——不容置疑地正确，那么就不会存在任何真正意义上的宽容，而是只存在不同形式的不宽容，它们取决于人们所持有的趣味，并且有些人在他们的排除欲和统治欲中至少是坦诚的，而其他人则就其权力要求而在修辞上伪装为公道的，因为他们太软弱，以至于不能坚持自己和自己的反感。

然而，如果宽容之书没有在这个地方被合上，如果有可能在概念上区分一个宗教迫害者的不宽容与一个反对这种迫害的人的态度，并且用好的理由为后者辩护，如果说到底，一种"权力批判"的言论与许多为了宽容和正义的斗争都具有某种规范性意义，那么必定有可能发现一种宽容辩护，它是以相互的方式不可拒斥的，并且不会落入上述任何一种辩证法：它不像尼采所批判的那样绝对化任何有争议的"拯救允诺"。并且，如果我们把这种宽容话语递归地回转向它自身，那么这种辩护只能是这样一种辩护，它所依据的无非是**辩护原则本身**。为了防止一种特别的（即交互地可拒斥的）宽容奠基方式在遇到（以理性的方式可合法化的）异见时有转向自己反面的危险，必需的是一种对于要被作出的划界的可辩护性的更高的反思。而这种反思反过来必须把自己从这些部分奠基（Teilbegründungen）中解放出来，使得交互的—普遍的辩护原则本身成为（a）宽容要求与（b）界限划定的基础，这一原则不仅在历史上具体的社会宽容冲突中，而且也在诸宽容奠基话语中的哲学层面上，都始终潜在地是最高阶的原则。只有这种奠基——**Tb 13 c/d 与 Tb 14 c（在政治上被解释为 Tb 22 a）**的结合——能够免除已经得到分析的颠倒危险。 582

因此，在穿过大量奠基方式及其不同版本的通道中，一种奠基方式脱颖而出，它可以说是出现自**诸辩证法的辩证法**，但是，为了使之不显得太黑格尔，我们不应由此而忽视，可供选择的诸奠基方式仍将继续存在，并且一如既往地在社会冲突中处于争执之境：如此看来，宽容之"精神"也处于**冲突之中**。从历史考察中必须学到，何种宽容奠基方式优于其他奠基，但这并非在"历史产生"这种尊重形式的意义上的历史真理；即使在历史上，它也首先保持为实践理性的真理。此外必须看到，在社会处境看上去不允许广泛宽容的地方，其他奠基与允许提法和共存提法一样保有其合理性。

然而，相比于把辩护原则本身置于中心位置的奠基方式，宽容的其他道路显得太短了；它们结束于从前者的观点来看不合理的界限，就此而言，这种界限首先并不意味着从特殊的历史语境中产生的限制，而是一种结构上的界限。它们一方面涉及宽容理由的可分享性和可拒斥性，但是特别地涉及——通常由之而来的——界限划定。与之相反，有一种理论，在义务论的意义上，把辩护原则视为义务性的原则，并且反思—批判地以之校准对宽容界限的规定，这种理论形成于对宽容话语的分析，以及以不同于诸竞争性奠基的方式解决所提到的悖论的要求（参见上文第二十八节第 2 点）：对他人的基本尊重的不可置疑，被视为一种可在最低限度得到奠基的反对之标准（见"宽容的种族主义者的悖论"）。"道德宽容的悖论"按照义务论的奠基之差异而得到解决，也就是说，道德上的辩护权利是有严格约束力的（并且为接受奠基），并且只有这样的规范，才能要求普遍的有效性，这些规范克服了交互性与普遍性的界限，而伦理上的价值赞赏，则不可能仍然是可辩护的（与可宽容的）。除了这种宽容的规范性要件，强调理性有限性的知识论要件表明，一种没有相对主义的自身相对化是如何可能的。最后，"界限划定的悖论"这样被解决，即任何对某种信念或实践的拒斥，都必须相互地得到辩护，以便尽可能地排除任意与偏颇。因此，这与一种政治辩护理论相关联。

对辩护原则与辩护实践之间的这种关联的强调，是对"权力与道德之间的"宽容历史的冲突特性（Konflikthaftigkeit）分析的一个重要结果：不仅对于不宽容的多样形式，而且对于虚假的或不彻底的宽容的诸形式，抗议都是必要的；通过对辩护理由的情境性要求而打开的历史动态一直在延续。一方面，这要求话语式辩护（以及从方法上看，作为一种宽容理论之部分的批判的民主理论）的不断制度化，但是，另一方面，宽容的辩证法也不会通过特定权利与自由的进一步保障而达乎终点。这再一次说明，在何种程度上，辩护原则不仅在**哲学的**意义上内在于宽容话语，而且也在**历史的**意义上作为具体的社会斗争的"规范性逻辑"的基础——一种解放的逻辑的基础——而内在于宽容话语。

注释：

① 参见例如泰勒（Taylor, *Sources of the Self*）对现代同一性的精神的重建，不过，他将之重建为分裂的历史并且有待和解。

② Vgl. etwa Berlin, "The Pursuit of the Ideal".

③ 沃尔泽（Walzer, *On Toleration*）特别强调这一点。

④ 关于信任与宽容的联系，尽管是在一种经验主义的宽容理解的框架中，参见 Dees, *Trust and Toleration*。

⑤ 关于良知自由的辩论语境中人格理解的动态变迁，参见 Menke, *Spiegelungen der Gleichheit*, 26—32。

⑥ 拉兹得出这种类型的结论。（Raz, *The Morality of Freedom*, Kap. 14 u. 15. u. ders. "Autonomie, Toleranz und das Schadensprinzip".）

⑦ Nietzsche, *Nachgelassene Fragmente* 1880—1882, 480（Herv. i. O.）.

第二部分

一种宽容理论

在本项研究第一部分重构宽容历史的背景下，对于一种系统的宽容理论来说，产生了如下任务，即就其各个要件来呈现此前得到凸显的、最有前途的通向宽容的道路：首先是宽容的规范性基础，其次是宽容的知识论意涵。同时还要回答的问题是，面对越来越不同的各种宽容奠基方式的争执，我们所提议的宽容理论在何种程度上可以主张自己是宽容的。再次是要表明，把宽容视为人的一种德行，这意味着什么。最后，这种理论当然必须在具体的冲突中来检验自己，对宽容的需要——其本身尽管是有争议的——在这些冲突中被提出。对此，我将在最后一章"宽容的社会"中展开探讨。

第九章

对宽容的辩护

第三十节　一种反思性的宽容奠基方式

1. 首先还是应该回顾一下，在导论中曾得到勾勒的"冲突中的宽容"这个标 ₅₈₈题的四层意思。宽容是在冲突中被要求的，这种冲突无法以规范性的方式得到解决，只能通过宽容的态度被"缓和"。因此，对宽容的需要，就是要去参与性地支持一种最大可能的、公道的对冲突的调节，同时，这种调节并不处身于争执之外。进而言之，宽容这个概念本身就是有争议的，这种争议不仅涉及对它的理解和判断，而且还涉及不同的宽容奠基方式之间的区别。简言之，宽容不仅在社会层面，而且在哲学层面，都处于冲突之中。

如果我们更细致地分析上述第一点，即那种社会冲突状况，在其中出现了宽容要求，那么就会表明：上述第一点总是与行动自由的合法性问题，以及对行动自由范围的限制有关。就像在对关于宽容的历史性争议所进行的研究中再三表明的那样，宽容要求的核心在于，去批判性地探究既有的"自由关系"和"宽容关系"，乃至为以下问题给出根据：什么样的自由以及行动限制能够得到辩护，而什么样的却不能。因此，特别是在政治语境下，宽容要求从一开始就与对**正义**的探讨联系在一起，也就是说，它一开始就与对那些被认为是不正当的（不可辩护的）不宽容以及错误的宽容的批判联系在一起。而对既有社会和政治关系进行质疑的过程是动态的，且这一动态过程是通过一种持续极端化（Radikalisierung）来不断向前进展的，这种极端化将理由要求推向了极致。如此一来，这一动态过程就不断地突破已被确立的宽容水准，并不断要求新的宽容奠基方式。

由此而言，为了让关于"冲突中的宽容"之讨论的哲学层面进入视野，宽容奠基的方式就不是别的，而正是一种对特定宽容关系的特殊辩护。这就是说，要确立宽容奠基的方式，就要去反对那些对宽容关系不正当的限制，然而同时又要划定宽容的界限。与此同时，如同已经见过的那样，在所有这些奠基性方式之中，存在着下述要求，即：我们要求给出对宽容及其界限而言的那些理由，它们是内 ₅₈₉

在的具有较高效力的理由，且这理由比冲突的理由更强有力——虽说这个要求在过去常常被认为是难以成立的。这些被给出的奠基方式，不只源于它们所处那些过往时代的冲突，而且它们也曾是这些冲突的一部分，同样地，它们也曾是被批判的对象，且就是解放性（emanzipatorisch）批判的对象。也正是在这里，对辩护理由的追索，就不会止步于某种特定的辩护形式，而要深入到整全的宽容观念中去。

对社会—政治性冲突及哲学冲突的考察，目的是要去寻求对宽容进行辩护的方式，这种考察已经表明，交互辩护的原则就是：必须让诸宽容关系据此原则得以衡量。这种原则呈现了宽容话语的道德逻辑和活力，并且，正如尤其是培尔的进路所表明的那样，只要这一原则被反思性地运用，那么它（培尔对之的思考还只是在传统框架下进行的）本身就是宽容提法和宽容奠基方式的基础。这一基础既对于历史发展而言具有合法性，而且对在历史中发展出的各种宽容奠基方式间所进行的系统性的优劣比较而言，它也具有合法性。这样一来，无论从社会角度还是从哲学角度来看，只要关于宽容的冲突始终就是那种为了给特定宽容关系进行辩护而发生的冲突，那么，在冲突中具有优势的宽容理论，就是如下所言的那种宽容理论，这种理论扎根于上述原则**自身**，而不是基于其他那些每每有争议的价值和真理。这一宽容理论仅能在下述意义上成为一种具有优势地位的宽容奠基方式，即这种理论与宽容要求本身的核心结构有关，这就是说，与对特定行动自由的范围及对此的限制的追问有关。[①]这样一来，如果使得上述自由范围及其限制具有合法性的规范，应该对其所涉及的所有对象有效，且也应该是以交互方式可要求的，那么，这些规范也就必定可以用普遍性和交互性的方式加以规定。因此，一个好的、在既定社会语境下值得承认的奠基方式，就是那种牢固树立了普遍性和交互性标准的奠基方式。而从对宽容问题及其标准之辩护结构所作的递归反思出发，我们就能得出结论说，我们所寻求的那种宽容奠基方式，必须被建立在交互性和普遍性辩护的原则之上。正是基于这一原则，我们才拥有了检验所有既定的、以社会性和哲学性方式为宽容奠基的活动的试金石。在宽容冲突中，所有的当事人——潜在地——都依据这块试金石，而使之**明确地**成为宽容奠基的基础，则是以下系统性的宽容理论的任务。这种宽容理论凭借辩护原则而胜券在握，胜过其他奠基方式。

下面是我由此而提出的几项主张：

（a）辩护原则的得出，既来自某种基于对诸行动自由和行动限制的普遍**道德**辩护需求的递归性反思，也来自对政治权力运用及强制性法律主导地位的特殊**政治—道德**辩护需求的递归性反思。（参见下文论述）

（b）由此，可以重建一种对于社会层面的和理论层面的宽容冲突来说内在的宽容基础。这一基础不依赖于外部规范或外在价值，而依赖于对辩护原则自身的

590

某种道德理解，这一原则相应于一种辩护的无条件义务及基本权利，此权利属于任何人作为人、也就是作为能辩护的有限理性存在者的权利，而不仰赖于其特殊身份、信念和认同及其他种种特殊属性。作为实践理性的原则，它为宽容的阐释和奠基提供了自律的基础，这一基础给宽容这一规范性上依存性的概念以实质性的、纲领性的和义务性的内涵。由此，在道德上得到奠基的一种正义提法的框架内，宽容赢获了其形态。

（c）由此，宽容诸悖论也能够以可靠的方式得到解决。与道德考量相对的，是个人对特定实践活动和信念的深层伦理反驳，而前者让后者看见，为什么这些实践活动和信念不是非道德的，且缘于此，它们不仅**可以**被宽容，而且**必须**被宽容。591这些规范性考查方式之间的歧异，可以通过与辩护权利的关系，得到义务论的解读。从中也可以得出结论，即除了交互性和普遍性以外，没有别的标准可以确定宽容的界限。任何一种拒斥，都必须基于这二者才可被辩护。这样一种提法避免了颠倒的危险，而这些危险却恰恰潜藏在其他类型的奠基方式之中。

（d）由此，辩护的原则也就正处于权力和道德的双重理性化进程的分节点上，正是这一进程，以历时性的方式，标识出了关于宽容的话语，这就是说，它点出了关于一个以自律方式被奠基的国家的话语，这一国家发展出了其实施统治的和统治合法性的自身"合理性"，在其中，宽容一方面表现为权力操控术，另一方面表现为独立自主的要求。后者则与辩护的独立道德形成过程相关。就政治权力的行使来说，这一过程要求一种理由，此理由是在政治语境中可公开分有的，且在此意义上来说是合理的。相较之下，在道德领域中，则要具备一种不依赖于特殊奠基活动的义务性规范的提法。在政治视野下，辩护原则将宽容的横向与纵向维度衔接在关于宽容的民主提法上。

（e）最后，只有这种奠基才可能是一种"宽容的"宽容理论的核心，这不仅是因为，那最大限度地避免了在实践中过于狭隘地划定界限，而且特别是因为，得以递归性奠基的辩护的基本原则，就与其他各种替代性的宽容奠基方式深入统一在一起，只要它们不跨越那条从这一原则中所得出的宽容阈限的话。

因此首先似乎只能说，行为的自由及其限制，尤其是强制权（其中又特别指法强制权）的行使，是需要辩护的。这样一来就要问，这种原则自身是如何被奠基的，其在宽容语境中又特指什么，由此，哪些限制和强制的理由又必须被排除出去？

2. 首先是对辩护原则的递归性奠基。为了重建特殊的**有效性要求**——它们是592在与宽容问题相关的道德和政治语境中被提出的，这一奠基所提供的是：基于特定理由，以下二者都是可辩护的，即应限制特定的行动，或者不应限制特定的行动（起码不从给定的理由出发来限制它）。相较于政治语境，有一种道德语境是基础性的，在此语境中，至少有两个人处于某种辩护处境中，因为其中一人的行动在某种程度上构成了对另一人行动可能的限制。[②]在这种道德语境中，每一个行为人都提出这样的要求，即其行为方式基于规范基础是可辩护的，且是**交互性的、普遍可奠基的和义务性的**，这就是说，通过此类规范，这一行为方式是必然被禁止或被许可的。根据这一对其而言基础性的道德有效性要求，没有人可以为违反此类规范的行为进行道德辩护，除非他可以给出更高阶的道德根据。[③]交互性和普遍性的诸有效性标准，必须被纳入道德规范，而究其构造，这些标准内含着如下事项，即每个具有实践理性的人，都能够洞见此标准，且必须遵照行事，并可以推诸于人，却不必使他人与之共享同一特殊的伦理或政治语境。道德规范表述的是一种**命令式的**应然效力。[④]因此，如果（对实践语境普遍有效的）辩护的普遍原则说的是，为规范性表达奠基必须以这样的方式进行，即这些表达的有效性要求也是指向此方式的，那么，在道德语境中，这就意味着，对于有效性的实现而言所必需的，是交互性和普遍性的标准。而递归式的分析过程则从有效性条件出发，追问辩护的条件，从而获得辩护的语境特殊性的标准。

593

在道德领域内，人们因此有义务，能在规范性理由层面上对其行动负责，这些理由是**不可被交互地和普遍地拒斥的**。[⑤]在此并不要求如康德的反思程序一样，以下述方式来要求行为准则的普遍化，即行动者自身要问，其行为是否能够普遍地无异议地被意愿，而他又能否愿意每个人在给定情境中都如他一般地来进行决断。相反，辩护在这里毋宁是作为**商谈的**进程来被理解的，这一进程的直接发起人，就是处于道德处境中的人。与道德辩护的纯粹共识理论（Konsenstheorie）不同，交互的和普遍的标准允许，即使在存在诸多（可预料的）**分歧**（Dissensen）的情况下，我们对那些在宽容问题域背景中特别重要的东西，也能够下一个实质性的、对规范性要求的可辩护性的判断。因为，基于交互—普遍的根据，只要少数要求是可被支持的，那么，即使它们与其他那些和标准不匹配的根据相矛盾，也可以（至少暂时）推定说，就算对此我们并无共识，但这些要求还是得到辩护了

594

的。道德根据不必是普遍**被分享的**，但必须是普遍**可分享的**[⑥]，而可分享的东西，则必须依据这两条标准（交互性和普遍性）得以确定。

在道德语境中，人们必须能够有根据地对其他那些接受他的行为的人负责，而这些根据在交互性和普遍性上不容拒斥（且辩护共同体也潜在地包括所有的道德人）。相形之下，在关涉以法律形式实施的权力作辩护的（且此辩护共同体是受限的、政治性的）政治语境中，则**仅仅**涉及如下问题，即那些与基本正义观念相关的问题，也就是那些触及了自由平等公民的关键道德状态的问题。[⑦]此处必然要求对一种符合交互性和规范性的、严格的标准的辩护，而与之相较，在其他问题之中（这些问题不处理道德上具有中心性的议题），基于对特定程序的共识，采纳多数决定大致就可以了，它们就能产生具有合法效力的辩护。一旦这些标准生效，那么经常发生的情况就是，我们只有在冲突中才能确定其中的特定严格标准。在

道德立法与政治立法之间，存在着一系列进一步的重要区别，然而对它们而言，在对**正义**进行根本追问的层面上，进行交互—普遍辩护的义务却是一致的。

3. 然而，在宽容问题上，交互性和普遍性的标准究竟意味着什么呢？在一种处于道德和政治的本质性语境内的规范性冲突中，**交互性**意味着：没人被允许提出那些特定的（关于规范、法权和资源之效力的），但他却拒绝别人提出的要求（**内容的交互性**）；人们也不允许，通过强求为他人的"本己"兴趣立言（并且相应地论述说，就算他和任何别的人一样，是被逼着走向其自身之幸福的，那他——"交互地"看——也会是开心的），从而将自己的观点、价值判断、信念、兴趣及需要强加于他人（**理由的交互性**）。[⑧]尤其是，一个群体不得将不能被众所期待承认的权威，引证为"较高真理"的权威。[⑨]交互性标准要求的那些根据，是在自主的和不受妨害的判断基础上可共享的。在与交互性的一体关系中，**普遍性**则意味着：一种规范化的解决方案，必然仰赖于每个人的要求，而不能仅根据两个社会统治集团（比如两个教派）的谈判得出。因此，任何一个人都有进行交互—普遍反对的道德否决权。

因而，只要与某种（以普遍的和交互的方式要求约束性的）规则相关，那么我们自己的真理把握，就必定在他人的规范性上的优先权那里折射回来，在他们辩护权利那里折射回来。如果在此类情况中，交互性和普遍性的标准被蔑视了的话，那么我们自己的真理要求就退回到了单纯的权力要求之中。这就很显然可以看出，在何种程度上不宽容是不正义的一种特别形式，而宽容就是一种（在道德上得到奠基的）正义的基础要求。

在可以要求约束性效力（并且在政治语境中可以成为有效法律之基础）的规范与不能做此要求的诸价值之间，有一条**交互性和普遍性的界限**，在各种特殊情境下，它每每能以商谈的方式被确定。在道德规范和伦理价值之间（二者的区别及其问题，我将在第三十一节论述），没有先天就确定下来的、能大致区分"公共"效力和"私人"效力的鸿沟。关键性的毋宁是，正是在与普遍约束性相关的辩护语境中，如果人们将其自身的伦理信念始终如一地认定为是真实正确的，那么恰是这时就要求我们，不能在缺乏相应辩护的情况下，试图坚守这些信念。如若这些价值信念不能做到在拥有被要求的理由的情况下，去超越交互性和普遍性的界限，那么这也绝不意味着，这些信念不再能被视为真实正确的，且在伦理意义上是被贬损了的，而只是说明，至少在这样的处境下，它们没有为普遍的、规范性的规则提供充分的基础。**上述这一点就是对宽容而言的决定性洞见。**一个宽容的人将继续按其信念生活，且可能为之摇旗呐喊，但他不会用它来给其他人——这些人可以对此信念进行交互和普遍的拒斥——定规矩。这个人能够并且想要进行一种在道德上得到奠基的自身相对化，因为他认识到了辩护的不同境遇之间的区别。

　　由此，当他人根本性地否认其基本的辩护权利的时候，或者当此权利在特定情形中被蔑视的时候（这是两种必须区分开来的不宽容的形式），我们就达到了宽容的界限。这二者都是不可宽容的。⑩

　　4. 指明辩护这种道德上的基本权利的优先性，以及指明有实践理性的人有义务看到"要按在道德（及政治）语境中的辩护原则行事"这一点，已经内含着下述事情，即：辩护原则一方面是**理性**的基本法则，根据它，特定的表述必须按其自身效力，依据特定根据被辩护；而另一方面，它也是**实践**理性的原则。在此原则效力范围内的**理性的**洞见，其自身就是一种**规范性的**洞见，这一洞见即是：人作为人，作为能辩护的理性存在者，能够给出根据并依赖于奠基活动，且对他人负有按此原则行事的责任。在道德语境下，就此并不需要道德意义上的其他能力，或者其他作伦理决断的能力⑪，而只需要以下这种实践理性的洞见，即它是一种有效的（理性）原则，不根据它，就没有人能给出好的、在道德上能得到辩护的理由。⑫这种基础性的道德洞见是人格的标志，人格看到自己与他人共处于一种源初的"责任语境"中⑬，在其中，他们总是已经觉察到了彼此，并且为了维护这种责任语境，他们有义务把彼此视为能够负责任地行动的自律的道德人格：而且这样做正是通过**他人**，而非通过什么"理性"⑭。把自己和他人都承认为有限的、同样可受伤害的、能进行辩护的存在者，这意味着，归给自己和他人一种**辩护的权利**，以及一种相应的义务——作为**无条件**的义务，它不需要别的奠基。不仅如此，对于将他人尊重为"在其自身的目的"，尊重为有辩护权利的存在者，如果还要追问别的理由的话——无论这些理由对这种尊重的辩护，是借助上帝的恩赐，借助自身的兴趣，还是借助那些特定善的观念来进行——那么从实践理性的角度来看，这就是一个过分的问题，这样的问题错失了道德的要点：尊重他人无需别的理由。他人的"人之存在"就必定足够了。从对他人的**源初责任**出发，这就是一种对道德"根基"的洞见，同时也是对道德奠基界限的洞见，因为从外在的源泉入手，对道德应然性的每一种进一步的奠基方式，无论其具有先验的或经验的本性，都有使道德相对化的危险。康德道德哲学的本质就在这里，它不仅强调道德责任心的自律，也强调相对其他价值来源的**道德自律**。⑮同时，这一点也是从关于宽容的讨论中所得出的教训之一，这一讨论已经表明，在涉及道德维度问题的时候，对"人之存在"的进一步的资质认证是如何问题丛生的。"人"的概念必须自行赢得某种确定的规范意义。⑯

　　由此，在道德语境中，必须在洞见到了交互地和普遍地得到辩护的规范的一阶实践洞见与不仅洞见到了辩护的"如何"（Wie），而且洞见到了辩护的"**如此**"（Dass）的二阶实践洞见之间作出区别。也就是说，辩护的无条件义务，必须被认为是对他人的无法拒绝的要求，是某种人们无需预先约定就应该为他人完成的事情。他人的"尊严"和自己的"尊严"作为自由但却有限的、能进行辩护的存在，必须以下述方式得到尊重，这种方式给予共同的道德同一性相对于所有那些把个别的人分离开的差异性的优先地位，而且是在这种意义上，即尽管存在着上述区别，但还是决心去考察交互性和普遍性的界限。假若对辩护原则的递归性洞见没有与这种二阶洞见发生关系的话，那么此辩护原则就会处于悬而未决的状态中。只有这种二阶洞见才导向道德性的自我理解，以及一种决心，去执行"在道德语境中给予道德理由以优先性"这一任务。这种洞见赋予辩护原则一种**实践上的**意义。

在宽容的"尊重提法"中处于基础地位的相互尊重的形式，必须在下述意义上以"纯粹"道德的方式被奠基：在作为一种能辩护的存在者的他人的尊严中被 599 奠基，而不是在对以特殊方式被理解的福祉（甚或就是对自己的福祉）的关切中被奠基。首先，因为只有这样，尊重才可全面地以道德的方式被需要，而不依赖于特殊的伦理信念。其次，因为只有这样，才能在（a）本己领域、（b）可宽容领域和（c）不可宽容领域作出明确区分，才能避免那些有问题的伦理规定。这样一来，以错误的方式在伦理上被奠基和绑定的诸可宽容者的领域就被排除了。而且，最终即使是至善主义的风险也被消除了，这种至善主义只将宽容看成是达成另一目的的手段，以至于当存在着对善的要求（哪怕是对一种自律之善的要求）而言的其他更合适的手段时，宽容就失效了。

由此，从极为不同且彼此相悖的尊重要求中，一种多元性的合理内涵就产生了，但却无需纳入这些要求中成问题的部分。在某些理论中，尊重是先于人格自律被需要的，因为应该被尊重的东西，正是人自己选择且应该可选择的那些关于善的提法（自由主义的变种）[17]，与之相反，在另一些理论中，尊重是这样被奠基的，即一个人**并非**自行选择了某些提法（且这些提法也不是随意地"可选择的"或"可改变的"），而当人们不尊重他的身份，并且只是把他看成是个"无拘束地"进行选择的主体（"ungebundenes"Wahlsubjekt）的时候，这个人的身份也就被摧毁了（社群主义的变种）。[18]在对一个人的选择自由的尊重和对一个人特殊的、构成性的身份的尊重之间所存在的系列图景，与一系列进一步的规定（人的规定、信念之本性的规定等等）关联在一起，这些规定可以追溯到对良知自由的讨论史上，且在二者中，都存在着在上文中（第二十九节，第 18 与 29 点）业已提到的那种风险，即：相较于自由主义的主张倾向于只注重"自主地"选择出的善观念，并将积极促成人的自律看成是（家长制的）任务之所在，社群主义的主张则倾向于 600 只认可那些关于善的、"深刻的"、具有对身份同一性的建设作用的提法，而忽略人格自律的价值。相反，如果对某人格的尊重，是凭借其作为具有辩护权利之人格的尊严而得到奠基的话，那么在各种特殊的对人格和对尊重的把握方式之间的

（理性的）争论就可以避免，但敬重的规范性内涵却也在一个人的自律及其身份之前得到了保留，因为**这二者**，即着重去指出选择自由，以及着重去指出持存着的身份，都可以被正当地理解为对特定权利而言的好理由。

因此可以确定地说，在宽容奠基的背景下常常碰到的那种假设，即宽容以"价值多元主义"为前提，必须被如此差异化地理解，以至于我们一方面说，宽容预设了一种伦理价值的多元主义，然而另一方面也说，在关系道德及道德的基本原则的地方，多元主义也要被排除，宽容要求的基础应该是可分享的，且不仅止于一种策略性的权宜之计而已。[19] 那么，在伦理价值的多元性和唯一的道德原则之间的区分，怎样才能被适当地理解呢？这些价值的本性又是如何呢？

第三十一节　伦理多元主义

1. 关于宽容的商谈澄清了在下列二者之间作出区分的必要性：（a）绝对有效的规范，这些规范支持（作为对正义和尊重之要求的）对宽容的要求，并将之提升为一种道德要求；（b）存在于冲突中的价值信念，这些信念虽然每每为个体或团体所持有，但就宽容看来，就参与方看到其价值信念在何种程度上不能被当成普遍地和交互地具有义务性而言，这些信念的义务性要求也被相对化了。要将这一规范性差异表述清楚，很容易想到由哈贝马斯提出的在道德规范与伦理价值间的区分，因为它既保存了道德的义务特征，也保有着对"好"生活之信念的特殊"性格"（"Ethos"）的指示；在这一意义上，这一区分也是以术语学的方式设立的。[20] 即使人们质疑上述说明，而想要去谈论"道德价值"，或者只在"道德哲学"的意义上运用"伦理"概念，这也不改变（如果人们愿意这样说的话）在一阶和二阶的价值及规范间存在着的诸般结构性差异的必然性。

在宽容奠基领域内，关键的是，道德视角首先就提出了辩护的权利及其相应的辩护标准，且**仅只**借助这些标准即可确定，何种规范能够宣称其具有普遍的和交互的效力。在这里，价值持守仍然是伦理上可坚守的，这一持守不能越界。在普遍性辩护语境中，特定的伦理信念会撞上针对其的反对意见，这一反对意见使得"为什么这些信念在交互性上可被拒斥"变得清晰可见。但以上所言并不是说，在其个体或群体生活中，人们不能以有意义的方式遵从这些信念。此类信念只不过不能是相互间行为限制的基础而已，或者不能是施加于人的政治强制力的基础而已，这些人处在某种理性争论——**合理的分歧**[21]——之中。他人的异议是理性的，这并不意味着，自己的信念就是错误的，而只意味着，这些信念对于普遍有效性的要求由于伦理观点的多样性而落空罢了。宽容的人，既不必将其他人的观点看成和他自己的观点一样真，也不必将之看作部分真，他既不必视之为伦理上善的，也根本不必将此类观点之多元存在视为某种善的东西。他只需要看出这些观点是以理性方式可持守的，而并非"不道德的"就够了。

在道德规范与伦理价值之间的区别，是根据交互性和普遍性的界限而使然的，这一区别可能导致一系列的误解。[22]首先，这并不意味着，伦理价值是道德话语的某种"副产品"。毋宁说，伦理价值使得规范性东西的真正和复杂的领域得以成型，此领域不仅比狭义的、仅与主体间性的和跨语境的义务相关的道德领域更大，而且很多时候要被看成是比后者更加"深刻"的。在这里出现的价值信念，是诸人格借以校准生活并衡量其生活是否有价值，从而能被称为"良善"生活的那些价值信念。

与之相关的是进一步被误解的危险。这是因为，伦理价值虽然回应关于良善生活的问题，但这并不意味着，它具有纯粹"私人的"或"主体性的"本性。只要人们想想宗教信念就可以明白，它毋宁可以凝聚社会、综括文化，而绝不将自身限制在提供"生存性"问题的答案这件事之上。它时常形塑着整个"世界观"，后者不唯关涉主体的和主体间的生活，也把握到了"最高的"价值，此价值关系社会总体秩序以及"终极问题"。例证之一就是关于生命的开端与终结的论争（我在后文还会回到这个例子上来）。这样看来，虽然主体性的维度的确是关键性的维度（在这一维度上，一个人格通过与"至关重要的他者"对话来确保其生活的价值和目标），但它却远非唯一的伦理维度，因为这种反思始终处在与那些可分有的、"终极的"价值的关系之中。就道德来看，决定性的只会是：对他人的尊重，以及对交互性普遍性的界限的注重，在所有这些维度中都具有规范性上的优先性。这是在以下情况中来说的，它处理的是一个必须以道德方式被负责的问题，对这一问题而言，一种伦理信念可能的确很"深刻"，可能它根据"最高真理"而来，但不管怎样，享有这种伦理信念的共同体虽然存在，却**不**足以回答它。如果伦理的价值信念是如宗教世界观那样整全性的，那么它大可以让全部现实显现在规范性之光中，然而即使在其中，对他人的尊重也必须凭借自身之力来发光发热。就其自身而言，这当然不是什么伦理要求，因为在伦理的良善存在的每一局部性的眼光中，道德存在虽然可以存在，但却并非必须是这样存在：道德的生活和良善生活可以是两件事。伦理领域所标示的，是一个对主体和主体间规范性的回答进行辩护的复杂的、本己的语境，这种标示活动所凭借的，是指向诸客观事实的真理。但这一语境很少涵盖道德领域，反过来也一样。由于这种内在于诸规范性之间的差异（这差异还必须被进一步分析，只要人们设想一下政治义务或者法律义务的话），人的"自律"首先就只是说，人能够判分出，在何种辩护语境中，对于何种行动，必须尊重或提供何种类型的理由。

有人认为，对伦理存在的主体间维度的指明应该已经澄清了，在道德规范与伦理价值间所作出的区分，并不意味着对伦理事务的"私人化"，这样的话，伦理问题就只是"私人事务"而已，而在公共领域中，起码在政治公共领域中，伦理价值就不能扮演任何角色。但情况却绝非如此：原则上，伦理问题要以主体间性的方式被回答，即使是在关系主体性的生活问题〔一个个体大多数情况下为他人来回应（beantworten）这些问题，但就自身去对这些问题负责（verantworten）〕的情形下也是如此。此外，在上述意见中，所谈到的那种关于道德规范和伦理价值间的规范性区分，其实与私人事务和公共事务的社会学区分也没什么关系：伦理的价值信念就是公共的和政治的讨论的一部分。在某种特定的辩护语境中，这些信念以特定标准被衡量，以便为那些保有强制效力的规范作辩护，或者让它们可能就因此而失效，但这并不意味着它们必须被清除出政治讨论，就好似在博丹、蒙田和霍布斯传统中所做的那样，这是因为他们担心，公开的宗教辩难会导致政治纷争和动乱。㉓

604　　　对伦理价值的"客观"维度的指明，最终让下述事情变得清楚起来，即：那些从宗教信念看来无论如何是很切实的东西㉔，也就是说那些评价——比如关于"友善""残忍""可耻"㉕等"厚"的价值判断——并非是全然只对主观本性而言的，而是也提出了某种普遍的有效性要求，并且要拥有一个与上述判断相应的认知内涵。但这个内涵也可能发生形变，因为伦理价值既非一般地提出某种普遍有效性要求，亦非提出某种始终限制于特定主体、团体或文化的有效性要求㉖，甚至在宗教性的价值表述中，也可能（但并不必然）内含着某种跨文化的有效性。伦理的有效性要求可以具有多样的本性，且其中有些的确指向普世真理这一目的，但这一事实并不改变如下情况，即在伦理价值中，不存在以交互的—普遍的方式不可拒斥的绝对力量，相反，这些伦理价值要兑现其有效性要求（无论局部地还是普世地），都要依靠的是，它们在一个人的自身理解中"推动"这个人。㉗因此，一种分离了伦理和道德的理论，本就不该止于为此类在道德之"滤网"下已消失不见的价值㉘给出某种认知内涵而已；而实际上，这种理论还将下述之事看作是道德规范的特殊性所在，即这些道德规范都必须能超越交互性和普遍性的阈限，相较之下，对伦理价值而言，此阈限就不能被超越。

　　2. 因此，对某种"伦理多元主义"的谈论，就必须从不同的层面被区分开来进行。首先，这可以围绕对善的实质（substanziell）提法的多元性来进行，**在内容上**，这种多元性说明了一种良善生活在什么地方存在，又依据什么可得以评价。在这里重要的是，一个提法的涵盖面究竟有多广，这就是说，它是只涉及良善生活的一个方面呢，还是涉及此生活整体呢，且进一步地，在何种尺度上，它将此605　生活的品质（Qualität）与社会环境的各种特征大致关联起来了呢（并且比方说作出了如下假设：一种良善生活是只在一个法制社会才可能呢，还是在一个以宗教方式得以整饬的社会才可能呢）。

其次，我们也可以处理更高阶的善的提法的多元性问题，也即这样一些提法的多元性，这些提法确立了良善生活的**形式**，且可以与善的提法的内容多元性相统一：无论良善生活是否必须是一种自身规定的、批判—反思性的生活，或毋宁是一种内在于一种稳固且协调的传统之内的生活，也无论它是否只能依据客观价值为准绳被衡量，还是首先遵从于主观的标准。㉙也是在这个层面上，一种理性论争变得可能，因为一种可以与良善生活相关的伦理自律的必然性（此自律被理解为一种能力，可以自由地去选定关于善的提法，并且能对之进行批判性修订）是在下述意义上成问题的，即，比如说有这么一个人，这个人在其青年时代就认为自己感受到了一种使命，应该基于上帝托付的任务，日后去照料穷人和病人，且他根本把其他任何做法都看成是**无法设想**的，那么，是否这个人过的生活就不是"良善的"或"成功的"，因为他的（在上述意义上的）自律显然被强烈桎梏着，这种桎梏源自他已将这种想法（即：这条道路已经是被自由"选定了"的，而且他还可以有其他的选项备选）视为对自己和对上帝的背叛，从而不允许此想法发生？㉚此处同样要说的是，一种规范性要求——"一个人的**伦理**规范性不应为他人所限定"——必须以交互性的方式，被奠定在辩护原则以及对一个人的**道德**自律的尊重的基础之上：仅仅指出此种对良善生活而言的自律的必然性是不够的。良善生活和自律的生活很可能是两件不同的事情。一种外在自由（它将伦理性自身开展的自由空间给予了一个人），恰恰不是通过某种伦理理想（它属于自身展开或自身规定的生活）而得到辩护的，也不是通过某种更高阶的伦理理想得到辩护的。㉛

最后，伦理多元论还有第三个层面，即对善的**来源**的不同把握：到底是要设想一种"实在的"来源，就是说世间价值的一种神性的，或别的什么理解下的形而上学式的实在性，还是毋宁要提供一种建构主义式的、或文化特殊论的，甚或是历史主义或解构主义的价值阐释？所有的"世界观"或"世界图景"㉜都可以这样被区分，即：一个人如何看待他在一个规范性的"宇宙秩序"（Kosmos）中的自身处境，以及，是否这一处境就是一种纯粹自然主义式的处境，在这一处境内，价值只能以进化论的方式被解释，还是说，处境是和客观价值相关的，或者是和仅仅历史性的价值相关的，又或者是与单纯想象中的价值相关的，如此等等。一种"宽容的"宽容理论必须——如有待展示的那样——与一种诸如此类的更高阶的多元主义一起得到考量，这就是说，这种理论不能在这个层面上先行规划某种单一的世界图景，而是要给诸如此类的整全世界观设定前提条件。某种客观伦理价值的多元主义主张，客观伦理价值起源于不同的文化和来源，这些价值彼此不能兼容也不可通约，以至于它们可能——如柏林主张的那样㉝——迫使人们或社会

606

进入一种理知上无法解决的、悲剧性的伦理冲突之中。而关于这种"客观价值多元主义"的论题，充其量只是看待规范性世界的诸种可能中的**一**种：它是内在于诸般理论的多元主义之中的一种多元主义理论。㉞对那种将伦理价值和生活形式的多元性自身视作一种价值，并基于此来确立宽容要求的理论来说，这一点也有效：这种理论同样也只是一种非常特殊的伦理提法而已。㉟

与此相对地，上述三个层面上的伦理多元主义，不能以伦理的或形而上学的方式被考察，而是要被视为由人及其对世界的各种不同视角的多样性所带来的某种不可避免的结果。要确认此点，并不仰赖于引入某种整体性的无限视野，而是要借助于对人类理性有限性的洞见，这一洞见必定看出人类理性无能于在下述伦理问题上获得某种以理性的方式不可拒斥的答案，即是什么最终造就了生活的良善，并且似乎在这一意义上能够"辩护"这种生活。对人类理性而言，在道德语境中可以达成的东西（即完成在有限理性存在者中"可持守的"——就算不是"终极性的"——规范性辩护，它适应着规范的有效性要求），在伦理的领域内却无法达成：一种据称是要将特定伦理之路引入善与幸福之中的有效性要求，假如人们想要实现它的话，就不仅只是预设了此目标的某种不可拒斥的规定性，而且还预设了核实此目标之达成情况的可能。但这看来是不可完成的任务。㊱

然而，在另一种意义上来说，为规范性事物的"多元主义"提法进行辩护的不同语境之区分，毕竟导致了如下事实：从不同的责任（比如家庭的责任或朋友间的相互责任），或不同的价值（从特殊的目标到最高的取向）来看，不仅伦理性存在的领域在不同层次上有差异，而且这个领域也只是相邻于其他诸领域（如道德的领域，或政治责任的语境）而言的一个领域而已。㊲"规范性理由的空间"是广阔和复杂的，实践理性的本质任务就在于去整理此空间，这一任务必须考虑到在伦理条件和道德义务之间的那些深刻冲突。

3. 要阐明标识着我所推荐的宽容理论的那种伦理多元主义的理念，提出下述问题就是不无裨益的，即在何种意义上人们可以如许多作者曾做过的那样，谈论某种**不可通约**的诸价值的多元主义。㊳"不可通约性"一词的含义剧烈地摇摆在各种（理论知识性的和伦理性的）讨论之中，因此，在与宽容问题相关的范围内，区分如下几层含义就会很有用处：

（a）在宽容语境中，不可通约性不意味着在"不可转译性"意义上的"不可理解性"，那就好像是说，人们是从彼此排斥的伦理的语言世界的多元性出发似的。就算暂不去管以下事情，即：对一种和我们自己的图式"根本不同"的伦理图式加以有意义的谈论，这件事情是根本不可能的，且就这种不可能性来说，这种"不可通约"设想就是完全失败的㊴，即使是在宽容问题域的语境中，它也已经是不合适的，因为否则的话，就不存在对他种价值信念的有理由的反驳的可能性了，且如此一来，也就没有看起来会计划唤起宽容的那种冲突了。不可理解的东西不可能被宽容，因为要宽容，这东西首先就要被理解，被评判。

（b）在此处语境中，不可通约性也不意味着理知的伦理讨论的不可能性，因为，对在宽容冲突中的某种实践或信念的有根据的反驳，不唯预设了一种反驳的可能性和对之的承诺，而且这也导致，从参与的角度看，没有别的关于"他者"的理性眼光能比以下这种更开放，这种眼光批判性地去检验他者的信念。这是因为，对一种基础性的、先天存在着的伦理冲突的"不可缓解性"的一般见解，是根据"有限性存在对此能力不足"这一见解而来的。其结果——即在一种伦理冲突中，不能获致某种统一的、可共享的解决方案，且因此必须以宽容的方式维持冲突——因此就同样是一个合理的、得到辩护了的结果。[40]

对于"不可通约性"这个概念的一种特殊的规范运用来说，这一点也有效，根据它，一个概念不能宣称说，两个选项不能够被比较，而是要说，这两者**不允许**被比较，比如友谊的价值和金钱的价值；谁要是认为这件事是人言人殊的，那他就没有理解友谊的价值。[41]由此显而易见的是，这一"不能比较"的主张本身就仰赖于一种价值比较，它只是反驳某种特殊的价值可比较性而已。

（c）进一步地，并非"不可通约性"这个概念的题中之义，是在下述意义上的一种伦理的不可比较性，即不可能在规范性冲突内去进行有理由的价值评断。因为没有对替代方案的主体评断，复就没有反对的可能性。与在"最终"尺准缺乏情况下的价值冲突的生存论上的极端化取向相反，必须要指明的是，有限的、进行着伦理反思的存在者，在其通常的实践考虑中，原则上就是要证明，自己有能力在非常不同的价值之间，建构出某种对这些价值而言得到辩护的解决方案和秩序，某种诸价值可以从其视角出发合理地捍卫的方案和秩序。在价值冲突中的那些伦理决断，不是以非理性方式高高一跃，而是大多数时候跑步越过若干次第摆放的"栏杆"，它们是用复杂的论证建立起来的，并且很可能给自己的生活定下了意义与方向。[42]

（d）此外，"不可通约性"也不意味着一种道德上的不可比较性，因为道德评断虽然不涉及"什么样的伦理方案在伦理意义上是更好的"的问题，但毋宁还是涉及以下问题，即"在特定处境中，哪一种道德准绳比其他准绳更能与此环境相适"。[43]在对交互性和普遍性的求索中，道德观点要求，在道德冲突中，即使可能存在着关于这些标准之恰当运用的争议，也要先有一种共同的评断基础。

（e）在宽容语境中，"不可通约性"这一概念毋宁意味着，没有一种显而易见的、客观上无异议而统一的、不能以理性方式进行拒斥的准绳存在，就好像这种准绳可以超出见诸于上述三方面的（即善的内容、形式和来源之上的）价值的伦理阶序似的。由此可见，也没有什么"共通的伦理度量衡（Währung）"[44]。不唯道德准绳无法接受这种状况，且主体的或社会文化所建构的标准也不能接受它，因为这样一来，"不可通约性"复又处于争议之中了，在此意义上，说对"不可通约的"价值的宽容，也就成为合法的了。这里重要之处在于，这种"不可通约性"的论题，如已阐明的那样，自身不能复又卷入到对某种关于"客观"价值的多元主义论题（这些价值有很多实在的来源）的形而上学式的反驳之中去。相反，牢牢把握以下这一点就足够了：在有限理性存在者中，存在着关于（被视为客观的）价值的丰富多样的伦理论争，对这些价值来说，缺乏一种统一而客观的准绳。这不是一个关于伦理来源之多元性的实在性的论题，而是一个关于把握方法（Auffassungen）的多元性的论题，这种把握方法是对"伦理性存在有些什么来源"来说的，它是以——无论多元论或一元论的——理性方式可持守的。

4. 必须提一下两种异议，它们都指责在伦理价值和道德规范之间作出区分的611 这个建议，并且由此将冲突（此冲突本来计划要唤起宽容）不恰当地激化了，这就是所谓**"关于道德自身"**的冲突。这种激化（a）首先是在这样的意义上，即在一个有深度意见差异的社会中，存在着关于"什么才是必须被认为是道德上正确的且政治上正当的东西"的争议，（b）其次是在与道德最内在的核心相关的意义上，提出了这样一个问题：一个道德人格从什么时候才开始存在（existieren），什么时候又不再存在了？

（a）毋庸置疑，在道德层面上可以预见的分歧是：交互性和普遍性标准是如何具体得以运用的，而哪些解决方案才是道德上最可能得到辩护的。同样毋庸置疑的是，在政治层面上，深层的分歧就出现在"何种实质的正义规范必须得到辩护"这个问题上。[45] 这些分歧显然不是对以递归性方式重建的标准之效力的反对，相反，这些反对只是针对这些标准的尽可能整全式和兼顾式的运用而发的。涉及第一种道德层面分歧的，是对"何种要求是可以相互拒斥的，何种不可以"所作判断间的差别，它是不能被完全避免的。而关键在于，在这里，冲突中的两种标准本身都不被质疑，且二者都意识到了在这些问题中可错的那部分内容。如此一来，在辩护的标准不被公开损害的情况下，宽容就是说，伴随着差异去生活，并且去寻求一种最佳的、可坚持的分歧解决方案——此方案虽最可采纳，但仍可再修正。正是因为人不是一部按道德运行的机器（Moralanwendungsmaschinen），此种相互的宽容就是必需的。

而涉及第二种政治层面分歧，就要提醒人们，政治宽容中存在着悖论（见上文第二十五节），而要防止此悖论，就要求在关于基础性的正义问题的政治商谈中，总是已经预先设定了某种正义的**最低限度的**概念，这一概念保障了公民有进行辩护的有效权利。只有在此范围内，各种正义讨论才能导向制度化框架，并且在这些讨论中，基于其辩护的权利，则即使一种有可能是最糟糕的讨论，也有一种实质否决权，而当在社会基本架构内的平权公民的地位受到威胁、要被质疑的

时候，就可以运用这种否决权。[46]正义的核心，即辩护的权利，要求为社会基本架 612
构作建构性的准备，此基本架构将正义最大化，且同时限制了可能存在的分歧的
范围。在此情形中，宽容意味着对"公共辩护"程序的最可能的公开塑形，并防
止排斥的情况（Exklusionen），而这就意味着，在当一个人的本身主张被合法拒斥
的情况下，他要接受此种"公共辩护"的程序并遵从民主规则。

（b）前述异议并未根本质疑有其优先性和话语权的辩护原则，相较之下，倒
是在交互普遍有效的规范和伦理价值之间的区分活动，却显然要在某一界限处停
顿下来，在那里，伦理的诸背景性假设（Hintergrundannehmen）自身就规定着道
德的核心及道德人格的定义，并卷入到冲突中去。在关于堕胎、对胎儿的合法对
待以及关于安乐死的问题中，这一类的问题就摆在了面前。[47]在这里，进行一种
"不偏不倚的"道德表述将如何可能呢？而"要求一种无条件的尊重"，在这里又
意味着什么呢？

在这里首先要确认，即使在诸如以上这些争论中，辩护标准也是有效的，因
为这关系普遍和交互地有约束力的那些规范，这些规范作为法规范，首先应该使
得国家强制力合法化。这就排除了交互性上只能明确拒斥的规范奠基方式，比如
以下这种方式，它主张胎儿乃至胚胎都是神的造物，所以应该被看成是道德人格。
人们会说，这就把事情看得太简单了，因为一方面，它主张把道德人格性归给一
个非常早的时间点，这肯定会被认为是在交互性上不可持守的、宗教式的论述。
交互标准虽然排除某些奠基方式，但却允许一种深入问题中的理性争论。[48]随之而 613
来的，在此类斗争中，双方中**没有一方**能合法地宣称，其主张就是普遍有约束力
的、保有强制效力的规范的基础。**正是**在这里，宽容开始发生作用：这是基于我
们洞见到，只要比如说胎儿的地位问题还持续是个以理性方式可争议的问题，那
么，对核心论争问题而言，就没有足够的根据来运用法权强制力，并且我们还洞
见到，其他的根本考量（自由权，物理性满足的要求，健康要求，长期性后果[49]等
等）因此也必定是关键性的。由此，就必须在彼此宽容中寻求一种间接的解决方
案。对那些提出干涉个人自律的进一步要求的解决方案的人来说，这就显得要求
太多了，其原因不在于要求进行自身限制这件事是不公正的[50]，而在于被提出的要
求自身的本性。另一方面，那些在上述难题中要求主体性决断自由优先权的人， 614
都必须看到，核心的道德问题始终具有**争议性**，且关于人的、形成人格之前的
（vorpersonal）生命之"不可支配性"的讨论，在道德上是很关键的（即使它并非
在严格意义上是不可拒斥的），这些讨论要去考虑，相应规范为此要求着什么。[51]在
此种对于不一致达成的一致中，辩护原则始终在规范上具有引导意义，而在这里，
宽容事实上并非从伦理与道德间的清晰分界线上而来的，而是来自这样的意识：
它知道此种分界活动**自身**就可以是有界限的——那就在有限存在者的商谈之中。
而关键的是，要保有自身相对化的能力，即使在人们认为他们代表着**道德**真理的

地方，这种能力也能将如下的道德义务放在首要的位置上，即要在那些能以交互方式拒斥此真理之人面前进行辩护。在道德商讨未能达成一致的时候，以及在道德标准的运用出现争议的时候，也正是需要宽容的时候。并非每一个道德上重要的，以及以理性方式可持守的观点，都是在交互性上不可拒斥的，且在严格意义上是义务性的；用宽容要件的概念方式来表达则是：对于一种道德上的拒斥而言，道德上的反对也可能是不够的。

615　　　然而，假如说在特定冲突中，这种根据尊重提法的准绳而来的、对宽容的洞见将会被证明为过于严苛的，因为冲突参与者的道德代价被估计得过高，那么，对宽容的讨论就延伸出另一种提法，这一提法基于一个相对狭窄的前提：共存提法也许就可能复兴，它首先是以实用的方式、在不同参与方之间的临时协议的意义上被激发的，这些参与方都洞察到，冲突带来了太多的风险，太少的成功的期望。尽管这一临时协议的状态是不稳定的，因为它的前提是相对均等的社会权力，但在另一方面，它也允许从中生长出更多的信任，而这使得进一步的宽容得以可能。至于有什么样的道路，就取决于冲突的本性和社会的整体状况。

第三十二节　正义与宽容

　　　没有一本其他的最新政治学著作，像罗尔斯的《政治自由主义》那样，将正义与宽容的关联如此清楚地置入人们的眼帘。在关于宽容的现代讨论的推进过程中，这本著作显然占据着一个特别重要的位置。在那里，罗尔斯不仅如在《正义论》[52]中已经说过的那样，将宽容标识为一种正义的德性，而且在对原来一个段落的调整中，他甚至将之作为正义原则奠基的德性来加以强调，也就是作为一种所谓政治哲学的德性来加以强调。[53]罗尔斯认为，一旦理论觉察到了如下事实，奠基问题就需要以新的方式被提出，即：现代民主社会由"那些虽然彼此排斥，但却

616　同样理性的整全性学说的一种多元主义"（12）所刻画，这些学说是关于宗教的、哲学的和道德的本性的学说。[54]这就要求发展一种"理性"的概念，也就是发展一种理性辩护的和理性人格的概念，相对于"整全性学说"之争来说，这一概念要尽可能是中性的，其目的是为了在此基础上，对那种"超脱"（28）且"自律"（179）的政治正义提法进行表述，而有鉴于道德和形而上学的纷争问题，这种提法遵循着一种"回避之道"。如此一来，一种完全基于某种实践理性的**政治性**理解的"政治"提法，就是独立于那些学说而被构建的，并且同时也从那些学说的视角出发被承认：它存在于这些学说的**交叠共识**之中。由此，政治自由主义就"转

向了基于哲学自身的宽容原则"（74）。对诸正义原则的奠基来说，只有一个要求：这些正义原则必须是"理性"的，相比之下，对"真理"的要求，则是被那些跟随"整全性"学说的伦理立场引发效力的（17，174f.）。

在这里不可能去考量罗尔斯所提出的复杂奠基方式的细微之处，更不可能深入其正义提法的细节㉟，我们只需要对罗尔斯发展一种宽容理论的尝试的中心问题进行仔细探讨，在那里，他的此项尝试有失败之虞。这涉及对那些构成宽容基础和可宽容者之界限的诸原则所作的"政治性"奠基的**道德**品质（Qualität）问题。在此处，从一开始，就已经呈现出了某种歧义，即一方面，罗尔斯强调，政治上的正义提法"当然是一种道德的提法"（76），但另一方面，它又完全不依赖于"整全性的道德学说"，也不依赖于关于伦理自律生活之价值的自由主义学说，或者康德的道德自律的提法。一方面，罗尔斯在他自己本身的提法上，使用"道德"这一概念，另一方面，他又在与整全性的价值信念的关联中（在上面提到的善的内容、形式和来源三个方面）使用它，这些价值信念是一种政治提法所必须严格避免的。**由此产生了政治自由主义的一个悖论**：对应该建基于宽容要求之基础上的正义原则而言，一种自立且道德自律的有效性要求必须被提出来，但这种要求同时显得是被那种通过对整全性道德概念的"回避之道"所产生的理论禁止的。这就导致了各种含混不清，比如，区分于整全性道德价值的正义提法的"（道德的）政治价值"（41）之类说法的含混，以及关于某种"伴随着一种自足（道德）政治理想的超脱的政治提法"（45）的说法的含混，还有关于作为"政治（道德）原则"㊱的基本宪法原则的说法的含混。此处所谈的悖论若能解决，只有当那种在对"道德性"加括号的做法中得以表述的想法被确定下来时才行，也就是说，只有当下述问题变得非常清楚才行：在何种程度上，这是一种确定的、**不依赖于伦理学说的道德实践理性**的提法，**在政治空间**中，这种提法导向对正义原则的辩护，虽然这些原则对政治的基本构架有效，且在宪法和法律制定之途上具有某种积极的法律效力，但就其核心而言，它们却是一些**道德的**原则，这些原则有着自足的道德效用。而罗尔斯为此似乎必须更清楚地删除那些（内蕴其中的）道德成分，尤其是修正他的交叠共识理论。以下对此略作疏解。

在康德的意义上，政治自由主义具有其"在实践理性之中的……哲学背景"（10），在罗尔斯勾勒人格概念之处，这一点就已经说清楚了，这个概念呈现着诸本质性的"实践理性理念"中的一个，而政治正义的提法则建基于这些理念之上。罗尔斯同样强调，这就是一个"政治的"人格的概念，它仅仅标识出民主公民的特征，这无疑就是在说，他们理性的两个方面都是**道德**能力，在政治性的背景中，这种能力获得了某种特别的意义，即：首先，正义规范要以商谈的方式被奠基，以至于最终可以期待对此规范的全面赞同，其次，也必须承认"判断的负担"。后者表明，为什么在规范性问题中，理性的意见分歧是不可避免的，以及为什么

617

618

"整全性学说"的多元主义就是理性自身产生的后果（134）。[57]理性存在者的这两个层面共同导出一种洞见，即：对普遍的正义基本法则的辩护，不能包含产生整全性学说的那些理由；由此，宽容是一种正义的基本要求：

> 因为许多学说都显得是理性的，所以它们主张，它们在基础性的政治问题上是基于它们之所是而成立的，而不是基于别的学说认作为真的东西，出于此种见解，只要它们拥有政治权力去如此行事，那么这就只基于它们本己的信念而成立。当然它们也坚持，基于它们本己的信念而成立者，也仅仅基于它们的信念才为真：它们强迫他人接受它们的信念，因为如它们所言，它们是真的，而不是因为那是它们的信念。然而所有这些学说都可以同样地就其自身声称这一点，但没有人，可以让所有的公民彼此接受这些要求。一旦我们提出诸如此类的要求，则另外那些自身是理性的人，就会把我们看成是非理性的。（135 f.）

在（1996 年平装版前言）对此段的解释中，罗尔斯强调，显然这是个体的一种**道德**责任，即：要把相应于其真理信念的辩护原则，限制在普遍的辩护背景之中。"理性的"公民必须对（如罗尔斯这里所意谓的）相应于"交互性标准"对政治权力的运作作出有理由的辩护，这些理由可以被作为与之平等且自由的他人在无控制和操纵的情况下所承认的（41—43），并且按照罗尔斯的想法，这就意味着，公民是"天然的道德行动者"（42），"因为一种政治提法就是……一种道德提法。而这里列入考察的法、义务和价值也是被限制的"，即被限制于与那些源自"整全性"学说的主张的比较之中。由此可见，"政治"提法并非基于"政治的"基础，而是基于"道德的"基础，这些基础对其的限制，并不在它们的规范性特质中，而是仅仅在其运用背景之中。罗尔斯正确地指出，此处，区别于一种"整全的"伦理自由主义，没有一种"自主选择生活"的伦理自律理想是要被先行提出的（41f.），然而，因为他没有在"伦理的"自律和"道德的"自律之间加以区别，所以他没有足够强调，他要回溯到之前所说的（作为政治自律核心的）**"道德自律"**那里去，这种自律虽然并非伦理理想，但却给予了公民对自身作道德限定的能力，而这种能力就是"尊重宽容"的基础："为了让公民接受他们的政治角色，我们就要激励出他们为此而被要求的那些智力上的和道德上的能力，比如一种正义感……"（44）。

在对正义提法的建构性奠基中，这一点也很清楚。区别于康德式的"道德建构主义"（它将自身理解为规范的道德实在理论——相当于理性直觉主义——的替代项，将自律的自我立法看成一切规范性的来源[58]），罗尔斯追求一种"政治的"建构主义，在形而上学之争中，它持守不可知论。当然，与康德一致，这也是一种"学说自律"（doctrinal autonom）（179），这是因为，除了实践理性的理念和原则外，此政治建构主义不借助任何其他的价值或真理，而正是有鉴于正义提法的任务，实践理性的原则和理念才要在多元社会中被重建起来。

> 政治建构主义确定地接受了如下主张：实践理性的诸基本法则……在我们通过实践理性而被规定的意识中有其起源。除此之外它们别无起源。康德是历史上这一看法的源泉，即无论是理论理性还是实践理性，都是自生成和自确证的（that reason is self-originating and self-authenticating）（181，engl. 100）。

在这里同样有效的是，只要是在围绕着基本正义原则打转，那么政治事务的领域就不是一个本己的规范领域，而是保持在道德辩护的特殊运用语境中，即使这种建构主义是在形而上学上持不可知论的，它也要主张理性自律，并基于理性人格的自律特性得以构造，从而要从自身的实践理性出发去为原则辩护，或从中洞见它。简而言之：正义的自律性的建构性的奠基，以拥有自律实践理性的人格为前提。

正是这一点将罗尔斯的"交叠共识"观念置入了问题之中。因为根据罗尔斯的观点，仿佛只有出于任意一种"理性"的整全性学说的看法，一种政治提法才可以被叫作"真的"一样（212），在"交叠共识"那里，政治提法也必须从整全学说中借得道德的效力。政治正义提法虽然不是一种策略性的权宜之计，因为否则它就"以一种错误的方式是政治的"（229），但这种提法毋宁是一种"道德提法"（236），它"出于道德的理由而被赞成"，这**绝非依据共同分有的**理由而来，而确实依据着每每**有所差异**的理由而来：

> 所有赞赏这种政治提法的人，都始于其本己的整全性主张，并由其中包含着的宗教、哲学和道德理由出发。人们出于这些理由而赞同此政治提法的这一事实，也令其赞同每每都颇为具有宗教性、哲学性和道德性，因为这正是那些基于真信念的理由，它们确立了其赞赏的特性。（同上，德语译文有改动）。

在另一处，他则说到，交叠共识不呈现为诸整全学说之间的互相妥协，而"每每基于这样一些理由整体，这些理由被每个个别公民所赞成的那些整全性学说所规定的"（264，德语译文有改动）。那种保障着正义（和宽容）社会的稳定性的共识，在罗尔斯看来，就是关于正义原则的共识，但却不是关于支撑此原则的那些理由的共识。整全性学说的交叠，并不是因为它们在本己的真正区域中，都分有着自主独立的道德理由，这种理由为正义原则奠基，而是因为它们虽然保持在不

620

同的层次上，但都交结在正义这一点上，就像沿同一方向被刺穿却并未彼此接触
621　的纸张。此种建构与整全性学说及其真理主张进而有所交集，因为正义避免提出
自己的道德真理主张，而这就令得一种危险产生了，即基于罗尔斯自己的建构主
义的背景，**以错误的方式去行宽容**：因为正是在整全性学说的真理主张并行不悖
的地方，也就是在正义被列入计划的地方，正义必须施展一种**本己的**、自律的定
言性力量，它让人格能保证，相对于那些要求全面贯彻整全性真理的主张，它具
有着某种**优势**。这恰恰就是正义优先于整全性真理的要点所在，罗尔斯在多处都
强调了它们，并且它们也适配于（上文说到的）理性的两个方面。为了让公民不
再伤害正义原则，去绝对化他们的整全性真理，为了让他们只援引其真理的"一
部分"（127）[59]，也就是援引在"交叠共识"中的那一部分，为了在政治讨论中让
"交互性标准"发挥引导性作用，公民必须有着对（在公共理性运用的进程中的）
公平辩护的"内在（intrinsisch）道德义务"的自主道德洞见。[60]而当政治讨论不把
"正当的（得到辩护的）"〔gerecht（fertigt）〕宽容的理由称为本己的、规范上优
先的、**共同分有的**理由的时候，政治提法就是以错误的方式宽容的，这些理由足
够强，强到能够激发在规范性冲突（其中存在着合理的分歧）中被要求的自身相
对化。"超脱的"的正义提法，以一种对正义而言的自律道德意义为前提。

　　对"交叠共识"的理念来说，公民虽然必定能将正义视角作为一种"模式"
（Modul）（232）融入其整全性视角，但却是以这样的方式，即公民们就此将自身
当作自律人格来理解，他们对其他的公民负有彼此的义务，要在特定的冲突情形
下，寻求特定形式的理由，以使得一种普遍的规范得以合法化，并且相应于此，
还要寻求在这一点上重新表述乃至重置他们的整全性真理主张。这就是说，要寻
求出于正义的动机行宽容。罗尔斯自己在两种"宽容理念"之间作了区分：一种
622　是纯粹政治地被奠基的，另一种则是"整全性的"，比如宗教地被奠基的。[61]在此
很清楚，第一种宽容应该确定宽容的界限，以防宽容变得过于狭隘和偏颇，当然，
同样清楚的是，罗尔斯犹豫不决地采取的那种理由——它令得整全性学说要去接
纳宽容态度——对此来说是不足够的。因为正是在对这些整全性学说的宽容结束
之处，一种被"政治"奠基的宽容才以正确的方式生效，而这复又要求一个自身
的理由。被看作是"表面"的政治理由与"深刻"的伦理理由之间的关系，在这
里必须得到修正："政治"理由必须就是强烈且"深刻"的道德理由，后者指明了
人们对他人所负的责任是什么。[62]如果宽容的义务（作为正义的义务）居然不被看
作对他人的自立道德义务的话（借助此义务，人们共同分有着一种政治上的辩护
语境），那么它就不能拥有罗尔斯归给它的规范性力量。[63]正义的"政治"提法必
须有一种在辩护原则和辩护义务意义上的道德基础，在我们的语境下，这就被解
623　释为：行正义和行宽容的义务。[64]对公民在特定冲突情形下优先保护正义的"希
望"[65]，就是一种基于合宜社会环境的道德希望。然而对此的论证，却不是首先基

于那些不同的整全性学说的，虽然从它们本己的兴趣和价值表现来看，它们也大可以是宽容的。论证其实是：人们彼此有所欠负。不宽容首先不是对一种本己性伦理学说的违反，而是一个道德过失，对此培尔早有清楚阐述。[66]

2. 难道这不意味着，在道德理论的视野下返回一种"整全性学说"，返回一种 624 特定的（a）"自律"学说和（b）道德根源的学说，或返回一种道德的"世界图景"吗？[67]

（a）罗尔斯不能避免在某种伦理理想的意义上标举出一种特定的自律提法，这一点已经被许多批评者所主张，他们论证的是一种伦理的自由主义，这种论证有从至善主义视角出发的，也有从反至善主义视角出发的。作为代表，兹引金里卡的反驳为例，即：如果罗尔斯不承认个体自律的价值，则他对自由权利优先性的论证就站不住脚，其理由是，罗尔斯主张一种"最高程度的兴趣"，即要拥有一种能力和可能性，去理性地选择自身的善，或在一定情形下去改变它。[68]正如金里卡所说，谁要是不将这种自律的善作为良善生活的条件，他就不会在罗尔斯的意义上正义和宽容地行动：不可能只把自律看成政治价值，而不同时看成伦理价值：

> 问题是要解释，为什么任何人在政治语境中，都愿意接受自律的理想，而不用在更一般的情形下也接受它。如果一个宗教团体的成员将其宗教性的目的看成是基本构成性的，那么他们就没有能力撤回立场，并评价此目的，则他们为什么要接受一种政治提法，它主张，人能假设他们确有此能力（且有最强烈的兴趣去使用此种能力）？[69]

金里卡认为，尊重个体自律的伦理论证和政治论证是等同的。但这也忽视了一种可能性，即：一个人相信，对生活计划的主观的自律"选择"，可以不属于一种良善生活的必要条件，因为对其来说，这里缺乏一个"建设性"的维度，正是 625 这一维度才给予每一决断以确定的方向，能够不仅出于伦理的理由，而且也同样出于**道德的**理由，来对他人个体自律予以尊重，这是因为他将他人视为、洞察为具有辩护权利的人，这样一来，他的伦理信念不足以让他人普遍有责任去接受其自身，更不能强制让人接受其自身。这并不是说，在他的生命中，他不再能按照此种信念生活，或者他不能谴责他人；这仅仅是说，就算他觉得他人的伦理性自律设想是错误的，他也必须尊重他们作为道德自律存在者的尊严。金里卡的难题由此就根本不存在了；难以解释的毋宁是这样一种见解，即：能够得以宽容的，只是那种具有"自由主义—自律"的生活态度的人。为了行宽容，诸如狭义的传统宗教社团的成员大可不必彻底改变他们的伦理生活态度；当他们被要求不去剥夺他们新成员的特定教育可能和自由时（如金里卡想到的例子）[70]，这**不必**是基于那种信念才发生的，即发展自律是寻找和寻获良善生活的条件，而是基于这种信念，即将他人作为道德自律的存在者来给予全方位被要求的尊重，这些人有权要求，不被强迫去接受某种特定的生活形式，去一味赞同老一辈，并被强烈限制在一个整全社会中拥有**平权的**生活机会的可能性。这里涉及的，乃是在"私人"空间内免于权力的非法运用的自由问题，而非对良善生活作特定设想的问题。因为人们不知道，通过某种所谓的解放，个人的生活是否会变得更好；但人们可以作出判断，一个人，在何种程度上有权以一种相互间不加辩护的方式，来决定他人的生活。而采取相反的做法，恰恰不意味着简单地绝对化一种相对于别的生活形式而言的生活形式。再说一次：自由生活与平权生活，自律生活与良善生活，可以是不同的事情。

626　对罗尔斯的批评——说他的理论的道德基础不够清楚，以及说这些基础必定在某种特定的对道德自律的理解中存在——是在政治正义对于"整全性学说"具有优先性的语境中才被奠定的，它也就不会导致一种"整全的自由主义"，而是导出一种对"为什么整全的自由主义走在错误的道路上"的解释。因为正是通过对人格性自律价值的伦理—自由主义的强调，道德自律才被忽视了，而正是根据这种道德自律，人才完全能出于道德的理由，去宽容别的生活形式，即使他认为这些生活形式在伦理上是错误的。伦理自由主义轻视了进行道德区分的能力和自我设限的能力，而正是这些能力造就了宽容的德性，且伦理自由主义只能给自我反思的形式打上"精神分裂"的标签，要是公民照此行事的话，就不能在基本的政治性空间中传播其伦理信念了。⑦

（b）在这里被引为前提的道德自律类型，不以任何方式包含与良善生活的内容、形式或来源相关的整全性学说。它是实践理性人格的特征，这些人格知道，在何种辩护语境中，要求何种理由。此种理性形式不建构任何特殊的"世界图景"，也不以之为前提。与上述三种伦理多元主义相反，它持守不可知的立场；它与关于规范之源泉的不同理论相兼容，而且不仅是与伦理性的东西兼容，**也**与道德性的东西兼容。这是因为，它不基于任何形而上学的主张，这些主张关系是否有能为我们所作出的，或单纯被看出的，或反思性地认识到的不可拒斥的理由，也就是说，关系这些理由能否被看作是客观有效的，因为它是可共同分有的，或者说，关系它们是否是被共同分有的，因为它们是客观的本性。⑫人被看作是道德的规则制定者，这件事并不意味着，人在一种整全的意义上自创了规范空间。对作为有限理性存在者的人来说，除了通过交互的和普遍的辩护程序之外，没有别的可能，能让他们在良好的道德理由上取得一致。理由、规范和原则的形而上学627　状态，因此是完全不被触及的。在此意义上，我们所建议的那种提法就避免了被罗尔斯称为"建构性自律"的情况——它指那种见解，即"通过实践理性生产出或建构起道德和政治价值的序列"（180f.）——这种避免是在某种**形而上学**的意义上，而非**实践的**意义上（以便引入一种新的差异）。我们给那种被我们视作可共同分有的且有效的理由，以及我们在对理性的分析中重建（而非建构）起来的理性原则以一种客观的内涵，并在一定程度上将我们自己"置身其中"[73]，这允许得出以下结论，但却绝不会将它当作是必然的结论，即这些理由和原则就是真正存在着的"对象"，它们在柏拉图的意义上被视作形而上学的实在（Entitäten）。[74]一种关于道德的认知性提法，不必是在形而上学上实在的。同样，我们能够商谈式地为道德规范作辩护，并完全以此种方式将之实践地建构起来，而不必对"普遍兴趣"的那种先行存在有任何知识（或者必须预设其存在）[75]，这种看法也得到了辩护，但从中推不出下述结论，即它表达了"**产生出**一种规范世界"[76]这层意思。对有限理性存在者而言可能的是，去交互地、实用地重建理性规范奠基活动的实践原则，并将以交互和普遍的方式得以持守的原则，与那些可被拒斥的理由区别开来（并确立这种有所区分的冲突状况）；至于"道德世界"的形而上学性质，他们则可以有不同的"世界图景"：这保持为一个思辨的问题，也保持为**合理的分歧**的对象。在此意义上，道德辩护和道德自律的提法就"可适配"（einpassbar）入整全性的伦理**与**道德学说。这种提法就其自身而言是不可知论的，所以既非形而上学的，亦非反形而上学的。向来根据语境而在一种道德建构主义与政治建构主义之间作出分别的建构主义[77]，就是**一种实践的**，而非形而上学的建构主义。

道德辩护提法的适配能力（Einpassungsfähigkeit）并非是无限的。因为此提法 628 只能兼容于整全性的规范性解释，后者并不质疑辩护权利的无条件的效用，也不为它评定级次（qualifizieren）。人若拥有此权利，他就是道德的人格，这是实践理性的洞见，根据不同世界图景是否包含着对原则及辩护原则的效用的递归性洞见，此理性对不同世界图景的"理性特质"加以评价。与康德的"最高善"理念有一致也有相反面的是，将履行道德义务理解为一个人格由此变得"幸福"，或获得奖赏，此事是可能的，但并非必然的。然而，对他人的尊重不依赖于此种幸福设想。那种似乎"平白无故"被担负下来的义务，虽然可以在伦理的先验意义上被给出，但在宽容语境下，给出这种义务取决于：通过对义务的承担，不给辩护义务赋予一种使此义务的行使可被相对化的动机。

为了继续引入最后一种异见[78]，就要问：一个人，（依据辩护原则）应该完全被看作和承认为一个"道德人格"，这是否并不意味着，预先设定了一种"道德实在性"，一种无条件的、不是被我们自己创造出来的道德的形而上学基础？的确，在对某种对他人负有的"源初"道德责任的实践性洞见中（见上文第三十节第4点），一种道德的自主性被觉察到了，它就是被称为人格的"不可侵犯性"或"尊严"的东西。但这种洞见也还是**有限**理性的洞见：它洞见到，人作为有限存在者必定要求理由，并且人是能给出理由的存在者，而相应于对如此这般的存在者而言的辩护原则，没有好的和负责任的理由，去任性地推卸那种包含着交互性和普

629　遍性的道德有效性要求。道德自律因此意味着，在道德性的自律中，我们认识到，相应于一个人作为"自身自在目的"的价值，除了共有的被伤害可能，以及由此而来的那种对彼此所负有的义务（人们为此**假设**了它）这一理由外，人们没有，也不会有别的理由了。人们没有在"最终的"理由或知识的维度上，再加一个先验的"背后的世界"，在这些人中，处于核心的，不是一种形而上学式的洞见，而是一种**道德性的**洞见：这是一种关于自身责任的**认识**的类型，它同时也是对他人加以**承认**的类型，是将自身作为理性的和有限的存在者加以**承认**的类型。

　　这一点所处理的两个问题，即关于人格对其伦理真理主张的自我限制能力的问题，以及关于道德提法的不可知论特征的问题，引出了一个任务：进一步在宽容语境下确定"理性的有限性"这一概念。我将在下一章中尝试完成此事。

注释：

①　在此处语境中需要再次强调（参见上文第二十四节第 2 点）的是，这里首要的想法不是某种"自由之假设"的想法，按照这种想法，一望而知地存在着一种无需进一步奠基的自由要求，因而只有对自由的限制才需要辩护。因为并不存在诸如此类对于某种在道德上无需进一步鉴定的自由活动的要求，所以在宽容冲突中，唯有借助交互的—普遍的辩护原则才能判定，何种自由要求**或**限制要求是合法的。这一想法的合理内涵因而在关于各种宽容关系以及自由关系的基本"辩护权利"的更加整全的理念中最大意义上"被扬弃了"，这种辩护也避免了对于某种"假设"的规范上不明确的谈论。

②　这种原则相应地也在普遍的意义上适用于在道德上对完全义务之违背的谴责（参见下文第三十五节第 1 点）。在那里将同样提出的要求是，这样的判断是不可被交互地—普遍地拒斥的。

③　比如我们只需要想一想对说谎或偷窃的禁止和可能的例外情况。道德意味着规范的某种反思性的，并不呆板的体系。

④　我在这里跟随了哈贝马斯（"Diskursethik-Notizen zu einem Begründungsprogramm" und "Richtigkeit vs. Wahrheit. Zum Sinn der Sollgeltung moralischer Urteile und Normen"）。不过，依据特殊的有效性标准来对辩护标准进行"递归的"重建的规划，这项尝试无需整全的论证理论，而是预设一系列特别的、不能按照"真理""正确"和"真诚"的三分而得到分析的辩护语境和有效性要求（参见下文第三十三节第 3 点）。奥尼尔（O'Neil, Constructions of Reason, Kap.1 u.2.）在一种对于理性原则的"递归的"辩护之下，总体上理解到了一种联结，它连接于自由而平等的人格之间的开放辩论；我在一种方法论的意义上将之理解为一种反思，即反思到：为了何种类型的规范或价值，需要何

种有效性兑现。详见 Forst，"Praktische Vernunft und rechtfertigende Gründe"，bes. §3。

⑤ 在此我对道德规范有效性采取了否定性的表达："无人能合理地拒斥之"，这一表达出自斯坎伦（Scanlon，"Contractualism and Utilitarianism"，110.），因为存在许多人们——例如出于无私的动机——可以以理性的方式**接受**，但同样也可以**拒绝**的规范，因为它们在道德上没有约束力。Vgl. Scanlon, *What We Owe to Each Other*, Kap.5. 不过，与斯坎伦不同，我借助在规定性上允诺了某种更高尺度的交互性与普遍性的标准，来解释"可以以理性的方式拒斥"。这样一来，我在这里就仅仅立于道德上有严格约束力的东西的领域，而非立于道德上的普遍的善，它可能包含如不完全义务和分外行动（见下文第三十五节第 1 点）。

⑥ Vgl. Korsgaard, "The Reasons We Can Share"。

⑦ Vgl. Forst, Kontexte der Gerechtigkeit, 138—140, und The Rule of Reasons。

⑧ 这种态度的极端情形可以在黑尔（Hare）的"狂热者"（Fanatiker）那里看到，这种人倾向于坚守自己的理想，甚至（在黑尔的例子中）当他们不是为了灵魂得救，而是由于他们自认为好的东西而被牺牲的时候。Hare, *Freedom and Reason*, Kap. 9。

⑨ So Nagel, "Moral Conflict and Political Legitimacy". Vgl. auch Nagel, *Equality and Partiality*, 159："如果你强迫某人致力于一个他没能被给予充分理由去分享的目标，那么你就把他仅仅当成了手段——哪怕这个目标是他自己的善好，而你看到了这一点，但他并没有看到。

⑩ 我将在第三十八节作进一步论述。

⑪ So aber Habermas, Richtigkeit versus Wahrheit, 315f., und besonders Die Zukunft der menschlichen Natur, 124。

⑫ 有诸多不同的理由把这一原则与一种关于"终极奠基"的先验规划区别开来，比如在阿佩尔那里能看到的那种（Apel, "Faktische Anerkennung oder einsehbar notwendige Anerkennung?"）。首先，这种对理性原则与道德义务的结合**只**在道德语境中有效，而非对于一切理性的、论说性的言语形式都有效；其次，对辩护原则的有效性之为实践理性原则的洞见，仍然是一种真正的**道德上的**洞见（它不可能指向阿佩尔意义上的"终极"奠基）。在这两种情况下，合理性的义务与道德的义务都不会发生短路（这是维尔默对先验规划的批判，参见 Wellmer, *Ethik und Dialog*, 108），但要指出的是，是**同一个**实践理性（在道德的语境中）洞见到，辩护原则在规范上是**有效的**，并且不再需要从别的理由推出。对这种有效性的实践洞见，弥补了哈贝马斯版本的对话伦理学（因区分 a. 在"不可避免的"论证预设的意义上"弱的先验必然的'必须'"

和 b．"某种行动规则的规范性的'必须'"而产生的）的裂隙；Vgl. Habermas，"Erläuterungen zur Diskursethik"，191。

⑬ 在政治语境中，这意味着在一个特别的政治共同体内部承担责任——当然也是相对于并非其成员的那些人。

⑭ 更详细的关于以下内容的论述见 Forst，Praktische Vernunft und rechtfertigende Gründe，§5。

⑮ 关于此点可参见 Henrich，"Der Begriff der sittlichen Einsicht und Kants Lehre vom Faktum der Vernunft"，尽管它转向以存在论方式作论述。与之相反，列维纳斯在《总体与无限》（Totalität und Unendlichkeit）中强调作为对他人要求的对"善"的要求，但它所付出的代价是，神化他人，混淆对他人或为他人的"无条件的"责任与"绝对的"责任。

⑯ 参见我对"认知"（Erkennen）某个人与"承认"（Anerkennen）某个人的关系的思考（"Praktische Vernunft und rechtfertigende Gründe"，199—205）。亦参见 Honneth，"Unsichtbarkeit. Über die moralische Epistemologie von 'Anerkennen'"。我将在第三十二节第 2 点回到这一点。

⑰ Vgl. Kymlicka，Multicultural Citizenship，Kap.5；Dworkin，Foundations of Liberal Equality，83—86.

⑱ Vgl. Sandel，"Religious Liberty——Freedom of Conscience or Freedom of Choice？" und "Moral Argument and Liberal Toleration：Abortion and Homosexuality"；Mendus，Toleration and the Limits of Liberalism，150f.

⑲ 例如格雷（Gray，"Two Faces of Liberalism"）基于一种诸价值不可通约的理论，提出了一种和平共存的权宜之计类型的宽容形式。但与此同时，他也不愿放弃有利于这种共存和（作为政治合法性最低标准的）人权之内核的规范性论证。

⑳ 除了 Habermas，"Vom pragmatischen，ethischen und moralischen Gebrauch der praktischen Vernunft"之外，也可以在 Williams，Ethics and the Limits of Philosophy，6f.，Dwokin，"Foundations of Liberal Equality"，9，Margalit，"Ethik der Erinnerung"，130f.，Strawson，"Social Morality and Individual Ideal"那里找到相关论述。更详细的讨论见 Wingert，Gemeinsinn und Moral，Teil 1。

㉑ 对此概念的讨论特别参见 Rawls，Politischer Liberalismus，127—132，及 Larmore，Pluralism and Reasonable Disagreement。这一概念的重要的认识论层面我将在第三十三节中深入讨论。

㉒ Vgl. dazu ausführlicher Forst，"Ethik und Moral".

㉓ 参见霍尔姆斯（Holmes，"Gag Rules or the Politics of Omission"）的扼要综述。

㉔ 参见伯恩斯坦（Bernstein）对商谈伦理的批判。（Bernstein，“The Retrieval of the Democratic Ethos”，301，und Joas，*Die Entstehung der Werte*，286 f.）

㉕ 如普特南（Putnam）在他对哈贝马斯的批判中所言。（Putnam，*Werte und Normen*，287 f.）

㉖ So aber Habermas，“Werte und Normen. Ein Kommentar zu Hilary Putnams Kantischem Pragmatismus”.

㉗ 参见泰勒的实践理性提法。（Taylor，*Sources of the Self*，71ff. ）

㉘ 此类主张见 Korsgaard，The Sources of Normatively。

㉙ 关于谈论一种良善的生活，以及一种幸福的或者成功的生活意味着什么，参见泽尔（Seel，*Versuch über die Form des Glücks*）全面而细致的研究。不过，其研究中可看到的“良善生活的形式概念”，在伦理方面过于紧密地连接了“良善的”生活和“自身规定的”生活，而在道德理论方面，良善不能构成道德的内容上的“要点”，因为与泽尔的见解相反，良善只有借助交互性与普遍性的先行标准与独立标准，才会（在道德上）起作用。就此而（针对我的批评）提示说在道德上重要的是“保护一种良善生活的……形式”（ebd,，233，Fn. 168.），也是无济于事的，因为，良善生活是何种形式，如何保护这种形式的生活，必须在对此可能具有非常不同意见的人们之间的对话中得到交互地—普遍地证明。

关于所提到的伦理学疑难，亦参见 Wolf，“Zur Struktur der Frage nach dem guten Leben”，Stemmer，“Was es Heißt，ein gutes Leben zu leben”，Schaber，“Gründe für eine objektive Theorie des Menschlichen Wohls”，以及 Steinfath 的全面研究 *Orientierung am Guten*。

㉚ 法兰克福（Frankfurt，“On the Necessity of Ideals”，111.）把这种约束描述为“志愿的必然性”（volitional necessities）。他还把这种必然性视为伦理上自律的条件——这表明自律概念也是何等有争议的。对此参见下文第三十六节第1点。

㉛ 这一点我将在第三十七节中返回来加以论述。

㉜ 关联到康德可参见 Heinrich，*Aesthetic Judgement and the Moral Image of the World*。在一种存在论的意义上可参见 Heidegger，“Die Zeit der Weltbildes”。泰勒在这方面提到“构成性的善好”（constitutive goods）。（Taylor，*Sources of the Self*，91—107.）

㉝ Vgl. Berlin，“The Pursuit of the Ideal”.

㉞ Vgl. Larmore，“Pluralism and Reasonable Disagreement”，153—163.

㉟ 此类论点见拉兹（Raz，*The Morality of Freedom*，395—399.），不过，在那里的讨论是与自律这一价值相关的。

㊱ 康德这样表达这一点（回顾上文第二十一节第 1 点），围绕幸福概念存在着不可解决的争执，其原因在于：“属于幸福概念的一切要素都是经验性的，也就是说都必须借自经验，尽管幸福的理念仍然需要一个绝对的整体，即在我当前的状况和任一未来状况中福祉的最大值。现在，最有见识且最有能力但毕竟有限的存在者，不可能对他在这里真正说来所意欲的东西形成一个确定的概念。”与幸福相关的明智的伦理命令式因而只能是“建议”，而不能是理性的命令，“因为幸福不是理性的理想，而是想象力的理想”（Kant, *Grundlegung zur Metaphysik der Sitten*, Ak.IV, 418.）。

㊲ 参见 Nagel, *The Fragmentation of Value*，在此文中还引入了其他进一步的区分。此外见我自己的说法，Forst, *Kontexte der Gerechtigkeit*, Kap. V。

㊳ 也见 Rawls, *Political Liberalism*, 133。［德译本此处存在误译，不应译为“彼此排斥的”（einander ausschliessend）。］关于此概念的丰富讨论见 Chang（Hg.），*Incommensurability and Practical Reason*。

㊴ Vgl. Davidson, "Was ist eigentlich ein Begriffsschema?", und *Expressing Evaluations*, daneben Putnam, *Reason, Truth and History*, Kap. 5.

㊵ 深入的讨论参见 Moody-Adams, *Fieldwork in Familiar Places*, bes. Kap. 3。

㊶ Vgl. Raz, *The Morality of Freedom*, Kap. 13., Anderson, *Value in Ethics and Economics*, Kap. 7—9. 安德森（Anderson）将这一想法发展为对市场原则的整体性批判。

㊷ Vgl. Taylor, "Leading a Life", Stocker, *Plural and Conflicting Values*, Kap. 6, Anderson, *Value in Ethics and Economics*, Kap. 3.

㊸ 在伯林的不可通约性理论中，也能找到一种普世道德观点。（Berlin, *The Pursuit of the Ideal*, 17—19.）

㊹ Lukes, *Making Sense of Moral Conflict*, 11, 又见拉兹（Raz）的定义：“'A 与 B 不可通约'为真，既非当'一方较好于另一方'时，亦非当'双方价值平权'时。”（*The Morality of Freedom*, 322.）

㊺ 参见沃尔德伦对罗尔斯的批评（Waldron, *Law and Disagreement*, bes. Kap. 7 u. 11）；亦见 Hampshirt, *Justice is Conflict*。

㊻ 这导致一种罗尔斯式的差异原则的程式化版本（eine prozedurale Version），当罗尔斯给予最糟糕的方案以某种“否决权”的时候（根据此权利，“那些偏见较多的人……”必须“在偏见较少的人之前捍卫此权利”），他自己在《正义论》（*Eine Theorie der Gerechtigkeit*, 175 f.）中就暗示了这个版本。

㊼ 此类观点见胡斯特（Huster, *Bioethik im säkularen Staat*），当然，为了让辩护的原则能作为一种“政治道德”的原则生效，他仅仅特别挑出一些特殊的奠基方式而已。

㊽ 古特曼（Gutmann u. Thompson, *Democracy and Disagreement*, 74）称此类情况为“商谈式的分歧”（“deliberative disagreement”）。

㊾ 哈贝马斯（Habermas, *Die Zukunft der menschlichen Natur*）曾提出一个这样的论证，据之，“实证的优生学”的特定实践携带着“类的自身转型”的可能性，这种可能性包含的危险是，人的自我理解必须改变（42），以至于人既没有被把握为其生活历史的伦理上自律的作者，也不可能被彼此尊重为道德上平等的人格。（55，74，87，98）。但是，与之相关的是，这种实践的允许和运用所作的决定，并非如哈贝马斯所认为的那样，是一种（类的）伦理问题，而是一种道德上有待回应与负责的问题：对这样一些人的回应与负责，他们的伦理上的自律由此被摧毁了，以及对这样一些人的回应与负责，他们的道德自律的能力，以及作为自律的人格被尊重的可能性，都由此受到损害。

㊿ 桑德尔（Sandel,“Judgemental Toleration”）在其对自由主义理论的批判中持此看法，自由主义理论在其眼中声称一种“辩护的中立性”，但甚至在主张解决关于诸如堕胎问题这样的有争执的问题时，还是（考虑到道德人格性的开始）偏向某种特定的答案。与之相应，桑德尔论证到，在这类问题上，不仅公民，而且国家，都应采取明确的实质性的立场，由此出发才能提出下述问题，即对该立场的偏离是否可以得到宽容（在堕胎问题上桑德尔保持怀疑；Vgl. Sandel,“Tolerating the Tolerant”）。——然而，桑德尔忽视了问题的若干重要面向。首先，他所质疑的宽容理解并非在道德上是空洞的，而是实质性的、在道德上奠基于辩护原则与尊重原则。其次，宽容事实上预设了一种清晰的伦理立场，但是按照辩护原则，这种伦理立场要求，在正义的基本问题上，不能强制任何人去遵守那些依赖于可被交互拒斥的理由的规范——例如明显的宗教上的特殊理由，而桑德尔明确地允许这些理由成为解决问题的决定性基础。但这会伤害一个正义社会中的公民之间相互应有的对他人的基本尊重；反过来，这种在原则性的法律判决的合法性面前对他人施加的尊重，并不意味着要把宗教立场在总体上排除出公共空间或政治对话，如桑德尔同样接受的那样。因此，桑德尔的立场最终抵达的是允许提法的一种翻新，按照这种提法，某种“道德上—伦理上的多数派”可以在原则上确定法律，然后自己决定何种与法律的差异能够被忍耐。

(51) Vgl. Habermas, Die Zukunft der menschlichen Natur, 56—69, Dwokin, Life's Dominion, Kap.3.

(52) Vgl. dort die Abschinitt 34 u. 35. 对宽容与正义的整体性研究也见 Höffe,“Toleranz: Zur Legitimation der Moderne”, 及 Ricœur,“Toleranz, Intoleranz und das Nicht Tolerierbare”。

(53) 在《政治自由主义》（*Politischer Liberalismus*, 67.）的一个中心段落中，罗尔斯

强调了正义与宽容的相关性问题："（正义和宽容）这两个问题被放在了一起：一个由自由平等公民组成的正义且稳定的社会如何能够持续存在，如果它被其理性的宗教的、哲学的和道德的学说决定性地撕裂了的话？"（Vgl. auch S. 199；下文引用均见此书。）

(54) 罗尔斯对整全道德学说的刻画如下："如果一种道德提法面向一个广泛的对象领域，并普遍适用于所有对象，那么这种道德提法就是普遍的。如果这种道德提法作为一个整体包括各种关于人生价值、人品理想以及友谊关系与家庭和联合体关系的理想，乃至在我们的一生中，指导我们行为的其他理想时，它就是整全的。如果一种提法囊括了人们在相当清楚准确地阐明了的系统内所承认的全部价值和德行，那么这种提法就是充分整全的；而如果它包括了一些但并非所有非政治的价值和德行，且只给予了非常松散的阐释时，它就只具有部分的整全性。"（78f.，Übers. geänd.）

(55) Vgl. dazu besonders Forst，"Gerechtigkeit als Fairneß：ethisch，politisch oder moralisch?" und "Die Rechtfertigung der Gerechtigkeit".

(56) Rawls，"The Idea of Public Reason Revisited"，781.

(57) 关于此点我在下面几章中会作深入阐述。

(58) So Korsgaard，The Sources of Normativity.

(59) 罗尔斯在这里引用了 Cohen，Moral Pluralism and Political Consensus，283.

(60) Rawls，"The Idea of Public Reason Revisited"，769，Übers. R. F.

(61) Rawls，ebd.，783 u. 804.

(62) 在这种意义上，关于深层冲突中宽容义务的优先地位，参见斯坎伦《宽容之难》："宽容所表达的是一种对于共同的成员身份的承认，这种成员身份比这些冲突更深层，这是对于他人如我们自己一样有资格为定义我们的社会作出贡献的承认。"（Scanlon，"The difficulty of Tolerance"，231.）

(63) 罗尔斯在其《答哈贝马斯》（"Erwiderung auf Habermas"）中强调了三种类型的辩护，以拒斥对正义规范缺失有效性奠基的批判（Vgl. Habermas，"Versöhnung durch öffentlichen Vernuftgebrauch"，180—189，und Forst，*Kontexte der Gerechtigkeit*，152—161；关于罗尔斯与哈贝马斯之争，参见 Forst，"Die Rechtfertigung der Gerechtigkeit"），基于上述材料，以下几点需要注意。第一种奠基是所谓的"阶段性"（pro tanto）的奠基：在这里"超脱的"正义提法唯有在政治价值的基础上才能得到奠基。第二种奠基才是"完全的奠基"，这意味着，正义提法与各个公民从其视角出发的整全学说相适配（Einpasssen）；正义因而成为某种整全学说的部分。第三阶段的"公共辩护"包括的是，公民彼此承认对方的人格，他们出于各自不同的理由而拥有一种正义共识，并且在他们的政治话语中重视这种共识。但是，与罗尔斯的勾勒不同，第一阶段就已经必须预先显露出一种规范上独立的奠基，由此正当的优先性意识才能在第二阶段占据统治地位，并且最终在第三阶段达到并不伤害交互性原则的政治话语。

㉔ 就此而言，我同意拉莫尔（Larmore，"The Moral Basis of Political Liberalism"），即政治自由主义必须以人格的平等尊重的原则为基础，而这是罗尔斯没有充分说明的。不过，拉莫尔认为这一原则——与一种"合理对话的规范"相结合（Vgl. Larmore，"Politischer Liberalisimus"，142—148.）——只在对政治—法权层面上施加的强制进行辩护的语境中才是主导原则；此外，他把这一原则理解为独立的道德原则，而非实践理性的原则。可是在我看来，这一原则，即要承认他人作为"在其自身的目的"，并且要对那种针对他人的、以道德上意义重大的方式限制其行动可能性的行动进行交互的—普遍的辩护，它并非仅仅在与强制规范相关的领域有效，而是在与对触及他人利益的行动的辩护相关的一切领域都有效。在与道德"立法"相区别的政治"立法"语境中，这一原则必须以特别的方式被运用，这并不意味着，在这一语境中有一种专门的原则。而只要辩护原则是能辩护的实践理性——这种实践理性证实自己是在实践上提出的有效性要求的兑现之可能性的条件——的一种基本原则，那么下述洞见就是必要的，即在特定语境中，必须提供特定的理由，以及如何在合理的分歧的情况下作出反应——按照我的解释，这些洞见被拉莫尔归给了理性。没有什么别的道德上的能力或决断，比作为**实践**理性的理性自身更能够为面临诸如此类冲突的行动提供好的理由。理性是奠基与辩护的能力，这包含了一种知识，一种关于何种理由在何种语境中能够有效的知识。在道德的意义上，把自己视为一种整全的辩护语境和责任语境中的成员，是一种特别的实践上的理性能力，在这种理性能力之外，当然还有别的合理性的领域；这是在人类教育中形成的理性能力，是互相承认彼此为道德责任者的人们彼此认可并且相互要求的理性能力。

㉕ So Rawls，"Erwiderung auf Habermas"，211.

㉖ 对此我持有与施耐温德（Schneewind，"Bayle，Locke，and the Concept of Toleration"）相反的立场，他批评培尔对一种自律道德的论证，这种道德会导致某种"整全"学说的重审，而罗尔斯模式则无涉这种道德上的重审，因为宽容的理由仍然保持在整全学说方面。尽管如此，施耐温德（Schneewind）也不免要强调"公共的政治承诺"（public political commitment）在规范上**优先的**、**独立的**特征——而这就回到培尔那里去了。

㉗ 在此意义上参见罗尔斯（"Erwiderung auf Habermas"，197—203.）对哈贝马斯的批判。

㉘ Vgl. Rawls，"Kantischer Konstruktivismus in der Moraltheorie"，93 f.

㊹　Kymlicka，"Two Models of Pluralism and Tolerance"，91.

㊺　我在第三十七节再返回来讨论它。

㊻　So Mulhall u. Swift，Liberals & Communitarians，220.

㊼　参见科尔斯戈德与拉莫尔对此的反题式表述。（Korsgaard，*The Sources of Normativity*，Larmore，"Moral Knowledge" und "Denken und Handeln".）

㊽　Larmore，"Der Zwang des bessern Arguments"，124.

㊾　So Larmore，"Moral Knowledge"，116.

㊿　拉丰即持此观点。（Lafornt，"Realismus und Konstruktivismus in der kantianischen Moralphilosophie—das Beispiel der Diskursethik".）

⓱　So Habermas，"Richtigkeit versus Wahrheit"，309（Herv. i. O.）.

⓲　在一种道德建构主义中得到制定的，是普遍并且交互有效的规范；在一种道德—政治建构主义中得到制定的规范，形成了正当的基本结构的基础，特别是人权的基础，而在一种在此基础上建立起来，并且得到语境固化的政治建构主义中得到制定的，是社会的基本结构。Vgl. dazu Forst，"Das grundlegende Recht auf Rechtfertigung" und "Die Rechtfertigung der Gerechtigkeit".

⓳　拉莫尔给出了这种反对意见。（Charles Lamore，"L'autonomie de la morale".）

第十章

理性的有限性

第三十三节　相对化，而非相对主义和怀疑主义

1. 迄今为止，关于为宽容奠基的设想，都被确立在辩护原则的基础上，它确 630
证了，什么可以作为历史性的对宽容讨论的重建结果，即我们要区分宽容的两个
要件：一种是**规范性的**，而另一种是**认识性的**。这种区分是针对那种对伦理性强
制的不可辩护性的观点来说的，也是针对那种对行为限制的不可辩护性的观点来
说的，此行为限制不仅得到了伦理奠基，在道德上也十分重要。因为那种借助于
交互普遍的辩护原则，并通过义务论差异得以解决的道德宽容的悖论（它追问，
对道德错误的宽容，是怎样地以道德的方式被提供的），在真理相对化的悖论中有
其对应物（它追问，如果人们力图贯彻某种自身信念，那么在宽容中，如何可能
同时将这种信念——人们基于它而反驳他人——认作为真，但又限制它，给它加
括号）。基于第一个悖论所给出的回答（正是由于它，宽容的人格才要去认识那些
道德理由，它对伦理上遭到反驳的信念或实践加以宽容，也才要去将伦理冲突评
价为"理性"冲突）是，我们在自身中已然包含了特定的自我相对化的能力，而
在认识论上，对这种能力要加以解释的是：我们何以可能以如下的方式去接受交
互性和普遍性的界限，即人们居然能把自身的伦理信念在伦理语境中看作是"真
的"，虽然在公共辩护语境下，这种信念已于界限处失效？根据处于特定语境中的
"理由的交互性"（见第三十节第3点），人们必须放弃"最高善"，但在另外的意
义上，人们却又可以继续坚守此"最高善"，此事又如何得以解释？什么叫作相对
于"真理"的理性，尤其是，理性与宗教信仰又处于什么样的关系中呢？

　　由此信念出发可以得出，分离宽容的规范性要件和认识论要件并将之视为对
宽容的两种各异的辩护，或将规范性看作是一个充分条件，这些都是错误的，虽
然如下文还要阐述的，规范性要件是优先的要件，但正如所有反思性的道德态度 631
一样，它也拥有重要的、要从认知理论上去加以分析的层面。原则上来讲，**每一
种**宽容提法和宽容奠基方式，都要能解释下述关系问题，即在相信某种伦理和宗

教学说的人格，与从这个人格的视角被看到的、这些学说的多元并存状况之间的关系问题。而如同已经看到的那样，这里的范围包括怀疑主义、相对主义、可错论、多元论，直到一元论等所有这些成问题的、通向宽容学说的道路。

将皮埃尔·培尔视为伟大的宽容问题思想家的本质理由是：以一种不仅是他自己的，而且也对于我们的时代来说清楚而富有创造力的方式，他将宽容的两个要件提了出来，以避免那些道路上的问题（见上文第十八节与第二十九节）。以他的先行者卡斯特里奥、博丹和蒙田为基础，培尔看出，那种根据奥古斯丁学说的结构而来的、对不宽容的至善主义辩护——它进行"勉强人进来"（compelle intrare）的强制方向转换——必须在两个层面上被拒绝：需要寻求一种道德论证来说明，为什么这一著作考虑把一种罪行改造成一种德行，其结果是，相应于此罪行的行为，都可以被看作就是它们所是的那种行为，也就是一种纯粹的暴力行为，对它而言，没有任何好的、在交互性上不可拒斥的理由。这就预设了一种道德提法，对于所有的理性人格来说，借助他们"天然的"理性，这种道德提法就成为对他们来说可理解的，并且有义务去做的；这种道德将相互辩护的原则放到了首要的位置上。并且进一步地，为了让我称为"理由交互性"的标准发挥效力，也就是说，为了能解释，为什么指向某种绝对真理（"善的强制"也应该可以因此得到交互的辩护，因为人们应该总是乐于被带上善与真的道路）是不合法的，根据培尔的说法，我们就需要一种对划定伦理真理、宗教真理和道德真理间界限而言被要求的、认识论层面的相对化处理。由此，在至善主义意义上的不宽容的合法性之所以失效，就在于它错误地考虑了交互性标准，以一种不被允许的方式，将一种在普遍辩护语境中仅仅局部的真理绝对化了：而所谓不被允许的方式，既是在**道德**上说，也是在**认识论**层面上说。

632　　康德虽然决定性地发展了一种相互辩护的道德的规范性要件，但与此同时，信仰与知识之间的差异仍然留存着，而正是培尔将这种差异概念化了，在狭义上，这种差异是对一种关于可信地理解宗教领域内**合理分歧**的可能的基础设想来说的，在广义上，它是对追问善的伦理问题来说的。这就是对**理性有限性**的原则性洞见。培尔对之的理解，既不同于极端的宗教怀疑论那样，一味去要求宗教证明，也不同于教条的宗教学说那样，幻想自己已经获取了此种证明，更不同于极端的虔信主义那样，将宗教的起源看作是非理性的。根据培尔的理解，信仰领域始于如下之所在，在那里，理性虽然并未完全终结，这是因为，为了拒绝荒谬的"迷信"形式，它坚守着某种标准，它也允许对它所抛出的那些问题（比如恶的存在问题）作进一步的理性宗教的讨论，但也是在那里，理性也在一定意义上终结了，即理性不再处于这种处境上，要对这些问题给出一种清晰的、不能以理性方式加以拒斥的答案（见上文特别是第十八节第5点）。信仰给出了"世界是怎样被创造的"和"人应该怎样生存"这类"终极"问题的答案，理性对此**既不能证伪也不能证**

实。信仰给这些答案提供了理由，理性既不要求也不禁止这些理由，而是在信仰**知道自身只是一种信仰**的范围内，对之加以许可。从理性视角来看，信仰的见证只是"相对地"呈现出了某种特定的伦理或宗教世界观；它是**超理性的**（desus de la ratio），而不是**反理性的**（否则那就成为迷信的问题了）。由此，理性所明白的，就是那种以纯粹理性方式不能解决的、宗教和伦理争议问题的不可回避性，相反，信仰所确定的，就是这并非对其真理信念的驳词。因此，看到理性的有限性，一方面意味着，要认识到，在伦理—宗教问题中，理性并不具有最终的、普遍的和有客观约束力的决定权，但相反，在相关于客观知识及道德或政治责任的论证中，宗教也发现了自身的界限，因为在这里，虽然它们可以为其真理作代表，但必须尊重理论及道德背景下的辩护标准——然而这并不意味着，宗教立场在那里先天 633
地就没有地位。

在培尔那里，信仰与知识的差异，以及宗教与哲学的差异，还具有某种虔信主义的特征，当然这是一种"理性的虔信主义"，它将信仰自身之中"对理性的俘获"放在了理性许可的框架内，而不将之视作一种非理性方式的俘获。由此，一方面，它就试着在知道自己本己界限所在的理性的宇宙内，为宗教创造空间，另一方面，它给理性指出其独立的、在特定语境下高于信仰的位置，有限理性抛出的关于善恶实存及正当生活和神的本质的问题，它自身并不能清晰地回答，而借由认识到这一点，它就以理性的方式守住了宗教的位置，但也将此位置看成是可批判的。从信仰者的角度出发，当然没有一种虔信的态度被先行确定了下来，因为始终可能的是，将自身的信仰之道作为最理性的来加以看待，只要人们不把它看成是借助理性而能反对其他所有客观可证明的信仰之道的，以致似乎所有对它的反对之词，其自身就要被认作是非理性的。"理性"人格不必拥有一种特定的信仰，也根本不是必须有信仰，但他可以有一种信仰，并且必须洞见到，存在着一种"理性"宗教和非宗教的伦理视角的多元主义状况，它必定导致冲突，而理性只能在一定限度内解决此冲突，且在此冲突中，基于普遍辩护规范的宽容也随之被要求。由此，就有可能在对一种特定的伦理真理或宗教真理抱有信念的同时，看到以下这一点，即别的信念虽不是真的，但也可能同样是理性的。在理论和实践理性的能力范围内，这些别的信念可被容忍，但在伦理真理的要求范围内，人们必须对之不作评价，或者将之视作"部分为真"的。

2. 以上态度必定能够解释宽容理论，因为它没有主张某种特定学说的危险。因为对于如下问题来说，即"理性如何可能应人格要求，将其挚切的认之为真的信念相对化，并且去行宽容"，就有不同的回答摆在眼前，比如怀疑论的，相对主 634
义的和某种"伦理自由主义"的。根据第一种回答，出于认识论上和伦理真理上的不确定性，可以推断出保留判断和宽容的必然性；根据第二种回答，宽容则来自伦理价值信念的等值性；根据第三种回答，宽容自身是被特定的伦理价值，如自律或多元主义所奠基的，这些价值被看作对于良善生活不可或缺的。如同已经说过的那样，虽然这些道路都可以通往宽容（即使在怀疑主义和相对主义的情形下，没有进一步的规范设定），但只是基于非常特殊的、不能普遍化的前提基础下才行，并且就趋势而言，只要他人不分享这些前提的话，那它们就都过早地终结在不能宽容他人的地方。而一种熟悉历史的宽容理论——它想把宽容要求算作是一种规范要求——就必须基于其他的基础被建立起来。尤其是它必须尝试解释，即使并非是怀疑主义者、相对主义者或伦理自由主义者，而是一种"排外性"宗教的信仰追随者的他人，也能持有一种宽容的态度，并解释如何能如此。[①]于是就要问以下问题：何种自我相对化在此处是必须的？对于这样做的人格来说，它是怎么可能的？它可以避免怀疑主义的、相对主义的，或采纳一种伦理自由主义的后果吗？

　　在最近的讨论中，有一系列建议，是针对"在公共讨论理论框架中，此问题看上去是如何的，又如何能解决它"的。通过一种在"私人"领域和"公共"领域间进行一种首先是认识论的区分的方法，托马斯·内格尔尝试解释一种"较高阶次的公道性"，而对那种普遍需要被辩护的规范来说，它是要被要求的。[②]这样一来，在个体生活所开展的那些事务中，人们所依靠的价值，就会和那些可对政治权力的运用进行辩护的价值由此区分开来，即后者似乎相应于"客观性的较高标准"。虽然每一个人都主张，他们的——比如说宗教性的——信念，既在个人空间内，也在政治空间内，要被看成是真的和正确的，但在政治辩护的语境下，他们也必须通过如下方式来对之加以确证，即他们是在某种"普遍的"和非人格性的立足点面前，才采纳其自身信念的，而这"并不依赖于我们是谁"。[③]如果人们从与其自身信念拉开了距离的视角上观察，就如同从任一个人所持有的视角上那样来观察，那么人们就可以判断，是否可以举出些普遍的、可分有的证据来赞成此信念，以及是否那些不赞成此的人就犯下了某种客观上可认识的错误。如果这些都没有被展示出来，那么，虽然仍有可能将私人领域中的自身信念视作为真，但因为客观理由的缺乏，所以在政治空间中，人们就不再能够依赖他们的那些真理了——对它们而言，缺少了一种为此所必需的知识论特质。从客观角度看，它们因此只不过是"某个人的信念"，而不是真理（*someone's beliefs, rather than* […] *truths*）。[④]

　　这种与自我拉开距离及自我相对化的极端形式，毕竟构想了一种伦理视角与政治—道德视角间过强的分歧，以至于我们不再能解释，如果此信念在公共辩护的语境下不成立的话，一个基于其信念而具有了上述拉开距离的眼光的人（若这根本上是可能的话），怎么还能把这种信念继续看作是伦理上真的和善的。内格尔把对信念进行认识论证明的伦理语境，与普遍的交互的辩护语境联系得太紧密了；在他那里似乎是这样的，支持某种伦理信念的那些理由，也必须是在政治空间中

635

支持该信念的**同样的**理由——如果这些理由在后一种情况下做不到这一点，那么在前一种情况下也是成问题的。由此可以合理推出，内格尔明确想要避免的，就是在合理的分歧方面的一种伦理怀疑主义。⑤

在这种进路中，两种辩护语境之间的差异就被错误地理解了。在其间，其实内含着交互性与普遍性的界限，这意味着，要在两种语境下，回答关于**不同标准** 636 的**不同问题**。在一种语境中，为一种信念作了好的奠基，这并不就意味着，在另外的语境下，它也随之被很好地奠基了。虽然在诸语境间，存在一种奠基的连贯性，因为人们是基于自身的伦理信念在政治上或道德上进行论证，但人们也必定已准备好承认其他各种有效性标准，于是人们就有可能看到，自身的价值信念是可以被交互的和普遍拒斥的，只要这拒斥是围绕着普遍和交互责任来进行的；但由此绝不能得出，此价值信念因而在伦理语境中就失效了。因为，为了在普遍语境中洞见到此信念的相对化的必然性，人们必须不把它"外在地"作为"任意一个人的"信念，而是尝试着将它作为一种对**普遍规则化的活动**来说不可交互拒绝的理由来加以表达（或"翻译"）；而在它的伦理特质中，这种信念完全没有用这块试金石来检验。由此，宽容的态度就成为可能的了，这态度也接受了此信念不可能被普遍有约束力地贯彻到底这一情况，而只是保留着此信念的真理性。相反，不理性的反倒是如下后果，即在"理性的伦理冲突"中，一种伦理信念撞上了与之相反的信念，由此就推出，它是一种"单纯的意见"，所以不再能够被继续持守了。⑥

约瑟夫·拉兹（Joseph Raz）也批评，内格尔在个人信念和政治规范之间设置了过强的分离，拉兹并由此推出，在伦理价值和普遍的、以"中性"方式得以辩护的规范之间，不可能存在一种分歧，因为这导致了在个人信念和政治信念之间的一种过强的不连贯性⑦——他对此的反驳，在我看来没有切中关于不同辩护语境的提法，此提法所蕴含的并非（在拉兹的批判意义上的）自身分裂，而是一种对此种语境的差异性的认识，这种认识知道，应该在什么时候向谁提供何种理由。此处既不存在一种认识论上的"制约"，也不存在在（伦理或道德）规范意义上的制约，而只存在对理性伦理冲突的可能性的洞察，以及进行普遍交互论证的义务。　637

相反，布莱恩·巴里（Brian Barry）赞同由内格尔开启的（非其所愿意的）怀疑论意味，因为他持如下观点："正义作为公道"的提法，基于普遍论证的法则，且必定预设了一种伦理相对主义：对他来说，被基本原则所要求的自我相对化，包含着一种对伦理真理要求的**放弃**（及对判断的悬置）。从以下基本原则——即正义要求与他人处于一种规范性的协同关系之中，这是基于无人能以理性方式拒斥的基础——出发，他进而推出，没有任何一种善的提法可以表述对此种协同而言的基础。⑧但他不尝试从特定辩护原则的优先性出发来解释这一点，而是以认识论的方式，借助于怀疑主义的论证说道：

　　然而，我们如何能够确定，这里并不存在一种善的提法，无人能有理由地拒斥它？我希望为之辩护的答案是：没有一种善的提法可以被合理地持有，并同时一定程度上确定能强加给那些拒绝它的人。我愿意从怀疑论入手来作出此论证。[9]

　　巴里的论证——即无数伦理冲突的经验，已经确证了怀疑主义——是不成立的，因为这些经验也可以作为其对立面的证据而被看待，也就是说，作为伦理信念的不可遏制的强度的证据。就算不考虑这一点，他关于伦理真理的理解，也导致把不宽容看成其理解的当然后果；决心反对一切其他伦理学说，彻底贯彻一种真理，这其实是真理信念严肃性的标志，但结果却是，可以克服不宽容的唯一途径，就是克服一切伦理真理要求。这里的关键在于巴里的怀疑："是否从内部看来，对一些观点的确信，可以与他人有理由拒绝的同样的观点融贯地连接起来。"[10]
638　以比内格尔更强的方式，巴里将对一种善的伦理提法的真理信念，太过于紧密地与下述事情关联了起来，即此信念在政治道德空间中普遍地可分有且不可拒斥，以致人们要么试着通过非法的途径来造成此种可分有性，要么必须悬置他们的信念，且与对此信念的判断保持距离。当然，在普遍的政治道德辩护语境中，当一种信念被作为可拒斥的信念提出时，一种"不确定性"就产生了，它完全不同于那种因为伦理上的相反论证而产生的不确定性，后者可以使一个人对其信念产生怀疑。虽然后一种不确定性完全可能是前一种的后果，但绝非必然的后果。一种善的提法，可以作为**并非在道德和政治上有约束力的提法**而被拒斥，但对于对之抱有信念的人来说，这并不意味着，这种信念由此就**在伦理意义上失效了**，或者那些在此意义上拒斥它的信念就必定是**非理性**的邪念。在对伦理信念进行不可或缺的普遍化活动面前的界限，不是被怀疑论所要求的界限，而是一种理性语境差异所内蕴的界限，也是一种采取适当行动的决心。

　　不同于拉兹的论断，即为普遍交互规范作独立辩护的理念，必须以不同于伦理价值的方式被给出，也不同于巴里的论断，即只有付出克服强伦理价值信念的代价，辩护原则的优先性才能被正当确立，罗尔斯的看法是，（上文已经谈到的）"判断的负担"允许从一个人的视角去解释，一种他认为错的信念，如何能仍被看作是理性的，而不用怀疑其自身信念的真理性。这种理性的第二个层面——第一个是"有决心和能力为公平合作奠基并保持它"的规范性层面——应该解释，为什么在特定的规范性冲突中，存在着某种**合理的分歧**。答案是，为了处理那些冲突，对此冲突理性人格不能达成一致，因此必须行宽容。按照罗尔斯的看法，"理性"人格使用了最重要的那些实践理性和理论理性能力；这些能力有条件也有意
639　愿在相应的辩护语境中给出实践或理论类型的理由，并对此进行思考和判断。由此就有六种负担，它们使一致的判断变得困难甚至不可能；罗尔斯将之称为"判

断的负担"，这是因为，它们标志着理论理性和实践理性的不完善性，但他较早使用的术语"理性的负担"⑪更好些。它们是⑫：

（a）在特定情况下，经验证据可能难以衡量。

（b）即使人们在特定情形下都一致偏向某个重要的观点，他们也可能对之进行差异程度很大的评价。

（c）不仅道德概念和政治概念，所有概念在困难情境下都是不确定的和需要解释的，这也会导致不同的判断。

（d）一般情况下，人们判断证据和衡量道德政治价值的方式方法都是受到他们特殊的生平经验影响的，这些经验必定是与他人不同的。

（e）不同的规范性思考可能在特定情形下都是很重要的，而如何对之加以排序则可能存在差异。

（f）在一个只给定了有限价值实现场域的社会中，伦理和政治决定是不可回避的，但可以不必为此给出一种独一的、可普遍分有的解决方案。

很明显，这里的解释并不都处于同一层面。于是成问题的就是：对冲突而言，是否最后一点毋宁是一个特殊的展现契机，而不是一种更深刻的冲突根据，而毫无疑问，第四点是最重要的：人的经验差异，以及与之相应成型的背景性信念——查尔斯·拉莫尔称之为信念的冲突背景⑬——是"整全性学说"成型和得以持守的本质基础，它导致了引发冲突的那些细节问题，虽然这些问题可借助理性得以探讨，但很可能无法被一举解决。理性人格，以及"理性整全性学说"都 640 承认这一点，并且看到，他们自身和别人一样，都承负着这些负担，由此也决心行宽容：

> 我们承认，从我们自己的学说出发，没有（甚至无法）给出对一般人的特殊要求，这可能就是基于人们在他自己身上也能见到的那种情况。我们也认可，即使别的那些其学说与我们学说有所不符的人，他们也同样是理性的，而肯定不是非理性的。由于存在着诸多理性的整全性学说，理性理念就不会要求我们或他人去相信一种特定的理性学说，即使我们愿意这样去做。一旦我们迈出了对一种学说进行理性的承认这一步，并肯定我们对它的信念，那么我们就并不是非理性的。⑭

从这种对理性空间的洞见出发——理性的空间不能与伦理真理的空间混为一谈，以致出于某一个人的视角，可能存在许多理性的学说，但只有一种真的整全性学说——结合对辩护义务的规范性洞见，我们就决心去行宽容。

对此须作三点评论。首先，这一洞见必须被看作是一种对（理论的和实践的）理性之有限性的基本认识，而非首要地（如罗尔斯所倾向的那样）被看作是一种实用的—实在化的洞见，它看到了与那种"实践意义上的"不可能性相一致的伦理判断的"事实"，而这种判断是"作为内在于建构式民主的自由制度框架中的人类理性运用的自然结果"⑮。因为，为了能将那种"实践上的不可能性"根本上称作是"理性的"，并将之引回到理性能力的界限之内，这种"不可能性"就必须是理性自身的一个标志，而在宽容话语的视野下，人们同样也可以很好地将诸种不可通约的"整全性学说"的多元性视作基础，从而视作"自由制度"的结果。由此，通过一种对他们自身理性能力有限性的递归性洞见，理性人格就将自身展示了出来。

其次，更重要的是，为什么罗尔斯相信，怀疑主义或相对主义与"理性的负担"这一理念无关。因为按照一种对"负担"的特定读解方式，事情看来是这样的，即由于理性人格是在这些负担的烦扰下来看待自己和他人的，所以他们就必须把他人的信念看作是与自己的本己信念一样真的，或者至少是可能为真的，由此就将之视作都是同等价值的；所有信念都在同等程度上被限制在其伦理性认识能力之内，它们都是不确定的——这完全就是巴里所说的那种不确定性的意思，这种不确定性排除了普遍义务的要求，以致所有理性人格都必定洞见到某一特定学说为真。⑯然而这种读解方式弄错了罗尔斯的要点，因为意识到理性由于负担而具有的受限制性，这件事既不意味着自身的信念不再可被视作为真，也不意味着我们不再能主张说，自身信念是以最佳方式被奠基的学说，而所有人——他们有着"清明的眼光和开放的心灵"——据称都必须被它所照亮。必须被洞见到的仅仅是：那些确实不愿跟随此学说的人，并不必定就是非理性的，也不必定是非道德地行动的。然而此处，罗尔斯的想法可以通过对不同辩护语境间的差异的强调得以补充说明：在伦理范围中存在着大量的信念，它们有权被视作为真，尽管它们既非在理论性辩护的语境下能被给出确凿证明，也非在交互—普遍辩护的语境下能以非交互的方式被拒斥。理论的和规范的这两种拒斥方式，都不自动意味着，这些（比如关于良善生活的特定内容）的信念是错的或非道德的；如果它们在理论的意义上可被质疑，或者作为非道德义务性而被拒斥，那么这仅仅是说，在此语境中，它们的理由是不充分或尚不够充分的。从一种拒斥行为中，推不出它们不再能是那种被各种人格视为**唯一的**真理的伦理真理。在一些情形中——这里特别表现为那些**宗教的**以及**形而上的—伦理的**信念，对此我还会再次加以论述——理性的人格不必把如下事项也纳入考虑，即他们也可能和他人**全然**一样地陷入了谬误中，而是仅须看出：仅仅以理性为途径，不能说明他人可被明确且客观地证明为错的，或者证明他人犯下了道德错误。比如，宗教的不宽容开始于下述地方，在那里，理论的以及实践的理性的界限没有好的理由就被僭越了，也正是在那里，自身的信仰被当作唯一合法的、可证明的、且不能以理性方式被拒斥的，并由此导出了如下权利，即此信仰要被立为普遍而有约束力的。而伦理真理的范围，比严格意义上的理性的不可驳斥性要宽广甚或深厚得多。

这就又一次展示了自律的形式究竟有多复杂，罗尔斯也必须预设这种自律形式，且它不能仅仅被"政治地"说明，而是要凭借基础的理性能力被解释。在普遍—交互辩护语境中生效的那些理由，虽然首先可能产生于"整全的"伦理性视角，但在任何语境中，它们都要成为独立的、自主出现的、负责任的和被洞见到的理由，它们拥有足够强大的道德力量，能在可能的冲突中，要么修正自身的伦理信念，要么将之限制在其有约束力的效力之中。借助于以下建构活动是不能解释理性的优先性的，即在公共辩护的话语中，公民完全保持在其"整全性学说"之内，除此之外，则只有从中裁减下来的、相应于"政治价值"的"部分真理"⑰。

再次，这也已经指明，此处有一种实践理性对理论理性的优先性，或者说，有一种宽容的规范性要件对认知性要件的优先性。⑱因为在辩护话语中，自我限制的基本动机是道德的动机：人们"亏欠着"他人某种类型的理由。当然，认识性的要素也不可分割地归属于之：人们必定处于如下处境中，即，要去认识这些理由，并将之归入其整全的"理由家族"。达成"理由交互性"所需的能力，特别以这两个要件为前提。

在对**理性的伦理论争**的可能性的洞见中，信念同时被看作以理性方式可争辩的，且以理性方式可持守的，在不同情境下，这些信念促成了一种生活视角上的本质性的伦理真理，但为了简要地对替代性的宽容奠基方式进行回顾，则上述说法中，既不能得出这些真理仅是无关紧要的，也不能得出它们必须被当作"个体的良心决断"来加以尊重。为了尊重这些真理，辩护原则就发挥着作用，而为了保证这些真理的可宽容性，交互性和普遍性的界限就要存在。　643

3. 巴里的见解如此接近于这种理性有限性的提法——它也体现在此提法中实践理性的优先地位上——以至于有鉴他的说法，我们必须仔细考察信仰与知识以及宗教的、或形而上学—伦理学的（甚或自然伦理的）信念与善的诸提法间的关系规定。这是因为，那些关于善和正当生活的伦理信念是理性的，但也是**超理性**的，这种说法在一般意义上首先仅仅意味着，价值判断是在个体人格的特殊信念系统的背景之下成型的，这些价值判断洞见到，为了妥善解决由其产生的差异和冲突，单靠理性或许是不够的。而这些参与者也并不将上述事情视作修正人格的信念系统的基础，因为对他们来说，从他们的（排他的）视角来看，那信念系统就显得是最好的；因此保留它，就不仅是某种保守主义式的，甚或非理性的信仰方式而已，而是有良善基础的。⑲在某种特定的意义上，按照此类标准被奠基的信念，无论如何都在一种**共通**（gemeinsam）理性始终有效的预设之下留存着，留存在一种商谈框架中，在其中，参与者基本上都估计到了对其信念进行证伪的可能性，即使并非每种理性上可能的异议都必须被理解为证伪或重要的质疑——而这才是在特定标准下存在于伦理商谈中的情况。　644

现在，如果以**宗教的**或其他**形而上学的**方式被奠基的伦理信念，以及信念系统，处于彼此商谈的情况，那么对证伪的意识就会再次发生改变：从伦理商谈中——它彻底采纳了共通理性——可得出的理由，它们就是一个契机，去对自身信念甚或基础系统进行质问。以上情况可能是存在的，但在信仰者的方面，它们在原则上并不必被计入考量。正如已然（在与第二十四节第 2 点所讨论的密尔与波普尔的宽容奠基方式的关系中）注意到的，宗教信念虽然不必用以下方式来被理解，即它似乎对以理性方式被奠基的修正意见免疫，但也不能这样来看待它，好似它表达了一种超逾于尘世之上的理论，而这种理论被看作是一种合理的证实话语或证伪话语的对象——对超经验的断言来说，甚或对科学假设来说，类似情形也存在。信仰者知道自己是信仰者，对他自己来说，他意识到了以下这件事，即：证实和证伪的可能性原则上是被下述事情所局限的，即对信念系统而言，一种"世界的展现"（Welterschließung）[20]，一种特殊的、带着具体经验烙印的"世界指向"，从一开始就基础性地存在着了，这种"世界指向"首先**建构**起了各种对世界的伦理性"看法"，或者可以说给它们染上了色彩。此种世界观虽被理解为是很好地被奠基了的、对世界有意义的观点，但却是这样被理解的，即在它之中，寓居着一种超越的要素，此一要素根本上为关于某**信仰**的谈论奠基。这一点之前是怎么一直被理解的，那么从宗教看法出发，知识与信仰的关系也就必须要这样被更切实地规定——而与这些宗教理解的多元性[21]相反，一种宽容理论要持守一种不可知论的方式——这样一来，在任何情况下，对某种信仰来说，都有一个不可或缺的要素。此要素最终标识出一种"理性的信仰"，此信仰能够赢得一种确切的信仰确定性，这是因为此信仰知道，宗教信念的证伪要围绕着理性的界限来进行；最终，因为此信仰来自**神圣**维度和**人性**维度的不可僭越的差异，这就产生了如下结果，即：某种对神圣实在的人类信仰，绝不会是一种完善的知识。这并不是说，从道德的、伦理的和理论的讨论出发，不能够得出信仰的不确定性，而毋宁是说，当那种基础性的宗教信念被从外部质疑时，不必然就得出一种信仰的不确定性。一种信仰不能被表明为一种最终证明，但却可以被**相信**为一种最终理由，但只在面对信仰者时，它才充分展现自身。证伪的界限因此**同时**也是对信仰进行证实和绝对化的界限，后者是在某种对辩护语境之本意进行否定的意义上来说的。这样一来，在"理性的"宗教意识中，就表达出一种特别的对有限性和可错性的见解，它有别于其他那些与世界相关的信念。当理性有限性意识将人们引向宗教的时候，它也把其他反对此宗教的人带来了。

由上可知，在对宗教的，或形而上学的本性的伦理商谈中，要提出一种特殊类型的真理要求，而在人类中兑现它，要以一种信仰洞见为前提，对之的"最终"兑现，或对之的最终"拒斥"，似乎必须以一种神圣视角下的真正"理想性"的交流共同体为前提。[22]理性有限性和人的不同"处境化"（Situierung），不允许一种诸

645

如此类的神圣视角。

对一种宗教的—形而上学的伦理有效性要求之特殊性的反思——符合这种有效性要求的那些善的特定提法都是真的，因为它们都适配于一种超越的真实性——，总体上提出了一个对伦理有效性要求之特征的问题，这个问题展示了商谈理论的缺憾（Desiderat），这是因为，这种有效性要求，并不能将有鉴于事实情况的诸真理要求间的区别，加诸于道德正确性或（相关于主体体验的）主观真实感受之上。[23]在此重要的是，首先要看到，存在着一系列**不同的**伦理有效性要求，这向来取决于：谁由于何种理由而将何种价值视为好的。它是否关系整体上的主观规划，还是仅仅关系对此的个别观点，抑或在整体上关系对良善生活的社会性问题？这些表述应该对特定的人有效，还是所有人有效？是否应该承诺，这些表述是在某种"较高真理"中被奠基的，还是说，它是纯粹依赖经验或以特殊文化为条件的？此处仅只提到这些问题，但不作详细展开。

在此处语境中重要的是，对伦理性真理要求的**理解**，以及对一种以宗教方式被奠基的要求的**理解**，虽然都以对这样一些理由的洞见为前提，这些理由是一个人为其信念所持有的，但是无论如何，它们都不是表示**同意**的理由的一个部分。一个人基于他的视角所持有、将特定信念视为真的理由，可以被第二个人视作是以理性方式可持守的，甚或就是在理论和实践的意义上可持守的，但这个人并不必然由此就将这些理由认作为真。人们可以互相**理解**这样的理由但**不分有**它们。[24]理解一种伦理的有效性要求，并不依赖于人们是否分有它，在某种意义上，人们**并不**表示同意它，这甚至是一种常见情况。人们知道某人提出了此类有效性要求，这表示人们已经知道，在其中包含着非常特殊的前提，这些前提很可能就是理性分歧的对象。如果出现了一种冲突的情形，那么，对他人理由的理解，就不仅是可能的，而且是**必须的**，因为否则就不可能有合理的冲突和（伴随着有理由的反对的）宽容了。[25]理性和宽容的人格看到，他人对其伦理信念有"其"理由，而理性和这些人格自己觉得，这些信念是错的，并且想要就这些信念的错误性来说服那些被他们视作理性人的他人；然而他们却发现，为此他们仅仅能返回述诸理性的手段而已，这手段最终很可能碰上它的界限。一个人格由此可以把另一人格的伦理信念视为错误的，但仍然认为该信念是从其视角出发得到了辩护的[26]——并且感到自己有义务，要去用真理说服另外的人，其方式即试着有理由地去改变那些对他来说显得过于受限的视角。

由此，下述一点也属于伦理信念的特殊性，即这些信念并不必然提出一种普遍的有效性要求，以至于——根据普遍的原则，有效性要求要根据其内在标准得到辩护——这些信念大可以没有要进行普遍性辩护的义务，即便这些信念对普遍有效性提出了要求，则对此要求的兑现，也只被限制在一种特殊的**伦理**洞见上，它并不被理性人格在严格意义上所需要。对他们来说，始终存在着如下可能性，即当这些信念自身已被证明为在交互—普遍意义上可拒斥的时候，他们仍然能将之信奉为真理。交互性和普遍性的界限保护着**寓居在**其信念**之中**的伦理人格，同时也保护他们抵御诸如此类的其他信念。

4. 按照上述实践理性的优先性，对交互的—普遍的有效性要求进行辩护的义务尽管具有一种重要的知识论要件，但首要地是在道德上，而非在认识理论上被奠基的。在此处语境中，这一优先性还有一个更进一步的重要意义。因为必须再一次地指出，"理性的"人在道德意义上和理论意义上都是理性的——并且作为这样的参与者参与到"理性的"冲突中，这种冲突要求宽容，因为人们拥有一种对理性界限的洞见。但在此还没有弄清的是，**那些不合理的分歧**存在于何处，且是否在这些情况下也要求宽容并且能行宽容？再一次地，此处必须区分道德的和认知的考察方式。在道德的考察方式中，实践意义上的非理性意味着不遵循辩护原则，这件事又会以不同的形式体现出来，比如说，在特定问题上损害交互性和普遍性标准，或者更严重地，从根本上对他人否认其辩护的权利。上述两种情况都是不宽容的情况，它们是不能被容忍的——对那些只在特殊语境下才要被讨论的问题，没有被回答的只是要如何对其加以反应。㉗

从理论角度看，非理性意味着超越理性的界限，即一个人损害了论证的特定逻辑规则或语词用法，或者他不是以有意义的方式，对知识的可被质疑的内容进行提问。在特定情形下，所有这些规则和内容自身也完全可能处于争议之中，但是，基于一种共同的商谈理性的前提，划定界限是可能的。在宽容语境下，尤其意味深长的一种情况只限于下述，在其中，一个人或一个团体质疑知识与信仰之间的固定界限，比如，"创世论者"把达尔文的进化论视为反创世史的**错误**学说。这些反理性的信念是否可被宽容，**必定要以规范的方式**被决定（这里要再次强调道德的优先性），而这还取决于社会状况如何。即使在与"理性之争"无关的情况下，有某人或某团体相信它，这也还不是在公共空间中不去宽容它的根据。然而当诸如此类的团体宣称要在学校的教学计划上施加影响，将两种学说同等重要地加以强调，甚或将《圣经》学说作为唯一正确的学说来强调的时候，一种在规范意义上十分重要的要求就被提了出来，即这种信念是要以交互的和清晰的方式被拒斥的，因为没有社会团体可以宣称，他们有权将自己的与一切证明相悖的伦理信念解释成需要普遍地义务性地传授的真理。假若能赞成一个团体这样做，那么其他所有人也有权宣称，要反对那种虽然有限，但确实具有表达能力的理性的标准。通过强调指出，学生的合法兴趣在于以最好的可能获得教育，以上说法最终就能被拒斥。㉘这再一次表明，不仅就接受性要件而言，而且就宽容界限据之得以划下的拒斥性要件而言，对宽容的规范性奠基都是决定性的，而与此同时，理论理性的考量扮演着重要的角色。

第三十四节 理论的宽容

1. 为了在此接续对宽容的反思性奠基理念（见上文第三十节第 1 点），谈论一种宽容"话语"不仅具有这一意义，即在伦理、道德或政治本性的具体社会冲突中，宽容是被需要的，而且还有一种特殊的、具有奠基理论性的意义：在第一部分对宽容争论的重建中，已经表明，哲学上的分析导向了诸整全性宽容奠基方式的一种多元化进程，这种多元化进程要在（由解决悖论过程中所导出的那些标准的范围内的）辩护原则的基础上被批判地探讨。也是且尤其是在这个层面上，有一个要求要被兑现，即那种被推荐的规范性—认识论式的宽容奠基方式，高于其他奠基方式。这个要求要得到兑现，需通过表明不同于其他奠基，宽容奠基方式基于以理性方式不可拒斥的根据，即基于交互—普遍的不可拒斥性的原则，它同时也是（关联于一种认识论要件的）实践理性的原则。但一种诸如此类的宽容的上位理论，不仅必须说明，它并不依赖任何一种相关于善的内容、形式和来源的（参见第三十一节第 2 点）特定伦理学说，而且必须说明，就它作为一种伦理理论是以理性的方式可辩护的而言，它在多大程度上与这些价值观念和世界图景相兼容，也就在多大程度上表现出对它们的宽容。

这肯定在一定程度上相应于罗尔斯关于正义与宽容的"政治性"提法的理念。但正如已经看到的，他的理论却是以错误的方式在行宽容，这是由于，这种理论 650 没有充分强调道德自律性特征，而后者从属于那种基于实践理性，为"政治性的"根本法则奠基的活动；并且，在**交叠共识**中，那些原则的道德约束力量，也不愿顾及"整全性学说"（见上文第三十二节第 1 点）。不同于罗尔斯，对理论自律性的需求绝非任何一种"政治"需求，而是一种实践理性之自律性的根本意涵；况且，一种诸如此类的理论，并不会放弃一种与基本规范有关的、道德的（但可能会放弃伦理的）真理要求。而因为实践理性同时是一种有限理性，这种理性明白它在伦理和形而上学范围内的界限，所以，只要它并不放弃规范性—认识论式的宽容奠基，而是要强化它，那么它就必须能够与一种"理性的"伦理性宽容学说的多样性协调一致。在一种更为整全的世界观中，一种特殊的学说可能与此奠基方式相**一体化**（intergrieren），但它却不能由此把它给**相对化**（relativieren）。否则，对宽容的要求将不再具有普遍的和交互的约束力，并且其界限划定将面临变得太窄（或太宽）的风险，正如（在第二十九节）对诸可选择的奠基方式的辩证潜能的分析曾表明的那样。更整全的宽容学说可以补充给定的奠基方式，但不能取代它。它仍然是以理性的方式不可拒斥的宽容提法的标准；与此相反，其他奠基方式是交互地可拒斥的，但也是可接受的，因此它们具有其自身有限的合法性。宽容的上位理论仍然是至上的——这是实践理性至上的另一层意义。

因此，宽容理论本身是宽容的，因为它在理论上"消除"了诸多可供选择的宽容奠基方式之间的理性争议，同时意味着，它对它们进行了一体化，并规范性地予以划界。它们保留了一定的合理性，因为它们是从人们整全的伦理视角发展而来的——例如人们可以想一想宽容的宗教奠基方式，但是当这些人对宽容的特殊观点在冲突中被推至边界处时，他们必须足够**自律**，才能在道德上重新评估他们自己，并且根据交互性和普遍性标准与他者的要求相比较。辩护原则是将诸道德人格彼此联系起来的基础，甚至尤其是在他们的伦理共同性结束的地方（以及在道德原则的特定应用上存在争议的地方）。正如已解释的那样，一个在这种意义上的自律人格的自我理解，本身并不包含一种"整全"学说，但却可以与之相关联。尽管这些世界图景有所不同，但它们通常只是对这种意识——即我们欠作为人的他人一个理由——进行了不同的着色而已，但不能掩饰它。因此，只要道德意识与一种宗教意识被绑在一起，那就一定不会导致道德尊重的相对化，例如在取消对无神论者而言的道德意义的情况中所发生的那样。人的自我理解仍然很复杂，并且它由一种伦理—宗教价值观和道德义务之间的紧张关系所刻画，这种紧张关系可能在一个人的意识内部导致冲突（在讨论宽容的德行时，我将回到此点上来）。

然而，"宽容"的宽容理论讨论中的两种含义必须得到区分。首先，它可以指特定的、合理地站得住脚的，但可拒斥的宽容奠基方式之间的关系，在共享的辩护原则的基础上，这些奠基方式相互尊重，并且即使发现这些信念是错误的，也可以包容他人的信念。例如，主张一种被宗教奠基的良知自由的人，可以包容主张人文主义式的和平主义者，即使他觉得对宗教理解与和解的希望完全没有根据。然而，无论如何，具有决定性意义的是，双方都愿意再次根据辩护原则，打破这些特定的观点。

"宽容"的宽容理论之第二个含义，涉及更高层次的理论与特定的奠基理论之间的关系。在这种情况下，没有严格交互性的宽容，因为上位理论包容虽不完美但却合理的其他理论，与此同时，特定奠基方式必须从自律的观点出发，承认前者的优先性：这就是要洞察到有限的实践理性的优先性。这既意味着道德的统一，即使它不能在有限存在中完美地被建立起来，也意味着伦理提法的多样性，因为它们回答了单靠理性无法彻底回答的问题。

2. 与我所建议的理论相兼容的各种规范—认识论式的立场，以及整全的宽容奠基方式，无法在这里一一呈现。举几个例子就足够了。

（a）某甲在"是否存在道德真理这一问题上"是一个**怀疑论者**；从合理地站得住脚的，但也可拒斥的善之提法的多样性中，他得出了一个怀疑论式的结论，即最好放弃判断其中哪些是可取的。在他看来，只有根据偶然的生平经历，才能表明对一种特定的伦理生活安排的追求。当然，仅从此点出发，还不能引出宽容的论证，因为正如蒙田的例子所表明的那样，也可能得出的结论是，在特殊情况下，当各个学说在客观意义上得到实施时，伦理的多元性就会导致争端与不和——因此，允许宗教创新，或允许过于强烈的宗教信仰，都是危险的。但是，从"对特定的善的提法来说，没有任何客观根据"这一点，推导不出怀疑论者不可能有其他理由，来试图以不宽容的方式劝阻人们放弃某些伦理观念。然而，这种怀疑论式的观点也能够与一系列宽容考虑联系起来，比如说，我们需要一个自由余地，来尝试不同的生活安排，这种自由余地必须以交互的方式，从主观的利益好处中被出让出来，或者，最好通过宽容来维持社会和平。此怀疑论者也或许会认为，不管如何，将一种伦理学说强加给他人，总归都是没有意义的；他或者还认为，当有多样的生命形式存在时，一个社会在美学意义上会更丰富。当然，对于一种基本且自律的宽容态度而言，至关重要的是，在发生宽容冲突的情况下，人们愿意接受交互性和普遍性的界限。宽容的怀疑论者自身无法用一种怀疑来证明这个界限。他可以怀疑实践理性的表达能力，它涉及被奠基的伦理判断的可能性，但他不能怀疑道德辩护的可能性。

（b）某乙代表一种**文化相对主义**，根据这种相对主义，每种文化都产生出特 653 定的、彼此不同的价值信念，只有从一种文化内部的视角出发，这些信念才能呈现为有价值的。它们是不可通约的，因为没有一种客观的上位观点能衡量它们的价值。一种文化的成员可以判断其他文化的价值，但即使存在可以拓宽自己视野的对话可能性，这种判断也只能从他们自己的视角出发。这种拓宽和学习的可能性可以被视为宽容的根据；但仍有可能的是，这种相对主义导致对其他文化不感兴趣，并退回到自己的价值观，一直退至界限处。在这里，为了实现一种自律的宽容态度，没必要放弃伦理相对主义，但必须接受交互性与普遍性之间的界限。就此而言，宽容之人不能在道德方面作相对主义式的思考。

（c）某丙相信**价值多元主义**（Wertepluralismus）的真理，即要么存在关于一个具有客观的、不可通约价值的多元宇宙的真理，而所有价值都可以追溯到同一个来源，比如一种以神性方式被思考的价值；要么存在一个关于价值和"伦理价值"的多元主义的真理，这些价值有着极其不同的来源。它们都存在于一场只忠于人类的斗争中，并且总是让人们（他们看到了这些价值的有效性）面临悲剧性的抉择，即必须要在它们之间作出选择，因为在个体生活或社会中，它们都是不可交互实现的。宽容回应了这种客观价值和冲突的情况，并尊重单个个体或集体的抉择。但宽容自身必须就是一种特殊的"价值"，或毋宁说，是一个上位原则，因为激进的多元主义本身并不必然引出宽容的优先性。在这里，为了实现一种原则性的宽容，道德宇宙也必须特别突出辩护的权利或义务；这种特定的人类义务无法通过其他价值而被相对化。由此，在一种伦理的观点和一种道德的观点之间，也会存在悲剧性冲突，这种冲突并非是不可能的，但毋宁是可澄清的。

654　　　（d）某丁是伦理**实用主义者**。他追寻最好的价值来指导他的生活，因此对伦理上的诸选项都持开放态度。他持有某种信念，但又以一种错误的方式认为，其他信念可能更好，或者包含有可被采用的真理元素。伦理生活被理解为一个学习过程。因此，宽容之所以被需要，是为了拥有尽可能广泛的伦理上的选项；此人相信，即使从错误的伦理道路中，也能学到一些东西。关于最好生活的真理，就是某种在个体性上和集体性上被探索的东西。这种态度也与自律的宽容奠基方式相兼容；恰恰只有这种奠基方式，才能阻止实用主义的宽容结束于诸如这样的地方，在那里，人们不再相信能从某些特定的伦理选项中学到某些东西。

　　　（e）最后，某戊是一个**价值一元论者**。他坚信某一伦理学说的真理，并坚信，不存在多元宇宙，或者尚未被发现的关于善的真理。当然，他也看到，为了发现真理，需要特定的情境，比如由上帝恩典所赐予的礼物。因此，他可能依循传统认为，真理只能通过自由的言论而非强制得到传播，并且为了发现真理，必须保持开放和自由的状态。而这一点，即不应再通过温和的压力或远离错误来促成这种开放性，也可能会得到宗教意义上的奠基，例如人们不应该去做上帝的工作；但这类奠基方式隐藏了一种发生颠倒的可能，因为对真理的传播及其道路的准备——就算不必采取直接的强制——也还是义务。如果没有进一步的道德洞察力来审视对限制自由的行为的这种必要论证，这类义务就可能会导致不宽容。因此，承认一个人格在良知自由（作为**对真理的自由**）意义上的认知自律是不够的，除非宗教真理的优先性被道德的优先性所打破，以及被在宗教—伦理问题中的对理性有限性的洞察所打破。这绝不会导致一种对自己的真理信念的怀疑，或者伦理的相对化：真理仍然是真理；唯一可以看到的是，在某些特定的辩护语境中，需

655　要某种类型的根据。被打破的不是对真理的看法，而是一种对语境差异意识的缺乏状态。在伦理语境下，此人将不会为自己或任何其他人而对真理提出任何怀疑，因此他也不会违反交互性和普遍性的界限。

　　　这个简短的、非常图式化的讨论所挑明的是，这些规范的—知识论的立场中的每一个，都可以达成宽容，但其方式排除了其他立场的宽容，并因此是不可普遍化的，或者说不可被普遍要求的。它还表明，如果没有对自律、道德的辩护意识的纠正，从宽容的这些特定奠基方式中所产生的界限就可能太窄了。因此，显而易见的是，自律的宽容奠基方式之宽容不可能是无界限的（什么样的宽容都不可能如此），因为它与各种形式的怀疑主义、相对主义、多元主义或一元论都不相容。然而，它划定了宽容的界限，这是至关重要的，且这不是基于相互竞争的伦

理—形而上学的学说，而是基于辩护原则。对于实践理性的、有责任的人格来说，这种原则是"不可避免"的。这就是对于自律人格之宽容的自律奠基的意义。

注释：

① 对"排外主义"的解释参见 Schmidt-Leukel，"Zur Klassifikation religionstheologischer Modelle"。

② Nagel，"Moral Conflict and Political Legitimacy"，216 u. 230（Übers. R. F.）。

③ Ebd.，229.

④ Ebd.，230.

⑤ 内格尔鉴于这些难题，还是为了一种规范的、康德式的立场撤回了这种论证。（Nagel, *Equality and Partiality*，162—168.）

⑥ 在意见和伦理信念之间的重要分歧，也是为什么不能用德语 "vernünftige Meinungsverschiedenheit"（合理的意见差异）来翻译 reasonable disagreement 的原因。

⑦ Raz，"Facing Diversity：The Case of Epistemic Abstinence"，bes. 43—46.

⑧ Barry, Justice as Impartiality，168.

⑨ Ebd.，169.

⑩ Ebd.，179. 巴里（Barry）以一以贯之的方式把怀疑主义的要求限定在了善的提法上，而没有扩展到论证法则和它的规范效用上，vgl. ebd.，172。

⑪ So Rawls in "Der Bereich des Politischen und der Gedanke eines übergreifenden Konsenses"。

⑫ Rawls，Politischer Liberalismus，130f.

⑬ Lamore，"Pluralism and Reasonable Disagreement"，173.

⑭ Rawls，Politischer Liberalismus，134f.（Übers. geänd.）

⑮ Ebd.，138 u. 13.

⑯ 参见维纳尔（Wenar）的解读方式。（Wenar，"*Political Liberalismus*：An Internal Critique"，44.）

⑰ Vgl. Rawls，*Politischer Liberalismus*，213f.，mit bezug auf Cohen，"Moral Pluralism and Political Consensus"，283.

⑱ Vgl. Rawls，*Politischer Liberalismus*，136，他说："理性地存在，在此不是一个认识论的理念，即使认识性的要素从属其中。" Vgl. auch Gaus, *Justificatory Liberalism*，129.

⑲ Vgl. Lamore，"Pluralism and Reasonable Disagreement"，173："在我们没有积极理由去质疑的时候，我们应该视我们的看法为真，无论它在多大程度上是理性分歧的对象。" Vgl. auch Rescher，*Pluralism*，119f.："承认处在其所处环境中

的他人也合理地有权持有与我们不同的立场，没有什么好的理由表明这种承认应该意味着，身处我们所处之环境的我们需要感到任何合理的责任去放弃我们的立场。"（Herv. i. O.）

⑳ 虽然并不明确地关联于宗教，但对此的讨论参见 Lafont，"Welterschließung und Referenz"，Seel，"Über Richtigkeit und Wahrheit"，Kompridies，"Über Welterschließung：Heidegger，Habermas，Dewey"。

㉑ 对此的讨论参见 Plantinga u. Wolterstoff（Hg.），Faith and Rationality；Jäger（Hg.），Analytische Religionsphilosophie；Geivett u. Sweetman（Hg.），Contemporary Perspectives on Religious Epistemology。

㉒ 维尔默（Wellmer，*Ethik und Dialog*，92—95.）对阿佩尔把"理想性交流共同体"的理念当作有意义的论证的调节性理念的做法给予了一般性的批评，而这正合适于上述情形。

㉓ 参见哈贝马斯对有效性要求的分析。（Habermas，Theorie des Kommunikativen Handelns I，427—452.）

㉔ 哈贝马斯（*Rationalität der Verständigung*，116—121）提到了在一种特殊情况下的"同意"（Einverständnis）和"理解"（Verständigung）的区分，当然这是联系到"宣告"（Ankündigung）和"意图解释"（Absichtserklärung）来分析的。在他的作品《不宽容与歧视》（*Intolleranz und Diskriminierung*）中，相反存在着一种关于宗教有效性要求之特殊性的讨论，这种特殊性似乎是在一种伦理有效性要求的一般系统构架内才须被顾及的。

㉕ 参见上文第三十一节第 3 点关于不可通约性问题的论述。

㉖ 对此尤请参见高斯（Gaus）对"人格性"辩护的分析（*Justificatory Liberalism*，47—73 u. 117f.）；他接着皮亚杰（Piaget）将之称为一种"去中心化的"洞见。

㉗ 我在第十二章中会再次讨论这些情况。

㉘ 这一点我也在第十章中进一步论述。

第十一章

宽容之为德行

第三十五节　斗争中的自律

1. 借助辩护原则对宽容的自律奠基之必要性的反思表明，宽容作为一种态度，656
更确切地说，作为一种**德行**，以人格的某种特定的自律形式为前提。因此，此处
概述的理论回到了从斯多亚一直到尼采以来的宽容探讨的基本主题之一：宽容是
一种复杂的、人格性的德行，这种德行蕴含着对自己和他人的某种特定态度。如
何更准确地规定这一点呢？

　　首先，关于当代道德哲学以及政治哲学中的德行概念的一些一般性评论发挥
着越来越重要的作用。[①]然而许多讨论仍然止步于亚里士多德式的德行提法与康德
式的德行提法之间的冲突。根据前者，德行被理解为一个人格的"德性能力"
（aretā），他在追求自我完善的过程中——实现幸福（eudaimonia）的至善——拥有
能力和意愿，用一种善的方式为其自身自愿做善的事。他们对完善的追求包括对
不同形式的善（即每每是伦理的或思辨的德行）的完善化。由此，有德行的善存
在，它整体上突现为一个特征，且通过作为两极间中道的适度的实践洞察力而被
确定，它不可被还原为普遍原则，或依其行事的决心（Bereitschaft）。与此相反，
康德反对在至善追求框架中为德行奠基，也反对适度中道的学说，因为有德行的
行为只能被理解为依据准则的自由的和负有责任的行为，这一准则力求履行这项
道德义务：在每每被要求的一切行动中，将人作为自身的目的来尊重。康德认为，657
这引出了一系列对自己和他人的德行义务。

　　在此不能详细讨论这一争端，也无法提供一个整全的解决方案，对于上述张
力区间中指出的宽容德行的更细致的规定[②]，只能简要地提请注意，在此处上下文
中，我们所提出的对辩护的不同实践语境的区分意味着什么。如果德行通常被规
定为**在各自的相关规范性语境中，将自己的行为与各自适度的、善的根据保持一
致的能力和决心**，那么则可以按照语境区分出各种德行形式。以**伦理**德行为例，
在这种德行中一种特殊的"德性能力"在追求或实现伦理价值时被需要，这是一

种让行为变成"善"的客观价值，或旨在与他人保持特殊连接的共同体价值。以尽可能至善的方式行善是有条件的，即能够认出并要求这种善，并且在其中培育出"优秀品质"（Vorzüglickeit）——这完全在亚里士多德定义的意义上。判断标准仍然具有伦理本性，无论是在客观意义上理解它，还是在一种文化—相对性的意义上理解它，也就是说，德行的规范力量仍然依靠对善（它应该在其德行中被实现）的接受——这种善应该是有益于生活的善，而不仅仅是有益于行动的善。因此，仅在"厚的"伦理语境下，而不是在严格意义上的道德责任性的语境下，这种德行才是可要求的。

658　　　相反，**政治**德行处于一种伦理德行的和道德上可要求的德行之间的居间位置。其中一些源自一种特殊共同体的特定政治语境，以及他们对"好公民"（比如在公民责任方面）的期望，但有些则是政治—道德的本性，也即在政治语境中，它们是绝对不可拒斥的。这包括在规范冲突中进行负责任讨论之预准备的德行，以及宽容的德行。它们以正义的名义被要求。

　　　反过来，**道德**德行是人们以完全的或不完全的方式对其负有义务的德行，也就是说，他们必须以交互—普遍的、义务性的方式，对具体的他者行使这类德行（在履行诸如正义这样的完全义务当中），并且这类德行不能被任何人拒斥，但在其中不存在任何明显的交互行为义务或权利（而且它们起源于诸如"慈善"这样的不完全义务）。③两者都基于将他人视作"目的自身"、视作具有辩护权利的存在者的尊重，与完全义务相对应的德行，在一种特殊意义上，也要以这种尊重为基础——"通过在另一个人格中的人性尊严，来限制我们的自我评价"这一意义上的尊重。④以下内容适用于这种基本的尊重形式："每个人都有合法权利，要求来自他的人类同胞的尊重，并且以交互的方式，他在这点上也受到其他每个人的约束。"⑤正如康德所解释的，被需要的不是赏识，而是对他者的尊重，并且是无进一步条件的。

　　　此处简要概述的不同德行范畴之间的区别，阐明了宽容德行的复杂性。因为一方面，它可以出现在这些层级中的每一个当中。在伦理语境下存在一系列情形，在其中，宽容出于伦理理由被需要，例如父母对其孩子的宽容，朋友之间或659　特定宗教共同体中成员之间的宽容。在这里，宽容基于被共享的关于善的看法，并且通过各种关系的特点来衡量自身。相反，在政治语境中，只要这是一种伦理意义上多元化语境，那么宽容就已经获得了一种道德意义，因为在这里，以交互的—规范性上可接受的理由来进行辩护的这条规矩，应对所有人有效，它也是公民的不容商榷的义务，并且在此意义上，在辩护程序中，以及更重要的，在审视一种不可消除的异议时，要行宽容，这也是公民的不容商榷的义务。⑥至于这是一个运用普遍、道德的尊重要求的特殊语境，这一点并没有改变其道德特征。最后，在普遍意义上的道德语境中，诸人格之间产生了他们必须重视却又无法解决的伦理冲突，在此语境中，就必须在尊重辩护权利的基础上引出宽容的能力，即使在不涉及关于政治立法问题的争议问题时。因为不仅政治—法律的，还有主体间的行为限制，一般而言都需要辩护；后者甚至是道德上彼此交往的正常情况。在这里，宽容预设了康德出于道德根据所称的"自我强制"，这是一种"自由的行动"，它将尊重义务——更确切地说是辩护义务——放置于对自身目的追求之前，为此需要"内在自由"和"道德力量"。[⑦]这表明了这种对自律的宽容能力的特定道德要求，因为在这个意义上的有德行者，必须将自身限制在自由的、在其伦理评价中的"自我立法"以内，以至于在交互—普遍性的辩护语境下，他要尊重辩护原则的优先性。这样一来，不管那是一种自己的伦理追求，还是一种去把伦理真理普遍化的尝试，就都会失败。在这一意义上，宽容是正义的道德德行。

另一方面，关于不同辩护语境差异的理论不仅要求将宽容定位于特定语境中，还要求看到，宽容的德行本身蕴含着一种复杂的上位德行；这就是有鉴于这些语境的、**有差异意识的德行**。因为尤其是宽容的道德形式是有条件的，即一个人知道，如何判断哪一种规范问题（根据其有效性主张）属于哪种语境，并且使用哪种标准来回答它。在这个意义上，宽容的人都是"语境巧手"（Kontext-virtuosen）；他们必须不仅能够区分辩护的不同语境，而且还必须在出现伦理异议的情况下，赋予道德命令以优先性。因此，语境差异化中的上位德行，作为一种所有理性人格的知性德行，与宽容并不是同一的，但它对宽容来说尤为重要，因为宽容是必须回应某种"语境冲突"，并且提供语境秩序的"内在"力量的德行。 660

因此，宽容不是尼采（他代表着许多其他人）所认为的"对肯定和否定的无能为力"（参见第二十六节第3点），而是**对一种差异的肯定和否定**，对一种伦理的否定和一种道德的肯定的**能力**——并因此是一种非常复杂的和"费力"（引用亚里士多德的话）[⑧]的德行，因为在反对和接受之间，它必须保持这种在实践意义上理性的、负有责任的"中道"，并且抵制将源自伦理的反对理由转变为道德的拒斥理由的冲动（以及在道德内部争议的情形中，将其可以被理性拒斥的反对理由，变为严格的拒斥理由）。宽容的人格必须具有一种"分离艺术"[⑨]的思辨本领——"德性能力"，即分离伦理真理和道德真理（或者分离意见和知识），这种能力在发生伦理冲突时，必须与道德上被要求的自我相对化——某种自我克制——的成效齐头并进。正如稍后将讨论的，这以一种复杂的自我关系为前提。

2. 在这一点上，与约翰·麦克道威尔（John McDowell）提出的亚里士多德的 661 德行提法相比较，可能对于凸显与宽容相关的德行看法的特殊性有所帮助。麦克道威尔看到了，在一种"从外向内"（即从某些预先给定的原则出发）的德行解释，与一种亚里士多德意义上的"从内向外"的解释之间，有着根本差异。⑩只有根据后者，才能推断出德行的特征，也即它是一种知识或认识的特定形式，并且以一种"知觉能力"（perceptual capacity）为前提。⑪它是对某些处境的敏感性，在这样的处境中，有德行者不仅认得清重要的事实，还认得清对某种行为持赞成态度的那些规范性理由，并据此行事。德行是"一种能力，它承认，处境对某人行为可以施加要求"⑫。在特定的规范性生活形式中，人们学会"看到"，在什么情况下需要做什么；一个有德行的人格会把这种知识融入他对良善生活的构想当中，这样一来，他对事物的看法永远也是对自己的看法。这不可还原为外在原则："在每一个场合，他都知道该怎么做，只要他不是通过运用普遍原则，而是通过作为某一类人：以某种分明的方式看待处境的那类人。"⑬

　　在我所概述的、基于不同辩护语境之区分的德行提法的背景中，有德行者的实践—知觉能力呈现出不同的一面。面对如在宽容情形中所出现的复杂问题和冲突，被需要的首要"知识"，就是"反思"的本性：不是立即知道必须做什么，而是首先知道，对冲突和在此互相碰撞的不同主张来说的有效性标准或辩护标准。这是在冲突情形下要考虑的首要要求。然而，对此来说足够充分的，不是一种纯
662 粹的知觉能力，而是一种对不同实践立场间——反对、接受和拒斥的——竞争的反思意识，这需要一种对辩护语境的反思性整理的能力。有德行者必须知道，对谁来说，哪些根据是"还亏欠着"的，以便能够进一步地、以言之有物的方式，回答关于最佳理由的问题。对此，对处境及其重要特征的知觉起着一个重要作用，然而在许多冲突情形中，并不是乍一眼就知道应该做什么，而是要通过商谈的反思和讨论才会清楚。在每种情况下，**什么**是应该被看到的，这本身就是一个需要批判性考虑的事情。因此，如果正确地是去指出，我们无法在一种对原则进行机械运用的意义上，找到对复杂实践的回答⑭；那么同样正确的是，这不仅要以一种原则性的责任意识和语境反思能力为前提，而且还要以一种能力为前提，它在保持距离的观察中，去追问尤其是道德问题方面的规范，这些规范能够以主体间性的方式，为一种行为方式作辩护。德行现象的"内在"观点和"外在"观点之间的差异，是一种人为的差异；不存在任何完全"外部性"的行为规范，但仍然存在批判性地质疑"从内在"呈现出来的东西的必要性。⑮只有这样，在一阶层面，处于特定冲突中的人才能认清，到底是采纳了哪些理由，为此在二阶层面，就有必要知道，它涉及哪种辩护语境，以及究竟哪些理由被认为是好的。我们能够看到理由的前提，就是这种一阶和二阶的反思能力。否则，一个宽容的人将无法区分并权衡伦理理由和道德理由的不同范畴。

663 　　不同于麦克道威尔所担忧的，这不需要任何在某些辩护语境之外的外部观点，而是需要在这种语境中的自律的实践思考和判断的能力。毕竟，并不能像麦克道威尔那样⑯，将在某一情形中涉及相关规范观点的选择性与个体特定的伦理生活构

想紧密联系起来，因为比如说这是否与道德命令产生冲突，而又要如何下决定，这只能在一种自律的辩护思考中得到判断。实践理性仍然是一种独立的、"观察"根据的和在话语批判上进行审查的能力。[17]

在最近的作品中，麦克道威尔试图将这种批判的反思性与其规范现实主义结合起来，尤其是在道德命令方面。[18]理性被理解为自律的能力，这种能力能够让自己与"第一自然"及其愿望和需求保持距离，并且能够在道德上作判断："理性使审慎的行动者能够从任何可能成为备选项的**事物**中退后一步，以建立其假定的要求。"[19]与规范的自然主义式还原论相反，麦克道威尔将"**逻各斯**"的这种能力——一种"康德式"[20]地得到构想的实践理性的形式——视为本性的一部分，然而是人类特有的"第二自然"，即一种通过教养过程形成的实践理性形式，在此过程中，以下能力得到发展，即批判性和反思性地使自己与"自然的动机性冲动"保持距离，并走入"理由空间"之中。因此，一个有德行的人的双眼会为了行为理由而打开；他会获得对善的理由的眼光。[21]在这一点上，麦克道威尔指出，**理性空间**自身的现存界限必须再次得到反思—批判性的探询，即使不是从完全外部的视角出发来探寻，而是类似于纽拉特之舟（Neuraths Boot）一样，这种空间的特定组成部分能够得到检验，以及在特定情况下，当其他人保持其原位时，这些部分可以得到更换。 664

然而，由于麦克道威尔始终主要从知觉角度，根据其伦理现实主义来理解对好理由的"观察"（Sehen），所以对于一种好理由的反思**辩护**的标准就仍然是未被规定的；"辩护"仍然总被调整，以适应一种"观察能力"（Sehenkönnen），这就留下了一个问题，即这种"观察者"如何在道德情形中判断他的观点是否对他人来说也是可负责的。[22]因为在这里，对于"以正确的方式得到教养"的道德判断者而言至关重要的是，他只在认为他自己的观察能力在交互—普遍性上是可持守的时候，才会相信这种能力。更重要的是，即使是"道德的观察"也必须与这些标准——在某种程度上可以说是"护栏"——保持一致。撇开伦理或道德实在论的形而上学问题不谈（参见上文第三十二节第2点），即使从实践角度来看，至关重要的辩护标准也无法被放弃。为了克服道德哲学中的"所予神话"，并且也有益于**共同**居住在一个"理由空间"的存在者的辩护理性的自律，绝不能错误地在第二自然中建立一种新的"所予"理由的神话。[23]

然而麦克道威尔关于理性"第二"自然的观点在两个方面对于宽容问题特别重要。首先，宽容的德行实际上以远离其"自然的"动机性冲动的能力为前提，以达到一种合理的自我相对化，但（超出麦克道威尔的观点）更确切地说，这些 665 "自然"动机自身就已经是**伦理—实践**的本性：宽容的态度要求与伦理的反对冲动保持某种距离，但不是脱离的可能性，这种反对冲动本身促使着人们去拒斥、不宽容那些进行伦理谴责的实践和信念。在这里，为了即便在反对的情况下也能促成一种接受，德行的能力就必须**在理性的第二自然范围内**也还是存在，这种能力反思性地将自己从伦理判断中"解放"到一定程度，以至于人们尽管保留着它，但出于道德考虑（更高层级），却将其搁置一旁，并行使宽容。

其次，麦克道威尔的实践教养提法正确地指出，宽容的德行必须在训练实践理性能力和处理理由的能力的意义上被学习。一个宽容的人必须能够区分并整理不同的实践语境，即知道哪些理由在何处是被需要的。并且在出现"合理差异"的情况下，他必须能够在以下范围内限制其伦理反驳，即要在其交互—普遍性的责任上将它相对化，尽管这不是在其伦理的责任上说的。这是一种以冲突的经验及其恰当的处理为前提的能力——一种多样化的学习过程，并且正如将要展示的那样，它也伴随着某种复杂的自我关系。这就解释了，为什么这种能力一方面被每一个理性人格所期待，另一方面在教养过程中也有自身来源。

3. 因此总的来说，在一种以深刻的规范性冲突为特征的语境中，宽容的德行具有一种道德成分，且具有与之密切相关的一种认识论的、辩证论成分。首先，从道德角度来看，是将他人作为具有辩护权利之人的无条件尊重，在交互的—普遍性作用的语境下，关于这种辩护的相应理由应当被给出。在其中，宽容的人接受交互性和普遍性的界限，并承认，一个有充分理由的伦理上的反对仍然绝非在道德上进行拒斥的充分理由。对实践理性的这一核心洞察，将通过对（理论和实践的）理性有限性的洞察得到补充，它向理性人格揭示了，为什么在伦理问题中，关于善、正直生活或规范实在性之特征方面存在合理差异的可能性，以及为什么这是基于那些奠基语境之间的区别，它们既非反对伦理真理的，也非反对道德奠基之可能性的。因为尽管理性的有限性导致了无法解决的伦理冲突，但理性能够在交互—普遍作用的语境下——不借助什么"终极"理由——为独立于各种处于冲突中的善之提法的规范提供辩护。因此，宽容意味着尊重他人的**道德和认识论上的自律**，而不必让这种尊重本身得到伦理上的奠基，或导致对自身信念的一种伦理相对化。然而在其中，它需要在交互性和普遍性的各个作用语境中，对整全的、伦理的真理主张进行理性的自我相对化。道德的和认识论的这两个要素解释了，为什么宽容是一种**正义的德行**和一种**理性的要求**。

可以从"在斗争中"的双重意义上来看待践行宽容者的自律：一方面是自身的伦理信念与他人信念处于斗争中，另一方面是**与自身**处于斗争中，因为对他人的伦理反对，在自身中带有使这种负面评价成为行动或一般规范之基础的冲动。宽容的德行预设了以下这点，即这种冲动是出于道德洞察而被制止的。正如已经提到的，其中有某种自我限制和自我克服的能力。于是问题又浮现而来，这样一种"理性的"态度是何以可能的：对于"自我"的表象它预设了什么；这种德行理想真的是可生活的（lebbar）吗？

第三十六节　宽容的人

1. 为了更准确地定义一个宽容的人的自我关系，应该提及到此为止阐述过的、针对德行观念的三个批判性异议。这些异议认为，在这里被预设的自我（a）是一种根本上的自我—消解，它否认自己，（b）是一个纯粹理智的，且在此意义上无特性的自我，以及（c）是一个分裂的自我。这些异议中没有任何一个是正确的，但它们确实指出了宽容德行的重要的一面。

（a）尼采的怀疑，即宽容是现代自我消解、漠不动心和"放荡不羁"，暗示着宽容所要求的自我克服是一种自我否定。只有一个对其自身不确定的人，才会出于内心的软弱而采取宽容的态度（参见第二十六节第3点）。然而正如已经指出的，事情的反面才是正确的：不仅对于一种信念或做法的明确的伦理上的反对来说，而且也对于其道德上的接受和它所暗示的自我限制来说，都需要一个**强大的自我**。用康德的话来说，它拥有"内在自由"，以——作为"自由的自我强制"——执行这种"自由的行动"[24]，并且不仅仅是在某一次或单个人的行动中，而且还是在总体上作为宽容特性的标志（因为正如亚里士多德所说，一燕不成春）。[25]在这里所被预设的自我是绝对的，由此它就与康德的哲学有了根本的区别，后者清楚地知道伦理价值及义务的本己有效性，而这种有效性在道德之外也能存在。但康德哲学却把道德自我添加到了这样一种能力上，这种能力把自己的伦理评价限制在了以下这个范围内，在那里，适配于这些价值的行动是无法以交互—普遍性的方式被追责的。因此，自我的两个方面——伦理的和道德的——必须都要得到发展，以便能够感知并评估**与他人的，以及在自身内部**的这样一种冲突。

因此，正如亚历山大·米切利希（Alexander Mitscherlich）在康德之后但从精神分析的角度所描述的那样，区分是和否的能力，可以是一种"自由体验"，一种克服消极的伦理冲动的经验（但它已经是反思性的本性）："一种摆脱不容异议、不可容忍、敌对仇恨之强制的幸福体验。"[26]然而，它不必被强调为是对本能命运的解脱的体验，因为宽容的行为预设了一种内在的自律和上位的反思性，一种"我自身的强度"[27]。但自我限制的代价对它来说也是清楚的，这种代价对于那些拥有一种整全的、伦理—宗教世界图景的人来说尤其高昂。履行自己的道德责任是一回事，在伦理上接受它又是另一回事。宽容既可以被视为是自我的强化，也可以被视为是对自我的伤害。因此，为了再次以亚里士多德的方式来谈论，它在对自身伦理真理的过多自我怀疑和过多自我信任之间，也即在自我相对化上的过剩和不足之间，保持了适当的中道。为此需要一种上位的**主权性**，它将所需要的自我限制视作自身强大的表现，却将它也视作普遍辩护语境中限制自身真理（它坚持一种真理）的义务。[28]因为：尽管有接受要件，宽容的人也坚持反对。

（b）因此，不能将宽容的人视为纯粹"理智"的、没有实践特征和伦理同一性的反思存在。他们由特定的与他者的纽带和"理由规划"（ground projects）所铸造，用伯纳德·威廉斯（Bernard Williams）的话说，这些规划在总体上赋予生活一种意义：**我们究竟为何继续前行**。[29]他们总是看到自己已经处于不同的责任语境中，但恰恰也是在**不同**的语境中看到自身。因此，他们的一部分身份，是将自己视为有责任的且实践理性的存在，他们知道，他们有义务对谁给予何种理由。只有一种对身份的复杂解释能够使以下这点明晰：在此处语境中，同他者的冲突和在一个人自身中的冲突能有多么深刻。在这些冲突中，他自我规定的那些各种不同"规定"——在哈里·法兰克福（Harry Frankfurt）的**意志必然性**的意义上，

669 它们既束缚一个人的意志，同时又符合其自身的意志，例如对另一个人的爱，也包括道德法则[30]——可能会走向冲突。那么，一个看到自己处于不同义务和责任冲突中的人格，在其身份同一性内部没有任何关于如何作决定的数学性的决策公式；当然，**宽容**的人将能够以负责的方式安置他的诸责任，并为此作出某些牺牲——即使不是以放弃其同一性为代价。他的"存在"和他的特征的特点在于，他意识到其同一性的不同层次——在伦理语境中与具体他者的同一化以及在道德层次中与所有人类的同一化，并尝试寻找一种符合这些同一化的方法。这样一来，为了再次澄清与康德的不同，"自律"并不意味着，只把道德义务视作真正的义务，也不意味着，一个人在伦理意义上的所有价值信念和纽带都是他自己选择和创造的；相反，自律意味着，意识到他身份同一性的不同组成部分和与此相应的各种——被选择了的和未被选择了的——义务，并且**总体上**能自我负责。在其中，就有着最高阶的意志（改变一下法兰克福关于高阶意志必然性的论点），以及其**意志实体**（volitional substance）。[31]

（c）由此，宽容的自我绝不是一个在伦理和道德价值间来回撕扯的分裂自我，也不会在优先考虑后者的情况下，就从自己身上切除一个部分。相反，它是一种复杂的自我，其同一性是在不同规范极点之间的**张力**中构成的。这种同一性源于人能一体化这些不同极点的能力，即知道这些张力，并对它们表现出反思的态度。由此，两个极点的图景得如此修改以便表明两个以上的同一性规定方面，因为在伦理范围内已经存在不同纽带（比如与家人、朋友和有价值的项目），并且除道德

670 责任以外，法律责任和政治责任也应得到重视。人格同一性在这种规范结构当中，始终保持着紧张的状态，但仍然自主地意识到它所处于其中的不同辩护语境。因此，宽容是在一种特定程度上显示出这种意识的人的性格特征。其"一体性"来自一种不会减损规范的复杂性且在其中展现某种程度的坚韧性的责任。

这也说明了，为什么宽容的人必须不仅对他人、**对自身**也要保持一定的宽容。并且这不仅是在这一意义上，即必须在自身内部相互冲突的本能和欲望中，通过承认它们属于他并尝试塑造它们来保持宽容[32]；还在于超越于此的意义，即他认识到，在何种程度上，不同观点之间的冲突也可能在其反思性及规范性的"日常家计"（Haushalt）中出现，这些冲突不容许任何单义的解决方案——如果有，那么就只有一个会产生一定代价的方案。就自身伦理信念而言，放弃将伦理反对转变为一种严格的拒斥，意味着必须承认道德责任的优先性，然而就道德意识而言，这意味着承认伦理观点的合法性。具有决定性意义的是，以这种方式"去中心化"[33]的人，也会出于明晰的信念去行宽容，即使他在自身中感觉到一种持续存在的冲突。通过"置入"对他人的责任，在其自身内部，他就在自身信念的多样性中建立了某种秩序。因此，他在宽容中对自身行使的"统治"是一种自由，它抵抗某些伦理冲动，却不压制它们，而是将它们分类，并且若有必要的话，就会制止它们；他并不由其伦理上的反对性判断所规定，而是将这些价值视作其自身的规定性部分。他认识到不同规范立场的不可化约的差异，但他仍然——正如所说：以并非没有张力的方式——能够一体化它们。

因此，一个宽容的人有一种单一的实践同一性，但它却也是复杂且有差异性的，其相互联系是通过不同辩护语境中的连贯行为建立的，在其中，他能够为自己承担责任——并且知道，何种根据适用在何处。宽容以对规范世界复杂性的这种认识为前提条件：作为个体间的世界以及（在不同程度上）单一者内部的世界。它再次被证明是实践理性的德行。

2. 为了在这一点上推进"宽容人格性"的专题讨论，有必要通过个体心理学和社会心理学的哲学角度进行补充。然而，如果考虑到理论的根本问题和各种经验性研究方式的细节，那么如此来扩展此研究本身就是充满先决条件性的，因此我完全不会在此处就作此尝试。然而值得注意的，是一些在宽容的和"专制的"特性的研究中可以发现的惯常主题，正如在社会研究所中（与一个美国社会心理学家团队的合作）的、题为**"专制人格"**（1950 年）这项有影响力的研究之后所进行的那样。[34]尽管"成见"概念有时包含不同形式的反驳判断，——而与此对照，"宽容"被（草率地）等同于没有成见，或被（错误地）等同于在普遍意义上[35]没有反驳——但对分析自我关系和陌生关系的复杂联系而言，以及对分析宽容能力的社会条件而言，还是有一些重要的观点。相关于前者，许多这类研究——继弗洛伊德之后[36]——都指出了一种（以社会化为条件的）自我—软弱与巨大的群体认同间的联系，这会伴随一种与之相应的、对其他群体的不宽容的隔绝，以及攻击性的厌恶，这些群体的纯粹"他者性"，被视为是对自身身份同一性的危害。[37]因此，与尼采所相信的相反，不宽容（而非宽容）似乎是一种"从众德行"，

671

672

是软弱的标志，而非自我强大的标志——是对忍受自身和共同体中分歧[38]的无能，因为自身身份同一性是未经强化的。外部差异与内部差异一样难以忍受，而人们的逃避方法是去诉诸对"他者"进行简单区分，并采取消极态度。因此，一个在其消极和积极价值中保持稳定的人，才能行宽容，并且不仅能忍受冲突，还能有效地处理它（在其中不会质疑自己）。

然而，与此相应的自我信任不仅需要一种内在的免于恐惧的自由，这必须通过社会化获得——通常紧接着的就是对社会化条件的全面研究；还需要一种免于外部威胁的自由，即某种程度的社会信任。[39]就上述第二点而言，这再次表明了宽容与正义间的某种联系，因为在这种信任由于对不正义和不良风气的感知——不管是想象的还是真实的——而受到动摇的地方，就是不宽容的可能性增加的地方。

673   这几句评注肯定足以指出，一方面，这是一个富有成果的研究领域，另一方面，也存在模糊术语的危险，比如过度概括化的因果解释。它们不仅会导致在普遍上将宽容态度病理学化——并且只将宽容的人凸显为强大的人而已[40]——还将导致对家庭、社会状况、宗教作用等因素提出过强的结论。从个体心理学和社会心理学观察来看，宽容的方式是各式各样的，而不宽容的方式也是形形色色的。

在不可取的普遍化中区分出特定宽容类型——这是一种危险，这种危险当然也存在于哲学分析的层面中。例如，关于"对理性有限性的洞察意味着什么"这一问题，存在一系列专于伦理学的解释。因此，宽容的人能够被视作理查德·罗蒂（Richard Rorty）意义上的**反讽者**，即知道最终词汇（final vocabularies）缺少无可争辩之根据，并因此采取宽容态度的人。然而，宽容的人对伦理—整全学说的争论采取反讽态度，这虽然是可能的，但却绝非必要的；从对伦理领域的合理差异可能性的洞察中，所得到的结论是开放的。罗蒂的反讽者却并非一个很好的候选者，因为他没有足够的拒绝其他信念（并且更偏向自身的信念）的理由。他认为，所有这些信念都是平等的，且同样都是偶然的[41]——除非他自己再次出于形而上学的理由而反对所有非反讽的、形而上学的整全学说，从而失去其（如此定义的）反讽意味。[42]

674   与此相反的观点认为，继以赛亚·伯林的多元主义论点之后，至少就伦理—政治意识而言，宽容态度被描述为一种悲剧性的态度。[43]毫无疑问，宽容的人意识到规范世界不可消除的冲突性质，也意识到基于实践理性的有限性，错误是不可避免的；然而，这也可能导致（个人以及政治生活中的）"悲剧性"的冲突这件事，并不意味着宽容的意识**必须**是悲剧的一种。一个人也可以在努力追求改善的实用主义精神中来明晰这一点，并乐观地评价一种成功政治生活方式的胜场所在，同样地，也可以在宗教精神中来思考这种胜场，即所有曾失去的东西，都将在一种更高正义中拥有其意义。

最后，为了再次进行强调，必须抵制将宽容意识理解为一种怀疑意识的诱惑，这种怀疑意识在"终极"真理的事务中放弃判断。㊹为了进行符合某种自身理性的自我相对化，不需要放弃"绝对"伦理真理的主张，而是需要洞察辩护语境间的差异，其中的每一个都需要某种根据。理性的基本规定及其界限，不能被还原成一种特定的、伦理性的—哲学性的态度。

注释：

① Vgl. Crisp u. Slote（Hg.），Virtue Ethics；Macedo，Liberal Virtues；Höffe，Demokratie im Zeitalter der Globalisierung，Kap. 7.

② 对于康德式的解释，他当然支持一种（与政治自由主义不相容的）形而上学的"整全学说"，与此相关这种论点，参见 Hampsher-Monk，"Toleration, the Moral Will and the Justification of Liberalism"；与此相反，在纽维《美德、理性与宽容》第三章（Newey，*Virtue, Reason and Toleration*，Kap. 3）中，存在一种亚里士多德式的立场，这种立场不愿意将宽容的德行还原为某种原则或动机，而是将其理解为基本的特征性。然而根据纽维（Newey）对反对与接受之间关系的定义，这种德行仅被理解为一种超级自我中心（superegogatorisch）的德行，因为在他看来，如果存在反对的道德理由，就不可能有任何关于宽容的道德义务。然而，这样一来，他不仅放弃了宽容要求的义务论特征，他还使能被宽容者的标准变得模糊不清。

③ 当然，这些简短的评论不足以回答康德对这些义务如何区分这样的复杂问题；关于这一讨论的一个有教益的分析，参见 O'Neill，*Tugend und Gerechtigkeit*，Kap.V.。

④ Kant，*Metaphysik der Sitten*，Tugendlehre，Ak. VI，449.

⑤ Ebd.，462.

⑥ 参见赫费（Höffe，"Toleranz：Zur politischen Legitimation der Moderne"，76.）关于作为"审慎的"和作为"决议"的能力的宽容，它描述了与自身信念和其反思的审查保持距离的能力。

⑦ Kant，*Metaphysik der Sitten*，Tugendlehre，Ak. VI，380，381，394，405.

⑧ Aristoteles，*Nikomachische Ethik*，II.9，1109 a24.

⑨ 我从沃尔泽（Walzer）那里得到这个概念，"自由主义和分离艺术"，他还在不同的社会理论背景下使用这个词。

⑩ McDowell，"Virtue and Reason"，50.

⑪ Ebd.，51.

⑫ Ebd.，53.

⑬ Ebd.，73.

⑭ Ebd.，58.

⑮ 在对麦克道威尔的评论中，霍耐特（Axel Honneth）也指出了在发生价值冲突时，这种诉诸反思论证和原则的必要性；参见 Honneth，"Zwischen Hermeneutik und Hegelianismus. John McDowell und die Herausforderung des moralischen Realismus"。

⑯ McDowell，"Virtue and Reason"，68："根据如何生活的构想行动要求在正确的关切中选择和行动。"

⑰ 关于提供奠基的理性的优先性，参见 Scanlon，*What We Owe to Each Other*，Kap. I，und Forst，"Praktische Vernunft und rechtfertigende Gründe"。

⑱ Vgl. besonders McDowell，"Might There Be External Reasons?" und "Two Sorts of Naturalism".

⑲ "Two Sorts of Naturalism"，173（Herv. i. O.）.

⑳ "所有我们可以将实践理性带回到本性之中；但我们带回到本性中的仍然是以某种康德式方式被构想的实践理性，是某种不需要从自身之外获得证明的东西。"Ebd.，184.

㉑ Ebd.，189.

㉒ Vgl. etwa "Might There Be External Reasons"，101："如果教养如期而至，我们就会说看待事物的方式……是正确考虑它们，即对事物的实际安排有一种正确的构想。在这里对合适地得到教养的谈论和对正确考虑事情的谈论是表达同一种评价的两种方式：一种可以通过伦理论证来为证明做准备的评价。"

㉓ 关于对**所予神话**（W. Sellars）的批判和"理由空间"是需要辩护而非开脱的"理性空间"的论题，参见 McDowell，*Mind and World*，5 u. 8。但此处也仍未确定具有概念性内容的经验与判断之间的关系；Vgl. 62，125。

㉔ Kant，*Metaphysik der Sitten*，Tugendlehre，Ak. VI，407，381，383 et passim.

㉕ Aristoteles，*Nikomachische Ethik*，I.6，1098 a19.

㉖ Mitscherlich，"Toleranz- Überprüfung eines Begriffs"，429.

㉗ Ebd.，437.

㉘ 在一种怀疑论变体中可以从蒙田那里找到这种主权性的想法（参见第十三节第 1 点）；以一种关涉法律平等和个体特性间悲剧关系的方式，见 Menke，*Tragödie im Sittlichen*，307，他没有再将这与一种道德自律的概念联系起来。

㉙ Williams，"Persons，Character and Morality"，10.

㉚ Vgl. Frankfurt，"On the Necessity of Ideals" und "Autonomy，Necessity，and Love".

㉛ 关于这一概念，参见 Frankfurt，"On the Necessity of Ideals"，110。

㉜ 沃尔海姆（Wollheim，*The Thread of Life*，184.）在这个意义上使用了其自身宽

容的概念。米切利希（Mitscherlich，"Toleranz-Überprüfung eines Begriffs"，440.）也强调在形成宽容态度的语境下确认和塑造本能行为的必要性。——克里斯特瓦（Kristeva, *Fremde sind wir uns selbst*）在自身差异及"陌生"的经验与陌生人的经验之间引出了一种具有启发性的——尽管言过其实的——相似之处。

㉝ 对于这点参见霍耐特（Honneth，"Dezentrierte Autonomie"）关于"创造性的需求推断"的背景，自身生活故事的反思阐明和对道德原则的语境感运用（尽管与宽容问题没有关联）。

㉞ 有关该研究的持续影响（尽管受到批评）参见 Young-Bruehl, *The Anatomy of Prejudices*；Stenner，"The Authoritarian Dynamic：Racism and Intolerance Under Conditions of Social Threat"。

㉟ 例如参见马丁（Martin, *The Tolerant Personality*，21.）从 1960 年开始的富有教益的研究："绝对宽容是对一个群体的一种完全中立的态度，无论好坏都没有任何群体评判。随着宽容增加，偏见会减少，反之亦然，因此绝对宽容可以表示一种尺度上的点，它既不表示积极的偏见也不表示消极的偏见。

㊱ 尤其参见经典研究：Massenpsychologie und Ich-Analyse（1921）。

㊲ Vgl. Adorno, *Studien zum autoritären Charakter*，53（zus. mit R. Sanford, E. Frenkel-Brunswick u. D. Levinson）。

㊳ Vgl. Frenkel-Brunswick，"Intolerance of Ambiguity as an Emotional and Perceptual Variable"。

㊴ Vgl. dazu besonders Mitscherlich，"Wie ich mir-so ich dir" und "Toleranz-Überprüfung eines Begriffs"；daneben Stenner，"The Authoritarian Dynamic"。

㊵ 因为"宽容的态度以通过某种方式得到加强的自我为前提"这件事并不意味着每一个得到加强的自我都会宽容——并且所有处于麻烦的同一性状况中的人都易于不宽容。

㊶ Rorty，"Private Irony and Liberal Hope"，73 f. 因此，按照这种观点，反对性要件没有任何基础。

㊷ 反讽态度本身就是一种形而上学的态度，这一点在罗蒂那里（Rorty, ebd.，74.）变得清楚："反讽主义者……是一个唯名主义者和历史主义者。她认为没有什么是拥有内在本性的或实在的本质的。"

㊸ So etwa Moon, *Constructing Community*，passim；u. van den Brink, *The Tragedy of Liberalism*，bes. Kap. 2.

㊹ So neben Barry, Justice as Impartiality（见上文第三十二节第 2 点），以及 Schleichert, Wie man mit Fundamentalisten diskutiert, ohne den Verstand zu verlieren，bes. Kap.9。

第十二章

宽容的社会

第三十七节　政治一体化与伦理—文化差异：
通向一种批判的宽容理论

675　　1. 无论是对宽容历史的重构，还是到此为止完成的系统性讨论，都应该已经足够充分地展示了宽容的现实性。所以，下文不必再激活宽容使其再生了，所需探索的仅仅是，在何种高标准下，宽容概念的历史以多样的方式在当下继续发展，这应该通过一些中心性的宽容冲突得以表明。在此处，几乎所有那些复杂的、彼此竞争的宽容理解和宽容奠基方式又卷土重来，逼近我们了，并且首先出现的又是那种"允许提法"和"尊重提法"之间的冲突。这也就意味着，宽容处于权力和道德之间的张力范围中，它既被设定为权力和统治的工具，也被视为一种解放性的要求。在今天的社会中，那种集权国家式的宽容理解，以及我称为"洛克之忧"的那种东西（即担忧一种过于宽泛的宽容会摧毁社会的规范性基础），都并没有得到克服。

　　在这种语境下，紧接着必须证明的就是，那种我所推荐的"尊重提法"的奠基是否有利于分析这种宽容冲突，以及它是否有助于在规范性层次上揭示宽容在这种冲突中应有何意义。尤其是，是否交互性和普遍性的标准足以界定宽容的限度，以及是否由此就能够在事实上避免那种特殊的和可拒斥的价值设定。

　　就此，一种基于辩护原则的宽容理论明确地登场于政治语境中，并被置于一种**政治性—公共性辩护**理论的框架下得到理解，这种理论是一种民主的自我立法理论。在这里，公民被视为一种具有伦理多元主义性质的政治共同体的成员，对于交互和普遍有效的规范来说，这些公民彼此亏欠对方特定的理由。就此而言，
676 关键的是，这是在和一种道德上重要的、原则性的正义问题打交道，还是在和一种决定打交道，这种决定可以以合法的方式，基于程序被作出，而在这些程序中，是由多数人来作决议的。我们要处理的宽容问题源于一个决定性的维度，它就是公民作为**立法者**的维度，他们作为法权人格同时也就是这些法律的**承受者**。他们

是须被辩护的规范的合作方，也是接受方。

由此，显而易见的是，对"宽容社会"的谈论一定是多义的。在该称谓之下，下述对象都可能会得到理解：（a）作为个体的公民的宽容；（b）一个宽容空间，它总体上形成于对社会交往中可宽容者的非法权形式的社会规范和自我理解中；（c）法权规范自身的"宽容"，也就是说，法权规范保障着自由，充当着它的尺度；（d）政治体系及其制度的宽容，它也就是公民与社会之多样声音的公共性；（e）"国家的宽容"——这一名称简直就是最成问题的。由于"国家的宽容"总是特别地在法学讨论中被频繁运用①，所以它总是依照"允许提法"而在宽容概念中传达着集权国家和威权性的意味：当"国家"行宽容时，它自己那方面就已经预设了一种对特定个体或团体之行事方式和想法的拒斥性判断，这些个体或团体打从一开始就被视为某种"政治异类"。即使得到了宽容（无论该宽容基于何种理由），他们仍不属于"普通"公民，也不符合国家的规范——他们仅仅是"被忍耐的"公民。这样一来，国家就表现为某种更高的权威性，并且还扮演这样一员角色：它在宽容冲突中背离了自己那种更高的、中立的位置，从而采纳某一方的立场，而对另一方仅仅加以宽容。就此而言，国家不仅失去了它的中立性，还同时是以某种不宽容的方式运作着，因为它选择了某一方并设定了偏袒一方的特殊规范。②为了避免"宽容国家"这种充满等级制意味和矛盾性的理解（我在第三十八节中将通过一些例子来回到这一点），更有意义的做法似乎是将"宽容要求"限制在**公民**层面，而在**国家**层面只树立"中立性规定"。③这种中立性并不能被理解为，所有的国家决断都要追求对一切可能涉及的个体与团体的"影响的中立性"，这是不可能达成的。它只不过要求一种"辩护的中立性"，它意味着，只有能够交互地—普遍地得到同意的理由，以及无争议的伦理价值，才能充当普遍规范的根据。④

677

诚然，正如这种原则对政治的—法权的决断也是如此正确，那么对宽容与中立性的归置就不允许掩藏下述事实，即在一个民主共同体中，"中立的"——更好的说法是交互的—普遍的——辩护的执行方不能是**国家**，而只能是**公民自身**。所以，在公共辩护程序中，交互—普遍性辩护原理就预设了宽容这种国家公民的德行。因此，当一种有利于"辩护中立的""宽容"国家的说法被拒斥时，同时就会存在一种危险，即那种饱受批评的、等级制的国家宽容提法被确立为唯一可能的宽容提法；而更重要的是，相比之下，由于公民的宽容仅仅被还原为"尊重有效的法律"⑤，核心的洞见便遗失了，即辩护的被追索的中立性与以下基础有关，它**经由公民**才深入了已得到辩护的规范之中。因此，我们需要这样一种**民主理论**的辩护提法，在其中，公民的宽容扮演了一个关键角色，它不但必须已经存在于以交互的—普遍的方式为宽容要求奠基的地方，而且尤其是必定存在于这样一个地方，在那里，它必须洞察到，交互性和普遍性的界限要求着什么——比如要求一

678　种对本己的伦理上的真理要求的相对化，只要它是以理性的方式可被拒斥的。在此意义上，宽容是一种真正的民主德性，且它本质上有利于实现一种不偏不倚的辩护。如果那种等级制的——比如"基督教式的"——"宽容国家"被明确反对，那么宽容概念就既不会被判给一种允许提法，也不会被还原为对法律的遵从，它反倒必须作为公民的权利而被置入一种政治辩护理论的中心。正如先前已经指出的那样（参见上文第二十二节），在政治层面中透彻把握尊重提法，并用一种相互之间的宽容取代"从上而下"的宽容，就能够让宽容话语的"革命性"遗产存在下去。

　　"宽容国家"这一种说法遮蔽了传达一种确切宽容理解的巨大风险。这种宽容理解——它一般而言还并不能被称作自由空间，而仅仅保持为法律准则——在一种民主制度中只能与公民的宽容密切相关。假如在公民内部存在着这样的团体，它质疑那种核心的规范，这种规范对于保持那有待进行辩护的政治体系而言至关重要——假如出现了这样的特殊情况，那么"国家的宽容"这种表达就变得合法了（尽管仅仅在一种转义的用法上）。现在要问的就是，在这种情况下，允许提法是否就在尊重提法中还魂归来了。

　　因此下面我们要讨论公民的宽容问题，而避开中立性概念，这既是因为中立性概念容易引起误解，也是为了有利于政治性和交互—普遍性辩护这些术语的使用。⑥因为对一种"辩护的中立性"的谈论在如下意义上是合法的：那种为普遍的、义务性的规范赋予合法性的理由，应该具有一种公道的特征，并且应该保障一种与公道性相符的辩护程序。不过，当我们说到一种"中立的"理由时，问题就出现了，因为这种理由的尺度并不应该依照那种与诸冲突境况等距隔开的距离而得到裁定，而是仅仅依照交互性和普遍性标准。甚至，被排除于一般规范的合法性基础之外的仅仅是**有争议的**伦理理解，而并不是要先天地排除掉所有可能的伦理价值。

679　　　即使关于中立性原则的"中立的"辩护那种说法，都会引起一种错误的猜想，即这种原则自身并不处理实质道德的奠基，即使它也是实践理性基础上的一种更高阶的奠基。那种**伦理**上关于辩护的公道性自身就是以**道德**方式得以奠基的。最终，这一过于简化的推论就很接近以下这些错误的想法了：

　　（a）一种交互的—普遍的辩护的提法要求一种政治话语的"中立化"，这种中立化意味着将有争议的伦理和宗教立场"净化"，而鉴于这些立场之间以话语的方式展开争辩的必要性，这种做法是完全没有理由的。

　　（b）那些（上文已经提及的）"影响的中立性"又被提及，而一切法律规范凭此又似乎必须均等地影响一切相关的团体利益（甚至个体利益），或者，

　　（c）"国家"在霍布斯的意义上充当着公民争论之间的一个中立第三人。

　　（d）社会关系中那些不变的关系，就是被偏好的选项。

此外，"伦理上的"公道性这种表达也不应让人忽略如下这一点：即并非只有伦理宽容的情形，而是也存在政治宽容和道德宽容的情形。也就是说，并不仅仅存在相对于善的不同提法的被要求的宽容，同时也存在相对于对道德规范的不同解释与其他供选的正当观念的宽容。尽管如此，这种宽容仍然还处在基本维度上，与伦理性的价值观念和"整全性学说"相对，后者常常构成政治和道德领域中那种广泛争论的基础。一种多元社会（在其中，宽容是一种必要的德行）的本质特点就在于它的伦理多元主义，确切地说，是那种上文（第三十一节第 2 点）概述过的伦理多元主义。因此，这种社会（我们在下文要讨论在它之中的宽容含义）应该被称为一种**伦理多元主义社会**。考虑到伦理的价值观念常常与伦理的行事方式（Praktiken）相关，即与生活方式相关，而后者又（多多少少在"厚"的意义上）拥有一种文化特征，所以这种社会也可以被称作**伦理—文化**多元主义社会。

上述社会是否同时是一种"**多元文化**"社会，取决于多元文化这个术语的定义。在一种狭义的说法上，"**多元文化主义**"表达的是"**文化**"的多元性实存，尽 680 管作为社会的一部分，这些文化表达的却不仅仅是"生活方式"，而且还包括一种共同体，这种共同体通过对自己和他者的定义（即在其身份中）同其他共同体划立界限，并通过共同的历史、被分有的价值观念、共同的语言和出身来界定自己。在这里，且不管到底是在说相对确定的、原住民的文化，还是已经多元化的移民文化，决定性的要点只在于，我们是在和一种伦理性的社会打交道，也就是这样一种社会，它得到展示的方式，是通过融洽调和三个层面上的伦理性东西，即一种良善生活的内容、形式和根源。相应地，这些文化大多是被一种特殊的宗教成分所标明的。这些文化的首要伦理定义和非伦理定义（我在此很注重它们），最终许可了一种"文化多元主义"的广义概念。在此意义上，被算为"文化"的就不再是伦理或民族性团体，因为它们表露出对伦理特殊性和同一性的一种高标准，比如宗教共同体，或其他基于性取向和另外的表征或兴趣的团体。[⑦]对（导致宽容冲突的）多元主义的一种首要的伦理性规定，也因而在狭义上包含着文化要素，但同时含有其他的伦理要素，它们标识出生活形式之下并非更不重要的其他差异。

2. 那种为有待讨论的宽容冲突提供语境的社会，可以被视为一种**由诸伦理共同体组成的政治共同体**（*politische Gemeinschaft ethischer Gemeinschaften*），这由此就提出了在许多多元主义争论中的核心问题，即这样一种整体社会，如果它看起来分裂为了多个"伦理"文化的话，那么它如何能得到一体化。就此而言，首先要弄明白的是，以上问题首要地涉及共同体的**规范性**一体化问题，因为它所关涉的并不是一个社会与在制度上清晰划界、各占其域的团体之间的关系（比如为原住民划定保留区域），而是在一种**社会性**统合的整全视角下去指出，不同伦理共同体的成 681 员在多大程度上以不同的方式（主要在功能性意义上）在经济、政治乃至整个文化生活中彼此联结起来。对此，规范性问题当然不是无足轻重的，因为在所有这些生活领域中，为了那种正常行动进程的"功能行使"（Funktionieren），明确的规范性协调是必不可少的。⑧实际上我们不是从多个规范性"孤岛"出发，这些孤岛悬游在与大海的表面相关性之中。

尽管如此，对于这种作为**政治共同体**的共同整体的规范性一体化而言，还是存在着问题，即如何在不同伦理共同体就共同生活的根本问题陷入冲突的情况下调解争端的问题。换言之，一种伦理多元的政治共同体面临着"无实体的实体"（substanzlose Substanz）⑨问题：一方面，为了不以禁止性的态度强行削减伦理多元性，该共同体必须在其自身的规范身份上是充分"无实体的"；另一方面，它又要尽其所能地表露自身为"实体"，以至于让它的成员不仅被视为伦理人格，还同时是对彼此负有责任的公民，是一个政治性**责任共同体**的一部分。在这些公民的伦理特殊语言之侧，共同体必须有环境有决心操一种普遍语言，并由此拥有一种普遍的政治文化，而辩护的程序就着落于此，它应该引起对合法规范的设置。仅凭宽容并不能带来这种联结⑩，后者要基于一种更为基础的**正义共识**，这种共识一方面是**程序性的**，因为在核心部分包含着辩护原则，另一方面又有**实质性**特征。这种实质性之所以存在，不仅是因为辩护原则自身有道德实质性的本性，而且也是因为作为辩护语境的政治语境是一个在历史中生成的语境，也是在许多冲突和制度性成就中清晰可见的语境，它由公民所分有。此外，当这些公民将这些制度视为有待改进的，同时就此展开争论之时，他们必须先预设一个对这种关联性的普遍意识，当然，他们自己意指这种普遍意识的方式也是不同的。在所有的冲突中，我们不仅需要在辩护原则的效力方面达成基础性的共识，还要在对于这种特殊政治共同体的普遍责任方面达成基础性的共识。

借助先前完成的区分四种人格概念（尤其参见第二十一节第 3 点和第二十九节第 24 点）的阐明作用，可以指出，人格不仅要被理解为**伦理人格**，也要被理解为**道德人格**，同时还包括那种其政治共同体之有效法律的发出者和接受者，即**公民和法权人格**。在所有这些方面，人格都承担着一种特别的责任形式，而在政治语境下，这种责任形式要求人格，作为共同体的一部分，明白自己在伦理冲突中，必须就特定辩护形式，以及可能的宽容的特定形式来负起责任。对于一个政治共同体而言，**这种**规范性的一体化是必不可少的，因为该共同体要拆分那种确立正义基础结构的"工程"。这种一体化并不是**通过**（durch）那种多样的伦理冲突而存在，但确实是**因为**（wegen）这些冲突而存在。诸公民在他们的伦理考虑上多多少少地彼此有所区分，但他们又联合了起来，凭借这样一种意识：自己是一个特定的、基于历史语境的责任共同体的一部分，在该共同体中，他们于某种特定形式上亏欠着彼此理由。这样一种共同体，无论它是古典的民族国家还是一个移民社会⑪，都应该在一切情形下，于自己的自身理解中，以及于（通过多数族群的文化和居统治地位的团体而定的）结构中，保持"在伦理上不受浸染"⑫，并且，如果它想在其公民的眼中保持有利正义的形象，那么这种共同体就必须这样处事，即把这种"不受浸染性"置于交互的—普遍的辩护的试验台上。那种现成的某种特殊"伦理性"并不成问题，因为这种东西毋宁是无法避免的，成问题的是我们拒绝彻底以正义为依托来检验这种伦理性。在每一个这种政治共同体中，都有一个先行的基底（Substanz），但它在其核心处包含着去获致正义的决心。⑬那种将一个伦理多元主义社会的公民联结起来的东西，总是超出了"单纯"正义程序的范畴，而表现为共同的原则和一种共同的历史（它也是争议性的）。而那总将这些公民分离开来的东西，只有在这一进程中才得以处理。所以，显而易见的是，在不同团体之间的伦理或政治的冲突战线，总是每每视情境不同而差异性地展开的，并为自身带来新的联合对象。在伦理的视角下，一个社会中的冲突处境几乎不会被构建为单纯敌对性的。特别地，一个社会的伦理多元主义常常在这样一种人格之中得到成型，该人格能够在不同的伦理共同体中充当成员。

683

尽管它与那种宽容人格的个体性身份同一性有所不同（参见第三十六节第 1 点），这里也还是出现了一个宽容的政治共同体的**充满张力的身份同一性**形象：这种张力存在于"语境性的和原则性的共同体的统一性"与"由各种各样的伦理上的和政治上的多元主义形成的差异性"之间。共同的身份同一性必须对文化差异保持开放，但同时又要保持一定的封闭性。正是在这一进程得以实施的地方，出现了为宽容而进行的斗争：宽容的界限何在，而我们又如何以合法的方式划定这种界限？何种规范性的基底是"不可放弃的"，它应当让社会继续保持统一吗？何种对于差异的承认是必要的，从而这种统一是正当的统一吗？

3."对差异的承认"这一关键词揭示了一种冲突的全景，这些冲突在关于"多元文化社会"特质的争论中留下了烙印。就此而言，首先成为问题的是，交互的—普遍的辩护原则究竟在何种程度上能合法化对伦理共同体的特殊承认形式，因为交互性和普遍性的标准看上去在要求那些绝不允许拥有任何特殊团体标签的规范。对伦理特殊性的每一种特别考虑岂不是都会被这些标准排除掉吗？在一个重要意义上与之相契合的是：在规范的合法化过程中，我们并不允许接受那些被特定团体出于伦理考虑而歧视或偏好的理由。就此而言，法律是"色盲的"⑭，并且由于它排除了特殊的伦理视角，法律对于伦理身份而言也是一个**保护套**。不过在如下情形中，某个特殊的伦理共同体相对于其他共同体而被歧视，但普遍有效的法律并没有对它表现出足够的保护，而反过来增添了不该有的负担——在这种情形下，法律自己就变成了一种伦理的紧身衣（Zwangsjacke），并且亟待修正。这种修正也要借助交互性和普遍性标准来完成，因为一个处在上述情形中的共同体必然能够指出，现行法律在何种程度上忽视了它**与别的共同体相较而言的合法关**

684

切。因此，明显的是，为了有利于对**作为平等者**的资质核定，一种严峻的**平等核定**必须得到修正。⑮在法律内部的某种对于伦理差异的特别承认，并不因此就是伦理上的要求，而是在正义的意义上的道德—政治上的要求。一如既往地，我们要避免的是不正义，在这里也就是说：避免那些以交互的方式不能得到辩护的、对于特定个体或团体的不利之处。

在此基础上，我们可以提出一些非常不同的承认要求⑯：

（a）有一些团体的成员部分地由于法律，而更多地是在社会生活之中以种种方式受到歧视，这些方式与其说是揭示了"中立的"法律，不如说是将它遮掩了起来。这些团体的成员可以要求合法的制度，用以阻止这一切，甚至在可能的情况下——比如在采纳了配额制形式的情况下——引入对基于公开或隐蔽歧视的社会不平等的积极改变。

（b）那种基于历史而遭受歧视的团体的成员，总是承担着这种歧视的结构性后果，即便歧视本身已经合法地得到了克服。这些成员也可以要求合法的手段，来帮助他们脱离社会上的不利地位。

（c）某些特定团体的成员一直以来都仅仅是作为"被忍耐的"少数群体，而并没一个特定的地位。在一个法律共同体为某些宗教共同体赋予法律地位的情况下，以上团体成员也可以同样要求这种法律地位。

（d）某些特定的文化—伦理共同体的成员，可以参照其他共同体使用的那种手段，来要求一种支持他们自身文化的特殊手段，即便并没有明确的法律能支持它。

（e）文化共同体的成员可以指出，现行的法律阻碍了他们对那些普遍权利（比如宗教活动的权利）的行使以及一种平等尊重的形式，因为他们的文化行事方式与当前充当法律根基的契约角度不能取得一致。特定宗教共同体的成员，可以就法定营业时间、穿戴帽子或制服的义务、在学校参与特定上课形式的义务以及一般的入学义务，特别要求例外处理。有时，这些要求也会遇到自己的阈限，在阈限处，不能再只要求现行法律规范的例外，而只能要求对法律规范的原则性审订。

（f）在政治决断中被特别地波及，或者面临被忽略的危险的特定团体，可以要求特定的政治代表权法律，甚至某种否决权资格。

（g）受到很高程度的文化及地理封闭性支配的团体，通过指出其在共同社会中受到的歧视，以及可能存在的一种特殊歧视历史，就能在一个联邦系统中，让某种致力于文化—政治自治的法律生效。在特定的情形下，比如某种原住民文化中，这一点可能会带来深层次的自治。

（h）最后，那些被理解为一个民族并且在制度上深度自主性的团体，可以要求它们的独立性，但必须指出这种独立性是为其大部分成员所想望的，它不会产

生新的不公正，并且（最重要地）它是基于正义的基础而被要求的，其目的是解 686
决现存的他人宰制。

这些（仍然可以扩展和细分的）要求得到承认的权利清单揭示了以下这几点。
第一，"对差异的承认"可以引出非常不同的理解：在一些场合下，这种承认会让
差异不再能在法律和社会中充当一个角色，而在另外一些场合下，这些差异不仅
能得到积极的承认，还甚至是被维持和被要求的。[17] 第二，所有这些要求，在其核
心处都是如下要求，它们是在正义和实质平等之名下被提出的，即便对此而言的
那些观点都是在类型上非常独特的。第三，几乎在所有的场合中，为合法的或政
治的承认而进行的斗争，也同时是为了对特定信念或行事方式进行伦理—文化层
面重估而进行的斗争。当然，在这些层面上，争论要促成对特定正义标准进行内
在质疑的规则，而并不以文化层面的价值评估为首要目的。[18]

在这里，多元文化的正义理论对于处理以上问题而言似乎是必要的，但我们
不能对之展开讨论，而是只能指出一般而言**一个团体的定义**（无论是伦理性定
义还是从其他标准出发）**和对其要求的辩护**（基于特定的权利之类）之间必然会
出现一种差异。这两者彼此之间在很大程度上都互不依赖，因为辩护总是要在同
其他团体的关系的关联中被相关性地（relational）看待的，而在对人格身份有着相
似含义理解的团体之间，常常会蹦出同质性的思考方式。然而，决定性的要点在
于，对正义的各种考虑就是给出决议的东西，而不是其他类型的考虑，比如关于
一个共同体的客观价值的考虑，或者关于它的社会价值（作为一种社会性成就），
或它对于一个人而言的主观价值。当一个团体要求相对另一个团体而言的平等待
遇，其目的是为了拥有同样的发展和运用自身身份的机会的时候，特别是上文说
到的后面那些类型的考虑就很可能会起到某种作用，在这里，关键并不在于这种
身份的"深度"，而在于与另一个团体进行比较，并追问各自的要求是否能够被交 687
互—普遍地奠基。[19] 在这种语境下，一个团体的身份被看作"自发生成的""经由
选择的"还是"被建构的"都无关紧要，因为且不去说，所有这一切可能同时都
对——因为没有一种身份是单单"现成"的，也没有一种身份是纯然"造成的"，
只就"一个团体的要求是否公正这样的"规范性问题来说，团体身份也完全无关
紧要。对于身份究竟是"被构成的"还是"构成性的"这一"存在论"难题，我
们并不能清晰无误地在规范性层面进行推论。[20] 尤其是我们还必须计入可能身份形
式（从"选择的"[21] 到"继承的"[22]）的多元性因素，以及对这具有唯一性的团体
身份进行解释的因素。

进一步地，我们要区分对特定权利之类东西的**规范性要求的基础**，以及**这些
权利的运用方式**。这涉及争论频繁的"集体的权利"（kollektive Rechte）问题。[23]
所有这些规范性要求的基础是**个体的**辩护权利，它很可能在特定语境下主张承认
某种伦理身份的特殊法形式，只要它能在（被上文提及的那些类型内的一种）交

互的—普遍的根据上得到辩护。与之相反，这种权利的运用可能会采用一种**个体的**形式，比如某些作为特定共同体成员的人有权利不穿戴头盔而驾驶摩托车，或者可以不修读某些课程。这里涉及的是一种"个体性的团体权利"。同时可能出现的另一种情况是，某些特定的权利被保有给了作为某个集体成员的个体，但只能

688 被**以集体的方式**来运用，比如某些自治权或代表权。所以，我们仍然还没有穷尽"集体特殊性"权利和"集体差异性"权利[24]的各异形态，不过清楚的是，一种个人主义的基础完全可以同这些权利的集体主义式运用结合起来。

这些讨论不仅有利于一种整全的多元文化正义提法，也有利于澄清"多元主义的宽容"问题。特别地，有鉴于前文的（e）和（g）两种情形，即对合法的特殊规则和文化自治的要求，下述的一系列伦理—政治冲突还会应运而生：

与占统治地位的文化共同体相比，少数群体必须被赋予哪些合法的承认与平等对待？

家长在多大程度上有权利规定其子女的学校教育范围？家长能否提前把小孩从学校接走，当他们相信这对于他们所在的伦理共同体的文化繁衍至关重要时？为了保护他们的宗教观念，家长是否能影响孩子的教学内容？

对于特定的职业或为了安全着想，有哪些服饰标准能够被强制确立，而哪些又可以保持例外？

为了他们的宗教信仰，家长是否能干预孩子的医治过程？

那些强制安排的、有违新娘意志的婚姻，或者如一夫多妻制那样的行为方式，甚或女性割礼这样的极端例子，是否能算作可被宽容的文化特殊性？

何种形式的规训，乃至残酷的身体刑罚，应该在一个特殊的共同体中得到允许？

一个伦理共同体在对待动物的方式上（比如关于屠宰动物的规则）应该持有多少自由？

这种冲突清单可以轻易地被进一步扩充，但在此所述的例子（我在下文还会回到它们）已经足够指明，正义提法不仅为特殊团体权利的**赋予**所需要，还为了

689 这些权利的**划界**所需要——而这种正义提法并**不**是将界限划定在特定的伦理教条上，而是以交互—普遍地不可拒斥的方式来划立界限。就此，这种基于辩护权利的提法也表现为一种恰当的正义观念，因为它一方面服务于特定团体的特殊权利合法化，同时又服务于这些团体**内部**潜在相关的个体或少数群体的权利，因为递归性地生效的是：一个基于这种基础—权利而要求着特定权利的团体，不可以当着它的成员（乃至任何人）扣留这种基础—权利。在团体中有个别人以不被允许的方式剥夺了团体成员的自律之处，特殊的团体权利也就宣告终结了。要论证这一点，我们不能说，基于那种作为"良善生活"之价值和条件的个体的伦理自律，这种特殊团体权利就要被放弃，而是要诉诸个体的辩护权利，也就是他们的道德

自律。这又在整体中营造出了一层区别，因为即使一种伦理—自由主义式（ethisch-liberal）论证也存在着这样一种风险，即它采用的边界划定方案是依照特殊的本性，从而也只是某一种相对其他来说的"整全性学说"。

4. 在这个讨论背景下，可以展示同一个重要的理论的简短对话，它就是威尔·金里卡的理论。金里卡的核心论证是将一种伦理—自由主义的自律理解，与此自律所建议的、对文化意义的强调结合起来。从自由主义的观点看来，一种良善生活有两个必要条件："一是我们从内而外地引导自己的生活，根据我们对生活之价值何为的信念。……二是我们能自由地质疑这些信念，根据我们的文化从外部提供的信息、例子和论证来检验它们。"[25]金里卡认为，这种自律是随一个人的**社会文化**而来的，这种文化提供了**选择的语境**，在其中充斥着意义重大的多种伦理选项。在其自身的"社会性文化"［它的模板是一种以制度方式强结构化和稳固化的"民族文化"（76，80）］中的成员资格，在自由主义的视角看来就因此是一种高级的、值得保护的善。在金里卡眼中，以下两种团体有所不同：一是民族中的少数派，他们利用着大体完整的原有社会文化而要求一种深入的自律权利；二是种族移民，他们仍然（部分地）用那种自己已经离开了的社会文化来界定自身，但也将自身视为一个新的、整体性的社会文化的成员，从而要求着一种"伦理上多面的"（polyethisch）权利，这种权利使他们容易适应共同文化，同时也不要求他们必须放弃自己原先的身份。对这种特殊团体权利的论证，关系平等的规范、历史性的协定或对社会生活而言的多样性价值，其中，第一种论证是最重要的（108—115），它强调的是相对于其他社会文化而言的、个体的文化发展可能性的实质平等。 690

金里卡的进路指出了一系列问题，这些问题涉及对一种自己的"民族"文化权利的重视，也涉及民族少数派和种族移民之间的截然二分[26]，以及伴随着身份问题的，对作为"自律语境和选择语境"之文化的不甚清晰的统合，因为只有当文化能被强调为"身份语境"时，我们才能说明，为什么一种提供出**选择语境**的文化，才应该是真正本己的文化。[27]

对于金里卡详尽论述过的那种宽容问题而言，最棘手的难题在于，他那种理论的伦理—自由主义性质的基础有着特殊性和不可普遍化的特征。当金里卡强调那些关于特殊团体权利的法律时，我们就可以非常明显地看出，他所提供的只不过是**外在的保护**，而不拥有**内在的限制**（35—44）。也就是说，那些团体（它的模板始终是少数民族群体，特别是原住民）的一体性是从外部得到保护的，因此它们并不包含对自身成员的自律性进行削减的权利，也不包含在其伦理—文化共同体内部建立神权政治体制的权利（37）。举个例子，某些印第安部落所施行的一种土地法，能够削减它的成员任意出售其土地的自由，这种情况无论如何都表明， 691

当外部保护和内部限制之间的界限不甚清晰的时候，矛盾就会产生（43f.）。

　　在规范性视角下意义重大的是，金里卡会以何种方式划定自由主义宽容的界限。因为只要对文化权利及其界限的论证是通过上文所述的那种自由主义式的、对良善生活条件的理解而得以成立，那么很明显，许多文化就会很快地撞上这条界限，因为它们并不分有这么一种关于善的观念。就像早已说明过的那样（参见第三十一节第 2 点），我们能够合理地与这样一种看法进行争辩，即只有一种"自律地经过选择的"生活才能是良善生活，且由此，对金里卡的理论来说，产生的问题就不仅包括他对宽容界限的奠基是无法普遍化的，也包括这种宽容可能会变得非常狭隘，因为伦理共同体必须要能够进行一系列的检验，看这种自律观念是否合适地传达给了它的成员。这样的理论带来的将会是一种自律要求的自由主义—完美主义体系，它几乎不会允许把任何文化上的本己权利（Eigenrecht）抛诸脑后。

　　由于对金里卡而言自律和宽容是"一枚勋章的两面"（158），他就在那种自律观念尚未得到实现的文化共同体中，发现**原则性的**宽容界限确实在发挥作用。金里卡主张，只有认同一种自由主义式的伦理自律提法的人才是可被宽容的，在这种主张的基础上，那种"非—自由主义的"团体就并不能获得原则性的宽容，也相应地不能要求宽容。这并不意味着，自由主义国家可以在任何情形下合法地将它的自律观念强加于非自由主义的团体之上，与这些情形相反，所要求的毋宁仅仅是一种**允许性宽容**，其意义在于，致力于让这些团体"自由化"（168）[28]。

692　　　这种论证的一个很大的缺陷就在于对"自由的"（以及"不自由的"）概念的歧义性运用：从伦理的视角下看，当一个社会成员的生活观念不包含对生活选项的自主"选择"观念时（这种观念必须始终是可经受审查的），该社会就已经显得是"不自由"的了。这种社会缺少的是一种良善生活的必要条件，而一种自由主义—至善主义国家在原则上就有任务去引导它向善。不过，金里卡并不是要强调这种至善主义论证（尽管它在逻辑上内在于金里卡的理论），而是想在一种道德意义上去指出，有这样一种生活态度的人，就不能相对于其他生活态度而只给自己宽容。但正如我曾说过的（参见第三十二节第 2 点），这并不是一个有效的论证，因为存在着这样一种可能性，即某人**为了他自己**而接受了一种非—自由主义的生活态度，并且总的来说只认为它才是正确的，但同时从**道德的**基础出发，这个人又接受了交互性和普遍性的界限，这甚至就能在他的伦理共同体中（就如同在整个社会中）允许他施加宽容。为了能够持有宽容的态度，一个人并不需要是"伦理的自由主义者"。此外，一个伦理的自由主义者也会陷入这样一种糟糕境地，即在冲突场合下仅仅是摆出一套整全伦理学说去针对另一套。[29]

693　　　对伦理共同体的这样一种要求，即它不应该采用不被允许的那种"内部限制"，且必须在此意义上保持自己是"自由的"——这种要求应该以另外的方式得到奠基：不是奠基于一种特定的伦理上的生活提法，而是奠基于辩护的权利，对特殊的团体权利来说，它是"终极的"规范性基础，而且它也不可能被集体的权利所废除。设定宽容的"自由主义"界限，因此并不是要去贯彻一种特定的生活方式，而只是要求一种道德尊重的基础形式，它完全是义务性的，且尤其被那些要求特定权利的团体接纳为自己的诉求之一。并且，被那些团体所要求的尊重的基础，必须内在于这些团体之中有效。假如在某个团体中有这样一些行事方式，比如以非常令人痛苦的程序对待未成年人[30]，阻止他们得到医学治疗，违背其意愿而为其安排婚姻，或者在教育事项上，与其他社会成员相比而言给他们一个远为糟糕的初始条件，那么也就达到了宽容的界限。而且，再重复一次，之所以达到了宽容的界限，并**不是**因为**良善生活**的必要条件被损害了，而是因为道德自律存在者的**尊严**被损害了，而这种道德存在者是有进行辩护的权利的。基于这种权利，将肢体弄残损、在健康上冒危险、粗鲁地限制自由和社会层面的歧视性对待都无法得到辩护。维持一种特殊文化的目标，不可能比这样一些基本要求和基本权利更重要。[31]因此，问题就不在于**主张**一种非—自由主义的生活方式，而在于**强加**这 694 样一种生活方式，或反过来**强加**一种自由主义的生活方式。[32]

按照我的论题，人们必须能够区分关于文化实践和共同体的伦理和道德谴责，其目的是为了能够决定在各种事务上行宽容。从一种"自由主义的"伦理视角出发，人们可以将特定的生活态度视作片面的或糟糕的，但这不足以引出一种道德上的拒斥性论证。这种论证必须基于交互—普遍地不可拒斥的基础，因为只有这样，"不自由的"这个谓词才有道德含义。一系列的自由主义理论共有的一个缺陷是，它们没法认识到我们所说的这种差异，而仅仅将之视为义务论上的（deontologisch）差异。[33]毫无疑问，这种对尊重辩护权利的诉求，以及个体的道德自律，自身给伦理社会带来了一种"代价"（Kosten），这种社会反对这样的做法，但决定性的是，即这里的论证并不是基于关于"善"的一种有争议的提法——因为自律的生活和良善生活很可能是不同的东西——而是基于道德准则。在这里，关键的 695 不是那种**为着善的自由**（尽管它也能由此得出），而是**免于陌异统治的自由**，且就是说，一方面免于**某个团体对另一个团体**的陌异统治，而另一方面（作为勋章的另一面）就是免于**一个团体之内**的统治。所以就像在金里卡那里一样，特殊团体权利的理由也就变成了它的界限的理由，但却是以一种完全不同的，并非伦理上特殊的方式。正义设置的是界限，而不是善：如果一种伦理—文化共同体不尊重其成员的基本权利，那么同时它也不能要求合法的尊重。

5. 从一种受到赫尔德文化多元主义启发的视角来看，对于多元文化正义，无论是伦理—自由的奠基方式，还是道德—政治的奠基方式，都不能达到对文化共同体**自身价值**（Eigenwert）的承认，因为它们仅仅将这种价值视作有助于发展和促进个体自律和身份同一性的。由此，查尔斯·泰勒提出了一种论题：与一种"普遍尊严的政治"不同，一种"差异的政治"可以在政治—合法性空间中"去承认一个个体或团体那种不可更易的身份同一性"㉞。与一种推行严格平等化处理的、同质化的和"无视差异"的政治不同，它允许这样一种政治举措，它引为目标的是"对特殊性的保存和关照，且不止是一时，而是持续到永远"，而一个团体的特殊身份在这种方式下就"绝对不会被舍弃"（31）。文化不仅要对当前的世代，还要对所有未来的世代而言保持为一个真实选项，而这自身又为当前世代的选项带来了一种限制。

　　泰勒以加拿大魁北克省的特殊情形为例来深入阐明这种政治—规范性差异：魁北克省为了保存它那种团契性的法国—加拿大身份而制定了特定法律，它某种程度上限制其公民的基本权利。根据其中一条法律，讲法语者和移民不可以将他们的孩子送入英语授课的学校（45）。按照泰勒的看法，只有通过这样的限制，而不是一种严格中立的自由主义，才能保存文化存继者的善。不过，就算是泰勒也认为，不能走得太远，以致于让**加拿大宪法**赋予其所有加拿大公民的根本的基础权利都失效了（53）。

　　这种立场的各种困难在于，一种论证，其目的是倾向于支持尊重"差异"和多样性的政治，它一方面关系到，整个加拿大社会要为一个省赋予**特殊社会**的地位，另一方面，在这个省的**内部**，一种"善的政治"也必须由此得到拥护，它将公民（特别是移民者）的差异置于该目标之下，而且只尊重那种所谓"对差异无动于衷的"、基于宪法的基本权利。魁北克那些不以法语为母语的公民被给定的是一种少数群体身份，作为普通加拿大公民，他们送自己的孩子去一个英语授课学校的权利却被限制了。这种"差异的政治"翻转过来就是一种贯彻多数群体身份的政治——这是就这个共同体方面来说的，在加拿大内部，它必定也要再次和拥有另外文化身份的某个多数群体打交道。（也是在历史的背景下）这就产生了对一种文化特殊地位的辩护，且这既不需要（在一种本质主义怀疑的压力下㉟）指出该文化的"永恒性价值"（Ewigkeitswert）㊱，也不会附带着对公民基本权利的损害，他们不只是该特殊省份的公民，也是**整个**政治社会的公民。

　　与泰勒所认为的不同，为了承认伦理—文化的差异性（它不会再从中造成某种对差异的否定），一种充分差异化的"平等尊严政治"所强调的，并不是超然于当前公民的权利和兴趣之上的"善"的视角。我们需要的仅仅是，在一种特定的、历史—政治性的情况中，根据辩护原则来考虑和检验每每不同团体的局势处境和它们的核心要求，而在这些地方，相对于其他群体而言，所谓"中立的"或普遍的法律规章以公开或隐蔽的方式对某个群体有歧视。正如我们曾详细论述的那样，这将导向对特定权利的辩护，但这些权利也总是必须得到反复检验，验明其是否有可能再次产生新的、未经辩护的优先权。对一种得到合法承认并配备了特殊权利的伦理—文化共同体而言，只要处于普遍的国家联合体中，它就不能建立自己的政治共同体，而是必须以总体社会的眼光来保护国家公民的平等标准。

由此，宽容的尊重提法包含的就不是一种"形式平等"模式［参见上文第二节第（3）小点］，这种模式基于私人和公共性之间的严格对立，想要将伦理差异"私人化"，并且让它从公共空间和现行法律中彻底地被排除出去。[37]从辩护原则的基础出发，宽容的这种提法符合的是一种"质的平等"的模型，根据它，公民会将彼此承认为在合法性—政治性意义上平等，却又在伦理上有所差异的人——只要这是以交互—普遍的方式，指明了去建立和保持伦理—文化身份的均等机会（尽管它并不超出当下人们的决断）。在此，并没有特殊的身份形式被固定下来。我们要避免这样一种看法，它将对宗教义务（比如穿戴头巾，或在固定的时间祈祷）的觉察视为纯然个人的"偏好"，这种偏好属于"私人事务"，并且不应该在公共空间中得到特殊关注。此外，我们还要同时避免一种反面的设想，即仅仅应该尊重这样一种行事方式，它基于一种被多数公民承认的宗教客观价值，或诸如此类的东西。[38]要论证对个体特定自由权利的尊重和特定的特殊团体权利，我们既不需要一种自由主义的身份规定，也不需要一种传统的身份规定，即使在这里，宽容理论也仍然保持为不可知论的。在对这种权利及其界限的辩护中，具有决定意义的反倒是，个别团体的要求，在与多数群体信念的冲突之中仍旧能被公平和公道地看待[39]，就像这些团体内部的个体的要求被看待的一样。[40]在要求那种**免于不被允许的陌异规定的自由**的意义上，辩护的权利在这里或那里都能够生效：在一般意义上的政治共同体中能生效，在这种共同体内部的特定团体中也能生效，而且在这些团体的成员中也一样能生效，这些成员不能失去他们那作为自由、平等、在基本权利方面得到保护的公民的地位。 698

有鉴于以上这种问题处境，看似合理实则错误的是，我们可能会在多元文化的承认冲突之语境中要求**比宽容更多**的东西[41]，甚或要求一种对伦理—文化身份的"厚的"或"积极的"尊重形式，它超出了单纯的"忍耐"——在合法性的视角和文化—评判性的视角上看都如此。这之所以看起来合理，是因为那种被要求的尊重显然超出了关于宽容的允许提法或自由主义形式，后两者基于对"私人的"和"公共的"的截然对立。但它之所以又是错误的，是因为在这里被要求的不仅仅是宽容，而是一种**正确的宽容**（richtige Toleranz），也就是这样一种宽容，它奠基于被很好理解了的（wohlverstanden）正义概念。当宽容成为关于正义的基本德行时，它就会在这种正义概念中拥有自己的基础和界限——这样一来，那种对伦理—文化团体并不抱以充分承认的态度，就会被视为既不合法也**不够宽容的**。但这**仅限于**以下情形，即想要公正对待某个团体的意愿，要与对他们信念和行事方式的反对绑定在一起。假若只是因为人们已经学会了赞赏这些团体，就应该舍弃掉这些反对性要件，那么在这里讲的或许还涉及正义，但就无关乎宽容了。[42]所以， 699

正义的德行要比宽容更为整全和基础。要求"比宽容要更多的东西"，就当然意味着要求公民拆解掉他们对那些可得到良好奠基的东西的反对［比如在那种涉及种族主义偏见的情况下，见上文第一节第（2）小点］。在许多并不只是简单存在着偏见的情况中，这就不能再作为一种伦理—政治理想了，而重要的是要去指出，在当前既存的彼此反对之中，宽容和正义是紧密联结起来的，且不再要求"比宽容更多的东西"，而是要求宽容在尊重形式中的正确形式，相反，相互的价值赞赏可没有包含这一点。在谈到宽容的时候，我们必须区分开合法的承认和伦理—文化的价值赞赏。

在这种围绕着对一个宽容多元主义社会的理解而产生的冲突中，我们可以再一次看到，对宽容概念的复杂性保持清晰意识有多么重要：宽容应该指示的是这样一种单纯的允许吗，它由多数人以慷慨的姿态按照自己的判断而施加于少数群体之上？还是说，宽容意味着一种相互尊重的形式和一种在基本的正义层面的平等？抑或说，宽容意味的是一种相互之间价值赞赏的形式（就反对性要件之舍弃而言，这种形式面临着超出宽容概念之界限的危险）？以上这些都是多元文化宽容的可能含义，而人们必须看到，特别是在允许和尊重提法的矛盾中（正如我们还要讲到的那样，这种矛盾存在于大量的宽容冲突中），我们并不能凭借（规范上依存性的）宽容概念来作出裁断，而是要凭借公民之间相互应有的正义。

6. 我们的推论结果又一次指向了将辩护原则——以及与之相连的宽容要求——转译到政治语境中的必要性，因为只有**民主商谈的辩护**制度，才能在一个政治共同体中呈现不同视角的多元性，并且让少数群体的声音能被听到：整体社会中的少数群体的声音，与这些少数群体内部的少数群体的声音。这首先是对正义的要求，同时，作为立法者和法律接受者的公民的宽容，在这里也扮演着重要角色，因为在制度化和非制度化的程序和讨论中，我们会遇到不同团体的彼此不同立场，这些立场不仅能截然对立地相互批驳，而且也在这样的境况下讲着不同的"伦理语言"。这些东西虽然不是不可转译的，但它们同时也导致转译的困难性，尤其是，为了避免一种过于理想化的表达，这种立场还要和政治利益关联起来。另外，不仅这样一种伦理—文化多元性要表现在公开讨论中，而且还存在着如下问题：有些立场**并没有**得到代表，因为它们是被一种难以听见或甚至受到镇压的语言所表达出来的，甚至有可能既被"公共理性"那既以建立的标准所镇压，也被假装"为这个团体"说话者所镇压。在这种复杂的问题境况下，这里只能一般性地指出，由之而生的民主批判理论看上去必然要怎样，而不能确切阐述或概述个别细节。⑬在这里关键的是，我们需要给出一种民主的公共领域和确定的民主程序，在其中，围绕着宽容的冲突和为着宽容而进行的斗争——以及在更宽泛的意义上的形式正义和实质正义——才能得以解决。这样一来，人们才能谈论某种

700

"反思的"民主制度，这种民主制度所尝试的，是对关于社会基本结构本身的某种更好民主形态的论争进行制度化。[44]在这样的**公共辩护**过程中，一切都取决于，有 701关交互性和普遍性的辩护标准能够通过相应的制度性——审慎性安排而发挥作用，这在一方面唤起了制度上的细节问题，比如参与机会、可能的特殊团体代表制或甚至特定的否决权等等，而另一方面也不会忘记这种制度性设计的界限，这些界限以某种确定的辩护决心（Rechtfertigungsbereitschaft）和公民方面的公平为前提条件。这种辩护决心的缺乏并不会被制度所完全补足。一种"宽容的"和公开的民主体制需要公民的宽容，而且不是在要接受结果的时候才需要。

在一种公共辩护的政治形式中，不仅文化—多元主义的共同生活的合法形式是争夺的对象，而且共同的社会性的基本结构的正义也一并是被争夺的对象——后者在政治上是"被构成的"——对这样一种政治形式来说，一种**最小的正义提法**（参见第二十五节）就是绝对必要的。这种提法首先要为参与政治过程保障公平的政治条件和社会条件，确保在这一过程中没有公民团体会被允许排除在外。这具体来说意味着对那些长期生活在一个政治共同体中的人们的公民权利的认可，这种认可无需伦理标准；而在存在一个规模相当的、一体化了的、说另一种语言的伦理—文化共同体处，这就会要求相应的官方的多语言条例——而且是作为一体化措施，而非作为限制措施。因为至关重要的仍然是对一种相互辩护的普遍对话的参与。辩护的权利必须在形式意义和实质意义上都得到保证，并且所有的基本权利——不仅是政治上的——都要在辩护权利的基础上得到辩护。由此，一种全面的包容就可能被确立，它给予各种团体这样一种可能性，即以沟通的方式形成一种权力，它是这些团体为诉求变得有效所需要的。如果这一点在结构上不能成为可能，那么要求少数群体接受既定的关系就会成为压迫性的。

宽容在最小正义的语境中有三种重要意义：

首先，公民必须拥有对其要求进行公共的—政治的辩护的决心和相应的政治立场，并且同时恰恰为那些与自己的立场有矛盾的位置展示最大可能的开放性。702他们不必接受后者或认可其意义，但如果他们想要与之相对而在正义的基本问题方面贯彻自身行为，那么他们就必须能够提供一种交互地—普遍地不可拒斥的理由。[45]在正义的基本问题方面，能得到多数派支持而单纯地以票数否决少数派，是**不够的**。在这里，商谈的—民主的宽容的**第二种**意义也出场了：要洞见到宽容德行在这种语境中最重要的、最值得要求的意义，亦即要看到，在基本问题上，交互性与普遍性的界限禁止身处多数派的人按照自己那种能被交互—普遍拒斥的伦理价值观念来安排共同的基本结构。那些尝试阻止对基本权利的侵害——比如通过宪法管辖权——的政治制度也会对此有所贡献，但更为关键的还是对公民的德行要求，尤其是对每一个多数群体成员的要求（在另一意义上也是对少数群体的要求，这些少数群体同样有义务通过交互—普遍的方式提供辩护）。这种德行"付出了"某些东西，也以一种强意义上的民主正义为前提。就像在讨论许多例子时那样，这里也存在着宽容问题的核心，因为公民在此必须确立关于反对、接受和拒斥的基础的正确关系。

要强调的是，以上所说的不仅在无法统一的伦理立场彼此遭遇的地方有效，而且也在不同的正义观念之间产生冲突的地方有效。当然，在这些冲突中，我们仍然有可能基于辩护的基本权利而去有建设性地要求更为实质的正义论证，这种论证会将一系列权利证明为不能被交互地拒斥的，且会给一个社会平等的高标准赋予合法性，因为辩护原则为那些在一个社会中实质性地处于最糟糕地位的群体赋予了抗议权——在某些问题上甚至是否决权。[46]最终，对一个直抵道德的重要问题，不能去寻找一种以非理性方式可拒斥的回答，而是必须在另外的基础中寻找解决办法，同时不必否定那些争议中的特殊群体的立场，在上述情境所在处，以上规定性也能成立。就像那围绕着堕胎和胚胎研究的问题所指出的那样，这再一次提出了一个高的宽容要求。

民主理论视角下宽容的**第三种**重要意义由（上文已经提到过的）对一个政治共同体成员的反思性要求得到标明，即批判性地审视那些习以为常的公共语言的**术语**及其机制，看它们是真的包容，抑或是排除了特定的声音、兴趣和立场。[47]在此，一种民主的语言批判和理性批判是必要的，这种批判对现存"公共理性"的追问着眼于其特殊性。与此同时，任何理由都不应被排除于政治讨论，哪怕是宗教类型的或某种别的伦理本性的理由。交互性和普遍性标准不应该被物化成一种在讨论中进行排除的标准。这些标准要求的不是那些被先天地界定为"世俗的"理由，而是将特殊的语言**转译**为一种（在正义的基本问题方面）符合这些标准的语言。[48]因此必须要区分下述两种理由：（a）在公开讨论中应该被允许并且能够以非常多种方式表现出来的理由，例如甚至宗教上的理由，因为否则就根本不可能存在有意义的和整全的商谈以及反对、接受或拒斥；（b）"足够好"的、从而能够以交互—普遍方式有约束性的规范进行辩护的理由。关于后一种理由的本性，能够作出的无非是这样的陈述：它们应该是在交互的—普遍的意义上不可拒斥的。

在民主宽容的这种反思要件中，我们自然会发现，不仅那种内在于政治程序的"**排除**"可以批判性地得到审视，而且那种社会和多元文化共同体具有的"**包容**"也同样可以。因为就像第一部分中那种介于权力和道德之间的宽容讨论已经指出的，以宽容之名作出的合法批判不仅对立于不宽容的多种形式，还对立于"错误的"宽容形式：后者是一种政治地"理性化"的宽容形式，它给予少数派的是一种总是有限的、经过算计的和小心监察的自由，亦即减小社会对其的压迫，同时，它规训着，或者用福柯的话来说，**治理着**这些少数派。这些少数群体会统合进政治社会中，但同时又部分地从社会中被排除出来，亦即被污名化，并被封锁在依赖他者的、低价值的社会地位中。因此，特定的社会身份固化也就相伴而生了，它部分地（当权力的行使达到非常宽泛的程度之后）内化了，尽管这种身份总是处于其自身不同形象之间的张力中。杜波依斯（W.E.B du Bois）于1903年就曾经表达过这一点，当他提到一种"双重意识"的时候："这种双重意识，就是总是用他人之眼来看待自己，用世界的卷尺来衡量自己的灵魂，这种卷尺上写满了以愉快之情表露的轻蔑和同情。"[49]这样一种视角也会触及那些不是——或者不再——受到直接压迫的牺牲者的群体，而是"被忍耐的"群体——作为偏离了规范，但还"可被宽容的"群体（比如犹太人的例子多方面表明的那样）。在此首要存在的并不是完全接受一种被污名化的身份的问题，因为那种自暴自弃的极端倾向在这里未必存在。首要的问题是这样一种危险，即他人仅仅以这种刻板印象来看待有关群体，并将它规定为判断这些群体的行动的标准。[50]因此存在着与这种刻板印象相斗争并对之进行"价值重估"的任务[51]，与物化了的身份定位和相应于 705
此的规训作用相斗争的任务。

温蒂·布朗（Wendy Brown）特别地针对这一点而指出，那种规训性的身份固化过程甚至在当今的多元文化生活中也存在。根据她的看法，关于宽容的讨论必定会牵系一种差异，它的一端是一种"正常的"和"没有特殊标记的"[52]身份，而另一端是"不正常的"身份，它应该得到宽容并由此拥有一个边缘化地位，甚至获得一种出于特定根源（性取向、种族归属等等）而得到解释的、规定着整个人格的身份同一性。因此，这些身份同一的团体才会被理解为彼此排斥的、偏离常轨的和本质上由人格决定的。按照布朗的看法，这就表现出一种（福柯式的）"生命权力"形式，生命政治通过身份确立来实现规训性的权力运用，这种身份固化遮蔽了社会不平等的真实根源，并且通过人造的群体冲突来让"集体慎思"变得不再可能。[53]布朗对宽容的批判（她就此主要指的是对宗教身份的宽容）从以下这点出发：按照她眼中那种宽容治理，一种如此这般地得到宽容的群体差异必须保持纯然"私己"的本性。[54]但是依照她对文化多元主义的进一步批判，上述观点又会与如下这点相连：即使通过特殊团体权利而对少数群体进行了特殊承认，首先也仅仅意味着一种形式平等，其次还**重新造成了**一种文化贬低，而它应该通过承认被克服，并且是同时在少数群体和多数群体这两个层次上被克服。多元文化的差异化和承认也有其代价：规训和不自由的代价。[55]

尽管在布朗的如上批判中表现出一种过强的、由外部引入的身份生产观念，706
对现存自身认同（比如种族团体的自身认同）的过分全面"解构"，以及将特殊团体权利的要求笼统归诸于尼采式的怨恨情绪和奴隶道德这样的动机[56]，但她仍旧揭示出一系列非常重要的观点。首先，宽容问题总是以多样的方式同**权力**问题紧密关联，它牵涉的不仅仅是不宽容地施加影响的权力形式，还包括施加着规训性宽容的权力形式。针对着这两种权力和治理的理性化现象，批判行为就确立了起来，它是一种"反服从"实践，是福柯为了"不再被依此标准治理"所提出的东西，也就是对一种能够辩护的理由的要求。[57]在这样的冲突中，要处理的是对自由的要求，这种自由不像布朗首要批判的那样，依凭着一种允许提法，且与凌驾性和污名化的规范确立行动联系在一起，而是在伦理评价方式上允许多元性，并预设一种普遍和审慎的对规范的辩护（这也是布朗所要求的）。那种在道德自律存在者的辩护权利中得到表达的非统治性（Nichtbeherrschung）的高阶规范，不仅针对法律的和社会的不自由，还针对单方面的身份固定和社会文化层面的贬低。就此而言，关键在于阻止这种贬低成为现行法律和社会制度的基础；对伦理层面的反对判断进行某种结构的进一步要求是没有理由的（对偏见进行批判的要求则相反）。我们要与之斗争的是从支配性视角出发的对诸身份的污名化，而不是彼此之间划清了界限的诸身份的现成性。这种斗争仍然是支持宽容和反对宽容的斗争：支持的是一种交互地得到奠基的宽容，反对的是一种允许宽容。与此同时，完全本质性的是，围绕宽容和承认的冲突不仅仅是围绕（法权的—政治的或社会意义上的）特定身份的承认的冲突，而且是围绕身份固定的冲突——也就是反对错误的、规训性的身份固化和物化的承认形式。[58]

707   布朗的批判进一步指出，围绕法权的承认和文化的承认所进行的冲突常常具有一种质料的—经济上的要件，并且存在着这种要件隐匿不见的危险。[59]在此，批判和公共讨论的某种形式也被要求，它对排除和包容的不同维度作出区分。

针对权力与道德在其现代理性化形式中的复杂关系所进行的反思，要求着一个**处理每一种现存宽容关系的批判理论**，这种宽容关系在此意义上是现实的**辩护关系**和现存的**身份关系**。对辩护条件的批判预设了对相关团体辩护权力之分配的分析，一种对"公共理性"、可能的排斥等语言的分析。而一种对身份维度的批判，也要求着对相应身份接纳过程的分析，它要分析这种接纳过程的根源，以及其中的规训性和污名化机制。正因如此，虚假的、意识形态式的宽容关系才能被批判，并被修正朝向那种平权公民之间能辩护的相互的宽容形式，这也并不会排除通往一种"超然于宽容"之状态的修正道路，不过这种状态仍旧像是一个乌托邦，它有可能会遮蔽那种否定差异性的潜在压迫。对这种力争达到的宽容而言，关键在于，把一种成问题的、**对个人或团体的宽容**，转变成一种原则性的**对这些个人或团体的尊重**，它同时相伴于**一种相对于他们的信念或实践而言的宽容**，而并不必然在于引起某种相互间的价值赞赏。

在这条道路上，对于一种批判的宽容理论来说重要的是，既要揭示**压迫性的**
708   **宽容**，也一样要揭示**规训性的宽容**，前者藏在对少数派的要求中，要求他们宽容不公的状况，后者处在那些排除性的包含中，它并非"压迫性的"，而是"生产性的"。[60]这样一种批判理论还要将正义概念与权利概念一并置于其思虑的中心。这种对压迫性宽容和规训性宽容的批判并没有预设任何超出了某种"错误的"意识——要么"被操控和被训练出来的"（马尔库塞）[61]，要么奴隶性和反应性的

（布朗）[62]的意识——之外的规范性参照点，而是系于在社会冲突中被提出的多样的辩护要求——以及那种有权"不屈从"（福柯）[63]的意识：批判与辩护的权利。

对宽容冲突的一些分析将在下文展示，这具体而言意味着什么，以及这种视角在何种程度上产生于我的宽容研究的历史性思考和系统性思考。

第三十八节　宽　容　冲　突

1. 在许多不同国家可以看到大量关于宽容问题的冲突，而下面的分析从中选取了一些具有范例意义的。在这些案例中，"宽容冲突"不仅意味着要处理这种冲突，在其中，一方对另一方要求宽容以及相应的法律修改，还意味着**要处理关于宽容的各种冲突**，也就是说，在其中，不同的宽容提法彼此相遇，并且导致全然不同的实践后果。这首先是指尊重提法当面遭遇了允许提法，也就是说，首先是主体间的—横向的宽容当面遭遇了层级的—纵向的宽容——在这里，允许提法不 709
再以其经典的专制主义形式出现，而是已经转为民主制了。此处，在丰富且复杂的宽容理解（我在第一部分重构了它）中，就出现了各种冲突，它们也指明了不同的、历史性的宽容提法及宽容奠基方式的持续现时化进程。由此，宽容的历史就引出了冲突中的宽容的现今。

在此处语境中显然可见的不只是说，宽容概念允许规范性批判，以及对特定宽容概念的偏好，但这并非就是宽容概念自身，毋宁说它是对正义和辩护的适当理解。在此理应弄清楚的是，也在且尤其在此类宽容冲突的情况下，交互性和普遍性标准在何种程度上能够允许一种实质判断，即在一场诸如此类的冲突中，诸多立场中的哪一个是能够被更好地辩护的？

最后，这些分析还应该表明，哪些压迫性和规训性宽容的形式是在现今也会遭遇到的。正如宽容历史也表明的那样，宽容存在于权力与道德间的现实张力中。所以，此处它也还是始终与如下权力相关，即能够去定义，对特定宽容关系的辩护存在在哪里，以及谁能够作为宽容者发挥作用。

2. 第一个例子是 1995 年 5 月联邦宪法法院所谓的"耶稣受难像案"，这是该法院最具争议的判决之一，曾遭到暴力抵制，甚至受到来自民众的抗议威胁。[64]首先，简单介绍一下该案件。

在德意志联邦共和国，学校教育问题的规定由联邦各州负责，各州颁布了各 710
自的学校管理条例。在巴伐利亚自由州的"国民学校规定条例"（自 1983 年起）

第 13 条第 1 款可以看到下述规定："学校支持法定监护人对孩子进行宗教教育。学校祷告、学校教堂服务和学校灵修都是这种支持的可能范围。每个教室都应安放一个十字架。教师和学生都有义务尊重所有人的宗教感情。"因此每个教室里都挂有一个十字架，此外相当常见的是还挂有耶稣受难像；在我们提到的法律争议中，耶稣受难像（最初）直接悬挂在黑板旁边，总高度为 80 厘米，耶稣身长为 60 厘米。

　　一对夫妇根据鲁道夫·施泰纳（Rudolf Steiner）的人智学理论对自己的孩子进行教导，自从他们三个女儿中的第一个于 1986 年入学以来，他们就对耶稣受难像提出了反对意见。据这对夫妇称，学校以不可接受的方式限制了他们的信仰自由和良心自由这一基本权利（根据《基本法》第 4 条第 1 款），违反了国家在宗教问题上保持中立的要求（联邦宪法法院在其他决议中强调过这一点）。不仅他们的孩子不可避免地受到了父母所没有的基督教信仰的影响，而且每天与"垂死的男性躯体"的照面也对孩子造成了尤为严重的"精神伤害"。

　　由于无法在家长和校方之间找到让双方都满意的妥协方案，这对夫妇提起了诉讼，首先诉至雷根斯堡行政法院，最后诉至巴伐利亚高等行政法院。但两个法院都否认耶稣受难像的规定违反了信仰自由和良心自由这一基本权利以及国家在宗教问题上保持中立的要求。理由如下所述。

　　《基本法》将学校体系内的职责分配给联邦各州，在《基本法》的框架内，它们有自己的法规和一定的裁决权，来影响公立学校的宗教特征和意识形态特征。据巴伐利亚州宪法（1946 年）的第 131 条第 2 款规定："教育的最高目标是，对上帝的敬畏、对宗教信仰和人类尊严的尊重、自制力、责任感和愿意承担义务、乐于助人，对一切真实、美好和善的事物保持开放态度，并且对自然和环境负责任"（后面这句于 1984 年增加）。第 135 条规定（自 1968 年废除教会学校的公投以来）："公立的国民小学是为所有具有受小学教育义务的孩子们开办的普通学校。在这些学校中，学生按照基督教信仰的原则接受教育和培养。……"由于学校不仅要传授知识和心智能力，还要教化"心灵和品格"，并且传递某些价值，所以它不必在宗教问题上完全中立。⑥⑤根据巴伐利亚法院，学校不能是传教性质的，而且学校必须尊重所有的宗教信念——也包括非宗教人士；学校不能强迫任何人参加特定的宗教活动或接受某些宗教信仰。这是"宽容规定"（这在此处被理解为就国家来设定的规则）所要求的。⑥⑥然而，基督教价值应该是价值教育的一部分，它应该被理解为一般的"文化价值和教育价值"。在这个意义上，法院得出结论，认为墙上的十字架或耶稣受难像是合宪的；不存在对不同信仰者的不被允许的歧视，或者"对特定基督教教派的宣传"⑥⑦。

　　与之相应的还有一个进一步论证，根据它，十字架不仅仅是特定信仰或某个教派的象征；相反，它代表了"基督教—西方的"传统和文化，这是伦理的—政治的共同财富：

711

这里考虑到十字架陈设的方式——就像跨宗派的学校祷告一样——并不是对一种与某教派绑定的信仰进行宣示的表达。它们是一般的基督教—西方传统中的重要组成部分，也是基督教—西方文化圈的共同财富。从对他人价值观的必要尊重这一角度来看，对非基督徒或在价值观上有别的企望的人来说，在对他们同样有效的宽容规定下，他们也会被要求接受对他人世界观必需加以尊重这一观点，即使他们反对此类陈设。[68]

712

最后，行政法院提出了一个关于宗教自由的重要论证。按照这一论证，这项基本权利有两个方面或两种行使方式，一种是消极的，一种是积极的。消极的权利指的是一种宗教方面的自由，也就是说，不被强制接受某种特定信仰的自由——无论是受政府还是他人的强制。在这个意义上它当然也有积极的一面，因为这种自由开启了一个按照本己信念生活的自由空间，无论是这些信念具有宗教的还是其他的本性。然而，这并不是被法院采纳的积极方面。根据法院的说法，"积极的信仰宣示自由"意味着人们拥有公开表达自己信仰的权利——例如通过某些符号，并且被允许实践自己的信仰。在本案中，这种区分就意味着，根据法院的说法，这里处理的是少数人的消极权利与多数人的积极权利之间的冲突，前者是指免于宗教，不去面对宗教符号，后者是指，人们能够公开宣示其宗教信念，并且通过某些符号，如十字架或耶稣受难像，来表达它。于是高等行政法院得出结论："申诉人基于其消极的宗教自由的基本权利而提出的诉求必须撤回，因为考虑到宽容规定，需要注重的是，州立学校组织法是与其他学生和家长的积极的宗教自由相一致的。"[69]这一观点得到德国教区国家教会法机构在表态中的强调支持，德国主教会议在联邦宪法法院的诉讼程序中摆出了该表态，在其中说到，虽然少数群体可以要求尊重和宽容，但并不是说他们在信仰上的消极自由获得了"绝对的优先权"，以至于多数人"不再有空间去进行积极的宗教宣示自由"。巴伐利亚州政府也指出，"贯彻"本己世界观的权利在第三方的积极的宗教自由和"由此产生的宽容规定"那里遇到了它自己的界限。[70]

713

在这些论证上值得注意的是，宽容的允许提法何其明确地被表达了出来。因为"宽容规定"诚然适用于州政府，适用于多数群体，也适用于少数群体，但它在各处的意味不同。在很大程度上认同多数群体意志的州政府方面，宽容意味着，少数群体不会被强制接受某些特定的宗教观念与习俗，也不会有任何形式的灌输和传教发生；在少数群体方面，宽容意味着他们必须承认多数群体有权公开展示其宗教符号——甚至是依据**法律规定的**在公立学校的展示。根据法院的意见，积极的信仰宣示权利对应于州政府在基本法框架内维持学校内部基督教文化特征的权利。少数群体作为偏离规范的不同群体被"忍耐"，同时不得不"接受"多数群体在法律和文化领域的优先地位。因此，少数群体在多重意义上受到负面描绘：

作为群体，

首先，他们质疑社会普遍有效的基本道德价值或其象征；

其次，他们仍然困处于一种"极度夸张的主观主义"[71]中，并且通过将其纯粹消极的主张绝对化，想要压制大多数人在信仰上的积极自由，因此：

他们完全不能容忍多数群体的宗教情感，所以基本上具有宗教敌对的性质。少数群体不仅被污名化为"偏离规范的"[72]，还被指控质疑国家基本原则，并希望在宽容的幌子下绝对地贯彻他们自己的反宗教政策和怪异的不宽容原则。因此，

714　鉴于宽容规定也适用于少数群体，"申诉人可被要求，不能按自己的世界观表达来自行其是"[73]。

因此，对宽容的允许提法而言典型的是，不仅有在多数人为了"授予"少数群体某些自由而必须表现出的宽容，而且有区别于此的，少数人对这种优先权力必须表现出的宽容。即使——正如已经说过的——在超越宗派和并非"不宽容"的意义上说，国家的基本原则也与多数群体的宗教—伦理信念息息相关。因此，在诸如建立教育制度等重要的基本制度问题上，这种宽容与合理的平等尊重相去甚远；它只要求免于宗教强迫——这对少数群体是消极的，对多数群体来说则是积极的。因此，交互性和普遍性的标准被屡次忽视——这完全忽视了，对此种建制的反对是公开进行的，因为十字架或耶稣受难像有时被解释为一般文化价值（例如宽容）的象征，有时又的确被视为一种特定的信仰宣示。

这一案件最终提交给联邦宪法法院，该法院推翻了巴伐利亚高级行政法院的裁决，裁定——正如之后所澄清的那样：根据该州规定——在州立义务教育学校的教室里悬挂十字架或耶稣受难像是违宪的。法院同意，所谓拒绝直面宗教符号的普遍性的消极权利是不存在的，但是，它指出，一种信仰的表达是否具有公共性质，或是否被规定为具有某种法律约束力，存在着本质区别。宗教自由的权利不包含以下要求，即"在国家的支持下"授权对某种宗教信念进行表达。"相反，政府对不同宗教和宗教宣示的中立原则源于基本法第4条第1款中的信仰自由。"[74]由此，政府的各个学校不能强迫学生"在十字架下"学习。

715　此外，联邦宪法法院判决行政法院对宽容规定的解释存在上述矛盾，因为它们要求非基督徒承认教室中的十字架（a）为占多数的基督徒在信仰上的积极自由的表达，也要求承认十字架（b）为普遍的"基督教的—西方的价值"的表达，因此恰恰不是（a）的意思。联邦宪法法院认定，此处并无下述方向上的**合理分歧**，而只有同一处境，即十字架就是基督教信仰的象征，"恰恰完全就是它的信仰的象征"，并且甚至还是基督教"传教的象征"[75]。因此，十字架既不能被视为纯粹伦理—政治的象征，也不能排除陈设十字架会对学生产生实质影响。那么根据法院的说法，它具有一种明显的"诉请特征"。

联邦宪法法院不否认，致力于中立化的国家"不（能）摆脱以文化为中介和

历史上根深蒂固的价值信念和态度，而这些信念和态度是社会凝聚力的基础，其自身使命的实现也仰赖于此。无论今天的人们如何评价他们的遗产，基督教信仰和基督教会始终都具有杰出的影响力"[76]。在这个意义上，基督教价值诚然是政治文化的一部分，州政府的立法者可以允许在学校管理方面顾及"与基督教的关系"（例如关系自愿的学校祷告，或作为一个学习方向的宗教课程）。然而，随着十字架的悬挂，宗教—世界观的均衡就不再得到保证，而这一均衡是基本法——尽管它也诉诸上帝——在形态选择方面提出的要求。由此，基督教可以作为一种文化要素而存在，但不是一个在学校中被偏爱的信仰。

最后，关于消极的宗教自由和积极的宗教自由之间的关系，联邦宪法法院对行政法院的解释提出了异议。所有公民都享有信仰上的积极自由，而不仅仅是大多数人。并且"考虑到宽容规定"，这里的冲突就无法根据多数裁定原则得到解决。

尽管"宽容规定"的含义在此处语境中并没有得到充分地阐明，但通过法院在原则问题上强调宗教中立态度这一事实，凸显了在处理此类问题时在多大程度上应该尊重**交互性**，以及相应地，尊重少数群体的平权要求，或对特定群体（即使是多数群体）的特定优先权的反对意见，在多大程度上是可被辩护的（参见上文第三十节第3点关于交互性的内容）。根据这一点，少数群体不仅要在法律上得到最低限度的"忍受"，而且在基本的正义问题上，人们相互间还负有不可推诿的理由，来承认对方为平等的公民。因此，这些理由必须——而十字架或耶稣受难像的赞成者也试图这样做——递归到诸如宗教自由权或一般政治—规范上绝对必要的价值等原则。然而，在这种情况下，上述那些赞成者却没有获得成功。那种源自初审的判决的、与允许提法相应的宽容形式毋宁说是**压制性的**，因为它要求少数人接受其法律上的不平等地位，并容忍多数人的特权。而且，通过将那些提出反对意见并寻求理由的人的身份描绘为纯粹消极的、偏离规范的、敌视宗教的和异想天开的，这种宽容提法就成为了一种**规训**。少数人群反而被描述为不宽容的群体，这一事实再一次表明，这个词存在多么大的争议，以及，进行规范性的分析工作是多么必要，它拒绝这一对少数群体的指控。

联邦宪法法院的裁决以五比三的微弱优势投票通过；反对意见再次强调，宗教自由上的消极权利不是"最高权利"，也不是"抵制宗教的权利"。少数群体被敦促宽容；宽容规定"责成"他们"接受十字架的既存事实"[77]。

该裁决被认为在很大程度上是敌对宗教的，它也尤其对德国政治共同体的根基提出了质疑：这曾是一个广泛传播的想法——而且还有关于这是一个"不宽容的判决"的想法。[78]另一方面，十字架被说成是"宽容的标志"。各方都表示拒绝执行该裁决，甚至将该裁决与纳粹主义者（1941年）试图从教室中移除十字架的（未成功的）尝试相提并论。巴伐利亚政府冒着再次发生对峙的风险，颁布了一项新规定，该规定仍然计划要在教室里固定十字架或耶稣受难像，但却包含了一项针对出现异议情况下要如何应对的规定。对于某种异议而言的、"严肃却又可以理解的理由"到底何在，这问题已经处于争议处境之中——尤其是，无神论的信念是否可以提供这样的理由。[79]不仅涉及平等权利的冲突还在持续，而且涉及以下问题的冲突也还在持续，即宽容究竟意味着什么：允许还是尊重？

3. 当然，在如上述冲突的这些冲突中，不仅可以清楚地看到，宽容的允许提法是如何活跃，而且可以看到，这个概念是如何一如既往地充满争议。在对政治共同体的基督教影响的强调中，也展现出**"洛克之忧"**（再次强调，这一概念不是只在洛克那里，而是贯穿于整个关于宽容的语境中的，但它在洛克那里起着特殊的作用）的当代变体：担忧在于，大多数公民出于对道德—宗教价值观过于深入的、"中立化"的质疑，可能会转化为对国家本身的基本原则的质疑——尤其当这一国家是由"无信仰者"建立起来的时候。没有任何世俗道德或实定法，能够用服从上帝来代替服从法律的保证（正如培尔在他的著名悖论——"洛克之忧"的反题——中所相信的那样）。然而，在现代社会的背景下，这一论点通常不是以这种方式被提出的，而得到了新的表述方式：因此，如果人们认为民主仅仅基于抽象的正义原则，那么它的本质将会被误解；相反，民主国家是非常特殊的历史发展的产物，并建立在特定的价值之上，而且这些价值可能依据了相当程度的宗教本性上的标准。尽管这些价值必须随着社会多元化的发展而不断扩充，并且不能直接成为国家合法性的基础，但它们的实质（Substanz）不应被破坏。正是那些自由主义国家——尤其是那些没有丰富的民主历史的国家——就需要一种"支撑性的、保证同质性的力量"，即一种具体的伦理形式，正如恩斯特-沃尔夫冈·伯肯弗尔德（Ernst-Wolfgang Böckenförde）在下句引文中所表达的那样："自由主义的、世俗化的国家的生存有其前提条件，但这些国家本身无法保证它。"[80]而他的进一步论述则关系下述问题："人间的世俗国家是否最终不必依靠其公民的宗教信仰所传递的内在动力和约束力而生存下去。"

当然，这个想法包含两个方面。一方面，它强调，如果国家主动地将创造此类前提条件作为其任务，那么国家将失去其自由主义的性质，宗教也将由此被功能化。[81]另一方面，根据这一想法，尽可能地完善——且在任何情况下都不得损害——这些价值取向（以及相应的宗教共同体），这又是国家的一项重要任务，即要维护其自身的规范性实质，也即其"相对的同质性"[82]。根据后面的那种解释，如在宪法法院关于耶稣受难像的裁决中所表达的中立政策，就有破坏这一实质的风险，因为只有在主导性的文化生活方式及其价值没有在其生产过程中受干扰的条件下，这一实质才能维系自身。[83]这样一来，就会存在**宽容辩证法**的危险，它是在如下意义上说的，即坚持基于辩护原则（和相应的法律法规）的公民宽容，可能会反转为道德—政治上的错误定位，反转为价值的沦丧，最终反转为不宽容，因为自由主义国家的基本原则将不再被接受，政治共同体解体为陌生的（甚至是相互冲突的）价值孤岛。[84]这样一来，宽容原则就摧毁了其自身的文化基础。这一观点意味着，从正义的视角来看，为了宽容，一定程度的"不宽容"可能是必要的，也是合法的。

可以看出，这又回到了宽容话语中的许多要点上，不仅回到了"洛克的担忧"，而且回到了伦理、法律、政治和道德在许多方面间的关系：最终回到了与伦理—宗教价值预设相对的、政治和道德的"合理化"过程和自律化的过程。很明显，在以下背景下，即用允许提法来代替原则性的尊重提法，且借助之前的论证来合法化这一代替作用，就会引发**第二种宽容辩证法**的危险。因为通过指出维护民主国家的道德基础和文化基础的必要性，并借用宽容的名义，就使得一系列不利于少数群体的规定成为合理的。为了维持宽容，却导致了不宽容。可能情况下，一系列伦理上的反对性判断（以及谴责）可能就会转移到对可宽容对象的规定上——就像关于"无神论"的经典情形那样。换句话说，会出现的情况是：出于仅被某个团体所把控的优越地位的考虑，就去赞成说，在多数群体的价值尺度与普遍可分有的规范之间不存在区别。但这将成为宽容话语和**民主**国家"世俗化"的错误教训。

然而，这一反对意见正确地引出了一个问题，即将伦理—多元化的共同体与　720
宽容的政治共同体一体化的实质何在。如上所述（参见第三十七节第2点），它的存在不仅来自"程序"原则和宽容意愿。因为这些原则植根于一个政治共同体的实践行动和身份认同之中，这个共同体将自己视为历史上具体情境中的**责任共同体**，它具有一种共同性的政治文化和自我理解，同样地，它也存在于下述争议之中，比如说，为了创造一种更公正的未来，要怎样去评价共同的过去。因此，政治身份同一性本身就处于冲突之中，但它不仅是通过这些冲突形成的，而且还基于大量在功能上和在规范上的共同性——并且基于一种朝向在规范性上的共同性基本结构的决心，这些规范是必须被交互—普遍的辩护，使其作为这个**特殊**共同体的规范。一系列的宗教传统从而也进入了这样的政治同一性，但以这样一种方式，即：即使是它们，也要接受辩护的义务。在政治共同体所有可能的和可允许的特殊**伦理**基础之下的，是具有决定性的**道德**基础。一个公正的政治共同体需要一个"前政治"的规范基础，但这本身不能来自仅只某个群体的伦理价值，否则这个共同体既不公正，也不可能找到成功的一体化形式。政治一体化需要一个道德内核，它还须是一个普遍可分有的内核。否则，对伦理一体化的"实质"坚持，就会走向其对立面，变成排斥和瓦解。

4. 这种一体化需要什么样的容忍，以及容忍的界限在哪里，这些问题总是会导致冲突。尤其会激起这类冲突的场所之一，就在教育体制中，因为在这里，需要延续和传承的、不可回避的政治—伦理价值态度的问题，就可以说是议程（Programm）所在了。而这里最迫切需要讨论的是，在一个共同体中，究竟存在多大程度上的差异性和多元化是可能的和必要的。

所谓的"头巾案"也表明了这一点。在这里首先要简要讨论的东西，指明了与围绕耶稣受难像之争议重要的相似之处，一位具有伊斯兰教信仰的女性实习教师，出于宗教理由，即使在课堂上，她也坚持用头巾遮住头发。虽然她已经被录用为实习生，但在完成考试之后，她却被拒绝进入教师行业。对此给出的理由是，出于她个人的原因，该教师不符合就业的前提条件，因为她坚持佩戴头巾，这一行为违反了国家在宗教上的中立义务，这一义务的要求是，教师不得使用学生无法回避且可能造成强烈影响的宗教符号。此外，据称戴头巾不仅被视作一种宗教象征，也被视作一种政治象征，在这种情况下，它意味着"文化的界限划分"，也意味着伊斯兰教内部对女性的压迫，因而不符合共同体的一体化目标和宽容目标。任何想要育成宽容的人，必须以身作则——而这与佩戴这种宗教符号的行为不相吻合。[85]

这位实习女教师随后上诉法庭。她论证道，宽容要求尊重她们的伊斯兰身份，而此身份要求其戴头巾——她不否认，也存在其他表达其伊斯兰身份的方式，这些方式并不包含这一义务。然而，对她来说，佩戴头巾是一种宗教义务及其身份表达，而不是某种政治宣示。拒绝录用她，就侵犯了她的宗教自由这一基本权利，尤其是因为，与被允许佩戴十字架或犹太人圆帽的同事相比，她处于不利地位。涉及学生问题，她认为，佩戴头巾也没有伤害中立义务，除非人们按照政权归还俗世主义的（laizistisch）意义来解释它，即禁止佩戴任何宗教标志。况且在她担任实习教师的期间，也并未发生冲突。

巴登—符腾堡州行政法院在其裁决中得出结论——它得到了联邦行政法院的肯定[86]——拒绝录用这一事实实际上侵犯了应聘人的宗教自由这一基本权利，但这仍然是合法的，因为在一种权益平衡的过程中，其他人的"合法权益"是与之对立的，比如经宪法奠基的中立规定，以及父母们和学生们在信仰自由和宣示信仰自由上消极的和积极的基本权利。佩戴头巾违反了教师作为国家公职人员的中立义务，因为其所带来的象征意味会让学生们无法回避。尽管它不是国家指定的象征，而是个人佩戴的某种符号，但法院也同样将与耶稣受难像的判决相关的观点移到了本案中。即使不能指控那位申请入职的女教师存在任何灌输宗教信仰的动机，或者有质疑男女平等的嫌疑，但在这里——就跟耶稣受难像的案例一样——优先的是，要保护那些可能由此受到强烈影响的学生（或其父母）的宗教自由权。"只要一看到"头巾，就足以引发据称与宗教中立义务不相容的效应。[87]由此——可以预料到的是，家长们会提出抗议——"学校的职能"存在严重受损的危险。[88]

这一冲突清楚地表明了，如何在判决中应用中立原则和宽容提法，以划定宽容的界限：人们必须在这类（所有涉事方都要为之负责的）问题处境中仔细考察个案，但与以上要求相反，无论相关人员是谁，其态度又如何，宗教符号通常都被评判为不宽容的象征。因而，两种宽容观点再次对立起来：少数群体的成员提出的要求是，虽然不要在其身份上对其进行伦理评价，但是要平等地尊重他们，且不要限制他们的**平等**权利；而对他们的要求是：他们也需保持宽容，并且明白他们的身份表达体现了对宗教基本权利和制度化的职能要求的损害。

毫无疑问，公立学校的教师被高度要求在宗教方面保持谨慎，因而承担了一定的中立义务。但是，在每个个案中，都必须检验此义务是否受到了损害——而在这次判例中，无论如何，这位女申请人都未被指控存在这种类型的动机或行为；723 与对一种宗教符号的一般误解相反，只有在一个象征符号无疑会导致一种不可辩护的影响的时候，或者在它代表一种严重不道德的信念或做法的时候，指控才是合法的。然而，情况并非这两种，这是因为所谓"对学生的影响已经超过一定限度"，这一点并未得到证实，而只是一般的猜想而已。虽然头巾可能是压迫女孩或妇女的象征，指出这一点就体现了既有的道德的要素，但重点只在"可能如此"而已，因为根据许多穆斯林女性的说法，不被接受的是这样一种一般假设，即女性出于宗教上的原因佩戴头巾是被强制的，或者由此就无意间合法化了一种对他人的强迫。至于说，这里的并非"真正"宗教的、不可放弃的义务，因为还存在其他方式，女性可用以宣示伊斯兰信仰，这一说法也是不恰当的，因为这并不符合我们所感知到的宗教义务。法院或学校管理层都不能决定什么是真正的宗教义务，什么不是。而对实质平等对待的要求进行合法化，则有另外的奠基方式。在通过政府当局进行的身份固化中，内寓着一个明显的、规训性的要素（disziplinierendes Moment）。

最后，耶稣受难像的案件和这个头巾案件之间的区别也应该得到强调，因为一方面，这关系公民作为共同体的一分子，是否有权依法让其特定的宗教符号以义务性的方式悬挂在国家机构中，而另一方面，则关系一个执行国家公务的人行使其信仰宣示自由权利的界限在哪里的问题。两个案件都把尊重伦理—宗教差异的问题视为中心问题，而巴伐利亚教室墙壁上的耶稣受难像与穆斯林教师头巾的象征价值之间的相似性，并不能导出如下结论，即这里存在着两种同类型的、对国家中立原则或国家公民宽容进行伤害的行为。总的来说，与习常见解相悖，人们毋宁在此发现了两种形式的对少数群体之特殊身份的蔑视。

出于这样的考虑，吕讷堡行政法院在类似的案件中得出结论，如果在没有具 724 体证据的情况下，或者在基于大而化之的谴责而无视其人格的情况下，就拒绝给予其岗位，因为据称她扰乱了"学校的安宁"，在这个时候，一位女教师的宗教自由这一基本权利就会被伤害。宽容规定适用于所有相关人员，包括家长和学生，

"其结果是，他们就不能违背宽容原则，为他们的孩子及教育工作要求某些特定的基本立场——比如基督教的立场，或者也如……非信仰者的立场"[89]。如果社会多元化体现在相互宽容之中，学校反而会受益。对此，伯肯弗尔德在他对判决的正面评论中表示了同意：

> 当人们的不同信仰和态度被拉平并尽可能被排除在外时，一个多元社会就没有了生命力和生存空间，除非人们保持他们的信仰和态度，维护它们，为此挺身而出，并基于此与他人在尊重中相遇。[90]

他反对人们针对"原教旨主义"的大而化之的否定态度，并看到了人们对某些信仰的信念——这里指的就是伊斯兰教——以及他们"不同寻常的"着装规范的歧视。[91]

事实上，在这种情况下，人们怀疑，存在着针对少数群体的双重标准。[92]这不仅体现在斯图加特行政法院（一审）的意见中，即"相比于信奉基督教的教师，对于信奉非基督教宗教的教师来说，他们在任教过程中的宗教实践或许只有在受更紧限制的条件下才有可能"[93]，而且它也体现在以下这里，即行政法院表示，由于问题重重的宗教象征不在"社会惯常的规范之内"，这就的确令人担心会关系对学校职能运转的阻碍（因此，类似的案例是，禁止一位教师通过其服饰来明确地展示其作为"薄伽梵"教派信徒的身份）。[94]这——它也关系价值信念的"基督教根基与宗教自由之间的紧张关系"，而"社会凝聚力"正奠基于这些价值信念之上[95]——表明，人们不过是基于这些事实来检验，那些与通常价值观念本质上有所不同的少数群体是否合乎宽容要求。然而，以下指控却是正当的，即相比于其他佩戴基督教符号（或圆帽）的公民，这里存在着歧视。把某些宗教符号大而化之地谴责为"不宽容"的标志，这在交互性上无法得到辩护。危险在于，这些符号就要被**人为造作**成"排除出界的符号"。

5. 毫无疑问，针对伊斯兰社区中女孩待遇和妇女待遇的道德谴责，这一事实引发了一个特殊的问题。这一点也在法国的"围巾事件"中得到了体现，这里没有涉及戴头巾的穆斯林教师，而是涉及戴传统头饰的穆斯林女孩，因为学校管理层禁止她们这样做。在此，即使不深入讨论细节问题也仍然重要的是，共和主义的论证——它基于依据政权归还俗世主义而得以区分的市民（bourgeois）和公民（citoyen）的这一基础，以及女权主义的论证——它批评伊斯兰社区中女性缺乏自由，这两点是如何混合在对这一禁令的支持态度中的？关于前者，应该强调的是，在诸如某些"显眼的符号"属于一个特定身份的这些情况下，这种私人伦理身份和公共政治身份之间的分离过于强烈，并造成了对不合规范的少数群体的不平等对待，这些人的关切（Anliegen）被贬低为"不重要的"和"属于私人领域的"⑯——这是"无关紧要之事"这一学说的可疑遗产，它导致了错误的和具有物化性质的"政治中立"观点。然而，另一个观点才是根本性的，因为根据辩护原则，伦理文化共同体对人们基本权利造成侵害的这种行事方式，是无法得到辩护的，并且也是无法得到宽容的。在始终存在着这些行事方式的地方，全体公民都必须在这类情况下——此处涉及未成年的女孩——为处于劣势的**少数中的少数**挺身而出，当然，这在实践中很难贯彻，因为它需要相当多的控制机制和干预机制，而这可能会随之产生许多家长管控式的不良副作用。但是，想要在**符号性**空间中首先去划定宽容界限，其方式居然是使佩戴穆斯林头巾（hijab）这一行为受到普遍的怀疑，这就不仅错过了**真正的**压制性问题，而且得出了难以接受的结论，即佩戴头巾是**能够**被强迫的，此结论是基于它完全**就是**一种压制性做法的象征，并且此结论还来自一些儿童被迫上了宗教学校的事实，但这些都推不出，一般而言这就是一种强迫性的实践行为。由此，给模棱两可的符号赋予一种道德上的消极意义，就冒着不尊重伦理—宗教身份的风险。宽容的另一辩证法是：与不宽容作斗争的努力，本身却变成了不宽容的一种形式。

这样的案例表明，要顾及少数群体的特殊身份，又要顾及在这些少数群体内部中的少数群体的岌岌可危的地位，要在这两者之间划出界限，在这个问题上，事情是多么困难。因为正如第三十七节所述，通过群体特殊权利，并不会把他们的基本权利带入质疑。相对于他们，相关的共同体也有一种辩护责任。宗教义务应得到尊重，但不能行使宗教压迫，也不能剥夺属于一个政治共同体的公民所应享有的权利和机会。⑰因此，联邦行政法院已裁定，因为在男女共处的学校里上体育课会使穆斯林女孩陷入信仰和良心的冲突，所以在这里，州政府的教育任务就必须让位于宗教自由这一基本权利。⑱然而，在质上**加强**对基本权利的保护和对宗教身份的尊重的意义上，这被明确地视为一种例外情况，而不被视为对这种保护的部分**否定**。国家仍然有责任"根据所有年轻人的能力，向他们提供与当今社会生活相适应的教育机会"⑲，并且，只要关系这一核心要求，就不能制造任何例外。同样，通过引用倡导宽容者的经典论证，即宽容导向一体化而不是瓦解，法院也指出，它所肯定的例外状况就是某种一体化措施：

> 另外，不必担心，仅仅因为取消男女同校的体育课，对外国学生的一体化就会成问题。他们还参加所有其他课程。而且，即使退出体育课程……他们也不会被相对严重地排挤到一个局外人的角色，除非他们要被迫穿上不合适的服饰，并因此用一个显眼的特殊角色来参加课程。⑳

尽管如此，这样的例外规则也只是进行一体化的次优方案；最好的方法是形成一种避免此类冲突的做法，从而不必诉诸例外状况，例如男女分开的一般体育课，或者（甚至更好地）可供选择的男女分开的体育课。然而，这种冲突并不能通过相互之间的宽容来完全消除，因为文化上的反对可能仍然存在；唯一的问题是，在何种界限上，某种文化行事方式上的反对能够有权拒绝特定法律规则的要求。

728   6. 要求在一般的学校义务和教学义务之外，还允许存在特殊状况的主张，也在其他国家引发了关于宽容冲突的广泛讨论，特别是在美国，在其非常多元化的教育体系中可以找到大量异质的文化群体。在这一美国类型中，这里提到的此类宽容冲突的两个案例并非寻常，但极具启发性。

第一个案件是著名的"威斯康星州诉乔纳斯·尤德（Jonas Yoder）等人案"。美国最高法院于 1972 年裁定，属于阿米什（Amish）宗教团体的父母，基于其宗教自由的权利，有权让他们的孩子在八年级之后从公立学校退学。阿米什人作为一个团体，其根源可以追溯到——众所周知：他们曾受到严重的迫害——16 世纪再洗礼派的改革运动（Wiedertäuferbewegung）；他们形成了一个子社区，于 17 世纪从瑞士的再洗礼派中分离出来，并于 18 世纪和 19 世纪迁移至美国。阿米什人生活在美国的各个州，但主要是在宾夕法尼亚州。他们的生活方式深受"旧秩序"的影响，此旧秩序禁止使用现代技术，并倾向于在严格宗教规定定位下的农耕生活形式。性别角色按照传统的父权制方式进行分配，违反生活规则的行为将在一种神权政体中受到惩罚，例如使用橡胶轮子、佩戴珠宝或其他违反统一着装规范的行为，最严重的制裁可达至开除教籍。他们——以一种奥古斯丁式的视角——承认国家是必要的，并且交税；反过来，国家免除了阿米什人的一系列公民职责（例如在社会保障体系中的职责），并授予他们在自己的区域内维持其生活方式的某些权利。

阿米什人认为，上学义务中存在部分例外是合理的，这不仅是因为，年轻人要融入他们的生活形式，掌握直到八年级所学的知识就足够了，而且还因为，对这个团体的持续再造具有损害作用的是，暴露于世俗影响和诱惑之下，而据称这

729 对于那些相应更高年级的学生来说是显而易见的。为了能够阅读《圣经》并成为"好农民和好市民"（或家庭主妇），缩减后的教育时间也是足够了的；更重要的是，不这样做的话，孩子们的灵魂得救就将受到威胁，因为孩子们可能会与他们的团体相疏离，而只有在团体中，他们才能找到自己的救赎。[101]另一方面，没有人会被强制违背自己的决断（在 18 岁时）接受洗礼，并继续成为这个团体的一员。

最高法院的首席大法官伯格（Burger）承认了这一论证。他强调，此案的特殊性在于，作为一个具有悠久传统的宗教团体（不是随便哪个伦理团体），阿米什人的特殊情况是，该团体设法使自己及其生活方式在时间的推移中保持稳定，而不

至于触犯律法并犯下任何罪行：

> 无论在大多数人看来他们是多么的奇怪，这一事实却强有力地表明，阿米什人的团体在我们的社会中一直是一个非常成功的社会单元，即使它不同于常规的"主流群体"。阿米什人的成员是卓有产出且非常守法的社会成员；他们拒绝任何在现代形式中常见的公共福利。[102]

因此，根据伯格的说法，这个特殊的宗教团体及其生活方式的合法性是毋庸置疑的；这是可以得到宽容的，因为它不影响他人的权利："一种古怪甚至反常的生活方式，若它不会干涉他人的权利或利益，那就不该因为它的与众不同而遭到谴责。"[103]

更进一步，确实可以得出，学校对适龄儿童的世俗影响对阿米什人的宗教生活方式会构成"严重威胁"（非常现实的威胁），因为学校倾向于一种与阿米什人传统不相一致的价值与态度。[104]

最后，法院提出了这样一个论证：普通教育不仅对于培养优秀市民而言（伯格也认为如此）是必要的，而且对于培养能够在社会上取得成功的独立人格而言，也是必要的。重要的是，这里涉及两个共同体，其一是阿米什人的伦理—文化共同体，其二是总体社会，这两者是如何关联在一起的。根据伯格的说法，两者的一体化目标都应该被追求，但阿米什人孩子的首要一体化在于，融入"作为阿米什信仰根基的独立的农业社群"[105]。因此，对上学的限制是正当的，并且在宗教自由权的意义上也是需要的。此外还有在整个社会中的一体化，它不仅以如下方式被给出，即阿米什人共同体是在相对无冲突的情况下被纳入社会关系中的；它也是由于这样一种可能性，即这个共同体的一些成员会离开这个共同体。若要问缩减后的教育是否导致这些人缺少充分的机会，那么回答将是否定的："没有特别的证据……表明，在离开阿米什人共同体后，借助其受过的实际农业培训并习惯于工业生活和自力更生，阿米什的孩子会因为教育不足而成为社会的负担。"[106]阿米什人的"德行"也可以在更全面的"成熟市场"社会中被发现。

但这里存在着判断的困难。它虽然如此正确地强调了，对生活形式进行持续再造的平等机会的尊重，在某些特定情况下——当然在每个具体案例中，也要从历史视野出发去说明这些特定情况——也能为合法的例外和特殊规定奠基，但同样重要的是指出，阿米什人的社群是高度排外的，于是成问题的就是相对于"大"一体化的"小"一体化的那种明显的优先性，这种优先性是在如下情形中来说的，在其中，关系的是那些在一个全面社会中合格公民的机会问题。这里的主要意思**不是**指，良善生活需要以在同等开放选项间作选择为前提，且良善生活完全只存在于"自由主义的"文化中，这里的主要意思也**不是**指，要优先考虑共同的政治义务这一共和主义思想；而是指这样一种观点，即在他们想要离开或者不得不离开那个团体的情形下（鉴于开除教籍这一严厉的原则，这种可能性原则上必须被考虑在内），阿米什人等团体作为特殊群体的特殊权利，不应致使其成员通过受教育就可支配的机会从一开始就远逊他人。规范性上的参照点，不是良善生活、自由选择或公民素养，而是**机会平等**，要限制它，需要进行高标准的辩护。正如法官伯格所设想的那样，有能力的阿米什人能否在更广泛的社会中找到一席之地，而非陷入不幸，这并不是决定性因素；重要的是，他们是否注定会成为处于社会从属地位的少数群体。从这个视角来看，充分的学校教育对保证机会平等来说是否是必须的，这一问题要以认真和良好的方式得到肯定的回答。

因此，在一定程度上，像杰夫·斯平纳（Jeff Spinner）那样，将阿米什人这样的团体视为"不完全的公民"是可能和合法的，并得出这样的结论：对于这些团体而言，只要他们不违反基础性的基本权利，就应该放宽他们作为共同体的完全成员的义务。[107]然而，在尤德案中，即使凭借一种"勉强的宽容"，也应该确保有一个真正的"退出选项"，并传授"在自由主义国家中发挥作用所必需的基本技能"[108]。百分之二十的阿米什人原则上采取了退出这个团体的选择，这一论据说明这种选择确实存在，然而只有在这一数量不断增加的情况下，政府才有义务提高教育的前提条件[109]，这被巴里（Barry）正确地斥为"第22条军规"：如果这么多的人能够离开团体，那就表明他们受到了足够的教育这样去做，那么按照这个逻辑，离开的人数越是增加，则越表明他们教育足够。在任何情况下，似乎都不能从这个理由推出，每个人的初始条件要被改善。但鉴于有百分之二十的人离开团体，这样的理由已经存在，那么就必须谈一下它的另一面。[110]此外还存在以下危险，即由于对"不完全的"公民身份的合法**承认**，就产生了一种在此特殊群体中的**封闭性**，即使已经离开阿米什人的团体：那么，那些被排除在初始共同体之外的人，将再次被排除在外，甚至被排除在只能部分接受他们的共同体之外。

此处展示的无论如何不是一个简单地从正反面说说就可以解决的问题，因为从这种受到双重排除的危险出发，也不能反过来推导出这样的结论：要强迫这样的团体——原住民团体是另一个例子，让他们的孩子接受符合社会**主流**的教育。由此也会产生排他性倾向和殖民倾向。保持两种相互冲突的一体化模式之间的平衡，并避免极端情况，这才是唯一重要的。在辩护权利的基础上，具有这种特殊身份的人可以要求得到尊重，但不能强迫将未成年的成员纳入某种体制，因为这些团体的每个成员仍然是享有平等权利的国家公民。

在这一语境下值得琢磨的是一个与此相类似的，并非更不引人注目的案例："莫泽特诉霍金斯教育委员会案"（1987年）。此处要求的不是一种历史和地理上的处境化处理，不是要对一个像阿米什人一样与社会整体明显相分离的团体进行一体化，相反，他们是田纳西州的一群"重生的基督徒"，他们基于宗教自由的权利，提出自己属于特定的例外情况，即要求他们的孩子免于接受一般教育。本案对宽容问题具有特别重要的意义，因为，这些父母以宽容的名义所拒绝的，正是作为一种在特定形式下必须被接受的"价值"的宽容。在此，又一次出现了两种相互排斥的宽容观点，这一次的问题聚焦于，在学校教导学习"宽容"意味着什么。

父母们要求，他们在各个年龄段的孩子不再借助学校教科书系列来被授课，因为这些教科书的内容伤害了他们的宗教信仰。有些教科书里出现的故事——根据原告维姬·弗罗斯特（Vicki Frost）的说法，她强调《圣经》构成了"她全部的信仰"[111]——在她看来，把明显错误的进化论学说尽管只说成是一种理论，但却把它放到了比创世历史学说更高的理论位置上。更进一步，他们还教授一种"玄妙的实践"（okkulte Praxis），即凭借表象能力，人们可以而且被允许超越《圣经》权威的限制。在一些故事中——例如"帕特读书给吉姆听。吉姆做饭。《圣经》帮助了吉姆。吉姆很开心。"—— 性别的自然秩序受到质疑，而女性主义立场得到体现（原告鲍勃·莫泽特也是如此认为）。此外，在不参考《圣经》的情况下，学校居然还要教学生培养出独立作道德判断的能力，且学校还讲授这些父母所反对的和平主义思想。然而，这里最重要的论点，却与宗教宽容本身有关，因为原告辩称，他们的孩子被告知了各种异教理论和哲学理论，却没有被明确地告知，只有《圣经》的教导才是唯一真实的和正确的： 733

> 两名证人在盘问中作证说，原告父母反对大量教科书中的文章，这些文章将他们的孩子暴露于其他形式的宗教面前，暴露于其他学生的感受、态度和价值观面前，它们都与原告的宗教观点相矛盾，但原告父母提出，学校没有声称其他观点是不正确的，也没有声称哪种观点是唯一正确的。[112]

更重要的是，通过预先肯定下来的观点，以及对许多宗教的陈述，就造就了一种错误的宽容形式，换言之，根据维姬·弗罗斯特的说法："宗教上的宽容就是指，所有宗教都不过是通向上帝的不同道路而已……我们不能容忍的是，让我们基于一种平等的立场去接受其他的宗教观点。"[113]因此，教科书上所提倡的宽容就是对他们自己的信仰**不宽容**。作为例证被引用的，是在《安妮日记》中的一篇，作者安妮·弗兰克（Anne Frank）反思到，一种非正统的信仰是否比没有信仰好；但同时，对在新墨西哥州一个天主教印第安人团体的描述，也被批评为天主教作广告。[114]

美国联邦上诉法院的法官莱弗利（Lively）基于以下两个论证驳回了这一起诉案件。第一个论证是，原告应在以下两者之间作出根本区别，其一是学校向学生介绍（Bekanntmachen）种种价值信念和宗教，其二是学校向学生宣传（Werben）

734   某种价值和宗教思想；而没有被证明的是，学校采取的是后一做法。但是，另一方面，法官认为，维姬·弗罗斯特对宽容的抗议，是有**正当**内核的，因为，如果学校传授给学生一种关于宽容的理解，如果这种理解本质上是具有相对主义或多元主义本性的，并且将所有宗教都视为同等正确的（或同样错误的），那这确实是不合法的。可事实并非如此，因为最高法院合理地要求，公立学校必须传授基本的民主价值观，例如宽容。当然：

> 最高法院提到的宽容是指，对有分歧的……宗教观的宽容，这属于世俗的宽容而非宗教的宽容，它不要求一个人承认任何其他宗教与自身所信奉的宗教是平等的。它只需要承认，在一个多元化的社会中，我们必须"待人宽如待己"。如果霍金斯县的学校要求原告学生相信或诉说：他们相信"所有宗教只是通向上帝的不同道路"，那么情况就不同了。[115]

然而，由于事实并非如此，原告的反对意见是没有根据的，并且他们进一步的要求，即相对于一种批判能力的教育，他们自身的伦理—宗教观具有优先性，这也被拒绝了，因为这种教育与以下观点无关，即认为《圣经》不是个人判断的合法根据。然而，宗教自由这一基本权利并不意味着，人们能够将自己所信仰的真理，变成学校的基础课程。

在这场冲突中，宽容提法的使用非常复杂。一方面，父母方合理地提出批判，人们关于宽容的理解是成问题的，但在这样做的同时，他们把自己所理解的教育，以及其他可以被称为基础主义的立场放在了宽容的位置上，因为他们拒绝将自己的真理诉求（无论是在道德的层面上，还是在认知的层面上）相对化，而这种相对化却是根据实践理性和理论理性所要求的。这种立场违反了交互性和普遍性的标准，理由如下：

735   首先，在对某些特定信念或实践的介绍和宣传之间——后者会导致不再可能开设学校课程的结果，看不出有确切的联系。

其次，如果每个具有伦理—宗教信仰的少数群体，在他们认为有争议的论点（在那里，他们的真理信念不是统治性的）上，都有权要求于上学义务上例外，那么就不得不放弃普通学校和教育的理念。

再次，原告质疑对民主政治共同体而言的一个基本前提，即承认那些即使是受到反对的陌异立场以及与之的争辩。"批判性判断"这一能力——就像承认性别平等一样——对于民主化的辩护程序来说是必不可少的。[116]

最后，信仰和知识的混杂出现在该论证中，这就导致比如在学校课程中偏向于一种"创造论"（Kreationismus）。[117]然而，相对于学生对理性教育的兴趣，这种科学世界观和宗教的世界观的混杂是无论如何无法得到辩护的。这并不意味着宗教世界观因此就是不合法的，而恰恰意味着：它就是**宗教的**世界观。那么，如果人们将它们提升到与科学解释尝试相竞争的真理地位，那就是违反理性的。[118]

因此，情况并非是：在这样的冲突中，"自由主义的"真理观点和宽容观念，与其他关于真理、理性和尊重的观念处于对立中，而这两者之间只有一种**伦理**决断，以致一旦"自由主义的"观点在法律上被完全贯彻，它就会带着或多或少的强迫性来同化他者——因此，批评者说，所谓的多元宽容，实则揭示了其真正的党派面孔。[119]相反，这里显然已经达到了交互性和普遍性的界限——也就是说，达到了这些标准的界限，就这里处理的不公平的排除问题来说，这些标准让**自己**承担着抱怨。关键在于，原告所提出的诸多要求无法得到交互辩护，且违反了实践理性和理论理性的基本原则。由此它们将导致不公正，而且主要将导致对涉及的孩童的不公正。因此，不存在如下这种方式的"划界悖论"，即被划下的是一条任意的宽容界限，因为在这里，一个团体根据其绝对化的信仰来要求某种特殊立场，这与作为他所意愿的、由他赋予效力的、属于某种"不偏不倚"宽容的理念完全矛盾。反对这种原教旨主义，本身并不是原教旨主义的另一种形式，因为一个特定的真理不会被另一个真理——例如多元主义世界观或无神论世界观——所取代，而是要求它们之间相互尊重。

7. 在教育体系之外也存在着大量冲突，在其中，上述观点也浮现出来，不断争论着宽容的要求是什么：是单纯的"忍耐"，还是法承认的一种特殊形式？[120]从中，关于婚姻制度是否也应扩展到同性伴侣这一问题的讨论，将在这里被提出：仅仅根据允许提法的规定，"容忍"（在刑法意义上的）这一伴侣关系是否足够，或者，根据尊重概念，他们是否还可以要求伴侣关系得到法律承认和平等地位，以至于拒绝这种承认，就是不宽容的某种表现形式？反过来说，少数群体是否以不宽容的方式挑战了多数群体的信念，并迫使多数群体在伦理—政治和制度上进行全面的修订？

对同性恋的宽容问题引出了一个问题域，在迄今为止的（不）宽容的历史过程中，该问题域的特点是，将宗教—伦理上的严重反对与极其多样的蔑视形式（乃至迫害）联系起来。这一点我在此不多作解释。目前情况下，重要的是，从纯粹规范的角度来看，根据**内容的交互性的标准以及理由的交互性**（见上文第三十节第3点），要求对同性恋伴侣提供平等的法律待遇显得是合理的：根据前者，这并没有导致其他夫妻的权利遭到剥夺，而是只要求权利的平等；根据后者，它并没有为此提出可被交互拒绝的伦理论据或宗教论据，例如关于某种生活方式的优越性，或某种特殊价值。

然而，以上两者在讨论中都有争议：反对前者的说，其他相类似的生活方式被剥夺了相关权利，例如兄弟姐妹之间相互照顾的伴侣关系[121]，更重要的是，这里的不平等却提出了平等的要求：同性恋关系不能是婚姻关系，甚至不能是类婚姻的关系。诸如此类的东西无法得到承认，因为这与通常对婚姻的理解相矛盾：婚姻是指具有生育可能性（和生育目的）的男女之间的关系。而基于理由的交互性，这一论点通常会援引更高的真理，例如上帝赋予了性和婚姻以神圣的意义。[122]这些伦理信念确实可以为**伦理上的反对**奠基（前提是它们与纯粹的偏见无关），但不能为**交互性和普遍性的拒斥**奠基。源于共有的价值设定，对所有公民来说平等有效的法律，有很好的理由去保护某些特定的生活方式，但在一个日益多元化的社会中，一种采用蔑视方式的、片面伦理的、不可分有的价值信念，却要在法律上被冻结起来。[123]法律早已不再规定婚姻是不能解除的，尽管这符合传统的理解。因此，似乎必须找到理由，以表明，随着对婚姻的理解不断扩展，以及关于类婚姻关系的法律制度的不断更新，基本权利会在多大程度上被损害。

此处要把对蔑视其他"团结共同体"（Solidargemeinschaft）的那些论证排除出去，因为相互关心的兄弟姐妹和同性伴侣关系共同体之间的可比性，远低于这种
739 伴侣关系与婚姻关系之间的可比性。除了家庭共同体已经受到法律规范的这一事实之外，类似的情况是，我们还要求一种基于法律制度的平等地位，它将一种特定的共同生活形式作为一种特别类型的"责任共同体"来加以支持，这些共同生活是建基在亲密、信任和对彼此忠诚的爱之上的，而这就涉及一系列消极权利和积极权利。上述对平等地位的要求意味着，不仅在实证法的层面上，而且在象征意义上，同性伴侣关系都是与异性婚姻地位平等的，对此的证明是，可以指出，在亲密性和忠诚性方面，此类伴侣关系与异性关系具有相同的品质。[124]而如果人们否认这一点，并由此造成法律上的不平等，那么这就是一种蔑视。

因此，对这种平等的反对，毋宁牵扯到婚姻和家庭之特殊"价值"由此受到的损害——而举例来说，根据《基本法》第6条第1款，它要"受到国家规定的特殊保护"。然而，不断扩展的对同性关系的承认，会在多大程度上影响未来或现有的婚姻，这是尚不清楚的，因为平等地位显然不是贬低（Abwertung）婚姻的价值，而是对现有婚姻的尊重（Aufwertung）。因此，无论在实证法的层面上，还是在象征意义上，都不用担心婚姻和家庭会受到损害。[125]

然而在这里，人们可以提出反对意见，他们认为那种同性"婚姻"不能存在，因为它无法实现婚姻的主要功能（即使不是本质功能），亦即生育后代和养育子
740 女。然而，考虑到大量不想生育或无法生育的婚姻，这一论证值得怀疑。从婚姻与家庭受到特殊保护的关系中，不能推论出，只有作为家庭的婚姻才应当受到保护。毕竟，同性伴侣也存在拥有孩子的机会。

但是，最后还有一个重要的论证：如果婚姻法的扩展竟然包括了他们可抚养孩子的权利这一情况，那么这就会给同性伴侣带来无法承受的负担。一方面是由于，这样的伴侣没有为那种稳定的、能强化身份的教育提供足够的保障，因为这

是以双性的父母身份为前提的。另一方面是因为那些可以预料到的社会排斥机制。但是，后者无论如何是会被拒绝的，因为现存的那种社会蔑视居然被当作是维持这一排斥机制的基础。此外，所有伴侣的孩子都可能成为社会蔑视的受害者，但因此就禁止他们拥有孩子，这显然是非法的。然而，第一个方面的论证提出了一个重要的反对意见，因为它涉及孩子的正当利益。这个反对意见可能演变为三种不同的形式。[126]第一，有人指出，这些孩子自身的身份，特别是他们的性别身份，可能会发生混淆，并且他们自己很可能成为同性恋。然而，变成同性恋显然是一个不充分的反驳论点，身份的混淆也是需要证实的经验假设。而现有的研究根本不支持这一点。[127]第二，有人指出，同性关系具有较大的不稳定性，这将对孩子不利。然而，这只能在同性婚姻制度存在的情况下进行统计考察，但即便如此，什么样的统计结果才能促使一般法律上对同性关系的限制，也是存在疑问的。第三，有人指出，就每个人身份塑造的必要性而言，传统的异性角色区分是很重要的。在这里，也有必要认真考察的是，哪些角色区分是实际需要的，以及，同性恋伴侣在多大程度上无法实现这一点——还有，就此质疑特定的角色分配模式，这样做有何优缺点。仅仅凭借假设或固执己见，是不能证明任何法律限制的合理性的。在所有这一切中，最终有必要看到的是，许多社会中已经存在着哪些多元化的家庭形式，这些家庭形式虽然已经偏离这里所诉求的"常规"，但其仍受到法律的保护。另外，同样重要的是注意到，在许多合法的"常规婚姻"中，存在着哪些不利于孩子的状况。 741

　　这些考虑都表明，以上三种不同的反对意见都没有提供交互性和普遍性的理由，来反对法律上对同性婚姻的承认。[128]如果是这种情况，那么根据法律平等中的允许提法，"单纯忍耐"同性关系，就会使宽容的限度被划定得过于狭窄，因为它在法律上树立了一个伦理上的反对性判断，但这种判断在交互性和普遍性上不可持守。这虽然是宽容的一种形式，但是是一种完全不充分的形式，因为它没有承认，民主的任务在于，为基本的法律规则作公道的偏护，而只是代表了多数群体的法律理解而已。这种宽容不仅在法律中确立了伦理价值，而且使相应的少数群体处于在社会—文化层面的污名化的"偏离规范"的状态。这里存在着一个规训性的允许提法的要素，同时在这种意图中，也存在着对（承认其权利较少的现状的）被宽容者的压迫性要素。对于这种形式的宽容，歌德说得非常贴切，即宽容表达了某种形式的侮辱。

　　根据尊重提法而来的另一种替代性的宽容观念，与价值欣赏提法相反，它并不要求，适当的生活方式需被认为是富有伦理价值，或有益社会的；它只要求，宽容的界限是根据**正义**原则而划定的。由此，废除宽容并非要促成一种对"彻底平等"的尊重[129]，宽容只是在道德必需的人格尊重的意义上被奠基的，虽然这些人 742格的行事方式和信念也还是能被伦理反对。这再一次展现了，宽容的历史所产生的影响是何其复杂，这不仅与"洛克的担忧"的变体有关，它害怕一旦宽容过于宽泛，那么政治—道德的伦理性就会瓦解，而且，正是在发生宽容冲突的双方都声称自己对宽容的理解才是正确的，并彼此指责对方的不宽容的地方，也能看出这种复杂性。并且它还表明，仅凭宽容的概念，不足以解决这场争论，所需要的毋宁是一种宽容提法，它以道德上最可持守的方式规定着反对要件、接受研究和拒斥要件：而这要借助辩护原则才能做到。

8. 我们将提出的最后一种类型的宽容冲突，它可以追溯到宽容概念的源初问题之一：**对不宽容的宽容**。根据目前的考察，对不宽容的宽容的界限在哪里，是非常清楚的：（a）界限在某个特殊共同体（它可能是多数人群体）伤害了他人的辩护权利的地方，（b）界限也在一个群体从根本上**否认**其他人或其他群体的这项权利的地方。这是两种不同形式的不宽容，需要不同的反应，其一是民主程序（和相应的监察机制）中的抗议，其二是依靠法律帮助的抗议。然而，在这两种情况下，这些反应行动本身并不是如"划界悖论"所声称的那样，是"不宽容"的标志。因为针对那种内蕴着对辩护权利伤害的不宽容形式采取行动，其本身并不是不宽容的，而恰恰是对宽容界限在道德合法性和必要性上的强调。忽视宽容界限的那些个人或群体，并没有好的理由来抱怨说，这些界限是未经辩护就生效的。因为为此他们自己就必须承认辩护的基本原则——因此，他们的行为和抱怨缺乏合法性。[130]

743

在政治运作中，以及同样在法律监督机制和政治公共性的运作中，对辩护标准的伤害必定会被指出和纠正，相对而言，在他人的基本权利受到暴力侵犯或他们从根本上被剥夺其合法权利的地方，情况就不同了。这就需要公民和法律来捍卫这些基本权利。在此类违法行为具体存在的情况下，例如，在以人身攻击或威胁的言语进行恐吓的情况下，法律干预就是必要的。而当一类观点在公共性和私人行动中明确遭到道德上的谴责时，如果要在某个社会中推广它，那就要求作为国家公民之德行的宽容必须是"奋起防卫的"（wehrhaft）。一个民主国家依赖于公民对自身和他人的基本权利的积极捍卫，依赖于他们在这个意义上相互之间担起责任。例如，在社会文化的层面上，在种族主义和民族主义的仇恨情绪兴起之处，就必须对它们加以打击。

然而，如果在一个民主国家中，出现了以废除公民基本权利和民主本身为计划的政党和团体，那么根据"奋起防卫的民主"，就要去追问（参见第 27 节第 3 点）：对这些政党和团体来说，什么时候才有理由限制它们的公民的创建组织的自由（Gründungsfreiheit）、交往自由[131]、集会自由和结社自由，以及他们的政治参与权？在这方面，我们必须区分合法性和有效性这两个方面。如果一个政党具有明显的国家社会主义（纳粹）性质，并且它不仅在计划上，更是在实际上危及[132]了

公民的基本权利和民主基础，那么，对此的禁止就是合法的。[133] 当然，此处要捍卫 744
的，并非是某种特定的民主形式，它与其说反对对此种民主形式进行政治自律性
改变，不如说反对以下改变，它会限制或阻碍政治自律的运用，并损害基本权利
（参见第 25 节）。坚持辩护权利的、最低限度的民主正义不可只处于待命状态而
已。如果其他社会政治形式的"防卫"都还不够的话，那么，禁令或其他法律限
制就只能被证明是"最后的杀手锏"（ultima ratio）了，当然在此也必须考虑到一
系列具有重大规范性意义的方面，例如一般而言基于基本权利的效力所产生的影
响。最后，有效性方面是非常重要的，因为在某些情况下，禁令无法达到预期的
目标，反而会产生不良的副作用。因此，不借助法律的帮助来贯彻宽容的限度可
能更有意义，并且同样更有意义的是，出于实用的理由，对这些原则上不可宽容
者在如下情况中保持"忍耐"，即在它可能会有积极的、有利于一体化影响的情
况下。[134]

　　然而，人们可能提出反对意见：这里可以这样追问，在尊重提法的边缘，该
提法的核心在多大程度上仅仅由允许提法构成。因为难道不正是这种情况吗？在
上述案例中，所谓被宽容者"允许"所谓的不可宽容者享受有限的自由，而这种
自由是从给出允许方根据其所认为的好理由才能确定的？从某种意义上说，这是
正确的：我们说到的这些群体被赋予了自由的空间，因为对其进行干涉的成本太
高了——前提是，他们没有超过某些限度。然而，与经典的允许提法的关键区别
在于，这些限度是根据辩护原则得到界定的——即不是出于任意的、单方面进行 745
辩护的理由，而是出于交互的、无可拒斥的理由。因此，并不存在重新落入允许
提法的情况，而是对辩护原则的与语境相关性应用——这里特别值得注意的是，
那些以这种方式"得到宽容"的人并没有要求这种宽容，而是基于更高层面的考
虑赋予他们以宽容。

　　最后，这里将再次清楚地表明，根据辩护原则所划定的宽容界限，不会使那
些主张宽容的人被看作"宽容传教士"，根据尼采的说法，这种人往往把自己的偏
袒解释成不偏不倚的（参见上文第二十九节、第三十三节）。因为对辩护的要求本
身就是一种实质上的道德要求，同时也是一种更高的要求，它根据交互性和普遍
性原则来讨论所有关于分界线的问题。如果没有这样一个基础——我试图将其重
构为实践理性的要求，那么就不可能从类型和规范上区分以下两者之间的区别，
其一是伤害辩护原则的不宽容，其二是对这种不宽容的抗议。由此，对宽容的历
史和当下的看待方式，对所有为了自由与正义的斗争的看待方式，就完全是一样
的，就像在夜里看所有的猫都是灰色的一样。

　　尽管如此，正如此间通过一些现时的宽容冲突所展现的一样，宽容仍然处于
冲突之中。因为，在对已经变化的处境的当代阐释中，只要还能发现不同宽容奠
基方式和提法间的差异，而它们所刻画的正是那些历史性的话语，那么现今就总

还是宽容历史的一部分。对于在此类冲突中寻找方向这一批判性的任务来说，本质性的事情是，我们要运用恰当的范畴，来理清这些纷繁头绪。

第三十九节　界　　限

746　　　　在一个"全球化的"世界中的复杂形势的特点是，在这个世界中，过去曾被分析为**社会内部**的冲突，再现为**社会之间**的冲突。因此，在这个层面上提出的问题是，在各种伦理提法和文化自我理解的一种真正普遍的多元性的全球化语境中，对于一种**全球**正义来说，以及对于一种相应的、相互间得到奠基的宽容来说，是否也能够存在一种普遍地和交互地不可拒斥的基础。在我看来，比照修订（mutatis mutandis）我所提出的提法，为此提供了一种合适的基础，但若要详细地解释为何如此，就需要进一步地对全球语境及其法权结构、文化的——特别是宗教的——价值观的结构，以及强制和统治的结构进行讨论性分析，而这里却不再能够展开这种分析了。[133]

　　但总的来说，在这方面必须区分两个问题：**国家间的**宽容（可以说是一种"全球多元文化主义"）的全球基础问题，尊重提法应该是这个问题的一个备选答案；以及尊重提法是否可以在世上可见的那些完全不同的政治共同体**内部**普遍化的问题。然而，这两个问题是相关的，这不仅是因为，对第二个问题的否定回答，也意味着对第一个问题的否定回答，而且还在于，要回答**文化之间**宽容的问题，就需要仔细研究**文化内部**围绕宽容的冲突和为某些自由所进行的斗争；可以发现，辩护的权利不仅一方面在那些——无论以何种具体形式——要求更多自由和民主自决的人当中被需要；而且另一方面，在文化间的和国际的层面上，它也在那些要求就其伦理—文化特殊性而"尊重"其政治共同体的"差异"的人当中被需要，并且是出于这样的理由，即这些共同体在伦理—政治上是一体化了的统一体，因此，如果有人想要质疑共同体的一体性和身份同一性，则会表明是对其公民身份

747 的一种伤害。但这种对差异的尊重并不意味着，在这样的共同体**内部**，对差异和矛盾的压制能够得到合法化，并被忍耐：在外部合理主张尊重伦理—文化的差异，与在内部的压制是不相容的。

　　如果我们观察极其多样的共同体中的宽容冲突，就会发现一种与我所描述相类似的动力机制——而不用主张，由此欧洲的现代化道路或西方的政治、经济组织形式就有责任充当某种示范似的。决定性的是，由公民自己在政治—自治上建构起单个共同体的基础结构的可能性，这种可能性在本质上以一种权利的道德建

构为前提条件，即——用适当的抽象表述来说——被视为**人权**的那些权利，基于其辩护权，任何人都不能被剥夺这些权利。[136]这些权利构成了内部宽容和跨国宽容的基础，并标明其界限。[137]如果没有一种关于"人之存在"的义务论的规定，这些权利自身当然就没有任何充分的规范性基础；而如果没有一种在此基础上能得到辩护的、关于"人之存在"的交互的—普遍的规定，那么这些权利就仍然是可被单方确定的，并且受缚于家长专制主义——再一次地，这无论在国家内部来说，还是在国家之间来说都一样。如何解释这些权利，这必须在内部文化和文化之间的商谈中得到辩论，为此辩护权利必须已经得到预设。这复又包括了一种最低限度公正的、跨国际基本结构的必要性，以及建立它的义务。即使在这方面，国际的正义和国家内部的正义也是互为条件的。

　　我所重构的历史，是从对这种情形的整全分析得到的，它大致表达了与这种复杂的国家内部和国际冲突情形相关的普遍性。在反对不宽容和错误宽容的斗争中，不管是在国家语境还是在跨国语境中，辩护原则和免于异己统治的自由规范虽然使用着多种语言，但不会被漏听掉的，是所有那些要求他们基本权利之人的 748 声音，即不再生活在对他们来说无法得到辩护的环境中的权利。这再次证实了本研究旨在表明的内容：宽容的冲突在过去曾是，且现在仍是此类正义争论的一部分，因此以下所说既是历史真理，也是哲学真理；即在这些冲突中，只能存在**一种**宽容辩护——基于辩护原则本身的那种辩护。它表达了不同时代的宽容先驱者所提出的主张，即没有任何伦理的或宗教的真理能崇高到这个地步，以致人们必须待在相互辩护的彼岸，而被强制从属于这些真理似的。人们只**拥有**他们已经**争得**的那些权利，从道德角度来看，这一点有多真实，那么从一种历史的、法律—政治的角度来看，它就有多真实。[138]

注释：

① Vgl. etwa Debus, Das Verfassungsprinzip der Toleranz unter besonderer Berücksichtigen der Rechtsprechung des Bundsverfassungsgerichts（也可参见本书第二十七节第 2 点的注释㉔）.

② 纽维（Newey, *Virtue, Reason and Toleration*, 138）将这一点视为"政治宽容的悖论"来加以讨论。但是，相对于这种悖论，他并没有考虑一种以辩护原则为标准的民主式宽容理解作为替代品，而仅仅停留在一种霍布斯式的国家理解之上，这种理解只能为宽容允诺一种允许提法的模型。

③ So Denninger, "Der Einzelne und das allgemeine Gesetze", 428.

④ 我对关于权利的伦理中立性的讨论可以参见 Forst, *Kontexte der Gerechtigkeit*, Kap. 2。在德国宪法语境中对它的详细讨论请参见 Huster, *Die ethische Neutralität des Staates*。

⑤　参见胡斯特（Huster, Die ethische Neutralität des Staates, 234.）对宽容和中立性的讨论。

⑥　关于中立性概念的七种含义，参见 Huster, Die ethische Neutralität des Staates, 78—83。

⑦　关于多元文化主义的一种狭窄定义，参见 Kymlicka, *Multicultural Citizenship*, Kap.2。进一步的讨论参见 Kymlicka, *Finding Our Way*, Kap.6。

⑧　对此可以参见彼得斯（Peters, Die Integration moderner Gesellschaften）的全面论述。

⑨　Vgl. Forst, Kontexte der Gerechtigkeit, Kap. 3.

⑩　库卡塔斯正是这么理解的。（Kukathas, "Cultural Toleration".）

⑪　对于这对区分，参见 Walzer, *On Toleration*, Kap. 2。

⑫　Vgl. Habermas, "Annerkennungskämpfe im demokratischen Rechtstaat", 164—171.

⑬　与这种统合模型相对的是帕雷科（Parekh, *Rethinking Multiculturalism*, 199—206）作出的批评，该批判认为，"公民同化主义"没有做到，而他做到了的是，对当前价值评判的意识之基础上形成一种足够强的"民族身份"概念。（ebd. 230—238.）

⑭　就像哈伦大法官于 1896 年对"普莱西诉弗格森案"那个著名的法律裁决所提出的"异议"一样，该法律裁决在美国凭借黑人和白人之间的区分而定下了"隔离但平等"原则。

⑮　对于这一区分，参见 Dworkin, *Bürgerrechte ernstgenommen*, Kap. 12。

⑯　在这一列表中，我利用了一系列分散在诸多文献中的差别，参见 Kymlicka, *Multicultural Citizenship*, 27—33; Taylor, *Die Politik der Anerkennung*; Habermas, "Annerkennungskämpfe im demokratischen Rechtstaat", 158—164; Peters, "Understanding Multiculturalism", 28—37; Honneth, "Umverteilung als Anerkennung", III.1。

⑰　Vgl. Nickel, Gleichheit und Differenz in der vielfältigen Republik.

⑱　参见南希·弗雷泽与阿克塞尔·霍耐特在《再分配，还是承认？》（Umverteilung oder Anerkennung?）一书中的争论。

⑲　Vgl. auch Pogge, "Group Rights and Ethnicity".

⑳　参见本哈比（Benhabib, Kulturelle Vielfalt und demokratische Gleichheit, Kap. 1.）关于建构主义（及其界限）的讨论。

㉑　Vgl. etwa Waters, *Ethnic Options*.

㉒　 Besonders Sandel, "Religious Liberty-Freedom of Conscience or Freedom of Choice?".

㉓　参见库卡塔斯、塔米尔和哈特尼的怀疑论立场。（Kukathas, "Are There Any

Cultural Rights？"；Tamir，"Against Collective Rights"；Hartney，"Some Confu- sions Concerning Collective Rights"）与之相对的肯定性立场参见 Bauböck， "Liberal Justifications for Ethnic Group Rights"，Parekh，*Rethinking Multiculturalism*， 213—219 和 Frank，*Probleme einer interkulturellen Gerechtigkeitstheorie*，Kap. 3。

㉔ 金里卡也使用了这个术语。（Kymlicka，*Multicultural Citizenship*，Kap. 3.）

㉕ Kymlicka，*Multicultural Citizenship*，81.（下面对此书的引用在本书中注出。）

㉖ 参见如下文本中的相关批判：Carens，"Liberalism and Culture" 和 Young，"A Multicultural Continuum：A Critique of Will Kymlicka's Ethnic-Nation Dichotomy"。

㉗ 对此，参见福斯特作出的批判（Forst，"Foundations of a Theory of Multicultural Justice"）以及金里卡的回应（Kymlicka，"Do We Need a Liberal Theory of Mi- nority Rights？A Reply to Carens，Young，Parekh and Forst"，87，Fn.6），在回应 中他相应地修正了自己的想法，并更加强调了身份要素。

㉘ 一个类似的论证可以在拉兹那里看到（Raz，"Multiculturalism：A Liberal Per- spective"）。按照拉兹的观点，在自由主义的基础上，我们可以要求对文化共 同体的尊重，因为它要为其成员提供一些有意义的选项，让他们在自身的自 律立场上借助该选项来塑造自己的生活（162）。在这些要求自律的群体中， 一种尊重—宽容的形式甚至一种（有所限制的）价值评判都得到了要求 （166）。而在那并不包含"真实价值"的共同体中，也即一种不但有可能是压 迫性的（169），还可能是"虽然低等但并不压迫"（170）的共同体中，有另 一种不再根本性的，而是实用性的允许式宽容在被要求，这种宽容指向的是 一种改良。对此还可以参见拉兹的《自由的道德性》（*The Morality of Freedom*， 423 f.），它讨论了为一个在自由主义者眼中是"劣等的"社会带来同化的那 种原则性权利，以及当这种同化代价过高时所必要的宽容。和在金里卡那里 一样，这种观点也存在一个问题，即那种要求尊重辩护权利的理由，仍然不 足以和其他更广泛的、力图落实自由主义"生活形式"的观点区分开来。在 菲茨莫里斯（Fitzmaurice，"Autonumy as a Good：Liberalism，Autonomy and Tol- eration"）和奥博蒂克（Oberdiek，*Tolerance*）那里，类似的问题也都有一个伦 理—自由主义性质的处理。

㉙ 参见库卡塔斯和帕雷科的相关批判（Kukathas，"Are There Any Cultural Rights？" und Parekh，"Dilemmas of a Multicultural Theory of Citizenship"）。但 我并不认可他们所提出的解决对策。

㉚ 我所提倡的那种对道德和伦理价值的区分，并不会像本哈比（Benhabib， "Über Achtung und Versöhnung. Gerechtigkeit und das gute Leben. Eine Antwort auf Herta Nagl-Docekal und Rainer Forst"，986）所担心的那样，导致某种女性 割礼那样的行事方式作为"伦理实践"而得到容忍，而是会基于明确的道德

基础来对之加以反驳。

㉛　为了对我的类似批判（"Foundations of a Theory of Multicultural Justice"）进行回应，金里卡（"Do We Need a Theory of Minority Rights", 84 f.）提出了这样一种观点，即道德自律的观念不能比个人自律的观念要更容易站住脚。不过，金里卡没有清晰表明的是，他是否认同一种交互—普遍的辩护基础能够**以理性的方式**遭到反驳，或者它是否能在经验中常常得到指明。要证明第一点，我们需要的不是指责说，有一些道德领域不能适当地领受这个问题（比如对动物和孩子的责任等等）。这是因为，就算不考虑对作为辩护之接受者的孩子的职责之类的事情（也不考虑对动物的职责），争论也不会止息，我们仍然要面对这一问题：这一原则是否在多元文化正义语境中能够以理性的方式得到反驳，而不仅仅充当一般意义上的道德原则。在此不那么显而易见的是，某个团体那种"家长制的"反论证应该被如何看待，该团体既要求政治—合法性尊重，也要求它所在的共同体担负其成员。最终，我们对此还能补充进一步的问题，比如是否存在着覆盖一切语境的道德原则，还有关于**人类权利**的可奠基性的问题，显而易见，这些问题并不能奠基于一种"自由主义的"生活观念。Vgl. dazu Forst, "Das grundlegende Recht auf Rechtfertigung".

㉜　在第三十八节，我会继续讨论这在教育语境下有何意义。

㉝　这对那些多元文化主义的批评者们来说同样有效，比如默勒·奥肯（Moller Okin, Is *Multiculturalism Bad for Women*, 24.）通过合理地指责一些不道德的行事方式，特别是针对妇女和少女的那些，这些批评者们反对那些与非自由主义文化明显构成对立的"自由主义的基础"。与之相对，在规范性领域中对一种义务论结构下差异的论述，可以参见 Gutmann, "The Challenge of Multicultural-ism in Political Ethics"。

㉞　Taylor, *Die Politik der Anerkennung*, 28.（以下随文注明该书页码。）

㉟　Vgl. Benhabib, Kulturelle Vielfalt und demokratische Gleichheit, 39—46.

㊱　哈贝马斯将此批评为"行政性的物种保护"。（Habermas, "Anerkennungskämpfe im demokratischen Rechtsstaat", 173.）

㊲　参见以下两个作品中对一种自由主义式宽容的批判：McClure, "Difference, Diversity, and the Limits of Toleration" 和 Galeotti, "Zu einer Neubegründung lib-eraler Toleranz"。

㊳　桑德尔（Sandel, "Religious Liberty-Freedom of Conscience or Freedom of Choice?"）合理地批评了第一种行事方式，却错误地由之推理出了第二种行事方式。自由的宗教实践权是基于对一个人伦理身份所普遍要求的尊重保护着他的宗教身份，而并非出于一种特殊的宗教价值评判。

㊴　参见凯伦斯（Carens, Culture, *Citizenship, and Community*, Kap. 6.）对"一视

同仁”的强调。还可以参见塔利（Tully，*Strange Multiplicity*），他强调了公开的跨文化对话的必要性。

㊵ Benhabib，Kulturelle Vielfalt und demokratische Gleichheit，Kap. 2.

㊶ Vgl. etwa Minow，“Putting Up and Putting Down：Tolerance Reconsidered” 和 Deveaux，*Cultural Pluralism and Dilemmas of Justice*，Kap. 2. 与之不同（尽管有着至善主义要素）的是 McClain，“Toleration，Autonomy，and Governmental Promotion of Good Lives：Beyond ‘Empty’ Toleration to Toleration as Respect”。

㊷ 关于这一点，参见 Galeotti，“Zu einer Neubegründung liberaler Toleranz”。不过他关于对文化差异的公开“接受”或“承认”的相关论证并不太清楚。

㊸ 对此的详尽分析参见 Forst，*Kontexte der Gerechtigkeit*，Kap. III.3。以及 Forst，“The Rule of Reasons”。关于其他学者的重要论断，特别地在女性主义民主理论中，参见 Young，*Justice and the Politics of Difference*；Fraser，“Rethinking the Public Sphere：A Contribution to the Critique of Actually Existing Democracy”；Benhabib，*Kulturelle Vielfalt und demokratische Gleichheit*；Williams，*Voice*，*Trust and Memory*：*Marginalized Groups and the Failings of Liberal Representation*；Deveaux，*Cultural Pluralism and Dilemmas of Justice*，Kap 5 u. 6。

㊹ Vgl. dazu Habermas，*Faktizität und Geltung*，Kap. 7 u. 8，und Schmalz-Bruns，*Reflexive Demokratie*.

㊺ 正如我早已指出的那样，这种辩护标准在严格意义上仅仅对正义的基础问题有效。在其他问题上，为合法程序能作出的多数群体决断是一个可靠的标准。

㊻ 对此可以参见上文第三十一节第 4 点。

㊼ 奥尼尔和伯曼突出强调了这点。（O’Neil，“Practices of Toleration” 和 Bohman，“Reflexive Toleration in a Deliberative Democracy”。）

㊽ 有一种常常被表达（并部分合理）的批判，它认为关于政治讨论的特定自由主义提法，特别是罗尔斯式的提法，会笼统地排除宗教立场。我对相关问题的讨论位于 Forst，*Kontexte der Gerechtigkeit*，155—161 u. 191—215。关于对纯然“世俗的”基础的要求，参见 Audi，*Religious Commitment and Secular Reason*，Kap. 4。以及 Schmidt，“Glaubenüberzeugungen und säkularé Gründe”。更近一些的讨论参见 Weithmann（Hg.），*Religion and Contemporary Liberalism*。

㊾ Du Bois，*The Souls of Black Folk*，45. 对此还能参见萨特（Sartre，“Betrachtungen zur Judenfrage”）的反思。

㊿ 对此参见拉登（Laden，Reasonably Radical，144—151.）的分析。

(51) 弗雷泽曾围绕着这种必要性而谈及“解构性的转变”。（Fraser，“From Redistribution to Recognition?”，27—31.）

(52) Brown，“Reflexionen über Toleranz im Zeitalter der Identität”，276.

(53) Ebd., 281.

(54) Ebd., 276.

(55) Brown, *States of Injury*, Kap. 3 u. 5.

(56) Ebd., 66—76.

(57) Foucault, *Was ist Kritik*?, 12—15.

(58) 特殊团体权利总是会遇到"差异两难",根据这种两难,那些特定的、因各个团体追求实质性平等对待而被赋予的权利,会带来现存的差异和诸多身份。Vgl. Minow, *Making all the Difference*.

(59) 关于这一点,一份清晰的研究参见 Barry, *Culture and Equality*, bes. Kap. 7 u. 8。关于承认之合法性、文化性和社会经济维度的全面讨论,参见 Fraser und Honneth, *Umverteilung oder Anerkennung*?

(60) 参见福柯对"压迫假设"的批判。(Sexualität und Wahrheit I: Der Wille zum Wissen)

(61) Marcuse, "Repressive Toleranz", 142.

(62) Brown, *States of Injury*, 70—74.

(63) 作为对规训性宽容的批判,这种观点还预设了一种对作为权力主体的自我的批判,但为了做到这一点,它又要预设自由(与权力)。关于这种批判的维度以及这种自由理解,参见 Foucault, *Was ist Kritik*? 与"Was ist Aufklärung?"

(64) 但是,常用的"耶稣受难像案"这个说法是不正确的,因为它并非仅仅关于耶稣受难像的,而且是关于教室里的十字架的,此外,这并非一个判例(Urteil),而是一个决议(Beschluss)。

更多的社会反响参见下列文献和讨论:Pappert (Hg.), Den Nerv Getrofen; Streithofen (Hg.), Das Kruzifixurteil. Deutschland vor einem nenen Kulturkampf?; Hollerbach et al. (Hg.), Das Kreuz im Widerspruch;政治法律方面的分析请参见 Brugger u. Huster (Hg.), Der Streit um Das Krenz in der Schule; Denninger, »Der Einzelne und das allgemeine Gesetz«; Frankenberg, Die Verfassnng der Republik, Kap. 7;富于细节的讨论参见 Huster, Die ethische Neutralität des Staates, Kap. 3。

(65) 参见慕尼黑高级行政法院 1991 年 6 月 3 日的决议(7 CE 91. 1014),载于 *Neue Zeitschrift für Verwaltungsrecht* 1991, 1099—1101,此处见 1100。

(66) Ebd.

(67) Ebd., 1101.

(68) Ebd.

(69) Ebd.

(70) 两份陈述均引自联邦宪法法院于 1995 年 5 月 16 日的判决(1 BvR 1087/91),

in Europäische Grundrechte-Zeitschrift 22，1995，359—369。

(71) 参见慕尼黑高级行政法院，1101。

(72) 同样地，参见丹宁格（Denninger，» Der Einzelne und das allgemeine Gesetz«，429.）针对少数群体被排挤至法律蔑视的灰色地带和边缘地带，丹宁格提出了对宽容概念的批判。

(73) 参见慕尼黑高级行政法院，1101。

(74) 参见联邦宪法法院，363。

(75) Ebd.，364.

(76) Ebd.，367.

(77) Ebd.，368.

(78) 与此案相关的社会反响，请参见注释(64)中所引用的出版物。

(79) 巴伐利亚高等行政法院对此表示怀疑，并由联邦行政法院（6 C 18.98）在1999年4月的裁决中予以纠正。然而，原则上，巴伐利亚的法规已经得到了批准。

(80) Böckenforde，» Die Entstehung des Staates als Vorgang der Säkularisation«，112，das andere Zitat findet sich auf S. 111.

(81) So Böckenförde，» Religion im säkularen Staat«.

(82) So Böckenforde，» Die Zukunft politischer Autonomie«，111.

(83) 这并不是说，这是博肯弗尔德本人对于耶稣受难像的立场；vgl. etwa Böckenforde，»› *Kopftuchstreit‹ auf dem richtigen Weg?* «，726，关于耶稣受难像和（下文有待提及的）头巾案件之间的区别。一个可能的方向是，借鉴伍腾贝尔格（Würtenberger）的思考，参见 Würtenberger，» Zu den Voraussetzungen des freiheitlichen，säkularen Staates«，同时参见 Böckenforde。

(84) 布伯纳（Bubner，» Zur Dialektik der Toleranz«）在另一种意义上说到"均质化的多数群体"（58）与少数群体之间的辩证关系，少数群体被视为惯常规则的例外情况，但没有在法律权利或道德权利上获得平等的待遇。这样一来，宽容提法就是徒劳（因此与允许提法是完全相互关联的）。

(85) 参见2001年6月26日巴登—符腾堡州行政法院（曼海姆）的判决（VGH 4 S 1439/00）中所引用的学校当局的观点；in *Neue Juristische Wochenschrift*，2001，2899—2905。

(86) 参见联邦行政法院于2002年7月4日的判决（BverwG 2 C 21.01）。

(87) VGH Mannheim，2903.

(88) Ebd.，2900.

(89) 参见吕讷堡行政法院于2000年10月16日的判决（I A 98/00），in *Neue Juristische Wochenschrift*，2000，768（该判决于2002年被吕讷堡高等行政法院推翻）。由于判决是在手稿印刷前就已经发布的，因此只能在此补充，联邦宪法法院于 2003 年 9 月 24 日保留了巴登—符腾堡州教师候选人的申诉（2 BvR 1436/02）。它这样做是出于上述的一系列理由，但却赋予州立法机构（而不是政府当局或法院）以广泛的权威来改变学校（在这个案件中是缺失的）所允许的一些宗教层面上的规定。

⑨⓪ Böckenförde，»Kopftuchstreit auf dem richtigen Weg? «，727.

⑨① Ebd.，727 u. 726.

⑨② 同样可以参见 Carens，*Culture*，*Citizenship*，*and Community*，Kap. 6，他指出一些与穆斯林团体相关的类似案例。

⑨③ VG Stuttgart，Urteil vom 24.3.2000（VG 15 K 532/99），in *Neue Zeitschrift für Verwaltungsrecht*，2000，961.

⑨④ VGH Mannheim，2904. 联邦行政法院就"薄伽梵"教派的事件作出了相应的裁决（1988 年 3 月 8 日的裁决，in *Neue Zeitschrift für Verwaltungsrecht*，1988，938 ff.）。

⑨⑤ VCH Mannheim，2900.

⑨⑥ 详尽的分析请参见 Galeotti，»Zu einer Neubegründung liberaler Toleranz«。

⑨⑦ Vgl. auch Hellermann，»Der Grundrechtsschutz der Religionsfreiheit ethnisch-kultureller Minderheiten«.

⑨⑧ 联邦行政法院于 1993 年 8 月 25 日的裁定（6 C 8/91），in *Neue Zeitschrift für Verwaltungsrecht* 1994，578—581。

⑨⑨ Ebd.，578.

⑩⓪ Ebd.，581.

⑩① Wisconsin v. Yoder（406 US 205；1972），209—213.

⑩② Ebd.，222.

⑩③ Ebd.，224.

⑩④ Ebd.，218. 举一些例子：竞争精神、智识上和学术上的努力、努力奔向世俗的成功，以及"与其他同学的社交生活"（211）。

⑩⑤ Ebd.，222.

⑩⑥ Ebd.，224.

⑩⑦ Spinner，The Boundaries of Citizenship，88—108.

⑩⑧ Ebd.，103，107.

⑩⑨ So Spinner，ebd.，102，und Macedo，»Liberal Civic Education and Religious Fundamentalism：The Case of god v. John Rawls? «，489.

⑪⓪ Barry，Culture and Equality，243.

⑪① Mozert v. Hawkins County Board of Education，827 F. 2 d 1058（6th Cir. 1987），1061.

⑫　Ebd., 1062.

⑬　Ebd., 1069.

⑭　Vgl. dazu Gutmann u. Thompson, *Democracy and Disagreement*, 63f.

⑮　Mozert v. Hawkins County Board of Education, 1069. Daneben die Diskussion bei Macedo, »Liberal Civic Education and Religious Fundamentalism«.

⑯　出于此种理由，古特曼和汤普森拒斥原告的诉求，认为这违反了他们所理解的交互性原则。（Gutmann u. Thompson, *Democraey and Disagreement*, 65.）

⑰　例如，1999 年（此后被撤销），在堪萨斯州，进化论被禁止在学校课程中讲授。

⑱　巴里正确地提出并批评，当这些教育主张仅限于"公立"学校时，这些主张就会被敷衍了事地加以拒绝（Barry, *Culture and Equality*, 247）。马塞多（Macedo, »Liberal Civic Education and Religious Fundamentalism«, 476.）主张，学校在进化与创造的问题上应该保持"宗教"的沉默，他走得太远了。科学理论不是"整全性学说"。

⑲　So Stolzenberg. »›He Drew a Circle That Shut Me out‹: Assimilation, Indoctrination, and the Paradox of Liberal Education«; daneben, wenn auch mit anderer Wertung, Fish, »Mission Imposible: Settling the Just Bounds Between Church and State«.

⑳　此处应提及联邦宪法法院于 2000 年 12 月 19 日的判决（2 BvR 1500/97），根据该判决，作为耶和华见证人的宗教团体不得以不忠于国家为由否认其在公共法律下的法人地位。根据国家中立原则，即使是永久存在的共同体也只有遵守法律，才能获得这种地位，不允许对其信仰进行更广泛的道德评估——但考虑到他的基本权利可能受到侵害，例如愿意主动离开团体的成员。此外，在关于某些案件中不同层级的理性判决中（2002 年 1 月 15 日；1 BvR 1783/99），法院声称，通过考察某一规定是否对所有属于该宗教的人都是强制性的，以反驳由宗教信徒全面提出的具有宗教性质的"强制性规定"这一论点。在这种情况下，作为动物保护法规之外的特殊情况，涉及穆斯林屠夫的职业自由（与他的宗教自由有关）的屠宰行为，被认为是允许的。然而，如果屠宰等做法给动物造成严重痛苦，是否应该对这种做法保持宽容，则仍是一个有争议的规范性问题。动物是需要受到道德保护的，即使它们不是有道德的人类，因此在这个问题中，必须考虑交互性原则的某些方面，例如，关于被认为合法的动物治疗而言，主要考虑因素是这种做法对动物造成了多少痛苦，以及约束力的限制一般应该在哪里。

㉑　Spaemann, »Was nicht des Staates ist«.

㉒　So etwa Kardinal Meisner, »Der Bundeskanzler muß das Ehediskriminierungsgesetz

aufhalten«，他对 2001 年 8 月 1 日生效的联邦共和国民事伴侣登记法提出批评：
"政府的政策直接攻击基督教在这个国家对婚姻和家庭的承诺，明确提倡《圣
经》教导的行为，而西方基督教传统和教会的教义与创造的秩序相矛盾。"类
似的观点参见 Finnis，»Law，Morality，and › Sexual Orientation‹ «。

⑫ 有关宪法的全面讨论，请参见 Huster, Die ethische Neutralität des Staates, Kap. 6.

⑫ 桑德尔也强调这一点（Sandel，»Moral Argument and Liberal Toleration«，534.）。
然而，在他看来，同性伴侣必须具有与传统婚姻相同的美德，这样一来，同
性伴侣才能在社会和法律上得到宽容——这反过来又迫使他们拥有某种身
份——涉及对同性婚姻在象征意义上的承认，参见 Galcotti，»Toleration as Rec-
ognition：The Case for Same-Sex Marriages«，und Huster, Die ethische Neutralität des
Staates, 613。

⑫ 民事伴侣关系登记法与 2002 年 7 月 17 日以来联邦宪法法院的《基本法》相一
致，其判决也是如此（1 BvF 1/01）。

⑫ Vgl. dazu Dees, Trust and Toleration, 148—150.

⑫ Vgl. Paterson，»Children of Lesbian and Gay Parents：Summary of Research Findings«，
und Flaks et al.，»Lesbians Choosing Motherhood：A Comparative Study of Lesbian
and Homosexual Parents and Their Children«.

⑫ 它不同于一夫多妻制，例如，一夫多妻制这种做法尤其反对两性平等这一
规范。

⑫ Vgl. etwa Spaemann，»Bemerkungen zum Begriff des Fundamentalismus«，193 f.：
"自由主义的社会倾向于完全废除宽容。在禁止和平等之间只有一种选择。宽
容的权利正逐渐向平等的权利转变。……自由主义国家的一项成就在于，他
们不再惩罚成年人中的同性恋行为。然而，现在有一种强烈的倾向，即在法
律文本中谈论两种可能的性取向，并且不再仅仅将与人类繁殖相关的性行为
描述为正常的，不再仅仅将婚姻等制度置于国家的特殊保护之下。"

⑬ Vgl. Rawls, Eine Theorie der Gerechtigkeit，247："一个人只有权利抱怨他人损害了
其自身所承认的基本原则。"

⑬ 这就是禁止"仇恨言论"（hate speech）的重要问题所在；至于美国与德国的
法律规定之间的比较，参见 Brugger，»Verbot oder Schutz von Haßrede？«.

⑬ 罗尔斯指出存在真正危险的必要性，参见 Rawls, Eine Theorie der Gerechtigkeit，249。

⑬ 参见德国联邦议会关于取缔德国国家民主党的动议，该议案从根本上讨论了
这个问题，由 G. Frankenberg 和 W. Löwer 撰写（2001 年 3 月 29 日）。它试图
表明，国家民主党积极反对联邦共和国民主和自由宪法的基本原则，并与国
家社会主义密切勾连。关于对这项禁令的赞成和反对，请参见 Leggewie u.
Meier（Hg.），Verbot der NPD oder Mit Rechtsradikalen leben？ 联邦宪法法院于 2003

年 3 月 18 日（2 BvB 1/01）根据诉讼法作出决定，终止了该项禁令诉讼。

⑬④ Vgl. Bobbio，»Gründe für die Toleranz«，104；Rawls，*Eine Theorie der Gerechtigkeit*，249.

⑬⑤ Vgl. dazu Forst，"Zu einer kritischen Theorie transnationaler Gerechtigkeit".

⑬⑥ Vgl. Forst，"Das grundlegende Recht auf Rechtfertigung".

⑬⑦ 当然这绝不能回答对"非-可宽容"国家进行干涉的合法性的问题。

⑬⑧ Bloch，Naturrecht und menschliche Würde，215.

参考文献

Abailard, Pierre, *Gespräch eines Philosophen, eines Juden und eines Christen*, lat.-dt., übers. v. H.-W. Krautz, Frankfurt/Main: Insel, 1996.

ders., *Nosce te ipsum*, übers. v. F. Hommel, Wiesbaden: Metopen, 1947.

Acontius, Jacobus, *Stratagematum satanae Libri VIII* (1565), hg. v. G. Radetti, Florenz: Vallechi, 1946.

Adorno, Theodor W., *Studien zum autoritären Charakter*, übers. v. M. Weinbrenner, Frankfurt/Main: Suhrkamp, 1995.

ders. et al., *The Authoritarian Personality*, New York: Harper, 1950.

Althusius, Johann, *Politica methodice digesta*, Herborn 1614, Neudruck Aalen: Scientia, 1961.

Anderson, Benedict, *Imagined Communities. Reflections on the Origins and Spread of Nationalism*, London u. New York: Verso, 1991.

Anderson, Elisabeth, *Value in Ethics and Economics*, Cambridge, Mass.: Harvard University Press, 1993.

Apel, Karl-Otto, »Faktische Anerkennung oder einsehbar notwendige Anerkennung?«, in *Auseinandersetzungen in Erprobung des transzendentalpragmatischen Ansatzes*, Frankfurt/Main: Suhrkamp, 1998, 221-280.

ders., »Plurality of the Good? The Problem of Affirmative Tolerance in a Multicultural Society from an Ethical Point of View«, *Ratio Juris* 10, 1997, 199-212.

Aristoteles, *Die Nikomachische Ethik*, übers. v. O Gigon, München: Deutscher Taschenbuch Verlag, 1972.

Arnold, Gottfried, *Unpartheyische Kirchen- und Ketzerhistorie, vom Anfang des neuen Testaments bis auff das Jahr Christi 1688*, 2 Bände, 1699/1700, ND (der Ausgabe von 1729) Hildesheim: Olms, 1967.

Assmann, Jan, »Praktiken des Übersetzens und Konzepte von Toleranz im Alten Orient und in der hellenistisch-römischen Antike«, in A. Wierlacher (Hg.), *Kulturthema Toleranz*, München: Iudicium, 1996, 283-306.

Aubert, Roger, »Das Problem der Religionsfreiheit in der Geschichte des Christentums«, in H. Lutz (Hg.), *Zur Geschichte der Toleranz und Religionsfreiheit*, Darmstadt: Wissenschaftliche Buchgesellschaft, 1977, 422-454.

Audi, Robert, *Religious Commitment and Secular Reason*, Cambridge: Cambridge University Press, 2000.

Augustinus, *Ausgewählte Briefe*, 2 Bände, übers. v. A. Hoffmann, Bibliothek der Kirchenväter IX u. X, Kempten u. München: Kösel, 1917.

ders., *Contra epistulam Parmeniani*, in Patrologiae cursus completus, series latina, hg. v. P. G. Migne, Band 43, ND Turnhout: Brepols, o. J.

ders., *De civitate dei/ Vom Gottesstaat*, 2 Bände, übers. v. W. Thimme, Zürich u. München: Artemis, 1978.

ders., *De ordine*, in Patrologiae cursus completus, series latina, hg. v. P. G. Migne, Band 32, ND Turnhout: Brepols, o. J.

ders., *Über die Psalmen*, übers. v. H. W. v. Balthasar, Einsiedeln: Johannes Verlag, 1983.

ders., *In Johannis Evangelium*, in Patrologiae cursus completus, series latina, hg. v. P. G. Migne, Band 35, Paris 1845.

ders., *Sermo Lambot*, in Patrologiae cursus completus, series latina, hg. v. P. G. Migne, Suppl. Band 2, Paris: Editions Garnier Frères, 1960.

Averroes (Ibn Rušd), »Die entscheidende Abhandlung« (»Harmonie der Religion und Philosophie«), in *Philosophie und Theologie von Averroes*, hg. v. M. Vollmer, übers. v. M. J. Müller, Weinheim: VCH, Acta Humaniora, 1991, 1-28.

ders., *Tahafut al-Tahafut* (The Incoherence of the Incoherence), übers. v. S. van den Bergh, Bd. 1, London: Luzac & Co, 1954.

Bainton, Roland H., *Erasmus. Reformer zwischen den Fronten*, übers. v. E. Langerbeck, Göttingen: Vandenhoeck & Ruprecht, 1972.

Balke, Friedrich et al. (Hg.), *Schwierige Fremdheit. Über Integration und Ausgrenzung in Einwanderungsländern*, Frankfurt/Main: Fischer, 1993.

Barbers, Meinulf, *Toleranz bei Sebastian Franck*, Bonn: Ludwig Röhrscheid Verlag, 1964.

Barry, Brian, *Culture and Equality. An Egalitarian Critique of Multiculturalism*, Cambridge: Polity, 2001.

ders., *Justice as Impartiality*, Oxford: Clarendon Press, 1995.

Barton, Peter F., »Das Toleranzpatent von 1781. Edition der wichtigsten Fassungen«, in P. F. Barton (Hg.), *Im Zeichen der Toleranz. Aufsätze zur Toleranzgesetzgebung des 18. Jahrhunderts im Reiche Joseph II.*, Wien: Institut für protestantische Kirchengeschichte, 1981, 154-198.

Bartsch, Gerhard (Hg.), *De Tribus Impostoribus Anno MDIIC / Von den drei Betrügern 1598 (Moses, Jesus, Mohammed)*, übers. v. R. Walther, Berlin: Akademie-Verlag, 1960.

Bartuschat, Wolfgang, »Einleitung«, in Spinoza, *Ethik in geometrischer Ordnung dargestellt*, übers. v. hg. v. W. Bartuschat, Hamburg: Meiner, 1999 VII-XXIV.

Battenberg, Friedrich, *Das europäische Zeitalter der Juden. Zur Entwicklung einer Minderheit in der nichtjüdischen Umwelt Europas 1*, Darmstadt: Wissenschaftliche Buchgesellschaft, 1990.

ders., »Jews in Ecclesiastical Territories«, in R. Po-Chia Hsia u. H. Lehmann (Hg.), *In and Out of the Ghetto*, Cambridge: Cambridge University Press, 1995, 247-274.

Bauböck, Rainer, »Liberal Justifications for Ethnic Group Rights«, in C.

Joppke u. S. Lukes (Hg.), *Multicultural Questions*, Oxford: Oxford University Press, 1999, 133-157.

Bauman, Zygmunt, *Moderne und Ambivalenz*, übers. v. M. Suhr, Frankfurt/Main: Fischer, 1996.

Bayle, Pierre, *Avis important aux refugiez sur leur prochain retour en france*, in *Oeuvres diverses* II, La Haye 1727, Nachdruck Hildesheim: Georg Olms, 1965.

ders., *Ce que c'est que la france toute catholique générale sous le règne de Louis Le Grand*, in *Oeuvres diverses* II, La Haye 1727, Nachdruck Hildesheim: Georg Olms, 1965.

ders., *Commentaire philosophique sur ces paroles de Jésus-Christ »Contrain-les d'entrer«*, in *Oeuvres diverses* II, La Haye 1727, Nachdruck Hildesheim: Georg Olms, 1965. (Dt. *Herrn Peter Baylens Tractat von der allgemeinen Toleranz oder Philosophischer Commentar über die Worte Christi Nöthige sie herein zu kommen*, übers. v. D. Semerau, Wittenberg: Dürr, 1771.)

ders., *Continuation des Pensées diverses*, in *Oeuvres diverses* III, La Haye 1727, Nachdruck Hildesheim: Georg Olms, 1966.

ders., *Critique générale de l'histoire du calvinisme du P. Maimbourg*, in *Oeuvres diverses* II, La Haye 1727, Nachdruck Hildesheim: Georg Olms, 1965.

ders., *Entretiens de Maxime et de Themiste*, in *Oeuvres diverses* IV, La Haye 1731, Nachdruck Hildesheim: Georg Olms, 1968.

ders., *Historisches und Critisches Wörterbuch*, übers. v. J. Gottsched, Band I (1741), Nachdruck Hildesheim: Georg Olms, 1974; Band II (1742), Nachdruck Hildesheim: Georg Olms, 1975; Band III (1743), Nachdruck Hildesheim: Georg Olms, 1977; Band IV (1744), Nachdruck Hildesheim: Georg Olms, 1978. (Frz. *Choix d'articles tires du Dictionnaire historique et critique*, in *Oeuvres diverses*, Vol. suppl., hg. v. E. Labrousse, 2 Bände, Hildesheim: Georg Olms, 1982.) (Neuere deutsche Übersetzung einer Auswahl gekürzter Artikel in *Historisches und kritisches Wörterbuch*, hg. v. G. Gawlick u. L. Kreimendahl, Hamburg: Meiner, 2003.)

ders., *Nouvelles lettres de l'auteur de la critique générale de l'histoire du calvinisme*, in *Oeuvres diverses* II, La Haye 1727, Nachdruck Hildesheim: Georg Olms, 1965.

ders., *Verschiedene einem Doktor der Sorbonne mitgeteilte Gedanken über den Kometen, der im Monat Dezember 1680 erschienen ist*, übers. v. J. Faber, hg. v. J. Gottsched, 1741, Leipzig: Philipp Reclam jun., 1975. (Frz. *Pensées diverses ecrites à un Docteur de Sorbonne*, in *Oeuvres diverses* III, La Haye 1727, Nachdruck Hildesheim: Georg Olms, 1966.)

Becker, Werner, »Nachdenken über Toleranz. Über einen vernachlässigten Grundwert unserer verfassungsmoralischen Orientierung«, in S. Dietz et al. (Hg.), *Sich im Denken orientieren*, Frankfurt/Main: Suhrkamp, 1996, 119-139.

ders., »Toleranz: Grundwert der Demokratie?«, *Ethik und Sozialwissenschaften* 8, 1997, 413-423.

Bejczy, István, »Tolerantia: A Medieval Concept«, *Journal of the History of Ideas* 58, 1997, 365-384.

Benhabib, Seyla, *Kulturelle Vielfalt und demokratische Gleichheit*, übers. v. U. Gräfe, Frankfurt/Main: Fischer, 1999.

dies., »Über Achtung und Versöhnung. Gerechtigkeit und das gute Leben. Antwort auf Herta Nagl-Docekal und Rainer Forst«, übers. v. R. Ansén, *Deutsche Zeitschrift für Philosophie* 45, 1997, 975-990.

Berghahn, Klaus L., *Grenzen der Toleranz. Juden und Christen im Zeitalter der Aufklärung*, Köln-Weimar-Wien: Böhlau, 2001.

Berlin, Isaiah, *Against the Current. Essays in the History of Ideas*, London u. New York: Penguin, 1982.

ders., »The Counter-Enlightenment«, in *Against the Current*, London u. New York: Penguin, 1982, 1-24.

ders., »The Originality of Machiavelli«, in *Against the Current*, London u. New York: Penguin, 1982, 25-79.

ders., »The Pursuit of the Ideal«, in *The Crooked Timber of Humanity. Chapters in the History of Ideas*, New York: Vintage, 1992, 1-19.

ders., »Two Concepts of Liberty«, in *Four Essays on Liberty*, Oxford: Oxford University Press, 1969, 118-172.

ders., *Vico and Herder. Two Studies in the History of Ideas*, London u. New York: Penguin, 1976.

Berman, Harold J., *Recht und Revolution. Die Bildung der westlichen Rechtstradition*, übers. v. H. Vetter, Frankfurt/Main: Suhrkamp, 1991.

ders., »Religious Freedom and the Challenge of the Modern State«, in J. D. Hunter u. O. Guinness (Hg.), *Articles of Faith, Aricles of Peace. The Religious Liberty Clauses and the American Public Philosophy*, Washington, D. C.: The Brookings Institution, 1990, 40-53.

Bermbach, Udo, »Widerstandsrecht, Souveränität, Kirche und Staat: Frankreich und Spanien im 16. Jahrhundert«, in I. Fetscher u. H. Münkler (Hg.), *Pipers Handbuch der politischen Ideen* 3, München: Piper, 1985, 101-162.

Bernstein, Richard J., »The Retrieval of the Democratic Ethos«, in A. Arato u. M. Rosenfeld (Hg.), *Habermas on Law and Democracy*, Berkeley u. Los Angeles: California University Press, 1998, 287-305.

Besier, Gerhard u. Klaus Schreiner, »Toleranz«, in O. Brunner, W. Conze, R. Koselleck (Hg.), *Geschichtliche Grundbegriffe* 6, Stuttgart: Klett-Cotta, 1990, 445-605. (445-494 u. 524-605 Schreiner, 495-523 Besier).

Bethge, Herbert, »Gewissensfreiheit«, in J. Isensee u. P. Kirchhof (Hg.), *Handbuch des Staatsrechts der Bundesrepublik Deutschland*, Heidelberg: C. F. Müller, 1989, 435-470.

Bielefeldt, Heiner u. Wilhelm Heitmeyer (Hg.), *Politisierte Religion. Ursachen und Erscheinungsformen des modernen Fundamentalismus*, Frankfurt/ Main: Suhrkamp, 1998.

Bienert, Walther, *Martin Luther und die Juden*, Frankfurt/Main: Evangelisches Verlagswerk, 1982.

Blaschke, Lotte, »Der Toleranzgedanke bei Sebastian Franck«, in H. Lutz (Hg.), *Zur Geschichte der Toleranz und Religionsfreiheit*, Darmstadt: Wissenschaftliche Buchgesellschaft, 1977, 42-63.

Bloch, Ernst, *Naturrecht und menschliche Würde*, Frankfurt/Main: Suhrkamp, 1977.

Blumenberg, Hans, *Säkularisierung und Selbstbehauptung*, Frankfurt/Main: Suhrkamp, 1974.

ders., »Selbsterhaltung und Beharrung. Zur Konstitution der neuzeitlichen Rationalität«, in H. Ebeling (Hg.), *Subjektivität und Selbsterhaltung. Beiträge zur Diagnose der Moderne*, Frankfurt/Main: Suhrkamp, 1976, 144-207.

Bobbio, Norberto, »Gründe für die Toleranz«, in *Das Zeitalter der Menschenrechte*, übers. v. U. Hausmann, Berlin: Wagenbach, 1998, 87-106.

Boccaccio, Giovanni, *Das Dekameron*, übers. v. K. Witte, durchges. v. H. Bode, Düsseldorf: Albatros, 2001.

Böckenförde, Ernst-Wolfgang, »Die Entstehung des Staates als Vorgang der Säkularisation«, in *Recht, Staat, Freiheit*, Frankfurt/Main: Suhrkamp, 1991, 92-114.

ders., »Die Zukunft politischer Autonomie«, in *Staat, Nation, Europa. Studien zur Staatslehre, Verfassungstheorie und Rechtsphilosophie*, Frankfurt/Main: Suhrkamp, 1999, 103-126.

ders., »Einleitung zur Textausgabe der ›Erklärung über die Religionsfreiheit‹«, in H. Lutz (Hg.), *Zur Geschichte der Toleranz und Religionsfreiheit*, Darmstadt: Wissenschaftliche Buchgesellschaft, 1977, 401-421.

ders., »›Kopftuchstreit‹ auf dem richtigen Weg?«, *Neue Juristische Wochenschrift*, 2001, Heft 10, 723-728.

ders., »Religion im säkularen Staat«, *Universitas* 51, 1996, 990-998.

ders., »Toleranz – Leidensgeschichte der christlichen Kirchen«, in *Recht, Sittlichkeit, Toleranz*, Ulm: Humboldt-Studienzentrum, 2001.

Böckenförde, Ernst-Wolfgang u. Robert Spaemann (Hg.), *Menschenrechte und Menschenwürde. Historische Voraussetzungen – säkulare Gestalt – christliches Verständnis*, Stuttgart: Klett-Cotta, 1987.

Bodin, Jean, *Colloquium heptaplomeres de rerum sublimium arcanis abditis*, Stuttgart – Bad Cannstatt: Frommann, 1966 (Faks.-Druck d. Ausgabe v. L. Noack, Schwerin 1857). (Engl. *Colloquium of the Seven about Secrets of the Sublime*, übers. v. M. L. D. Kuntz, Princeton: Princeton University Press, 1975.)

ders., *Sechs Bücher über den Staat* 1, Buch I-III, übers. v. B. Wimmer, hg. v. P. C. Mayer-Tasch, München: C. H. Beck, 1981.

ders., *Sechs Bücher über den Staat* 2, Buch IV-VI, übers. v. B. Wimmer, hg. v. P. C. Mayer-Tasch, München: C. H. Beck, 1986.

ders., *Vom Ausgelaßnen Wütigen Teuffelsheer Allerhand Zauberern, Hexen unnd Hexenmeistern*, übers. v. J. Fischart, Straßburg 1591, Neudruck Graz: Akad. Druck und Verlagsanstalt, 1973.

Bohman, James, »Reflexive Toleration in a Deliberative Democracy«, in C. McKinnon u. D. Castiglione (Hg.), *The Culture of Toleration in Diverse Societies*, Manchester: Manchester University Press, 2003, 111-131.

Bohn, Ursula, »Moses Mendelssohn und die Toleranz«, in P. v. d. Osten-Sacken (Hg.), *Toleranz heute. 250 Jahre nach Mendelssohn und Lessing*, Berlin: Institut Kirche und Judentum, 1979, 26-36.

Bornkamm, Heinrich, »Luthers Lehre von den zwei Reichen im Zusammenhang seiner Theologie«, in H.-H. Schrey, *Reich Gottes und Welt. Die Lehre Luthers von den zwei Reichen*, Darmstadt: Wissenschaftliche Buchgesellschaft, 1969, 165-195.

Bosl, Karl, »Reformorden, Ketzer und religiöse Bewegungen in der hochmittelalterlichen Gesellschaft«, in I. Fetscher u. H. Münkler (Hg.), *Pipers Handbuch der politischen Ideen* 2, München: Piper, 1993, 243-310.

Bossuet, Jacques-Benigne, *Politique tirée des propres parole de l'Ecriture Sainte*, hg. v. J. Le Brun, Genf: Droz, 1967.

Bossy, John, »English Catholics after 1688«, in O. P. Grell, J. I. Israel, N. Tyacke (Hg.), *From Persecution to Toleration: The Glorious Revolution and Religion in England*, Oxford: Clarendon Press, 1991, 369-388.

Boyle, Kevin u. Juliet Sheen (Hg.), *Freedom of Religion and Belief. A World Report*, London u. New York: Routledge, 1997.

Brandt, Reinhard, »Freiheit, Gleichheit, Selbständigkeit bei Kant«, in Forum für Philosophie Bad Homburg (Hg.), *Die Ideen von 1789 in der deutschen Rezeption*, Frankfurt/Main: Suhrkamp, 1989, 90-127.

Broer, Ingo, »Toleranz im Neuen Testament?«, in I. Broer u. R. Schlüter (Hg.), *Christentum und Toleranz*, Darmstadt: Wissenschaftliche Buchgesellschaft, 1996, 57-82.

Brown, Peter, *Augustinus von Hippo*, Frankfurt/Main: Societäts-Verlag, 1982.

Brown, Wendy, »Reflexionen über Toleranz im Zeitalter der Identität«, übers. v. M. Iser, in R. Forst (Hg.), *Toleranz*, Frankfurt/Main: Campus, 2000, 257-281.

dies., *States of Injury. Power and Freedom in Late Modernity*, Princeton: Princeton University Press, 1995.

Brugger, Winfried, »Verbot oder Schutz von Haßrede? Rechtsvergleichende Beobachtungen zum deutschen und amerikanischen Verfassungsrecht«, *Archiv des öffentlichen Rechts*, i. E.

Brugger, Winfried u. Stefan Huster (Hg.), *Der Streit um das Kreuz in der Schu-*

le. Zur religiös-weltanschaulichen Neutralität des Staates, Baden-Baden: Nomos, 1998.

Brumlik, Micha, *Deutscher Geist und Judenhaß. Das Verhältnis des philosophischen Idealismus zum Judentum*, München: Luchterhand, 2000.

Brush, Craig B., *Montaigne and Bayle. Variations on the Theme of Skepticism*, Den Haag: Nijhoff, 1966.

Brutus, Stephanus Junius (Pseudonym), »Strafgericht gegen die Tyrannen oder Die legitime Macht des Fürsten über das Volk und des Volkes über den Fürsten«, in J. Dennert (Hg.), *Beza, Brutus, Hotmann. Calvinistische Monarchomachen*, übers. v. H. Klingelhöfer, Köln u. Opladen: Westdeutscher Verlag, 1968.

Bubner, Rüdiger, »Zur Dialektik der Toleranz«, in R. Forst (Hg.), *Toleranz*, Frankfurt/Main: Campus, 2000, 45-59.

Burckhardt, Jacob, *Die Kultur der Renaissance in Italien. Ein Versuch*, Stuttgart: Kröner, 1976.

Burgess, Glenn, »Thomas Hobbes: Religious Toleration or Religious Indifference?«, in C. J. Nederman u. J. C. Laursen (Hg.), *Difference and Dissent. Theories of Toleration in Medieval and Early Modern Europe*, Lanham et al.: Rowman & Littlefield, 1996, 139-162.

Calvin, Johannes, *Unterricht in der christlichen Religion* (Institutio Christianae Religionis), übers. v. O. Weber, Band 3, Neukirchen: Buchhandlung des Erziehungsvereins Neukirchen Kreis Moers, 1937.

Campenhausen, Axel Freiherr von, »Religionsfreiheit«, in J. Isensee u. P. Kirchhof (Hg.), *Handbuch des Staatsrechts VI: Freiheitsrechte*, Heidelberg: C. F. Müller, 1989, 369-434.

Cancik, Hubert u. Hildegard Cancik-Lindemaier, »Moralische *tolerantia* — wissenschaftliche Wahrnehmung des Fremden — religiöse Freiheit und Repression«, in A. Wierlacher (Hg.), *Kulturthema Toleranz*, München: Iudicium, 1996, 263-282.

Carens, Joseph H., *Culture, Citizenship, and Community. A Contextual Exploration of Justice as Evenhandedness*, Oxford: Oxford University Press, 2000.

ders., »Liberalism and Culture«, *Constellations* 4, 1997, 35-47.

Cassirer, Ernst, *Die Philosophie der Aufklärung*, Hamburg: Meiner, 1998.

Carlin, Norah, »Toleration for Catholics in the Puritan Revolution«, in O. P. Grell u. B. Scribner (Hg.), *Tolerance and Intolerance in the European Reformation*, Cambridge: Cambridge University Press, 1996, 216-230.

Castellio, Sebastian, *Conseil à la France désolée* (1562), zit. nach der engl. Fassung in Castellio, *Concerning Heretics*, hg. u. übers. v. R. Bainton, Anhang, New York: Columbia University Press, 1935.

ders., *Über die Ketzer, ob man sie verfolgen soll* (Vorrede v. M. Bellius aus De haereticis an sint persequendi), dt. in H. Guggisberg (Hg.), *Religiöse Toleranz*, Stuttgart-Bad Cannstatt: frommann-holzboog, 1984, 89-99.

Chang, Ruth (Hg.), *Incommensurability, Incomparability, and Practical Reason*, Cambridge, Mass.: Harvard University Press, 1997.

Cicero, *Paradoxa Stoicorum*, in *De oratore*, lat. u. engl. (übers. v. H. Rackham), Cambridge, Mass.: Harvard University Press, 1948.

ders., *Vom höchsten Gut und größten Übel/ De finibus bonorum et malorum*, übers. v. R. Kühner, München: Goldmann, o. J.

Cohen, Joshua, »Moral Pluralism and Political Consensus«, in D. Copp, J. Hampton u. J. Roemer (Hg.), *The Idea of Democracy*, Cambridge: Cambridge University Press, 1993, 270-291.

Colomer, Eusebio, »Die Vorgeschichte des Motivs vom Frieden im Glauben bei Raimund Lull«, in R. Haubst (Hg.), *Der Friede unter den Religionen nach Nikolaus von Kues*, Mainz: Matthias-Grünewald-Verlag, 1984, 82-112.

Conrad, Hermann, »Religionsbann, Toleranz und Parität am Ende des alten Reiches«, in H. Lutz (Hg.), *Zur Geschichte der Toleranz und Religionsfreiheit*, Darmstadt: Wissenschaftliche Buchgesellschaft, 1977, 155-192.

Constant, Benjamin, »Über die Freiheit der Alten im Vergleich zu der der Heutigen«, in L. Gall u. R. Koch (Hg.), *Der europäische Liberalismus im 19. Jahrhundert. Texte zu seiner Entwicklung*, Bd. 1, Frankfurt/Main – Berlin – Wien: Ullstein, 1981, 40-63.

Coornhert, Dirck Volckertszoon, *Der Prozeß des Ketzertötens und des Gewissenszwangs*, in Auszügen dt. in H. Guggisberg (Hg.), *Religiöse Toleranz*, Stuttgart – Bad Cannstatt: frommann-holzboog, 1984, 132-138.

Cranston, Maurice, »John Locke and the Case for Toleration«, in J. Horton u. S. Mendus (Hg.), *A Letter Concerning Toleration in Focus*, London u. New York: Routledge, 1991, 78-97.

Creppell, Ingrid, »Locke on Toleration: The Transformation of Constraint«, *Political Theory* 24, 1996, 200-240.

dies., »Montaigne: The Embodiment of Identity as Grounds for Toleration«, *Res Publica* 7, 2001, 247-271.

Crick, Bernard, »Toleration and Tolerance in Theory and Practice«, *Government and Opposition* 6, 1971, 144-171.

Crisp, Roger u. Michael Slote (Hg.), *Virtue Ethics*, Oxford: Oxford University Press, 1997.

Cyprian, *Ad Demetrianum Apologeticus*, in Patrologiae cursus completus, series latina, hg. v. P. G. Migne, Band 4, Paris 1891 (dt. *An Demetrianus*, in *Des Heiligen Kirchenvaters Caecilius Cyprianus sämtliche Schriften*, Bd. 1, übers. v. J. Baer, Kempten u. München: Kösel, 1918).

ders., *Briefe*, in *Des Heiligen Kirchenvaters Caecilius Cyprianus sämtliche Schriften*, Bd. 2, übers. v. J. Baer, München: Kösel, 1928.

ders., *De bono patientiae*, in Patrologiae cursus completus, series latina, hg. v. P. G. Migne, Band 4, Paris 1891 (dt. *Von dem Segen der Geduld*, in *Des Hei-*

ligen Kirchenvaters Caecilius Cyprianus sämtliche Schriften, Bd. 1, übers. v. J. Baer, Kempten u. München: Kösel, 1918).

ders., *De lapsis*, ebd.

ders., *De mortalitate*, ebd.

Davidson, Donald, *Expressing Evaluations*, Lindley Lecture, Dept. of Philosophy, University of Kansas, 1984.

ders., »Was ist eigentlich ein Begriffsschema?«, übers. v. J. Schulte, in *Wahrheit und Interpretation*, Frankfurt/Main: Suhrkamp, 1990.

De L'Hôpital, Michel, Rede vor den Generalständen in Orléans, 13. Dezember 1560, in Auszügen dt. in H. Guggisberg (Hg.), *Religiöse Toleranz*, Stuttgart-Bad Cannstatt: frommann-holzboog, 1984, 104-107.

ders., Rede vor der Versammlung der Parlamentsdelegierten zu Saint-Germain, 3. Januar 1562, in Auszügen dt. in H. Guggisberg (Hg.), *Religiöse Toleranz*, Stuttgart-Bad Cannstatt: frommann-holzboog, 1984, 111-112.

Debus, Anne, *Das Verfassungsprinzip der Toleranz unter besonderer Berücksichtigung der Rechtsprechung des Bundesverfassungsgerichts*, Frankfurt/Main et al.: Peter Lang, 1999.

Dees, Richard, »The Justification of Tolerance«, in G. Magill u. M. Hoff (Hg.), *Values and Public Life*, Lanham: University Press of America, 1995, 29-56.

ders., *Trust and Toleration*, unveröffentlichtes Manuskript St. Louis 2001.

Denck, Hans, »Ordnung Gottes«, in *Schriften* 2, hg. v. W. Fellmann, Gütersloh: Bertelsmann, 1956.

ders., »Wer die Wahrheit wahrlich lieb hat«, in *Schriften* 2, hg. v. W. Fellmann, Gütersloh: Bertelsmann, 1956.

Denninger, Erhard, »Der Einzelne und das allgemeine Gesetz«, *Kritische Justiz* 28, 1995, 425-438.

Dent, Nicholas, »Rousseau and Respect for Others«, in S. Mendus (Hg.), *Justifying Toleration: Conceptual and Historical Perspectives*, Cambridge: Cambridge University Press, 1988, 115-136.

Detel, Wolfgang, »Griechen und Barbaren. Zu den Anfängen des abendländischen Rassismus«, *Deutsche Zeitschrift für Philosophie* 43, 1995, 1019-1043.

Detering, Heinrich, »Christian Wilhelm von Dohm und die Idee der Toleranz«, in P. Freimark, F. Kopitzsch, H. Slessarev (Hg.), *Lessing und die Toleranz*, München: edition text und kritik, 1986, 174-183.

Deveaux, Monique, *Cultural Pluralism and Dilemmas of Justice*, Ithaca: Cornell University Press, 2000.

Devlin, Lord Patrick, *The Enforcement of Morals*, Oxford: Oxford University Press, 1959.

D'Holbach, Paul Thiry, *System der Natur oder Von den Gesetzen der physischen und der moralischen Welt*, übers. v. F.-G. Voigt, Frankfurt/Main: Suhrkamp, 1978.

Dickmann, Fritz, »Das Problem der Gleichberechtigung der Konfessionen im Reich im 16. und 17. Jahrhundert«, in H. Lutz (Hg.) *Zur Geschichte der Toleranz und Religionsfreiheit*, Darmstadt: Wissenschaftliche Buchgesellschaft, 1977, 203-251.

Diderot, Denis, *Anhang zu den Philosophischen Gedanken*, in *Philosophische Schriften* 1, übers. v. hg. v. T. Lücke, Berlin: Aufbau-Verlag, 1961.

ders., *De la suffisance de la religion naturelle*, in *Oeuvres complètes* 1, hg. v. J. Assézat, Paris: Garnier Frères, 1875.

ders., *Philosophische Gedanken*, in *Philosophische Schriften* 1, übers. v. hg. v. T. Lücke, Berlin: Aufbau-Verlag, 1961.

Diderot, Denis u. D'Alembert, Jacques le Rond (Hg.), *Enzyklopädie*, Auswahl von Artikeln, übers. v. T. Lücke, hg. v. M. Naumann, Frankfurt/Main: Röderberg, 1985.

Dilthey, Wilhelm, »Auffassung und Analyse des Menschen im 15. und 16. Jahrhundert«, in *Gesammelte Schriften* II, Leipzig und Berlin: B. G. Teubner, 1921, 1-89.

ders., »Das natürliche System der Geisteswissenschaften im 17. Jahrhundert«, in *Gesammelte Schriften* II, Leipzig und Berlin: B. G. Teubner, 1921, 90-245.

ders., »Die Autonomie des Denkens, der konstruktive Rationalismus und der pantheistische Monismus nach ihrem Zusammenhang im 17. Jahrhundert«, in *Gesammelte Schriften* II, Leipzig und Berlin: B. G. Teubner, 1921, 246-390.

Dinzelbacher, Peter, »Toleranz bei Bernard von Clairvaux?«, *Humanistische Bildung* 19, 1996, 93-116.

Dippel, Horst, *Die Amerikanische Revolution 1763-1787*, Frankfurt/Main: Suhrkamp, 1985.

Döring, Detlef, »Samuel von Pufendorf and Toleration«, in J. C. Laursen u. C. J. Nederman (Hg.), *Beyond the Persecuting Society. Religious Toleration before the Enlightenment*, Philadelphia: University of Pennsylvania Press, 1998, 178-196.

Dreitzel, Horst, »Gewissensfreiheit und soziale Ordnung. Religionstoleranz als Problem der politischen Theorie am Ausgang des 17. Jahrhunderts«, *Politische Vierteljahresschrift* 36, 1995, 3-34.

Du Bois, W. E. B., *The Souls of Black Folk*, New York: Penguin, 1995.

Dunn, John, »The Claim to Freedom of Conscience: Freedom of Speech, Freedom of Thought, Freedom of Worship?«, in O. P. Grell, J. I. Israel, N. Tyacke (Hg.), *From Persecution to Toleration: The Glorious Revolution and Religion in England*, Oxford: Clarendon Press, 1991, 171-194.

ders., *The Political Thought of John Locke*, Cambridge: Cambridge University Press, 1969.

Dworkin, Ronald, *Bürgerrechte ernstgenommen*, übers. v. U. Wolf, Frankfurt/Main: Suhrkamp, 1990.

ders., »Foundations of Liberal Equality«, *The Tanner Lectures on Human Values* XI, hg. v. G. B. Peterson, Salt Lake City: University of Utah Press, 1990, 1-119.

ders., *Life's Dominion. An Argument About Abortion, Euthanasia, and Individual Freedom*, New York: Knopf, 1993.

Ebbinghaus, Julius, »Über die Idee der Toleranz. Eine staatsrechtliche und religionsphilosophische Untersuchung«, *Archiv für Philosophie* 4, 1950, 1-34.

Eberhard, Winfried, »Ansätze zur Bewältigung ideologischer Pluralität im 12. Jahrhundert: Pierre Abélard und Anselm von Havelberg«, *Historisches Jahrbuch* 105, 1985, 353-387.

Emerson, Ralph Waldo, »Self-Reliance«, in *Selected Writings of Ralph Waldo Emerson*, hg. v. W. Gilman, New York: New American Library, 1983, 257-279.

Erasmus von Rotterdam, *Brief an Paul Volz* (Epistola ad Paulum Volzium), in *Ausgewählte Schriften* 1, übers. v. W. Welzig, Darmstadt: Wissenschaftliche Buchgesellschaft, 1995.

ders., *Briefe*, übers. v. hg. v. W. Köhler, Bremen: Schünemann, 1956.

ders., *Concio in Psalmum, Quum invocarem*, in *Desiderii Erasmi Opera Omnia*, Bd. V (1704), Hildesheim: Olms, 1962.

ders., *De amabili ecclesiae concordia*, in *Desiderii Erasmi Opera Omnia*, Bd. V (1704), Hildesheim: Olms, 1962.

ders., *Die Erziehung des christlichen Fürsten* (Institutio Principis Christiani), in *Ausgewählte Schriften* 5, übers. v. G. Christian, Darmstadt: Wissenschaftliche Buchgesellschaft, 1995.

ders., *Ecclesiastes, sive De ratione concionandi*, in *Desiderii Erasmi Opera Omnia*, Bd. V (1704), Hildesheim: Olms, 1962.

ders., *Handbüchlein eines christlichen Streiters* (Enchiridion militis christiani), in *Ausgewählte Schriften* 1, übers. v. W. Welzig, Darmstadt: Wissenschaftliche Buchgesellschaft, 1995.

ders., *Lob der Torheit* (Moriae Encomium), in *Ausgewählte Schriften* 2, übers. v. A. Hartmann, Darmstadt: Wissenschaftliche Buchgesellschaft, 1995.

ders., *Supputatio errorum in censuris Beddae*, in *Desiderii Erasmi Opera Omnia*, Bd. IX (1704), Hildesheim: Olms, 1962.

ders., *Theologische Methodenlehre* (Ratio), in *Ausgewählte Schriften* 3, übers. v. G. B. Winkler, Darmstadt: Wissenschaftliche Buchgesellschaft, 1995.

Fabry, Heinz-Josef, »Toleranz im Alten Testament?«, in I. Broer u. R. Schlüter (Hg.), *Christentum und Toleranz*, Darmstadt: Wissenschaftliche Buchgesellschaft, 1996, 9-34.

Faltenbacher, Karl Friedrich, *Das Colloquium Heptaplomeres, ein Religionsgespräch zwischen Scholastik und Aufklärung*, Frankfurt/Main et al.: Lang, 1988.

ders. (Hg.), *Magie, Religion und Wissenschaft im Colloquium heptaplomeres*, Darmstadt: Wissenschaftliche Buchgesellschaft, 2002.

Feinberg, Joel, *Harm to Others*, Oxford: Oxford University Press, 1984 (Bd. 1 von *The Moral Limits of the Criminal Law*, Bd. 2: *Offense to Others*, 3: *Harm to Self*, 4: *Harmless Wrongdoing*).

Fetscher, Iring, »Politisches Denken im Frankreich des 18. Jahrhunderts vor der Revolution«, in I. Fetscher u. H. Münkler (Hg.), *Pipers Handbuch der politischen Ideen* 3, München: Piper, 1985, 423-528.

ders., *Rousseaus politische Philosophie*, Neuwied: Luchterhand, 1960.

ders., *Toleranz. Von der Unentbehrlichkeit einer kleinen Tugend für die Demokratie*, Stuttgart: Radius, 1990.

Feuerbach, Ludwig, *Pierre Bayle. Ein Beitrag zur Geschichte der Philosophie und Menschheit*, in *Gesammelte Werke* 4, hg. v. W. Schuffenhauer, Berlin: Akademie Verlag, 1967.

Ficino, Marsilio, *De Christiana religione*, in *Opera omnia* I,1, hg. v. P. O. Kristeller, Turin: Bottega d'Erasmo, 1959.

ders., *Theologia Platonica*, Nachdruck der Ausgabe Paris 1559, Hildesheim: Olms Verlag, 1975.

ders., *Über die Liebe*, übers. v. K. P. Haase, Leipzig: Meiner, 1914.

Finnis, John, »Law, Morality, and ›Sexual Orientation‹«, *Notre Dame Journal of Law, Ethics, and Public Policy* 9, 1995, 11-39.

Fish, Stanley, »Mission Impossible: Settling the Just Bounds Between Church and State«, *Columbia Law Review* 97, 1997, 2255-2333.

Fitzmaurice, Deborah, »Autonomy as a Good: Liberalism, Autonomy and Toleration«, *Journal of Political Philosophy* 1, 1993, 1-16.

Fitzpatrick, Martin, »Toleration and the Enlightenment Movement«, in O. P. Grell u. R. Porter (Hg.), *Toleration in Enlightenment Europe*, Cambridge: Cambridge University Press, 2000, 23-68.

Flaks, David K. et al., »Lesbians Choosing Motherhood: A Comparative Study of Lesbian and Homosexual Partners and Their Children«, in A. Sullivan (Hg.), *Same-Sex Marriage: Pro and Con*, New York: Random House, 1997, 246-249.

Fletcher, George, »The Instability of Tolerance«, in D. Heyd (Hg.), *Toleration*, Princeton: Princeton University Press, 1996, 158-172.

Forst, Rainer, »Das grundlegende Recht auf Rechtfertigung. Zu einer konstruktivistischen Konzeption von Menschenrechten«, in H. Brunkhorst, W. Köhler, M. Lutz-Bachmann (Hg.), *Recht auf Menschenrechte*, Frankfurt/Main: Suhrkamp, 1999, 66-105.

ders., »Die Rechtfertigung der Gerechtigkeit. Rawls' Politischer Liberalismus und Habermas' Diskurstheorie in der Diskussion«, in H. Brunkhorst u. P. Niesen (Hg.), *Das Recht der Republik* (FS I. Maus), Frankfurt/Main: Suhrkamp, 1999, 105-168.

ders., »Einleitung«, in R. Forst (Hg.), *Toleranz. Philosophische Grundlagen und gesellschaftliche Praxis einer umstrittenen Tugend*, Frankfurt/Main: Campus, 2000, 7-25.

ders., »Ethik und Moral«, in L. Wingert u. K. Günther (Hg.), *Die Öffentlichkeit der Vernunft und die Vernunft der Öffentlichkeit* (FS J. Habermas), Frankfurt/Main: Suhrkamp, 2001, 344-371.

ders., »Foundations of a Theory of Multicultural Justice«, *Constellations* 4, 1997, 63-71.

ders., »Konstruktionen transnationaler Gerechtigkeit«, in S. Gosepath u. J.-C. Merle (Hg.), *Weltrepublik: Globalisierung und Demokratie*, München: Beck, 2002, 181-194.

ders., *Kontexte der Gerechtigkeit. Politische Philosophie jenseits von Liberalismus und Kommunitarismus*, Frankfurt/Main: Suhrkamp, 1994.

ders., »Politische Freiheit«, *Deutsche Zeitschrift für Philosophie* 44, 1996, 211-228.

ders., »Praktische Vernunft und rechtfertigende Gründe. Zur Begründung der Moral«, in S. Gosepath (Hg.), *Motive, Gründe, Zwecke. Theorien praktischer Rationalität*, Frankfurt/Main: Fischer, 1999, 168-205.

ders., »The Rule of Reasons«, *Ratio Juris* 14, 2001, 345-378.

ders., »Zu einer kritischen Theorie transnationaler Gerechtigkeit«, in R. Schmücker u. U. Steinvorth (Hg.), *Gerechtigkeit und Politik. Philosophische Perspektiven*, Berlin: Akademie Verlag, 2002, 215-232.

Foucault, Michel, »Ärzte, Richter und Hexer im 17. Jahrhundert«, übers. v. M. Bischoff, in *Schriften in vier Bänden* 1 (1954-1969), hg. v. D. Defert u. F. Ewald, Frankfurt/Main: Suhrkamp, 2001, 958-973.

ders., »Die Gouvernementalität«, übers. v. H.-D. Gondek, in U. Bröckling, S. Krasmann, T. Lemke (Hg.), *Gouvernementalität der Gegenwart*, Frankfurt/Main: Suhrkamp, 2000, 41-67.

ders., »Omnes et singulatim. Zu einer Kritik der politischen Vernunft«, übers. v. C.-D. Rath, in J. Vogl (Hg.), *Gemeinschaften. Positionen zu einer Philosophie des Politischen*, Frankfurt/Main: Suhrkamp, 1994, 65-93.

ders., *Sexualität und Wahrheit 1, Der Wille zum Wissen*, übers. v. U. Raulff u. W. Seitter, Frankfurt/Main: Suhrkamp, 1977.

ders., *Sexualität und Wahrheit 2, Der Gebrauch der Lüste*, übers. v. U. Raulff u. W. Seitter, Frankfurt/Main: Suhrkamp, 1986.

ders., *Sexualität und Wahrheit 3, Die Sorge um sich*, übers. v. U. Raulff u. W. Seitter, Frankfurt/Main: Suhrkamp, 1986.

ders., *Überwachen und Strafen. Die Geburt des Gefängnisses*, übers. v. W. Seitter, Frankfurt/Main: Suhrkamp, 1977.

ders., *Wahnsinn und Gesellschaft*, übers. v. U. Köppen, Frankfurt/Main: Suhrkamp, 1969.

ders., »Warum ich Macht untersuche: Die Frage des Subjekts«, in H. L. Dreyfus u. P. Rabinow, *Michel Foucault. Jenseits von Strukturalismus und Herme-neutik*, übers. v. C. Rath u. U. Raulff, Frankfurt/Main: Athenäum, 1987, 243-250.

ders., »Was ist Aufklärung?«, übers. v. E. Erdmann u. R. Forst, in E. Erdmann, R. Forst u. A. Honneth (Hg.), *Ethos der Moderne. Foucaults Kritik der Auf-klärung*, Frankfurt/Main: Campus, 1990, 35-54.

ders., *Was ist Kritik?*, übers. v. W. Seitter, Berlin: Merve, 1992.

Franck, Sebastian, *Chronica, Zeitbuch unnd Geschichtbibell* (Ausgabe von 1536), Darmstadt: Wissenschaftliche Buchgesellschaft, 1969.

ders., *Paradoxa*, hg. v. S. Wollgast, Berlin: Akademie-Verlag, 1966.

Frank, Martin, *Probleme einer interkulturellen Gerechtigkeitstheorie. Minder-heitenrechte und ihre Konsequenzen*, Diss. phil. Frankfurt/Main, 1999.

Frankenberg, Günter, *Die Verfassung der Republik*, Frankfurt/Main: Suhr-kamp, 1997.

Frankfurt, Harry, »Autonomy, Necessity, and Love«, in *Necessity, Volition, and Love*, Cambridge: Cambridge University Press, 1999, 129-141.

ders., »On the Necessity of Ideals«, in *Necessity, Volition, and Love*, Cambridge: Cambridge University Press, 1999, 108-116.

Fraser, Nancy, »From Redistribution to Recognition? Dilemmas of Justice in a ›Postsocialist‹ Age«, in *Justice Interruptus. Critical Reflections on the »Post-socialist« Condition*, New York u. London: Routledge, 1997, 11-40.

dies., »Rethinking the Public Sphere: A Contribution to the Critique of Actu-ally Existing Democracy«, in *Justice Interruptus*, New York u. London: Routledge, 1997, 69-98.

Fraser, Nancy u. Axel Honneth, *Umverteilung oder Anerkennung?*, Frankfurt/Main: Suhrkamp, 2003.

Frenkel-Brunswick, Else, »Intolerance of Ambiguity as an Emotional and Per-ceptual Variable«, *Journal of Personality* 18, 1949, 108-143.

Freud, Sigmund, *Massenpsychologie und Ich-Analyse*, in Studienausgabe IX, Frankfurt/Main: Fischer, 2000.

Friedrichs, Christopher R., »Jews in the Imperial Cities: A Political Perspec-tive«, in R. Po-Chia Hsia u. H. Lehmann (Hg.), *In and Out of the Ghetto*, Cambridge: Cambridge University Press, 1995, 275-288.

Furcha, E. J., »›Turks and Heathen are Our Kin‹: The Notion of Tolerance in the Works of Hans Denck and Sebastian Franck«, in C. J. Nederman u. C. Laursen (Hg.), *Difference and Dissent. Theories of Toleration in Medieval and Early Modern Europe*, Lanham et al.: Rowman & Littlefield, 1996, 83-98.

Gadamer, Hans-Georg, »Herder und die geschichtliche Welt«, in *Neuere Phi-losophie II*, Tübingen: Mohr (Siebeck), 1987, 318-335.

ders., *Wahrheit und Methode*, Tübingen: Mohr, 1986.

Galeotti, Anna Elisabetta, »Toleration as Recognition: The Case for Same-Sex

Marriage«, in I. Creppell, R. Hardin u. S. Macedo (Hg.), *Toleration and Identity Conflict*, in Vorb.

dies., »Zu einer Neubegründung liberaler Toleranz. Eine Analyse der ›affaire du foulard‹«, übers. v. B. Ladwig, in R. Forst (Hg.), *Toleranz*, Frankfurt/Main: Campus, 2000, 231-256.

Gall, Lothar u. Rainer Koch, »Einleitung«, in dies. (Hg.), *Der europäische Liberalismus im 19. Jahrhundert. Texte zu seiner Entwicklung*, Bd. 1, Frankfurt/Main – Berlin – Wien, 1981, IX-XXIV.

Gallie, W. B., »Essentially Contested Concepts«, *Proceedings of the Aristotelian Society* 56, 1955/56, 167-198.

Gandillac, Maurice de, »Das Ziel der una religio in varietate rituum«, in R. Haubst (Hg.), *Der Friede unter den Religionen nach Nikolaus von Kues*, Mainz: Matthias-Grünewald-Verlag, 1984, 192-213.

Garnsey, Peter, »Religious Toleration in Classical Antiquity«, in W. J. Sheils (Hg.), *Persecution and Toleration*, Oxford: Blackwell, 1984, 1-28.

Garzón Valdés, Ernesto, »›Nimm deine dreckigen Pfoten von meinem Mozart!‹ Überlegungen zum Begriff der Toleranz«, in E. Garzón Valdés u. R. Zimmerling (Hg.), *Facetten der Wahrheit*, Freiburg/München: Alber, 1995, 469-494.

Gauchet, Marcel, *Die Erklärung der Menschenrechte. Die Debatte um die bürgerlichen Freiheiten 1789*, übers. v. W. Kaiser, Reinbek: Rowohlt, 1991.

Gaus, Gerald, *Justificatory Liberalism. An Essay on Epistemology and Political Theory*, Oxford: Oxford University Press, 1996.

Gawlick, Günter, »Der Deismus im Colloquium Heptaplomeres«, in G. Gawlick u. F. Niewöhner (Hg.), *Jean Bodins Colloquium Heptaplomeres*, Wiesbaden: Harrassowitz Verlag, 1996, 13-26.

ders., »Einleitung«, in Spinoza, *Theologisch-politischer Traktat*, hg. v. G. Gawlick, Hamburg: Meiner, 1994, XI-XXIX.

Gehlen, Arnold, *Moral und Hypermoral*, Frankfurt/Main: Athenäum, 1969.

Geivett, R. Douglas u. Brendan Sweetman (Hg.), *Contemporary Perspectives on Religious Epistemology*, Oxford: Oxford University Press, 1992.

Gerhardt, Volker, *Selbstbestimmung. Das Prinzip der Individualität*, Stuttgart: Reclam, 1999.

Gessmann, Martin, *Montaigne und die Moderne. Zu den philosophischen Grundlagen einer Epochenwende*, Hamburg: Meiner, 1997.

Geuss, Raymond, *History and Illusion in Politics*, Cambridge: Cambridge University Press, 2001.

Geyer, Christian (Hg.), *Biopolitik. Die Positionen*, Frankfurt/Main: Suhrkamp, 2001.

Goethe, Johann Wolfgang, »Maximen und Reflexionen«, in *Werke* 6, Frankfurt/Main: Insel, 1981.

Goeze, Johann Melchior, »Lessings Schwächen (. . .)« II, in Lessing, *Werke* VIII, hg. v. H. G. Göpfert, Darmstadt: Wissenschaftliche Buchgesellschaft, 1996.

Goldie, Mark, »Absolutismus, Parlamentarismus und Revolution in England«, in I. Fetscher u. H. Münkler (Hg.), *Pipers Handbuch der politischen Ideen*, Band 3, München: Piper Verlag, 1985, 275-352.

ders., »Introduction«, in John Locke, *Political Essays*, hg. v. M. Goldie, Cambridge: Cambridge University Press, 1997, xi-xxvii.

ders., »The Theory of Religious Intolerance in Restoration England«, in O. P. Grell, J. I. Israel u. N. Tyacke (Hg.), *From Persecution to Toleration: The Glorious Revolution and Religion in England*, Oxford: Clarendon Press, 1991, 331-368.

Goodwin, John, *Theomachia*, in W. Haller (Hg.), *Tracts on Liberty in the Puritan Revolution*, Vol. III, New York: Octagon Books, 1965, 1-58.

Gough, J. W., »The Development of Locke's Belief in Toleration«, in J. Horton u. S. Mendus (Hg.), *A Letter Concerning Toleration in Focus*, London u. New York: Routledge, 1991, 57-77.

Grasmück, Ernst Ludwig, *Coercitio. Staat und Kirche im Donatistenstreit*, Bonn: Röhrscheid, 1964.

Graus, Frantisek, »Randgruppen der städtischen Gesellschaft im Spätmittelalter«, *Zeitschrift für historische Forschung* 8, 1981, 385-437.

Gray, John, *Two Faces of Liberalism*, New York: The New Press, 2000.

Grell, Ole Peter, Jonathan I. Israel u. Nicholas Tyacke (Hg.), *From Persecution to Toleration: The Glorious Revolution and Religion in England*, Oxford: Clarendon Press, 1991.

Großheim, Michael, »Religion und Politik. Die Teile III und IV des Leviathan«, in W. Kersting (Hg.), *Thomas Hobbes: Leviathan*, Berlin: Akademie Verlag, 1996, 283-316.

Grotius, Hugo, *Über das Recht des Krieges und des Friedens*, 2 Bände, übers. v. J. H. v. Kirchmann, Berlin/Leipzig: Meiner, o. J.

Guggisberg, Hans (Hg.), *Religiöse Toleranz. Dokumente zur Geschichte einer Forderung*, Stuttgart-Bad Cannstadt: frommann-holzboog, 1984.

ders., *Sebastian Castellio 1515-1563. Humanist und Verteidiger der religiösen Toleranz im konfessionellen Zeitalter*, Göttingen: Vandenhoeck u. Ruprecht, 1997.

Gutmann, Amy, »The Challenge of Multiculturalism in Political Ethics«, *Philosophy and Public Affairs* 22, 1993, 171-206.

Gutmann, Amy u. Dennis Thompson, *Democracy and Disagreement*, Cambridge, Mass.: Harvard University Press, 1996.

Habermas, Jürgen, »Anerkennungskämpfe im demokratischen Rechtsstaat«, in Ch. Taylor, *Multikulturalismus und die Politik der Anerkennung*, hg. v. A. Gutmann, Frankfurt/Main: Fischer, 1993, 147-196.

ders., *Der philosophische Diskurs der Moderne*, Frankfurt/Main: Suhrkamp, 1985.

ders., »Die klassische Lehre von der Politik in ihrem Verhältnis zur Sozialphi-
losophie«, in *Theorie und Praxis. Sozialphilosophische Studien*, Frankfurt/
Main: Suhrkamp, 1971, 48-88.

ders., *Die Zukunft der menschlichen Natur*, Frankfurt/Main: Suhrkamp, 2001.

ders., »Diskursethik – Notizen zu einem Begründungsprogramm«, in *Moral-
bewußtsein und kommunikatives Handeln*, Frankfurt/Main: Suhrkamp,
1983, 53-126.

ders., »Erläuterungen zur Diskursethik«, in *Erläuterungen zur Diskursethik*,
Frankfurt/Main: Suhrkamp, 1991, 119-226.

ders., *Faktizität und Geltung. Beiträge zur Diskurstheorie des Rechts und des
demokratischen Rechtsstaats*, Frankfurt/Main: Suhrkamp, 1992.

ders., »Intoleranz und Diskriminierung«, unveröffentlichtes Manuskript
2002.

ders., »Naturrecht und Revolution«, in *Theorie und Praxis. Sozialphilosophi-
sche Studien*, Frankfurt/Main: Suhrkamp, 1982.

ders., »Rationalität der Verständigung. Sprechakttheoretische Erläuterungen
zum Begriff der kommunikativen Rationalität«, in *Wahrheit und Rechtfer-
tigung*, Frankfurt/Main: Suhrkamp, 1999, 102-137.

ders., »Richtigkeit versus Wahrheit. Zum Sinn der Sollgeltung moralischer Ur-
teile und Normen«, in *Wahrheit und Rechtfertigung*, Frankfurt/Main: Suhr-
kamp, 1999, 271-318.

ders., *Strukturwandel der Öffentlichkeit*, Neuausgabe, Frankfurt/Main: Suhr-
kamp, 1990.

ders., *Theorie des kommunikativen Handelns*, 2 Bde., Frankfurt/Main: Suhr-
kamp, 1981.

ders., »Versöhnung durch öffentlichen Vernunftgebrauch«, in Philosophische
Gesellschaft Bad Homburg u. W. Hinsch (Hg.), *Zur Idee des politischen Li-
beralismus*, Frankfurt/Main: Suhrkamp, 1997, 169-195.

ders., »Volkssouveränität als Verfahren«, in *Faktizität und Geltung*, Frank-
furt/Main: Suhrkamp, 1992, 600-631.

ders., »Vom pragmatischen, ethischen und moralischen Vernunftgebrauch«,
Erläuterungen zur Diskursethik, Frankfurt/Main: Suhrkamp, 1991, 100-
118.

ders., »Werte und Normen. Ein Kommentar zu Hilary Putnams Kantischem
Pragmatismus«, in M.-L. Raters u. M. Willaschek (Hg.), *Hilary Putnam
und die Tradition des Pragmatismus*, Frankfurt/Main: Suhrkamp, 2002,
280-305.

Häfner, Ralph (Hg.), *Bodinus Polymeres. Neue Studien zu Jean Bodins Spät-
werk* (Wolfenbütteler Forschungen Bd. 87), Wiesbaden: Harrassowitz,
1999.

Halberstam, Joshua, »The Paradox of Tolerance«, *The Philosophical Forum* 14,
1982/83, 190-207.

Hallauer, Hermann, »Das Glaubensgespräch mit den Hussiten«, in R. Haubst (Hg.), *Nikolaus von Kues als Promotor der Ökumene*, Mainz: Matthias-Grünewald-Verlag, 1971, 53-75.

Hampsher-Monk, Iain, »Toleration, the Moral Will and the Justification of Liberalism«, in J. Horton u. S. Mendus (Hg.), *Toleration, Identity and Difference*, Houndmills: Macmillan, 1999, 17-37.

Hampshire, Stuart, *Justice is Conflict*, Princeton: Princeton University Press, 2000.

ders., *Spinoza*, London: Faber and Faber, 1956.

Hare, R. M., *Freedom and Reason*, Oxford: Clarendon Press, 1963.

Harrington, James, *The Commonwealth of Oceana*, zus. mit *A System of Politics*, hg. v. J. G. A. Pocock, Cambridge: Cambridge University Press, 1992.

Hart, Herbert L. A., *Law, Liberty, and Morality*, Stanford: Stanford University Press, 1963.

ders., *The Concept of Law*, Oxford: Clarendon, 1991.

Hartmann, Wilfried, »Toleranz im Investiturstreit«, in A. Patschovsky u. H. Zimmermann (Hg.), *Toleranz im Mittelalter*, Sigmaringen: Thorbecke, 1998, 27-52.

Hartney, Michael, »Some Confusions Concerning Collective Rights«, in W. Kymlicka (Hg.), *The Rights of Minority Cultures*, Oxford: Oxford University Press, 1995, 202-227.

Hassinger, Erich, *Religiöse Toleranz im 16. Jahrhundert*, Basel und Stuttgart: Helbing & Lichtenhahn, 1966.

ders., »Wirtschaftliche Motive und Argumente für religiöse Duldsamkeit im 16. und 17. Jahrhundert«, *Archiv für Reformationsgeschichte* 49, 1958, 226-244.

Haverkamp, Alfred (Hg.), *Zur Geschichte der Juden im Deutschland des späten Mittelalters und der frühen Neuzeit*, Stuttgart: A. Hiersemann, 1981.

Hay, Johann Leopold, »Hirtenbrief an den Klerus der Diözese Königgrätz«, Auszüge in H. Guggisberg (Hg.), *Religiöse Toleranz*, Stuttgart-Bad Cannstadt: frommann-holzboog, 1984, 267-275.

Heckel, Martin, *Deutschland im konfessionellen Zeitalter*, Göttingen: Vandenhoeck & Ruprecht, 1983.

ders., *Staat und Kirche nach den Lehren der evangelischen Juristen Deutschlands in der ersten Hälfte des 17. Jahrhunderts*, München: Claudius Verlag, 1968.

Hegel, Georg Wilhelm Friedrich, *Die Positivität der christlichen Religion*, in Werke 1, hg. v. E. Moldenhauer u. K. M. Michel, Frankfurt/Main: Suhrkamp, 1971.

ders., *Grundlinien der Philosophie des Rechts*, hg. v. H. Reichelt, Frankfurt/Main-Berlin-Wien: Ullstein, 1972.

ders., *Phänomenologie des Geistes*, in Werke 3, hg. v. E. Moldenhauer u. K. M. Michel, Frankfurt/Main: Suhrkamp, 1986.

ders., *Vorlesungen über die Philosophie der Geschichte*, in Werke 12, hg. v. E. Moldenhauer u. K. M. Michel, Frankfurt/Main: Suhrkamp, 1986.

Heidegger, Martin, »Die Zeit des Weltbildes«, in *Holzwege*, Frankfurt/Main: Klostermann, 1980, 73-110.

Heilmann, Alfons, *Texte der Kirchenväter* 3, München: Kösel, 1964.

Heine, Heinrich, *Zur Geschichte der Religion und Philosophie in Deutschland*, hg. v. C. P. Magill, London: Duckworth, 1947.

Heitmeyer, Wilhelm u. Rainer Dollase (Hg.), *Die bedrängte Toleranz. Ethnisch-kulturelle Konflikte, religiöse Differenzen und die Gefahren politisierter Gewalt*, Frankfurt/Main: Suhrkamp, 1996.

Hellermann, Johannes, »Der Grundrechtsschutz der Religionsfreiheit ethnisch-kultureller Minderheiten«, in W. Heitmeyer u. R. Dollase (Hg.), *Die bedrängte Toleranz*, Frankfurt/Main: Suhrkamp, 1996, 382-400.

Helvétius, Claude Adrien, *Vom Menschen, seinen geistigen Fähigkeiten und seiner Erziehung*, übers. v. hg. v. G. Mensching, Frankfurt/Main: Suhrkamp, 1972.

Henrich, Dieter, *Aesthetic Judgment and the Moral Image of the World*, Stanford: Stanford University Press, 1992.

ders., »Der Begriff der sittlichen Einsicht und Kants Lehre vom Faktum der Vernunft«, in G. Prauss (Hg.), *Kant. Zur Deutung seiner Theorie vom Erkennen und Handeln*, Köln: Kiepenheuer u. Witsch, 1973, 223-254.

ders., »Die Grundstruktur der modernen Philosophie. Mit einer Nachschrift: Über Selbstbewußtsein und Selbsterhaltung«, in H. Ebeling (Hg.), *Subjektivität und Selbsterhaltung. Beiträge zur Diagnose der Moderne*, Frankfurt/Main: Suhrkamp, 1976, 97-143.

ders., »Selbsterhaltung und Geschichtlichkeit«, in H. Ebeling (Hg.), *Subjektivität und Selbsterhaltung*, Frankfurt/Main: Suhrkamp, 1976, 303-313.

Herder, Johann Gottfried, *Auch eine Philosophie der Geschichte zur Bildung der Menschheit*, hg. v. H. D. Irmscher, Stuttgart: Reclam, 1990.

ders., *Ideen zur Philosophie der Geschichte der Menschheit*, in *Sämtliche Werke* XIII u. XIV, hg. v. B. Suphan, Hildesheim: Olms, 1967.

Herdtle, Claudia u. Thomas Leeb (Hg.), *Toleranz. Texte zur Theorie und politischen Praxis*, Stuttgart: Reclam, 1987.

Heyd, David, »Introduction«, in Heyd (Hg.), *Toleration. An Elusive Virtue*, Princeton: Princeton University Press, 1996, 3-17.

Hick, John, »Gotteserkenntnis in der Vielfalt der Religionen«, in R. Bernhardt (Hg.), *Horizontüberschreitung. Die Pluralistische Theologie der Religionen*, Gütersloh: Gütersloher Verlagshaus Gerd Mohn, 1991, 60-80.

ders., »Religious Pluralism«, in M. Peterson, W. Hasker, B. Reichenbach, D.

Basinger (Hg.), *Philosophy of Religion*, Oxford: Oxford University Press, 1996, 513-523.

Himmelfarb, Gertrude, »Editor's Introduction«, in Mill, J. St., *On Liberty*, Harmondsworth: Penguin, 1974, 7-49.

Hinrichs, Ernst, *Fürstenlehre und politisches Handeln im Frankreich Heinrichs IV.*, Göttingen: Vandenhoeck & Ruprecht, 1969.

Hirschman, Albert O., »Wieviel Gemeinsinn braucht die liberale Gesellschaft?«, in *Leviathan*, 1994, 293-304.

Hobbes, Thomas, *Behemoth or The Long Parliament*, hg. v. F. Tönnies, Chicago: University of Chicago Press, 1990.

ders., *Leviathan oder Stoff, Form und Gewalt eines kirchlichen und bürgerlichen Staates*, übers. v. W. Euchner, hg. v. I. Fetscher, Frankfurt/Main: Suhrkamp. (Engl. *Leviathan*, hg. v. C. B. Macpherson, Harmondsworth: Penguin, 1985.)

ders., *The Elements of Law Natural and Politic*, hg. v. F. Tönnies, London: Frank Cass, 1969.

ders., *Vom Menschen / Vom Bürger*, übers. v. M. Frischeisen-Köhler u. G. Gawlick, hg. v. G. Gawlick, Hamburg: Meiner, 1966.

Hobsbawm, Eric, *The Age of Extremes. A History of the World*, 1914-1991, New York: Vintage, 1994.

Höffe, Otfried, *Demokratie im Zeitalter der Globalisierung*, München: Beck, 1999.

ders., »Toleranz: Zur politischen Legitimation der Moderne«, in R. Forst (Hg.), *Toleranz*, Frankfurt/Main: Campus, 2000, 60-76.

Hollerbach, Alexander, »Grundlagen des Staatskirchenrechts«, in J. Isensee u. P. Kirchhof (Hg.), *Handbuch des Staatsrechts VI: Freiheitsrechte*, Heidelberg: C. F. Müller, 1989, 471-556.

Hollerbach, Alexander et al. (Hg.), *Das Kreuz im Widerspruch*, Freiburg: Herder, 1996.

Holmes, Stephen, »Gag Rules or The Politics of Omission«, in J. Elster u. R. Slagstad (Hg.), *Constitutionalism and Democracy*, Cambridge: Cambridge University Press, 1988, 19-58.

ders., »Jean Bodin: The Paradox of Sovereignty and the Privatization of Religion«, in J. R. Pennock u. J. W. Chapman (Hg.), *Religion, Morality, and the Law*, Nomos XXX, New York: New York University Press, 1988, 5-45.

Holzer, Harold (Hg.), *The Lincoln-Douglas Debates*, New York: HarperCollins, 1993.

Honegger, Claudia (Hg.), *Die Hexen der Neuzeit. Studien zur Sozialgeschichte eines kulturellen Deutungsmusters*, Frankfurt/Main: Suhrkamp, 1978.

dies., »Die Hexen der Neuzeit. Analysen zur Anderen Seite der okzidentalen Rationalisierung«, ebd., 21-151.

Honneth, Axel, »Dezentrierte Autonomie. Moralphilosophische Konsequenzen aus der modernen Subjektkritik«, in C. Menke u. M. Seel (Hg.), *Zur Verteidigung der Vernunft gegen ihre Liebhaber und Verächter* (FS A. Wellmer), Frankfurt/Main: Suhrkamp, 1993, 149-163.

ders., *Kampf um Anerkennung. Zur moralischen Grammatik sozialer Konflikte*, Frankfurt/Main: Suhrkamp, 1992.

ders., »Umverteilung als Anerkennung«, in N. Fraser u. A. Honneth, *Umverteilung oder Anerkennung?*, Frankfurt/Main: Suhrkamp, 2003.

ders., »Unsichtbarkeit. Über die moralische Epistemologie von ›Anerkennung‹«, in *Unsichtbarkeit. Stationen einer Theorie der Intersubjektivität*, Frankfurt/Main: Suhrkamp, 2003, 10-27.

ders., »Zwischen Hermeneutik und Hegelianismus. John McDowell und die Herausforderung des moralischen Realismus«, in L. Wingert u. K. Günther (Hg.), *Die Öffentlichkeit der Vernunft und die Vernunft der Öffentlichkeit* (FS J. Habermas), Frankfurt/Main: Suhrkamp, 2001, 372-402.

Hood, F. C., *The Divine Politics of Thomas Hobbes*, Oxford: Clarendon Press, 1964.

Hooker, Richard, *Laws of Ecclesiastical Polity*, in *Works* I-III, hg. v. W. S. Hill, Cambridge, Mass.: Harvard University Press, 1977-81.

Horkheimer, Max, »Montaigne und die Funktion der Skepsis«, *Zeitschrift für Sozialforschung* 7, 1938, 1-54.

ders., »Vernunft und Selbsterhaltung«, in H. Ebeling (Hg.), *Subjektivität und Selbsterhaltung. Beiträge zur Diagnose der Moderne*, Frankfurt/Main: Suhrkamp, 1976, 41-75.

Horkheimer, Max u. Theodor W. Adorno, *Dialektik der Aufklärung*, Frankfurt/Main: Fischer, 1969.

Horton, John, »Three (Apparent) Paradoxes of Toleration«, *Synthesis Philosophica* 17, 1994, 7-20.

ders., »Toleration as a Virtue«, in D. Heyd (Hg.), *Toleration*, Princeton: Princeton University Press, 1996, 28-43.

ders., »Toleration, Morality and Harm«, in J. Horton u. S. Mendus (Hg.), *Aspects of Toleration. Philosophical Studies*, London u. New York: Methuen, 1985, 113-135.

Houston, Alan, »Monopolizing Faith: The Levellers, Rights, and Religious Toleration«, in A. Levine (Hg.), *Early Modern Skepticism and the Origins of Toleration*, Lanham et al: Lexington Books, 1999, 147-164.

Hsia, R. Po-Chia, *Social Discipline in the Reformation: Central Europe 1550-1750*, London u. New York: Routledge, 1989.

ders., »The Usurious Jew: Economic Structure and Religious Representations in an Anti-Semitic Discourse«, in R. Po-Chia Hsia u. H. Lehmann (Hg.), *In and Out of the Ghetto*, Cambridge: Cambridge University Press, 1995, 161-176.

Hsia, R. Po-Chia u. Hartmut Lehmann (Hg.), *In and Out of the Ghetto. Jew-*

ish-Gentile Relations in Late Medieval and Early Modern Germany, Cambridge: Cambridge University Press, 1995.

Hubmaier, Balthasar, *Von Ketzern und ihren Verbrennern*, in H. Guggisberg (Hg.), *Religiöse Toleranz*, Stuttgart-Bad Cannstatt: frommann-holzboog, 1984.

Humboldt, Wilhelm von, »Ideen über Staatsverfassung, durch die neue französische Konstitution veranlaßt«, in *Gesammelte Schriften* 1, hg. v. d. Kgl. Preussischen Akademie der Wissenschaften, Berlin 1903, ND Berlin: de Gruyter, 1968.

ders., *Ideen zu einem Versuch, die Gränzen der Wirksamkeit des Staats zu bestimmen*, in *Gesammelte Schriften* 1, hg. v. d. Kgl. Preussischen Akademie der Wissenschaften, Berlin 1903, ND Berlin: de Gruyter, 1968.

ders., »Über Religion«, in *Gesammelte Schriften* 1, hg. v. d. Kgl. Preussischen Akademie der Wissenschaften, Berlin 1903, ND Berlin: de Gruyter, 1968.

Hume, David, *Dialoge über natürliche Religion*, übers. v. hg. v. N. Hoerster, Stuttgart: Reclam, 1981.

Huntington, Samuel P., *The Clash of Civilizations*, New York: Simon & Schuster, 1996.

Hurka, Thomas, *Perfectionism*, Oxford: Oxford University Press, 1993.

Huster, Stefan, »Bioethik im säkularen Staat«, *Zeitschrift für philosophische Forschung* 55, 2001, 258-276.

ders., *Die ethische Neutralität des Staates. Eine liberale Interpretation der Verfassung*, Tübingen: Mohr Siebeck, 2003.

Ignatieff, Michael, »Nationalism and Toleration«, in S. Mendus (Hg.), *The Politics of Toleration*, Edinburgh: Edinburgh University Press, 1999, 77-106.

Israel, Jonathan I., »William III and Toleration«, in O. P. Grell, J. I. Israel, N. Tyacke (Hg.), *From Persecution to Toleration: The Glorious Revolution and Religion in England*, Oxford: Clarendon, 1991, 129-170.

Jäckel, Eberhard, »Nachwort«, in T. Morus, *Utopia*, Stuttgart: Reclam, 1983, 169-178.

Jäger, Christoph (Hg.), *Analytische Religionsphilosophie*, Paderborn: Schöningh (UTB), 1998.

Jefferson, Thomas, *Notes on the State of Virginia*, hg. v. W. Peden, Chapel Hill: University of North Carolina Press, 1955.

Jellinek, Georg, »Die Erklärung der Menschen- und Bürgerrechte«, in R. Schnur (Hg.), *Zur Geschichte der Erklärung der Menschenrechte*, Darmstadt: Wissenschaftliche Buchgesellschaft, 1964, 1-77.

Jenkinson, Sally L., »Two Concepts of Tolerance: Or Why Bayle Is Not Locke«, *The Journal of Political Philosophy* 4, 1996, 302-321.

Joas, Hans, *Die Entstehung der Werte*, Frankfurt/Main: Suhrkamp, 1997.

Jordan, Wilbur K., *The Development of Religious Toleration in England*, 4 Bände, London: George Allen & Unwin, 1932-40.

Jurieu, Pierre, *Traité des droits des deux souverains*, Rotterdam: De Graef, 1687.

Kallscheuer, Otto (Hg.), *Das Europa der Religionen. Ein Kontinent zwischen Säkularisierung und Fundamentalismus*, Frankfurt/Main: Fischer, 1996.

Kamen, Henry, *Intoleranz und Toleranz zwischen Reformation und Aufklärung*, übers. v. P. de Mendelssohn, München: Kindler, 1967.

Kant, Immanuel, Brief an Mendelssohn, in *Kants gesammelte Schriften* X, hg. v. d. Kgl. Preußischen Akademie der Wissenschaften, Berlin 1922, ND Berlin: de Gruyter, 1969.

ders., *Der Streit der Fakultäten*, in *Kants gesammelte Schriften* VII, hg. v. d. Kgl. Preußischen Akademie der Wissenschaften, Berlin 1907/17, ND Berlin: de Gruyter, 1968.

ders., *Die Metaphysik der Sitten*, in *Kants gesammelte Schriften* VI, hg. v. d. Kgl. Preußischen Akademie der Wissenschaften, Berlin 1907/14, ND Berlin: de Gruyter, 1968.

ders., *Die Religion innerhalb der Grenzen der bloßen Vernunft*, in *Kants gesammelte Schriften* VI, hg. v. d. Kgl. Preußischen Akademie der Wissenschaften, Berlin 1907/14, ND Berlin: de Gruyer, 1968.

ders., *Grundlegung zur Metaphysik der Sitten*, in *Kants gesammelte Schriften* IV, hg. v. d. Kgl. Preußischen Akademie der Wissenschaften, Berlin 1903/11, ND Berlin: de Gruyter, 1968.

ders., *Kritik der praktischen Vernunft*, in *Kants gesammelte Schriften* V, hg. v. d. Kgl. Preußischen Akademie der Wissenschaften, Berlin 1908/13, ND Berlin: de Gruyter, 1968.

ders., *Kritik der reinen Vernunft*, in *Kants gesammelte Schriften* III, hg. v. d. Kgl. Preußischen Akademie der Wissenschaften, Berlin 1904/11, ND Berlin: de Gruyter, 1968.

ders., *Kritik der reinen Vernunft*, 1. Auflage, in *Kants gesammelte Schriften* IV, hg. v. d. Kgl. Preußischen Akademie der Wissenschaften, Berlin 1903/11, ND Berlin: de Gruyter, 1968.

ders., *Kritik der Urtheilskraft*, in *Kants gesammelte Schriften* V, hg. v. d. Kgl. Preußischen Akademie der Wissenschaften, Berlin 1908/13, ND Berlin: de Gruyter, 1968.

ders., »Recension von J. G. Herders Ideen zur Philosophie der Geschichte der Menschheit«, in *Kants gesammelte Schriften* VIII, hg. v. d. Kgl. Preußischen Akademie der Wissenschaften, Berlin 1912/23, ND Berlin: de Gruyter, 1968.

ders., »Über den Gemeinspruch: Das mag in der Theorie richtig sein, taugt aber nicht für die Praxis«, in *Kants gesammelte Schriften* VIII, hg. v. d. Kgl. Preußischen Akademie der Wissenschaften, Berlin 1912/23, ND Berlin: de Gruyter, 1968.

ders., »Was heißt: Sich im Denken orientiren?«, in *Kants gesammelte Schriften* VIII, hg. v. d. Kgl. Preußischen Akademie der Wissenschaften, Berlin 1912/23, ND Berlin: de Gruyter, 1968.

ders., »Was ist Aufklärung?«, in *Kants gesammelte Schriften* VIII, hg. v. d. Kgl. Preußischen Akademie der Wissenschaften, Berlin 1912/23, ND Berlin: de Gruyter, 1968.

ders., *Zum ewigen Frieden*, in *Kants gesammelte Schriften* VIII, hg. v. d. Kgl. Preußischen Akademie der Wissenschaften, Berlin 1912/23, ND Berlin: de Gruyter, 1968.

Kardinal Meisner, Joachim, »Der Bundeskanzler muß das Ehediskriminierungsgesetz aufhalten«, *Frankfurter Allgemeine Zeitung*, 16. 9. 2000, S. 12.

Karniel, Joseph, *Die Toleranzpolitik Kaiser Josephs II.*, übers. v. L. Koppel, Gerlingen: Bleicher, 1985.

Katz, David S., »The Jews of England and 1688«, in O. P. Grell, J. I. Israel, N. Tyacke (Hg.), *From Persecution to Toleration: The Glorious Revolution and Religion in England*, Oxford: Clarendon Press, 1991, 217-250.

Katz, Jacob, »Aufklärung und Toleranz«, in P. v. d. Osten-Sacken (Hg.), *Toleranz heute. 250 Jahre nach Mendelssohn und Lessing*, Berlin: Institut Kirche und Judentum, 1979, 6-14.

Kelsen, Hans, »Verteidigung der Demokratie«, in *Demokratie und Sozialismus*, hg. v. N. Leser, Darmstadt: Wissenschaftliche Buchgesellschaft, 1967.

ders., *Vom Wesen und Wert der Demokratie*, Tübingen: Mohr (Siebeck), 1929.

ders., *Was ist Gerechtigkeit?*, Stuttgart: Reclam, 2000.

Kersting, Wolfgang, *Die politische Philosophie des Gesellschaftsvertrags*, Darmstadt: Wissenschaftliche Buchgesellschaft, 1994.

ders., »Globaler Liberalismus und kulturelle Differenz«, in *Politik und Recht. Abhandlungen zur politischen Philosophie der Gegenwart und zur neuzeitlichen Rechtsphilosophie*, Weilerswist: Velbrück, 2000, 211-236.

ders., *Thomas Hobbes zur Einführung*, Hamburg: Junius, 1992.

ders., *Wohlgeordnete Freiheit. Immanuel Kants Rechts- und Staatsphilosophie*, Frankfurt/Main: Suhrkamp, 1993.

Khoury, Adel Theodor, *Toleranz im Islam*, Altenberge: CIS, 1986.

Kierkegaard, Sören, »Eine literarische Anzeige«, übers. v. E. Hirsch, *Gesammelte Werke*, 17. Abteilung, Düsseldorf: Eugen Diederichs, 1954.

Kilkullen, John, *Sincerity and Truth. Essays on Arnauld, Bayle, and Toleration*, Oxford: Clarendon Press, 1988.

Kinder, Ernst, »Gottesreich und Weltreich bei Augustinus und Luther«, in H.-H. Schrey (Hg.), *Reich Gottes und Welt. Die Lehre Luthers von den zwei Reichen*, Darmstadt: Wissenschaftliche Buchgesellschaft, 1969, 40-69.

King, Preston, *Thomas Hobbes: Critical Assessments*, Vol. IV: Religion, London u. New York: Routledge, 1993.

ders., *Toleration*, New York: St. Martin's Press, 1976.

Kittsteiner, Heinz D., *Die Entstehung des modernen Gewissens*, Frankfurt/Main: Suhrkamp, 1995.

Klein, Richard, »Das politische Denken des Christentums«, in I. Fetscher u. H. Münkler (Hg.), *Pipers Handbuch der politischen Ideen* 1, München: Piper, 1988, 595-634.

Kniffka, Hannes, »Zur Kulturspezifik von Toleranzkonzepten. Linguistische Perspektiven«, in A. Wierlacher (Hg.), *Kulturthema Toleranz*, München: Iudicium, 1996, 205-260.

Kompridis, Nikolas, »Über Welterschließung: Heidegger, Habermas, Dewey«, *Deutsche Zeitschrift für Philosophie* 41, 1993, 525-538.

Korsgaard, Christine, »The Reasons We Can Share«, in *Creating the Kingdom of Ends*, Cambridge: Cambridge University Press, 1996, 275-310.

dies., *The Sources of Normativity*, Cambridge: Cambridge University Press, 1996.

Koselleck, Reinhart, »Aufklärung und die Grenzen ihrer Toleranz«, in T. Rendtorff (Hg.), *Glaube und Toleranz. Das theologische Erbe der Aufklärung*, Gütersloh: Mohn, 1982, 256-271.

ders., »›Erfahrungsraum‹ und ›Erwartungshorizont‹ – zwei historische Kategorien«, in *Vergangene Zukunft. Zur Semantik geschichtlicher Zeiten*, Frankfurt/Main: Suhrkamp, 1989, 349-375.

ders., *Kritik und Krise. Eine Studie zur Pathogenese der bürgerlichen Welt*, Frankfurt/Main: Suhrkamp, 1973.

ders. (Hg.), *Studien zum Beginn der modernen Welt*, Stuttgart: Klett-Cotta, 1977.

Kötting, Bernhard, *Religionsfreiheit und Toleranz im Altertum*, Opladen: Westdeutscher Verlag, 1977.

Krämer, Werner, »Der Beitrag des Nikolaus von Kues zum Unionskonzil mit der Ostkirche«, in R. Haubst (Hg.), *Nikolaus von Kues als Promotor der Ökumene*, Mainz: Matthias-Grünewald-Verlag, 1971, 34-52.

Kristeller, Paul Oskar, *Die Philosophie des Marsilio Ficino*, Frankfurt/Main: Klostermann, 1972.

Kristeva, Julia, *Fremde sind wir uns selbst*, übers. v. X. Rejewsky, Frankfurt/Main: Suhrkamp, 1990.

Kühn, Johannes, *Toleranz und Offenbarung*, Leipzig: Meiner, 1923.

Kukathas, Chandran, »Are There Any Cultural Rights?«, in W. Kymlicka (Hg.), *The Rights of Minority Cultures*, Oxford: Oxford University Press, 1995, 228-255.

ders., »Cultural Toleration«, in I. Shapiro u. W. Kymlicka (Hg.), *Ethnicity and Group Rights*, Nomos XXXIX, New York: New York University Press, 1997, 69-104.

Küng, Hans, »Vorwort«, in G. Mensching, *Toleranz und Wahrheit in der Religion*, hg. v. U. Tworuschka, Weimar u. Jena: Wartburg Verlag, 1996, 11-14.

Kuntz, Marion Leathers, »The Concept of Toleration in the *Colloquium Hep-

taplomeres of Jean Bodin«, in J. C. Laursen u. C. J. Nederman (Hg.), *Beyond the Persecuting Society. Religious Toleration Before the Enlightenment*, Philadelphia: University of Pennsylvania Press, 1998, 125-144.

Kymlicka, Will, »Do We Need a Liberal Theory of Minority Rights? A Reply to Carens, Young, Parekh and Forst«, *Constellations* 4, 1997, 72-87.

ders., *Finding Our Way. Rethinking Ethnocultural Relations in Canada*, Oxford: Oxford University Press, 1998.

ders., *Multicultural Citizenship*, Oxford: Oxford University Press, 1995.

ders., *Politics in the Vernacular. Nationalism, Multiculturalism, and Citizenship*, Oxford: Oxford University Press, 2001.

ders., »Two Models of Pluralism and Tolerance«, in D. Heyd (Hg.), *Toleration*, Princeton: Princeton University Press, 1996, 81-105.

Labrousse, Elisabeth, *Bayle*, übers. v. D. Potts, Oxford: Oxford University Press, 1983.

dies., *Pierre Bayle*, Band 1: Du pays de foix a la cite d'Erasme, La Haye: Martinus Nijhoff, 1963; Band 2: Heterodoxie et rigorisme, La Haye: Martinus Nijhoff, 1964.

dies., »The Political Ideas of the Huguenot Diaspora (Bayle and Jurieu)«, in R. M. Golden (Hg.), *Church, State, and Society under the Bourbon Kings of France*, Lawrence: University of Kansas Press, 1982, 222-283.

Laden, Anthony Simon, *Reasonably Radical. Deliberative Liberalism and the Politics of Identity*, Ithaca: Cornell University Press, 2001.

Lafont, Cristina, »Realismus und Konstruktivismus in der kantianischen Moralphilosophie – das Beispiel der Diskursethik«, *Deutsche Zeitschrift für Philosophie* 50, 2002, 39-52.

dies., »Welterschließung und Referenz«, *Deutsche Zeitschrift für Philosophie* 41, 1993, 491-508.

Laktanz, *De institutionibus divinis*, in Patrologiae cursus completus, series latina, hg. v. P. G. Migne, Band 6, Paris 1844.

ders., *De mortibus persecutorum*, in Patrologiae cursus completus, series latina, hg. v. P. G. Migne, Band 7, Paris 1844.

Larmore, Charles, »Denken und Handeln«, *Deutsche Zeitschrift für Philosophie* 45, 1997, 183-195.

ders., »Der Zwang des besseren Arguments«, in L. Wingert u. K. Günther (Hg.), *Die Öffentlichkeit der Vernunft und die Vernunft der Öffentlichkeit* (FS J. Habermas), Frankfurt/Main: Suhrkamp, 2001, 106-125.

ders., »L'autonomie de la morale«, *Philosophiques* 26, 1997, 313-328.

ders., »Moral Knowledge«, in *The Morals of Modernity*, Cambridge: Cambridge University Press, 1996, 89-117.

ders., »Pluralism and Reasonable Disagreement«, in *The Morals of Modernity*, Cambridge: Cambridge University Press, 1996, 152-174.

ders., »Politischer Liberalismus«, übers. v. A. Burri, in A. Honneth (Hg.), *Kom-*

munitarismus. Eine Debatte über die moralischen Grundlagen moderner Gesellschaften, Frankfurt/Main: Campus, 1993, 131-156.

ders., »The Moral Basis of Political Liberalism«, *The Journal of Philosophy* 96, 1999, 599-625.

ders., *The Romantic Legacy*, New York: Columbia University Press, 1996.

Lea, Henry Charles, *Die Inquisition*, übers. v. H. Wieck u. M. Rachel, Frankfurt/Main: Eichborn, 1992.

Leaman, Oliver, *Averroes and his Philosophy*, Oxford: Clarendon Press, 1988.

Lecler, Joseph, »Die Gewissensfreiheit«, in H. Lutz (Hg.), *Zur Geschichte der Toleranz und Religionsfreiheit*, Darmstadt: Wissenschaftliche Buchgesellschaft, 1977, 331-371.

ders., *Geschichte der Religionsfreiheit im Zeitalter der Reformation*, 2 Bände, übers. v. E. Schneider, Stuttgart: Schwabenverlag, 1965.

Leggewie, Claus u. Horst Meier (Hg.), *Verbot der NPD oder Mit Rechtsradikalen leben?*, Frankfurt/Main: Suhrkamp, 2002.

Leibholz, Gerhard, »Vorwort«, in L. Strauss, *Naturrecht und Geschichte*, Frankfurt/Main: Suhrkamp, 1977, VII-XI.

Leibniz, Gottfried Wilhelm, *Die Theodizee von der Güte Gottes, der Freiheit des Menschen und dem Ursprung des Übels*, übers. v. H. Herring, in *Philosophische Schriften* II, hg. v. H. Herring, Darmstadt: Wissenschaftliche Buchgesellschaft, 1985.

Lessing, Gotthold Ephraim, »Axiomata, wenn es deren in dergleichen Dingen gibt«, in *Werke* VIII, hg. v. H. G. Göpfert, Darmstadt: Wissenschaftliche Buchgesellschaft, 1996.

ders., Bemerkungen zu »Von Duldung der Deisten«, in *Werke* VII, hg. v. H. G. Göpfert, Darmstadt: Wissenschaftliche Buchgesellschaft, 1996.

ders., »Bibliolatrie«, in *Werke* VII, hg. v. H. G. Göpfert, Darmstadt: Wissenschaftliche Buchgesellschaft, 1996.

ders., *Briefe, die neueste Literatur betreffend*, in *Werke* V, hg. v. H. G. Göpfert, Darmstadt: Wissenschaftliche Buchgesellschaft, 1996.

ders., *Die Erziehung des Menschengeschlechts*, in *Werke* VIII, hg. v. H. G. Göpfert, Darmstadt: Wissenschaftliche Buchgesellschaft, 1996.

ders., »Eine Duplik«, in *Werke* VIII, hg. v. H. G. Göpfert, Darmstadt: Wissenschaftliche Buchgesellschaft, 1996.

ders., »Eine Parabel«, in *Werke* VIII, hg. v. H. G. Göpfert, Darmstadt: Wissenschaftliche Buchgesellschaft, 1996.

ders., »Gegensätze des Herausgebers«, in *Werke* VII, hg. v. H. G. Göpfert, Darmstadt: Wissenschaftliche Buchgesellschaft, 1996.

ders., *Nathan der Weise*, in *Werke* II, hg. v. H. G. Göpfert, Darmstadt: Wissenschaftliche Buchgesellschaft, 1996.

ders., Vorredenentwurf zu *Nathan der Weise*, in *Werke* II, hg. v. H. G. Göpfert, Darmstadt: Wissenschaftliche Buchgesellschaft, 1996.

ders., »Womit sich die geoffenbarte Religion am meisten weiß, macht sie mir gerade am verdächtigsten«, in *Werke* VII, hg. v. H. G. Göpfert, Darmstadt: Wissenschaftliche Buchgesellschaft, 1996.

Lévinas, Emmanuel, *Totalität und Unendlichkeit*, übers. v. W. N. Krewani, Freiburg/München: Alber, 1987.

Levine, Alan, »Skepticism, Self, and Toleration in Montaigne's Political Thought«, in A. Levine (Hg.), *Early Modern Skepticism and the Origins of Toleration*, Lanham et al.: Lexington Books, 1999, 51-76.

Lewis, Bernard u. Friedrich Niewöhner (Hg.), *Religionsgespräche im Mittelalter*, Wiesbaden: Otto Harrassowitz, 1992.

Lewis, David, »Mill and Milquetoast«, in *Papers in Ethics and Social Philosophy*, Cambridge: Cambridge University Press, 2000, 159-186.

Lilburne, John, *Englands Birth-Right Justified*, in W. Haller (Hg.), *Tracts on Liberty in the Puritan Revolution*, Vol. III, New York: Octagon Books, 1965, 257-308.

Lipsius, Justus, *Politicorum sive civilis doctrinae libri sex*, 1589, ND (d. Ausg. v. 1704) Hildesheim: Olms, 1998.

Locke, John, *A Fourth Letter for Toleration*, in *The Works of John Locke* VI, 1823, Neudruck Aalen: Scientia, 1963.

ders., *A Second Letter concerning Toleration*, in *The Works of John Locke* VI, 1823, Neudruck Aalen: Scientia, 1963.

ders., *A Third Letter for Toleration: to the Author of the Third Letter concerning Toleration*, in *The Works of John Locke* VI, 1823, Neudruck Aalen: Scientia, 1963.

ders., »An Essay on Toleration«, in *Political Essays*, hg. v. M. Goldie, Cambridge: Cambridge University Press, 1997, 134-159.

ders., Brief an Ph. v. Limborch, 6. Juni 1689, in *The Correspondence of John Locke* III, hg. v. E. S. de Beer, Oxford: Clarendon Press, 1978, 633 f.

ders., *Ein Brief über Toleranz*, übers. v. hg. v. J. Ebbinghaus, Hamburg: Meiner, 1996. (Engl. *A Letter Concerning Toleration*, hg. v. J. Tully, Indianapolis: Hackett, 1983; Lat. *Epistola de tolerantia*, hg. v. M. Montuori, The Hague: Martinus Nijhoff, 1963.)

ders., *First Tract on Government*, in *Political Essays*, hg. v. M. Goldie, Cambridge: Cambridge University Press, 1997.

ders., *Second Tract on Government*, in *Political Essays*, hg. v. M. Goldie, Cambridge: Cambridge University Press, 1997.

ders., *The Reasonableness of Christianity, as delivered in the Scriptures*, in *The Works of John Locke* VII, 1823, Neudruck Aalen: Scientia, 1963.

ders., »Toleration D«, in *Political Essays*, hg. v. M. Goldie, Cambridge: Cambridge University Press, 1997, 276 f.

ders., *Versuch über den menschlichen Verstand*, übers. v. C. Winckler, Band 1 (Bücher I u. II) Hamburg: Meiner, 1981, Band 2 (Bücher III u. IV) ebd., 1988.

ders., *Zwei Abhandlungen über die Regierung*, übers. v. H. J. Hoffmann, hg. v. W. Euchner, Frankfurt/Main: Suhrkamp, 1977. (Engl. Ausgabe der zweiten Abhandlung: *Second Treatise of Government*, hg. v. C. B. Macpherson, Indianapolis: Hackett, 1980.)

Lohrmann, Klaus, »Fürstenschutz als Grundlage jüdischer Existenz im Mittelalter«, in A. Patschovsky u. H. Zimmermann (Hg.), *Toleranz im Mittelalter*, Sigmaringen: Thorbecke, 1998, 75-100.

Lohse, Bernhard (Hg.), *Der Durchbruch der reformatorischen Erkenntnis bei Luther*, Darmstadt: Wissenschaftliche Buchgesellschaft, 1968.

Luhmann, Niklas, *Gesellschaftsstruktur und Semantik. Studien zur Wissenssoziologie der modernen Gesellschaft* 3, Frankfurt/Main: Suhrkamp, 1993.

Lukes, Steven, »Making Sense of Moral Conflict«, in *Moral Conflict and Politics*, Oxford: Oxford University Press, 1991, 3-20.

ders., »Relativism: Cognitive and Moral«, *Proceedings of the Aristotelian Society*, Suppl. 48, 1974, 165-189.

ders., »Toleration and Recognition«, *Ratio Juris* 10, 1997, 213-222.

Lull, Ramon (Raimund Llull), *Das Buch vom Heiden und den drei Weisen*, übers. v. T. Pindl, Stuttgart: Reclam, 1998.

ders., *Disputatio*, in Raimundi Lulli Opera IV, Mainz 1729, ND Frankfurt/Main: Minerva, 1965.

ders., *Vita Coaetanea*, in Raimundi Lulli Opera Latina VIII, ND Turnhout: Brepols, 1980.

Luther, Martin, *An den christlichen Adel deutscher Nation von des christlichen Standes Besserung*, in Luthers Werke in Auswahl, hg. v. O. Clemen, Band 1, Berlin: de Gruyter, 1959.

ders., Brief an Spalatin (11. November 1525), *Werke*, Weimarer Ausgabe (WA), Briefwechsel 3, Weimar: Hermann Böhlaus Nachfolger, 1933.

ders., Brief an Johann von Sachsen (9. Februar 1526), *Werke* (WA), Briefwechsel 4, Weimar: Hermann Böhlaus Nachfolger, 1933.

ders., Brief an J. L. Metzsch (26. August 1529), *Werke* (WA), Briefwechsel 5, Weimar: Hermann Böhlaus Nachfolger, 1934.

ders., Brief an die Fürsten Johann und Georg von Anhalt (12. Juni 1541), *Werke* (WA), Briefwechsel 9, Weimar: Hermann Böhlaus Nachfolger, 1941.

ders., *De servo arbitrio*, in Luthers Werke in Auswahl, hg. v. O. Clemen, Band 3, Berlin: de Gruyter, 1959.

ders., *Die Heidelberger Disputation* (orig. lat. in WA 1, 353-365) dt. in Die reformatorischen Grundschriften 1, übertr. u. komm. v. H. Beintker, München: Deutscher Taschenbuch Verlag, 1983.

ders., *Kirchenpostille*, in Werke (WA), 10,1, Weimar: Hermann Böhlaus Nachfolger, 1910.

ders., *Ob Kriegsleute auch im seligen Stande sein können*, in Luthers Werke in Auswahl, hg. v. O. Clemen, Band 3, Berlin: de Gruyter, 1959.

ders., »Rede auf dem Reichstag zu Worms, 18. April 1521« (orig. lat. in WA 7, 832-838), in *Ausgewählte Schriften* 1, hg. v. K. Bornkamm u. G. Ebeling, Frankfurt/Main: Insel, 1983.

ders., *Vermahnung zum Frieden auf die zwölf Artikel der Bauernschaft in Schwaben*, in Luthers Werke in Auswahl, hg. v. O. Clemen, Band 3, Berlin: de Gruyter, 1959.

ders., *Vom Greuel der Stillmesse*, in Werke (WA), 18, Weimar: Hermann Böhlaus Nachfolger, 1908.

ders., *Von den Juden und ihren Lügen*, in Werke (WA), 53, Weimar: Hermann Böhlaus Nachfolger, 1920.

ders., *Von der babylonischen Gefangenschaft der Kirche* (orig. lat. in WA 6, 497-573), dt. in Die reformatorischen Grundschriften 3, übertr. u. komm. v. H. Beintker, München: Deutscher Taschenbuch Verlag, 1983.

ders., *Von der Freiheit eines Christenmenschen*, in Luthers Werke in Auswahl, hg. v. O. Clemen, Band 2, Berlin: de Gruyter, 1959.

ders., *Von weltlicher Obrigkeit, wie weit man ihr Gehorsam schuldig sei*, in Luthers Werke in Auswahl, hg. v. O. Clemen, Band 2, Berlin: de Gruyter, 1959.

ders., »Vorrede zum ersten Band der Wittenberger Ausgabe der lateinischen Schriften (1545)« (orig. lat. in WA 54, 179-187), dt. in *Ausgewählte Schriften* 1, hg. v. K. Bornkamm u. G. Ebeling, Frankfurt/Main: Insel, 1983.

ders., *Wider die räuberischen und mörderischen Rotten der Bauern*, in Luthers Werke in Auswahl, hg. v. O. Clemen, Band 3, Berlin: de Gruyter, 1959.

Luther, Martin et al., *Ob Christliche Fürsten schuldig sind, der Widerteuffer unchristlichen Sect mit leiblicher straffe, und mit dem schwert zu wehren*, in Werke (WA), 50, Weimar: Hermann Böhlaus Nachfolger, 1914.

Lutz, Heinrich, »Das Toleranzedikt von 1781 im Kontext der europäischen Aufklärung«, in T. Rendtorff (Hg.), *Glaube und Toleranz. Das theologische Erbe der Aufklärung*, Gütersloh: Mohn, 1982, 10-29.

Macedo, Stephen, »Liberal Civic Education and Religious Fundamentalism: The Case of God v. John Rawls?«, *Ethics* 105, 1995, 468-496.

ders., *Liberal Virtues*, Oxford: Oxford University Press, 1991.

ders., »Toleration and Fundamentalism«, in R. E. Goodin und P. Pettit (Hg.), *A Companion to Contemporary Political Philosophy*, Oxford: Blackwell, 1993, 622-628.

Machiavelli, Niccolo, *Der Fürst* (Il Principe), übers. v. E. Merian-Genast, Stuttgart: Reclam, 1984.

ders., *Discorsi. Gedanken über Politik und Staatsführung*, übers. v. R. Zorn, Stuttgart: Kröner, 1977.

MacIntyre, Alasdair, *After Virtue. A Study in Moral Theory*, 2. Aufl., London: Duckworth, 1987.

ders., »Toleration and the Goods of Conflict«, in S. Mendus (Hg.), *The Pol-

itics of Toleration, Edinburgh: Edinburgh University Press, 1999, 133-155.

ders., *Whose Justice? Which Rationality?* London: Duckworth, 1988.

Macpherson, Crawford Brough, *Die politische Theorie des Besitzindividualismus*, übers. v. A. Wittekind, Frankfurt/Main: Suhrkamp, 1973.

Madison, James, Federalist Paper Nr. 51, in A. Hamilton, J. Madison, J. Jay, *The Federalist Papers*, hg. v. C. Rossiter, New York: New American Library, 1961.

Maihofer, Werner (Hg.), *Naturrecht oder Positivismus?*, Darmstadt: Wissenschaftliche Buchgesellschaft, 1966.

Maimonides (Mose ben Maimon), *Führer der Unschlüssigen*, übers. v. A. Weiß, 2. Aufl., Hamburg: Meiner, 1995.

ders., *Mischne Tora – Das Buch der Erkenntnis*, übers. v. C. Sacks, hg. v. E. Goodman-Thau u. C. Schulte, Berlin: Akademie Verlag, 1994.

Mandt, Hella, »Grenzen politischer Toleranz in der offenen Gesellschaft«, *Aus Politik und Zeitgeschichte* 3, 1978, 3-16.

Mann, Thomas, *Der Zauberberg*, Frankfurt/Main: Fischer, 1986.

Marcuse, Herbert, »Repressive Toleranz«, übers. v. A. Schmidt, in *Schriften* 8, Frankfurt/Main: Suhrkamp, 1984, 136-166.

Margalit, Avishai, »Ethik der Erinnerung. Erinnerung, Anteilnahme, Moral«, *Neue Rundschau* 111, 2000, 116-134.

ders., »Der Ring: Über religiösen Pluralismus«, übers. v. M. Iser, in R. Forst (Hg.), *Toleranz*, Frankfurt/Main u. New York: Campus, 2000, 162-176.

ders., *Politik der Würde. Über Achtung und Verachtung*, übers. v. G. Schmidt u. A. Vonderstein, Berlin: Alexander Fest Verlag, 1997.

Marsilius von Padua, *Der Verteidiger des Friedens* (Defensor pacis), 2 Bände, übers. v. W. Kunzmann, bearb. v. H. Kusch, Darmstadt: Wissenschaftliche Buchgesellschaft, 1958.

Martin, James G., *The Tolerant Personality*, Detroit: Wayne State University Press, 1964.

Martinich, Aloysius P., *The Two Gods of Leviathan. Thomas Hobbes on Religion and Politics*, Cambridge: Cambridge University Press, 1992.

Marty, Martin E. u. R. Scott Appleby, *Herausforderung Fundamentalismus. Radikale Christen, Moslems und Juden im Kampf gegen die Moderne*, übers. v. C. Münz, Frankfurt/Main: Campus, 1996.

Marx, Karl, »Zur Judenfrage«, in *Karl Marx-Friedrich Engels-Gesamtausgabe* (Mega), Erste Abteilung, Band 2, Berlin: Dietz, 1982.

Maus, Ingeborg, *Bürgerliche Rechtstheorie und Faschismus. Zur sozialen Funktion und aktuellen Wirkung der Theorie Carl Schmitts*, 2. erw. Aufl., München: Fink, 1980.

dies., *Zur Aufklärung der Demokratietheorie*, Frankfurt/Main: Suhrkamp, 1992.

McClain, Linda C., »Toleration, Autonomy, and Governmental Promotion of Good Lives: Beyond ›Empty‹ Toleration to Toleration as Respect«, *Ohio State Law Journal* 59, 1998, 19-132.

McClure, Kirstie, »Difference, Diversity, and the Limits of Toleration«, *Political Theory* 18, 1990, 361-391.

McDowell, John, *Mind and World*, Cambridge, Mass.: Harvard University Press, 1994.

ders., »Might There Be External Reasons«, in *Mind, Value, and Reality*, Cambridge, Mass.: Harvard University Press, 1998, 95-111.

ders., »Two Sorts of Naturalism«, in *Mind, Value, and Reality*, Cambridge, Mass.: Harvard University Press, 1998, 167-197.

ders., »Virtue and Reason«, in *Mind, Value, and Reality*, Cambridge, Mass.: Harvard University Press, 1998, 50-73.

Meinecke, Friedrich, *Die Idee der Staatsräson in der neueren Geschichte*, in Werke 1, hg. v. W. Hofer, München: R. Oldenbourg, 1960.

Meinhardt, Helmut, »Konjekturale Erkenntnis und religiöse Toleranz«, in R. Haubst (Hg.), *Der Friede unter den Religionen nach Nikolaus von Kues*, Mainz: Matthias-Grünewald-Verlag, 1984, 325-332.

Mendelssohn, Moses, *Jerusalem oder über religiöse Macht und Judentum*, in *Schriften über Religion und Aufklärung*, hg. v. M. Thom, Darmstadt: Wissenschaftliche Buchgesellschaft, 1989.

ders., »Schreiben an den Herrn Diakonus Lavater zu Zürich«, in *Schriften über Religion und Aufklärung*, hg. v. M. Thom, Darmstadt: Wissenschaftliche Buchgesellschaft, 1989.

ders., »Vorrede zu Manasseh Ben Israel: Rettung der Juden«, in *Schriften über Religion und Aufklärung*, hg. v. M. Thom, Darmstadt: Wissenschaftliche Buchgesellschaft, 1989.

Mendus, Susan, »Locke: Toleration, Morality and Rationality«, in J. Horton u. S. Mendus (Hg.), *A Letter Concerning Toleration in Focus*, London u. New York: Routledge, 1991, 147-162.

dies., *Toleration and the Limits of Liberalism*, Atlantic Highlands: Humanities Press, 1989.

Menke, Christoph, *Spiegelungen der Gleichheit*, Berlin: Akademie Verlag, 2000.

ders., *Tragödie im Sittlichen. Gerechtigkeit und Freiheit nach Hegel*, Frankfurt/ Main: Suhrkamp, 1996.

Mensching, Gustav, *Toleranz und Wahrheit in der Religion*, hg. v. U. Tworuschka, Weimar u. Jena: Wartburg Verlag, 1996.

Meuthen, Erich, »Der Fall von Konstantinopel und der lateinische Westen«, in R. Haubst (Hg.), *Der Friede unter den Religionen nach Nikolaus von Kues*, Mainz: Matthias-Grünewald-Verlag, 1984, 35-60.

ders., »Nikolaus von Kues in der Entscheidung zwischen Konzil und Papst«, in

R. Haubst (Hg.), *Nikolaus von Kues als Promotor der Ökumene*, Mainz: Matthias-Grünewald-Verlag, 1971, 19-33.

Miethke, Jürgen, »Der Weltanspruch des Papstes im späteren Mittelalter. Die Politische Theorie der Traktate De Potestate Papae«, in I. Fetscher u. H. Münkler (Hg.), *Pipers Handbuch der politischen Ideen 2*, München: Piper, 1993, 351-445.

Mill, James, *The Principles of Toleration*, New York: Lenox Hill, 1837, ND 1971.

Mill, John Stuart, *Über die Freiheit*, übers. v. B. Lemke, Stuttgart: Reclam, 1988 (engl. *On Liberty*, hg. v. G. Himmelfarb, Harmondsworth: Penguin, 1974).

Milton, John, *A Treatise of Civil Power in Ecclesiastical Causes*, in *Complete Poems and Major Prose*, hg. v. M. Y. Hughes, New York: The Odyssey Press, 1957, 839-855.

ders., *Areopagitica*, in *Complete Poems*, 716-749.

ders., *The Reason of Church Government Urged against Prelaty*, in *Complete Poems*, 640-689.

ders., *The Second Defense of the People of England*, in Auszügen in *Complete Poems*, 817-838.

ders., *The Tenure of Kings and Magistrates*, in *Complete Poems*, 750-780.

Minois, Georges, *Geschichte des Atheismus. Von den Anfängen bis zur Gegenwart*, übers. v. E. Moldenhauer, Weimar: Hermann Böhlaus Nachfolger, 2000.

Minow, Martha, *Making all the Difference. Inclusion, Exclusion, and American Law*, Ithaca: Cornell University Press, 1990.

dies., »Putting Up and Putting Down: Tolerance Reconsidered«, in M. Tushnet (Hg.), *Comparative Constitutional Federalism: Europe and America*, New York: Greenwood Press, 1990, 77-113.

Mitscherlich, Alexander, »Toleranz – Überprüfung eines Begriffs«, in *Gesammelte Schriften* V, hg. v. H. Haase, Frankfurt/Main: Suhrkamp, 1983, 429-455.

ders., »›Wie ich mir – so ich dir‹. Zur Psychologie der Toleranz«, in *Gesammelte Schriften* V, hg. v. H. Haase, Frankfurt/Main: Suhrkamp, 1983, 410-428.

Möhring, Hannes, »Die Kreuzfahrer, ihre muslimischen Untertanen und die heiligen Stätten des Islam«, in A. Patschovsky u. H. Zimmermann (Hg.), *Toleranz im Mittelalter*, Sigmaringen: Thorbecke, 1998, 129-158.

Möller, Horst, *Vernunft und Kritik. Deutsche Aufklärung im 17. und 18. Jahrhundert*, Frankfurt/Main: Suhrkamp, 1986.

Moller Okin, Susan, *Is Multiculturalism Bad For Women?*, hg. v. J. Cohen, M. Howard, M. Nussbaum, Princeton: Princeton University Press, 1999.

Montaigne, Michel de, *Essais*, übers. v. H. Stilett, Frankfurt/Main: Eichborn, 1998 (franz. *Essais*, 3 Bde, Paris: Société les belles lettres, 1946).

Montesquieu, Charles-Louis de Secondat, *Persische Briefe*, übers. v. P. Schunck, Stuttgart: Reclam, 1991.

ders., *Vom Geist der Gesetze*, 2 Bände, übers. v. E. Forsthoff, Tübingen: Mohr (Siebeck), 1992.

Moody-Adams, Michele M., *Fieldwork in Familiar Places. Morality, Culture, and Philosophy*, Cambridge, Mass.: Harvard University Press, 1997.

Moon, J. Donald, *Constructing Community. Moral Pluralism and Tragic Conflicts*, Princeton: Princeton University Press, 1993.

Moore, Robert Ian, *The Formation of a Persecuting Society. Power and Deviance in Western Europe, 950-1250*, Oxford: Blackwell, 1987.

Mori, Gianluca, »Pierre Bayle, the Rights of the Conscience, the ›Remedy‹ of Toleration«, *Ratio Juris* 10, 1997, 45-60.

Morsy, Zaghloul (Hg.), *Toleranz. Gedanken der Welt*, übers. v. M. u. Killisch-Horn, H. van Laak, D. Schetar-Köthe, Nürnberg: Verlag Das Andere, 1994.

Morus, Thomas, *Dialogue concerning heretics*, in *The Works of Sir Thomas More*, London: Rastell, 1557.

ders., *Utopia*, übers. v. G. Ritter, Stuttgart: Reclam, 1983.

Mulhall, Stephen u. Adam Swift, *Liberals & Communitarians*, Oxford: Blackwell, 1992.

Münkler, Herfried, *Im Namen des Staates. Die Begründung der Staatsraison in der Frühen Neuzeit*, Frankfurt/Main: Fischer, 1987.

ders., *Machiavelli. Die Begründung des politischen Denkens der Neuzeit aus der Krise der Republik Florenz*, Frankfurt/Main: Europäische Verlagsanstalt, 1982.

ders., »Politisches Denken in der Zeit der Reformation«, in I. Fetscher u. H. Münkler (Hg.), *Pipers Handbuch der politischen Ideen* 2, München: Piper, 1993, 615-683.

ders., *Thomas Hobbes*, Frankfurt/Main: Campus, 1993.

Nagel, Thomas, *Equality and Partiality*, Oxford: Oxford University Press, 1991.

ders., »Moral Conflict and Political Legitimacy«, *Philosophy and Public Affairs* 16, 1987, 215-240.

ders., »The Fragmentation of Value«, in *Mortal Questions*, Cambridge: Cambridge University Press, 1979, 128-141.

Nederman, Cary, *Worlds of Difference: European Discourses of Toleration c. 1100 – c. 1550*, University Park: Pennsylvania State University Press, 2000.

Nestle, Wilhelm, »Asebieprozesse«, *Reallexikon für Antike und Christentum* 1, hg. v. T. Klauser, Stuttgart: Hiersemann, 735-40.

Neumann, Johannes, »Toleranz als grundlegendes Verfassungsprinzip«, in J. Neumann u. M. W. Fischer (Hg.), *Toleranz und Repression*, Frankfurt/Main: Campus, 1987, 71-98.

Newey, Glen, *Virtue, Reason, and Toleration. The Place of Toleration in Ethical and Political Philosophy*, Edinburgh: Edinburgh University Press, 1999.

Nicholson, Peter, »John Locke's Later Letters on Toleration«, in J. Horton u. S. Mendus (Hg.), *A Letter Concerning Toleration in Focus*, London u. New York: Routledge, 1991, 163-187.

ders., »Toleration as a Moral Ideal«, in J. Horton u. S. Mendus (Hg.), *Aspects of Toleration. Philosophical Studies*, London and New York: Methuen, 1985, 158-173.

Nickel, Rainer, *Gleichheit und Differenz in der vielfältigen Republik*, Baden-Baden: Nomos, 1999.

Nietzsche, Friedrich, *Der Antichrist*, in *Kritische Studienausgabe* 6, hg. v. G. Colli u. M. Montinari, München/Berlin: dtv/de Gruyter, 1988.

ders., *Die fröhliche Wissenschaft*, in *Kritische Studienausgabe* 3, hg. v. G. Colli u. M. Montinari, München/Berlin: dtv/de Gruyter, 1988.

ders., *Die Götzen-Dämmerung*, in *Kritische Studienausgabe* 6, München/Berlin: dtv/de Gruyter, 1988.

ders., *Jenseits von Gut und Böse*, in *Kritische Studienausgabe* 5, hg. v. G. Colli u. M. Montinari, München/Berlin: dtv/de Gruyter, 1988.

ders., *Nachgelassene Fragmente 1880-1882*, in *Kritische Studienausgabe* 9, hg. v. G. Colli u. M. Montinari, München/Berlin: dtv/de Gruyter, 1988.

ders., *Nachgelassene Fragmente 1885-1887*, in *Kritische Studienausgabe* 12, hg. v. G. Colli u. M. Montinari, München/Berlin: dtv/de Gruyter, 1988.

ders., *Unzeitgemäße Betrachtungen I-IV*, in *Kritische Studienausgabe* 1, hg. v. G. Colli u. M. Montinari, München/Berlin: dtv/de Gruyter, 1988.

ders., *Zur Genealogie der Moral*, in *Kritische Studienausgabe* 5, hg. v. G. Colli u. M. Montinari, München/Berlin: dtv/de Gruyter, 1988.

Niewöhner, Friedrich, »Dialoge, die nicht stattgefunden haben: Judah ha-Levi und Peter Abailard«, in W. Stegmaier (Hg.), *Die philosophische Aktualität der jüdischen Tradition*, Frankfurt/Main: Suhrkamp, 2000, 225-248.

ders., *Maimonides. Aufklärung und Toleranz im Mittelalter*, Heidelberg: Lambert Schneider, 1988.

ders., *Veritas sive varietas. Lessings Toleranzparabel und das Buch von den drei Betrügern*, Heidelberg: Lambert Schneider, 1988.

Nikolaus von Kues, *Cribratio Alchorani*, in Philosophisch-Theologische Schriften III, lat.-dt., übers. v. D. u. W. Dupré, Wien: Herder, 1967.

ders., *De coniecturis*, in Philosophisch-Theologische Schriften II, lat.-dt., übers. v. D. u. W. Dupré, Wien: Herder, 1966.

ders., *Über den Frieden im Glauben/ De pace fidei*, übers. v. L. Mohler, Leipzig: Felix Meiner, 1943 (lat. in Philosophisch-Theologische Schriften III, Wien: Herder, 1967).

Nipperdey, Thomas, »Thomas Morus«, in H. Maier, H. Rausch, H. Denzer (Hg.), *Klassiker des politischen Denkens* 1, München: Beck, 1968, 222-243.

Nussbaum, Martha, »Toleranz, Mitleid und Gnade«, übers. v. M. Iser, in R. Forst (Hg.), *Toleranz*, Frankfurt/Main: Campus, 2000, 144-161.

Oberdiek, Hans, *Tolerance. Between Forbearance and Acceptance*, Lanham et al.: Rowman & Littlefield, 2001.

Oberman, Heiko A., *Wurzeln des Antisemitismus. Christenangst und Judenplage im Zeitalter von Humanismus und Reformation*, Berlin: Severin u. Siedler, 1981.

Oelmüller, Willi, *Die unbefriedigte Aufklärung. Beiträge zu einer Theorie der Moderne von Lessing, Kant und Hegel*, Neuausgabe, Frankfurt/Main: Suhrkamp, 1979.

Oestreich, Gerhard, *Antiker Geist und moderner Staat bei Justus Lipsius (1547-1606)*, hg. v. N. Mout, Göttingen: Vandenhoeck & Ruprecht, 1989.

ders., »Justus Lipsius als Theoretiker des neuzeitlichen Machtstaates«, in *Geist und Gestalt des frühmodernen Staates*, Berlin: Duncker & Humblot, 1969, 35-79.

ders., »Strukturprobleme des europäischen Absolutismus«, in *Geist und Gestalt des frühmodernen Staates*, Berlin: Duncker & Humblot, 1969, 179-197.

O'Neill, Onora, *Constructions of Reason. Explorations of Kant's Practical Philosophy*, Cambridge: Cambridge University Press, 1989.

dies., »Practices of Toleration«, in J. Lichtenberg (Hg.), *Democracy and the Mass Media*, Cambridge: Cambridge University Press, 1990, 155-185.

dies., *Tugend und Gerechtigkeit. Eine konstruktive Darstellung des praktischen Denkens*, übers. v. J. Schulte, Berlin: Akademie Verlag, 1996.

Overton, Richard, *The Araignment of Mr. Persecution*, in W. Haller (Hg.), *Tracts on Liberty in the Puritan Revolution*, New York: Octagon Books, 1965, 203-258.

Paine, Thomas, *Die Rechte des Menschen*, übers. v. D. M. Forkel, hg. v. T. Stemmler, Frankfurt/Main: Suhrkamp, 1973.

Pappert, Peter (Hg.), *Den Nerv getroffen. Engagierte Stimmen zum Kruzifix-Urteil von Karlsruhe*, Aachen: Bergmoser und Höller, 1995.

Parekh, Bhikhu, »Dilemmas of a Multicultural Theory of Citizenship«, *Constellations* 4, 1997, 54-62.

ders., *Rethinking Multiculturalism. Cultural Diversity and Political Theory*, Cambridge, Mass.: Harvard University Press, 2000.

Patterson, Charlotte, »Children of Lesbian and Gay Parents: Summary of Research Findings«, in A. Sullivan (Hg.), *Same-Sex Marriage: Pro and Con*, New York: Random House, 1997, 240-245.

Paulus, Nikolaus, »Religionsfreiheit und Augsburger Religionsfriede«, in H. Lutz (Hg.), *Zur Geschichte der Toleranz und Religionsfreiheit*, Darmstadt: Wissenschaftliche Buchgesellschaft, 1977, 17-41.

Penn, William, *The Great Case of Liberty of Conscience*, in *Select Works* II, London 1825, ND New York: Kraus, 1971.

Peters, Bernhard, *Die Integration moderner Gesellschaften*, Frankfurt/Main: Suhrkamp, 1993.

ders., »Understanding Multiculturalism«, Arbeitspapier 14/99 des Instituts für interkulturelle und internationale Studien Bremen, 1999.

Pico della Mirandola, Giovanni, *Ausgewählte Schriften*, übers. v. A. Liebert, Jena und Leipzig: Diederichs, 1905.

ders., *Über die Würde des Menschen*, übers. v. N. Baumgarten, Hamburg: Meiner, 1990.

Plantinga, Alvin u. Nicholas Wolterstorff (Hg.), *Faith and Rationality. Reason and Belief in God*, Notre Dame: Notre Dame University Press, 1983.

Pogge, Thomas, »Group Rights and Ethnicity«, in I. Shapiro u. W. Kymlicka (Hg.), *Ethnicity and Group Rights*, Nomos XXXIX, New York: New York University Press, 1997, 187-221.

Popkin, Richard H., »Pierre Bayle's Place in 17th Century Scepticism«, in P. Dibon (Hg.), *Pierre Bayle: Le philosophe de Rotterdam*, Paris: Vrin, 1959, 1-19.

Popper, Karl, *Die offene Gesellschaft und ihre Feinde I. Der Zauber Platons*, übers. v. P. Feyerabend, Bern: Francke, 1957.

ders., »Duldsamkeit und intellektuelle Verantwortlichkeit«, in D. Stuhlmacher u. L. Abramowski (Hg.), *Toleranz*, Tübingen: Attempto, 1982, 173-185.

ders., »Toleration and Intellectual Responsibility«, in S. Mendus u. D. Edwards (Hg.), *On Toleration*, Oxford: Clarendon, 1987, 17-34 (teilweise übereinstimmend mit »Duldsamkeit und intellektuelle Verantwortlichkeit«).

Proast, Jonas, *The Argument of the Letter Concerning Toleration* (1690)/ *A Third Letter Concerning Toleration* (1691)/ *A Second Letter to the Author of the Three Letters for Toleration* (1704), Neudruck New York u. London: Garland, 1984.

Proß, Wolfgang, »Herder und Vico: Wissenssoziologische Voraussetzungen des historischen Denkens«, in G. Sauder (Hg.), *Johann Gottfried Herder*, Hamburg: Meiner, 1987, 88-113.

Pufendorf, Samuel, *De habitu religionis christianae ad vitam civilem*, Bremen 1687, Nachdruck Stuttgart – Bad Cannstadt: frommann-holzboog, 1972.

ders., *De jure naturae et gentium*, hg. v. G. Mascovius, 2 Bände, Frankfurt/Main u. Leipzig 1759, ND Frankfurt/Main: Minerva, 1967.

Putnam, Hilary, *Reason, Truth and History*, Cambridge: Cambridge University Press, 1981.

ders., »Werte und Normen«, übers. v. K. Wördemann, in L. Wingert u. K. Günther (Hg.), *Die Öffentlichkeit der Vernunft und die Vernunft der Öffentlichkeit* (FS J. Habermas), Frankfurt/Main: Suhrkamp, 2001, 280-313.

Püttner, Günter, *Toleranz als Verfassungsprinzip*, Berlin: Duncker & Humblot, 1977.

Raphael, D. D., »The Intolerable«, in S. Mendus (Hg.), *Justifying Toleration. Conceptual and Historical Perspectives*, Cambridge: Cambridge University Press, 1988, 137-154.

Rawls, John, »Der Bereich des Politischen und der Gedanke eines übergreifenden Konsenses«, in *Die Idee des politischen Liberalismus. Aufsätze 1978-1989*, hg. v. W. Hinsch, übers. v. M. Anderheiden u. W. Hinsch, Frankfurt/Main: Suhrkamp, 333-363.

ders., »Der Gedanke eines übergreifenden Konsenses«, in *Die Idee des politischen Liberalismus*, übers. v. M. Anderheiden u. W. Hinsch, Frankfurt/Main: Suhrkamp, 1992, 293-332.

ders., »Der Vorrang der Grundfreiheiten«, in *Die Idee des politischen Liberalismus*, übers. v. M. Anderheiden, Frankfurt/Main: Suhrkamp, 1992, 159-254.

ders., »Die Grundstruktur als Gegenstand«, in *Die Idee des politischen Liberalismus*, übers. v. M. Klatetzki u. W. Hinsch, Frankfurt/Main: Suhrkamp, 1992, 45-79.

ders., *Eine Theorie der Gerechtigkeit*, übers. v. H. Vetter, Frankfurt/Main: Suhrkamp, 1975 (engl. *A Theory of Justice*, Cambridge, revised edition, Mass.: Harvard University Press, 1999).

ders., »Erwiderung auf Habermas«, in Phil. Ges. Bad Homburg u. W. Hinsch (Hg.), *Zur Idee des politischen Liberalismus*, übers. v. W. Hinsch, Frankfurt/Main: Suhrkamp, 1996, 196-262.

ders., »Kantischer Konstruktivismus in der Moraltheorie«, in *Die Idee des politischen Liberalismus*, übers. v. M. Klatetzki u. W. Hinsch, Frankfurt/Main: Suhrkamp, 1992, 80-158.

ders., *Lectures on the History of Moral Philosophy*, Cambridge, Mass.: Harvard University Press, 2000.

ders., *Politischer Liberalismus*, übers. v. W. Hinsch, Frankfurt/Main: Suhrkamp, 1998 (engl. *Political Liberalism*, New York: Columbia University Press, 1993 (mit einer »Introduction to the Paperback Edition« 1996)).

ders., »The Idea of Public Reason Revisited«, *The University of Chicago Law Review* 64, 1997, 765-807.

ders., *The Law of Peoples*, Cambridge, Mass.: Harvard University Press, 1999.

Raz, Joseph, »Facing Diversity: The Case of Epistemic Abstinence«, *Philosophy and Public Affairs* 19, 1990, 3-46.

ders., »Multiculturalism: A Liberal Perspective«, in *Ethics in the Public Domain*, Oxford: Clarendon, 1994, 155-176.

ders., *The Morality of Freedom*, Oxford: Clarendon Press, 1986.

ders., »Toleranz, Autonomie und das Schadensprinzip«, in R. Forst (Hg.), *Toleranz*, übers. v. M. Iser, Frankfurt/Main: Campus, 2000, 77-102.

Reimarus, Hermann Samuel, *Die vornehmsten Wahrheiten der natürlichen Religion*, 2 Bände, hg. v. G. Gawlick, Göttingen: Vandenhoeck & Ruprecht, 1985.

ders., »Von Duldung der Deisten. Fragment eines Ungenannten«, hg. v. G. E. Lessing, in Lessing, *Werke* VII, hg. v. H. G. Göpfert, Darmstadt: Wissenschaftliche Buchgesellschaft, 1996.

Reinhard, Wolfgang, »Zwang zur Konfessionalisierung? Prolegomena zu einer Theorie des konfessionellen Zeitalters«, *Zeitschrift für historische Forschung* 10 (1983), 257-277.

Remer, Gary, *Humanism and the Rhetoric of Toleration*, University Park: The Pennsylvania State University Press, 1996.

Renan, Ernest, *Averroès et L'Averroïsme*, Paris 1867, ND hg. v. F. Sezgin, Frankfurt/Main: Institut für die Geschichte der Arabisch-Islamischen Wissenschaften, 1985.

Rescher, Nicholas, *Pluralism. Against the Demand for Consensus*, Oxford: Oxford University Press, 1993.

Reuchlin, Johannes, *Augenspiegel*, Nachdruck der Ausgabe Tübingen 1511, München: Johann Froben, o. J.

Rex, Walter, *Essays on Pierre Bayle and Religious Controversy*, Den Haag: Nijhoff, 1965.

Richards, David A. J., *Toleration and the Constitution*, Oxford: Oxford University Press, 1986.

Ricœur, Paul, »Toleranz, Intoleranz und das Nicht-Tolerierbare«, übers. v. C. Mayer, in R. Forst (Hg.), *Toleranz*, Frankfurt/Main: Campus, 2000, 26-44.

Ries, Rotraud, »German Territorial Princes and the Jews«, in R. Po-Chia Hsia u. H. Lehmann (Hg.), *In and Out of the Ghetto*, Cambridge: Cambridge University Press, 1995, 215-246.

Rilinger, Rolf, »Das politische Denken der Römer: Vom Prinzipat zum Dominat«, in I. Fetscher u. H. Münkler (Hg.), *Pipers Handbuch der politischen Ideen* 1, München: Piper, 1988, 521-593.

Robinson, Henry, *Liberty of Conscience*, in W. Haller (Hg.), *Tracts on Liberty in the Puritan Revolution*, New York: Octagon Books, 1965, 105-178.

Rödel, Ulrich, Günter Frankenberg u. Helmut Dubiel, *Die demokratische Frage*, Frankfurt/Main: Suhrkamp, 1989.

Roeck, Bernd, *Außenseiter, Randgruppen, Minderheiten. Fremde im Deutschland der frühen Neuzeit*, Göttingen: Vandenhoeck u. Ruprecht, 1993.

Roellenbleck, Georg, »Der Schluß des ›Heptaplomeres‹ und die Begründung der Toleranz bei Bodin«, in H. Denzer (Hg.), *Jean Bodin. Verhandlungen der internationalen Bodin Tagung in München*, München: C. H. Beck, 1973, 53-68.

Rorty, Richard, *Contingency, Irony, and Solidarity*, Cambridge: Cambridge University Press, 1989.

ders., »Private Irony and Liberal Hope«, in *Contingency, Irony, and Solidarity*, Cambridge: Cambridge University Press, 1989, 73-95.

ders., »Postmodernist Bourgeois Liberalism«, in *Objectivity, Relativism, and Truth*, Cambridge: Cambridge University Press, 1991, 197-202.

Rotteck, Carl von, »Duldung; Toleranz; Unduldung; Intoleranz«, in C. u. Rotteck u. C. Welcker (Hg.), *Staats-Lexikon oder Encyklopädie der Staatswissenschaften*, Band 4, Altona: Verlag von Johann Friedrich Hammerich, 1839, 532-549.

Rousseau, Jean-Jacques, *Abhandlung über den Ursprung und die Grundlagen der Ungleichheit unter den Menschen*, übers. v. M. Mendelssohn, rev. v. H. Ritter, in *Schriften* 1, hg. v. H. Ritter, Frankfurt/Main: Fischer, 1988.

ders., *Abhandlung über die Frage, ob die Wiederherstellung der Wissenschaften und Künste zur Läuterung der Sitten beigetragen hat*, übers. 1779, rev. v. H. Ritter, in *Schriften* 1, hg. v. H. Ritter, Frankfurt/Main: Fischer, 1988.

ders., *Bemerkungen von J. J. Rousseau aus Genf über die Antwort des Königs von Polen auf seine Abhandlung*, übers. v. H. Ritter, in *Schriften* 1, hg. v. H. Ritter, Frankfurt/Main: Fischer, 1988.

ders., *Brief an Christophe de Beaumont*, übers. 1779, rev. v. H. Ritter, in *Schriften* 1, hg. v. H. Ritter, Frankfurt/Main: Fischer, 1988.

ders., *Brief an Herrn D'Alembert über seinen Artikel »Genf« im VII. Band der Enzyklopädie*, übers. v. D. Feldhausen, in *Schriften* 1, hg. v. H. Ritter, Frankfurt/Main: Fischer, 1988.

ders., *Brief an Voltaire*, übers. 1779, rev. v. H. Ritter, in *Schriften* 1, hg. v. H. Ritter, Frankfurt/Main: Fischer, 1988.

ders., *Briefe vom Berge*, übers. 1782, rev. v. H. Ritter, in *Schriften* 2, hg. v. H. Ritter, Frankfurt/Main: Fischer, 1988.

ders., *Emile oder Über die Erziehung*, übers. v. E. Sckommodau, hg. v. M. Rang, Stuttgart: Reclam, 1963 (frz. *Émile*, in *Oeuvres complètes* IV, Paris: Bibliothèque de la Pléiade, 1969).

ders., Entwurf zur *Nouvelle Héloise*, in *Ouevres complètes* II, Paris: Bibliothèque de la Pléiade, 1969.

ders., *Vom Gesellschaftsvertrag oder Grundsätze des Staatsrechts*, übers. v. H. Brockard u. E. Pietzcker, Stuttgart: Reclam, 1977 (frz. *Du contrat social*, in *Oeuvres complètes* III, Paris: Bibliothèque de la Pléiade, 1964).

Rudolph, Hartmut, »Öffentliche Religion und Toleranz. Zur Parallelität preußischer Religionspolitik und josephinischer Reform im Lichte der Aufklärung«, in P. F. Barton (Hg.), *Im Zeichen der Toleranz. Aufsätze zur Toleranzgesetzgebung des 18. Jahrhunderts im Reiche Joseph II.*, Wien: Institut für protestantische Kirchengeschichte, 1981, 221-249.

Ryan, Alan, »A More Tolerant Hobbes?«, in S. Mendus (Hg.), *Justifying Toleration. Conceptual and Historical Perspectives*, Cambridge: Cambridge University Press, 1988, 37-59.

Saage, Richard, *Herrschaft, Toleranz, Widerstand. Studien zur politischen*

Theorie der niederländischen und der englischen Revolution, Frankfurt/Main: Suhrkamp, 1981.

Sandel, Michael, »Judgemental Toleration«, in R. P. George (Hg.), *Natural Law, Liberalism, and Morality*, Oxford: Clarendon, 1996, 107-112.

ders., »Moral Argument and Liberal Toleration: Abortion and Homosexuality«, *California Law Review* 77, 1989, 521-538.

ders., »Religious Liberty – Freedom of Conscience or Freedom of Choice?«, *Utah Law Review* 3, 1989, 597-615.

ders., »Tolerating the Tolerant«, *The New Republic*, 15. u. 22. 7. 1996, S. 25.

Sandweg, Jürgen, *Rationales Naturrecht als revolutionäre Praxis*, Berlin: Duncker und Humblot, 1972.

Sartre, Jean-Paul, »Betrachtungen zur Judenfrage«, in *Drei Essays*, Frankfurt/Main – Berlin – Wien: Ullstein, 1979.

Scanlon, Thomas, »Contractualism and Utilitarianism«, in A. Sen u. B. Williams (Hg.), *Utilitarianism and Beyond*, Cambridge: Cambridge University Press, 1982, 103-128.

ders., »The Difficulty of Tolerance«, in D. Heyd (Hg.), *Toleration*, Princeton: Pinceton University Press, 1996, 226-240.

ders., *What We Owe to Each Other*, Cambridge, Mass.: Harvard University Press, 1998.

Schaber, Peter, »Gründe für eine objektive Theorie des menschlichen Wohls«, in H. Steinfath (Hg.), *Was ist ein gutes Leben?*, Frankfurt/Main: Suhrkamp, 1998, 149-166.

Scheuner, Ulrich, »Staatsräson und religiöse Einheit des Staates. Zur Religionspolitik in Deutschland im Zeitalter der Glaubensspaltung«, in R. Schnur (Hg.), *Staatsräson. Studien zur Geschichte eines politischen Begriffs*, Berlin: Duncker & Humblot, 1975, 363-405.

Schilling, Heinz, »Die Konfessionalisierung im Reich. Religiöser und gesellschaftlicher Wandel in Deutschland zwischen 1555 und 1620«, *Historische Zeitschrift* 246 (1988), 1-45.

Schleichert, Hubert, *Wie man mit Fundamentalisten diskutiert, ohne den Verstand zu verlieren. Anleitung zum subversiven Denken*, München: Beck, 1997.

Schleiermacher, Friedrich, *Über die Religion. Reden an die Gebildeten unter ihren Verächtern*, Stuttgart: Reclam, 1993.

Schlüter, Gisela, *Die französische Toleranzdebatte im Zeitalter der Aufklärung. Materiale und formale Aspekte*, Tübingen: Niemeyer, 1992.

Schmalz-Bruns, Rainer, *Reflexive Demokratie. Die demokratische Transformation moderner Politik*, Baden-Baden: Nomos, 1995.

Schmidt, Thomas, »Glaubensüberzeugungen und säkulare Gründe. Zur Legitimität religiöser Argumente in einer pluralistischen Gesellschaft«, *Zeitschrift für Evangelische Ethik* 45, 2001, 248-261.

Schmidt-Leukel, Perry, »Ist das Christentum notwendig intolerant?«, in R. Forst (Hg.), *Toleranz. Philosophische Grundlagen und gesellschaftliche Praxis einer umstrittenen Tugend*, Frankfurt/Main: Campus, 2000, 177-213.

ders., »Zur Klassifikation religionstheologischer Modelle«, *Catholica* 46, 1993, 163-183.

Schmitt, Carl, *Der Leviathan in der Staatslehre des Thomas Hobbes*, Köln: Hohenheim Verlag, 1982 (Nachdruck der Erstausgabe von 1938).

ders., *Politische Theologie. Vier Kapitel zur Lehre von der Souveränität*, München und Leipzig: Duncker & Humblot, 1934.

ders., »Staatsethik und pluralistischer Staat«, in *Positionen und Begriffe im Kampf mit Weimar – Genf – Versailles 1923-1939*, Hamburg: Hanseatische Verlagsanstalt, 1940.

ders., »Übersicht über die verschiedenen Bedeutungen und Funktionen des Begriffes der innerpolitischen Neutralität des Staates«, Corollarium zu *Der Begriff des Politischen*, Berlin: Duncker & Humblot, 1979.

ders., »Weiterentwicklung des totalen Staates in Deutschland«, in *Positionen und Begriffe im Kampf mit Weimar – Genf – Versailles 1923-1939*, Hamburg: Hanseatische Verlagsanstalt, 1940.

ders., »Wesen und Werden des faschistischen Staates«, in *Positionen und Begriffe im Kampf mit Weimar – Genf – Versailles 1923-1939*, Hamburg: Hanseatische Verlagsanstalt, 1940.

Schnapp, Friedrich E., »Toleranzidee und Grundgesetz«, in *Juristen-Zeitung* 40, 1985, 857-863.

Schneewind, Jerome B., »Bayle, Locke, and the Concept of Toleration«, in M. A. Razavi u. D. Ambuel (Hg.), *Philosophy, Religion, and the Question of Intolerance*, Albany: State University of New York Press, 1997, 3-15.

ders., *The Invention of Autonomy. A History of Modern Moral Philosophy*, Cambridge: Cambridge University Press, 1998.

Schnur, Roman, *Die französischen Juristen im konfessionellen Bürgerkrieg des 16. Jahrhunderts. Ein Beitrag zur Entstehungsgeschichte des modernen Staates*, Berlin: Duncker & Humblot, 1962.

Schöfthaler, Traugott, »Prinzipien der Toleranz – eine Deklaration der Unesco«, in A. Wierlacher (Hg.), *Kulturthema Toleranz*, München: Iudicium, 1996, 673-682.

Schöndorf, Kurt Erich, »Judenhaß und Toleranz im Spiegel von Flugschriften und Einblattdrucken des 16. Jahrhunderts«, in T. Sirges u. K. E. Schöndorf (Hg.), *Haß, Verfolgung und Toleranz. Beiträge zum Schicksal der Juden von der Reformation bis in die Gegenwart*, Frankfurt/Main u. a.: Lang, 2000, 11-46.

Schreiner, Klaus, »Duldsamkeit« (tolerantia) oder »Schrecken« (terror)«, in D. Simon (Hg.), *Religiöse Devianz*, Frankfurt/Main: Klostermann, 1990, 159-210.

ders., »Tolerantia«. Begriffs- und wirkungsgeschichtliche Studien zur Toleranzauffassung des Kirchenvaters Augustinus«, in A. Patschovsky u. H. Zimmermann (Hg.), *Toleranz im Mittelalter*, Sigmaringen: Thorbecke, 1998, 335-389.

Schulte, Christoph, *Die jüdische Aufklärung. Philosophie, Religion, Geschichte*, München: C. H. Beck, 2002.

Schultz, Uwe, *Die Erfindung der Toleranz: Michel de Montaigne und Henri Quatre*, Hamburg: EVA, 1998.

ders., (Hg.), *Toleranz. Die Krise der demokratischen Tugend und sechzehn Vorschläge zu ihrer Überwindung*, Reinbek: Rowohlt, 1974.

Schultze, Harald, *Lessings Toleranzbegriff. Eine theologische Studie*, Göttingen: Vandenhoeck & Ruprecht, 1969.

Schulze, Reinhard, »Toleranzkonzepte in islamischer Tradition«, in A. Wierlacher (Hg.), *Kulturthema Toleranz*, München: Iudicium, 1996, 495-514.

Schulze, Winfried, »Concordia, Discordia, Tolerantia. Deutsche Politik im konfessionellen Zeitalter«, in *Zeitschrift für historische Forschung*, Beiheft 3, hg. v. J. Kunisch, 1987, 43-79.

ders., *Deutsche Geschichte im 16. Jahrhundert*, 1550-1618, Frankfurt/Main: Suhrkamp, 1987.

ders., »Gerhard Oestreichs Begriff ›Sozialdisziplinierung in der Frühen Neuzeit‹«, *Zeitschrift für historische Forschung* 14 (1987), 265-302.

Schuster, Peter, *Das Frauenhaus. Städtische Bordelle in Deutschland, 1350-1600*, Paderborn: Schöningh, 1992.

Scribner, Bob, »Preconditions of Tolerance and Intolerance in Sixteenth-Century Germany«, in O. P. Grell u. B. Scribner (Hg.), *Tolerance and Intolerance in the European Reformation*, Cambridge: Cambridge University Press, 1996, 32-47.

Seel, Martin, »Über Richtigkeit und Wahrheit«, *Deutsche Zeitschrift für Philosophie* 41, 1993, 509-524.

ders., *Versuch über die Form des Glücks*, Frankfurt/Main: Suhrkamp, 1995.

Seneca, L. Annaeus, *Ad Lucilium/ An Lucilius*, 1-69, übers. v. M. Rosenbach, Darmstadt: Wissenschaftliche Buchgesellschaft, 1974.

Shackleton, R., »Bayle and Montesquieu«, in P. Dibon (Hg.), *Pierre Bayle. Le philosophe de Rotterdam*, Paris: Librairie Vrin, 1959, 142-149.

Sher, George, *Beyond Neutrality: Perfectionism and Politics*, Cambridge: Cambridge University Press, 1997.

Shklar, Judith, »The Liberalism of Fear«, in N. Rosenblum (Hg.), *Liberalism and the Moral Life*, Cambridge, Mass.: Harvard University Press, 1989, 21-38.

Skinner, Quentin, *Liberty Before Liberalism*, Cambridge: Cambridge University Press, 1998.

ders., *The Foundations of Modern Political Thought*, 1: The Renaissance, 2: The Age of Reformation, Cambridge: Cambridge University Press, 1978.

Smith, Steven B., »Toleration and the Skepticism of Religion in Spinoza's *Tractatus Theologico-Politicus*«, in A. Levine (Hg.), *Early Modern Skepticism and the Origins of Toleration*, Lanham et al.: Lexington Books, 1999, 127-146.

Sommerville, Johann P., *Thomas Hobbes: Political Ideas in Historical Context*, Houndsmills: Macmillan, 1992.

Spaemann, Robert, »Bemerkungen zum Begriff des Fundamentalismus«, in K. Michalski (Hg.), *Die liberale Gesellschaft*, Stuttgart: Klett-Cotta, 1993, 177-194.

ders., »Bürgerliche Ethik und nichtteleologische Ontologie«, in H. Ebeling (Hg.), *Subjektivität und Selbsterhaltung. Beiträge zur Diagnose der Moderne*, Frankfurt/Main: Suhrkamp, 1976, 76-96.

ders., »Über den Begriff der Menschenwürde«, in E.-W. Böckenförde u. R. Spaemann (Hg.), *Menschenrechte und Menschenwürde*, Stuttgart: Klett-Cotta, 1987, 295-313.

ders., »Was nicht des Staates ist. Die Homosexuellenehe wäre ungerecht«, *Frankfurter Allgemeine Zeitung*, 14. 3. 2000, S. 49.

Speyer, Wolfgang, »Toleranz und Intoleranz in der alten Kirche«, in I. Broer u. R. Schlüter (Hg.), *Christentum und Toleranz*, Darmstadt: Wissenschaftliche Buchgesellschaft 1996, 83-106.

Spinner, Jeff, *The Boundaries of Citizenship*, Baltimore: Johns Hopkins University Press, 1994.

Spinoza, Baruch de, *Ethik in geometrischer Ordnung dargestellt / Ethica Ordine Geometrico demonstrata*, übers. v. hg. v. W. Bartuschat, Hamburg: Meiner, 1999.

ders., *Theologisch-politischer Traktat*, übers. v. C. Gebhardt, hg. v. G. Gawlick, Hamburg: Meiner, 1994. (Lat. *Tractatus theologico-politicus*, hg. v. G. Gawlick u. F. Niewöhner, Opera 1, Darmstadt: Wissenschaftliche Buchgesellschaft, 1979.)

Springborg, Patricia, »Hobbes on Religion«, in T. Sorell (Hg.), *The Cambridge Companion to Hobbes*, Cambridge: Cambridge University Press, 1996, 346-380.

Starobinski, Jean, *Montaigne. Denken und Existenz*, übers. v. H.-H. Henschen, Darmstadt: Wissenschaftliche Buchgesellschaft, 1986.

Steinacker, K., »Emancipation der Juden«, in C. u. Rotteck u. C. Welcker (Hg.), *Staats-Lexikon oder Encyklopädie der Staatswissenschaften*, Bd. 5, Altona: Verlag von Johann Friedrich Hammerich, 1839.

Steinfath, Holmer, *Orientierung am Guten. Praktisches Überlegen und die Konstitution von Personen*, Frankfurt/Main: Suhrkamp, 2001.

Stemmer, Peter, »Was es heißt, ein gutes Leben zu leben«, in H. Steinfath (Hg.), *Was ist ein gutes Leben?*, Frankfurt/Main: Suhrkamp, 1998, 47-72.

Stenner, Karen, »The Authoritarian Dynamic: Racism and Intolerance Under Conditions of Societal Threat«, in I. Creppell, R. Hardin, S. Macedo (Hg.), *Toleration and Identity Conflict*, in Vorb.

Sternberger, Dolf, »Toleranz als Leidenschaft für die Wahrheit«, in *Gut und Böse*, Schriften IX, Frankfurt/Main: Insel, 1988, 141-166.

Stierle, Karlheinz, »Montaigne und die Erfahrung der Vielheit«, in W.-D. Stempel u. K. Stierle (Hg.*), Die Pluralität der Welten. Aspekte der Renaissance in der Romania*, München: Fink, 1987, 417-448.

Stocker, Michael, *Plural and Conflicting Values*, Oxford: Clarendon, 1990.

Stolzenberg, Nomi Maya, »›He Drew a Circle That Shut Me Out‹: Assimilation, Indoctrination, and the Paradox of Liberal Education«, *Harvard Law Review* 106, 1993, 581-667.

Stow, Kenneth R., *Alienated Minority. The Jews of Medieval Latin Europe*, Cambridge, Mass.: Harvard University Press, 1992.

Strauss, Leo, *Die Religionskritik Spinozas als Grundlage seiner Bibelwissenschaft*, Berlin: Akademie Verlag, 1930.

ders., *Philosophie und Gesetz. Beiträge zum Verständnis Maimunis und seiner Vorläufer* (1935), in *Philosophie und Gesetz – Frühe Schriften. Gesammelte Schriften 2*, hg. v. H. Meier u. Mitw. v. W. Meier, Stuttgart u. Weimar: Metzler, 1997.

Strawson, Peter, »Social Morality and Individual Ideal«, in *Freedom and Resentment*, London: Methuen, 1974, 26-44.

Streithofen, Heinrich Basilius (Hg.), *Das Kruzifixurteil. Deutschland vor einem neuen Kulturkampf?*, Frankfurt/Main und Berlin: Ullstein, 1995.

Struve, Tilman, »Regnum und Sacerdotium«, in I. Fetscher u. H. Münkler (Hg.), *Pipers Handbuch der politischen Ideen 2*, München: Piper, 1993, 189-242.

Swanton, Christine, »On the ›Essential Contestedness‹ of Political Concepts«, *Ethics* 95, 1985, 811-827.

Tamir, Yael, »Against Collective Rights«, in C. Joppke u. S. Lukes (Hg.), *Multicultural Questions*, Oxford: Oxford University Press, 1999, 158-180.

dies., *Liberal Nationalism*, Princeton: Princeton University Press, 1993.

Taylor, Charles, *Die Politik der Anerkennung*, in *Multikulturalismus und die Politik der Anerkennung*, hg. v. A. Gutmann, übers. v. R. Kaiser, Frankfurt/Main: Fischer, 1993.

ders., »Leading a Life«, in R. Chang (Hg.), *Incommensurability, Incomparability, and Practical Reason*, Cambridge, Mass.: Harvard University Press, 1997, 170-183.

ders., *Sources of the Self. The Making of the Modern Identity*, Cambridge, Mass.: Harvard University Press, 1989.

Tertullian, *An Scapula*, in *Tertullians ausgewählte Schriften*, Band 2, übers. v. H. Kellner, Kempten u. München: Kösel, 1915 (lat. *Ad Scapulam*, in Patrologiae cursus completus, series latina, hg. v. P. G. Migne, Band 1, Paris 1879).

ders., *Apologetikum*, in *Tertullians ausgewählte Schriften*, Band 2, übers. v. H. Kellner, Kempten u. München: Kösel, 1915 (lat. *Apologeticus adversus gentes pro christianis*, in Patrologiae cursus completus, series latina, hg. v. P. G. Migne, Band 1, Paris 1879).

ders., *De fuga in persecutione*, in Corpus christianorum seu nova patrum collectivo, series latina, Band 2, Turnhout: Brepols, 1956.

Thom, Martina, »Einleitung«, in Moses Mendelssohn, *Schriften über Religion und Aufklärung*, hg. v. M. Thom, Darmstadt: Wissenschaftliche Buchgesellschaft, 1989.

Thomas von Aquin, *Commentum in quartum librum sententiarum*, in *Opera omnia* 10, hg. v. S. E. Fretté u. P. Maré, Paris: Ludovicum Vives, 1873.

ders., *Quaestiones Quodlibetales*, in Opera omnia 15, hg. v. S. E. Fretté, Paris: Ludovicum Vives, 1875.

ders., *Summa Theologica*, deutsch-lateinische Ausgabe, übers. v. Dominikanern u. Benediktinern, Band 15 (II-II, 1-16), Heidelberg u. a.: Gemeinschaftsverlag Kerle u. Pustet, 1950.

ders., *Summa Theologiae / Über sittliches Handeln* (I-II, 18-21), lat.-deutsch, übers. v. hg. v. R. Schönberger, Stuttgart: Reclam, 2001.

Tocqueville, Alexis de, *Über die Demokratie in Amerika*, 2 Bde, übers. v. H. Zbinden, Zürich: Manesse, 1987.

Troeltsch, Ernst, *Die Soziallehren der christlichen Kirchen und Gruppen*, in *Gesammelte Schriften* 1, Aalen: Scientia, 1961.

Tuck, Richard, *Hobbes*, Oxford: Oxford University Press, 1989.

ders., *Natural Rights Theories: Their Origin and Development*, Cambridge: Cambridge University Press, 1979.

ders., »Scepticism and Toleration in the Seventeenth Century«, in S. Mendus (Hg.), *Justifying Toleration. Conceptual and Historical Perspectives*, Cambridge: Cambridge University Press, 1988, 21-36.

Tully, James, »An Introduction to Locke's Political Philosophy«, in *An Approach to Political Philosophy: Locke in Contexts*, Cambridge: Cambridge University Press, 1993, 9-68.

ders., »Governing Conduct: Locke on the Reform of Thought and Behaviour«, in *An Approach to Political Philosophy: Locke in Contexts*, Cambridge: Cambridge University Press, 1993, 179-241.

ders., *Strange Multiplicity. Constitutionalism in an Age of Diversity*, Cambridge: Cambridge University Press, 1995.

Van den Brink, Bert, *The Tragedy of Liberalism. An Alternative Defense of a Political Tradition*, Albany: State University of New York Press, 2000.

Van Dülmen, Richard, *Entstehung des frühneuzeitlichen Europa 1550-1648*, Frankfurt/Main: Fischer, 1982.

Vernon, Richard, *The Career of Toleration: John Locke, Jonas Proast, and After*, Montreal et al.: McGill-Queen's University Press, 1997.

ders. u. Samuel V. Lasselva, »Justifying Tolerance«, *Canadian Journal of Political Science* 17, 1984, 3-23.

Vocelka, Karl, »Enlightenment in the Habsburg Monarchy: History of a Belated and Short-Lived Phenomenon«, in O. P. Grell u. R. Porter (Hg.), *Toleration in Enlightenment Europe*, Cambridge: Cambridge University Press, 2000, 196-211.

Volkmann, Uwe, »Grund und Grenzen der Toleranz«, *Der Staat* 39, 2000, 325-353.

Voltaire, *Candid oder Die beste der Welten*, übers. v. E. Sander, Gütersloh: Mohn, o. J.

ders., »Christliche Dialoge oder Schutzmittel gegen die Enzyklopädie«, in *Kritische und satirische Schiften*, übers. v. K. A. Horst, J. Timm, L. Ronte, München: Winkler, 1984.

ders., *Die Toleranz-Affäre*, hg. u. übers. v. A. Gier u. C. Paschold, Bremen: Manholt, 1993.

ders., »Glaubensbekenntnis des Theisten«, in *Kritische und satirische Schriften*, übers. v. K. A. Horst, J. Timm, L. Ronte, München: Winkler, 1984.

ders., »Offener Brief über die den Familien Calas und Sirven vorgeworfenen Verwandtenmorde«, in ders., *Die Toleranz-Affäre*, hg. u. übers. v. A. Gier u. C. Paschold, Bremen: Manholt, 1993.

ders., *Philosophisches Wörterbuch*, übers. v. E. Salewski, hg. v. K. Stierle, Frankfurt/Main: Insel, 1967 (diese Ausgabe enthält nicht nur Texte aus der ersten Ausgabe von 1764, sondern auch später hinzugefügte Stücke); der Artikel »Toleranz« wird zitiert aus Voltaire, *Kritische und satirische Schriften*, übers. v. K. A. Horst, J. Timm, L. Ronte, München: Winkler, 1984.

ders., *Über die Toleranz, veranlaßt durch die Hinrichtung des Johann Calas im Jahre 1762*, in *Recht und Politik*, hg. v. G. Mensching, übers. v. A. Oppenheimer (ein Teil anonym 1789).

Von Oranien, Wilhelm, »Denkschrift über den kritischen Zustand der Niederlande und über die Maßnahmen zu seiner Verbesserung«, in Auszügen dt. in H. Guggisberg (Hg.), *Religiöse Toleranz*, Stuttgart – Bad Cannstatt: frommann-holzboog, 1984, 123-130.

Wagener, Herrmann, »Toleranz«, in ders. (Hg.), *Staats- und Gesellschaftslexikon*, Bd. 20, Berlin: Heinicke, 1865, 554-556.

Waldron, Jeremy, *Law and Disagreement*, Oxford: Clarendon Press, 1999.

ders., »Locke: Toleration and the Rationality of Persecution«, in J. Horton u. S. Mendus (Hg.), *A Letter Concerning Toleration in Focus*, London u. New York: Routledge, 1991, 98-124.

ders., »Theoretical Foundations of Liberalism«, in *Liberal Rights. Collected Papers 1981-1991*, Cambridge: Cambridge University Press, 1993, 35-62.

Walwyn, William, *A Helpe to the Right Understanding of a Discourse Concerning Independency*, in *The Writings of William Walwyn*, hg. v. J. R. McMichel u. B. Taft, Athens u. London: The University of Georgia Press, 1989, 131-142.

ders., *The Compassionate Samaritane*, in *The Writings*, 97-124.

ders., *Tolleration Justified, and Persecution Condemned*, in *The Writings*, 154-172.

Walzer, Michael, »Liberalismus und die Kunst der Trennung«, in *Zivile Gesellschaft und amerikanische Demokratie*, übers. v. C. Goldmann, hg. v. O. Kallscheuer, Berlin: Rotbuch, 1992, 38-63.

ders., *On Toleration*, New Haven: Yale University Press, 1997.

ders., *The Revolution of the Saints. A Study in the Origins of Radical Politics*, Cambridge, Mass.: Harvard University Press, 1965.

Warnock, Mary, »The Limits of Toleration«, in S. Mendus u. D. Edwards (Hg.), *On Toleration*, Oxford: Clarendon, 1987, 123-140.

Waters, Mary, *Ethnic Options. Choosing Identities in America*, Berkeley u. Los Angeles: University of California Press, 1990.

Weale, Albert, »Toleration, Individual Differences, and Respect for Persons«, in J. Horton u. S. Mendus (Hg.), *Aspects of Toleration*, London and New York: Methuen, 1985, 16-35.

Weber, Max, *Wirtschaft und Gesellschaft*, 5. Auflage, Tübingen: Mohr, 1980.

Weischedel, Wilhelm, *Der Gott der Philosophen*, Erster und zweiter Band, Darmstadt: Wissenschaftliche Buchgesellschaft, 1983.

Weithman, Paul J. (Hg.), *Religion and Contemporary Liberalism*, Notre Dame: University of Notre Dame Press, 1997.

Wellmer, Albrecht, *Ethik und Dialog*, Frankfurt/Main: Suhrkamp, 1986.

Welsch, Wolfgang, »Einleitung«, in ders. (Hg.), *Wege aus der Moderne. Schlüsseltexte der Postmoderne-Diskussion*, 2. Aufl., Berlin: Akademie Verlag, 1994.

Wenar, Leif, »*Political Liberalism*: An Internal Critique«, *Ethics* 106, 1995, 32-62.

Werling, Hans Friedrich, *Die weltanschaulichen Grundlagen der Reunionsbemühungen von Leibniz im Briefwechsel mit Bossuet und Pellison*, Frankfurt/Main et al.: Peter Lang, 1977.

White, B. R., »The Twilight of Puritanism in the Years before and after 1688«, in O. P. Grell, J. I. Israel, N. Tyacke (Hg.), *From Persecution to Toleration: The Glorious Revolution and Religion in England*, Oxford: Clarendon Press, 1991, 307-330.

Wieland, Georg, »Das Eigene und das Andere. Theoretische Elemente zum Begriff der Toleranz im hohen und späten Mittelalter«, in A. Patschovsky u. H. Zimmermann (Hg.), *Toleranz im Mittelalter*, Sigmaringen: Thorbecke, 1998, 11-25.

Wierlacher, Alois (Hg.), *Kulturthema Toleranz. Zur Grundlegung einer inter-disziplinären und interkulturellen Toleranzforschung*, München: Iudicium, 1996.

ders., »Toleranzdiskurse in Deutschland«, in Wierlacher, *Kulturthema Toleranz*, München: Iudicium, 1996, 515-564.

ders., »Zur Grundlegung einer interdisziplinären und interkulturellen Toleranzforschung«, in Wierlacher, *Kulturthema Toleranz*, München: Iudicium, 1996, 11-27.

Williams, Bernard, *Ethics and the Limits of Philosophy*, Cambridge, Mass.: Harvard University Press, 1985.

ders., »Kann man sich dazu entscheiden, etwas zu glauben?«, in *Probleme des Selbst*, übers. v. J. Schulte, Stuttgart: Reclam, 1978, 217-241.

ders., »Persons, Character and Morality«, in *Moral Luck*, Cambridge: Cambridge University Press, 1981, 1-19.

ders., »Toleranz – eine politische oder moralische Frage?«, in R. Forst (Hg.), *Toleranz*, übers. v. M. Iser, Frankfurt/Main: Campus, 2000, 103-118.

ders., »Toleration: An Impossible Virtue?«, in D. Heyd (Hg.), *Toleration*, Princeton: Princeton University Press, 1996, 18-27.

Williams, Melissa, *Voice, Trust and Memory: Marginalized Groups and the Failings of Liberal Representation*, Princeton: Princeton University Press, 1998.

Williams, Roger, *The Bloudy Tenent of Persecution*, in *The Complete Writings of Roger Williams*, Band III, hg. v. S. Caldwell, New York: Russell & Russell, 1963.

Wingert, Lutz, *Gemeinsinn und Moral*, Frankfurt/Main: Suhrkamp, 1993.

Wolf, Ernst, »Toleranz nach evangelischem Verständnis«, in H. Lutz (Hg.), *Zur Geschichte der Toleranz und Religionsfreiheit*, Darmstadt: Wissenschaftliche Buchgesellschaft, 1977, 135-154.

Wolf, Ursula, »Zur Struktur der Frage nach dem guten Leben«, in H. Steinfath (Hg.), *Was ist ein gutes Leben?*, Frankfurt/Main: Suhrkamp, 1998, 32-46.

Wollheim, Richard, *The Thread of Life*, New Haven: Yale University Press, 1984.

Woodhouse, A. S. P. (Hg.), *Puritanism and Liberty*, Chicago: University of Chicago Press, 1951.

Wootton, David, »Pierre Bayle, Libertine?«, in M. A. Stewart (Hg.), *Studies in Seventeenth-Century European Philosophy*, Oxford: Clarendon Press, 1997, 197-226.

Würtenberger, Thomas, »Zu den Voraussetzungen des freiheitlichen, säkularen Staates«, in W. Brugger u. S. Huster (Hg.), *Der Streit um das Kreuz in der Schule*, Baden-Baden: Nomos, 1998, 277-296.

Young, Iris, »A Multicultural Continuum: A Critique of Will Kymlicka's Ethnic-Nation Dichotomy«, *Constellations* 4, 1997, 48-53.

dies., *Justice and the Politics of Difference*, Princeton: Princeton University Press, 1990.

Young, James P., *Reconsidering American Liberalism. The Troubled Odyssey of the Liberal Idea*, Colorado: Westview, 1996.

Young-Bruehl, Elisabeth, *The Anatomy of Prejudices*, Cambridge, Mass.: Harvard University Press, 1996.

Yovel, Yirmiyahu, *Spinoza and Other Heretics 1: The Marrano of Reason*, Princeton: Princeton University Press, 1989.

ders., »Tolerance as Grace and as Rightful Recognition«, *Social Research* 65, 1998, 897-919.

Zurbuchen, Simone, *Naturrecht und natürliche Religion. Zur Geschichte des Toleranzbegriffs von Samuel Pufendorf bis Jean-Jacques Rousseau*, Würzburg: Königshausen & Neumann, 1991.

dies., »Samuel Pufendorf's Concept of Toleration«, in C. J. Nederman u. C. Laursen (Hg.), *Difference and Dissent. Theories of Toleration in Medieval and Early Modern Europe*, Lanham et al.: Rowman & Littlefield, 1996, 163-184.

人名索引

（按原书页码）

重要术语译名表

abhängig　依存性的

Ablehnung　反对

Achtung　敬重

adiaphora　无关紧要之事、次要事物、非本质事物

Akzeptanz　接受

allgemein　普遍的

Anlass　契机、时机

Aporie　疑难

Argument　论证

Argumentation　论述

Ataraxie　安宁

Atheist　无神论者

Auslegung　解释

Ausschließen　排除

Ausschließung　排除

Autonomie　自律、自治

Bayles Paradox　培尔悖论

Begriff　概念

Begründung　奠基、奠基方式、论证

Demut　谦逊

Dialektik　辩证法

Diskurs　话语、商谈、讨论

diskursiv　话语式的、商谈的

Diskussion　讨论

Disziplinierung　规训

dulden　容忍

Duldsamkeit　宽恕

Duldung　忍耐

Einschließen　包含

Einschließung　包含

Erdulden　忍让

Erkaufen　换取

Erlaubnis　允许

ertragen　忍受、承受

Exklusion　排斥

Fairness　公平

Fallibilität　可错性、易错性

Fehlbarkeit　可错性

Geduld　忍耐

Gehalt　内涵

Gerechtigkeit　正义

Gestalt　形态

Gewissen　良知

Glaubenskonventionalismus　信仰习俗主义

Glückseligkeit　幸福

Grenze　界限

Grund　理由，根据

Grundsatz　原理、原则、基本法则

Halbheit　不彻底、不彻底性

Handeln　行动

Häresie　异端

Häretiker　异端、异端者

Heide　异教徒、多神论者

Hetzer　异端

horizontal　横向的

Humanismus　人文主义

Indifferenz　冷漠

Inklusion　包容

inklusiv　包容的、包容式、包容性的

Integration　一体化

intersubjektiv　主体间的、主体间性的

译后记：

"宽容自身并非价值"

"即与一种广为流传的看法不同，宽容自身并非价值，而是只有通过相应的诸要件得到好的奠基，才成为某种有价值的东西——特别是成为一种德行。因此，也可能存在'错误的宽容'，尤其是当本不再增多的道德过失被容忍下来的时候；正如托马斯·曼笔下的塞特布里尼所说，'当对恶事宽容时'，宽容也能变成过失。"（本书第 22 页）在《冲突中的宽容：一个争议性概念的历史、内涵与当下境遇》这部原书总页数超过八百页的皇皇巨著的第一章，作者莱纳·福斯特即作出如此断言。

福斯特是法兰克福大学政治理论与哲学教授，德国大学卓越计划"规范秩序"研究中心负责人。《冲突中的宽容》一书出版于 2003 年，此后十余年间，通过与重量级对手如南希·弗雷泽及查尔斯·拉莫尔的论战，不断彰显其杰出价值。当时，默克尔政府的移民政策虽尚未出台，但移民社会的问题早已出现。而在后来，随着 2015 年欧洲移民危机爆发且愈演愈烈，竟至威胁欧盟的存在；恐怖主义和全球正义危机，平常至学校和社区的衣着习惯问题（2011 年法国颁布了穆斯林全身罩袍禁令），似乎都不断拷问着人类之间彼此宽容的限度何在。在此背景下，作为左翼阵营的新星，主张宽容自身并非价值，福斯特到底是何用意呢？

作为哈贝马斯的博士和霍耐特曾经的助手，福斯特的生活和学术经历很精彩。在法兰克福、纽约大学和哈佛大学完成学业后，凭借这部关于宽容问题的著作获得法兰克福大学教授资格。此书第三版出版当年（2012 年），他因为其杰出的哲学和政治科学研究，获得了德国学术界的最高奖项"莱布尼茨奖"。此书所以能助其得奖，因其话题的爆炸性，其内容又极其庞杂艰深。书分两部。第一部分，包含了福斯特对从基督教的忍耐（tolerantia）观念直到当代以罗尔斯为代表的各家对宽容概念的讨论，主题涉及人文主义、新教革命、主权独立学说、自然法、启蒙、革命和当代政治等；第二部分则是福斯特自己的宽容学说，内容包括对宽容的道德和伦理维度的研究，宽容与多元文化、相对主义和怀疑论的关系，宽容作为一种德性与人的有限理智的关系，国家宽容批判等。如此海量的信息，需要寻得一条踏实的进路，才可对之提纲挈领条分缕析。我们不妨从福斯特自己对宽容的定位，而非从其定义或效用解释入手，以管中窥豹得见一斑，并用较平实之语说此驳杂深奥之事。

<h1 style="text-align:center">一</h1>

在本书前言开头，福斯特就曾引用托马斯·曼《魔山》中的一段，在那里，塞特布里尼对卡斯托普说："宽容问题，您可不太能应对，工程师。"（本书前言第1页）一方面，卡斯托普有权说，塞特布里尼虽然自以为是宽容的自由主义者和启蒙主义者，但其实他是极其不宽容的，因为这种宽容建基于对形而上学与上帝的一笔勾销上，此种勾销其实只是启蒙思想和自由主义的统治力的展现；另一方面，塞特布里尼也有权指出，宽容并非一种应然的硬价值，而工程师卡斯托普先生对此显然没有深入理解。如果宽容是不容模糊化和柔软化的硬标准，那么，那些本不应该宽容的事情，就无法得到合适的对待。这样一来，问题的关键就在于，如何为宽容保留地位，使得它既不像标准价值那么硬，也不会成为某种软弱的德性。

上述问题的解决之道，在于指明宽容是一个依存性的概念，它依附于某些规范，而不是一种独立的价值："没有别的规范性基础，（宽容）这个概念就是不确定的和空洞的。"换言之，在冲突不能缓解，且道德及政治的共同规范无法得到承认之处，并不存在宽容。所以，首先必须确立宽容实践所需的独立性的规范。在第一章的第三节，福斯特对其进行了勾勒："规范性的基础（原则或价值）首先必须自身就是规范性上独立的，不复依赖于其他基础……其次，这些基础还必须具有某种高阶特性，如此一来，这些基础就能在实践冲突中发挥中介作用，并且……也使得宽容的界限能够以公道的方式得以划定。"（本书第23页）这是因为，宽容并不意味着我认为你是对的，也并不意味着我认为你是错的，而是认为你的行为或话语等虽有值得批评和商榷之处，但仍可接受，虽然这也并不意味着，我会像你那样说或做。由此一来，宽容中必定包含着接受、反对和拒斥。没有反对，则宽容是软弱的；相反没有接受，则宽容是虚伪的。拒斥要件的存在表明宽容的界限何在，它并非反对，而是试图导向高于冲突双方所持信念的规范，无此规范，宽容不过是对各说各话的某种允许而已。然而，这一规范并不是已然确定下来的，而是在冲突中（虽然并非因为冲突）可能经由辩论和相互承认而形成的，所以，高阶的规范虽然是独立的，但我们并不是出于现成规范的限制而来确定我们宽容的限度所在的。"宽容概念要这样来被标明，即要自愿地（aus freien Stücken）进行宽容，而不能在被某一准绳逼迫的情况下去宽容，否则进行宽容的一方就完全没有可能去表达它的反对，或者去相应地行动。"（本书第17页）

二

对早期基督教宽容观念的分析，表明在一种整全性宗教信念下，宽容是如何在实际上未能达成的。tolerantia（忍耐，宽容）一词最早见于公元前 46 年西塞罗的著述《斯多亚的悖论》中，意指某种对生理痛苦和命运的高贵端庄的忍受。在《圣经》中则意味着信徒对尘世不公命运的忍耐，用法接近 patientia（耐性）。这种忍耐基于两个王国的分离：尘世之国的事情，无非是 adiaphora（无关紧要之事），对于紧要的上帝之国的审判和得救之事来说，大可以忍。所以，宽容并非奠基于横向的人和人之间，而是在纵向的尘世天国之别中。这导致早期基督教徒主张，国家没有宗教强迫权，德尔图良因此要求罗马皇帝给出某种 liberatas religionis（宗教自由），而正是在这里，他却没有使用 tolerantia 一词。当然，此时仍存在某种横向的人和人之间的宽容，但这被限制于教团内部。313 年君士坦丁大帝和李锡尼大帝颁布的《米兰赦令》则意味着两种宽容的结合：国家给予的宗教自由，是基于上帝的恩慈，这样一来，宗教信仰自由，其实导向国家和教团的统一，所以很快地，在《狄奥多西赦令》和《君士坦丁堡赦令》中，《米兰赦令》被放弃，基督教被解释为国家宗教，异教仪轨即使在家庭中也被禁止。"基督教教会在相对短的时间内从一个被迫害的教会变为被宽容的教会，然后又变为被承认且被官方化的教会——最终甚至变成了一个实施迫害的教会，它不仅挥舞着'神圣之剑'，而且现在也有机会动用世俗之剑。"（本书第 40 页）奥古斯丁就将不受国家强权威胁的宗教自由，发展为某种对教派分离主义者的暴力学说：因为对世间事务的宽容指向对上帝的爱，所以出于上帝之爱，去强制试图诋毁响应此爱的宗教共同体之人的行为，就是一种"好的强制"。

这种情况在阿伯拉尔时期得到了改变。在于 1140 年受到责罚之后，他在克鲁尼的修道院监狱中写作了《哲学家、犹太人与基督徒之间的对话》（未完成）。此书开启了从理性角度，通过竞争式的说理，以归约式的道路发现一种更具有包容力的人文主义新基督教的尝试努力。这种尝试的目标在于：通过彼此反驳，来达成彼此宽容。伊拉斯谟和莱辛都深受此种新的人与人之间横向的宽容的思想影响。然而，伴随此种理性宗教要求，国家权力新技术和策略也得到了发展，对论证的需求，亦随之日益增长，就如在马基雅维利那里可以看到的情景一样：无论是在《君主论》或《论李维》中，都可以看到君主利用宗教宽容来进行权力正当性论证的例子。福斯特认为，福柯虽然正确地看到了近代国家治理术中的规训和策略运用的重要性，但却没有提到这种出于宽容（其实质仍是忍耐）的治理术的重要性，在这种韧性治理之中，世俗权力达成了与在各种竞争性学说中建立现代规范之努力的合谋，1555 年路德教的《奥格斯堡宗教合约》原则"教随国定"，就可视为这样一种依据现有权力关系进行消极宽容的变种。也正是在这一时期，"tollerantz"一词以某种权力工具的意义被引入德语。路德本人后来也用它来论述其驱逐犹太人的主张。福斯特总结道，这可以表明"中世纪的排除倾向和污名化实践如何延续到现代早期……而且也显示了在包含和排斥之间、承认和歧视之间、允许和禁止之间、宽容和规训之间的复杂关系：犹太人被污名化为一个隔离团体，并且受到社会的排除，但与此同时，他们也部分地被包含（在"包含"一词的双重意义上）和'忍耐'在社会中"（本书第 112 页）。

与之相对的，在近代早期还有一条主张基于理性论证和对对手的尊重来开展宽容实践的道路，这条道路从塞巴斯蒂安·卡斯特利奥（Sebastian Castellio）到让·博丹，并进而影响了洛克的宽容理论。1560 年开始的对胡格诺教徒的迫害促使博丹反思从马基雅维利开始的策略化的宽容，而转向彼此尊重式的宽容。相较于《国家六书》中所坚持的、在维护国家主权基础上的允许式宽容，博丹在《七人宗教对话录》中发展出了一种个体间的彼此宽容理论，这种理论主张："所有人共享的那些一如既往的前提，不再能够证明某一种信仰是优越的……博丹的宗教对话的意义是一种不同的意义，因为显示了这样一些对话的无意义。"（第 129 页）在蒙田之后，这条思路导致了宽容理论和相对主义及怀疑论紧密结合的情况，其结果则是个体间的宽容和国家的宽容被分裂开了：一方面，个体间的彼此宽容导向无意义的局面，因为一切都是相对的；另一方面，国家的宽容不会扩张到允许有害的讨论上，而无意义的、怀疑论式的个体宽容，只有在有利国家的情况下才可以容忍。

这种裂解的坏处显然可见，但其历史的积极面则体现为：它使得自由主义登上了历史舞台。自由主义思潮的兴起，直接相关于政治权力的理性化进程和道德的理性化进程二者间的分离，其中，后者被认为存在于个体维度上。自由主义者们为个体道德合理性加上了天赋权利的含义。在洛克那里，这一天赋权利最初体现为对个体内心信念领域的保护，保护它不受国家外在统治的逼迫。洛克在第一封《关于宽容的书信》中对此作了论述。其后，在第三封《关于宽容的书信》中，洛克的论点发生了一个微妙的转移。他指出，政治规范需要合理性论证，但这种论证不能穷尽内心信仰的秘密，因此，内心信仰应予以尊重宽容。相比第一封信，可以看出，论述重点从对个体信仰的关注，转移到对政府合理性权力界限的关注。这条界限的存在，是由于人的理性是有限的，政治权力必须保持在有限范围内发挥作用。而到了培尔那里，这种对政治权力进行约束的论证，进而变成了以下主张：主张所有人都可以为个人信念进行辩护。这种辩护虽然不能穷尽信念所包含的奥秘，但在知识论和规范性上，人们平等地拥有这种权利，这件事情却是无比重要的。而随着康德哲学的出现，培尔的思路也得到了进一步的贯彻；人这种有限的理性存在者，是拥有尊严的存在者。无须其他理由，这种尊严的存在就能促成彼此敬重的义务。而基于此种义务，相互间得到承认的规范和权利就是有效的。这种尊重式的宽容，以一种特别醒目的方式出现在美国革命和建国进程之中。

当然，此处问题也非常突出：当每个人各执一是时，政治冲突如果没有最低限度的政治正义保障，宽容就会变成对罪恶的纵容。这种纵容在现代历史上特别可以通过漫长的反犹太运动及其批判看出来，但也体现在市民社会的小资产阶级习气的各个方面，成为马克思后来所谓"政治解放不彻底"的标志。在同一条思路上，尼采甚至认为，宽容根本不是强者的德性，而是打着"尊重差异"的幌子的弱者的忍耐，这样一来，吊诡的情形发生了：经历了千年变迁，斯多亚式的 tolerantia 重新回到了视野之中。但福斯特认为："与他（尼采）相反，必须指出的是，只有相信自己理想的人，才可能被宽容。因为，宽容是各种不同的肯定与否定的能力。它所包括的，首先是明确地建立和保持差异，但是其次要重视理由，即反对不加辩护地压制他人。这使得宽容成为一种自由的和具有内在强度的行为。"（本书第 353 页）基于一种商谈伦理学上对理想性的共同体最小政治正义的追求，宽容是能够在主体间发出德性之光的。

三

福斯特所作宽容问题思想史内容庞杂，以上虽仅能撮其大要，但关键之处还是清楚的：相较于古典形态，在现代性进程中，个体和社会同步发展并相对分离，而宽容则在共同体与个体之间起到了缓和及调节冲突的重要作用。但这种作用之能以良善的方式持续发挥，有赖于将宽容去标准价值化。在福斯特自己的宽容理论构想中，宽容因此处于某种居间地位，它有赖于伦理价值和道德规范的分离和统一。伦理价值来自善的生活世界，这一生活世界是个别性的、差异化的和多样的；而道德规范则是可以经过交互和普遍的检验被确定为共有的。无论是在伦理价值范围内部，还是在伦理价值与现有道德规制之间，当冲突出现时，都可以依靠理性论辩性的宽容来加以融合。但它的实现有赖于两个前提：第一，对于个体而言，宽容建立在对自身有限性的认识之上。即使出于更好地"自我照料"的需要，有限理性个体也需要为了保护自身而对冲突性的立场进行自我辩护。最优情况是，这种辩护策略能够在起码最小尺度上得到对方的承认，并使得个体一定程度上可以摆脱冲突的窘境。这样一来，即令冲突方认定宽容是一种标准价值，无可能宽容的情况，就只在交互理性论辩和普遍性追求不发生的地方。典型情形如一名恐怖主义者要求根据言论自由的权利对其主张予以宽容。这样的人所要求的宽容，其实被其自己看作是一种不容反驳的价值工具而已。

第二，对于社会而言，指望建立"宽容国家"很容易变成一个糟糕的选择。进行宽容辩护和反驳的决定要素，不在国家而在公民手里。宽容国家经常被理解为国家允许宽容，但国家在运用宽容的权力和策略时，它很可能并非允许所有人都能基于特定伦理价值进行自我辩护。宽容的基础在公民，其实现依赖于商谈性的、道德和政治双重意义上的民主法治建设，而立法维护宽容的目标，仅仅指向排除某种争议性的伦理表达在公共领域占据优势，而不排除所有的可能伦理价值。因此，社会层面的宽容要求那种由公民的宽容实践中内生出的规范寻求活动。不可在任何意义上将宽容所源出的伦理生活世界贬低为现有政治规制和道德规范的次级衍生品，也不可认为宽容是国家权力的自我合法性证明的一个策略性环节，更不可通过国家权力决定宽容价值及其适用范围。"由此，可以重建一种对于社会层面和理论的宽容冲突来说内在的宽容基础。这一基础不依赖于外部规范或外在价值，而依赖于对辩护原则自身的某种道德理解，这一原则相应于一种辩护的无条件义务及基本权利。"（本书第 408—409 页）关键在于，宽容实践允许将个人或特定族群在其生活世界中的信念以一种商谈的方式带入公共领域，且这些方式可以是各异的和量体裁衣式的。这与罗尔斯严格区分公私领域的做法不同，也与哈贝马斯通过寻求普遍公民承认来推动法治国建设的方向略有不同。

福斯特凭其宽容理论推动了自由主义和社群主义的融合，虽然这种融合被限制在冲突存在的语境内。自由主义的维度，可以通过宽容所依赖的普遍且交互的道德规范生成程序被看出，而社群主义的维度，则可以通过作为此生成来源且独立的个体和族群性伦理生活的价值来体现。前者可以看成是对哈贝马斯式的康德思路的继承，而后者则更接近霍耐特在后来诸如《不确定性之痛》中呈现出来的黑格尔立场。有趣之处在于，哈贝马斯在《事实与规范之间》谈及黑格尔法哲学衍生出法团主义时，并未对它抱持多少好感，原因是他认为新法团主义导控下的商谈仅仅只有功能上的相互配合，但这其实是基于一个不切实际的假定，即法团的专业属性和其道德眼光可以分离。但霍耐特的研究表明，黑格尔完全可以支持另一种想法，即将基于承认的结群活动视为某种对功能主义社会和浪漫主义的个人主义病症的治疗，这种治疗开始于人们对机械社会组织和幻想性的个体独特性所感到的不确定的痛苦。福斯特在其宽容理论的讨论中，虽然和前两位一样，强调主体间的商谈，并且虽然他也并非没有看到这种普遍痛苦，但他在本书中，只是引入了一种"自我强化"的态度和民主社会的一般框架，来回答行宽容者究竟要怎样面对这个充满"不确定性之痛"时代的问题，却缺乏对如何识别出这种时代困境的方法论指明，以及对如何培育那种"强大自我"，将之置入主体间规范之下，并加以现实化的更进一步讨论。然而，这样的痛苦人群基数可能极其庞大，类似于尼采所描述的那种社会的普遍愤懑，而这种愤懑在合理论证的公共空间中，却时常是完全隐形的，直到诸如茶党运动或特朗普竞选期间才会以报复的形态出现。对于诸如此类的现代情感疾病，人们需要一种疗救，它针对的是现代性中不可避免的生计筹划和漂泊感，借用黑格尔的说法，二者都走在从怀疑到绝望的道路上，体现为一种形而上学的严肃。事实上，除了马克思本人，法兰克福的第一代成员，尤其是本雅明，远比福斯特深刻地看到了这种现代性严肃生活的痛苦，苏珊·桑塔格将之比喻为如土星般沉重而缓慢运行着的生活。今日的宗教群体行为，或许很大程度上乃是对此种痛苦的治疗，而不是简单地基于个人信念。假如这一点并非不可成立，那么，宽容问题和宽容实践中，就必须包含某种道德和伦理性的心理学和情感研究，甚至对之的形而上学研判，而不能仅以普遍和交互的理性辩护作为归宗。

四

以上"译后记"的正文，曾以原题发表在《读书》杂志 2019 年第 6 期上，收入此书时作了少量修正。

本书翻译由马飞和余玥等共同完成。其中马飞翻译了第一部分第五节之后的全部内容，余玥翻译了第一部分第一至四节，以及第二部分三十三节之前的内容。其后又由任芮妮、龙腾、孟宸铭、周凯三位分别译出第二部分其余章节初稿（任芮妮，第三十四至三十六节、第三十九节；龙腾，第三十七节；周凯，第三十八节），在此基础上，余玥再进行了修订和完善。

全书翻译完成后，马飞和余玥分别进行了整体校对。部分章节的校对得到了谢永康教授、张义修老师和田冈昊、周凯、龙腾的帮助，"参考文献"与"人名索引"由李泽锋与冯琬词协助录入，李泽锋、冯琬词和王博帮助校订了全部注释，在此一并致谢。

图书在版编目(CIP)数据

冲突中的宽容:一个争议性概念的历史、内涵与当
下境遇/(德)莱纳·福斯特(Rainer Forst)著;马
飞等译.—上海:上海人民出版社,2023
(福斯特选集)
书名原文:Toleranz im Konflikt:Geschichte,
Gehalt und Gegenwart eines umstrittenen Begriffs
ISBN 978 - 7 - 208 - 18155 - 7

Ⅰ.①冲…　Ⅱ.①莱…　②马…　Ⅲ.①哲学理论-研
究　Ⅳ.①B0

中国国家版本馆 CIP 数据核字(2023)第 028103 号

责任编辑　毛衍沁
封面设计　@ Mlimt_Design

福斯特选集
冲突中的宽容
——一个争议性概念的历史、内涵与当下境遇
[德]莱纳·福斯特 著
马　飞　余　玥等 译

出　　版　上海人民出版社
　　　　　　(201101　上海市闵行区号景路 159 弄 C 座)
发　　行　上海人民出版社发行中心
印　　刷　苏州工业园区美柯乐制版印务有限责任公司
开　　本　787×1092　1/16
印　　张　38.25
插　　页　4
字　　数　733,000
版　　次　2023 年 7 月第 1 版
印　　次　2023 年 7 月第 1 次印刷
ISBN 978 - 7 - 208 - 18155 - 7/B · 1675
定　　价　158.00 元

福斯特选集

　　本社将继续分批推出莱纳·福斯特的其他著作，敬请关注。

马克斯·霍克海默

《启蒙辩证法：哲学断片》

《批判理论》

《文化批判》

特奥多·W.阿多诺

◇ 阿多诺选集·哲学

《道德哲学的问题》

《否定的辩证法》

《美学理论（修订译本）》

《最低限度的道德：对受损生活的反思》

《黑格尔三论》

《认识论元批判：胡塞尔与现象学的二律背反研究》

《本真性的行话：论德意志意识形态》

《批判模式》

《棱镜》

◇ 阿多诺选集·音乐

《论瓦格纳与马勒》

尤尔根·哈贝马斯

《交往行为理论(第一卷)：行为合理性与社会合理化》

《包容他者》

《后民族结构》

Frankfurter Schule
法兰克福学派书系

《欧盟的危机：关于欧洲宪法的思考》

《社会科学的逻辑》

《真理与论证》

《在自然主义与宗教之间》

阿克塞尔·霍耐特

◦ 霍耐特选集

《权力的批判：批判社会理论反思的几个阶段》

《为承认而斗争：论社会冲突的道德语法》

《承认：一部欧洲观念史》

《理性的病理学：批判理论的历史与当前》

《再分配还是承认？——一个政治哲学交辩》

《正义的他者》

《时代的活体解剖：20世纪思想史画像》

哈特穆特·罗萨

《新异化的诞生：社会加速批判理论大纲》

《不受掌控》

《危机中的晚期现代社会：社会理论能做什么？》

莱纳·福斯特

◦ 福斯特选集

《辩护的权利：建构主义正义论的诸要素》

《正义的语境：超越自由主义与社群主义的政治哲学》

《冲突中的宽容：一个争议性概念的历史、内涵与当下境遇》